담마상가니
법의 갈무리

제2권

담마상가니

Dhammasaṅgaṇī

법의 갈무리

제2권

제2편 물질 편

제3편 간결한 설명 편

제4편 주석 편

초기불전연구원

그분
부처님
공양 올려 마땅한 분
바르게 깨달으신 분께 귀의합니다.

Namo tassa Bhagavato Arahato Sammāsambuddhassa

제2권 목차

『담마상가니』 제2권 해제 23

1. 들어가는 말 23

2. 담마상가니』 제2권의 구성 24

3. 제2편 물질 편 25

(1) 왜 물질 편이 제2편에 나타나고 있는가 25

(2) 제2편 물질 편의 구성 26

(3) 물질이란 무엇인가 29

(4) 물질은 25가지이다 30

(5) 감성의 물질과 대상의 물질 32

(6) 근본물질(파생되지 않은 물질)과 파생된 물질 37

(7) 심장토대는 언급되지 않는다 40

(8) 『담마상가니』 물질 편에서 다루지 않는 내용들 42

(9) 맺는말 44

4. 제3편 간결한 설명 편 45
(1) 왜 간결한 설명 편(Nikkhepa-kaṇḍa)이라 부르는가 45
(2) 간결한 설명 편의 구성 50
(3) 간결한 설명 편의 설명 방법 51

5. 제4편 주석 편 56
(1) 주석 편과 주석서는 다르다 56
(2) 왜 주석 편(Aṭṭhakathā-kaṇḍa)이라 부르는가 57
(3) 의미를 드러냄[義要] 편이라고도 일컬어진다 58
(4) 주석 편은 마띠까에 대한 본격적인 아비담마적 해석이다 60
(5) 주석 편의 설명은 대부분 간단명료하다 62
(6) 간결한 설명 편보다 설명의 양이 무척 긴 경우도 있다 63
(7) 간결한 설명 편과 주석 편의 설명이 같은 경우도 있다 64

6. 간결한 설명 편과 주석 편에 나타나는 'ṭhapetvā(제외하고) 구문' ... 64
(1) 간결한 설명 편에 나타나는 'ṭhapetvā 구문' 65
① 'X ṭhapetvā(X는 제외하고) 구문'

② 'X ṭhapetvā avasesā Y(X를 제외한 나머지 Y) 구문'
(2) 주석 편에 나타나는 'ṭhapetvā 구문' 69
① 'etthuppannaṁ X ṭhapetvā(여기서 일어난 X는 제외하고) 구문'
② 'ṭhapetvā X avasesaṁ Y(X를 제외한 나머지 Y) 구문'

7. 제4편 주석 편에서 법을 설명하는 세 가지 독특한 구문 71
(1) 세 가지 구문의 보기 71
(2) 세 가지 구문이 가진 문자적인 의미 74
(3) 세 가지 구문의 출처 74
(4) 이 세 가지 구문은 『위방가』에도 많이 나타난다 75
(5) 『위방가』의 몇 가지 보기 76
(6) 'na vattabba ~tipi 구문'은 『담마상가니』와 『위방가』에만 나타난다 77
(7) 덧붙이는 말 78

8. PTS본의 편집이 잘못된 것 몇 가지 80
9. 맺는말 86

담마상가니 제2권

제2편 물질 편(§§583~984) 89

I. 개요(§583) 89

II. [물질의] 마띠까(§§584~593) 92

(1) 한 개 조(§584) 94

(2) 두 개 조(§584) 97

① 일반적인 두 개 조(Rma-2-1~14)

② 토대의 두 개 조(Rma-2-15~39)

③ 대상의 두 개 조(Rma-2-40~64)

④ 감각장소의 두 개 조(Rma-2-65~74)

⑤ 요소의 두 개 조(Rma-2-75~84)

⑥ 기능의 두 개 조(Rma-2-85~92)

⑦ 미세한 물질의 두 개 조(Rma-2-93~104)

⑶ 세 개 조(세 가지에 의한 분류, §585) 101
① 일반적인 세 개 조(Rma-3-1~13~37)
② 토대의 세 개 조(Rma-3-14~38~62)
③ 대상의 세 개 조(Rma-3-39~63)
④ 감각장소의 세 개 조(Rma-3-64~73)
⑤ 요소의 세 개 조(Rma-3-74~83)
⑥ 기능의 세 개 조(Rma-3-84~91)
⑦ 미세한 물질의 세 개 조(Rma-3-92~103)
⑷ 네 개 조(네 가지에 의한 분류, Rma-4-1~22, §586) 107
⑸ 다섯 개 조(다섯 가지에 의한 분류, Rma-5, §587) 110
⑹ 여섯 개 조(여섯 가지에 의한 분류, Rma-6, §588) 110
⑺ 일곱 개 조(일곱 가지에 의한 분류, Rma-7, §589) 110
⑻ 여덟 개 조(여덟 가지에 의한 분류, Rma-8, §590) 111
⑼ 아홉 개 조(아홉 가지에 의한 분류, Rma-9, §591) 111
⑽ 열 개 조(열 가지에 의한 분류, Rma-10, §592) 111
⑾ 열한 개 조(열한 가지에 의한 분류, Rma-11, §593) 112

III. 물질의 분석(§§594~984) 113

제1장 한 개 조의 해설(§594) 113
제2장 두 개 조의 해설(§§595~651) 118
1. 파생된 물질의 분류(§§595~645) 118
2. 파생되지 않은 물질의 분류(§646) 160
(1) 감촉의 감각장소[觸處](§§647~650)
(2) 물의 요소[水界](§651)
[나머지 두 개 조의 해설](§§652~743) 166
제3장 세 개 조의 해설(§§744~881) 184
제4장 네 개 조의 해설(§§882~966) 209
제5장 다섯 개 조의 해설(§§967~971) 227
제6장 여섯 개 조의 해설(§972) 229
제7장 일곱 개 조의 해설(§973) 230
제8장 여덟 개 조의 해설(§974) 231
제9장 아홉 개 조의 해설(§§975~977) 232

제10장 열 개 조의 해설(§§978~981) 233

제11장 열한 개 조의 해설(§§982~984) 234

제3편 간결한 설명 편(§§985~1383) 241

제1장 세 개 조에 대한 간결한 설명(§§985~1058) 243

제2장 두 개 조에 대한 간결한 설명(§§1059~1383) 278

1. 원인의 모둠(§§1059~1088) 278

(1) 세 가지 유익한 원인(§§1060~1063) 279

(2) 세 가지 해로운 원인(§§1064~1067) 281

(3) 세 가지 결정할 수 없는[無記] 원인(§1068) 287

(4) 아홉 가지 욕계에 속하는 원인(§1069) 288

(5) 여섯 가지 색계에 속하는 원인(§1070) 288

(6) 여섯 가지 무색계에 속하는 원인(§1071) 288

(7) 여섯 가지 [세간에] 포함되지 않는[出世間] 원인(§§1072~1077) ... 288

(8) 나머지 원인의 모둠](§§1078~1088) 290

2. 틈새에 있는 짧은 두 개 조(§§1089~1101) 294
3. 번뇌의 모듬(§§1102~1117) 299
4. 족쇄의 모듬(§§1118~1139) 306
5. 매듭의 모듬(§§1140~1155) 316
6. 폭류의 모듬(§1156) 322
7. 속박의 모듬(§1157) 322
8. 장애의 모듬(§§1158~1179) 323
9. 집착[固守]의 모듬(§§1180~1190) 332
10. 틈새에 있는 긴 두 개 조(§§1191~1218) 335
11. 취착의 모듬(§§1219~1234) 340
12. 오염원의 모듬(§§1235~1260).. 346
13. 마지막 두 개 조(§§1261~1302) 358
14. 경장의 두 개 조에 대한 간결한 설명(§§1303~1383)............. 371

제4편 주석 편(§§1384~1616) 397
제1장 세 개 조의 의미를 드러냄[意要](§§1384~1440) 398
제2장 두 개 조의 의미를 드러냄[意要](§§1441~1616) 429
1. 원인의 모둠(§§1441~1452) 429
2. 틈새에 있는 짧은 두 개 조(§§1453~1464) 434
3. 번뇌의 모둠(§§1465~1476) 437
4. 족쇄의 모둠(§§1477~1488) 441
5. 매듭의 모둠(§§1489~1500) 445
6. 폭류의 모둠(§1501) 448
7. 속박의 모둠(§1502) 448
8. 장애의 모둠(§§1503~1514) 449
9. 집착[固守]의 모둠(§§1515~1524) 453
10. 틈새에 있는 긴 두 개 조(§§1525~1552) 456
11. 취착의 모둠(§§1553~1564) 461
12. 오염원의 모둠(§§1565~1580) 464
13. 마지막 두 개 조(§§1581~1616) 469

부록 – 담마상가니 주석서 서문 481
I. 아비담마란 무엇인가 481
II. 아비담마는 칠론으로 구성되어 있다 485
III. 칠론의 구성과 내용을 간략하게 설명함 489
IV. 아비담마는 심오한 방법의 바다이다 499
V. 심오한 방법의 바다인 아비담마는 부처님이 설하셨다 502
VI. 부처님의 일대시교를 정리하는 네 가지 방법 510
VII. 아비담마는 이설(異說)이 아님을 증명함 533
VIII. 아비담마의 기원 539
IX. 아비담마의 증득과 가르침에 대한 기원 543

역자 후기 545
참고문헌 553
빠알리-한글 색인 567

약어

A.	Aṅguttara Nikāya(앙굿따라 니까야, 증지부)
AA.	Aṅguttara Nikāya Aṭṭhakathā = Manorathapūraṇī(증지부 주석서)
AAṬ.	Aṅguttara Nikāya Aṭṭhakathā Ṭīkā(증지부 복주서)
Abhi-av.	Abhidhammāvatāra(아비담마아와따라, 아비담마 입문)
Abhi-av-nṭ.	Abhidhammāvatāra-abhinavaṭīkā(아비담마아와따라 아비나와띠까)
Abhi-av-pṭ.	Abhidhammāvatāra-purāṇaṭīkā(아비담마아와따라 뿌라나띠까)
Abhi-Sgh.	Abhidhammatthasaṅgaha(아비담맛타상가하 = 아비담마 길라잡이)
ApA.	Apadāna Aṭṭhakathā(아빠다나(譬喩經) 주석서)
As.	Aṭṭhasālinī(앗타살리니 = 담마상가니 주석서)
Be	Burmese-script edition(VRI 간행 미얀마 육차결집본)
BG.	Bhagavadgīta(바가왓 기따)
BHD	Buddhist Hybrid Sanskrit Dictionary
BHS	Buddhist Hybrid Sanskrit
BL	Buddhist Legends(Burlingame)
BPS	Buddhist Publication Society
Bv.	Buddhavaṁsa(佛種姓)
BvA.	Buddhavaṁsa Aṭṭhakathā
CBETA	CBETA Chinese Electronic Tripitaka Collection: CD-ROM
cf.	*confer*(=*compare,* 비교, 참조)
CMA	A Comprehensive Manual of Abhidhamma(아비담맛타 상가하 영역)
CPD	Critical Pāli Dictionary
C.Rh.D	C.A.F. Rhys Davids

D. Dīgha Nikāya(디가 니까야, 長部)
DA. Dīgha Nikāya Aṭṭhakathā = Sumaṅgalavilāsinī(디가 니까야 주석서)
DAṬ. Dīgha Nikāya Aṭṭhakathā Ṭīkā(디가 니까야 복주서)
DhkAAnuṬ Dhātukathā-anuṭīkā(다뚜까타 아누띠까)
Dhp. Dhammapada(담마빠다, 법구경)
DhpA. Dhammapada Aṭṭhakathā(담마빠다 주석서)
Dhs. Dhammasaṅgaṇi(담마상가니, 法集論)
DhsA. Dhammasaṅgaṇi Aṭṭhakathā = Aṭṭhasālinī(담마상가니 주석서)
DhsAAnuṬ Dhammasaṅgaṇī-anuṭīkā(담마상가니 아누띠까)
DhsAMṬ Dhammasaṅgaṇī-mūlaṭīkā(담마상가니 물라띠까)
DPL A Dictionary of the Pali Language(Childers)
DPPN. G. P. Malalasekera's *Dictionary of Pali Proper Names*
Dv. Dīpavaṁsa(島史), ed.ited by Oldenberg
DVR A Dictionary of the Vedic Rituals, Sen, C. Delhi, 1978.

Ee Roman-script edition(PTS본)
EV1 Elders' Verses I(테라가타 영역, Norman)
EV2 Elders' Verses II(테리가타 영역, Norman)

GD Group of Discourse(숫따니빠따 영역, Norman)

Ibid. *Ibidem*(전게서, 前揭書, 같은 책)
It. Itivuttaka(如是語)
ItA. Itivuttaka Aṭṭhakathā(여시어 경 주석서)

Jā. Jātaka(자따까, 本生譚)
JāA. Jātaka Aṭṭhakathā(자따까 주석서)

KhpA.	Khuddakapātha Aṭṭhakathā(쿳다까빠타 주석서)
KS	Kindred Sayings(상윳따 니까야 영역, Rhys Davids, Woodward)
Kv.	Kathāvatthu(까타왓투, 論事)
KvA.	Kathāvatthu Aṭṭhakathā(까타왓투 주석서)
LBD	Long Discourse of the Buddha(디가 니까야 영역, Walshe)
M.	Majjhima Nikāya(맛지마 니까야, 中部)
MA.	Majjhima Nikāya Aṭṭhakathā = Papañcasūdanī(맛지마 니까야 주석서)
MAṬ.	Majjhima Nikāya Aṭṭhakathā Ṭīkā(맛지마 니까야 복주서)
Mil.	Milindapañha(밀린다빤하, 밀린다왕문경)
MLBD	Middle Length Discourse of the Buddha(맛지마 니까야 영역, Ñāṇamoli)
Moh.	Mohavicchedanī(모하윗체다니)
Mvu.	Mahāvastu(북전 大事, Edited by Senart)
Mhv.	Mahāvaṁsa(마하왐사, 大史), edited by Geiger
MW	Monier-Williams' Sanskrit-English Dictionary
Nāmar-p.	Nāmarūpapariccheda(나마루빠빠릿체다)
Nd1.	Mahā Niddesa(마하닛데사, 大義釋)
Nd1A.	Mahā Niddesa Aṭṭhakathā(마하닛데사 주석서)
Nd2.	Cūla Niddesa(쭐라닛데사, 小義釋)
Netti.	Nettippakaraṇa(넷띠빠까라나, 指道論)
NetAṬ	Nettippakaraṇa-ṭīkā(넷띠빠까라나 복주서)
NMD	Ven. Ñāṇamoli's Pali-English Glossary of Buddhist Terms
Pvch	Paramattha-vinicchaya(빠라맛타위닛차야)
PdṬ.	Paramatthadīpani-ṭīkā(빠라맛타디빠니 띠까)
Pe.	Peṭakopadesa(뻬따꼬바데사, 藏釋論)
PED	*Pāli-English Dictionary*(PTS)

Pm.	Paramatthamañjūsā = Visuddhimagga Mahāṭīkā(청정도론 복주서)
Ps.	Paṭisambhidāmagga(빠띠삼비다막가, 무애해도)
Ptn..	Paṭṭhāna(빳타나, 發趣論)
PTS	Pāli Text Society
Pug.	Puggalapaññatti(뿍갈라빤냣띠, 人施設論)
PugA.	Puggalapaññatti Aṭṭhakathā(뿍갈라빤냣띠 주석서)
Pv.	Petavatthu(뻬따왓투, 餓鬼事)
Pvch.	Paramatthavinicchaya(빠라맛타 위닛차야)
Rv.	Ṛgveda(리그베다)
S.	Saṁyutta Nikāya(상윳따 니까야, 相應部)
SA.	Saṁyutta Nikāya Aṭṭhakathā = Sāratthappakāsinī(상윳따니까야 주석서)
SAṬ.	Saṁyutta Nikāya Aṭṭhakathā Ṭīkā(상윳따 니까야 복주서)
Sadd.	Saddanīti(삿다니띠)
Se	Sinhala-script edition(스리랑카본)
Sk.	Sanskrit
Sn.	Suttanipāta(숫따니빠따, 經集)
SnA.	Suttanipāta Aṭṭhakathā(숫따니빠따 주석서)
SS	Ee에 언급된 S.의 싱할리어 필사본
Sv	Sāsanavaṁsa(사사나왐사, 교단의 역사)
s.v.	*sub verbō*(*under the word*, 표제어)
Te	Thai-script edition(태국본)
Thag.	Theragāthā(테라가타, 장로게)
ThagA.	Theragāthā Aṭṭhakathā(테라가타 주석서)
Thig.	Theragāthā(테리가타, 장로니게)
ThigA.	Theragāthā Aṭṭhakathā(테리가타 주석서)

Ud. Udāna(우다나, 감흥어)
UdA. Udāna Aṭṭhakathā(우다나 주석서)
Uv Udānavarga(북전 출요경, 出曜經)

VĀT Vanarata, Ānanda Thera
Vbh. Vibhaṅga(위방가, 分別論)
VbhA. Vibhaṅga Aṭṭhakathā = Sammohavinodanī(위방가 주석서)
VbhAAnuṬ Vibhaṅga-anuṭīkā(위방가 아누띠까)
VbhAMṬ Vibhaṅga-mūlaṭīkā(위방가 물라띠까)
Vin. Vinaya Piṭaka(율장)
VinA. Vinaya Piṭaka Aṭṭhakathā = Samantapāsādikā(율장 주석서)
VinAṬ Vinaya Piṭaka Aṭṭhakathā Ṭīkā = Sāratthadīpanī-ṭīkā(율장 복주서)
Vin-Kaṅ-nṭ. Kaṅkhāvitaraṇī-abhinavaṭīkā(깡카위따라니 아비나와띠까)
Vis. Visuddhimagga(청정도론)
v.l. *varia lectio*, variant reading(이문, 異文)
VRI Vipassanā Research Institute(인도)
VṬ Abhidhammaṭṭha Vibhavinī Ṭīkā(위바위니 띠까)
Vv. Vimānavatthu(위마나왓투, 천궁사)
VvA. Vimānavatthu Aṭṭhakathā(위마나왓투 주석서)

Yam. Yamaka(야마까, 雙論)
YamA. Yamaka Aṭṭhakathā = Pañcappakaraṇa(야마까 주석서)

디가 니까야 각묵 스님 옮김, 초기불전연구원, 2006, 3쇄 2010
맛지마 니까야 대림 스님 옮김, 초기불전연구원, 2012, 2쇄 2015
상윳따 니까야 각묵 스님 옮김, 초기불전연구원, 2009, 3쇄 2016
앙굿따라 니까야 대림 스님 옮김, 초기불전연구원, 2006~2007, 3쇄 2016
육차결집본 Vipassana Research Institute(인도) 간행 육차결집 본
아비담마 길라잡이 대림 스님/각묵 스님 옮김, 초기불전연구원, 2002, 12쇄 2016

청정도론	대림 스님 옮김, 초기불전연구원, 2004, 6쇄 2016
초기불교이해	각묵 스님 지음, 초기불전연구원, 2010, 5쇄 2015
초기불교입문	각묵 스님 지음, 이솔, 2014

노만 1992	The Group of Discourse(숫따니빠따 영역본, Norman)
리스 데이비즈	A Buddhist Manual of Psychological Ethics(담마상가니 영역본)
보디 스님	The Connected Discourses of the Buddha(상윳따 니까야 영역본)
뻬 마웅 틴	The Expositor(담마상가니 주석서 영역본)
월슈	Long Discourse of the Buddha(디가 니까야 영역본)
텃띨라 스님	The Book of Analysis(위방가 영역본)

일러두기

(1) 『담마상가니』(Dhs.)는 미얀마 육차결집본(VRI본, 인도 Vipassana Research Institute 간행, Be)을 저본으로 하였음.

(2) 『담마상가니』 PTS본(Ee)은 모두 1599개의 문단 번호를 매기고 있고, VRI본(Be)은 모두 1616개의 번호를 매기고 있는데, 본서에서 인용하는 문단 번호는 모두 VRI본(Be)을 따랐음. 두 본의 비교를 돕기 위해서 제1권 말미에 부록으로 〈VRI본과 PTS본의 문단 번호 대조표〉를 넣었고, 본문의 [ ] 안에 PTS본(Ee)의 쪽 번호를 넣었음.

(3) Dhs.123은 VRI(Be)본 123쪽이고, Dhs. §123은 VRI본(Be) 123번 문단임.

(4) '(ma2-80-a)' 등은 『담마상가니』 마띠까의 번호이고, '(Rma-2-80)' 등은 『담마상가니』 물질의 마띠까 번호임. '(ma2-80-a)'는 두 개 조 80번째 마띠까의 첫 번째 논의의 주제를, '(Rma-2-80)'은 두 개 조 물질의 마띠까의 80번째 논의의 주제를 나타냄.

(5) 『위방가』(Vbh.)는 VRI본(Be)이고 그 외 삼장(Tipitaka)과 주석서(Aṭṭhakathā)들은 별다른 언급이 없는 한 모두 PTS본(Ee)임. 『디가 니까야 복주서』(DAṬ)를 제외한 모든 복주서(Ṭīkā)들은 VRI본(Be)이고, 『디가 니까야 복주서』(DAṬ)는 PTS본(Ee)이며, 『청정도론』은 HOS본임. M89는 『맛지마 니까야』의 89번째 경을 뜻함.

(6) M.ii.123은 PTS본(Ee) 『맛지마 니까야』 제2권 123쪽을 뜻함.
M89/ii.123은 『맛지마 니까야』의 89번째 경으로 『맛지마 니까야』 제2권 123쪽에 나타남을 뜻함.

(7) [ ] 안의 숫자는 PTS본(Ee)의 쪽 번호임.

(8) { } 안의 숫자는 PTS본(Ee)의 게송 번호임.

(9) § 뒤의 숫자는 문단 번호임.

(10) 빠알리어와 산스끄리뜨어는 정체로, 영어는 이탤릭체로 표기하였음.

『담마상가니』 제2권 해제

1. 들어가는 말

법(dhamma)의 갈무리(saṅgaṇī)로 옮길 수 있는 『담마상가니』는 빠알리 삼장의 논장에 속하는 일곱 가지 논서[七論, satta pakaraṇāni] 가운데 첫 번째 문헌이다.

『담마상가니』는 크게 다섯 부분으로 구성되어 있다. 그것은 ① 세 개 조 마띠까 22개와 두 개 조 마띠까 142개로 분류하여 『담마상가니』의 논의의 주제를 총괄적으로 밝히고 있는 마띠까(mātikā), ② 정신[名, nāma]을 구성하는 법들을 다양한 마음을 중심으로 분류하고 분석하여 드러내고 있는 제1편 마음의 일어남 편, ③ 물질을 한 개 조부터 열한 개 조까지의 279개의 마띠까를 토대로 설명하고 있는 제2편 물질 편, ④ 세 개 조 마띠까 22개와 두 개 조 마띠까 142개로 구성된 『담마상가니』 마띠까 164개 전체를 간략하고 간결하게 설명하고 있는 제3편 간결한 설명 편, ⑤ 164개 마띠까 가운데 경장의 마띠까 42개를 제외한 122개 논장의 마띠까의 의미를 주석의 방법으로 밝히고 있는 제4편 주석 편이다.

마띠까의 측면에서 보자면 『담마상가니』 제1편과 제2편은 164개 마띠까 가운데 '유익한 법들, 해로운 법들, 결정할 수 없는[無記] 법들'(ma3-1)이라는 『담마상가니』의 첫 번째 마띠까에 대한 설명이다.

초기불전연구원에서 번역하여 출간하는 우리말 『담마상가니』 제2권은 이 가운데 제2편 물질 편과 제3편 간결한 설명 편과 제4편 주석 편의 세 편과 『담마상가니 주석서』 서문을 담고 있다. 반복되는 부분(peyyāla)을 생략하는 방법으로 편집되어 있는 현존하는 VRI본이나 PTS본 『담마상가니』

는 원문만으로는 그렇게 많은 분량이 아니지만 역자가 우리말로 옮기면서 주석서의 설명을 주해로 많이 인용하다 보니 분량이 늘어나서 이렇게 두 권으로 출판을 하게 되었다.

2. 『담마상가니』 제2권의 구성

먼저 우리말 『담마상가니』 제2권에 싣고 있는 『담마상가니』 제2편과 제3편과 제4편을 간략하게 정리해 보자.

『담마상가니』 제2편 물질 편은 I. 개요(§583), II. [물질의] 마띠까(§§584~593), III. 물질의 분석(§§594~984)의 세 부분으로 구성되어 있다. 먼저 I. 개요에서는 물질[色, rūpa]이 『담마상가니』 첫 번째 마띠까의 세 번째 논의의 주제인 '결정할 수 없는[無記, avyākatā] 법들'(ma3-1-c)에 속함을 밝힌다. 그리고 II. [물질의] 마띠까에서는 물질의 마띠까를 한 개 조의 마띠까부터 열한 개 조의 마띠까까지 모두 열한 개 조에 속하는 279개의 마띠까로 분류하여 확립한다. III. 물질의 분석에서는 이 279개의 [물질의] 마띠까들을 하나씩 하나씩 차례대로 설명한다. 이것이 제2편 물질 편의 내용이다.

'간결한 설명 편(Nikkhepa-kaṇḍa)'이라는 명칭을 사용하는 제3편은 『담마상가니』 첫머리에 나타나는 마띠까 164개 전체(세 개 조의 마띠까 22개와 두 개 조의 마띠까 142개)를 설명하는 편이다. 주석서에 의하면 본편은 제1편 마음의 일어남 편과 같은 상세한 가르침을 간결하게 한 뒤(nikkhipitvā) 이와는 다르게 너무 간략하지도 않고 너무 상세하지도 않은 방법으로 [마띠까의] 세 개 조와 두 개 조로 정리된 모든 법들의 분류를 보여주기 위해서 간결한 설명 편을 설하셨다고 한다.(DhsA.344)

본편은 제1장 세 개 조에 대한 간결한 설명(§§985~1058)과 제2장 두 개 조에 대한 간결한 설명(§§1059~1383)으로 구성되어 있다. 제2장은 다시 ① 원인의 모둠과 ② 틈새에 있는 짧은 두 개 조부터 ⑬ 마지막 두 개 조와 ⑭ 경장의 두 개 조에 대한 간결한 설명으로 구성되어 있다.

제4편 주석 편도 『담마상가니』 첫머리에서 확립한 세 개 조 마띠까와 두 개 조 마띠까를 설명하는 편이다. 그러나 본편에는 두 개 조 마띠까 가운데 경장의 두 개 조 마띠까 42개는 나타나지 않는다. 그래서 세 개 조 마띠까 22개와 아비담마의 두 개 조 마띠까 100개에 해당하는 122개의 마띠까만을 주석하고 있다.

본편은 사리뿟따 존자가 제3편 간결한 설명 편의 의미를 더 명확하게 나타내기 위해서 설한 것이라고 하는데(DhsA.409~410) 고주석서는 이것도 부처님의 직설이라고 여겨야 한다고 강조한다.(*Ibid.*)

삼장에서 언급되지 않은 특별한 법으로 전해온 것을 본편에서 범위를 한정한 뒤 설명한 것이기 때문에 주석 편이라 부른다고 주석서는 설명하고 있다.(*Ibid.*) 리스 데이비즈 여사는 『담마상가니』 영역본에서 이 주석 편을 옮기지 않았다. 아마 주석 편을 후대에 성립한 것으로 여겼기 때문이 아닌가 생각된다. 나중에 밝히겠지만 주석 편을 후대에 성립된 것으로 보는 것은 곤란하다. 주석 편이라는 이름이 『담마상가니』에 대한 주석서를 연상시키기 때문인지 『담마상가니』의 복주서들은 본편을 앗툿다라 깐다(atthuddhāra-kaṇḍa), 즉 의미를 드러냄 편이라 부르기도 한다.(DhsAAnuṬ. 208 등)

『담마상가니』의 각 편에 대한 간단한 설명은 본서 말미에 싣고 있는 『담마상가니 주석서』 서문 §§11~12도 참조하기 바란다. 이제 제2권에 담고 있는 각 편에 대해서 조금 자세하게 살펴보자.

3. 제2편 물질 편

(1) 왜 물질 편이 제2편에 나타나고 있는가

『담마상가니』는 『담마상가니』 첫머리에 밝히고 있는 22개의 세 개 조의 마띠까와 142가지 두 개 조의 마띠까를 설명하는 형식으로 전개되고 있다. 『담마상가니』 제1편 마음의 일어남 편과 제2편 물질 편은 이 164개 마띠까 가운데 제일 처음에 해당하는 '유익한 법들, 해로운 법들, 결정할 수 없는[無記] 법들'(ma3-1)과 관련이 있다. 제1편 마음의 일어남 편 가운데 제1품 유익한 마음 품(§§1~364)은 이 첫 번째 마띠까의 '유익한 법들'(ma3-1-a)을 설명하는 품이다. 제2품 해로운 마음 품(§§365~430)은 이 첫 번째 마띠까의 '해로운 법들'(ma3-1-b)을, 제3품 결정할 수 없는[無記] 법들 품(§§431~582)은 이 마띠까의 '결정할 수 없는[無記] 법들'(ma3-1-c)을 설명하는 품이다. 이렇게 하여 특정한 마음이 일어날 때 함께 일어나는 마음과 마음부수법들을 제1편에서는 살펴보았다.

그러나 유익하거나 해로운 것[善·不善]으로 결정할 수 없는[無記] 법들에는 마음과 마음부수법들만이 포함되어 있는 것이 아니다. 당연히 물질도 선이나 불선으로 결정할 수 없는 것에 속한다. 그래서 '결정할 수 없는[無記] 법들'(ma3-1-c)의 범주에 속하는 이 물질[色, rūpa]에 대한 상세한 설명을 하기 위해서 본서의 제2편인 물질 편을 설하신 것이다.

그래서 본서 제4편 주석 편의 §1386은 첫 번째 마띠까의 '결정할 수 없는[無記] 법들'(ma3-1-c)을 이렇게 설명한다.

"무엇이 '결정할 수 없는[無記] 법들'(ma3-1-c)인가?

① 네 가지 경지에서 과보로 나타난 것, ② 세 가지 경지에서 작용만 하는 결정할 수 없는[無記] 것, ③ 물질, ④ 열반 - 이것이 결정할 수 없는[無記] 법들이다."(§1386)

여기서 ①과 ②는 제1편에서 설명되었고 ③ 물질은 본편에서 설명하고 있으며 ④ 열반은 논의의 대상이 아니다. 이처럼 전체 물질 편은 첫 번째 세 개 조 마띠까 가운데 세 번째 논의의 주제인 '결정할 수 없는[無記] 법들'(ma3-1-c)에 대한 설명에 속한다. 본서 제2편은 이 결정할 수 없는 법들에 속하는 물질을 설명하기 위해서 279개의 물질의 마띠까를 확립한 뒤 이들을 통해서 하나하나 주도면밀한 방법으로 물질을 설명해 나가고 있다.

(2) 제2편 물질 편의 구성

제2편 물질 편은 I. 개요(uddesa, §583), II. [물질의] 마띠까(mātikā, §§584~593), III. 물질의 분석(rūpavibhatti, §§594~984)의 세 부분으로 구성되어 있다. 이것을 조금 자세히 살펴보면 다음과 같다.

I. 개요에서는 먼저 '결정할 수 없는 법들'(ma3-1-c)을 다음과 같이 정의하고 있다.

"유익하거나 해로운 법들의 과보로 나타난 욕계에 속하거나 색계에 속하거나 무색계에 속하거나 [세간에] 포함되지 않는[出世間] 것들, [즉] 느낌의 무더기 · 인식의 무더기 · 심리현상들의 무더기 · 알음알이의 무더기, 유익한 것도 아니고 해로운 것도 아니고 업의 과보로 나타난 것도 아닌 작용만 하는 법들, 모든 물질, 형성되지 않은[無爲] 요소 — 이것이 결정할 수 없는 [無記] 법들이다."(§583)

II. 물질의 마띠까에서는 이 가운데 물질을 설명하기 위해서 한 개 조부터 열한 개 조까지 물질의 마띠까 279개를 제시하고 있다. 이 279개 물질의 마띠까를 개관해 보면 다음과 같다.

① 한 개 조(§584)에는 '모든 물질은 원인이 아니다.'(Rma-1-1)부터 '쇠퇴하기 마련이다.'(Rma-1-43)까지 43개의 마띠까가 포함되어 있다.

② 두 개 조(§584)에는 '1. 파생된 물질이 있고, 파생되지 않은 물질이 있다.'(Rma-2-1)부터 '104. 덩어리진 [먹는] 음식인 물질이 있고, 덩어리진 [먹는] 음식이 아닌 물질이 있다.'(Rma-2-104)까지 104개의 마띠까가 포함되어 있다.

주석서는 이 두 개 조에 속하는 104개의 마띠까를 ① 일반적인 두 개 조(1~14) ② 토대의 두 개 조(15~39) ③ 대상의 두 개 조(40~64) ④ 감각장소의 두 개 조(65~74) ⑤ 요소의 두 개 조(75~84) ⑥ 기능의 두 개 조(85~92) ⑦ 미세한 물질의 두 개 조(93~104)로 구분하고 있다.

③ 세 개 조(§585)에는 '1. 안에 있으면서 파생된 물질이 있고, 밖에 있으면서 파생된 물질이 있으며, 파생되지 않은 것이 있다.'(Rma-3-1)부터 '103. 안에 있으면서 덩어리진 [먹는] 음식이 아닌 물질이 있고 밖에 있으면서 덩어리진 [먹는] 음식인 물질이 있으며, 덩어리진 [먹는] 음식이 아닌 것이 있다.'(Rma-3-103)까지 103개의 마띠까가 포함되어 있다.

주석서는 이 세 개 조 마띠까도 ① 일반적인 세 개 조(1~13) ② 토대의 세 개 조(14~38) ③ 대상의 세 개 조(39~63) ④ 감각장소의 세 개 조(64~73) ⑤ 요소의 세 개 조(74~83) ⑥ 기능의 세 개 조(84~91) ⑦ 미세한 물질의 세 개 조(92~103)로 세분하고 있다.

④ 네 개 조(§586)는 '1. 파생된 물질이면서 취착된 것이 있고, [파생된 물질이면서] 취착되지 않은 것이 있으며, 파생되지 않은 물질이면서 취착된 것이 있고, [파생되지 않은 물질이면서] 취착되지 않은 것이 있다.'(Rma-4-1)부터 '22. 보이는 것, 들리는 것, 감지되는 것, 식별되는 것이 있다.'(Rma-4-22)까지 22개의 마띠까로 구성되어 있다.

⑤ 다섯 개 조(§587)부터 마지막인 ⑪ 열한 개 조(§593)까지는 각각 하나씩의 마띠까를 포함하고 있다.

이렇게 하여 물질의 마띠까는 모두 43+104+103+22+7=279개의 마띠까로 구성되어 있다. 제2편 물질 편은 이 279개의 마띠까를 해설하는 것을 통해서 상좌부의 25가지 물질을 드러내고 있다.[1)]

III. 물질의 분석은 물질의 마띠까에 대한 해설을 담고 있는데 이것은 한 개 조부터 열한 개 조까지로 분류되어 있는 279개의 마띠까를 설명하고 있다.

그런데 물질의 마띠까의 해설에 해당하는 §§594~984까지의 391개의 문단 번호 가운데 두 개 조를 설명하는 문단 번호는 §§594~743까지 모두 150개가 해당되는 것에서도 알 수 있듯이 두 개 조의 마띠까가 전체 물질의 마띠까의 중심이 된다. 그 가운데서도 두 개 조의 첫 번째 마띠까인 '1. 파생된 물질이 있고, 파생되지 않은 물질이 있다.'(Rma-2-1)에 대한 해설은 §§594~651까지의 58개 문단으로 구성되어 있으며 물질의 해설 가운데 핵심이 된다 할 수 있다.

---

1) 감촉의 물질을 땅의 요소, 불의 요소, 바람의 요소로 대체하면 모두 27가지가 된다. 『담마상가니』 물질 편에는 심장토대(hadaya-vatthu)가 언급되지 않는다.

본서 제1권에 실려 있는 제1편이 『담마상가니』 마띠까 164개 가운데 첫 번째 마띠까인 유익함 등의 세 개 조(ma3-1)를 통해서 89가지 혹은 212,021가지 마음과 이 각각의 마음들에 관련된 52가지 마음부수법들을 하나하나 밝히는 것으로 구성되어 있는 것처럼 제2편 물질 편도 이 물질의 마띠까 가운데 두 개 조의 첫 번째 마띠까(Rma-2-1)를 통해서 물질 편 §§594~651에서 물질들을 설명하고 있다.

(3) 물질이란 무엇인가

『담마상가니』에는 물질이란 무엇인가를 정의하는 구문이 나타나지 않는다. 물질은 『상윳따 니까야』 제3권 「삼켜버림 경」(S22:79)에서 다음과 같이 정의되고 있다.

"비구들이여, 그러면 왜 물질이라 부르는가? 변형(變形)된다고 해서 물질이라 한다.

그러면 무엇에 의해서 변형되는가? 차가움에 의해서도 변형되고, 뜨거움에 의해서도 변형되고, 배고픔에 의해서도 변형되고, 목마름에 의해서도 변형되고, 파리, 모기, 바람, 햇빛, 파충류들에 의해서도 변형된다. 비구들이여, 이처럼 변형된다고 해서 물질이라 한다."

여기에 대해서 『상윳따 니까야 주석서』는 이렇게 설명하고 있다.

"'변형된다고 해서(ruppatīti kho)'라고 했다. 여기서 '~고 해서(iti)'는 이유를 지칭하는 것(kāraṇuddesa)이다. '변형되기 때문에, 그래서 물질이라 한다고 말해진다.'는 뜻이다. '변형된다(ruppati)'는 것은 혼란스럽게 된다, 부딪친다, 억압된다, 부서진다는 뜻이다."(SA.ii.290)

『상윳따 니까야 복주서』는 이렇게 설명한다.

"'변형된다(ruppati).'고 했다. 이것은 물질(rūpa)이라는 것은 차가움 등의 변형시키는 조건과 접촉하여 다르게 생성됨(visadis-uppatti)을 두고 말한 것이다."(SAṬ.ii.210)

여기서 변형(ruppana, ruppati)은 변화(viparinnāma)와 다르다는 것을 말하고 싶다. 변형(變形, *deformation*)은 형태나 모양이 있는 것이 그 형태나 모양이 바뀌는 것을 말한다. 이것은 물질만의 특징이다. 느낌, 인식, 심리현상들, 알음알이와 같은 정신의 무더기들은 변화는 말할 수 있지만 변형은 없다. 형태나 모양이 없기 때문이다. 그래서 변형은 물질에만 있는 성질이다. 이러한 전통적인 견해를 따라서 초기불전연구원에서는 ruppati를 주로 '변형되다'로 옮기고 있으며(『아비담마 길라잡이』 제6장 처음 해설 참조), 보디 스님은 그의 『상윳따 니까야』 영역본에서 '*is deformed*'로 옮기고 있다.

그래서 『청정도론』에서도 "그 가운데서 차가움 등으로 인해 변형되는(ruppana) 특징을 가진 법은 그 무엇이든 모두 하나로 묶어 물질의 무더기[色蘊, rūpakkhandha]라고 알아야 한다. 이것은 변형되는 특징에 의해서는 한 가지지만 근본물질(bhūta-rūpa)과 파생된 물질(upādāya-rūpa)로 두 가지이다."(Vis.XIV.34)로 설명하고 있다.[2]

(4) 물질은 25가지이다

본서 물질 편에서 물질은 25가지로 정리되어 나타난다.

본편에 나타나는 물질의 마띠까 279개 가운데 '파생된 물질이 있고, 파생되지 않은 물질이 있다.'(Rma-2-1)로 정리된 두 개 조의 첫 번째 마띠까를 해설하면서 본서는 §§595~645에서 Ⓐ 파생된 물질(Rma-2-1-a, §§595~645)을 분류하여 설명하고 §§646~651에서는 Ⓑ 파생되지 않은 물질(Rma-2-1-b, §§646~651)을 분류하여 설명하고 있다. 여기서 분류하고 있는 물질은 모두 25가지이다.

이 가운데 파생된 물질은 - 눈의 감각장소, 귀의 감각장소, 코의 감각장소, 혀의 감각장소, 몸의 감각장소, 형색의 감각장소, 소리의 감각장소, 냄새의 감각장소, 맛의 감각장소, 여자의 기능, 남자의 기능, 생명기능, 몸의 암시, 말의 암시, 허공의 요소, 물질의 가벼움, 물질의 부드러움, 물질의 적합함, 물질의 생성, 물질의 상속, 물질의 쇠퇴함, 물질의 무상함, 덩어리진 [먹는] 음식의 23가지이다.(§595)

---

2) 이상은 역자가 번역한 『상윳따 니까야』 제3권 「삼켜버림 경」(S22:79) §4의 주해에서 옮겨왔다.

파생되지 않은 물질은 감촉의 감각장소와 물의 요소 두 가지이다.(§646) 그래서 물질은 모두 25가지가 된다. 물론 감촉의 감각장소는 땅의 요소, 불의 요소, 바람의 요소의 세 가지로 구성되어 있기 때문에(§647) 이렇게 계산하면 모두 27가지가 된다. 주석서 문헌에서는 심장토대(hadaya-vatthu)를 고유성질을 가진 물질로 인정하고 있지만 본서의 물질 편에는 심장토대가 언급되지 않는다. 여기에 대해서는 아래 (7)을 참조하기 바란다.

한편 10세기경에 상좌부 아비담마의 핵심 주제를 간단명료하게 정리하여 상좌부 아비담마의 부동의 안내서로 지금까지 상좌부 불교국가에서 큰 영향력을 발휘하고 있는 『아비담맛타상가하』에서는 이 물질들을 먼저 구체적인 물질(nipphanna-rūpa)과 추상적인 물질(anipphanna-rūpa)로 구분한다.

그리고 구체적인 물질을 ① 근본물질(bhūtarūpa, mahābhūta) - 땅의 요소[地界=地大], 물의 요소[水界], 불의 요소[火界], 바람의 요소[風界] ② 감성의 물질(pasāda-rūpa) - 눈, 귀, 코, 혀, 몸의 감성 ③ 대상의 물질(gocara-rūpa) - 형색, 소리, 냄새, 맛, 물의 요소[水界]를 제외한 삼대(三大)라고 불리는 감촉 ④ 성의 물질(bhāva-rūpa) - 여자의 기능, 남자의 기능 ⑤ 심장의 물질(hadaya-rūpa) - 심장토대 ⑥ 생명의 물질(jīvita-rūpa) - 생명기능[命根] ⑦ 음식의 물질(āhāra-rūpa) - 덩어리로 된 [먹는] 음식의 일곱 가지로 분류한다.

다시 추상적인 물질을 ⑧ 한정하는 물질(pariccheda-rūpa) - 허공의 요소[空界, ākāsa-dhātu] ⑨ 암시의 물질[表色, viññatti-rūpa] - 몸을 통한 암시와 말을 통한 암시 ⑩ 변화의 물질(vikāra-rūpa) - 물질의 가벼움, 물질의 부드러움, 물질의 적합함과 암시의 물질 두 가지[3] ⑪ 특징의 물질(lakkhaṇa-rūpa) - 물질의 생성, 물질의 상속, 물질의 쇠퇴함, 물질의 무상함으로 분류한다.

---

3) 『아비담맛타상가하』 뿐만 아니라 『청정도론』(Vis.XIV.77)과 『모하윗체다니』(Moh.94)와 『나마루빠빠릿체다』(Nāmar-p.43) 등에도 두 가지 암시의 물질은 변화의 물질에 포함되어 있다.

이렇게 하여 물질을 모두 11가지 모둠으로 나누고 있다.4) 그런데 본 『담마상가니』에는 심장의 물질인 심장토대가 나타나지 않으므로 물질은 총 10가지 모둠으로 정리되어 있다고 할 수 있다. 이 가운데 근본물질을 제외한 나머지는 모두 파생된 물질[所造色, upādā-rūpa]이라 부른다. 『아비담맛타상가하』에 의거해서 물질을 정리하면 본서 32~33쪽의 도표와 같다.

(5) 감성의 물질과 대상의 물질

우리의 물질적인 인식기관인 눈·귀·코·혀·몸[眼·耳·鼻·舌·身]을 경에서는 대부분 감각장소[處, āyatana], 특히 안의 감각장소[內處, ajjhattika āyatana]라 부르고(M137 §3 등) 감각기능[根, indriya]이라 부르기도 한다.(D9 §9 등)

아비담마에서는 안의 감각장소 다섯 가지를 특히 감성의 물질(pasāda-rūpa)이라 부른다. 감성(感性)은 pasāda를 옮긴 것인데 본서 §596 이하에서 "눈은 네 가지 근본물질에서 파생된 감성의 [물질]이고, 자기 존재(몸)에 포함된 것이고, 볼 수 없고, 부딪힘이 있다."(§596 등)로 정형화되어 나타난다.

'감성(感性)'으로 옮긴 빠사다(pasāda)는 pra+√sad(*to sit*)에서 파생된 명사로서 니까야에서는 '깨끗한 믿음[淸淨信]'을 뜻한다.5) 그러나 아비담마에서는 이 깨끗함의 의미를 감각기능이 의지하는 물질을 뜻하는 전문 용어로 정착되었다. 그런 의미에서 감성(感性)이라고 옮긴다. 『아비담마 길라잡이』 제6장 §3의 2번 해설도 참조하기 바란다. 한편 『담마상가니 주석서』는 이렇게 설명한다.

"[혼합된 전체 눈 등과 같은] 여기에 의지하고 여기에 묶여있는 네 가지 근본물질들로부터 파생된 것(upādā)이 '감성(pasāda)'이다."(DhsA.307)

---

4) 『아비담마 길라잡이』 제6장 §§2~4를 참조할 것.

5) 니까야의 도처에서 pasāda는 특히 '흔들리지 않는 깨끗한 믿음(avecca-ppasāda)'으로 나타나는데 주로 "그는 부처님께 흔들리지 않는 깨끗한 믿음[淸淨信, aveccappasāda]을 지닌다. '이런 [이유로] 그분 세존께서는 아라한[應供]이시며 … 부처님[佛]이시며, 세존(世尊)이시다.'라고."(M7 §5 등)로 정형화되어 있다.

주석서들은 '혼합된 전체 눈(sasambhāracakkhu)'은 '눈의 감성(cakkhu-pasāda)'을 둘러싸고 있는 다른 여덟 가지 분리할 수 없는 물질과 생명기능[命根] 등을 포함한 전체 안구를 뜻한다고 설명한다.(DhsA.307 = Vis.XIV.48) 그리고 '눈의 감성'은 눈의 알음알이가 일어나는 토대(이고 오문전향(五門轉向)과 눈의 알음알이 등 46가지 마음이 일어나는 문의 역할을 한다. 토대와 문에 대해서는 각각 『아비담마 길라잡이』 제3장 §20 이하와 제3장 §12 이하를 참조하기 바란다. 이처럼 감성의 물질은 알음알이 혹은 마음이 일어나는 물질적인 토대가 되고 문이 된다. 이러한 다섯 가지 감성의 물질을 토대로 하고 문으로 삼아서 알음알이는 대상을 식별하게 된다.

본서는 이러한 다섯 가지 감성의 물질을 §§596~615에서 눈의 감각장소 등으로 설명하고, 이어서 이들 각각의 대상이 되는 형색의 감각장소와 소리의 감각장소와 냄새의 감각장소와 맛의 감각장소까지의 네 가지 대상의 물질들은 §§616~632에서 설명한다.

한편 감촉의 감각장소는 따로 있는 것이 아니라 견고성을 특징으로 하는 땅의 요소와 열성을 특징으로 하는 불의 요소와 유동성을 특징으로 하는 바람의 요소로 구성되어 있고 이 셋은 파생되지 않은 물질이기 때문에 뒤의 §§647~650에서 같은 방법으로 상세하게 설명하고 있다. 이 설명은 13가지 방법 혹은 과정으로 구성되어 있다. 이 13가지는 아비담마의 물질 편에서 감성과 대상의 관계를 설명하는 중요한 설명이다. 이 가운데 눈의 경우를 여기에 인용하면 다음과 같다.

"① 이러한 볼 수 없고 부딪힘이 있는 눈으로, 볼 수 있고 부딪힘이 있는 형색을 ⓐ 보았거나 ⓑ 보거나 ⓒ 볼 것이거나 ⓓ 볼 수 있다."(§596)

"② 이러한 볼 수 없고 부딪힘이 있는 눈에, 볼 수 있고 부딪힘이 있는 형색은 부딪혔거나 부딪히거나 부딪힐 것이거나 부딪힐 수 있다."(§597)

"③ 이러한 볼 수 없고 부딪힘이 있는 눈은, 볼 수 있고 부딪힘이 있는 형색에 부딪혔거나 부딪히거나 부딪힐 것이거나 부딪힐 수 있다."(§598)

<표2.1> 『아비담맛타상가하』에 의한 28가지 물질의 분류

물질(28)	근본물질	구체적 물질	사대(四大)	1	땅의 요소
				2	물의 요소
				3	불의 요소
				4	바람의 요소
	파생된 물질		감성의 물질	5	눈의 감성
				6	귀의 감성
				7	코의 감성
				8	혀의 감성
				9	몸의 감성
			대상의 물질‡	10	형색
				11	소리
				12	냄새
				13	맛
			성의 물질	14	여자의 기능
				15	남자의 기능
			심장의 물질‡	16	심장토대
			생명의 물질	17	생명기능
			음식의 물질	18	영양소
		추상적 물질	한정하는 물질	19	허공의 요소
			암시의 물질	20	몸의 암시
				21	말의 암시
			변화의 물질	22	물질의 가벼움
				23	물질의 부드러움
				24	물질의 적합함
			특징의 물질	25	생성
				26	상속
				27	쇠퇴함
				28	무상함

‡ 감촉은 4대 가운데 땅 · 불 · 바람의 요소이므로 대상의 물질에서 제외됨.

‡ 본 『담마상가니』 에는 심장의 물질인 심장토대가 언급되지 않음.

<표2.2> 『아비담맛타상가하』에 의한 28가지 물질의 도해

"④ 이러한 눈을 의지하고 형색을 의존하여[6] 눈의 감각접촉은 생겼고 생기고 생길 것이고 생길 수 있다. … ⑤ 이러한 눈을 의지하고 형색을 의존하여 눈의 감각접촉에서 생긴 느낌은 … ⑥ 인식은 … ⑦ 의도는 … ⑧ 눈의 알음알이는 생겼고 생기고 생길 것이고 생길 수 있다. …

⑨ 이러한 눈을 의지하고 형색을 대상으로 하는[7] 눈의 감각접촉은 생겼고 생기고 생길 것이고 생길 수 있다. … ⑩ 이러한 눈을 의지하고 형색을 대상으로 하는 눈의 감각접촉에서 생긴 느낌은 … ⑪ 인식은 … ⑫ 의도는 … ⑬ 눈의 알음알이는 생겼고 생기고 생길 것이고 생길 수 있다."(§599)

주석서는 이 과정을 이렇게 정리한다.

"눈이란 것은 '바로 이것이다.'라고 여러 가지 방법으로 보여주시기 위해서 앞의 세 가지와 이들 10가지를 합하여 13가지 해설의 부문을 보여주셨다. 이들 각각에 대해서 네 가지씩 네 가지씩의 분석을 통한 방법에 의해서 52가지 방법으로 장엄을 하여 보여주셨다고 알아야 한다."(DhsA.310)

여기서 네 가지씩은 '형색을 ⓐ 보았거나 ⓑ 보거나 ⓒ 볼 것이거나 ⓓ 볼 수 있는 것' 등을 말한다.

그리고 다섯 가지 대상의 물질도 "① 이러한 볼 수 있고 부딪힘이 있는 형색을, 볼 수 없고 부딪힘이 있는 눈으로 보았거나 보거나 볼 것이거나 볼

---

6) "'눈을 의지하고 형색을 의존하여(cakkhuṁ nissāya rūpaṁ ārabbha)'에서 '눈을 의지하고(cakkhuṁ nissāya)'란 눈을 조건으로 삼아서, '형색을 의존하여(rūpaṁ ārabbha)'는 형색이란 대상에 다가가서, 형색에 대하여(sandhāya), 형색을 반연하여(paṭicca)라는 뜻이다. 이것에 의해서 눈의 감성에 토대하고 있는 감각접촉 등의 먼저 생긴 조건(purejāta-paccaya)에 의해서 눈의 문의 자와나 과정(javana-vīthi)에 속하는 대상을 지배하고 대상을 의지하는 조건들(ārammaṇādhipati-ārammaṇūpanissaya-paccayā)을 통해서 형색의 조건이 됨을 보이셨다."(DhsA.310)

7) "'눈을 의지하고 형색을 대상으로 하는(cakkhuṁ nissāya rūpārammaṇā)' 등의 나머지 다섯 부문에서는 형색이 그것의 대상이다라고 해서 '형색을 대상으로 하는(rūpārammaṇa)'이라 일컬어지는 이러한 대상의 조건만으로 조건이 됨을 보이셨다.
앞의 세 가지(§§596~598)에서처럼 이들 10가지에서도 네 가지씩 네 가지씩의 분석을 통한 방법을 알아야 한다."(DhsA.310)

수 있다.”(§616)라는 등의 형식으로 위의 13가지와 같은 방법으로 분류를 한다. 그래서 주석서는 이렇게 말하고 있다.

“여기서 나머지는 눈의 감각장소의 해설(§§596~599)에서 설한 방법대로 알아야 한다. 단지 거기서는 눈을 앞세운 해설이었고 여기서는 형색을 앞세운 해설이다. 거기서는 ‘~눈은’ 등으로 14가지 이름들이 있었고 여기서는 ‘~형색은’으로 세 가지이다. 나머지는 거기서와 같다. 마치 네 가지씩 네 가지씩의 방법에 의해서 장엄을 한 뒤 눈을 분석하기 위해서 13가지 부문들을 설하셨듯이 여기서도 그와 같이 설하셨다.”(DhsA.318~319)

(6) 근본물질(파생되지 않은 물질)과 파생된 물질

물질을 근본물질(mahā-bhūta)과 파생된 물질(upādāya-rūpa)로 나누어서 설명하는 것은 니까야에서부터 비롯된다. 예를 들면 세존께서는 『맛지마 니까야』 제2권 「소치는 사람의 긴 경」(M33)에서 “비구들이여, 그러면 어떻게 비구는 물질을 아는가? 비구들이여, 여기 비구는 ‘물질은 그것이 어떤 것이건, 모두 네 가지 근본물질[四大]과 그 근본물질에서 파생된 물질들이다.’라고 있는 그대로 꿰뚫어 안다. 비구들이여, 이와 같이 비구는 물질을 안다.”(M33 §17)라고 말씀하신다. 이러한 가르침은 M9 §54, M106 §4, S12:2 §12, A11:18 §5 등에도 나타나고 있다.

사리뿟따 존자도 『맛지마 니까야』 제1권 「코끼리 발자국 비유의 긴 경」(M28)에서 “도반들이여, 무엇이 취착의 [대상인] 물질의 무더기입니까? 네 가지 근본물질[四大]과 그 근본물질에서 파생된 물질들[所造色]입니다.”(M28 §5)라고 설한다.

여기서 ‘근본물질’은 ‘큰 존재’로 직역할 수 있는 mahābhūta를 옮긴 것으로 D11 §67 등 초기불전의 여러 곳에서 땅의 요소, 물의 요소, 불의 요소, 바람의 요소를 네 가지 근본물질[四大, cattāro mahābhūtā]로 정의하고 있다. ‘파생된 물질[所造色]’은 본서의 PTS본과 VRI본 원문에는 모두 upādāya rūpa로 나타난다.[8] 4부 니까야에는 파생된 물질이 무엇인지를 구체적으로 나열하는 가르침은 나타나지 않는다. 파생된 물질은 본서와 같은 논장의 가르침에서 23가지로 정리되고 여기에 심장토대를 넣어서 24가지로 확정이 되었다.

이처럼 경장에서 '네 가지 근본물질[四大]과 그 근본물질에서 파생된 물질들'로 정형화된, 근본물질과 파생된 물질에 관한 말씀은 본서와 『위방가』와 같은 논장의 가르침에서 구체적으로 설명이 되고 『청정도론』과 『앗타살리니』 같은 주석서 문헌에서 최종적으로 정리가 된다. 본서에서 물질은 먼저, "여기서 무엇이 '모든 물질'인가? 네 가지 근본물질[四大]과 네 가지 근본물질로부터 파생된 물질 — 이를 일러 모든 물질이라 한다."(§584)로 설명이 된다. 그리고 두 개 조의 첫 번째 마띠까에서 물질을 '파생된 물질이 있고, 파생되지 않은 물질이 있다.'(Rma-2-1)로 정리한 뒤 두 개 조의 해설에서 파생된 물질(§§596~645)과 파생되지 않은 물질(§§646~651)을 상세하게 분류하고 있다. 물론 여기서 파생되지 않은 물질은 근본물질을 말한다.

본서는 파생되지 않은 물질을 먼저 "감촉의 감각장소와 물의 요소"(§646)로 정리한 뒤 다시 감촉의 감각장소를 "땅의 요소, 불의 요소, 바람의 요소인데 단단하고 부드럽고 매끄럽고 거칠고 즐거운 감각접촉이고 괴로운 감각접촉이고 무겁고 가벼운 것이다."(§647 이하)라고 땅의 요소, 불의 요소, 바람의 요소로 설명하고 있다. 『위방가』(Vbh. §166)에도 같은 설명이 나타난다.

한편 본서 다섯 개 조 물질의 마띠까에서는 "다섯 가지에 의한 물질의 길라잡이가 있다. 땅의 요소, 물의 요소, 불의 요소, 바람의 요소, 파생된 물질이다."(§587, Rma-5)라고 물질을 정의한 뒤 제5장 다섯 개 조의 해설(§§967

8) '파생된 물질[所造色]'은 본서에서처럼 빠알리 문헌 전반에서도 upādāya rūpa로도 나타나고 upādāya-rūpa로도 나타나고 upādā-rūpa로도 나타나는데 PTS본에는 upādāya rūpa로 많이 나타난다. 주석서 문헌과 『빳타나』에는 upādā-rūpa로도 많이 언급된다.

~971)을 통해서 이들을 각각

① "단단한 것과 견고하게 된 것과 단단함과 단단한 성질[堅固性]과 안에 있거나 밖에 있거나 취착되었거나 취착되지 않은 것"(§967)

② "물과 물로 된 것과 액체와 액체로 된 것과 물질의 응집성과 안에 있거나 밖에 있거나 취착되었거나 취착되지 않은 것"(§968)

③ "불과 불로 된 것과 뜨거운 것과 뜨거운 것으로 된 것[熱性]과 따뜻한 것과 따뜻한 것으로 된 것과 안에 있거나 밖에 있거나 취착되었거나 취착되지 않은 것"(§969)

④ "바람과 바람 기운과 물질의 팽창성과 안에 있거나 밖에 있거나 취착되었거나 취착되지 않은 것"(§970)

⑤ "눈의 감각장소 … 덩어리진 [먹는] 음식."(§971)으로 설명하고 있다.

비슷한 설명이 『맛지마 니까야』 제1권 「코끼리 발자국 비유의 긴 경」(M28)에서 사리뿟따 존자의 설명으로도 나타난다. 본경에서 사리뿟따 존자는 한 개체의 안에 있는 내적인 땅의 요소를 "딱딱하고 견고하고 업에서 생긴 것"(§6)으로, 내적인 물의 요소를 "물과 액체 상태로 된 것과 업에서 생긴 것"(§11)으로, 내적인 불의 요소를 "불과 뜨거운 것과 업에서 생긴 것"(§16)으로, 내적인 바람의 요소를 "바람과 바람 기운과 업에서 생긴 것"(§21)으로 설명하고 있다.

네 가지 근본물질에 대한 이러한 설명들을 토대로 『청정도론』은 네 가지 근본물질을 이렇게 정의한다.

"땅의 요소는 딱딱함의 특징을 가지고, 토대의 역할을 하고, 받아들임으로 나타난다. 물의 요소는 흘러내림의 특징을 가지고, 강화하는 역할을 하고, 결합으로 나타난다. 불의 요소는 뜨거움의 특징을 가지고, 소화하는 역할을 하고, 부드러움을 공급함으로 나타난다. 바람의 요소는 팽창의 특징을 가지고, 움직이게 하는 역할을 하고, 전달함으로 나타난다."(Vis.XI.93)

(7) 심장토대는 언급되지 않는다

이렇게 해서 『담마상가니』는 파생되지 않은 물질(근본물질) 두 가지와 파생된 물질 23가지를 합하여 모두 25가지 물질을 밝히고 있다. 감촉의 감각장소를 땅의 요소와 불의 요소와 바람의 요소로 환원하면 27가지 물질이 된다. 『청정도론』과 『아비담맛타상가하』를 비롯한 주석서 문헌들은 모두 28가지의 물질을 들고 있지만 본서에서는 심장토대가 언급되지 않기 때문에 물질은 모두 27가지로 정리하고 있다.

이처럼 본서에는 토대의 물질(vatthu-rūpa), 즉 심장토대(hadaya-vatthu)는 나타나지 않는다. 그러나 『담마상가니 주석서』는 "이 모든 물질은 통합을 통해서 눈의 감각장소로부터 시작해서 덩어리진 [먹는] 음식, 감촉의 감각장소, 물의 요소까지 25가지가 된다. 이것은 토대의 물질(즉 심장토대)과 더불어 26가지가 된다고 알아야 한다. 이와 다른 물질이란 것은 없다."(DhsA.339~340)라고 언급하고 있다.

『앗타살리니』의 이 문맥이나 『청정도론』(Vis.XIV.35~36)과 같은 주석서 문헌들에서 심장토대는 물질에 속하는 고유성질을 가진 법으로 정착이 되어 있다.[9] 이렇게 심장토대를 넣어서 상좌부에서는 물질이라는 법을 모두 28가지로 정착시켰고 『아비담맛타상가하』(『아비담마 길라잡이』)와 같은 후대의 상좌부 아비담마 문헌들도 물질은 28가지라고 확정짓고 있다.[10] 이것은 『앗타살리니』에서 말하는 26가지 물질과 정확하게 일치한다. 이 26가지 물질에 포함된 감촉의 내용이 땅의 요소와 불의 요소와 바람의 요소의 3가지이기 때문에 감촉을 빼고 이들 셋을 넣으면 28가지가 되기 때문이다.

그러면 논장의 칠론에서는 심장토대가 언급이 되지 않는가? 그렇지는 않다고 해야 한다. 칠론의 마지막이면서 빠알리 문헌 가운데서 가장 심오하다고 알려진 『빳타나』에서 심장토대가 간접적으로 언급이 되고 있다. 『빳타

9) 심장토대에 대한 설명은 본서 §595의 주해와 Vis.XIV.60을 참조할 것.

10) 『아비담마 길라잡이』 제6장 §3을 참조할 것.

나』는 이렇게 말한다. "그 물질을 의지하여 마노의 요소[意界]와 마노의 알음알이의 요소[意識界]가 활동하는 그 물질은 마노의 요소와 마노의 알음알이의 요소와 이것과 결합된 법들에게 의지하는 조건으로 조건이 된다."(Ptn1.7)[11]

이처럼 심장토대라는 용어는 사용하지 않지만 마노[意]와 마노의 알음알이[意識]가 의지하는 '그 물질(taṁ rūpaṁ)'로 물질적 토대가 언급이 되고 있으며 주석가들은 이것을 심장토대라고 정의하고 있다. 물질적인 몸을 가지고 있는 모든 존재들에게서 마음이 일어날 때 그 마음은 반드시 육체적인 토대를 가질 수밖에 없다. 예를 들면 눈은 눈의 알음알이가 일어나는 물질적인 토대가 되고 귀는 귀의 알음알이가 일어나는 물질적 토대가 된다. 그와 같이 마노[意]와 마노의 알음알이[意識]가 일어날 때도 반드시 물질적 토대가 있어야 한다. 그렇지 않으면 우리의 의식이 자기 몸과 관계없는 자기 몸의 밖에서 일어나는 황당한 상황이 되어버린다.

이러한 상식적인 이치를 통해서도 전오식과 관계없는 의(意)와 의식(意識)이 의지하는 물질적인 토대는 반드시 있어야 한다. 상좌부 아비담마에서는 이것을 심장에서 찾고 그것을 심장토대라고 부른다. 사실 모든 문명권에서 심장 혹은 염통은 마음과 연결된 것으로 보고 있다. 영어의 *heart*와 산스끄리뜨 hṛdaya(빠알리: hadaya)와 한문의 심장(心臟)은 모두 이 심장을 마음[心]과 연결된 것으로 보는 표현이다.

그러면 심장의 전부가 마노[意]와 마노의 알음알이[意識]가 일어나는 물질적 토대가 되는가? 그렇지는 않다고 해야 한다. 그래서 『청정도론』은 염통(심장, hadaya)을 설명하면서 이 문장을 가져와서 "그 안에는 뿐나가 씨앗의 크기만 한 구멍이 있다. 그 속에 빗방울 반만큼의 피가 있다. 그것을 의지하여 마노의 요소와 마노의 알음알이의 요소가 활동한다."(Vis.VIII.111; VbhA.239)라고 이 심장을 의지하여 있는 심장토대를 설명하고 있다.

---

11) "yaṁ rūpaṁ nissāya manodhātu ca manoviññāṇadhātu ca vattanti, taṁ rūpaṁ manodhātuyā ca manoviññāṇadhātuyā ca taṁsampayuttakānañca dhammānaṁ nissayapaccayena paccayo."(Ptn1.7)

그래서 『청정도론』은 심장토대를 이렇게 정의하고 있다.

"'심장토대(hadaya-vatthu)'는 마노의 요소[意界, mano-dhātu]와 마노의 알음알이의 요소[意識界, manoviññāṇa-dhātu]의 의지처가 되는 특징을 가진다. 그들에게 장소를 제공하는 역할을 가진다. 그들을 지님으로 나타난다. 심장 안에 있는 피를 의지해서 있다. 그 피의 종류에 대해서는 이미 몸에 대한 마음챙김의 주석에서 설했다.(VIII. §111) 그것은 받치는 등의 역할을 하는 근본물질의 도움을 받는다. 그것은 온도와 마음과 음식에 의해 지탱되고 생명기능에 의해서 유지된다. 그것은 마노의 요소[意界]와 마노의 알음알이의 요소[意識界]와 또 이들과 함께하는 법들이 생기는 토대가 된다."(Vis. XVII.60)

그 외 여러 주석서 문헌에서 심장토대는 비슷한 방법으로 정의되고 있으며 상좌부 아비담마에서 고유성질을 가진 물질로 정착이 되었다.

(8) 『담마상가니』 물질 편에서 다루지 않는 내용들

『아비담마 길라잡이』의 공동 역자인 대림 스님과 역자는 『아비담마 길라잡이』 서문에서 상좌부 불교에서 설명하는 물질의 특징을 다음의 일곱 가지로 정리하여 보았다. 그것을 인용하면 다음과 같다.

ⓐ 남방 아비담마에서 물질은 총 28가지로 분류하고 있다.

ⓑ 이 중에서 18가지는 구체적인 물질(nipphanna-rūpa)이라 하고 나머지 10가지는 추상적인 물질(anipphanna-rūpa)이라 한다. 이름이 암시하듯이 구체적인 물질은 업, 마음, 온도, 음식에서 생긴 물질이고 추상적인 물질은 허공, 몸과 말을 통한 암시, 물질의 가벼움, 부드러움, 적합함, 그리고 물질의 생·주·이·멸의 열 가지를 말하며 이 추상적인 것들을 남방 아비담마에서는 물질의 카테고리에 포함시킨다.

ⓒ 물질은 업, 마음, 온도, 음식으로부터 생긴다.

ⓓ 물질에서 반드시 숙지하고 있어야 하는 것이 아위닙보가(avinibbhoga), 즉 분리할 수 없는 것이란 개념이다. 아비담마에서는 사대(四大)와 형색(rūpa), 냄새(gandha), 맛(rasa), 자양분(ojā)의 여덟 가지를 분리할 수 없

는 것이란 용어를 써서 표현하고 있는데 이들은 항상 서로 묶여서 가장 단순한 형태에서부터 아주 복잡한 것에 이르기까지 모든 물질적인 대상에 현현해 있기 때문이다. 이것은 오자 앗타마까(ojaṭṭhamaka, 자양분을 여덟 번째로 한 것)라든가 숫다 앗타까(suddhaṭṭhaka, 순수한 팔원소)라는 등의 용어로도 나타난다.

ⓔ 아비담마에서 현실적으로 물질은 이런 분리할 수 없는 것들이 서로 묶여서 존재한다고 관찰하고 있는데 이렇게 무리 지어서 존재하는 것을 깔라빠(kalāpa)라 부른다. 깔라빠는 물질을 이해하는 가장 중요한 개념이므로 반드시 숙지해야 한다.

ⓕ 그래서 이 세상의 물질은 아주 다양한 것처럼 보이지만 아비담마에서 물질의 유형, 즉 깔라빠는 오직 21가지뿐이라고 한다. 삼계의 모든 물질은 제 아무리 많아도 21가지 형태뿐이다. 그중에서도 나의 외부에 있는 깔라빠는 오직 두 가지뿐이다.

ⓖ 이 가운데서 9가지는 업에서 생긴 것이요, 6가지는 마음에서 생긴 것이요, 4가지는 온도에서 생긴 것이요, 2가지는 음식에서 생긴 것이다. 물질은 이것뿐이다. 물론 이 가운데 겹치는 것도 있다. 『아비담마 길라잡이』 제6장 §§9~15를 참조해서 음미해 보기 바란다.

이런 특징을 바탕으로 본서 제2편 물질 편에서 언급되지 않는 점들을 살펴보면 다음과 같다.

① VRI본 CD-ROM으로 검색을 해보면 『담마상가니』 제2편 물질 편을 비롯한 상좌부 논장의 칠론에는 물질을 '구체적인 물질(nipphanna-rūpa)'과 '추상적인 물질(anipphanna-rūpa)'로 분류하는 방법이 언급되지 않는다. 이런 개념은 『앗타살리니』나 『청정도론』 같은 주석서 문헌들 이후부터 나타나고 있다.

② 마치 화학에서 물질은 원자 상태로는 존재할 수 없고 분자 상태로만 존재한다고 설명하듯이 상좌부 아비담마에서도 물질은 고유성질을 가진 물질이 개별적으로는 존재할 수 없고 무리 지어 존재하는데 이러한 물질의 무

리를 상좌부 아비담마에서는 '깔라빠'라 부른다. 물질은 최소로 사대(四大)와 형색, 냄새, 맛, 자양분의 여덟 가지가 무리 지어 존재하는데 이러한 여덟 가지를 '분리할 수 없는 물질'이라 한다. 그리고 이 여덟 가지로만 구성된 깔라빠를 '순수한 팔원소'라고 표현하기도 한다. 모든 깔라빠는 이들 여덟 가지를 기본으로 하고 그 깔라빠의 특성에 따라 다른 물질을 더 가지게 된다. 그래서 여기에다 다른 하나가 더 붙으면 구원소(navaka)가 되고 다시 하나가 더 붙으면 십원소(dasaka)가 되고 하는 것이다.

그런데 VRI본 CD-ROM으로 검색을 해보면 『담마상가니』를 비롯한 상좌부 논장의 칠론에는 '깔라빠'라는 용어와 개념도 나타나지 않고 '순수한 팔원소(suddhaṭṭhaka)'나 '분리할 수 없는 물질(avinibbhoga)'이라는 용어와 개념도 나타나지 않는다. 이러한 개념과 용어도 주석서 문헌에서부터 등장하는 것으로 보인다. 경에서 깔라빠(kalāpa)라는 단어는 주로 활과 화살통(dhanu-kalāpa, D23 §23; M86 §4; A5:76 등)이나 풀 더미(tiṇa-kalāpa, S41:4)를 뜻하고 같은 단어에서 파생된 kalāpi는 갈대 다발(nala-kalāpi, S12:67)이나 보릿단(yava-kalāpi, S35:248)을 뜻한다. 경에서도 깔라빠가 물질의 무리를 뜻하는 용어로 쓰인 경우는 없다.

③ 『담마상가니』 물질 편을 비롯한 상좌부 논장의 칠론에는 물질이 일어나는 네 가지 원인에 대한 언급이 없다. 몸의 암시와 말의 암시는 마음에서 생긴(citta-samuṭṭhāna) 물질이라고 정의하지만(§666) 물질이 일어나는 원인으로 업, 마음, 온도, 음식을 들어서 체계적으로 설명하는 곳은 없는 것으로 조사된다. 그러므로 업에서 생긴(kamma-samuṭṭhāna) 물질이나 온도에서 생긴(utu-samuṭṭhāna) 물질이나 음식에서 생긴(āhāra-samuṭṭhāna) 물질과 같은 용어와 개념도 주석서 이후의 문헌에서 나타나고 있다고 해야 할 것 같다.

(9) 맺는말

이상으로 물질 편을 개관해 보았다. 여기서 보듯이 본서의 물질 편은 25가지 혹은 27가지 물질을 정의하고 설명하고 있지만 이들의 관계를 『아비담마 길라잡이』 제6장 물질의 길라잡이나 『담마상가니 주석서』에서 설명하는 방식으로 물질을 정의하고 설명하는 데 초점을 맞추지 않는다. 한 개 조부터 열한 개 조까지에 포함된 279가지 물질의 마띠까를 제시하고 이 마띠까를 통해서 물질이라는 법들을 갈무리하고, 물질의 법들을 분류하고 사유하고 음미하는 데 초점을 맞추고 있다고 볼 수 있다. 그러므로 물질 편도 법의 전문가를 위한 것이라고 할 수 있다.

본서 제1편 마음의 일어남 편이 심-심소의 법들이 펼치는 4막으로 구성된 합창 교향곡이라 한다면 제2편은 25명 혹은 27명의 발레단 무용수들이 11개의 막에 279개 장으로 구성된 대본에 따라 펼치는 발레에 비유할 수 있지 않을까 생각해 본다.

4. 제3편 간결한 설명 편

(1) 왜 간결한 설명 편(Nikkhepa-kaṇḍa)이라 부르는가

『담마상가니』 제3편은 간결한 설명 편이라 불린다. 여기서 '간결한 설명'은 nikkhepa를 옮긴 것인데 이 단어는 ni(아래로) + √kṣip(*to throw*)에서 파생된 명사로 '버림, 내려놓음' 등을 뜻한다. PED는 '*putting down, casting off, discarding, giving up, renunciation*' 등으로 옮기고 있다. 니까야에서는 시체를 안치함(kaḷevarassa nikkhepa, D22, M9, S12:2 등)이나 몸을 버림(sarīra-nikkhepa, D17) 등의 문맥에서 드물게 나타난다.

nikkhepa는 논장의 『위방가』에도 시체를 안치함(kaḷevarassa nikkhepa, Vbh. §193과 §236)으로 나타나는 경우를 제외하고는 본문 안에서 발견되지 않는다. 이 단어는 빠알리 논장의 칠론 가운데 본서의 본편에서만, 그것도 본편의 제목과 소제목으로만 쓰이고 있는 것으로 조사가 된다. 역자는 아래에서 인용하는 주석서와 복주서의 설명을 참조하여 이 용어를 '간결한 설명'으로 옮겼다. PED에도 '간결한 설명'으로 옮길 수 있는 '*abstract of summary treatment*'라는 설명을 *s.v.* nikkhepa의 의미로 추가하고 있다. 리스 데이비즈 여사는 *elimination*(제거, 배제)으로 옮겼고 주해에서 *rejection*(거절)으로 옮겼다.(리스 데이비즈, 250쪽 참조) 역자도 처음에는 사전적 의미를 존중하고 리스 데이비즈 여사의 영역을 참조하여 '배제 편'으로 옮겼지만 주석서와 복주서의 설명을 참조하고 '간결한 설명 편'으로 옮겨야 한다는 대림 스님의 의견을 존중하여 간결한 설명 편으로 정착을 시켰다.

그러면 왜 전통적으로 본편의 명칭을 '간결한 설명 편', 즉 nikkhepa-kaṇḍa로 붙였을까? 『담마상가니』의 주석서와 복주서의 설명은 그 이유를 분명하게 알게 해준다. 『담마상가니』의 주석서인 『앗타살리니』와 복주서인 『담마상가니 물라띠까』의 설명을 통해서 그 이유를 살펴보자. 『앗타살리니』는 이렇게 말한다.

"지금까지 [제1편과 제2편에서는 『담마상가니』 마띠까 가운데 첫 번째 마띠까인] 유익함의 세 개 조(ma-3-1)를 상세하게 설명하였다. 그것은 유익한 것 등의 모든 법들을 단어를 분석하는 방법을 통해서였다. 유익함의 세 개 조를 분석하는 방법이 이와 같이 설해졌기 때문에 [마띠까 가운데] 나머지 세 개 조와 두 개 조도 이러한 방법을 적용시켜 설명하게 된다.

그러면 현자들은 유익함의 세 개 조(ma-3-1)를 분석하는 이러한 방법을 여기 [제3편]에서도 적용하여, "무엇이 즐거운 느낌과 결합된 법들인가? 기쁨이 함께하고 지혜와 결합되고, 형색을 대상으로 하거나 소리를 대상으로 하거나 냄새를 대상으로 하거나 맛을 대상으로 하거나 감촉을 대상으로 하거나 법을 대상으로 하거나 그 어떤 것을 대상으로 하여 욕계에 속하는 유익한 마음이 일어날 때 … 그 밖에 그때에 느낌의 무더기는 제외하고, 조건 따라 일어난[緣起] 비물질인 다른 법들도 있다. — 이것이 '즐거운 느낌과 결합된 법들'이다."(*cf.* §988)라는 등의 순서로 [남은] 모든 세 개 조와 두 개 조들을 주도면밀하게 설명할 수 있을 것이다."(DhsA.343)

아비담마에 의하면 느낌은 모든 마음이 일어날 때 반드시 함께 일어나는 '반드시들'에 속한다.(여기에 대해서는 『아비담마 길라잡이』 제2장 §2의 해설을 참조할 것.) 그러므로 본서의 세 개 조 마띠까 가운데 두 번째인 즐거운 느낌과 결합된 것의 세 개 조(ma3-2-a)에 대해서도 첫 번째 마띠까의 경우처럼 제1편의 §§1~57, 더 확장하면 §§1~145처럼, 더 확장하면 제1편에 나타난 212,021개의 마음 모두에 적용하여 설명할 수 있으며, 같은 방법으로 나머지 모든 마띠까들도 이와 같이 상세하게 설명할 수 있다는 말이다. 이렇게 되면 『담마상가니』는 헤아릴 수 없이 많은 내용을 담게 될 것이다. 계속해서 주석서는 이렇게 말한다.

"그러나 여기서는 이러한 상세한 가르침(vitthāra-desana)을 간결하게 한 뒤(nikkhipitvā) 이와는 다르게 너무 간략하지도 않고 너무 상세하지도 않은 방법(nātisaṅkhepa-nātivitthāra-naya)으로 [마띠까의] 세 개 조와 두 개 조로 정리된 모든 법들의 분류를 보여주기 위해서 '무엇이 유익한 법들인가?'라고 '간결한 설명 편'을 시작하셨다."(DhsA.343)

만일 제1편에서 상세하게 설명한 이런 방법으로 남은 163개 『담마상가니』 마띠까 전체나 혹은 범위를 좁혀서 남은 아비담마 마띠까 121개에 적용하여 설명을 하게 되면 그 분량은 실로 헤아리기 힘들 정도에 달할 것이다. 그러면 어떻게 남은 마띠까들을 간단하면서도 일목요연하게 설명해 낼 수 있을까? 위에서 인용한 주석서의 이러한 설명은 『담마상가니』 제3편이 이런 고민에서부터 출발하였음을 암시하고 있다. 그래서 주석서는 본서 제3편은 "상세한 가르침을 간결하게 한 뒤 이와는 다르게 너무 간략하지도 않고 너무 상세하지도 않은 방법으로" 마띠까들을 설명하고 있다고 결론짓는다. 그래서 제3편의 이름을 '간결한 설명 편'이라고 붙였다고 주석서는 말하고 있는 것이다. 계속해서 주석서는 이렇게 말한다.

"[본서의 제1편인] 마음의 일어남 편은 상세한 가르침(vitthāra-desanā)이고 [제4편인] 주석 편은 간략한 가르침(saṅkhepa-desanā)이다. 그러나 [제3편인] 이 간결한 설명 편은 마음의 일어남 편에 비하면 간략하고 주석 편에 비하면 상세하기 때문에 간략하고 상세한 요소를 가진 것(saṅkhitta-vitthāra-dhātuka)이다. 그래서 이것은 ① 상세한 가르침을 간결하게 설명하였다(vitthāradesanaṁ nikkhipitvā desitatta)고 해서, 그리고 ② 바로 위에서 설명한 이유를 통해서 간결한 설명 편이라 한다고 알아야 한다." (DhsA.344)

이처럼 주석서는 왜 본편을 간결한 설명 편이라 하는지를 명쾌하게 설명하고 있다. 그러면 제3편 간결한 설명 편은 마띠까들을 어떻게 간결하게 설명하고 있는가? 주석서는 여덟 가지를 통해서 간결하게 설명한다고 다음과 같이 게송으로 먼저 그 여덟 가지를 밝힌다.

"이렇게 말씀하셨다. —

① 뿌리(mūla)를 통해서 ② 무더기(khandha)를 통해서
③ 문(dvāra)을 통해서 ④ 경지(bhūmi)를 통해서
⑤ 뜻(attha)을 통해서 ⑥ 법(dhamma)을 통해서
⑦ 이름(nāma)을 통해서 ⑧ 성(性, liṅga)을 통해서
간결하게 설하셨기 때문에(nikkhipitvā desitattā)
간결함(nikkhepa)이라고 일컬어진다."(DhsA.344)

계속해서 주석서는 이 여덟 가지에 해당하는 본품의 예를 들어서 다음과 같이 설명을 이어가고 있다.

""세 가지 유익함의 뿌리[善根]"(§985)라는 등의 방법을 통해서는 ① '뿌리를 통해서' 간결하게 한 뒤 설하셨다.

"이것과 결합된 느낌의 무더기"(§985)에서는 ② '무더기를 통해서' 설하셨다.

"그것에서 생긴 몸으로 짓는 업"(§985)에서는 ③ '문을 통해서 설하셨다. 몸의 문에서 일어난 업을 몸으로 짓는 업이라 부르기 때문이다.

"즐거운(행복한) 경지인 욕계에서"(§988)에서는 ④ '경지를 통해서 설하셨다.

그리고 [본편의] 여기저기서 ⑤ 뜻과 ⑥ 법과 ⑦ 이름과 ⑧ 성(性)을 통

해서 [간결하게] 설하셨기 때문에 ⑤ 뜻 등을 통해서 간결하게 설하신 것이라고 알아야 한다."(DhsA.344)

한편『담마상가니』의 복주서인『담마상가니 물라띠까』도 같은 방법으로 이 여덟 가지를 설명하고 있는데 이 가운데 ⑤ 뜻과 ⑥ 법과 ⑦ 이름과 ⑧ 성에 관한 설명을 옮겨보면 다음과 같다.

"여기서 뜻은 원인의 결과이고 법은 원인이다.

그러므로 "세 가지 유익함의 뿌리"(§985)나 "세 가지 해로움의 뿌리"(§986)라는 등에 의해서 원인을 통해서 조합한 것은 ⑥ '법을 통해서' 간결하게 설하신 것이다.

"이들로부터 생긴"(§985)이나 "이들과 함께 작용하는 오염원들"(§986)이라는 등에 의해서 원인의 결과를 통해서 조합한 것은 ⑤ '뜻을 통해서' 간결하게 설하신 것이다.

혹은, 법은 설해진 것을 말하고 뜻은 설해진 것의 뜻을 말한다. [예를 들면] "세 가지 유익한 원인"(§1059)이라는 구절은 법을 말씀하신 것이다. "여기서 무엇이 '세 가지 유익한 원인'인가? 탐욕 없음, 성냄 없음, 어리석음 없음이다."(§1060)라는 구문은 뜻을 말씀하신 것이기도 하고 법을 말씀하신 것이기도 하다. "여기서 무엇이 '탐욕 없음'인가?"(§1061)라는 등은 뜻을 말씀하신 것이다. 이처럼 뜻과 법을 통해서 간결하게 설명하신 것을 알아야 한다.

⑦ '이름을 통해서'라는 것은 "세 가지 유익함의 뿌리"(§985)라고 말씀하신 법들의 탐욕 없음 등의 이름을 통해서 [간결하게 말씀하셨다는 말이다.]

⑧ '성을 통해서'라는 것은 하나의 법에 대해서 드러내어서 설명하신 "탐욕 없음, 탐하지 않음, 탐하지 않는 상태"(§1061)라는 단어들의 남성 · 여성 · 중성의 성을 통해서[12] [간결하게 말씀하신 것이다.]"(DhsAMṬ.17)

---

12) 여기서 '탐욕 없음'으로 옮긴 alobho는 남성명사이고 '탐하지 않음'으로 옮긴 alubbhanā는 여성명사이며 '탐하지 않는 상태'로 옮긴 alubbhitatta는 중성명사이다. 이처럼 본편 §1061 등에서 특정한 용어를 설명하면서 나열하

여기서 보듯이 『담마상가니 물라띠까』는 본 게송을 설명하면서 ni+√kṣip(*to throw*)의 동명사인 nikkhipitvā(간결하게 하여)를 축약하여(간략하게 하여, saṅkhipitvā)라는 단어를 사용하여 설명하고 있다. '축약하여'로 옮긴 saṅkhipitvā는 '간결한'으로 옮긴 nikkhipitvā와 같은 어근인 √kṣipa(*to throw*)에다 접두어 saṁ을 붙인 saṁkhipati의 동명사이다. PED는 이것의 명사인 saṅkhepa를 '*abridgment, abstract, condensed account* (opp. vitthāra)'로 설명하고 있듯이 축약이나 간략함을 뜻한다. 그리고 같은 saṁ+√kṣip에서 파생된 과거분사 saṅkhitta는 초기불전의 여러 곳에서 "요컨대(간략하게 말하면) 취착의 [대상이 되는] 다섯 가지 무더기[五取蘊]들 자체가 괴로움이다."[13]로 나타나기도 한다. 이러한 복주서의 설명을 통해서도 nikkhepa는 '간결함'으로 옮기는 것이 타당하고 nikkhepa-kaṇḍa는 '간결한 설명 편'으로 옮기는 것이 옳다 하겠다.

(2) 간결한 설명 편의 구성

제3편 간결한 설명 편은 『담마상가니』 첫머리에서 확립한 22개의 세 개 조의 마띠까와 142개의 두 개 조의 마띠까를 합한 164개의 마띠까를 전부 설명하는 편이다. 그래서 본편은 제1장 세 개 조에 대한 간결한 설명(§§985~1058)과 제2장 두 개 조에 대한 간결한 설명(§§1059~1383)으로 구성되어 있다.

제2장 두 개 조에 대한 간결한 설명은 다시 ① 원인의 모둠에 대한 간결한 설명(§§1059~1088) ② 틈새에 있는 짧은 두 개 조에 대한 간결한 설명(§§1089~1101) ③ 번뇌의 모둠에 대한 간결한 설명(§§1102~1117) ④ 족쇄

고 있는 단어들의 성(liṅga)을 통해서 간결하게 말씀하신 것을 뜻한다. 부연하자면, 모든 빠알리어 명사나 대명사는 성(性)과 수(數)와 격(格)을 가진다. 성에는 남성・여성・중성이 있고, 수는 단수와 복수(산스끄리뜨는 단수・양수・복수로 구분됨)로 나누어지고, 격은 주격부터 호격까지의 8격으로 구분이 된다. 이 가운데 여기서는 성을 언급하고 있다.

13) "saṅkhittena pañcupādāna-kkhandhā dukkhā."(M9 §15 등)

의 모둠에 대한 간결한 설명(§§1118~1139) ⑤ 매듭의 모둠에 대한 간결한 설명(§§1140~1155) ⑥ 폭류의 모둠에 대한 간결한 설명(§1156) ⑦ 속박의 모둠에 대한 간결한 설명(§1157) ⑧ 장애의 모둠에 대한 간결한 설명(§§1158~1179) ⑨ 집착[固守]의 모둠에 대한 간결한 설명(§§1180~1190) ⑩ 틈새에 있는 긴 두 개 조에 대한 간결한 설명(§§1191~1218) ⑪ 취착의 모둠에 대한 간결한 설명(§§1219~1234) ⑫ 오염원의 모둠에 대한 간결한 설명(§§1235~1260) ⑬ 마지막 두 개 조에 대한 간결한 설명(§§1261~1302) ⑭ 경장의 두 개 조에 대한 간결한 설명(§§1303~1383)으로 구성되어 있다.

(3) 간결한 설명 편의 설명 방법

『담마상가니』 모두(冒頭)에 실려 있는 164개의 전체 마띠까 가운데 142개의 두 개 조 마띠까는 어떤 일관성을 가지고 모았다고 할 수 있다. 두 개 조 마띠까 가운데 ③ 번뇌의 모둠 ④ 족쇄의 모둠 ⑤ 매듭의 모둠 ⑥ 폭류의 모둠 ⑦ 속박의 모둠 ⑧ 장애의 모둠 ⑨ 집착[固守]의 모둠 ⑪ 취착의 모둠 ⑫ 오염원의 모둠의 9가지 모둠(곳차까, gocchaka)은 불선법들의 모둠이다. 여기에 ① 원인의 모둠을 더하면 두 개 조에는 모두 10개의 모둠이 들어있다.

이러한 10가지 모둠을 구성하고 있는 여섯 개의 마띠까는 예외도 있지만 다음과 같은 여섯 가지 형식으로 구성되어 있다.14)

1. X인 법들
   X가 아닌 법들
2. X의 대상인 법들
   X의 대상이 아닌 법들
3. X와 결합된 법들

14) 이 10가지 모둠을 비롯한 『담마상가니』 두 개 조 마띠까의 구성과 특징 등에 대해서는 본서 제1권 해제 §3-(3) 『담마상가니』 마띠까의 구성 가운데 ④ 두 개 조 마띠까에 담긴 10가지 모둠의 특징과 ⑤ 대립구조로 구성된 두 개 조 마띠까를 참조할 것.

X와 결합되지 않은 법들

4. X이면서 X의 대상인 법들
   X의 대상이지만 X가 아닌 법들
5. X이면서 X와 결합된 법들
   X와 결합되었지만 X가 아닌 법들
6. X와 결합되지 않았지만 X의 대상인 법들
   [X와 결합되지 않았으면서] X의 대상이 아닌 법들

본 간결한 설명 편은 이러한 10가지 모둠 가운데 첫 번째 논의의 주제인 'X인 법들'을 설명하면서 먼저 "무엇이 X인 법들인가?"라는 질문을 제기한 뒤 이 질문에 답하는 형식으로 모든 모둠에 나타나는 이 X인 법들을 설명하고 있다.

이렇게 하여 두 개 조의 14가지 범주 가운데 첫 번째요 10가지 모둠 가운데 첫 번째 모둠인 원인의 모둠(ma2-1~6)의 주제어인 '원인(hetu)'은 본편의 §1059에서 "① 세 가지 유익한 원인, ② 세 가지 해로운 원인, ③ 세 가지 결정할 수 없는[無記] 원인, ④ 아홉 가지 욕계에 속하는 원인, ⑤ 여섯 가지 색계에 속하는 원인, ⑥ 여섯 가지 무색계에 속하는 원인, ⑦ 여섯 가지 [세간에] 포함되지 않는 원인"의 일곱 가지로 정의되고 이것은 그다음의 §§1060~1077에서 구체적으로 하나하나 설명이 되고 있다.

같은 방법으로 두 개 조의 세 번째 범주요 10가지 모둠 가운데 두 번째인 번뇌의 모둠(ma2-14~19)에서 번뇌는 "감각적 쾌락의 번뇌, 존재의 번뇌, 사견의 번뇌, 무명의 번뇌"(§1102)의 네 가지 번뇌로 정의가 되고 이것은 §1103 이하에서 하나하나 설명된다.

네 번째 범주요 세 번째 모둠인 족쇄의 모둠(ma2-20~25)에서 족쇄는 "감각적 쾌락에 대한 갈망의 족쇄, 적의의 족쇄, 자만의 족쇄, 견해의 족쇄, 의심의 족쇄, 계행과 의례의식에 대한 집착[固守]의 족쇄, 존재에 대한 갈망의 족쇄, 질투의 족쇄, 인색의 족쇄, 무명의 족쇄"(§1118)의 10가지 족쇄로 정의가 되고 이것은 §1119 이하에서 하나하나 설명된다.

다섯 번째 범주요 네 번째 모둠인 매듭의 모둠(ma2-26~31)에서 매듭은 "① 간탐의 몸의 매듭 ② 악의의 몸의 매듭 ③ 계행과 의례의식에 대한 집착의 몸의 매듭 ④ 이것만이 진리라고 천착하는 몸의 매듭"(§1140)의 네 가지 몸의 매듭으로 정의가 되고 이것은 §1141 이하에서 하나하나 설명된다.

같은 내용을 담고 있는 여섯 번째 범주인 폭류의 모둠(ma2-32~37)과 일곱 번째 범주인 속박의 모둠(ma2-38~43)은 반복되는 부분(peyyāla)의 생략으로 편집되어 있다.

여덟 번째 범주요 일곱 번째 모둠인 장애의 모둠(ma2-44~49)에서 장애는 "① 감각적 쾌락에 대한 욕구의 장애 ② 악의의 장애 ③ 해태와 혼침의 장애 ④ 들뜸과 후회의 장애 ⑤ 의심의 장애 ⑥ 무명의 장애"(§1158)의 여섯 가지 장애로 정의가 되고 이것은 §1159 이하에서 하나하나 설명된다.

아홉 번째 범주요 여덟 번째 모둠인 집착의 모둠(ma2-50~54)에서 집착[固守]은 "견해의 집착"(§1180) 한 가지로 정의가 되며 §1181에서 설명이 된다.

열한 번째 범주요 아홉 번째 모둠인 취착의 모둠(ma2-69~74)에서 취착은 "① 감각적 쾌락에 대한 취착[欲取], ② 견해에 대한 취착[見取], ③ 계행과 의례의식에 대한 취착[戒禁取], ④ 자아의 교리에 대한 취착[我語取]"(§1219)의 네 가지로 정의가 되며 §1220 이하에서 하나하나 설명된다.

열두 번째 범주요 열 번째 모둠인 오염원의 모둠(ma2-75~82)에서 오염원은 "① 탐욕 ② 성냄 ③ 어리석음 ④ 자만 ⑤ 사견 ⑥ 의심 ⑦ 해태 ⑧ 들뜸 ⑨ 양심 없음 ⑩ 수치심 없음이다."(§1235)의 열 가지 오염원의 토대로 정의되며 §1236 이하에서 하나하나 설명된다.

이처럼 본편은 원인의 모둠과 아홉 가지 불선법들의 모둠으로 구성된 마띠까를 설명하면서 10개의 각 모둠에서 똑같은 방식으로 먼저 X라는 특정한 법을 정의하고 이들을 제1편과 제2편에서 정의하고 설명했던 방식으로 하나하나 설명하고 있다.

이 방법은 세 개 조 마띠까에도 나타나는데 여덟 번째 세 개 조 마띠까의 첫 번째 논의의 주제인 '봄으로써 버려야 하는 법들'(ma3-8-a)의 설명에서도 적용된다. 여기서도 먼저 §1006에서 봄으로써 버려야 하는 법들을 "① [불변하는] 자신이 존재한다는 견해 ② 의심 ③ 계행과 의례의식에 대한 집착"의 세 가지 족쇄라고 정의한 뒤 §1007 이하에서 세 가지 족쇄의 정형구와 제1편과 제2편에서 법들을 정의하는 방법을 사용하여 하나하나 설명한다.

이러한 방법이 본편에서 마띠까들을 설명하는 가장 기본적인 방법이라 할 수 있다.

그러면 어떤 방식으로 각 모둠의 주제어가 되는 이러한 용어들을 설명하는가? 제1편 마음의 일어남 편의 해설 부분을 가져와서 그대로 적용하는 경우도 드물게 있지만 대부분의 설명에는 각 모둠의 주제어에 적합한 설명이 더 첨가된다. 즉 제1편에 나타난 특정 용어의 설명 앞에다 특정한 마띠까의 논의의 주제에 적용되는 설명을 더 첨가하여 제시하고 있다.

예를 들면 원인의 모둠에 속하는 본편 §1063에서 세 가지 유익한 원인 가운데 '어리석음 없음'을 설명하면서 먼저 "괴로움에 대한 지혜, 괴로움의 일어남에 대한 지혜, 괴로움의 소멸에 대한 지혜, 괴로움의 소멸로 인도하는 도닦음에 대한 지혜, 과거에 대한 지혜, 미래에 대한 지혜, 과거와 미래에 대한 지혜, 이것에게 조건이 되는 [법들]과 조건 따라 일어난 법들에 대한 지혜"라는 여덟 가지 지혜를 먼저 드러낸다. 그런 다음에 "이런 형태의 통찰지, 통찰함 … 법의 간택, 바른 견해 — 이를 일러 어리석음 없음이라 한다."로 제1편 §13 등에 나타나는 어리석음 없음의 설명을 덧붙이고 있다.

이처럼 제1편에 나타난 어리석음 없음의 설명 앞에다 원인의 모둠 가운데 유익한 원인으로서의 어리석음 없음에 적용되는 여덟 가지 지혜의 정형구를 더 첨가하여 제시하고 있다.

같은 방법으로 §1067에서는 이와 반대가 되는 세 가지 해로운 원인 가운데 '어리석음'을 설명하면서 "괴로움에 대한 무지 … 이것에게 조건이 되는 [법들]과 조건 따라 일어난 법들에 대한 무지"라고 여덟 가지 무지의 정형구를 먼저 밝힌 뒤에 "이런 형태의 무지함, 견이 없음 … 무명의 장벽, 어리석음이라는 해로움의 뿌리 — 이를 일러 어리석음이라 한다."라는 제1편 §390의 설명을 넣어서 정리하고 있다.

그리고 이러한 본편의 '어리석음'에 대한 설명은 번뇌의 모둠에서 무명의 번뇌를 설명하는 §1106의 내용으로도, 무명의 족쇄를 설명하는 §1128의 내용으로도, 무명의 장애를 설명하는 §1168의 내용으로도, 오염원의 모둠에서 어리석음을 설명하는 §1238의 내용으로도 동일하게 적용되어 나타나고 있다.

그 외에도 §1105에서 '사견의 번뇌'를 설명하면서 "'세상은 영원하다.'라거나 … '여래는 사후에 존재하는 것도 아니고 존재하지 않는 것도 아니다.'라는 것"으로 정의되는 10가지 설명할 수 없음[無記]의 정형구를 먼저 든 뒤에 제1편 §381의 그릇된 견해의 설명을 덧붙여서 마무리하고 있다.
본편에서 두 개 조 마띠까의 열 가지 모둠의 주제어를 설명하는 방법과 세 개 조 마띠까의 봄으로써 버려야 하는 법 등을 설명하는 방법은 모두 이러한 방법으로 전개가 된다. 이러한 방법은 제4편 주석 편의 설명 방법과 비교해 보면 본편의 가장 두드러진 특징으로 드러난다. 그리고 본 간결한 설명 편에 나타나는 이러한 설명은 『위방가』에도 똑같이 나타나는 경우가 많은 것으로 조사된다.

이처럼 10개의 모둠에서 특정한 용어를 먼저 정의하고 이들을 차례대로 설명하는 방법은 제2편 물질 편에도 그대로 나타난다. 예를 들면 제2편 물질 편의 제2장 두 개 조의 해설 가운데 (1) 파생된 물질의 분류에서 파생된 물질을 분류하면서 §595에서 '파생된 물질'을 "눈의 감각장소 … 덩어리진 [먹는] 음식"의 23가지 파생된 물질로 정의하고 그다음의 §§596~645에서 이들을 하나하나 설명하는 방법으로 해설을 전개하고 있다. 그리고 (2) 파생되지 않은 물질의 분류에서도 먼저 §646에서 "감촉의 감각장소와 물의 요소"로 먼저 파생되지 않은 물질, 즉 근본물질을 정의하고 그다음의 §§647~651에서 이들을 설명하고 있다.

이와 같이 본서 제1편과 제2편과 제3편은 같은 체계로 짜여있다. 이것은 특히 제4편 주석 편과 비교해 보면 더 분명하다. 여기에 대해서는 아래 주석 편에 대한 해제를 참조하기 바란다.

5. 제4편 주석 편

(1) 주석 편과 주석서는 다르다

『담마상가니』의 마지막 편에 해당하는 제4편은 주석 편(Aṭṭhakathā-kaṇḍa)이라 한다. 여기서 '주석'으로 옮긴 원어는 앗타까타(aṭṭhakathā)이다. attha는 여러 가지 용도로 쓰이지만 여기서는 뜻이나 의미나 취지를 나타낸다. PED의 설명처럼 이런 용도로 쓰이는 attha가 합성어에서는 aṭṭha로 표기되는데 이 단어와 √kath(*to talk*)에서 파생된 여성명사 kathā가 합성이 되어 '뜻을 설명함'이라는 일차적인 의미를 가진 앗타까타(aṭṭhakathā)가 되었다. 앗타까타는 빠알리 주석서 문헌들을 뜻하는 용어로 쓰이고 있는 바로 그 단어이기도 하다.

그런데 편의 이름이 주석서를 뜻하는 앗타까타로 되어있으니까 이 제4편 주석 편은 후대의 주석서 문헌들(Aṭṭhakathā), 특히 『담마상가니 주석서』와 관련이 있는 것이 아닌가 하는 오해를 불러일으킬 수도 있을 것이다. 『담마상가니 주석서』 등의 주석서 문헌들은 본 주석 편을 의미를 드러냄[義要, atthuddhāra]으로 부르고 있으며(DhsA.6, 아래 해제 (3)을 참조할 것.) VRI본 『담마상가니』에도 본 주석 편의 세 개 조 마띠까의 제목은 tika-atthuddhāra(세 개 조의 의미를 드러냄)로 나타나고(§1384 앞) 두 개 조 마띠까는 duka-atthuddhāra(두 개 조의 의미를 드러냄)로 표기되어 있는데(§1441 앞) 이런 오해를 씻기 위한 것이 아닐까 생각한다. 그리고 리스 데이비즈 여사는 그의 영역본에서 이 주석 편을 옮기지 않고 부록 I(APPENDIX I)에서 간략한 설명을 덧붙이는 것으로 대체를 하였는데(리스 데이비즈 360쪽 이하) 이러한 영향 때문이 아니었을까 여겨진다.

그러면 과연 이 주석 편은 주석서 문헌(Aṭṭhakathā)과 관계가 있는 것일까? 결론적으로 말하면 그렇지 않다고 해야 한다. 주석서의 설명처럼

(DhsA.409) 이것은 ① 삼장에 담겨있는 부처님의 가르침의 의미(attha)를 뽑아내어 마띠까의 의미를 명확하게 설명한 것이고 ② 사리뿟따 존자가 제3편 간결한 설명 편의 의미(attha)를 더 분명하게 밝히기 위해서(uddhāra) 지은 것이기 때문에 앗타까타(atthakathā)로 편의 이름을 붙인 것이다. 이처럼 이름만 같을 뿐이지 주석 편과 주석서 문헌들은 서로 연관이 없다. 주석서는 이 주석 편의 기원을 사리뿟따 존자로 보고 있다.

이 주석 편은 문장의 스타일이나 담고 있는 내용 등으로 볼 때도 『위방가』의 각 장에 나타나는 질문을 제기함 품(Pañhāpucchaka)들에 견주어 볼 수 있다. 『위방가』의 전체 18장 가운데 14개의 장에 나타나는 질문을 제기함 품들이 『위방가』를 구성하는 중요한 부분이듯이 이 주석 편도 『담마상가니』를 구성하는 중요한 부분이다. 그리고 본 『담마상가니』의 주석 편에는 두 개 조의 마띠까 가운데 경장의 두 개 조 마띠까 42개에 대한 설명은 나타나지 않는다. 이처럼 주석 편은 『담마상가니』 마띠까 가운데 아비담마 마띠까 122개의 의미(attha)에 대한 본격적인 아비담마적인 설명(kathā)이라 할 수 있다. 그래서 전통적으로 본편을 '의미를 드러냄[義要, atthuddhāra] 편'이라고도 불렀다.(DhsAAnuṬ.208 등)

(2) 왜 주석 편(Aṭṭhakathā-kaṇḍa)이라 부르는가

먼저 『담마상가니 주석서』의 설명을 통해서 주석 편에 대한 전통적인 견해를 살펴보자.

"이제 간결한 설명 편 바로 다음에 놓여있는 주석 편을 설명하는 차례가 되었다. 그러면 왜 이것을 '주석 편(Aṭṭhakathā-kaṇḍa)'이라고 부르는가? 이것은 삼장에 담겨있는 부처님의 가르침의 의미(attha)를 뽑아내어 확정한 것이기 때문이다. 왜냐하면 이것은 삼장에서 언급되지 않은 특별한 법(dhammantara)으로 전승되어 온 것을 주석 편을 통해서 범위를 한정한 뒤 아주 잘 판별한 것이기 때문이다. 전체 논장을 공부하는 방법에 대한 길과 『마하빠까라나』(큰 논서 = 『빳타나』)에 나타나는 질문의 틀과 숫자의 전개에 대해서 주도면밀하지 못한 자도 이 주석 편을 통해서 잘 배우게 되기

때문이다.

그러면 이것은 누구로부터 비롯된 것인가? 사리뿟따 장로로부터 기원하는 것이다. 사리뿟따 장로는 자신과 함께 머무는 어떤 [비구]가 간결한 설명 편의 의미를 드러내는 것(atthuddhāra)에 대해서 주도면밀하지 못하자 이 주석 편을 가르쳐서 드러내어 주었기 때문이다."(DhsA.409~410)

이처럼 『앗타살리니』는 이 주석 편은 사리뿟따 존자가 제3편 간결한 설명 편의 의미를 더 명확하게 나타내기 위해서 설한 것이라고 밝히고 있다. 그러나 대주석서로 언급이 되고 있는 고주석서는 이 주석 편도 부처님의 직설이라고 주장한다고 『앗타살리니』는 다음과 같이 적고 있다.

"그러나 대주석서(mahā-aṭṭhakathā = 고주석서)는 이런 견해를 거부한 뒤 이렇게 말했다. 아비담마란 제자들의 분야가 아니고 제자들의 영역이 아니다. 이것은 부처님의 분야이고 부처님의 영역이다.

법의 대장군(사리뿟따 존자)은 함께 머무는 [비구]로부터 질문을 받고 그를 데리고 스승의 곁에 직접 가서 정등각자께 말씀을 드렸다. 정등각자께서는 그 비구에게 간결한 설명 편을 설명하신 뒤에 드러내어 주셨다. … 이러한 방법으로 각각의 요점별로, 각각의 무리별로, 각각의 모둠별로 말씀하신 뒤 의미를 드러내는 것을 통해서 유익한 법 등을 보여주시면서 설명하신 뒤에 드러내어 주셨다."(DhsA.410)

(3) 의미를 드러냄[義要] 편이라고도 일컬어진다

『담마상가니』의 주석서와 복주서들은 본 주석 편을 '의미를 드러냄[義要, atthuddhāra] 편'으로 부르고 있다. 그리고 VRI본은 세 개 조에 대한 주석과 두 개 조에 대한 주석을 각각 세 개 조의 의미를 드러냄과 두 개 조의 의미를 드러냄이라 제목을 붙이고 있다.

여기서 '의미를 드러냄'은 atthuddhāra를 옮긴 것이다. 이것은 앗타(attha, 의미)와 웃다라(uddhāra, 드러냄)의 합성어이다. uddhāra는 ud+√dhṛ(*to hold*)에서 파생된 명사로 주로 취소, 취하, 중지를 뜻하지만 여기서는 아래 복주서의 설명처럼 '위로 끄집어내다.'는 문자적인 의미에서 '유래,

기원, 드러냄, 밝힘'을 뜻한다. 냐나몰리 스님은 *derivation*으로 설명하고 있다.(MOL) 『담마상가니』의 주석서와 복주서는 이 앗툿다라(atthuddhāra)의 뜻을 설명하지 않는다. 『넷띠빠까라나 복주서』(Nettippakaraṇa-ṭīkā)에 의하면 앗툿다라(atthuddhāra)는 '하나의 용어가 내포한 여러 가지 의미들을 드러낸 것'으로 정의하면서 다음과 같이 앗툿다라(atthuddhāra, 여러 의미를 드러냄)와 빠둣다라(paduddhāra, 동의어를 드러냄)를 설명하고 있다.

"하나의 용어가 내포한 여러 가지 의미들을 밝히는 것(uddhāra)이 앗툿다라(atthuddhāra, [여러] 의미를 드러냄)이고, 같은 뜻을 내포한 여러 가지 용어들을 밝히는 것이 빠둣다라(paduddhāra, 동의어를 드러냄)이다."(NetAṬ.46)

한편 『위방가 주석서』는 삿짜(sacca, 진리)라는 단어를 통해서 이 단어가 가지는 여러 의미를 경을 인용하여 밝히는 것으로 앗툿다라를 설명하고 있다.(VbhA.86) 이러한 주석서의 설명을 본 주석 편에 적용하여 생각해보자. 예를 들면, 본 주석 편 §1386에서 '결정할 수 없는 것들[無記]'(ma3-1-c)의 의미를 ① 네 가지 경지에서 과보로 나타난 것 ② 세 가지 경지에서 작용만 하는 결정할 수 없는[無記] 것 ③ 물질 ④ 열반의 네 가지 의미로 밝히고 있다. 이처럼 §1386은 '결정할 수 없는 것'이라는 하나의 용어가 가진 의미를 네 가지로, 즉 여러 가지로 설명하고 있다. 그러므로 이것은 '하나의 용어가 내포한 여러 가지 의미들을 밝힌 것', 즉 앗툿다라([여러] 의미를 드러냄)에 해당한다.

본 주석 편은 이러한 방법으로 세 개 조 마띠까 22개에 포함된 22×3=66개의 논의의 주제와 두 개 조 마띠까 100개에 포함된 100×2 =200개의 논의의 주제를 합한, 모두 266개 논의의 주제들이 가진 여러 가지 의미를 밝히고 있다. 그래서 주석서 문헌들은 『담마상가니』의 본편을 앗툿다라 깐다, 즉 '의미를 드러냄'이라 부르기도 하는 것이다.

예를 들면 빠알리 논장 칠론의 마띠까들에 대한 주석서인 『모하윗체다니』(Mohavicchedanī)에서도 본서 제3편과 제4편을 각각 '닉케빠깐다(간결한 설명 편)'와 '앗툿다라깐다'로 부르고 있고(Moh.104) 『담마상가니 아누띠까』에서도 본편을 '앗툿다라깐다'(DhsAAnuṬ.208)라고 표현하고 있다.

이렇게 부르는 이유 중의 하나는 주석 편(Aṭṭhakathā-kaṇḍa)이라는 이름이 후대에 편찬된 주석서(Aṭṭhakathā)와 같은 어감을 주기 때문일 것이다. 그러나 이 주석 편은 『위방가』의 각 장에 나타나는 아비담마에 따른 분류 방법, 특히 질문 품과 같은 설명과 같은 문장 구조와 같은 용어들을 포함하고 있기 때문에 빠알리 삼장이 완결된 구조로 결집된 것으로 여겨지는 3차 결집 이후에 성립된 것으로 보기는 어렵다고 생각한다.

(4) 주석 편은 마띠까에 대한 본격적인 아비담마적 해석이다

『담마상가니』는 그 성격상 『담마상가니』 마띠까에 대한 해석 혹은 설명을 담고 있는 가르침이다. 제1편 마음의 일어남 편과 제2편 물질 편은 164개 마띠까 가운데 첫 번째 마띠까에 대한 장대한 설명을 담고 있고, 제3편은 164개 마띠까 전체에 대한 간결한 설명을 담고 있으며, 제4편은 아비담마 마띠까 122개에 대한 아비담마적인 의미를 밝히고 있다. 그래서 본편에는 경장의 마띠까 42개에 대한 설명은 나타나지 않는다. 이것만 봐도 주석 편은 마띠까에 대한 아비담마적인 의미를 본격적으로 밝히고 있는 가르침이라 할 수 있다.

그러면 아홉 가지 불선법들의 모둠 가운데 첫 번째인 번뇌의 모둠(ma2-14~ma2-19)을 가지고 제3편 간결한 설명 편과 본 주석 편을 비교하면서 살펴보자.

번뇌의 모둠(ma2-14~19)에서 '번뇌인 법들'(ma2-14-a)을 설명하면서 제3편 간결한 설명 편의 §1102는 "무엇이 '번뇌인 법들'(ma2-14-a)인가?"라고 질문을 하고 여기에 대해서 "네 가지 번뇌들이 있으니 감각적 쾌락의 번뇌, 존재의 번뇌, 사견의 번뇌, 무명의 번뇌이다."라고 네 가지 번뇌를 밝힌다. 그런 뒤에 다시 §1103 이하에서 제1편 마음의 일어남 편과 제2편 물질 편에서 법들을 정의하는 방법과 같은 방법으로 다음과 같이 네 가지 번뇌를 설명한다.

"§1103. 여기서 무엇이 '감각적 쾌락의 번뇌'인가? 감각적 쾌락들과 관련하여 [일어나는] 감각적 쾌락에 대한 욕구 …"

"§1104. 여기서 무엇이 '존재의 번뇌'인가? 존재들과 관련하여 [일어나는] 존재에 대한 욕구 …"

"§1105. 여기서 무엇이 '사견의 번뇌'인가? '세상은 영원하다.'라거나 …"

"§1106. 여기서 무엇이 '무명의 번뇌'인가? 괴로움에 대한 무지 … 이것이 번뇌인 법들이다."

같은 번뇌의 모둠(ma2-14~19)에서 같은 '번뇌인 법들'(ma2-14-a)을 설명하면서 본 주석 편의 §1465도 "무엇이 번뇌의 모둠인가?"라고 문제를 제기하고 "네 가지 번뇌들이 있으니 감각적 쾌락의 번뇌, 존재의 번뇌, 사견의 번뇌, 무명의 번뇌이다."라고 간결한 설명 편의 번뇌의 모둠과 똑같이 네 가지 번뇌를 밝힌다. 그러나 네 가지 번뇌에 대한 주석 편의 설명은 간결한 설명 편의 그것과는 전혀 다르다. 주석 편에서는 "감각적 쾌락의 번뇌는 탐욕이 함께한 마음의 일어남 여덟 가지에서 생긴다. 존재의 번뇌는 사견에 빠짐과 결합되지 않고 탐욕이 함께한 마음의 일어남 네 가지에서 생긴다. 사견의 번뇌는 사견에 빠짐이 결합된 마음의 일어남 네 가지에서 생긴다. 무명의 번뇌는 모든 해로운 것에서 생긴다. — 이것이 번뇌인 법들이다."(§1465)라고 아비담마적인 방법으로 네 가지 번뇌를 설명하여 '번뇌인 법들'의 설명을 마무리한다.

이러한 설명 방법은 원인의 모둠과 나머지 여덟 가지 불선법들의 모둠에도 그대로 적용이 되어서 각 모둠의 첫 번째 마띠까의 설명은 모두 이와 똑같은 방법으로 전개가 되고 있다. 이처럼 마띠까에 대한 본격적인 아비담마적 해석을 하는 것이 본 주석 편의 가장 큰 특징이라 할 수 있다.

세 개 조 마띠까에서 한 가지 예를 더 들어보자. '봄으로써 버려야 하는 법들'(ma3-8-a)을 설명하면서 간결한 설명 편에서는 "무엇이 봄으로써 버려야 하는 법들(ma3-8-a)인가? 세 가지 족쇄들이니 [불변하는] 자신이 존재한다는 견해, 의심, 계행과 의례의식에 대한 집착이다."(§1006)라고 세 가지 족쇄가 봄으로써 버려야 하는 법들이라고 밝힌다. 그런 뒤에 다시, "여기서 무엇이 [불변하는] 자신이 존재한다는 견해[有身見]인가? 여기 배우지 못한 범부는 성자들을 친견하지 못하고 …"(§1007), "여기서 무엇이 의심인가? 스승에 대해서 회의하고 의심한다. …"(§1008), "여기서 무엇이 계행과 의례의식에 대한 집착[戒禁取]인가? 외도의 사문 · 바라문들이 가지고 있는 …"(§1009)이라고 경에 나타나는 세 가지 족쇄의 정형구와 제1편과 제2편에서 법들을 정의하는 방법을 사용하여 설명을 한다.

그리고 마지막으로, "이러한 세 가지 족쇄들, 이들과 함께 작용하는 오염원들, 이들과 결합된 느낌의 무더기 · 인식의 무더기 · 심리현상들의 무더기 · 알음알이의 무더기, 이들로부터 생긴 몸으로 짓는 업 · 말로 짓는 업 · 마노로 짓는 업 — 이것이 봄[見]으로써 버려야 하는 법들(ma3-8-a)이다."(§1010)라고 결론을 짓는다.

그러나 본 주석 편의 '봄[見]으로써 버려야 하는 법들'에 대한 설명은 아주 간결하다. 본편의 §1405는 "무엇이 봄으로써 버려야 하는 법들(ma3-8-a)인가? 네 가지 사견에 빠짐과 결합된 마음의 일어남, 의심이 함께한 마음의 일어남 — 이것이 봄[見]으로써 버려야 하는 법들이다."라고 마띠까에 대한 아비담마적인 의미를 밝히고 있다.

(5) 주석 편의 설명은 대부분 간단명료하다

주석서들이 본 주석 편을 '의미를 드러냄 편(atthuddhāra-kaṇḍa)'으로 부르고 있듯이 본편은 대부분이 간단명료한 아비담마의 용어들로 마띠까들의 의미를 드러내고 있다. 예를 들어보자.

제3편 간결한 설명 편에서는 '유익한 법들'(ma3-1-a)을 설명하면서 "세 가지 유익함의 뿌리[善根]인 탐욕 없음 · 성냄 없음 · 어리석음 없음, 이들과 결합된 느낌의 무더기 · 인식의 무더기 · 심리현상들의 무더기 · 알음알이의 무더기, 이들로부터 생긴 몸으로 짓는 업 · 말로 짓는 업 · 마노로 짓는 업"(§985)이라고 설명하였지만, 본 주석 편에서는 "네 가지 경지들에서 유

익함"(§1384)으로 간단명료하게 설명한다.

그리고 '해로운 법들'(ma3-1-b)을 설명하면서 간결한 설명 편에서는 "세 가지 해로움의 뿌리[不善根]인 탐욕 · 성냄 · 어리석음, 그리고 이들과 함께 작용하는 오염원들, 이들과 결합된 느낌의 무더기 · 인식의 무더기 · 심리현상들의 무더기 · 알음알이의 무더기, 이들로부터 생긴 몸으로 짓는 업 · 말로 짓는 업 · 마노로 짓는 업"(§986)으로 설명하였지만 본편에서는 "열두 가지 해로운 마음의 일어남"(§1385)으로 설명하고 있다. 이러한 특징은 본편의 여러 곳에서 찾을 수 있다.

이처럼 법에 대한 간단명료한 아비담마적인 해석을 담고 있는 것이 본 주석 편의 가장 큰 특징이라 할 수 있다.

(6) 간결한 설명 편보다 설명의 양이 무척 긴 경우도 있다

이처럼 본 주석 편이 아비담마적인 의미를 밝힌다고 해서 늘 간단한 것만은 아니다. 오히려 아비담마적인 해석에 충실하다 보니까 간결한 설명 편보다 설명의 양이 무척 긴 경우도 있다.

예를 들면, 간결한 설명 편 §1031에서는 '무량한 대상을 가진 법들'(ma3-13-c)을 "무량한 법들을 대상으로 해서 일어난 마음과 마음부수인 법들 — 이것이 무량한 대상을 가진 법들이다."라고 간략하게 설명하는데 반해, 본 주석 편의 §1422에서는 마치 이 간결한 설명 편의 설명에 대한 자세한 주석을 다는 것처럼 한 페이지에 달하는 분량으로 상세한 설명을 하고 있으며, 주석서인 『앗타살리니』는 더 자세한 주석을 달고 있다.

다른 예를 들면, '괴롭지도 즐겁지도 않은 느낌과 결합된 법들'(ma3-2-c)을 설명하면서 제3편 간결한 설명 편 §990에서는 "욕계에 속하거나 색계에 속하거나 무색계에 속하거나 [세간에] 포함되지 않는[出世間] 괴롭지도 즐겁지도 않은 경지에서 괴롭지도 즐겁지도 않은 느낌은 제외하고, 그 [괴롭지도 즐겁지도 않은 느낌]과 결합된 인식의 무더기 · 심리현상들의 무더기 · 알음알이의 무더기"라고 설명하였다. 그러나 같은 마띠까를 설명하는

제4편 주석 편의 §1389에서는 한 쪽 분량에 가깝게 아비담마적인 해석을 담고 있다.

여기에 대한 보기로는 §§1434~1435에 나타나는 '현재의 대상을 가진 법들'(ma3-19-c)에 대한 설명과 §1437의 '밖의 대상을 가진 법들'(ma3-21-b)에 대한 설명과 §1429의 '도를 대상으로 가진 법들'(ma3-16-a)에 대한 설명을 더 들 수 있을 것이다.

(7) 간결한 설명 편과 주석 편의 설명이 같은 경우도 있다

예를 들면, 본 주석 편의 "§1414. 무엇이 유학에 속하는 법들(ma3-11-a)인가? [세간에] 포함되지 않는[出世間] 네 가지 도들, 낮은 단계의 세 가지 사문됨의 결실들[果] — 이것이 유학에 속하는 법들이다."는 제3편 간결한 설명 편의 §1023과 같다.

본편의 "§1415. 무엇이 무학에 속하는 법들(ma3-11-b)인가? 가장 높은 아라한과 — 이것이 무학에 속하는 법들이다."는 제3편의 §1024와 같다.

무량한 법들(ma3-12-c)을 설명하는 본편 §1419는 간결한 설명 편 §1023과 같고, 마음과 함께 존재하는 법들(ma2-61-a)을 설명하는 §1203은 제3편 §1537과 같고, 마음과 함께 존재하는 것이 아닌 법들(ma2-61-b)을 설명하는 §1204는 제3편의 §1538과 같고, 마음부수인 법들(ma2-57-a)을 설명하는 §1529는 제3편의 §1195와 같다. 그리고 마음부수가 아닌 법(ma2-57-b)을 설명하는 §1530은 §1196과 같다. 단 이 경우 제3편 §1196에서는 "마음과 모든 물질과 형성되지 않은[無爲] 요소"로 표현하였고, 본편 §1530에서는 "마음과 물질과 열반"으로 표현하였다. 열반은 간결한 설명 편에서는 항상 '형성되지 않은[無爲] 요소'로 언급이 되고, 주석 편에서는 항상 '열반'으로 나타나고 있다.

6. 간결한 설명 편과 주석 편에 나타나는 'ṭhapetvā(제외하고) 구문'

만일 한 절에 주지 스님을 포함한 대중 스님들이 다섯 명이 산다면 우리는 이를 주지 스님 외 네 명이라고 표현한다. 똑같은 어법이 간결한 설명 편

과 주석 편에서 법들을 설명하는 방법으로 아주 많이 나타난다. 여기서 '~외'에 해당하는 단어가 바로 '제외하고'로 옮길 수 있는 'ṭhapetvā'이다. 여기서 ṭhapetvā는 √sthā(*to stand*)의 사역형 동사인 ṭhapeti의 동명사로 '서게 한 뒤, 남겨둔 뒤, 제외한 뒤'를 의미하고 역자는 본서에서 주로 '제외하고'나 '제외한'으로 옮겼다.

두 개 조에 포함된 경장의 마띠까 42개에 포함된 42×2=82개의 논의의 주제를 제외하면 아비담마의 마띠까에 포함된 논의의 주제는 모두 266개가 된다. 이것은 세 개 조 마띠까 22개에 포함된 22×3=66개의 논의의 주제와 두 개 조 마띠까 100개에 포함된 100×2=200개의 논의의 주제를 더한 것이다. 그런데 제3편 간결한 설명 편과 제4편 주석 편에는 이러한 266개의 논의의 주제를 설명하는 일관된 방법 가운데 하나로 가장 많이 나타나는 방법이 하나 있다. 그것이 바로 특정한 법 혹은 법들을 설명의 주제에서 제외하는(ṭhapetvā) 어법이다.

간결한 설명 편과 주석 편에서 ṭhapetvā와 관계된 구문은 ① ṭhapetvā(제외하고)와 ② ṭhapetvā avasesa(제외한 나머지)의 두 가지로 나타난다. 이 둘을 합하여 역자는 'ṭhapetvā 구문'이라고 부르고 있다. 이제 이것을 제3편 간결한 설명 편과 제4편 주석 편으로 나누어서 살펴보기로 하자.

(1) 간결한 설명 편에 나타나는 'ṭhapetvā 구문'

제3편 간결한 설명 편에서 'ṭhapetvā 구문'은 ① 'X ṭhapetvā(X는 제외하고)'와 ② 'X ṭhapetvā avasesā Y(X를 제외한 나머지 Y)'의 두 가지 형태로 나타나고 있다. 이들에 대해서 살펴보자.

① 'X ṭhapetvā(X는 제외하고) 구문'

①-ⓐ '일반적인 X ṭhapetvā(X는 제외하고) 구문'

예를 들면 §988에서 '즐거운 느낌과 결합된 법들'(ma3-2-a)을 설명할 때 특정한 집단의 법들을 언급하면 당연히 그 집단에 포함되는 즐거운 느낌은 제외하고(sukhaṁ vedanaṁ ṭhapetvā) 언급해야 한다. 왜냐하면 즐거운 느낌은 즐거운 느낌이지 결코 즐거운 느낌과 결합된 법이 아니기 때문이다. 그래서 §988은 이렇게 설명하고 있다.

"무엇이 '즐거운 느낌과 결합된 법들'(ma3-2-a)인가?

욕계에 속하거나 색계에 속하거나 [세간에] 포함되지 않는[出世間] 즐거움(행복)의 경지에서 즐거운 느낌은 제외하고, 그 [즐거운 느낌]과 결합된 인식의 무더기 · 심리현상들의 무더기 · 알음알이의 무더기 — 이것이 즐거운 느낌과 결합된 법들이다."

이처럼 '일반적인 X ṭhapetvā(X는 제외하고)'라는 구문의 형태로 나타나는 곳은 §988, §989, §990, §1000, §1001, §1003, §1004, §1005, §1039, §1040의 열 군데 정도가 된다.

①-ⓑ 'te dhamme ṭhapetvā(그러한 법들을 제외한) 구문'

그런데 이 '일반적인 X ṭhapetvā(X는 제외하고) 구문'에서 te dhamme ṭhapetvā로, 즉 X의 자리에 '그러한 법들(te dhammā)'이 들어가서 정형화된 경우가 많다. 이것을 역자는 'te dhamme ṭhapetvā(그러한 법들을 제외한) 구문'이라 불러본다.[15] 그런데 이것은 모두 문장의 맨 처음에서 'tehi dhammehi ye dhammā X te dhamme ṭhapetvā'로 정형화되어 나타난다.[16]

---

15) te dhamme ṭhapetvā avasesā Y(이러한 법들을 제외한 나머지 Y) 형태로 나타나는 §1019 등의 15가지는 아래 ② 'X ṭhapetvā avasesā Y(X를 제외한 나머지 Y)' 구문의 유형에 포함시켰다.

16) 먼저 밝히고 싶은 것은 'ṭhapetvā'와 상관없이 'katame dhammā X? tehi dhammehi ye dhammā X'의 형태로 나타나는 구문은 제3편에만 모두 42번 정도가 나타나고 있다는 점이다. 이것은 제4편 주석 편에는 나타나지 않고 제3편 간결한 설명 편에만 나타나는 어법이다. 다음의 §1079를 예로 들 수 있다.
"§1079. 무엇이 '원인을 가진 법들'(ma2-2-a)인가?
[원인인] 법들을 [가졌기] 때문에 원인을 가진 법들이라 [일컬어지는] 느낌의 무더기 · 인식의 무더기 · 심리현상들의 무더기 · 알음알이의 무더기 — 이것이 원인을 가진 법들이다."
원문은 다음과 같다.

예를 들면 §1086에서 '원인과 결합되었지만 원인이 아닌 법들'(ma2-5-b)을 "[원인인] 법들과 [결합되었기] 때문에 [원인과] 결합된 법들이라 [일컬어지는] 그러한 법들을 제외한, 느낌의 무더기 · 인식의 무더기 · 심리현상들의 무더기 · 알음알이의 무더기"로 설명하고 있다.

이처럼 '원인과 결합되었지만 원인이 아닌 법들'(ma2-5-b)을 설명할 때는 당연히 원인인 법들과 결합되었기 때문에 원인과 결합된 법들이라 일컬어지는 그러한 법들을 제외해야 한다. 그래서 'tehi dhammehi ye dhammā sampayuttā te dhamme ṭhapetvā'라는 표현을 쓰고 역자는 '원인인 법들과 결합되었기 때문에 원인과 결합된 법들'로 풀어서 옮겼다. 이 경우는 대부분이 수 · 상 · 행 · 식의 네 가지 무더기를 수식하는 문맥에서 나타나는데 §1086, §1113, §1115, §1135, §1137, §1151, §1153, §1175, §1177, §1188, §1230, §1232, §1254, §1256, §1258를 통해서 모두 열다섯 번 정도가 된다.

물론 이미 제1편에서도 §62부터 §575 사이에 31번 정도 "그 밖에 그때에 조건 따라 일어난[緣而生], 느낌의 무더기를 제외하고 인식의 무더기를 제외하고 알음알이의 무더기를 제외한 비물질인 다른 법들 — 이것이 그때에 있는 심리현상들의 무더기이다."(§62)[17]로 느낌 · 인식 · 알음알이의 무

"katame dhammā sahetukā? tehi dhammehi ye dhammā sahetukā vedanākkhandho … pe … viññāṇakkhandho — ime dhammā sahetukā."
여기서 역자는 tehi dhammehi ye dhammā sahetukā를 '[원인인] 법들을 [가졌기] 때문에 원인을 가진 법들이라 [일컬어지는]'으로 풀어서 옮겼는데 그 이유는 본서 §1079의 해당 주해를 참조하기 바란다.
여기에서 언급하고 있는 'tehi dhammehi ye dhammā X te dhamme ṭhapetvā' 구문은 이러한 'tehi dhammehi ye dhammā X'의 하나의 형태로 나타나고 있다.

17) ye vā pana tasmiṁ samaye aññepi atthi paṭiccasamuppannā arūpino dhammā ṭhapetvā vedanākkhandhaṁ ṭhapetvā saññā-kkhandhaṁ ṭhapetvā viññāṇakkhandhaṁ — ayaṁ tasmiṁ samaye

더기를 제외한 심리현상들의 무더기[行蘊]를 설명하는 문맥에서 많이 나타났다. 제1편 마음의 일어남 편에서는 이처럼 목적어를 뒤에 놓아서 느낌의 무더기를 제외하고(ṭhapetvā vedanākkhandhaṁ) 인식의 무더기를 제외하고(ṭhapetvā saññākkhandhaṁ) 알음알이의 무더기를 제외한(ṭhapetvā viññāṇakkhandhaṁ)으로 각각의 무더기 앞에 ṭhapetvā를 넣어서 표현하였다.

② 'X ṭhapetvā avasesā Y(X를 제외한 나머지 Y) 구문'

그런데 간결한 설명 편에 나타나고 있는 'ṭhapetvā 구문' 가운데 가장 많이 나타나는 것은 'X를 제외한 나머지 Y'로 옮겨지는 'X ṭhapetvā avasesā Y 구문'이다. 이 구문에서는 '나머지(avasesā)'라는 단어를 넣어서 제외한 뒤 남아 있는 법들을 강조하는 형태로 쓰이고 있다.

예를 들면 §1019에서 '봄[見]이나 닦음으로 버려야 하는 원인을 가지지 않은 법들'(ma3-9-c)을 설명하면서 "[봄[見]이나 닦음으로 버려야 하는 원인인] 이러한 법들을 제외한, 나머지 유익하거나 해롭거나 결정할 수 없는 욕계에 속하거나 색계에 속하거나 무색계에 속하거나 [세간에] 포함되지 않는[出世間] 법들 …"(§1019)이라고 표현하고 있다. 여기서는 '이러한 법들을 제외한 나머지 유익하거나 해롭거나 결정할 수 없는 법들(te dhamme ṭhapetvā avasesā kusalākusalābyākatā dhammā)'이라고 표현하여 '남아있는 법들'을 강조하는 어법을 구사하고 있다.

이 구문은 대부분 te dhamme ṭhapetvā avasesā [sāsavā] kusala-akusalābyākatā dhammā의 형태로 쓰이고 있는 것으로 조사되고 §1019, §1037, §1078, §1107, §1113, §1129, §1135, §1145, §1151, §1169, §1175, §1182, §1188, §1224, §1230, §1246, §1254, §1265, §1267, §1272, §1274, §1296, §1298 등에서 23번 정도 나타나고 있다.

이처럼 간결한 설명 편에서 'ṭhapetvā(제외하고) 구문'은 주로 이상에서

---

saṅkhārakkhandho hoti.

살펴본 ① 'X ṭhapetvā(X는 제외하고)'와 ② 'X ṭhapetvā avasesā Y(X를 제외한 나머지 Y)'의 두 가지 구문으로 나타난다.

(2) 주석 편에 나타나는 'ṭhapetvā 구문'

제3편 간결한 설명 편에 나타나는 이 ṭhapetvā 구문은 제4편 주석 편에도 많이 나타난다. 제4편도 세 개 조 마띠까 22개에 포함된 22×3=66개의 논의의 주제와 두 개 조 마띠까 100개에 포함된 100×2=200개의 논의의 주제를 합한 모두 266개 논의의 주제를 설명하는 편이기 때문이다. 그런데 제4편 주석 편에 나타나는 ṭhapetvā 구문의 형식은 제3편과는 다르게 정형화되어 나타나는데 그것은 ① 'etthuppannaṁ/etthuppanne X ṭhapetvā'와 ② 'ṭhapetvā X avasesaṁ Y'로 크게 두 가지 형태로 나타나고 있다.

① 'etthuppannaṁ X ṭhapetvā(여기서 일어난 X는 제외하고) 구문'

'여기서 일어난 X는 제외하고'는 etthuppannaṁ(etthuppanne로 복수로 나타는 경우도 있음) X ṭhapetvā를 옮긴 것이다. 이러한 어법은 여기 주석 편에서만 나타나는 구문인데 모두 25군데 정도에 나타나고 있다. X라는 법(들)이 포함된 Y라는 법들을 계산할 때 그 Y라는 법들에 포함된 X는 제외해야 하기 때문에 이런 표현을 쓰고 있다. 이것은 문장의 맨 마지막에 나타나는 것에 유념해야 한다. 역자는 우리말 번역에서 문장을 어색하지 않게 하기 위해서 문장의 맨 처음에 놓았다.

예를 들면 §1387에서 '즐거운 느낌과 결합된 법들'(ma3-2-a)을 설명하면서 이 느낌과 결합된 법들을 ① 욕계의 유익한 것 가운데 기쁨이 함께하는 마음의 일어남 네 가지부터 ⑤ 유익한 것과 과보로 나타난 것 가운데 출세간의 세 가지나 네 가지 禪까지 다섯 가지를 나열한 뒤 여기서 일어난 즐거운 느낌은 제외한다고 밝히고 있다. 이처럼 원문에서는 문장의 뒤에 '여기서 일어난 즐거운 느낌은 제외하고(etthuppannaṁ sukhaṁ vedanaṁ ṭhapetvā)'를 넣어서 설명하고 있다. 역자는 우리말 번역에서 문장을 어색하지 않게 하기 위해서 이것을 문두에 놓아서 옮겼다.

이러한 구문은 §1387, §1388, §1389, §1399, §1402, §1403, §1404, §1408, §1409, §1448, §1450, §1451, §1493, §1498, §1519, §1557, §1562, §1585, §1587, §1589, §1591, §1593, §1595, §1597, §1599로 25번 정도가 나타나는 것으로 검색이 되었다.

② 'ṭhapetvā X avasesaṁ Y(X를 제외한 나머지 Y) 구문'

앞의 ① 'etthuppannaṁ X ṭhapetvā(여기서 일어난 즐거운 느낌은 제외하고)'가 문장의 맨 뒤에 나타난 구문이라면 이 'ṭhapetvā X avasesaṁ Y(X를 제외한 나머지 Y) 구문'은 문장의 맨 앞에 나타나고 있다.

그런데 이 두 번째 구문은 제3편 간결한 설명 편에서 정리한 ② 'X ṭhapetvā avasesā Y(X를 제외한 나머지 Y) 구문'과 같은 어법으로 되어 있으며 '나머지(avasesā)'라는 단어를 넣어서 제외한 뒤 남아있는 법들을 강조하는 형태로 쓰이고 있다. 다만 제3편 간결한 설명 편에서는 'X ṭhapetvā'로 나타났지만 여기서는 'ṭhapetvā X'로 나타나고 있는 것이 다르다. 전자는 목적격이 ṭhapetvā라는 동명사의 앞에 자리한 경우이고 후자는 동명사의 뒤에 나타나는 경우이다. 이처럼 간결한 설명 편과 주석 편은 같은 어법을 가지고 설명하면서도 'X ṭhapetvā'와 'ṭhapetvā X'로 그 어순을 달리하고 있다.

그러면 본 주석 편에서 'ṭhapetvā X avasesaṁ Y(X를 제외한 나머지 Y) 구문'으로 나타나는 보기를 살펴보자. 예를 들면 §1466에서 '번뇌가 아닌 법들'(ma2-14-b)을 설명하면서 "번뇌를 제외한 나머지 해로운 것, 네 가지 경지에서 유익한 것, 네 가지 경지에서 과보로 나타난 것, 세 가지 경지에서 작용만 하는 결정할 수 없는 것[無記], 물질, 열반"(ṭhapetvā āsave avasesaṁ akusalaṁ … nibbānañca)으로 설명하고 있다. 이러한 방법으로 'ṭhapetvā X avasesaṁ Y(X를 제외한 나머지 Y) 구문'은 §1466, §1469, §1472, §1474, §1478, §1484, §1486, §1490, §1496, §1404, §1510, §1512, §1516, §1522, §1554, §1560, §1566, §1574, §1576, §1578 등의 20곳 정도에서 모두 문두에 나타난다.

한편 §1481에서는 '족쇄와 결합된 법들'(ma2-22-a)을 "들뜸이 함께한 어리석음을 제외한 나머지 해로운 것"(uddhaccasahagataṁ mohaṁ ṭhapetvā avasesaṁ akusalaṁ)으로 설명한다. 비슷한 구문이 §1443과 §1445에도 "어리석음을 제외한 나머지 해로운 것"(mohaṁ ṭhapetvā avasesaṁ akusalaṁ)으로 나타나는데 이것은 제3편 간결한 설명 편에서 정리한 ② 'X ṭhapetvā avasesā Y(X를 제외한 나머지 Y) 구문'과 같은 어법으로 되어 있다.

제4편 주석 편에서 'ṭhapetvā 구문'의 대부분은 ① 'etthuppannaṁ/etthuppanne X ṭhapetvā'와 ② 'ṭhapetvā X avasesaṁ Y'라는 두 가지 구문으로 나타나고 있다.

7. 제4편 주석 편에서 법을 설명하는 세 가지 독특한 구문

『담마상가니』 제4편 주석 편에는 본편과 『위방가』 각 장의 질문을 제기함 품(Pañhāpucchaka)을 제외하고는 삼장의 그 어디에도 나타나지 않는, 법을 설명하는 독특한 세 가지 구문이 나타난다. 이제 이 세 가지 구문에 대해서 고찰해 보려 한다. 구체적인 예문을 들면서 이 세 가지 구문을 살펴보자.

(1) 세 가지 구문의 보기

제4편 주석 편에서는 세 개 조의 일곱 번째 마띠까(ma3-7)를 설명하면서 먼저 §§1402~1404에서 '희열이 함께하는 법들'(ma3-7-a), '행복이 함께하는 법들'(ma3-7-b), '평온이 함께하는 법들'(ma3-7-c)을 설명한 뒤 §1404에서는 이 세 가지에 대해서 종합적으로 다음과 같은 설명을 덧붙이고 있다. "희열은 희열이 함께한 것들이 아니고, 행복이 함께한 것들이고, 평온이 함께한 것들이 아니다. 행복은 행복이 함께한 것이 아니고, 희열이 함께한 것일 수 있고(siyā), 평온이 함께한 것이 아니고, 희열이 함께한 것이라고 말해서는 안 되는 경우가 있다(siyā na vattabba). 두 가지 불만족이 함께한 마

음의 일어남, 괴로움이 함께한 몸의 알음알이, 그리고 평온한 느낌, 물질, 열반 — 이러한 법들은 희열이 함께한 것이라고도(tipi) 행복이 함께한 것이라고도(tipi) 평온이 함께한 것이라고도(tipi) 말해서는 안 된다(na vattabbā)." (§1404)

이 인용문 가운데 ① '일 수 있다(siyā).' ② '~라고 말해서는 안 되는 경우가 있다(siyā na vattabbaṁ ~tipi).' ③ '~라고 말해서는 안 된다(navatta-bbā ~tipi).'라는 어법이 들어가는 부분을 다섯 가지 禪의 구성요소 등을 예로 들어서 설명하면 다음과 같다.

① 일으킨 생각[尋], 지속적 고찰[伺], 희열[喜], 행복[樂], 마음이 한 끝으로 [집중]됨[定]을 禪의 구성요소로 가지는 초선과, 희열[喜], 행복[樂], 마음이 한 끝으로 [집중]됨[定]을 禪의 구성요소로 가지는 제2선의 정형구에서 보듯이 행복은 희열이 함께하는 경우가 있을 수 있다(siyā).

② 이처럼 초선과 제2선에서 행복은 희열이 함께한다. 그러나 행복[樂]과 마음이 한 끝으로 [집중]됨[定]만을 禪의 구성요소로 가지는 제3선에서 행복은 희열이 함께하지 않는다. 이처럼 행복은 희열이 함께한 것이라고 말해서는 안 되는 경우도 있다(siyā na vattabbaṁ).

③ 불만족, 즉 정신적인 괴로움이 함께한 마음의 일어남에는 당연히 희열도 행복도 평온도 함께하지 않는다. 나아가서 육체적인 괴로움이 함께한 몸의 알음알이도 그러하다. 평온한 느낌은 느낌 자체가 평온이기 때문에 평온 자신과 함께할 수 없으며 당연히 희열이나 행복도 함께하지 못한다. 물질이나 열반을 두고는 희열이 함께한다거나 행복이 함께한다거나 평온이 함께한다고 말하지 못한다. 그래서 이러한 법들은 희열이 함께한 것이라고도(tipi) 행복이 함께한 것이라고도(tipi) 평온이 함께한 것이라고도(tipi) 말해서는 안 된다(na vattabbā).

이처럼 본서 제4편 주석 편에는 ① '일 수 있다(siyā).' ② '~라고 말해서는 안 되는 경우가 있다(siyā na vattabbaṁ ~tipi).' ③ '~라고 말해서는 안 된다(navattabbā ~tipi).'라는 세 가지 구문을 사용하여 마띠까의 논의의 주제들을 설명하는 곳이 적지 않다.

다른 문단을 하나 더 살펴보자. 세 개 조의 열세 번째 마띠까(ma3-13)를 설명하면서 본 주석 편 §§1420~1422에서 '제한된 대상을 가진 법들'(ma3-13-a), '고귀한 대상을 가진 법들'(ma3-13-b), '무량한 대상을 가진 법들'(ma3-13-c)을 설명한 뒤에 §1422에서는 이 세 가지에 대해서 종합적으로 다음과 같은 설명을 덧붙이고 있다.

"욕계 유익한 것 가운데 지혜와 결합된 마음의 일어남 네 가지, 작용만 하는 것 가운데 지혜와 결합된 마음의 일어남 네 가지, 유익한 것과 작용만 하는 것 가운데 색계의 네 번째 禪, 원인이 없고 평온이 함께한 작용만 하는 마노의 알음알이의 요소 — 이러한 법들은 제한된 대상을 가진 것일 수 있고(siyā), 고귀한 대상을 가진 것일 수 있고(siyā), 무량한 대상을 가진 것일 수 있지만(siyā), 제한된 대상을 가진 것이라고도(tipi) 고귀한 대상을 가진 것이라고도(tipi) 무량한 대상을 가진 것이라고도(tipi) 말해서는 안 되는 경우가 있다(siyā na vattabbā).

유익한 것과 과보로 나타난 것과 작용만 하는 것 가운데 색계의 세 가지나 네 가지 禪들, 과보로 나타난 네 번째 禪(제4선), 공무변처, 무소유처 — 이러한 법들은 제한된 대상을 가진 것이라고도(tipi) 고귀한 대상을 가진 것이라고도(tipi) 무량한 대상을 가진 것이라고도(tipi) 말해서는 안 된다(na vattabba)."(§1422)

여기서도 ① '일 수 있다(siyā).' ② '~라고 말해서는 안 되는 경우가 있다(siyā na vattabbaṁ ~tipi).' ③ '~라고 말해서는 안 된다(na vattabbā tipi).'라는 세 가지 구문으로 여러 가지 경지의 대상을 제한되고 고귀하고 무량한 대상을 가진 것으로 설명하고 있다. 여기서 인용한 §1422의 구체적인 의미는 해당 주해들을 참조하기 바란다. 역자는 이들 셋을 각각 ① 'siyā 구문' ② 'siyā na vattabba ~tipi 구문' ③ 'na vattabba ~tipi 구문'이라고 부르고 있다.

(2) 세 가지 구문이 가진 문자적인 의미

우리말로는 각각 ① '일 수 있다.' ② '말해서는 안 되는 경우가 있다.' ③ '말해서는 안 된다.'로 옮긴 ① 'siyā'와 ② 'siyā na vattabba ~tipi'와 ③ 'na vattabba ~tipi'의 문자적인 뜻에 대해서 살펴보자.

먼저 '일 수 있다.' 혹은 '있을 수 있다.'로 옮긴 siyā는 산스끄리뜨어와 빠알리어의 *be*동사에 해당하는 √as(*to be*)의 가능법(원망법, *potential, optative*) 동사 삼인칭 단수형이며 일인칭이나 이인칭 단수형이기도 하다.

vattabba는 √vac(*to speak*)의 가능형 분사(원망형 분사, *potential participle*)로 '말해야 하는'을 뜻한다. 그래서 'na vattabba'는 '말해서는 안 된다.'로 옮겼다.[18] ti 혹은 iti는 인용문의 뒤에 붙어 사용하는 불변사로 '~라고 하는'을 뜻하며 영어로는 주로 *thus*로 옮긴다. pi 혹은 api는 강조 분사(*emphatic particle*)로 '역시'를 뜻하며 영어로는 *also*로 옮겨진다.

(3) 세 가지 구문의 출처

『담마상가니』에서 ① 'siyā 구문'이 나타나는 곳은 모두 16군데 정도이다.(§1404, §1406, §1408, §1422, §1426, §1429, §1430, §1431, §1434, §1435, §1437, §1481, §1483, §1485, §1487, §1611)

② 'siyā na vattabba ~tipi 구문'이 나타나는 곳은 네 군데 정도이다.(§1404, §1422, §1429, §1434)

③ 'na vattabba ~tipi 구문'이 나타나는 곳은 38군데 정도가 된다.(§1198, §1200, §1389, §1401, §1404, §1422, §1429, §1430, §1431, §1434, §1437, §1448, §1450, §1452, §1472, §1474, §1476, §1484, §1486, §1488, §1496, §1498, §1500, §1510, §1512, §1514, §1520, §1522, §1524, §1532, §1534, §1560, §1562, §1564, §1574, §1576, §1578, §1580)

'siyā 구문'과 'siyā na vattabba ~tipi 구문' 혹은 'na vattabba ~tipi 구문'은 위의 인용문에서 보았듯이 함께 나타나는 경우가 많다. 그리고 'na

---

18) 주석서에서는 navattabba-dhamma 등으로 언급되기도 하는데(DhsA. 413 등) 이 경우에는 '규정할 수 없는 법' 등으로 옮겼다. 본서 §1422 등의 해당 주해를 참조하기 바란다.

vattabba ~tipi 구문'이 제3편 간결한 설명 편 §1198, §1200에서 나타나는 경우만 제외하면 이들 세 가지 구문은 모두 제4편 주석 편에서만 나타난다. 그러므로 이러한 세 가지 어법은 주석 편의 가장 큰 특징 가운데 하나라 할 수 있다.

(4) 이 세 가지 구문은 『위방가』에도 많이 나타난다

VRI본 CD-ROM으로 검색을 해보면 『위방가』에서 'siyā 구문'은 모두 46군데 정도의 문단 번호 안에서 검색이 되는데 모두 『위방가』의 질문을 제기함(Pañhāpucchaka) 품에서 나타나고 있는 것으로 여기진다. 이 질문을 제기함 품은 『위방가』 가운데 제6장, 제16장, 제17장, 제18장을 제외한 나머지 14개 장에 포함되어 있는데 여기 『담마상가니』 제1권의 첫머리에 실려 있는 세 개 조 마띠까 22개와 두 개 조 아비담마 마띠까 100개를 통해서 위방가의 14가지 주제들에 포함되어 있는 법수들을 엄밀하게 분석해서 살펴보는 곳이다.[19]

VRI본에 의하면 『담마상가니』의 문단 번호는 §1부터 §1616까지로 매겨진 반면 『담마상가니』보다 분량이 두 배 정도가 되는 『위방가』의 문단 번호는 §1044까지로 되어 있다. 그러므로 『위방가』의 하나의 문단 번호 안에 들어있는 원문은 『담마상가니』의 한 문단 번호 안에 포함되어 있는 것 보다 훨씬 더 많다. 그래서 하나의 문단 번호 안에서 'siyā 구문'이 많은 경우에는 열 번 가깝게 나타나는 경우도 있기 때문에(*cf.* Vbh. §1000) 문단 번호가 아니라 나타나는 문장 단위로 조사하면 경우의 수는 훨씬 더 많아져서 『위방가』에 이 'siyā 구문'이 나타나는 곳은 수백 군데가 될 것이다.

『위방가』에서 'na vattabba ~ti(pi)'로 검색을 해보면 이 구문이 나타나는 문단 번호는 31군데 정도가 된다. 그리고 siyā na vattabba ~ti(pi)로 검색을 해보면 모두 21군데 정도의 문단 번호에서 나타나는 것으

19) 『위방가』에 대해서는 본서의 부록으로 싣고 있는 『담마상가니 주석서』 서문 §§2~4와 특히 §2의 주해를 참조하기 바란다.

로 검색이 된다. 그러므로 'na vattabba ~tipi 구문'으로만 나타나는 곳은 10군데 정도라고 할 수 있다. 이 경우도 문단 번호가 아니라 나타나는 문장 단위로 조사하면 이 두 구문이 나타나는 경우의 수는 훨씬 많아져서 적어도 백 번 이상은 될 것이다. 그리고 본서의 주석 편처럼 'siyā 구문'과 'siyā na vattabba ~tipi 구문' 혹은 'na vattabba ~tipi 구문'은 함께 나타나는 경우가 많다.

(5) 『위방가』의 몇 가지 보기

『위방가』의 몇 가지 사례를 살펴보자. 예를 들면 『위방가』 제4장 진리[諦]에 대한 분석(sacca-vibhaṅga)의 제3품 질문을 제기함(Pañhāpucchaka)에 해당하는 §217에서는 네 가지 진리를 이렇게 설명하고 있다.

"§217. … 소멸의 진리는 즐거운 느낌이 함께한 것이라고도(tipi) 괴로운 느낌이 함께한 것이라고도(tipi) 괴롭지도 즐겁지도 않은 느낌이 함께한 것이라고도(tipi) 말해서는 안 된다(na vattabbā).

괴로움의 진리는 즐거운 느낌이 함께한 것일 수도 있고(siyā) 괴로운 느낌이 함께한 것일 수도 있고(siyā) 괴롭지도 즐겁지도 않은 느낌이 함께한 것일 수도 있다(siyā). [그러나] 즐거운 느낌이 함께하는 것이라고도(tipi) 괴로운 느낌이 함께하는 것이라고도(tipi) 괴롭지도 즐겁지도 않은 느낌이 함께하는 것이라고도(tipi) 말해서는 안 되는 경우가 있다(siyā na vattabbaṁ)." (Vbh. §217)[20]

그리고 『위방가』 제13장 무량함[無量]에 대한 분석(appamaññā-vibhaṅga)

---

20) … nirodhasaccaṁ na vattabbaṁ--''sukhāya vedanāya sampayutta''ntipi, ''dukkhāya vedanāya sampayutta''ntipi, ''adukkham-asukhāya vedanāya sampayutta''ntipi.
dukkhasaccaṁ siyā sukhāya vedanāya sampayuttaṁ, siyā dukkhāya vedanāya sampayuttaṁ, siyā adukkhamasukhāya vedanāya sampayuttaṁ, siyā na vattabbaṁ--''sukhāya vedanāya sampayutta''ntipi, ''dukkhāya vedanāya sampayutta''ntipi, ''adukkhamasukhāya vedanāya sampayutta''ntipi.(Vbh.217)

의 제3품 질문을 제기함에서는 세 가지 무량함, 즉 자애, 연민, 함께 기뻐함에 대해서 이렇게 설명한다.

"§701. … 세 가지 무량함은 희열이 함께한 것일 수도 있고(siyā) 행복이 함께한 것일 수도 있지만(siyā) 평온이 함께한 것은 아니다(na). [그러나] 희열이 함께한 것이라고 말해서는 안 되는 경우가 있다(siyā na vattabbā)."[21]

이것은 본서 제1권 §251 이하에 나타나는 네 가지 거룩한 마음가짐의 禪에 적용시켜서 생각하면 된다. 자애, 연민, 함께 기뻐함은 4종선 가운데 초선, 제2선, 제3선을 통해서 증득이 되는데 이러한 세 가지 禪은 초선과 제2선처럼 희열이 함께할 수도 있고 초선과 제2선과 제3선처럼 행복이 함께할 수도 있지만 어느 경우에도 제4선에서 얻어지는 평온이 함께할 수는 없다. 그리고 제3선의 경우에는 희열이 없기 때문에 자애나 연민이나 함께 기뻐함을 통해서 제3선을 얻으면 이 경우에는 희열이 함께하지 않는다. 그러므로 이것은 희열이 함께한 것이라고 말해서는 안 되는 경우에 해당한다.

이와 같은 방법으로 이 ① 'siyā 구문'과 ② 'siyā na vattabbā ~tipi 구문'과 ③ 'na vattabbā ~tipi 구문'은 『위방가』의 이 두 가지 예문뿐만 아니라 『위방가』 각 장의 질문을 제기함 품의 수백 군데에서 법을 설명하는 방법으로 나타나고 있다.

(6) 'na vattabba ~tipi 구문'은 『담마상가니』와 『위방가』에만 나타난다

na vattabba라는 단어만 놓고 보면 이것은 논장의 칠론 가운데 다섯 번째인 『까타왓투』[論事, Kathāvatthu]에서는 200번이 넘게 나타나는 것으로 검색이 된다. 그러나 대부분이 "'개아는 이 세상으로부터 저 세상으로 치달리고 저 세상으로부터 이 세상으로 치달린다.'라고 말하지 않아야 하는가?"(Kv. §75)[22]라는 등의 질문의 형태나 이와 관계된 결론의 부분에서만

---

21) tisso appamaññāyo siyā pītisahagatā, siyā sukhasahagatā, na upekkhāsahagatā, siyā na vattabbā pītisahagatāti.(Vbh. §701)

나타나고 있어서 『담마상가니』 나 『위방가』 에서 나타나는 ③ 'na vatta-bbā ~tipi 구문'의 용례와는 완전히 다르다.

그리고 na vattabba라는 단어는 칠론 가운데 여섯 번째인 『야마까』(雙論, Yamaka)에도 제2권에서 40번 정도 나타나고 있는데 대부분이 "[감각적 쾌락에 대한 갈망의 잠재성향(kāmarāga-anusaya)이] 버려졌다거나 버려지지 않았다라고 말해서는 안 된다."(Yam. §275 등)[23]라는 문맥에서만 나타나고 있는 것으로 검색이 되는데 이 경우도 ③ 'na vattabbā ~tipi 구문'의 용례와는 무관하다.

그런데 이 ③ 'na vattabbā ~tipi 구문'과 ② 'siyā na vattabbā ~tipi 구문'은 경장에서도 나타나지 않는다. na vattabba는 『쿳다까 니까야』 의 『붓다왐사』(佛種姓, Buddhavaṁsa)에 "헤아려서 말해서는 안 된다(gaṇa-nāya na vattabbo.)"(Bv.25 등)로 네 번 정도 나타나는데 이것도 ③ 'na vattabbā ~tipi 구문'과는 문맥이 전혀 다르다.

율장에서는 na vattabbā ti가 "'이런저런 것을 가져오시오.'라고 말해서는 안 된다."(Vin.iii.238)[24] 등으로 네 번 정도 나타날 뿐인데 『담마상가니』 와 『위방가』 의 이 문맥과는 전혀 다르다. 그리고 논장의 다른 곳에서도 ③ 'na vattabbā ~tipi 구문'은 나타나지 않는다. 위의 사례에서 살펴보았듯이 이 구문은 오직 『담마상가니』 와 『위방가』 에서만 나타난다.

(7) 덧붙이는 말

이처럼 ② 'siyā na vattabbā ~tipi 구문'과 ③ 'na vattabbā ~tipi 구문'은 특히 여기 『담마상가니』 제4편 주석 편과 『위방가』 각 장의 질문을 제기함 품의 여러 곳에서만 많이 등장하는 어법이다. 따라서 본 주석 편

22) na vattabbaṁ — ''puggalo sandhāvati asmā lokā paraṁ lokaṁ, parasmā lokā imaṁ loka''nti?(Kv. §75)

23) na vattabbo pahīnoti vā appahīnoti vā.(Yam. §275 등)

24) na vattabbo — ''imaṁ vā imaṁ vā āharā''ti(Vin.iii.238)

은 적어도 『위방가』가 확정된 것과 같은 시기에 확정된 것으로 보아야 한다고 여겨진다. 그러므로 본서 제4편 주석 편이 주석(aṭṭhakathā)이라는 용어를 본편의 제목으로 삼고 있다고 해서 이것을 주석서 문헌(Aṭṭhakathā)처럼 후대에 성립된 것으로 보는 것은 곤란하다.

『위방가』는 전체가 18장으로 구성되어 있는데 이 가운데 14개 장에는 질문을 제기함 품(Pañhāpucchaka)이 포함되어 있다. 이 14개 장 가운데 제5장과 제14장을 제외한 12개 장은 (1) 경에 따른 분류 방법과 (2) 아비담마에 따른 분류 방법과 (3) 질문을 제기함으로 구성되어 있고, 제5장 기능[根]에 대한 분석(indriya-vibhaṅga)과 제14장 학습계목에 대한 분석(sikkhāpada-vibhaṅga)은 경에 따른 분류 방법이 없기 때문에 아비담마에 따른 분류 방법과 질문을 제기함의 두 품으로 구성되어 있다.

우리가 주목해 볼 점은, 『위방가』에서 이 'siyā 구문'과 'siyā na vattabbā ~tipi 구문'과 'na vattabbā ~tipi 구문'은 『위방가』의 마지막 장이요 질문을 제기함이 없는 제18장 법의 심장에 대한 분석(dhamma-hadaya-vibhaṅga)에 속하는 §1039와 §1042의 경우를 제외하면 거의 대부분이 각 장의 마지막 품인 이 질문을 제기함 품에 포함되어 있는 것으로 나타난다는 점이다.

그러므로 만일 『담마상가니』의 마지막 편인 이 주석 편이 주석 편이라는 명칭 때문에 시대적으로 조금 더 늦게 결집된 것이라고 보고 싶다면, 그것은 『위방가』의 각 장에 포함된 질문을 제기함 품과 같은 시기에 결집된 것으로 봐야 할 것이다. 만일 『위방가』의 각 장에 포함된 이 질문을 제기함 품이 『위방가』 각 장에 나타나는 경에 따른 분류 방법과 아비담마에 따른 분류 방법보다 시대적으로 조금 더 늦게 결집된 것이라고 보고 싶다면, 『위방가』의 질문을 제기함 품은 『담마상가니』의 주석 편과 시대적으로 같은 시기에 결집된 것으로 봐야 할 것이다. 『담마상가니』 제4편 주석 편과 『위방가』의 각 장에 포함되어 있는 질문을 제기함 품은 설명을 전개해 가는 방법에 유사함이 많은 것이 분명하기 때문이다.

그렇더라도 『담마상가니』의 주석 편과 『위방가』 각 장의 질문을 제기함 품이 삼차결집 이후에 결집된 것으로 보기에는 무리가 따른다고 생각한다. 여기에 대해서는 차후에 더 깊은 연구가 기대된다.

8. PTS본의 편집이 잘못된 것 몇 가지

역자가 옮긴 본 『담마상가니』는 미얀마 육차결집본을 인도 데와나가리로 표기한 VRI본과 영문자로 표기한 VRI본 CD-ROM을 저본으로 삼았다. 역자가 이렇게 한 이유는 PTS본의 편집에 오류가 많기 때문이다. 이에 관계된 몇 가지를 지적하면서 제2권 해제를 마무리하고자 한다.

(1) 먼저 제3편 간결한 설명 편의 '봄으로써 버려야 하는 원인을 가진 법들'(ma3-9-a)을 설명하는 구절은 VRI본에서 §1017로 아래와 같이 길고 자세하게 나타난다.

"§1017. imāni tīṇi saṁyojanāni; tadekaṭṭhā ca kilesā; taṁsampayutto vedanākkhandho ___pe___ viññāṇakkhandho; taṁsamuṭṭhānaṁ kāyakammaṁ, vacīkammaṁ, manokammaṁ — ime dhammā dassanena pahātabbahetukā.

tīṇi saṁyojanāni — sakkāyadiṭṭhi, vicikicchā, sīlabbataparāmāso — ime dhammā dassanena pahātabbā.

tadekaṭṭho lobho, doso, moho — ime dhammā dassanena pahātabbahetū.

tadekaṭṭhā ca kilesā; taṁsampayutto vedanākkhandho ___pe___ viññāṇakkhandho; taṁsamuṭṭhānaṁ kāyakammaṁ, vacīkammaṁ, manokammaṁ — ime dhammā dassanena pahātabbahetukā."

역자는 이것을 다음과 같이 옮겼다.

"§1017. 이러한 세 가지 족쇄들, 이들과 함께 작용하는 오염원들, 이들과 결합된 느낌의 무더기 · 인식의 무더기 · 심리현상들의 무더기 · 알음알이의 무더기, 이들로부터 생긴 몸으로 짓는 업 · 말로 짓는 업 · 마노로 짓는 업

— 이것이 봄으로써 버려야 하는 원인을 가진 법들이다.

[그러나] 세 가지 족쇄들인 [불변하는] 자신이 존재한다는 견해[有身見], 의심, 계행과 의례의식에 대한 집착[戒禁取] — 이것은 봄으로써 버려야 하는 법들이다.

이들과 함께 작용하는 탐욕, 성냄, 어리석음 — 이것이 봄으로써 버려야 하는 원인인 법들이다.

이들과 함께 작용하는 오염원들, 이들과 결합된 느낌의 무더기·인식의 무더기·심리현상들의 무더기·알음알이의 무더기, 이들로부터 생긴 몸으로 짓는 업·말로 짓는 업·마노로 짓는 업 — 이것이 봄으로써 버려야 하는 원인을 가진 법들이다."

그러나 여기에 상응하는 PTS본 184쪽 §1010에는,

"§1010. imāni tīṇi saññojanāni tad ekaṭṭhā ca kilesā taṁ sampayutto vedanākkhandho pe viññāṇakkhandho taṁ samuṭṭhānaṁ kāyakammaṁ vacīkammaṁ manokammaṁ ime dhammā dassanena pahātabbahetukā."로만 나타난다.

이것은 "이러한 세 가지 족쇄들, 이들과 함께 작용하는 오염원들, 이들과 결합된 느낌의 무더기·인식의 무더기·심리현상들의 무더기·알음알이의 무더기, 이들로부터 생긴 몸으로 짓는 업·말로 짓는 업·마노로 짓는 업 — 이것이 봄으로써 버려야 하는 원인을 가진 법들이다."로 옮길 수 있다.

이처럼 PTS본에는 이다음에 와야 할 "[그러나] 세 가지 족쇄들인 [불변하는] 자신이 존재한다는 견해[有身見] …" 이하는 통째로 누락되어 있다. 리스 데이비즈 여사도 그의 영역본에서 이 잘못을 지적하고 있다.(리스 데이비즈 263쪽 주1) 그리고 데이비즈 여사가 미얀마본을 참조해서 번역한 부분도 미얀마본과는 일치하지 않고 문맥상으로도 맞지 않아 보인다.(리스 데이비즈 263쪽 [1010b] 참조)

(2) 결정적으로 잘못 편집된 부분은 제1편에 해당하는 PTS본 69쪽의

§339를 들 수 있다. PTS본에는

"§339. katame dhammā kusalā yasmiṁ samaye lokuttaraṁ jhānaṁ bhāveti niyyānikaṁ apacayagāmiṁ diṭṭhigatānaṁ pahānā -ya paṭhamāya bhummiyāpattiyā vivicceva kāmehi … pe … paṭhamaṁ jhānaṁ upasampajja viharati dukkhāpaṭipadaṁ dandhābhiññam tasmiṁ samaye phasso hoti … pe … avikkhepo hoti … pe … ime dhammā kusalā"

가 나타나는데 이 §339는 전체가 없어야 한다. 왜냐하면 §277에서 §338까지가 바로 여기 §339의 내용인 '도닦음도 어렵고 초월지도 느린(dukkhāpaṭipadaṁ dandhābhiññam) 초선'을 설명한 것이기 때문이다. 그러므로 이 §339는 전체가 중복이 되는 것으로 완전히 잘못 편집된 것이다.

리스 데이비즈 여사도 그의 영역본에서 이를 빼고 옮겼고 이를 주해에서 언급하고 있듯이(리스 데이비즈 91쪽 및 주1 참조) 이 부분은 들어가지 않아야 한다. 당연히 VRI본과 주석서에는 나타나지 않는다. 이렇게 하여 여기서부터 PTS본과 VRI본의 문단 번호도 달라지기 시작하여 PTS본은 『담마상가니』에 모두 1,599개의 문단 번호를 매기고 있고 VRI본은 모두 1,616개의 번호를 매기고 있다.

역자는 초역을 하면서 이 부분까지는 PTS본을 저본으로 하여 옮기다가 이 부분을 만나면서 VRI본을 저본으로 택하기로 결심을 굳혔다. 이것을 계기로 하여 역자는 『담마상가니』 번역의 저본을 VRI본, 즉 육차결집본으로 삼았다. 그래서 역자가 채택하고 있는 문단 번호도 모두 VRI본에 편집된 것을 따랐다. VRI본에는 모두 1,616개의 문단 번호가 매겨져있고 PTS본에는 모두 1,599개의 문단 번호가 존재한다. 필요한 부분에서는 PTS본의 문단 번호를 인용하기도 하지만 두 본의 문단 번호를 함께 싣지는 않았다. 대신에 본서 제2권 말미에 부록으로 <VRI(Be)본과 PTS(Ee)본의 문단 번호 대조표>를 실었고 PTS본을 참조하고자 하는 분들을 위해서 본문의 [ ] 안에 PTS본의 쪽 번호를 넣어서 옮겼다.

(3) 그리고 역시 제1편에 해당하는 VRI본과 PTS본(96쪽) §498에서 "탐욕 없음이라는 결정할 수 없음[無記]의 뿌리 … pe(§32) … 성냄 없음이라는 결정할 수 없음[無記]의 뿌리"는 'alobho abyākatamūlaṁ ___pe___ adoso abyākatamūlaṁ'를 옮긴 것이다. VRI본에는 본서의 이 문단과 아래 §576과 §582에도 나타나고 있고 주석서에서도 설명을 하고 있다. 그러나 PTS본에는 모두 나타나지 않는다. 리스 데이비즈 여사는 이것을 자신이 번역한 책의 주해에서 지적하고 있고 그의 영역에서도 넣어서 옮기고 있다.(리스 데이비즈 136쪽 주2 참조)

(4) 그리고 제1편 §147의 (4) 도의 구성요소의 모음(maggaṅgarāsi)에서 PTS본 §147(27쪽)에 의하면 '바른 사유가 있고(sammāsaṅkappo hoti)' 앞에 '바른 견해가 있고(sammādiṭṭhi hoti)'로 나타나고 있는데 이것은 리스 데이비즈 여사의 지적처럼 잘못 편집된 것이다. VRI본에는 나타나지 않는다. 이처럼 PTS본에는 잘못 편집된 부분이 적지 않다.

(5) 그리고 PTS본은 편집의 일관성도 결여된다고 할 수 있다. 예를 들면 제2편 물질 편의 세 개 조 마띠까 가운데 "안에 있으면서 허공의 요소가 아닌 물질이 있고, 밖에 있으면서 허공의 요소인 물질이 있고, 허공의 요소가 아닌 것이 있다."(Rma-3-94)를 해설하는 VRI본의 §§852~854에 해당하는 부분을 §§850~851로 두 개의 문단으로 편집하였는데 세 개 조를 두 개의 문단으로 편집하여 문맥에 혼란을 가져오게 하였다.

아울러 "안에 있으면서 물질의 생성이 아닌 물질이 있고, 밖에 있으면서 물질의 생성인 물질이 있고, 물질의 생성이 아닌 것이 있다."(Rma-3-99)라는 세 개 조에 대한 해설(§§867~869)도 §§864~865의 두 개의 문단으로 편집하였다. 이것도 혼란을 가져오게 한다.

그리고 "안에 있으면서 물질의 상속이 아닌 물질이 있고, 밖에 있으면서 물질의 상속인 물질이 있고, 물질의 상속이 아닌 것이 있다."(Rma-3-100)라는 세 개 조에 대한 해설(§§870~872)도 §§866~867로 두 개의 문단으로 편집하는 등 편집의 일관성이 떨어진다.

(6) 그리고 제3편 간결한 설명 편의 경장의 두 개 조의 뒷부분에서 VRI본의 §1376부터 간결한 설명 편의 마지막인 §1383에 해당하는 '절박함(saṁvega)'(ma2-139-a)부터 '일어나지 않음에 대한 지혜'(ma2-142-b)까지도 PTS본은 일관성이 없게 편집하고 있다. 구체적으로 말하면, PTS본에는 '절박함(saṁvega)'(ma2-139-a)부터 '절박함을 가진 자의 지혜로운 노력(yoniso padhāna)'(ma2-139-b)까지를 앞의 §1366에 포함시키고 '유익한 법들만으로 만족하지 못함'(ma2-140-a)부터를 §1367로 문단 번호를 매기는 등 전혀 일관성이 없는 편집을 하였다. 그러다 보니 이를 저본으로 삼은 리스 데이비즈 여사도 이 부분을 (i.)~(xi.)라는 번호를 매겨서 일관성이 없는 번역을 하였다.

(7) 그 외에도 PTS본 §704와 §705사이에는 VRI본 §§704~705에 해당되는 내용이 반드시 들어가야 하고, PTS본 §1101은 문맥상 전혀 필요가 없는 §1109가 여기에 한 번 더 첨가된 명백한 편집상의 실수이다. 이 외에도 몇 군데를 더 지적할 수 있겠지만 이 정도로 줄이려 한다. 이러한 차이 때문에 VRI본에는 모두 1,616개의 문단 번호가 매겨져있고 PTS본에는 모두 1,599개의 문단 번호가 존재한다.

(8) 그리고 VRI본 제3편 간결한 설명 편의 §§1014~1017에 해당되는 부분을 PTS본은 반복되는 부분(peyyāla)을 지나치게 많이 생략하여 §1010의 한 개의 문단 번호를 매겨서 전체 뜻을 파악하는 데 무리가 따르게 하였다. 그래서 PTS의 창시자인 리스 데이비즈 교수(Thomas William Rhys Davids, 1843~1922)의 부인이면서 제2대 PTS 회장을 역임하였고 PTS본을 저본으로 『담마상가니』를 번역한 리스 데이비즈 여사(Caroline Augusta Foley Rhys Davids, 1857~1942)도 그의 영역본에서 이 PTS본 §1010을 [1010]과 [1010a]와 [1010b]의 셋으로 나누어서 VRI본처럼 전체를 살려서 번역하였다.(리스 데이비즈 262~263쪽 참조)

(9) 그리고 자세히 보면 PTS본에는 반복되는 부분(peyyāla)을 너무 지나치게 많이 생략하여 전체적인 문맥을 파악하는 것이 쉽지 않은 부분이 적지 않다. 이런 이유 등 때문에 역자는 미얀마 육차결집본을 영문자나 인도 데와나가리로 표기하고 있는 VRI본을 번역의 저본으로 택하였다. 역자는 반복되는 부분(peyyāla)의 생략을 모두 VRI본에 준해서 하고 있으며 생략된 부분에 상응하는 곳을 밝히기 위해서 '… pe(§§1~57) …'와 같은 방법으로 ( ) 안에 문단 번호를 표기하고 있다. 물론 VRI본에도 드물기는 하지만 반복되는 부분(peyyāla)의 생략이 잘못된 경우도 있어 보인다. 본문을 옮기면서 이런 부분은 한두 군데 역자가 지적을 해두었으니 참조하기 바란다.

그런데 VRI본의 편집에도 고쳐야 할 부분이 있다. 두 곳을 언급하고자 한다.

(10) 욕계의 다섯 번째 유익한 마음에 속하는 VRI본(46쪽) §154에는

"ye vā pana tasmiṁ samaye aññepi atthi paṭiccasamuppannā arūpino dhammā — ime dhammā kusalā … pe …

tasmiṁ kho pana samaye cattāro khandhā honti …"로 편집되어 있다. 여기서 "ime dhammā kusalā … pe …"는 "ime dhammā kusalā"가 되어야 한다. 여기에 반복되는 부분(peyyāla)의 생략인 '… pe …'가 있게 되면 이다음이 항목의 부문이 아니라 공함의 부문이 되어야 하는데, 여기서는 'tasmiṁ kho pana samaye cattāro khandhā honti …'로 네 가지 무더기와 두 가지 감각장소 등으로 나타나기 때문에 이것은 항목의 부문이다.

그런데 다섯 번째 해로운 마음에 속하는 §407에는 "ye vā pana tasmiṁ samaye aññepi atthi paṭiccasamuppannā arūpino dhammā — ime dhammā akusalā.

tasmiṁ kho pana samaye cattāro khandhā honti …"로 '… pe …'가 없이 바르게 편집이 되어 있다. 그러므로 §154에서도 '… pe …'가 없이

편집이 되어야 한다. PTS본의 해당 부분(28쪽 §154)에는 '… pe …'가 없이 바르게 편집되어 있다.

⑾ 그리고 제4편 주석 편 가운데서 세 개 조의 두 번째 마띠까 가운데, '괴롭지도 즐겁지도 않은 느낌과 결합된 법들'(ma3-2-c)을 설명하는 VRI 본(293쪽) §1389에는 'adukkhamasukhāya vedanāya sampayuttātipi' 대신에 'ya vedanāya sampayuttātipi'로 나타나는데 이것은 편집상의 명백한 실수이다. PTS본(235쪽 §1373)에는 'adukkhamasukhāya vedanāya sampayuttātipi'로 바르게 나타나고 있다. 여기에 대해서는 본서 제2권 §1389의 해당 주해를 참조하기 바란다.

9. 맺는말

이렇게 적고 보니 제2권 해제는 아주 딱딱하고 어려운 글이 되어버렸다. 제2권에 실린 제2편 물질 편과 제3편 간결한 설명 편과 제4편 주석 편이 『담마상가니』 마띠까와 물질의 마띠까에 대한 전문적인 설명을 담고 있고 이러한 설명에 대한 해제를 적다 보니 그렇게 되어버렸다. 특히 제3편 간결한 설명 편과 제4편 주석 편을 비교하는 글들도 더 작성하여 보았지만 해제로서 큰 의미가 없는 것 같아서 빼버렸다. 제2권 해제가 독자들이 『담마상가니』를 이해하는 데 조금이라도 도움이 되기를 바라면서 제2권 해제를 마친다.

담마상가니

제2편

물질편

rūpa-kaṇḍa

namo tassa bhagavato arahato sammāsambuddhassa

그분 부처님 · 아라한 · 정등각자께 귀의합니다.

담마상가니

제2편

물질 편

rūpa-kaṇḍa

I. 개요

uddesa[25)]

583. 무엇이 '결정할 수 없는[無記] 법들'(ma3-1-c)인가?[26)]

---

25) 주석서에는 'uddesa'와 'niddesa'라는 용어가 자주 등장한다. 'uddesa'는 개요나 요점을 나타내고 'niddesa'는 세부적인 설명이나 해설을 뜻한다. 역자는 전자를 '개요'로 후자를 '해설'로 옮기고 있다. 여기에 대해서는 본서 제1권 §1의 해당 주해를 참조할 것.

26) "이제 물질 편을 분류하여 보여주시기 위해서 다시 '무엇이 결정할 수 없는 법들인가(katame dhammā abyākatā)?'라는 등을 시작하셨다. 이 가운데 앞의 마음의 일어남 편에서 과보인 결정할 수 없는 것(vipākābyākata, §§431~565)과 작용만 하는 결정할 수 없는 것(kiriyābyākata, §§566~582)은 무엇이든지 남김없이 분류하였지만 물질이라는 결정할 수 없는 것(rūpa-abyākata)과 열반이라는 결정할 수 없는 것(nibbāna-abyākata)은 가르치지 않으셨다. 그것을 가르치기 위해서 네 가지로 분류되는 결정할 수 없는 것(§431의 주해 참조)과 연결시켜서 보여주시면서 '유익하거나 해로운 법들의 과보로 나타난(kusalākusalānaṁ dhammānaṁ vipākā)'이라는 등을 말씀하셨다."(DhsA.296)

'결정할 수 없는 것[無記, abyākata/avyākata]'에 대해서는 본서 제1편 §431 앞의 제목에 대한 해당 주해를 참조할 것.

유익하거나 해로운[27] 법들의 과보로 나타난[28] 욕계에 속하거나[29] 색계에 속하거나 무색계에 속하거나 [세간에] 포함되지 않는[出世間] 것들, [즉] 느낌의 무더기 · 인식의 무더기 · 심리현상들의 무더기 · 알음알이의 무더기,[30] 유익한 것도 아니고 해로운 것도 아니고 업의 과보로 나타난 것도 아닌 작용만 하는 법들,[31] 모든 물질,[32] 형성되지 않은[無

27) "이 가운데 '유익하거나 해로운(kusalākusalānaṁ)'이란 것은 네 가지 경지에 속하는(catubhūmaka) 유익한 것들과 해로운 것들이다."(DhsA.296)

28) "'유익하거나 해로운 법들의 과보로 나타난(kusalākusalānaṁ dhammānaṁ vipākā)'이라고 하셨다. 이와 같이 하여 과보로 나타난 결정할 수 없는 것(vipākābyākata)을 유익한 과보로 나타난 것(kusala-vipāka)과 해로운 과보로 나타난 것(akusala-vipāka)을 통해서 이 두 용어를 취하여 보여주신 것이다."(DhsA.296)

29) "그러나 이 모두는 욕계에 속하는 것이거나 색계 등에 속하는 것이다. 그래서 '욕계에 속하거나(kāmāvacarā)'라는 등의 방법으로 과보인 결정할 수 없는 것을 [네 가지] 경지의 특별함(bhūmantara)을 통해서 자세하게 보여주셨다."(DhsA.296)

30) "그런데 이것은 '느낌의 무더기이고 … 알음알이의 무더기'이기 때문에 다시 결합된 네 가지 무더기(sampayutta-catukkhandha)를 통해서 제한하여 보여주셨다."(DhsA.296)

31) "이와 같이 (1) 과보인 결정할 수 없는 것(vipāka-abyākata)을 ① 유익한 것과 해로운 것(kusalākusala)을 통해서 ② 경지의 특별함(bhūmantara)을 통해서 ③ 결합된 무더기들(sampayuttakkhandha)을 통해서라는 세 가지 방법을 통해서 자세하게 보여주신 뒤에 다시 (2) 작용만 하는 결정할 수 없는 것(kiriya-abyākata)을 보여주시면서 '작용만 하는 법들(ye ca dhammā kiriyā)'이라는 등을 말씀하셨다.
여기에도 '욕계에 속하거나 색계에 속하거나 무색계에 속하거나 [세간에] 포함되지 않는[出世間] 것들, [즉] 느낌의 무더기 · 인식의 무더기 · 심리현상들의 무더기 · 알음알이의 무더기'가 언급되어야 하지만 앞에서 취하였기 때문에 제외시켰다."(DhsA.296~297)

32) "이제 아직 분류되지 않은 것을 보여주시면서 '⑤ 모든 물질, ⑥ 형성되지 않은[無爲] 요소'라고 하셨다.
이 가운데 '⑤ 모든 물질(sabbañca rūpaṁ)'이라는 구절을 통해서 25가지 물질들과 96가지 물질의 세부 항목(부분, rūpa-koṭṭhāsā)이 남김없이 취해졌다고 알아야 한다. '⑥ 형성되지 않은[無爲] 요소(asaṅkhatā ca dhātu)'

爲] 요소 — 이것이 결정할 수 없는[無記] 법들이다.[33]

라는 구절을 통해서 열반이 남김없이 취해졌다. 이렇게 하여 '결정할 수 없는 [無記] 법들(abyākatā dhammā)'이라는 구절이 끝났다."(DhsA.297)

복주서는 96가지 물질의 세부 항목(rūpa-koṭṭhāsā)을 다음과 같이 설명하고 있다.

"여기서 96가지 물질의 세부 항목이란 눈 등의 십원소 일곱 가지와, 온도에서 생긴 것 등의 팔원소 세 가지와, 온도와 마음으로부터 발생한 두 가지 소리이다."(DhsAMṬ.140)

여기서 눈 등의 십원소 일곱 가지는 『아비담마 길라잡이』 제6장 §17 가운데 토대의 십원소를 제외한(『담마상가니』는 심장토대를 언급하지 않기 때문에 토대의 십원소는 제외됨) 일곱 가지 십원소를 말하고, 온도에서 생긴 것 등의 팔원소 세 가지는 『아비담마 길라잡이』 제6장 §§18~20의 마음과 온도와 음식에서 생긴 순수한 팔원소이다.

한편 『청정도론』(Vis.XIV.36)과 『아비담맛타상가하』(『아비담마 길라잡이』 제6장 §3) 등과 같은 모든 주석서 문헌들에서 물질은 모두 28가지로 확정되어 나타난다. 이 가운데 심장토대(hadaya-vatthu)는 본서에는 나타나지 않는다.(§595와 주해 참조) 본서의 주석서인 『앗타살리니』에는 토대의 물질(vatthu-rūpa)로 심장토대가 언급이 되지만(§984의 종결어에 대한 주해를 참조할 것.) 본서의 본문에는 나타나지 않는다.

이렇게 하여 본서에서 설명되는 물질은 심장토대를 제외한 27가지이다. 이 가운데 감촉은 땅의 요소, 불의 요소, 바람의 요소인 세 가지 근본물질로 이루어져 있다. 그러므로 이 세 가지를 빼고 감촉을 넣으면 25가지가 된다. 본서에서 물질은 이렇게 분류가 되어서 모두 25가지가 된다.

심장토대에 대한 설명은 본서 §595의 주해를 참조하기 바란다.

33) 이 §583은 본서 제3편 간결한 설명 편의 §987과 동일하다. 그곳의 주해도 참조하기 바란다.

II. [물질의] 마띠까[34)]

mātikā

584. 여기서 무엇이 '모든 물질'인가?[35)]

---

34) 『담마상가니』는 본서 제1권의 첫머리에서 보았듯이 먼저 164개의 총괄적인 마띠까를 설정하여 이를 토대로 본서 제1편부터 제4편까지의 모든 논의를 전개해 나간다. 그와 같은 방법으로 여기 제2편 물질 편에서도 『담마상가니』는 먼저 물질에 관계된 논의의 주제인 물질의 마띠까를 설정한 뒤 이를 토대로 제2편 물질 편을 전개해 가고 있다. 제1권에 실린 『담마상가니』 마띠까는 세 개 조로 된 것 22가지와 두 개 조로 된 것 142가지로 구성되어 있는데, 여기 물질의 마띠까는 한 개 조부터 열한 개 조까지로 분류되는 279가지로 구성되어 있다.

물질의 마띠까 가운데 한 개 조에는 43개의 마띠까가, 두 개 조에는 104개의 마띠까가, 세 개 조에는 103개의 마띠까가, 네 개 조에는 22개의 마띠까가 담겨있고, 다섯 개 조부터 열한 개 조까지는 각각 한 개씩의 마띠까가 포함되어 있다. 이렇게 하여 물질의 마띠까에는 모두 43+104+103+22+7=279개의 마띠까가 담겨있다. 이 가운데 핵심은 두 개 조 마띠까라 할 수 있다. 물질의 마띠까의 해설에 해당하는 §§595~984까지의 391개의 문단 가운데 두 개 조를 설명하는 문단은 §§595~743까지 모두 149개가 해당되는 것에서도 알 수 있듯이 두 개 조 마띠까가 전체 마띠까의 중심이 된다. 그 가운데서도 두 개 조의 첫 번째 마띠까에 대한 해설은 §§595~651까지의 57개가 되듯이 물질의 해설 가운데 핵심이 된다 할 수 있다.
본서 제1편이 164가지 『담마상가니』 마띠까 가운데 첫 번째 마띠까인 유익함 등의 세 개 조(ma3-1)를 통해서 89가지 마음과 이 각각의 마음들에 관련된 52가지 마음부수들을 하나하나 밝히는 것으로 구성되어 있듯이 제2편 물질의 마띠까도 물질의 첫 번째 두 개 조 마띠까(Rma-2-1)를 통해서 27가지 물질들을 파생된 물질과 파생되지 않은 물질로 분류해서 이 27가지 물질들을 정의하고 설명하는 것으로부터 시작한다.
이 물질의 마띠까는 모두 『위방가』(Vbh. §33)에서 물질의 무더기[色蘊]를 정의하는 것으로도 나타나고 있다.

35) "'여기서 무엇이 모든 물질인가(tattha katamaṁ sabbaṁ rūpaṁ)?'라고 하셨다. 왜 이런 [방법을] 취하셨는가? 본서의 [나머지 편들]에서는 물질인

네 가지[36] 근본물질[四大][37]과 네 가지 근본물질로부터 파생된 물질

결정할 수 없는 것(rūpābyākata)을 [필요에 따라] 간략하게 언급하였다. 이제 이것을 한 개 조와 두 개 조와 세 개 조와 네 개 조와 … 열한 개 조를 통해서 자세하게 분류하여 보여주시기 위해서 이 [방법을] 취하셨다.
'모든 물질, 형성되지 않은[無爲] 요소'(§583)라고 하셨는데 이 두 구절 가운데 ['모든 물질'에 대해서] '무엇이 모든 물질인가(katamaṁ sabbaṁ rūpaṁ nāma)?'라는 [질문을 하셨고] 이제 그 [대답]을 보여주시면서 '네 가지 근본물질[四大]과 네 가지 근본물질로부터 파생된 물질(cattāro ca mahābhūtā, catunnañca mahābhūtānaṁ upādāya rūpaṁ)'이라는 등을 말씀하셨다." (DhsA.297)

36) "'네 가지(cattāro)'라는 것은 숫자로 한정하는 것이다. 이것으로 이들의 모자라거나 넘치는 것을 막는다.

37) "이 가운데 '근본물질(mahābhūta)'이라는 것은 거대하게 나타남 등의 이유로 인해 근본물질이 됨을 알아야 한다. 이 요소들은 다음과 같은 거대하게 나타남 등의 [5가지] 이유로 인해 근본물질[大種, 마하부따]이라 불린다. 즉 ① 거대하게 나타나기 때문에(mahanta-pātubhāvato) ② 큰 마술과 같기 때문에(mahābhūta-sāmaññato) ③ 큰 것들에 의해서 지속되기 때문에(mahā-parihārato) ④ 크게 변화하기 때문에(mahā-vikārato) ⑤ 크고 실재이기 때문(mahanta-bhūtattā)이다."(DhsA.297, *cf.* Vis.XI.96)

계속해서 『담마상가니 주석서』, 즉 『앗타살리니』(DhsA.297~300)는 이 다섯 가지를 설명하고 있는데 거의 같은 설명이 『청정도론』(Vis.XI.97~103)에도 나타나고 있으므로 여기에는 옮기지 않는다. 『청정도론』(Vis. XI.97~103)을 참조하기 바란다.

'근본물질'로 의역한 mahā-bhūta에서 bhūta는 √bhū(*to become*)의 과거분사로 '된 것, 생긴 것, 존재하는 것'이라는 기본 뜻에서 존재하는 것 = 진실, 사실의 의미로 쓰인다. 예를 들면 여실지견(如實知見)으로 옮기는 yathābhūtaṁ pajānāti로 많이 나타난다. 그리고 여기서처럼 존재하는 것 = 기본 요소(dhātu) = 지·수·화·풍의 네 가지 근본물질을 나타내기도 한다. 중국에서는 이를 大種(대종)으로 옮겼고 네 가지를 강조하여 四大種(사대종)이라고 옮기기도 했다.
그리고 기본이 되는 요소라는 측면에서 이 마하부따는 dhātu(界)와 같이 쓰이기도 한다. 그래서 cataso dhātuyo(네 가지 요소, 四界, 四大)라는 말로도 자주 나타난다. 특히 각각의 요소를 나타낼 때는 대부분 다뚜(dhātu)라는 용어를 사용한다. 그래서 땅의 요소[地大] 등은 pathavī-bhūta 등으로 나타나지 않고 pathavī-dhātu(地界) 등으로 나타난다. 본서에서도 항상 이렇게 나타난다. 본서에서 땅의 요소, 물의 요소, 불의 요소, 바람의 요소로 옮

— 이를 일러 모든 물질이라 한다.

(1) 한개 조(ekaka)[38]

모든 물질은[39] 원인이 아니다.[40](Rma-1-1)

원인을 가지지 않는다.(Rma-1-2)

원인과 결합되지 않는다.(Rma-1-3)

조건을 가진다.(Rma-1-4) [125]

긴 용어는 각각 pathavīdhātu, āpodhātu, tejodhātu, vāyodhātu이다.

38) "이제 물질을 자세하게 보여주시기 위해서 한 가지로부터 열한 가지의 길라잡이(saṅgaha)로 마띠까를 확정하여 '모든 물질은 원인이 아니다(sabbaṁ rūpaṁ na hetu).'라는 등을 말씀하셨다."(DhsA.301)
여기서 언급되는 43가지 한 개 조 마띠까의 원어는 다음과 같다.
1 na hetu, ahetukaṁ, hetuvippayuttaṁ, sappaccayaṁ, saṅkhataṁ,
6 rūpaṁ, lokiyaṁ, sāsavaṁ, saṁyojaniyaṁ, ganthaniyaṁ,
11 oghaniyaṁ, yoganiyaṁ, nīvaraṇiyaṁ, parāmaṭṭhaṁ, upādāniyaṁ,
16 saṁkilesikaṁ, abyākataṁ, anārammaṇaṁ, acetasikaṁ,
20 cittavippayuttaṁ, nevavipākanavipākadhammadhammaṁ,
22 asaṁkiliṭṭhasaṁkilesikaṁ, na savitakkasavicāraṁ,
24 na avitakkavicāramattaṁ, avitakkāvicāraṁ,
26 na pītisahagataṁ, na sukhasahagataṁ, na upekkhāsahagataṁ,
29 neva dassanena na bhāvanāya pahātabbaṁ,
30 neva dassanena na bhāvanāya pahātabbahetukaṁ,
31 neva ācayagāmi na apacayagāmi, nevasekkhanāsekkhaṁ, parittaṁ,
34 kāmāvacaraṁ, na rūpāvacaraṁ, na arūpāvacaraṁ,
37 pariyāpannaṁ, no apariyāpannaṁ, aniyataṁ, aniyyānikaṁ,
41 uppannaṁ chahi viññāṇehi viññeyyaṁ, aniccaṁ, jarābhibhūtaṁ,

39) "여기서 '모든 물질은(sabbaṁ rūpaṁ)'이라는 [구절은] '모든 물질은 원인이 아니다.', '모든 물질은 원인을 가지지 않는다.'라고 모든 [43가지] 용어들과 함께 적용시켜야 한다."(DhsA.301)

40) "여기서 '원인이 아니다(na hetu).' 등의 43가지 용어들이 [개요로] 열거되었다. 이들 가운데 차례대로 40가지 용어들은 [『담마상가니』의 첫머리에 실린] 『담마상가니』 마띠까로부터 취해서 놓아졌고 마지막의 세 가지는 마띠까를 벗어난 것이다. 이와 같이 첫 번째 조합(한 개 조)에 의해서 [물질 편의] 성전을 정의하는 것을 알아야 한다. 두 번째 조합(두 개 조) 등에 대해서도 마찬가지이다."(DhsA.301)

형성된 것이다.(Rma-1-5)
물질이다.(Rma-1-6)
세간적이다.(Rma-1-7)
번뇌와 함께한다.(Rma-1-8)
족쇄와 함께한다.(Rma-1-9)
매듭과 함께한다.(Rma-1-10)
폭류와 함께한다.(Rma-1-11)
속박과 함께한다.(Rma-1-12)
장애와 함께한다.(Rma-1-13)
집착된 것이다.(Rma-1-14)
취착과 함께한다.(Rma-1-15)
오염원과 함께한다.(Rma-1-16)
결정할 수 없는 것[無記]이다.(Rma-1-17)
대상을 가지지 않는다.(Rma-1-18)
마음부수가 아니다.(Rma-1-19)
마음과 결합되지 않는다.(Rma-1-20)
과보로 나타난 것도 아니고 과보를 생기게 하는 것도 아니다.(Rma-1-21)
오염되지 않았지만 오염의 대상이다.(Rma-1-22)
일으킨 생각[尋]이 있고 지속적 고찰[伺]이 있는 것이 아니다.(Rma-1-23)
일으킨 생각은 없고 지속적 고찰만 있는 것이 아니다.(Rma-1-24)
일으킨 생각도 없고 지속적 고찰도 없다.(Rma-1-25)
희열이 함께하는 것이 아니다.(Rma-1-26)
행복이 함께하는 것이 아니다.(Rma-1-27)
평온이 함께하는 것이 아니다.(Rma-1-28)
봄[見][41]으로도 닦음으로도 버려지는 것이 아니다.(Rma-1-29)
봄[見]이나 닦음으로 버려야 하는 원인을 가진 것도 아니다.(Rma-1-30)

[윤회를] 축적하게 하는 것도 감소시키는 것도 아니다.(Rma-1-31)

유학에도 무학에도 속하지 않는 것이다.(Rma-1-32)

제한된 것이다.(Rma-1-33)

욕계에 속하는 것이다.(Rma-1-34)

색계에 속하는 것이 아니다.(Rma-1-35)

무색계에 속하는 것이 아니다.(Rma-1-36)

[세간에] 포함된 것이다.(Rma-1-37)

[세간에] 포함되지 않은 것이 아니다.(Rma-1-38)

[과보를 가져오는 것(vipākadāna)으로] 정해진 것이 아니다.(Rma-1-39)

출리로 인도하지 못한다.(Rma-1-40)

현재의 것이 여섯 가지 알음알이를 통해서 식별된다.[42](Rma-1-41)

무상할 뿐이다.(Rma-1-42)

쇠퇴하기 마련이다.(Rma-1-43)

---

41) 여기서 '봄[見, dassana]'은 첫 번째 도를, '닦음[修, bhāvanā]은 나머지 세 가지 도를 말한다. 여기에 대해서는 본서 제1권 세 개 조 마띠까 ma3-8의 해당 주해들을 참조할 것.

42) '현재의 것이 여섯 가지 알음알이를 통해서 식별된다.'는 uppannaṁ chahi viññāṇehi viññeyyaṁ를 옮긴 것이다. VRI본에 의하면 이것은 여기 §584 한 개 조 물질의 마띠까에서는 uppannaṁ, chahi viññāṇehi viññeyyaṁ로 표기되어 나타난다. 즉 uppannaṁ과 chahi viññāṇehi viññeyyaṁ을 각각 독립된 마띠까로 이해하였다. 그런데 아래 한 개 조의 해설 §594에서는 uppannaṁ chahi viññāṇehi viññeyyaṁ로 표기하여 이 전체가 하나의 마띠까로 표기하고 있다.
전자로 표기하면 '현재의 것이다. 여섯 가지 알음알이를 통해서 식별된다.'로 해석하여 한 개 조 물질의 마띠까에는 모두 44개의 마띠까가 있는 것으로 해석할 수 있다. 그런데 『담마상가니 주석서』와 이에 대한 복주서인 『물리띠까』와 『아누띠까』에서는 모두 이렇게 uppannaṁ이 chahi viññāṇehi viññeyyaṁ을 수식하는 것으로 해석하고 있다. 리스 데이비즈 여사도 이렇게 옮기고 있으며(리스 데이비즈, 170쪽 및 주6 참조) 무엇보다도 위에서 인용한 주석서에서 이 한 개 조 마띠까를 43가지 용어들(tecattālīsa-padāni)이라고 언급하고 있기 때문에 이렇게 봐야 한다. 여기에 대해서는 §594의 해당 주해도 참조하기 바란다.

이와 같이 한 가지에 의한 물질의 길라잡이가 있다.[43)]

한 개 조가 [끝났다.]

(2) 두 개 조(duka)

두 가지에 의한 물질의 길라잡이가 있다.[44)]

① 일반적인 두 개 조

파생된 물질이 있고, 파생되지 않은 물질이 있다.(Rma-2-1)

취착된 물질이 있고, 취착되지 않은 물질이 있다.(Rma-2-2)

---

43) 설명은 아래 §594의 주해들을 참조할 것.

44) "두 번째 길라잡이(dutiya-saṅgaha)에는 104개의 두 개 조가 있다.
이 가운데 '파생된 물질이 있고, 파생되지 않은 물질이 있다(atthi rūpaṁ upādā, atthi rūpaṁ no upādā).'(Rma-2-1)라는 등으로부터 시작하는 14가지 두 개 조는 서로서로 관련이 없기 때문에 ① 일반적인 두 개 조(pakiṇṇaka-duka)라 한다.
그다음의 '눈의 감각접촉의 토대인 물질이 있고(atthi rūpaṁ cakkhu-samphassassa vatthu)'라는 등의 25가지의 두 개 조는 토대와 토대가 아닌 것을 자세히 관찰함을 통해서 전개되기 때문에 ② 토대의 두 개 조(vatthu-duka)라고 한다.
그다음의 '눈의 감각접촉의 대상인 물질이 있고(atthi rūpaṁ cakkhu-samphassassa ārammaṇa)'라는 등의 25가지 두 개 조는 대상과 대상이 아닌 것을 자세히 관찰함을 통해서 전개되기 때문에 ③ 대상의 두 개 조(ārammaṇa-duka)라고 한다.
[65번부터] 10가지는 감각장소와 감각장소가 아닌 물질을 자세히 관찰함을 통해서 전개되기 때문에 ④ 감각장소의 두 개 조(āyatana-duka)라 한다.
[75번부터] 10가지는 요소와 요소가 아닌 물질을 자세히 관찰함을 통해서 전개되기 때문에 ⑤ 요소의 두 개 조(dhātu-duka)라 한다.
[85번부터] 8가지는 기능과 기능이 아닌 물질을 자세히 관찰함을 통해서 전개되기 때문에 ⑥ 기능의 두 개 조(indriya-duka)라 한다.
[93번부터] 12가지는 미세하고 미세하지 않은 물질을 자세히 관찰함을 통해서 전개되기 때문에 ⑦ 미세한 물질의 두 개 조(sukhumarūpa-duka)라 한다.
이것이 두 번째 길라잡이에 의해서 [물질 편의] 성전을 정의하는 것이다." (DhsA.301)

취착되었고 취착의 대상인 물질이 있고, 취착되지 않았지만 취착의 대상인 물질이 있다.(Rma-2-3)

볼 수 있는 물질이 있고, 볼 수 없는 물질이 있다.(Rma-2-4)

부딪힘이 있는 물질이 있고, 부딪힘이 없는 물질이 있다.(Rma-2-5)

기능인 물질이 있고, 기능이 아닌 물질이 있다.(Rma-2-6)

근본물질인 물질[45]이 있고, 근본물질이 아닌 물질이 있다.(Rma-2-7)

암시인 물질이 있고, 암시가 아닌 물질이 있다.(Rma-2-8)

마음에서 생긴 물질이 있고, 마음에서 생기지 않은 물질이 있다.(Rma-2-9)

마음과 함께 존재하는 물질이 있고, 마음과 함께 존재하지 않는 물질이 있다.(Rma-2-10)

마음을 따르는 물질이 있고, 마음을 따르지 않는 물질이 있다.(Rma-2-11)

안에 있는 물질이 있고, 밖에 있는 물질이 있다.(Rma-2-12)

거친 물질이 있고, 미세한 물질이 있다.(Rma-2-13)

멀리 있는 물질이 있고, 가까이 있는 물질이 있다.(Rma-2-14)

② 토대의 두 개 조

눈의 감각접촉의 토대인 물질이 있고, 눈의 감각접촉의 토대가 아닌 물질이 있다.(Rma-2-15)

눈의 감각접촉에서 생긴 느낌의 … 인식의 … 의도의 … 눈의 알음알이의 토대인 물질이 있고, 눈의 알음알이의 토대가 아닌 물질이 있다.(Rma-2-16~19)

---

45) 본서 전체에서 '근본물질인 물질'은 rūpa mahābhūta를 옮긴 것이고 '근본물질이 아닌 물질'은 rūpa na mahābhūta를 옮긴 것이다. 초기불전연구원에서는 mahābhūta를 '근본물질'로 옮기고 있기 때문에 mahābhūta와 rūpa mahābhūta를 구분하기 위해서 후자를 '근본물질인 물질'로 옮긴 것이다. 물론 이 둘은 공히 땅의 요소, 물의 요소, 불의 요소, 바람의 요소의 네 가지 근본물질[四大]를 지칭한다. '근본물질(mahābhūta)'에 대해서는 §584의 해당 주해를 참조하기 바란다.

귀의 감각접촉의 … (Rma-2-20~24)

코의 감각접촉의 … (Rma-2-25~29)

혀의 감각접촉의 … (Rma-2-30~34)

몸의 감각접촉의 토대인 물질이 있고, 몸의 감각접촉의 토대가 아닌 물질이 있다.(Rma-2-35)

몸의 감각접촉에서 생긴 느낌의 … 인식의 … 의도의 … [126] 몸의 알음알이의 토대인 물질이 있고, 몸의 알음알이의 토대가 아닌 물질이 있다.(Rma-2-36~39)

③ 대상의 두 개 조

눈의 감각접촉의 대상인 물질이 있고, 눈의 감각접촉의 대상이 아닌 물질이 있다.(Rma-2-40)

눈의 감각접촉에서 생긴 느낌의 … 인식의 … 의도의 … 눈의 알음알이의 대상인 물질이 있고, 눈의 알음알이의 대상이 아닌 물질이 있다.(Rma-2-41~44)

귀의 감각접촉의 … (Rma-2-45~49)

코의 감각접촉의 … (Rma-2-50~54)

혀의 감각접촉의 … (Rma-2-55~59)

몸의 감각접촉의 대상인 물질이 있고, 몸의 감각접촉의 대상이 아닌 물질이 있다.(Rma-2-60)

몸의 감각접촉에서 생긴 느낌의 … 인식의 … 의도의 … 몸의 알음알이의 대상인 물질이 있고, 몸의 알음알이의 대상이 아닌 물질이 있다.(Rma-2-61~64)

④ 감각장소의 두 개 조

눈의 감각장소인 물질이 있고, 눈의 감각장소가 아닌 물질이 있다.(Rma-2-65)

귀의 감각장소인 … 코의 감각장소인 … 혀의 감각장소인 … 몸의 감각장소인 물질이 있고, 몸의 감각장소가 아닌 물질이 있다.(Rma-2-66~69)

형색의 감각장소[色處]인 물질이 있고, 형색의 감각장소가 아닌 물질이 있다.(Rma-2-70)

소리의 감각장소인 … 냄새의 감각장소인 … 맛의 감각장소인 … 감촉의 감각장소인 물질이 있고, 감촉의 감각장소가 아닌 물질이 있다.(Rma-2-71~74)

⑤ 요소의 두 개 조

눈의 요소인 물질이 있고, 눈의 요소가 아닌 물질이 있다.(Rma-2-75)

귀의 요소인 … 코의 요소인 … 혀의 요소인 … 몸의 요소인 물질이 있고, 몸의 요소가 아닌 물질이 있다.(Rma-2-76~79)

형색의 요소인 물질이 있고, 형색의 요소가 아닌 물질이 있다.(Rma-2-80)

소리의 요소인 … 냄새의 요소인 … 맛의 요소인 … 감촉의 요소인 물질이 있고, 감촉의 요소가 아닌 물질이 있다.(Rma-2-81~84)

⑥ 기능의 두 개 조

눈의 기능인 물질이 있고, 눈의 기능이 아닌 물질이 있다.(Rma-2-85)

귀의 기능인 … 코의 기능인 … 혀의 기능인 … 몸의 기능인 물질이 있고, 몸의 기능이 아닌 물질이 있다.(Rma-2-86~89)

여자의 기능인 물질이 있고, 여자의 기능이 아닌 물질이 있다.(Rma-2-90)

남자의 기능인 물질이 있고, 남자의 기능이 아닌 물질이 있다.(Rma-2-91)

생명기능인 물질이 있고, 생명기능이 아닌 물질이 있다.(Rma-2-92)

⑦ 미세한 물질의 두 개 조

몸의 암시인 물질이 있고, 몸의 암시가 아닌 물질이 있다.(Rma-2-93)

말의 암시인 물질이 있고, 말의 암시가 아닌 물질이 있다.(Rma-2-94)

허공의 요소인 물질이 있고, 허공의 요소가 아닌 물질이 있다.(Rma-2-95)

물의 요소인 물질이 있고, 물의 요소가 아닌 물질이 있다.(Rma-2-96)

물질의 가벼움인 물질이 있고, 물질의 가벼움이 아닌 물질이 있다.(Rma-2-97)

물질의 부드러움인 물질이 있고, 물질의 부드러움이 아닌 [127] 물질이 있다.(Rma-2-98)

물질의 적합함인 물질이 있고, 물질의 적합함이 아닌 물질이 있다.(Rma-2-99)

물질의 생성인 물질이 있고, 물질의 생성이 아닌 물질이 있다.(Rma-2-100)

물질의 상속인 물질이 있고, 물질의 상속이 아닌 물질이 있다.(Rma-2-101)

물질의 쇠퇴함인 물질이 있고, 물질의 쇠퇴함이 아닌 물질이 있다.(Rma-2-102)

물질의 무상함인 물질이 있고, 물질의 무상함이 아닌 물질이 있다.(Rma-2-103)

덩어리진 [먹는] 음식인 물질이 있고, 덩어리진 [먹는] 음식이 아닌 물질이 있다.(Rma-2-104)

이와 같이 두 가지에 의한 물질의 길라잡이가 있다.

두 개 조가 [끝났다.]

(3) 세 개 조(tika)

585. 세 가지에 의한 물질의 길라잡이가 있다.46)

---

46) "세 번째 길라잡이에는 103개의 세 개 조들(tikāni)이 있다. 이 가운데 [① 일반적인 세 개 조(rma-3-1~13)는] 두 번째 길라잡이의 ① 일반적인 두 개 조에서 설한 14가지 가운데 '안에 있는 물질이 있고, 밖에 있는 물질이 있다.'(Rma-2-12)라는 안의 두 개 조 하나를 제외한 13가지가 여기에 적용되는데 '안에 있는 파생된 물질이 있고, 밖에 있는 파생된 물질이 있고, 파생되지 않은 것이 있다.'(Rma-3-1)라는 방법으로 확립된 13가지 일반적인 세

① 일반적인 세 개 조

안에 있으면서 파생된 물질이 있고, 밖에 있으면서 파생된 물질이 있고, 파생되지 않은 것이 있다.(Rma-3-1)[47]

안에 있으면서 취착된 물질이 있고, 밖에 있으면서 취착된 물질이 있고, 취착되지 않은 것이 있다.(Rma-3-2)

안에 있으면서 취착되었고 취착의 대상인 물질이 있고, 밖에 있으면서 취착되었고 취착의 대상인 물질이 있고, 취착되지 않았지만 취착의 대상인 것이 있다.(Rma-3-3)

안에 있으면서 볼 수 없는 물질이 있고, 밖에 있으면서 볼 수 있으면서 물질이 있고, 볼 수 없는 것이 있다.(Rma-3-4)

안에 있으면서 부딪힘이 있으면서 물질이 있고, 밖에 있으면서 부딪힘이 있으면서 물질이 있고, 부딪힘이 없는 것이 있다.(Rma-3-5)

안에 있으면서 기능인 물질이 있고, 밖에 있으면서 기능인 물질이 있고, 기능이 아닌 것이 있다.(Rma-3-6)

개 조(pakiṇṇaka-tikā)로 구성되어 있다.

이렇게 하여 나머지 두 개 조들과 더불어 이 두 개 조를 적용시켜 '밖에 있는 눈의 감각접촉의 토대가 아닌 물질이 있고, 안에 있는 눈의 감각접촉의 토대인 물질이 있고, 안에 있는 눈의 감각접촉의 토대가 아닌 것이 있다.'(Rma-3-14)라는 방법으로 나머지 세 개 조들을 확립하였다. 이들의 이름(nāma)과 개수(gaṇanā)는 이들에 대응되는 토대의 두 개 조 등(vatthu-dukādi)을 통해서 알아야 한다. 이것이 세 번째 길라잡이에 있는 [물질 편에 대한] 성전의 분석이다."(DhsA.301~302)

47) 본편 III. 물질의 분석의 제3장 세 개 조의 해설(§§744~881)의 §746, §749 등에서 보듯이 세 개 조 물질의 마띠까에 포함된 103개의 마띠까들의 세 번째 구문은 모두 각각의 두 번째 구문에서 언급된 것과 반대되는 사항을 서술하고 있다. 예를 들면 '안에 있으면서 파생된 물질이 있고, 밖에 있으면서 파생된 물질이 있고, 파생되지 않은 것이 있다.'라는 본 마띠까의 세 번째 구문인 '파생되지 않은 것이 있다.'는 '밖에 있으면서 파생되지 않은 것이 있다.'이다.

안에 있으면서 근본물질이 아닌 물질이 있고, 밖에 있으면서 근본물질인 물질이 있고, 근본물질이 아닌 것이 있다.(Rma-3-7)

안에 있으면서 암시가 아닌 물질이 있고, 밖에 있으면서 암시인 물질이 있고, 암시가 아닌 것이 있다.(Rma-3-8)

안에 있으면서 마음에서 생기지 않은 물질이 있고, 밖에 있으면서 마음에서 생긴 물질이 있고, 마음에서 생기지 않은 것이 있다.(Rma-3-9)

안에 있으면서 마음과 함께 존재하지 않는 물질이 있고, 밖에 있으면서 마음과 함께 존재하는 물질이 있고, 마음과 함께 존재하지 않는 것이 있다.(Rma-3-10)

안에 있으면서 마음을 따르지 않는 물질이 있고, 밖에 있으면서 마음을 따르는 물질이 있고, 마음을 따르지 않는 것이 있다.(Rma-3-11)

안에 있으면서 거친 물질이 있고, 밖에 있으면서 거친 물질이 있고, 미세한 것이 있다.(Rma-3-12)

안에 있으면서 가까운 물질이 있고, 밖에 있으면서 먼 물질이 있고, 가까운 것이 있다.(Rma-3-13)

② 토대의 세 개 조

밖에 있으면서 눈의 감각접촉의 토대가 아닌 물질이 있고, 안에 있으면서 눈의 감각접촉의 토대인 물질이 있고, [128] 눈의 감각접촉의 토대가 아닌 것이 있다.(Rma-3-14)

밖에 있으면서 눈의 감각접촉에서 생긴 느낌의 … 인식의 … 의도의 … 눈의 알음알이의 토대가 아닌 물질이 있고, 안에 있으면서 눈의 알음알이의 토대인 물질이 있고, 눈의 알음알이의 토대가 아닌 것이 있다.(Rma-3-15)

밖에 있으면서 귀의 감각접촉의 … (Rma-3-19~23)

밖에 있으면서 코의 감각접촉의 … (Rma-3-24~28)

밖에 있으면서 혀의 감각접촉의 … (Rma-3-29~33)

밖에 있으면서 몸의 감각접촉의 토대가 아닌 물질이 있고, 안에 있으면서 몸의 감각접촉의 토대인 물질이 있고, 몸의 감각접촉의 토대가 아닌 것이 있다.(Rma-3-34)

밖에 있으면서 몸의 감각접촉에서 생긴 느낌의 … 인식의 … 의도의 … 몸의 알음알이의 토대가 아닌 물질이 있고, 안에 있으면서 몸의 알음알이의 토대인 물질이 있고, 몸의 알음알이의 토대가 아닌 것이 있다.(Rma-3-35~38)

③ 대상의 세 개 조

안에 있으면서 눈의 감각접촉의 대상이 아닌 물질이 있고, 밖에 있으면서 눈의 감각접촉의 대상인 물질이 있고, 눈의 감각접촉의 대상이 아닌 것이 있다.(Rma-3-39)

안에 있으면서 눈의 감각접촉에서 생긴 느낌의 … 인식의 … 의도의 … 눈의 알음알이의 대상이 아닌 물질이 있고, 밖에 있으면서 눈의 알음알이의 대상인 물질이 있고, 눈의 알음알이의 대상이 아닌 것이 있다.(Rma-3-40~43)

안에 있으면서 귀의 감각접촉의 … (Rma-3-44~48)

안에 있으면서 코의 감각접촉의 … (Rma-3-49~53)

안에 있으면서 혀의 감각접촉의 … (Rma-3-54~58)

안에 있으면서 몸의 감각접촉의 대상이 아닌 물질이 있고, 밖에 있으면서 몸의 감각접촉의 대상인 물질이 있고, 몸의 감각접촉의 대상이 아닌 것이 있다.(Rma-3-59)

안에 있으면서 몸의 감각접촉에서 생긴 느낌의 … 인식의 … 의도의 … 몸의 알음알이의 대상이 아닌 물질이 있고, 밖에 있으면서 몸의 알음알이의 대상인 물질이 있고, 몸의 알음알이의 대상이 아닌 것이 있다.(Rma-3-60~63)

④ 감각장소의 세 개 조

밖에 있으면서 눈의 감각장소가 아닌 물질이 있고, 안에 있으면서 눈의 감각장소인 물질이 있고, 눈의 감각장소가 아닌 것이 있다.(Rma-3-64)

밖에 있으면서 귀의 감각장소가 아닌 … 코의 감각장소가 아닌 … 혀의 감각장소가 아닌 … 몸의 감각장소가 아닌 물질이 있고, 안에 있으면서 몸의 감각장소인 물질이 있고, 몸의 감각장소가 아닌 것이 있다.(Rma-3-65~68)

안에 있으면서 형색의 감각장소가 아닌 물질이 있고, 밖에 있으면서 형색의 감각장소인 물질이 있고, 형색의 감각장소가 아닌 것이 있다.(Rma-3-69)

안에 있으면서 [129] 소리의 감각장소가 아닌 … 냄새의 감각장소가 아닌 … 맛의 감각장소가 아닌 … 감촉의 감각장소가 아닌 물질이 있고, 밖에 있으면서 감촉의 감각장소인 물질이 있고, 감촉의 감각장소가 아닌 것이 있다.(Rma-3-70~73)

⑤ 요소의 세 개 조

밖에 있으면서 눈의 요소가 아닌 물질이 있고, 안에 있으면서 눈의 요소인 물질이 있고, 눈의 요소가 아닌 것이 있다.(Rma-3-74)

밖에 있으면서 귀의 요소가 아닌 … 코의 요소가 아닌 … 혀의 요소가 아닌 … 몸의 요소가 아닌 물질이 있고, 안에 있으면서 몸의 요소인 물질이 있고, 몸의 요소가 아닌 것이 있다.(Rma-3-75~78)

안에 있으면서 형색의 요소가 아닌 물질이 있고, 밖에 있으면서 형색의 요소인 물질이 있고, 형색의 요소가 아닌 것이 있다.(Rma-3-79)

안에 있으면서 소리의 요소가 아닌 … 냄새의 요소가 아닌 … 맛의 요소가 아닌 … 감촉의 요소가 아닌 물질이 있고, 밖에 있으면서 감촉의 요소인 물질이 있고, 감촉의 요소가 아닌 것이 있다.(Rma-3-80~83)

⑥ 기능의 세 개 조

밖에 있으면서 눈의 기능이 아닌 물질이 있고, 안에 있으면서 눈의 기능인 물질이 있고, 눈의 기능이 아닌 것이 있다.(Rma-3-84)

밖에 있으면서 귀의 기능이 아닌 … 코의 기능이 아닌 … 혀의 기능이 아닌 … 몸의 기능이 아닌 물질이 있고, 안에 있으면서 몸의 기능인 물질이 있고, 몸의 기능이 아닌 것이 있다.(Rma-3-85~88)

안에 있으면서 여자의 기능[女根]이 아닌 물질이 있고, 밖에 있으면서 여자의 기능인 물질이 있고, 여자의 기능이 아닌 것이 있다.(Rma-3-89)

안에 있으면서 남자의 기능[男根]이 아닌 물질이 있고, 밖에 있으면서 남자의 기능인 물질이 있고, 남자의 기능이 아닌 것이 있다.(Rma-3-90)

안에 있으면서 생명기능이 아닌 물질이 있고, 밖에 있으면서 생명기능인 물질이 있고, 생명기능이 아닌 것이 있다.(Rma-3-91)

⑦ 미세한 물질의 세 개 조

안에 있으면서 몸의 암시가 아닌 물질이 있고, 밖에 있으면서 몸의 암시인 물질이 있고, 몸의 암시가 아닌 것이 있다.(Rma-3-92)

안에 있으면서 말의 암시가 아닌 물질이 있고, 밖에 있으면서 말의 암시인 물질이 있고, 말의 암시가 아닌 것이 있다.(Rma-3-93)

안에 있으면서 허공의 요소가 아닌 물질이 있고, 밖에 있으면서 허공의 요소인 물질이 있고, 허공의 요소가 아닌 것이 있다.(Rma-3-94)

안에 있으면서 물의 요소가 아닌 물질이 있고, 밖에 있으면서 물의 요소인 물질이 있고, 물의 요소가 아닌 것이 있다.(Rma-3-95)

안에 있으면서 물질의 가벼움이 아닌 물질이 있고, 밖에 있으면서 물질의 가벼움인 물질이 있고, 물질의 가벼움이 아닌 것이 있다.(Rma-3-96)

안에 있으면서 물질의 부드러움이 아닌 물질이 있고, 밖에 있으면서
[130] 물질의 부드러움인 물질이 있고, 물질의 부드러움이 아닌 것이 있

다.(Rma-3-97)

안에 있으면서 물질의 적합함이 아닌 물질이 있고, 밖에 있으면서 물질의 적합함인 물질이 있고, 물질의 적합함이 아닌 것이 있다.(Rma-3-98)

안에 있으면서 물질의 생성이 아닌 물질이 있고, 밖에 있으면서 물질의 생성인 물질이 있고, 물질의 생성이 아닌 것이 있다.(Rma-3-99)

안에 있으면서 물질의 상속이 아닌 물질이 있고, 밖에 있으면서 물질의 상속인 물질이 있고, 물질의 상속이 아닌 것이 있다.(Rma-3-100)

안에 있으면서 물질의 쇠퇴함이 아닌 물질이 있고, 밖에 있으면서 물질의 쇠퇴함인 물질이 있고, 물질의 쇠퇴함이 아닌 것이 있다.(Rma-3-101)

안에 있으면서 물질의 무상함이 아닌 물질이 있고, 밖에 있으면서 물질의 무상함인 물질이 있고, 물질의 무상함이 아닌 것이 있다.(Rma-3-102)

안에 있으면서 덩어리진 [먹는] 음식이 아닌 물질이 있고, 밖에 있으면서 덩어리진 [먹는] 음식인 물질이 있고, 덩어리진 [먹는] 음식이 아닌 것이 있다.(Rma-3-103)

이와 같이 세 가지에 의한 물질의 길라잡이가 있다.

세 개 조가 [끝났다.]

(4) 네 개 조(catukka)

586. 네 가지에 의한 물질의 길라잡이가 있다.

파생되었으면서 취착된 물질이 있고, 취착되지 않은 것이 있다. 파생되지 않았으면서 취착된 물질이 있고, 취착되지 않은 것이 있다.(Rma-4-1)

파생되었으면서 취착되었고 취착의 대상인 물질이 있고, 취착되지 않았지만 취착의 대상인 것이 있다. 파생되지 않았으면서 취착되었고 취착의 대상인 물질이 있고, 취착되지 않았지만 취착의 대상인 것이 있

다.(Rma-4-2)

파생되었으면서 부딪힘이 있는 물질이 있고, 부딪힘이 없는 것이 있다. 파생되지 않았으면서 부딪힘이 있는 물질이 있고, 부딪힘이 없는 것이 있다.(Rma-4-3)

파생되었으면서 거친 물질이 있고, 미세한 것이 있다. 파생되지 않았으면서 거친 물질이 있고, 미세한 것이 있다.(Rma-4-4)

파생되었으면서 멀리 있는 물질이 있고, 가까이 있는 것이 있다. 파생되지 않았으면서 멀리 있는 물질이 있고, 가까이 있는 것이 있다.(Rma-4-5)

취착되었으면서 볼 수 있는 물질이 있고, 볼 수 없는 물질이 있다. 취착되지 않았으면서 볼 수 있는 물질이 있고, 볼 수 없는 것이 있다.(Rma-4-6)

취착되었으면서 부딪힘이 있는 물질이 있고, 부딪힘이 없는 물질이 있다. 취착되지 않았으면서 부딪힘이 있는 물질이 있고, 부딪힘이 없는 물질이 있다.(Rma-4-7)

취착되었으면서 근본물질인 물질이 있고, 근본물질이 아닌 것이 있다. 취착되지 않았으면서 근본물질인 물질이 있고, [131] 근본물질이 아닌 것이 있다.(Rma-4-8)

취착되었으면서 거친 물질이 있고, 미세한 것이 있다. 취착되지 않았으면서 거친 물질이 있고, 미세한 것이 있다.(Rma-4-9)

취착되었으면서 멀리 있는 물질이 있고, 가까이 있는 것이 있다. 취착되지 않았으면서 멀리 있는 물질이 있고, 가까이 있는 것이 있다.(Rma-4-10)

취착되었고 취착의 대상이면서 볼 수 있는 물질이 있고, 볼 수 없는 것이 있다. 취착되지 않았지만 취착의 대상이면서 볼 수 있는 물질이 있고, 볼 수 없는 것이 있다.(Rma-4-11)

취착되었고 취착의 대상이면서 부딪힘이 있는 물질이 있고, 부딪힘이 없는 것이 있다. 취착되지 않았지만 취착의 대상이면서 부딪힘이 있는 물질이 있고, 부딪힘이 없는 것이 있다.(Rma-4-12)

취착되었고 취착의 대상이면서 근본물질인 물질이 있고, 근본물질이 아닌 것이 있다. 취착되지 않았지만 취착의 대상이면서 근본물질인 물질이 있고, 근본물질이 아닌 것이 있다.(Rma-4-13)

취착되었고 취착의 대상이면서 거친 물질이 있고, 미세한 것이 있다. 취착되지 않았지만 취착의 대상이면서 거친 물질이 있고, 미세한 것이 있다.(Rma-4-14)

취착되었고 취착의 대상이면서 멀리 있는 물질이 있고, 가까이 있는 것이 있다. 취착되지 않았지만 취착의 대상이면서 멀리 있는 물질이 있고, 가까이 있는 것이 있다.(Rma-4-15)

부딪힘이 있으면서 기능인 물질이 있고, 기능이 아닌 것이 있다. 부딪힘이 없으면서 기능인 물질이 있고, 기능이 아닌 것이 있다.(Rma-4-16)

부딪힘이 있으면서 근본물질인 물질이 있고, 근본물질이 아닌 것이 있다. 부딪힘이 없으면서 근본물질인 물질이 있고, 근본물질이 아닌 것이 있다.(Rma-4-17)

기능이면서 거친 물질이 있고, 미세한 것이 있다. 기능이 아니면서 거친 물질이 있고, 미세한 것이 있다.(Rma-4-18)

기능이면서 멀리 있는 물질이 있고, 가까이 있는 것이 있다. 기능이 아니면서 멀리 있는 물질이 있고, 가까이 있는 것이 있다.(Rma-4-19)

근본물질이면서 거친 물질이 있고, 미세한 것이 있다. 근본물질이 아니면서 거친 물질이 있고, 미세한 것이 있다.(Rma-4-20)

근본물질이면서 멀리 있는 물질이 있고, 가까이 있는 것이 있다. 근본물질이 아니면서 멀리 있는 물질이 있고, 가까이 있는 것이 있다.(Rma-4-21)

보이는, 들리는, 감지되는, 식별되는 물질이 있다.(Rma-4-22)

이와 같이 네 가지에 의한 물질의 길라잡이가 있다.

네 개 조가 [끝났다.]

(5) 다섯 개 조(pañcaka)

587. 다섯 가지에 의한 물질의 길라잡이가 있다. [132]
땅의 요소, 물의 요소, 불의 요소, 바람의 요소, 파생된 물질이다.(Rma-5)

이와 같이 다섯 가지에 의한 물질의 길라잡이가 있다.

다섯 개 조가 [끝났다.]

(6) 여섯 개 조(chakka)

588. 여섯 가지에 의한 물질의 길라잡이가 있다.
눈으로 식별되는 물질, 귀로 식별되는 물질, 코로 식별되는 물질, 혀로 식별되는 물질, 몸으로 식별되는 물질, 마노로 식별되는 물질이다.(Rma-6)

이와 같이 여섯 가지에 의한 물질의 길라잡이가 있다.

여섯 개 조가 [끝났다.]

(7) 일곱 개 조(sattaka)

589. 일곱 가지에 의한 물질의 길라잡이가 있다.
눈으로 식별되는 물질, 귀로 식별되는 물질, 코로 식별되는 물질, 혀로 식별되는 물질, 몸으로 식별되는 물질, 마노의 요소로 식별되는 물질, 마노의 알음알이의 요소로 식별되는 물질이다.

이와 같이 일곱 가지에 의한 물질의 길라잡이가 있다.(Rma-7)

일곱 개 조가 [끝났다.]

(8) 여덟 개 조(aṭṭhaka)

590. 여덟 가지에 의한 물질의 길라잡이가 있다.

눈으로 식별되는 물질, 귀로 식별되는 물질, 코로 식별되는 물질, 혀로 식별되는 물질, 즐거운 감각접촉이 있는 몸으로 식별되는 물질, 괴로운 감각접촉이 있는 [몸으로 식별되는 물질], 마노의 요소로 식별되는 물질, 마노의 알음알이의 요소로 식별되는 물질이다.

이와 같이 여덟 가지에 의한 물질의 길라잡이가 있다.(Rma-8)

여덟 개 조가 [끝났다.]

(9) 아홉 개 조(navaka)

591. 아홉 가지에 의한 물질의 길라잡이가 있다.

눈의 기능, 귀의 기능, 코의 기능, 혀의 기능, 몸의 기능, 여자의 기능, 남자의 기능, 생명기능, 기능이 아닌 물질이다.(Rma-9)

이와 같이 아홉 가지에 의한 물질의 길라잡이가 있다.

아홉 개 조가 [끝났다.]

(10) 열 개 조(dasaka)

592. 열 가지에 의한 물질의 길라잡이가 있다. [133]

눈의 기능, 귀의 기능, 코의 기능, 혀의 기능, 몸의 기능, 여자의 기능, 남자의 기능, 생명기능, 기능이 아니면서 부딪힘이 있는 물질, 부딪힘이 없는 물질이다.(Rma-10)

이와 같이 열 가지에 의한 물질의 길라잡이가 있다.

열 개 조가 [끝났다.]

⑾ 열한 개 조(ekādasaka)

593. 열한 가지에 의한 물질의 길라잡이가 있다.

눈의 감각장소, 귀의 감각장소, 코의 감각장소, 혀의 감각장소, 몸의 감각장소, 형색의 감각장소, 소리의 감각장소, 냄새의 감각장소, 맛의 감각장소, 감촉의 감각장소, 볼 수 없고 부딪힘이 없는 법의 감각장소에 포함된 물질[法處所攝色]이다.(Rma-11)

이와 같이 열한 가지에 의한 물질의 길라잡이가 있다.

열한 개 조가 [끝났다.]

[물질의] 마띠까가 [끝났다.]

III. 물질의 분석

rūpavibhatti

제1장 한개 조의 해설

ekakaniddesa

594. 모든 물질은[48] 원인이 아니다.[49](Rma-1-1)[50]

---

48) "이제 [물질의] 마띠까의 뜻을 분류하여 보여주시기 위해서 '모든 물질은 원인이 아니다(sabbaṁ rūpaṁ na hetumeva).'라는 등을 시작하셨다. 그런데 왜 여기서는 '어떤 모든 물질이 원인이 아닌가(katamaṁ taṁ sabbaṁ rūpaṁ na hetu)?'라는 질문을 하지 않으셨는가? [주제가] 구분되지 않기 때문이다. 두 개 조 등에서는 파생된 물질(upādā-rūpa)도 있고 파생되지 않은 물질(no upādā-rūpa)도 있지만 여기 [한 개 조]에서는 원인인 것이나 원인이 아닌 것이나 원인을 가진 것이나 원인을 가지지 않은 것이라는 구분이 없다. 그래서 질문을 하지 않고 분류하셨다."(DhsA.303)

계속해서 주석서는 '모든(sabbaṁ)'의 의미를 이렇게 설명하고 있다.
여기서 '모든'은 '전체의(sakala), 남김 없는(niravasesa)'이라는 말이다. '물질(rūpa)'이라는 이것은 차가움 등으로 인해 변형되는 성질(ruppana-bhāva)을 밝히는 보편적 특징에 대한 해설(sāmañña-lakkhaṇa-niddesa)이다."(DhsA.303, *cf* VisXIV.34)

'변형'으로 옮긴 ruppana는 √rup(*to break, to violate*)에서 파생된 중성명사이며 rūpa[色, 물질]를 설명하는 단어로 다른 주석서 등에서도 많이 나타나고 있다. 『상윳따 니까야』 제3권 「삼켜버림 경」(S22:79) 등에서처럼 경의 여러 곳에서는 "변형된다고 해서(ruppatīti kho) 물질이라 한다."(S22:79 §4)라고 물질을 정의하고 있다.
여기서 변형(ruppana) 혹은 변형되다(ruppati)는 변화(vipariṇāma)와는 다르다. 변형(變形)은 형태나 모양이 있는 것이 그 형태나 모양이 바뀌는 것을 말한다. 이것은 물질만의 특징이다. 느낌, 인식, 심리현상들, 알음알이와 같은 정신의 무더기들은 변화는 말할 수 있지만 변형은 없다. 형태나 모양이 없기 때문이다. 그래서 변형은 물질에만 있는 성질이다.
물질의 정의에 대해서는 『상윳따 니까야』 「삼켜버림 경」(S22:79) §4와 주해들을 참조할 것.

49) "'원인이 아니다(na hetumeva).'라는 것은 원인을 명백하게 제외하는 표현(sāvadhāraṇa-hetu-paṭikkhepa-niddesa)이다. 여기서 원인은 ① 원인인 원인(hetu-hetu), ② 조건인 원인(paccaya-hetu), ③ 으뜸가는 원인(uttama-hetu), ④ 일반적인 원인(sādhāraṇa-hetu)의 네 가지가 있다. … 이 가운데 여기서는 ① 원인인 원인을 지칭한다.
이처럼 '원인인 법들, 원인이 아닌 법들(hetū dhammā na hetū dhammā)'(ma2-1)이라고 마띠까에 나타난 원인의 상태를 물질에 적용하여 이것을 제외하면서(paṭikkhipanta) '원인이 아니다(na hetumeva).'라고 말한 것이다. 이런 방법으로 모든 용어들에서 제외하는 표현(paṭikkhepa-niddesa)과 제외하지 않는 표현(appaṭikkhepa-niddesa)을 알아야 한다. 여기 나타나는 모든 용어들에 대한 문자적인 의미는 마띠까의 해설에서 설하였다." (DhsA.303~304)
본서 제1권의 두 개 조 마띠까 가운데 첫 번째인 '원인인 법들'(ma2-1-a)의 주해도 참조할 것.

50) 이 한 개 조의 해설에 담겨 있는 43개의 해설은 앞의 §584에 실려 있는 Rma-1-1부터 Rma-1-43까지 43개의 한 개 조 마띠까와 같은 것이다. 다만 한 개 조 마띠까는 "sabbaṁ rūpaṁ na hetu, ahetukaṁ … aniccaṁ, jarābhibhūtaṁ."으로 eva라는 불변화사가 없이 나타나지만 여기 해설에서는 "sabbaṁ rūpaṁ na hetumeva, ahetukameva … aniccameva, jarā- bhibhūtameva."로 43개의 단어들 뒤에 '반드시, 꼭'으로 옮길 수 있는 eva라는 불변화사가 붙어있는 것만이 다르다. 뜻에는 아무 차이가 없다. 복주서는 이렇게 설명하고 있다.

"여기 이 부분의 해설은 [앞의 한 개 조 마띠까의 해당 부분과] 차이점이 없다(vibhāga-abhāva = bheda-abhāva, DhkAAnuṬ.23). 그래서 'na hetumeva'라는 등으로 [앞의 한 개 조 마띠까의 해당 부분과] 차이점이 없음을 강조하는 '반드시(eva)'라는 [불변화사]를 사용하여 해설을 하고 있다."(DhsAMṬ.142~143)

비슷한 마띠까들과 이에 대한 해설이 『위방가』 제16장 지혜에 대한 분석의 한 개 조 마띠까(Vbh. §751)와 한 개 조에 대한 해설(Vbh. §761)에서 전오식(前五識)을 설명하는 부분에도 나타나는데 『위방가』를 영역한 틷띨라(Thiṭṭila) 스님은 eva가 들어있는 후자를 모두 *always*를 넣어서 '*The five types of sense consciousness always are not roots.*' 등으로 옮겼다. 역자도 본서의 이 둘을 구분하기 위해서 후자를 '반드시 원인이 아니다.'와

원인을 가지지 않는다.(Rma-1-2)

원인과 결합되지 않는다.(Rma-1-3)

조건을 가진다.[51](Rma-1-4)

형성된 것이다.(Rma-1-5)

물질이다.[52](Rma-1-6)

세간적이다.(Rma-1-7)

번뇌와 함께한다.(Rma-1-8)

족쇄와 함께한다.(Rma-1-9)

매듭과 함께한다.(Rma-1-10)

폭류와 함께한다.(Rma-1-11)

속박과 함께한다.(Rma-1-12)

장애와 함께한다.(Rma-1-13)

집착된 것이다.(Rma-1-14)

취착과 함께한다.(Rma-1-15)

오염원과 함께한다.(Rma-1-16)

결정할 수 없는 것[無記]이다.(Rma-1-17)

대상을 가지지 않는다.(Rma-1-18)

'반드시 원인을 가지지 않는다.' 등으로 옮기거나 '원인이 아님이 분명하다/확실하다.' 등으로 옮겨 보려고도 하였지만 위의 복주서의 설명을 참조하여 해설의 이 부분을 앞의 물질의 한 개 조 마띠까의 해당 부분과 같게 옮겼음을 밝힌다.

51) "'조건을 가진다(sappaccayameva).'라는 것은 여기서 업에서 생긴 [물질](kamma-samuṭṭhāna)이 업의 조건(kamma-paccaya)이고 음식에서 생긴 [물질] 등(āhāra-samuṭṭhānādīni)은 음식 등의 조건이다. 이와 같이 물질에 대해서 설한 [업, 마음, 온도, 음식의] 네 가지 조건이 여기서 뜻하는 것이다."(DhsA.304)

52) "'물질이다(rūpameva).'(Rma-1-6)라는 것은 '물질인 법들, 비물질인 법들(rūpino dhammā, arūpino dhammā)'(ma2-11)이라고 마띠까에서 설하신 것 [가운데] 비물질인 상태를 제외한 것이다."(DhsA.304)

마음부수가 아니다.(Rma-1-19)
마음과 결합되지 않는다.(Rma-1-20)
과보로 나타난 것도 아니고 과보를 생기게 하는 것도 아니다.(Rma-1-21)
오염되지 않았지만 오염의 대상이다.(Rma-1-22)
일으킨 생각[尋]이 있고 지속적 고찰[伺]이 있는 것이 아니다.(Rma-1-23)
일으킨 생각은 없고 지속적 고찰만 있는 것이 아니다.(Rma-1-24)
일으킨 생각도 없고 지속적 고찰도 없다.(Rma-1-25)
희열이 함께하는 것이 아니다.(Rma-1-26)
행복이 함께하는 것이 아니다.(Rma-1-27)
평온이 함께하는 것이 아니다.(Rma-1-28)
봄[見]이나 닦음으로 버려지는 것이 아니다.(Rma-1-29)
봄[見]이나 닦음으로 버려야 하는 원인을 가진 것이 아니다.(Rma-1-30)
[윤회를] 축적하게 하는 것도 감소시키는 것도 아니다.(Rma-1-31)
유학에도 무학에도 속하지 않는 것이다.(Rma-1-32)
제한된 것이다.(Rma-1-33)
욕계에 속하는 것이다.(Rma-1-34)
색계에 속하는 것이 아니다.(Rma-1-35)
무색계에 속하는 것이 아니다.(Rma-1-36)
[세간에] 포함된 것이다.(Rma-1-37)
[세간에] 포함되지 않은 것이 아니다.(Rma-1-38)
[과보를 가져오는 것으로] 정해진 것이 아니다.(Rma-1-39)
출리로 인도하지 못한다.(Rma-1-40)
현재의 것이 여섯 가지 알음알이를 통해서 식별된다.[53](Rma-1-41)

---

53) "'현재의 것이 여섯 가지 알음알이를 통해서 식별된다(uppannaṁ chahi viññāṇehi viññeyyaṁ).'(Rma-1-41)라고 하셨다. 이것은 눈의 알음알이 등의 여섯 가지에 의해서 지금 현재에 존재하는 물질만을 [뜻한다고] 알아야

무상할 뿐이다.[54](Rma-1-42)

쇠퇴하기 마련이다.[55](Rma-1-43)

이와 같이 한 가지[56]에 의한 물질의 길라잡이가 있다.

한 개 조의 해설이 [끝났다.]

한다. 이것은 눈의 알음알이 등의 [다섯 가지 알음알이]를 통해서는 명백하다. 이들은 과거와 미래는 식별하지 못하기 때문이다. 마노의 알음알이[意識, mano-viññāṇa]는 과거도 미래도 식별하지만 [물질을 대상으로 하는 경우에] 이것은 이 다섯 가지 알음알이의 흐름(pañcaviññāṇa-sota)에 포함되어 있기 때문에 그 흐름에 포함되어서 간다."(DhsA.304)

54) "'무상할 뿐이다(aniccam eva).'라는 것은 있었다가 없어진다는 뜻(hutvā abhāvaṭṭha)이다."(DhsA.304)

55) "쇠퇴(늙음)에 의해서 지배되기 마련인 법이기(jarāya abhibhavitabba-dhammakatta) 때문에 '쇠퇴하기 마련이다(jarābhibhūtameva).' 혹은 물질로 된 몸에 쇠퇴는 분명하기 때문에 '쇠퇴하기 마련'이라 한다고도 말한다."(DhsA.304)

56) "'가지(vidha)'라는 단어는 자만과 모양과 항목(māna-saṇṭhāna-koṭṭhāsa)이라는 뜻이 있다. … 여기서는 항목(koṭṭhāsa)을 지칭한다."(DhsA.304)

제2장 두 개 조의 해설

duka-niddesa

1. 파생된 물질의 분류

595. 무엇이 [134] '파생된[57] 물질'(Rma-2-1-a)인가?[58]

눈의 감각장소, 귀의 감각장소, 코의 감각장소, 혀의 감각장소, 몸의 감각장소, 형색의 감각장소, 소리의 감각장소, 냄새의 감각장소, 맛의 감각장소, 여자의 기능, 남자의 기능, 생명기능, 몸의 암시, 말의 암시, 허공의 요소, 물질의 가벼움, 물질의 부드러움, 물질의 적합함, 물질의 생성(upacaya), 물질의 상속(santati), 물질의 쇠퇴함(jaratā), 물질의 무상함(aniccatā), 덩어리진 [먹는] 음식이다.[59]

---

57) "파생되었다(upādiyati)고 해서 '파생된(upādā)' [물질]이다. 근본물질들을 취하고(gahetvā) 놓지 않고(amuñcitvā) 이들을 의지하여(nissāya) 일어난다는 뜻이다. 이제 그것의 분류를 통해서 보여주시면서 '눈의 감각장소(cakkhāyatana)' 등을 말씀하셨다."(DhsA.305~306)

58) '무엇이 파생된 물질인가?'는 katamaṁ taṁ rūpaṁ upādā를 옮긴 것이다. 제1편 마음의 일어남 편과 제3편 간결한 설명 편과 제4편 주석 편에서 질문은 항상 "katame dhammā kusalā?"라는 방식으로 전개가 되는데 여기 제2장 물질 편에서 모든 질문은 '그것'을 뜻하는 대명사 taṁ을 넣어서 전개가 된다. 그 이유가 무엇일까?
물질의 마띠까를 시작하면서 §584에서 제기한 "여기서 무엇이 모든 물질인가(tattha katamaṁ sabbaṁ rūpaṁ)?"라는 질문을 가지고 와서 이 문장을 받아서 바로 '그' 물질을 강조하기 위해서 '그것'을 뜻하는 대명사 taṁ을 넣은 것일 것이다. 주석서에서는 여기에 대한 별다른 설명이 없다. 역자는 문장을 매끄럽게 하기 위해서 이런 모든 문장에 나타나는 taṁ에 해당하는 '그'를 빼고 옮겼다. 즉 '무엇이 그 파생된 물질인가?' 혹은 '무엇이 파생된 그 물질인가?' 등으로 옮기지 않고 '무엇이 파생된 물질인가?' 등으로 옮겼다.

59) 본서는 이처럼 23가지의 파생된 물질을 들고 있다. 심장토대(hadaya-vatthu)

(1) 눈의 감각장소[眼處, cakkhāyatana]

596. 무엇이 '눈의 감각장소'60)인 물질인가?

눈61)은 네 가지 근본물질에서 파생된 감성의 [물질]62)이고,63) 자기

혹은 토대의 물질(vatthu-rūpa)은 나타나지 않는다. 빠알리 논장의 칠론 가운데 간접적으로 심장토대가 언급되는 곳은 『빳타나』라고 할 수 있다. 『빳타나』는 이렇게 말한다.
"그 물질을 의지하여(yaṁ rūpaṁ nissāya) 마노의 요소[意界]와 마노의 알음알이의 요소[意識界]가 활동하는(vattanti) 그 물질은(taṁ rūpaṁ) 마노의 요소와 마노의 알음알이의 요소와 이것과 결합된 법들에게 의지하는 조건으로 조건이 된다(nissayapaccayena paccayo)."(Ptn1.7)

『청정도론』은 심장(hadaya)을 설명하면서 이 문장을 가져와서 "그 안에는 뿐나가 씨앗의 크기만 한(punnāgaṭṭhi-patiṭṭhānamatta) 구멍(āvāṭaka)이 있다. 그 속에 빗방울(pasaṭa) 반만큼의 피(lohita)가 있다. 그것을 의지하여 마노의 요소와 마노의 알음알이의 요소가 활동한다."(Vis.VIII.111; VbhA.239)라고 이 심장을 의지하여 있는 심장토대를 이렇게 설명하고 있다. 그래서 『청정도론』은 심장토대를 이렇게 정의하고 있다.

"'심장토대(hadaya-vatthu)'는 ㉠ 마노의 요소[意界, mano-dhātu]와 마노의 알음알이의 요소[意識界, manoviññāṇa-dhātu]의 의지처가 되는 특징을 가진다. ㉡ 그들에게 장소(ādhāraṇa)를 제공하는 역할을 가진다. ㉢ 그들을 지님(ubbahana)으로 나타난다. ㉣ 심장 안에 있는 피를 의지해서 있다. 그 피의 종류에 대해서는 이미 몸에 대한 마음챙김의 주석에서 설했다.(Vis.VIII.111) 그것은 받치는 등의 역할을 하는 근본물질의 도움을 받는다. 그것은 온도와 마음과 음식에 의해 지탱되고 생명기능에 의해서 유지된다. 그것은 마노의 요소[意界]와 마노의 알음알이의 요소[意識界]와 또 이들과 함께하는 법들이 생기는 토대가 된다."(Vis.XVII.60)

60) "눈과 그 감각장소(cakkhu ca taṁ āyatanañca)라고 해서 '눈의 감각장소(cakkhāyatana)'이다."(DhsA.307)

61) "여기서 두 가지 '눈'이 있다. (1) 육체적인 눈(maṁsa-cakkhu)과 (2) 통찰지의 눈(paññā-cakkhu)이다.
이 가운데 (2) 통찰지의 눈은 부처님의 눈[佛眼, buddha-cakkhu], 보편적인 눈[普眼, samanta-cakkhu], 지혜의 눈[智眼, ñāṇa-cakkhu], 신성한 눈[天眼, dibba-cakkhu], 법의 눈[法眼, dhamma-cakkhu]이라는 다섯 가지가 있다."(DhsA.306)
부처님의 눈[佛眼] 등 다섯 가지 통찰지의 눈에 대한 주석서의 설명은 S6:1

§6과 S35:1 §3의 주해를 참조하기 바란다. 계속해서 주석서는 육체적인 눈을 다음과 같이 설명하고 있다.

"육체적인 눈(maṁsacakkhu)도 ① 감성의 눈(pasāda-cakkhu)과 ② [안구 등과 같이 물질들이] 혼합된 눈(sasambhāra-cakkhu)의 두 가지가 있다.
이 [혼합된 눈]은 눈구멍(akkhi-kūpaka)에 놓여있으면서 아래로는 눈구멍의 뼈에, 위로는 눈썹의 뼈에, 양 옆으로는 눈꼬리에, 안쪽은 뇌에, 밖으로는 속눈썹에 에워싸여 있는 고깃덩이(maṁsa-piṇḍa)이다.

간략하게 [말하면], 물질에는 네 가지 근본물질(catasso dhātuyo), 색깔(vaṇṇa), 냄새(gandha), 맛(rasa), 영양분(ojā), 배열(sambhava), 모양(saṇṭhāna), 생명(jīvita), 성질(bhāva), 몸의 감성(kāya-pasāda), 눈의 감성(cakkhupasāda)이라는 14가지 성분(cuddasa-sambhāra)이 있다.
자세하게 말하면, [이들 가운데] 네 가지 근본물질과 그것에 의지하는 색깔, 냄새, 맛, 영양분, 모양, 배열의 여섯 가지를 더한 이 열 가지는 각각 [업과 마음과 온도와 음식]이라는 네 가지 [원인]에서 생겼기 때문에(catu-samuṭṭhānikattā) 40가지가 된다. 그리고 생명, 성질, 몸의 감성, 눈의 감성이라는 이 네 가지는 전적으로 업에서 생긴 것(ekanta-kamma-samuṭṭhā-na)이기 때문에 이러한 44가지 물질을 통해서 44가지 성분이 된다."(DhsA. 306~307)

물질이 생기는 네 가지 원인에 대해서는 『아비담마 길라잡이』 제6장 §§10~13을 참조할 것. 계속해서 주석서는 이렇게 설명한다.
"세상 사람들은 눈[眼, cakkhu]은 희고(seta), [특정한] 크기(puthula)와 넓이(visaṭa)와 확장(vitthiṇṇa)을 가진 것을 눈이라고 인식하는데, 이것은 눈을 인식한 것이 아니고 눈의 토대(vatthu)를 인식한 것이다. 고깃덩이(maṁsa-piṇḍa)인 이것은 눈구멍(akkhi-kūpa)에 놓여있으며 신경의 줄(nhāru-suttaka)에 의해서 뇌(matthaluṅga)에 연결되어 있다.
거기에는 흰 것도 있고 검은 것도 있고 붉은 것도 있고 땅의 [성분](견고성, pathavī)도 있고, 물의 [성분](응집성, āpo)도 있고, 불의 [성분](열성, tejo)도 있고, 바람의 [성분](유동성, vāyu)도 있다.
점액(粘液)이 현저하기 때문에(semhussadattā) 희고, 담즙(膽汁, pitta)이 현저하기 때문에 검고, 피(혈액, ruhira)가 현저하기 때문에 붉으며, 땅의 [성분]이 현저하기 때문에 견고함(patthiṇṇa)이 있고, 물의 [성분]이 현저하기 때문에 응집하고(paggharati), 불의 [성분]이 현저하기 때문에 열기가 있고(paridayhati), 바람의 [성분]이 현저하기 때문에 움직인다(sambhamati).
이러한 것이 ② [물질들이] 혼합된 눈(sasambhāra-cakkhu)이다.
여기에 의지하고(sita) 여기에 묶여있는(paṭibaddha), 네 가지 근본물질로부터 파생된 것(upādā)이 감성(pasāda)이다. 이것이 ① 감성의 눈(pasāda

-cakkhu)이다."(DhsA.306~307)

계속해서 주석서와 『청정도론』은 '눈의 감성(cakkhu-pasāda)'을 이렇게 설명한다.

"이러한 이것은 검은 속눈썹으로 덮여있고 검고 밝은 원반에 의해 변화하는 푸른 연꽃잎을 닮은 것을 말한다. 눈의 [감성]은 [여러 물질적인 현상이] 혼합된 전체 눈에서 흰자위에 의해 싸여있고 면전에 서 있는 사람의 형상이 비치는 곳인 검은 동자의 중간에 있다. 그것은 일곱 겹의 면에 배어 있는 기름처럼 눈의 일곱 세포에 퍼져 있다. 그것은 받치고(sandhāraṇa, 땅의 요소), 뭉치고(ābandhana, 물의 요소), 익히고(paripācana, 불의 요소), 움직이는(samudīraṇa, 바람의 요소) 역할을 하는 근본물질의 도움을 받는다. 마치 무사 계급의 왕자가 붙들어 보호하고 목욕시키고 치장하고 부채질하는 유모 네 명의 시중을 받는 것과 같다. 그것은 온도와 마음과 음식(utu-cittāhāra)에 의해 지탱되고 수명(āyu)에 의해서 유지되고 색깔, 냄새, 맛 등(vaṇṇa-gandha-rasādi)이 함께한다.(Vis.XVIII.5 참조) 크기는 이(蝨)의 머리만 하며 눈의 알음알이 등이 일어나는 토대(vatthu)와 문(dvāra)의 역할을 적절하게 수행한다.
법의 사령관인 [사리뿟따 존자]도,

"눈의 감성으로 사람은 형색들을 본다.
그것은 작고 미세하여 마치 이의 머리와 같다."

라고 말씀하셨다."(DhsA.307 = Vis.XIV.48)

이처럼 '혼합된 전체 눈(sasambhāra-cakkhu)'은 '눈의 감성'을 둘러싸고 있는 다른 여덟 가지 분리할 수 없는 물질과 생명기능[命根] 등을 포함한 전체 안구를 뜻한다.
그리고 '눈의 감성'은 눈의 알음알이가 일어나는 토대이고 오문전향(五門轉向)과 눈의 알음알이 등 46가지 마음이 일어나는 문의 역할을 한다. 토대와 문에 대해서는 각각 『아비담마 길라잡이』 제3장 §20 이하와 3장 §12 이하를 참조할 것.

62) "여기 [혼합된 전체 눈(sasambhāra-cakkhu) 등]에 의지하고 여기에 묶여있는, 네 가지 근본물질로부터 파생된 것이 '감성(pasāda)'이다."(DhsA.307)

'감성'으로 옮긴 빠사다(pasāda)는 pra+√sad(*to sit*)에서 파생된 명사로서 원래 니까야에서는 '깨끗한 믿음[淨信]'을 뜻한다. 그러나 아비담마에서는 이 깨끗함의 의미를 감각기능이 의지하는 물질을 뜻하는 전문용어로 정착시켰다. 그런 의미에서 감성(感性)이라고 옮긴다. 감성의 물질은 감각에 민감한 물질로 이해할 수 있다. 『아비담마 길라잡이』 제6장 §3의 2번 해설을 참조할 것.

존재(몸)에 포함된 것[64]이고, 볼 수 없고, 부딪힘이 있다.[65]

① 이러한 볼 수 없고 부딪힘이 있는 눈으로, 볼 수 있고 부딪힘이 있는 형색을 ⓐ 보았거나 ⓑ 보거나 ⓒ 볼 것이거나 ⓓ 볼 수 있다.[66]

---

63) "눈은 '네 가지 근본물질에서 파생된 감성의 [물질]이고(catunnaṁ mahābhūtānaṁ upādāya pasādo)'라는 [문장]에서는 목적격의 의미로 소유격이 쓰였다. 네 가지 근본물질을 취하여 생긴 감성이라는 뜻이다. 이런 [표현에] 의해서 감성으로서의 눈만을 취하고 나머지 눈은 제외한다."(DhsA.307)

계속해서 주석서는 현존하는 니까야에는 나타나지 않는 두 가지 경을 인용해서 설명을 이어간다.

"그런데 「감각기능의 영역 경」(Indriyagocara-sutta)에서 "하나의 근본물질에서 파생하여(ekaṁ mahābhūtaṁ upādāya) 땅의 요소의 감성은 세 가지 근본물질인 물의 요소와 불의 요소와 바람의 요소와 결합한다(saṅgahi-ta)."라고 하셨고, 「네 가지 회전 경」(Catuparivatta-sutta)에서는 "두 가지 근본물질에서 파생하여 땅의 요소와 물의 요소의 감성은 불의 요소와 바람의 요소의 두 가지 근본물질과 결합한다."라고 설하셨다. 이것은 방편적으로 말씀하신 것이다. 이러한 경의 말씀은 방편적인 가르침이기 때문이다. 네 가지 근본물질에서 파생하여 그 감성은 그들 가운데 각각과도 [결합하고] 둘씩 둘씩과도 [결합한다]는 이러한 방편으로 거기서는 가르침이 나타났다. 그러나 아비담마는 비방편적인 가르침(nippariyāya-desanā)이다. 그러므로 여기서 '네 가지 근본물질에서 파생된 감성의 [물질]이고'라고 말씀하셨다."(DhsA.307~308)

64) "몸(sarīra)이든 다섯 가지 무더기(khandha-pañcaka)이든 '이것이 나의 자아이다.'라고 어리석은 사람이 거머쥐기 때문에 '자기 존재(attabhāva)'라 부른다.

이것에 포함되고 이것을 의지한다고 해서 '자기 존재(몸)에 포함된 것(atta-bhāva-pariyāpanna)'이다.

눈의 알음알이로 볼 수 없기 때문에 '볼 수 없는 것(anidassana)'이다.

부딪히고 문질러져서 여기에 생겼다고 해서 '부딪힘이 있다(sappaṭigha).'고 한다."(DhsA.308)

65) 주석서와 『청정도론』은 '눈'의 특징 등을 이렇게 설명하고 있다.

"눈[眼, cakkhu]은 ㉠ 형색이 부딪혀오는 것에 만반의 준비가 된, 근본물질[四大]로 된 감성을 가지는 것이 특징이다. 혹은 [대상을] 보고자 하는 욕망에 기인한 업에서 생겨난 근본물질로 된 감성이 그 특징이다. ㉡ 눈의 역할은 형색들에서 [눈의 알음알이를] 끌어당기는 것이다. ㉢ 눈은 눈의 알음알이[眼識]의 기반으로 나타난다. ㉣ 이것의 가까운 원인은 보고자 하는 욕망에 기인한 업에서 생겨난 근본물질이다."(DhsA.312 = Vis.XIV.37)

이것은 눈이기도 하고,[67] 이것은 눈의 감각장소이기도 하고, 이것은 눈의 요소이기도 하고, 이것은 눈의 기능이기도 하고, 이것은 세상이기도 하고,[68] 이것은 문이기도 하고, 이것은 바다이기도 하고,[69] 이것은 깨끗한 것이기도 하고, 이것은 들판이기도 하고,[70] 이것은 토대이기도

---

66) "'이러한 볼 수 없고 부딪힘이 있는 눈으로(yena cakkhunā anidassanena sappaṭighena)' 등으로 말씀하신 것에 대해서 간략한 의미를 살펴보면 다음과 같다. —
이러한 이유(원인)를 가진(karaṇabhūta) 눈으로 이 중생은 여기서 설명하는 방법으로 이 물질을 ⓐ 과거에 보았거나(atīte passi vā) ⓑ 지금 보거나(vattamāne passati vā) ⓒ 미래에 볼 것이거나(anāgate passissati vā) ⓓ 만일 그에게 흠이 생기지 않은 눈(aparibhinna cakkhu)이 있으면 이것으로 [눈의] 영역에 들어온 물질을 볼 수 있다(passe vā). ⓐ 과거의 물질을 과거의 눈으로 보았거나 ⓑ 현재의 것을 현재의 눈으로 보거나 ⓒ 미래의 것을 미래의 눈으로 볼 것이거나 ⓓ 만일 그 물질이 눈의 과정에 들어온다면 눈으로 그 물질을 볼 수 있다(passeyya)는 것이 여기서 예측할 수 있는 말(parikappa-vacana)이다."(DhsA.308)

67) "보는 것을 인도한다는 뜻(dassana-pariṇāyakaṭṭha)에서 '이것은 눈이기도 하고', 출산지와 만나는 장소의 뜻(sañjāti-samosaraṇaṭṭha, Vis.XV.5 참조)에서 '이것은 눈의 감각장소이기도 하고', 공한 상태와 중생이 없다는 뜻(suññatabhāva-nissattaṭṭha)에서 '이것은 눈의 요소이기도 하고', 보는 특징에 대해서 통제한다는 뜻(indaṭṭha)을 행한다고 해서 '이것은 눈의 기능이기도 하다.'"(DhsA.308)

68) "무너지고 파괴된다는 뜻(lujjana-palujjanaṭṭha)에서 '이것은 세상(loka)이기도 하고', 들어오는 곳이라는 뜻(vaḷañjanaṭṭha)에서 '이것은 문(dvāra)이기도 하다.'"(DhsA.308)
"이것을 통해서 들어온다(pavisanti)고 해서 들어오는 곳(vaḷañjana)이다. 이것을 문으로 하여(taṁdvārikā) 감각접촉 등이 출몰하는 곳이라는 뜻이다."(DhsAMṬ.146)

69) "채울 수 없다는 뜻(apūraṇīyaṭṭha)에서 '이것은 바다(samudda)이기도 하고', 청정하다는 뜻(parisuddhaṭṭha)에서 '이것은 깨끗한 것(paṇḍara)이기도 하다.'"(DhsA.308)

70) "감각접촉 등을 생산해 낸다는 뜻(abhijāyanaṭṭha)에서 '이것은 들판(khetta)이기도 하고', 이들이 굳게 서는 곳(patiṭṭhāna)이라서 '이것은 토대(vatthu)이기도 하고', 평탄하고 울퉁불퉁한 것을 보여주면서(sama-visamaṁ dassentaṁ) 자기 자신(attabhāva)을 인도한다(neti)고 해서

하고, 이것은 길잡이이기도 하고, 이것은 안내자이기도 하고, 이것은 이쪽 언덕[此岸]이기도 하고,[71] 이것은 텅 빈 마을이기도 하다. — 이것이 눈의 감각장소인 물질이다.[72]

597. 무엇이 '눈의 감각장소'인 물질인가?[73]

눈은 네 가지 근본물질에서 파생된 감성의 [물질]이고, 자기 존재(몸)에 포함된 것이고, 볼 수 없고, 부딪힘이 있다.

② 이러한 볼 수 없고 부딪힘이 있는 눈에, 볼 수 있고 부딪힘이 있는 형색은 부딪혔거나 부딪히거나 부딪힐 것이거나 부딪힐 수 있다.[74]

'이것은 길잡이(netta)이기도 하고', 이와 같은 뜻에서 '이것은 안내자(nayana)이기도 하다.'"(DhsA.308)

71) "자기 존재[有身, 五蘊]에 포함되어 있다는 뜻(sakkāya-pariyāpannaṭṭha)에서 '이것은 이쪽 언덕[此岸, orima tīra]이기도 하고', 여러 가지로 구성되어 있다는 뜻(bahu-sādhāraṇaṭṭha)과 주인이 없다는 뜻(assāmikaṭṭha)에서 '이것은 텅 빈 마을이기도 하다(suñña gāma).'"(DhsA.309)

72) "이렇게 하여 '보았거나(passi vā)'라는 등의 4가지 구절로 '이것은 눈이기도 하고' 등의 14가지 이름들에 적용시킨 뒤 눈의 감각장소에 대한 네 가지 분석을 통한 방법이 설해졌다고 알아야 한다. 어떻게? "① 이러한 볼 수 없고 부딪힘이 있는 눈으로, 볼 수 있고 부딪힘이 있는 형색을 보았거나 … 이것은 텅 빈 마을이기도 하다. 이것이 눈의 감각장소인 물질이다."(§596)라는 이것은 하나의 방법이다. 나머지(§§597~599)도 이렇게 알아야 한다."(DhsA.309)

73) "번개가 치거나 할 때에는 보려고 하지 않아도 형색이 눈의 감성을 치게 된다(ghaṭṭeti). 그래서 이러한 유형을 보여주기 위해서 두 번째 해설의 부문을 시작하셨다."(DhsA.309)

74) "'부딪혔거나(paṭihaññi vā)'는 과거의 뜻이고 '부딪히거나(paṭihaññati vā)'는 현재의 뜻이며 '부딪히게 될 것이거나(paṭihaññissati vā)'는 미래의 뜻이고 '부딪힐 수 있다(paṭihaññe vā).'는 가능성이 있다는 뜻(vikappanattha)이다.
여기서 ['부딪혔거나 부딪히거나 부딪히게 될 것이거나 부딪힐 수 있다.'라는 뜻은 이러하다.] 과거의 형색은 과거의 눈에 부딪혔고 현재의 것은 현재의 눈에 부딪히고 미래의 것은 미래의 눈에 부딪힐 것이다. 만일 그 형색이 눈의 영역에 들어오면 그 형색은 눈에서 부딪힐 수 있다(paṭihaññeyya)는 것이 이것은 눈이기도 하고, 이것은 눈의 감각장소이기도 하고, 이것은 눈의 요소이기도 하고, 이것은 눈의 기능이기도 하고, 이것은 세상이기도 하고, 이것은 문이기도 하고, 이것은 바다이기도 하고, 이것은 깨끗한 것이기도 하고, 이것은 들판이기도 하고, 이것은 토대이기도 하고, 이것은 길잡이이기도 하고, 이것은 안내자이기도 하고, 이것은 이쪽 언덕[此岸]이기도 하고, 이것은 텅 빈 마을이기도 하다. — 이것이 눈의 감각장소인 물질이다.

598. 무엇이 '눈의 감각장소'인 물질인가?

눈은 네 가지 근본물질에서 파생된 감성의 [물질]이고, 자기 존재(몸)에 포함된 것이고, 볼 수 없고, 부딪힘이 있다.

③ 이러한 볼 수 없고 부딪힘이 있는 눈은, 볼 수 있고 부딪힘이 있는 형색에 부딪혔거나 부딪히거나 부딪힐 것이거나 부딪힐 수 있다.75)

이것은 눈이기도 하고, 이것은 눈의 감각장소이기도 하고, 이것은 눈의 요소이기도 하고, 이것은 눈의 기능이기도 하고, 이것은 세상이기도 하고, 이것은 문이기도 하고, 이것은 바다이기도 하고, 이것은 깨끗한 것이기도 하고, 이것은 들판이기도 하고, 이것은 토대이기도 하고, 이것은 길잡이이기도 하고, 이것은 안내자이기도 하고, 이것은 이쪽 언덕[此岸]이기도 하고, 이것은 텅 빈 마을이기도 하다. — 이것이 눈의 감각장

여기서 예측된다. 뜻으로는 감성과 충돌하면서 형색이 부딪힌다는(rūpaṁ paṭihaññati) 것이다. 여기서도 앞의 방법대로 네 가지 분석을 통한 방법을 알아야 한다."(DhsA.309)

75) "이제 자신이 원하여 쳐다보고 싶어 하는 욕망으로 형색에 눈을 가져가면서 눈이 형색에 부딪히는 경우도 있기 때문에 이러한 유형을 보여주기 위해서 세 번째 해설의 부문을 시작하셨다. 이 뜻은 분명하다. 그런데 이 경우에는 눈이 대상을 받아들이는 것을 두고 '형색에 부딪히게 한다(rūpamhi paṭihaññati)'고 한다. 여기서도 앞의 방법대로 네 가지 분석을 통한 방법을 알아야 한다."(DhsA.309)

소인 물질이다.

599. 무엇이 '눈의 감각장소'인 물질인가?

눈은 네 가지 근본물질에서 파생된 감성의 [물질]이고, 자기 존재(몸)에 포함된 것이고, 볼 수 없고, 부딪힘이 있다.

④ 이러한[76] [135] 눈을 의지하고 형색을 의존하여[77] 눈의 감각접촉은 생겼고 생기고 생길 것이고 생길 수 있다. … ⑤ 이러한 눈을 의지하고 형색을 의존하여 눈의 감각접촉에서 생긴 느낌은 … ⑥ 인식은 … ⑦ 의도는 … ⑧ 눈의 알음알이는 생겼고 생기고 생길 것이고 생길 수 있다. …

⑨ 이러한 눈을 의지하고 형색을 대상으로 하는[78] 눈의 감각접촉은 생겼고 생기고 생길 것이고 생길 수 있다. … ⑩ 이러한 눈을 의지하고 형색을 대상으로 하는 눈의 감각접촉에서 생긴 느낌은 … ⑪ 인식은 … ⑫ 의도는 … ⑬ 눈의 알음알이는 생겼고 생기고 생길 것이고 생길 수

---

76) "여기서는 ① 감각접촉을 다섯 번째로 하는 것이 일어나는 것을 보여주는 것을 통한 다섯 가지와 ② 이들이 대상에 묶여서 일어나는 것을 보여주는 것을 통한 다섯 가지를 더해서 모두 열 가지의 부문을 보여주고 있다."(DhsA.310)

77) "'눈을 의지하고 형색을 의존하여(cakkhuṁ nissāya rūpaṁ ārabbha)'에서 '눈을 의지하고'란 눈을 조건으로 삼아서이고, '형색을 의존하여'는 형색이란 대상에 다가가서(āgamma), 형색에 대하여(sandhāya), 형색을 반연하여(paṭicca)라는 뜻이다. 이것을 통해서 눈의 감성에 토대하고 있는 감각접촉 등에게는 먼저 생긴 조건(purejāta-paccaya)으로, 눈의 문의 자와나 과정에 속하는 감각접촉 등에게는 대상으로서 지배하는 조건(ārammaṇādhipati-paccaya)과 대상으로서 강하게 의지하는 조건(ārammaṇūpanissaya-paccaya)으로 형색이 조건이 되는 상태를 보이셨다."(DhsA.310)

78) "'눈을 의지하고 형색을 대상으로 하는(cakkhuṁ nissāya rūpārammaṇā)' 등의 나머지 다섯 부문에서는 형색이 그것의 대상이라고 해서 '형색을 대상으로 하는(rūpārammaṇa)'이라 일컬어지는 이러한 대상의 조건만으로(ārammaṇapaccaya-matta) 조건이 됨을 보이셨다.
앞의 세 가지(§§596~598)에서처럼 이들 10가지에서도 네 가지씩 네 가지씩의 분석을 통한 방법을 알아야 한다."(DhsA.310)

있다.

이것은 눈이기도 하고, 이것은 눈의 감각장소이기도 하고, 이것은 눈의 요소이기도 하고, 이것은 눈의 기능이기도 하고, 이것은 세상이기도 하고, 이것은 문이기도 하고, 이것은 바다이기도 하고, 이것은 깨끗한 것이기도 하고, 이것은 들판이기도 하고, 이것은 토대이기도 하고, 이것은 길잡이이기도 하고, 이것은 안내자이기도 하고, 이것은 이쪽 언덕[此岸]이기도 하고, 이것은 텅 빈 마을이기도 하다. — 이것이 눈의 감각장소인 물질이다.[79]

(2) 귀의 감각장소[耳處, sotāyatana]

600. 무엇이 '귀의 감각장소'인 물질인가?

귀[80]는 네 가지 근본물질에서 파생된 감성의 [물질]이고, 자기 존재(몸)에 포함된 것이고, 볼 수 없고, 부딪힘이 있다.[81]

---

79) "이와 같이 '무엇이 '눈의 감각장소'인 물질인가?'라는 질문을 통해서 제기한 눈이란 것은 '바로 이것이다.'라고 하면서 여러 가지 방법으로 보여주시기 위해서 앞의 세 가지와 이들 10가지를 합하여 13가지 해설의 부문을 보여주셨다. 이들 각각에 대해서 네 가지씩 네 가지씩의 분석을 통한 방법에 의해서 52가지 방법으로 장엄을 하여(paṭimaṇḍetvā) 보여주셨다고 알아야 한다." (DhsA.310)

80) "[소리를] 듣는다(suṇāti)고 해서 '귀[耳, sota]'이다. 귀의 [감성]은 [여러 물질적인 현상이] 혼합된 전체 귓구멍 속에 부드럽고 갈색인 털에 둘러싸여 있는 반지 모양을 한 곳에 있다. 그것은 앞서 말한 [받치고, 뭉치고, 익히고, 움직이는](§596의 첫 번째 주해 참조) 역할을 하는 근본물질들의 도움을 받는다. 그것은 온도와 마음과 음식에 의해 지탱되고 수명에 의해 유지되고 색깔 등이 함께한다. 귀의 알음알이 등이 일어나는 토대와 문의 역할을 적절하게 수행한다."(DhsA.310 = Vis.XIV.49)

81) 주석서와 『청정도론』은 '귀'의 특징 등을 이렇게 설명하고 있다.
"귀[耳, sota]는 ㉠ 소리가 부딪혀오는 것에 만반의 준비가 된, 근본물질로 된 감성을 가지는 것이 특징이다. 혹은 듣고자 하는 욕망에 기인한 업에서 생겨난 근본물질로 된 감성이 그 특징이다. ㉡ 귀의 역할은 소리들에서 [귀의 알음알이를] 끌어당기는 것이다. ㉢ 귀는 귀의 알음알이의 기반으로 나타난

① 이러한 볼 수 없고 부딪힘이 있는 귀로, 볼 수 없고 부딪힘이 있는 소리를 ⓐ 들었거나 ⓑ 듣거나 ⓒ 들을 것이거나 ⓓ 들을 수 있다.

이것은 귀이기도 하고, 이것은 귀의 감각장소이기도 하고, 이것은 귀의 요소이기도 하고, 이것은 귀의 기능이기도 하고, 이것은 세상이기도 하고, 이것은 문이기도 하고, 이것은 바다이기도 하고, 이것은 깨끗한 것이기도 하고, 이것은 들판이기도 하고, 이것은 토대이기도 하고,[82] 이것은 이쪽 언덕[此岸]이기도 하고, 이것은 텅 빈 마을이기도 하다. — 이것이 귀의 감각장소인 물질이다.

601. 무엇이 '귀의 감각장소'인 물질인가?

귀는 네 가지 근본물질에서 파생된 감성의 [물질]이고, 자기 존재(몸)에 포함된 것이고, 볼 수 없고, 부딪힘이 있다.

② 이러한 볼 수 없고 부딪힘이 있는 귀에, 볼 수 없고 부딪힘이 있는 소리는 부딪혔거나 부딪히거나 부딪힐 것이거나 부딪힐 수 있다.

이것은 귀이기도 하고, 이것은 귀의 감각장소이기도 하고, 이것은 귀의 요소이기도 하고, 이것은 귀의 기능이기도 하고, 이것은 세상이기도 하고, 이것은 문이기도 하고, 이것은 바다이기도 하고, 이것은 깨끗한 것이기도 하고, 이것은 들판이기도 하고, 이것은 토대이기도 하고, 이것은 이쪽 언덕[此岸]이기도 하고, 이것은 텅 빈 마을이기도 하다. — 이것이 귀의 감각장소인 물질이다.

다. ㉣ 이것의 가까운 원인은 듣고자 하는 욕망에 기인한 업에서 생겨난 근본물질이다."(DhsA.312 = Vis.XIV.38)

82) 앞의 §596 등의 눈의 감각장소의 설명에서 '이것은 토대이기도 하고'와 '이것은 이쪽 언덕[此岸]이기도 하고' 사이에 포함되어 있던 '이것은 길잡이이기도 하고, 이것은 안내자이기도 하고'는 코의 감각장소 등에는 언급되지 않는다. 눈의 감각장소만이 다른 감각장소 등의 길잡이 역할과 안내자 역할을 하기 때문일 것이다.

602. 무엇이 '귀의 감각장소'인 물질인가?

귀는 네 가지 근본물질에서 파생된 감성의 [물질]이고, 자기 존재(몸)에 포함된 것이고, 볼 수 없고, 부딪힘이 있다.

③ 이러한 볼 수 없고 부딪힘이 있는 귀는, 볼 수 없고 부딪힘이 있는 소리에 부딪혔거나 부딪히거나 부딪힐 것이거나 부딪힐 수 있다.

이것은 귀이기도 하고, 이것은 귀의 감각장소이기도 하고, 이것은 귀의 요소이기도 하고, 이것은 귀의 기능이기도 하고, 이것은 세상이기도 하고, 이것은 문이기도 하고, 이것은 바다이기도 하고, 이것은 깨끗한 것이기도 하고, 이것은 들판이기도 하고, 이것은 토대이기도 하고, 이것은 이쪽 언덕[此岸]이기도 하고, 이것은 텅 빈 마을이기도 하다. — 이것이 귀의 감각장소인 물질이다.

603. 무엇이 '귀의 감각장소'인 물질인가?

귀는 [136] 네 가지 근본물질에서 파생된 감성의 [물질]이고, 자기 존재(몸)에 포함된 것이고, 볼 수 없고, 부딪힘이 있다.

④ 이러한 귀를 의지하고 소리를 의존하여 귀의 감각접촉은 생겼고 생기고 생길 것이고 생길 수 있다. … ⑤ 이러한 귀를 의지하고 소리를 의존하여 귀의 감각접촉에서 생긴 느낌은 … ⑥ 인식은 … ⑦ 의도는 … ⑧ 귀의 알음알이는 생겼고 생기고 생길 것이고 생길 수 있다. …

⑨ 이러한 귀를 의지하고 소리를 대상으로 하는 귀의 감각접촉은 생겼고 생기고 생길 것이고 생길 수 있다. … ⑩ 이러한 귀를 의지하고 소리를 대상으로 하는 귀의 감각접촉에서 생긴 느낌은 … ⑪ 인식은 … ⑫ 의도는 … ⑬ 귀의 알음알이는 생겼고 생기고 생길 것이고 생길 수 있다.

이것은 귀이기도 하고, 이것은 귀의 감각장소이기도 하고, 이것은 귀의 요소이기도 하고, 이것은 귀의 기능이기도 하고, 이것은 세상이기도 하고, 이것은 문이기도 하고, 이것은 바다이기도 하고, 이것은 깨끗한 것이기도 하고, 이것은 들판이기도 하고, 이것은 토대이기도 하고, 이것은 이쪽 언덕[此岸]이기도 하고, 이것은 텅 빈 마을이기도 하다. — 이것이 귀의 감각장소인 물질이다.

(3) 코의 감각장소[鼻處, ghānāyatana]

604. 무엇이 '코의 감각장소'인 물질인가?

코[83]는 네 가지 근본물질에서 파생된 감성의 [물질]이고, 자기 존재(몸)에 포함된 것이고, 볼 수 없고, 부딪힘이 있다.[84]

① 이러한 볼 수 없고 부딪힘이 있는 코로, 볼 수 없고 부딪힘이 있는 냄새를 ⓐ 맡았거나 ⓑ 맡거나 ⓒ 맡을 것이거나 ⓓ 맡을 수 있다.

이것은 코이기도 하고, 이것은 코의 감각장소이기도 하고, 이것은 코의 요소이기도 하고, 이것은 코의 기능이기도 하고, 이것은 세상이기도 하고, 이것은 문이기도 하고, 이것은 바다이기도 하고, 이것은 깨끗한 것이기도 하고, 이것은 들판이기도 하고, 이것은 토대이기도 하고, 이것은 이쪽 언덕[此岸]이기도 하고, 이것은 텅 빈 마을이기도 하다. — 이것이 코의 감각장소인 물질이다.

---

83) "냄새를 맡는다(ghāyati)고 해서 '코[鼻, ghāna]'이다. 코의 [감성]은 전체 비공에서 염소의 발굽 모양을 한 곳에 있다. 그것은 앞서 말한 대로 도움을 받고 지탱되고 유지되고 함께한다. 코의 알음알이 등이 일어나는 토대와 문의 역할을 적절하게 수행한다."(DhsA.310~311 = Vis.XIV.50)

84) 주석서와 『청정도론』은 '코'의 특징 등을 이렇게 설명하고 있다.
"코[鼻, ghāna]는 ㉠ 냄새가 부딪혀오는 것에 만반의 준비가 된, 근본물질로 된 감성을 가지는 것이 특징이다. 혹은 냄새를 맡고자 하는 욕망에 기인한 업에서 생겨난 근본물질의 감성이 그 특징이다. ㉡ 코의 역할은 냄새들에서 [코의] 알음알이를 끌어당기는 것이다. ㉢ 코는 코의 알음알이의 기반으로 나타난다. ㉣ 이것의 가까운 원인은 냄새를 맡고자 하는 욕망에 기인한 업에서 생겨난 근본물질이다."(DhsA.312 = Vis.XIV.39)

605. 무엇이 '코의 감각장소'인 물질인가?

코는 네 가지 근본물질에서 파생된 감성의 [물질]이고, 자기 존재(몸)에 포함된 것이고, 볼 수 없고, 부딪힘이 있다.

② 이러한 볼 수 없고 부딪힘이 있는 코에, 볼 수 없고 부딪힘이 있는 냄새는 부딪혔거나 부딪히거나 부딪힐 것이거나 부딪힐 수 있다.

이것은 코이기도 하고, 이것은 코의 감각장소이기도 하고, 이것은 코의 요소이기도 하고, 이것은 코의 기능이기도 하고, 이것은 세상이기도 하고, 이것은 문이기도 하고, 이것은 바다이기도 하고, 이것은 깨끗한 것이기도 하고, 이것은 들판이기도 하고, 이것은 토대이기도 하고, 이것은 이쪽 언덕[此岸]이기도 하고, 이것은 텅 빈 마을이기도 하다. — 이것이 코의 감각장소인 물질이다.

606. 무엇이 '코의 감각장소'인 물질인가?

코는 네 가지 근본물질에서 파생된 감성의 [물질]이고, 자기 존재(몸)에 포함된 것이고, 볼 수 없고, 부딪힘이 있다.

③ 이러한 볼 수 없고 부딪힘이 있는 코는, 볼 수 없고 부딪힘이 있는 냄새에 부딪혔거나 부딪히거나 부딪힐 것이거나 부딪힐 수 있다.

이것은 코이기도 하고, 이것은 코의 감각장소이기도 하고, 이것은 [137] 코의 요소이기도 하고, 이것은 코의 기능이기도 하고, 이것은 세상이기도 하고, 이것은 문이기도 하고, 이것은 바다이기도 하고, 이것은 깨끗한 것이기도 하고, 이것은 들판이기도 하고, 이것은 토대이기도 하고, 이것은 이쪽 언덕[此岸]이기도 하고, 이것은 텅 빈 마을이기도 하다. — 이것이 코의 감각장소인 물질이다.

607. 무엇이 '코의 감각장소'인 물질인가?

코는 네 가지 근본물질에서 파생된 감성의 [물질]이고, 자기 존재(몸)

에 포함된 것이고, 볼 수 없고, 부딪힘이 있다.

④ 이러한 코를 의지하고 냄새를 의존하여 코의 감각접촉은 생겼고 생기고 생길 것이고 생길 수 있다. … ⑤ 이러한 코를 의지하고 냄새를 의존하여 코의 감각접촉에서 생긴 느낌은 … ⑥ 인식은 … ⑦ 의도는 … ⑧ 코의 알음알이는 생겼고 생기고 생길 것이고 생길 수 있다. …

⑨ 이러한 코를 의지하고 냄새를 대상으로 하는 코의 감각접촉은 생겼고 생기고 생길 것이고 생길 수 있다. … ⑩ 이러한 코를 의지하고 냄새를 대상으로 하는 코의 감각접촉에서 생긴 느낌은 … ⑪ 인식은 … ⑫ 의도는 … ⑬ 코의 알음알이는 생겼고 생기고 생길 것이고 생길 수 있다.

이것은 코이기도 하고, 이것은 코의 감각장소이기도 하고, 이것은 코의 요소이기도 하고, 이것은 코의 기능이기도 하고, 이것은 세상이기도 하고, 이것은 문이기도 하고, 이것은 바다이기도 하고, 이것은 깨끗한 것이기도 하고, 이것은 들판이기도 하고, 이것은 토대이기도 하고, 이것은 이쪽 언덕[此岸]이기도 하고, 이것은 텅 빈 마을이기도 하다. — 이것이 코의 감각장소인 물질이다.

(4) 혀의 감각장소[舌處, jivhāyatana]

608. 무엇이 '혀의 감각장소'인 물질인가?

혀[85]는 네 가지 근본물질에서 파생된 감성의 [물질]이고, 자기 존재(몸)에 포함된 것이고, 볼 수 없고, 부딪힘이 있다.[86]

---

85) "맛을 본다는 뜻(sāyanaṭṭha)에서 '혀[舌, jivhā]'이다. 혀의 [감성]은 전체 혀의 중간에 연꽃잎의 끝 모양을 한 곳에 있다. 그것은 앞서 말한 대로 도움을 받고 지탱되고 유지되고 함께한다. 혀의 알음알이 등이 일어나는 토대와 문의 역할을 적절하게 수행한다."(DhsA.311 = Vis.XIV.51)

86) 주석서와 『청정도론』은 '혀'의 특징 등을 이렇게 설명하고 있다.
"혀[舌, jivhā]는 ㉠ 맛이 부딪혀오는 것에 만반의 준비가 된, 근본물질로 된

① 이러한 볼 수 없고 부딪힘이 있는 혀로, 볼 수 없고 부딪힘이 있는 맛을 ⓐ 맛보았거나 ⓑ 맛보거나 ⓒ 맛볼 것이거나 ⓓ 맛볼 수 있을 것이다.

이것은 혀이기도 하고, 이것은 혀의 감각장소이기도 하고, 이것은 혀의 요소이기도 하고, 이것은 혀의 기능이기도 하고, 이것은 세상이기도 하고, 이것은 문이기도 하고, 이것은 바다이기도 하고, 이것은 깨끗한 것이기도 하고, 이것은 들판이기도 하고, 이것은 토대이기도 하고, 이것은 이쪽 언덕[此岸]이기도 하고, 이것은 텅 빈 마을이기도 하다. — 이것이 혀의 감각장소인 물질이다.

609. 무엇이 '혀의 감각장소'인 물질인가?

혀는 네 가지 근본물질에서 파생된 감성의 [물질]이고, 자기 존재(몸)에 포함된 것이고, 볼 수 없고, 부딪힘이 있다.

② 이러한 볼 수 없고 부딪힘이 있는 혀에, 볼 수 없고 부딪힘이 있는 맛은 부딪혔거나 부딪히거나 부딪힐 것이거나 부딪힐 수 있다.

이것은 혀이기도 하고, 이것은 혀의 감각장소이기도 하고, 이것은 혀의 요소이기도 하고, 이것은 혀의 기능이기도 하고, 이것은 세상이기도 하고, 이것은 문이기도 하고, 이것은 바다이기도 하고, 이것은 깨끗한 것이기도 하고, 이것은 들판이기도 하고, 이것은 토대이기도 하고, 이것은 이쪽 언덕[此岸]이기도 하고, 이것은 텅 빈 마을이기도 하다. — 이것이 혀의 감각장소인 물질이다.

610. 무엇이 [138] '혀의 감각장소'인 물질인가?

감성을 가지는 것이 특징이다. 혹은 맛보고자 하는 욕망에 기인한 업에서 생겨난 근본물질의 감성이 그 특징이다. ㉡ 혀의 역할은 맛들에서 알음알이를 끌어당기는 것이다. ㉢ 혀는 혀의 알음알이(舌識)의 기반으로 나타난다. ㉣ 이것의 가까운 원인은 맛보고자 하는 욕망에 기인한 업에서 생겨난 근본물질이다."(DhsA.312 = Vis.XIV.40)

혀는 네 가지 근본물질에서 파생된 감성의 [물질]이고, 자기 존재(몸)에 포함된 것이고, 볼 수 없고, 부딪힘이 있다.

③ 이러한 볼 수 없고 부딪힘이 있는 혀는, 볼 수 없고 부딪힘이 있는 맛에 부딪혔거나 부딪히거나 부딪힐 것이거나 부딪힐 수 있다.

이것은 혀이기도 하고, 이것은 혀의 감각장소이기도 하고, 이것은 혀의 요소이기도 하고, 이것은 혀의 기능이기도 하고, 이것은 세상이기도 하고, 이것은 문이기도 하고, 이것은 바다이기도 하고, 이것은 깨끗한 것이기도 하고, 이것은 들판이기도 하고, 이것은 토대이기도 하고, 이것은 이쪽 언덕[此岸]이기도 하고, 이것은 텅 빈 마을이기도 하다. — 이것이 혀의 감각장소인 물질이다.

611. 무엇이 '혀의 감각장소'인 물질인가?

혀는 네 가지 근본물질에서 파생된 감성의 [물질]이고, 자기 존재(몸)에 포함된 것이고, 볼 수 없고, 부딪힘이 있다.

④ 이러한 혀를 의지하고 맛을 의존하여 혀의 감각접촉은 생겼고 생기고 생길 것이고 생길 수 있다. … ⑤ 이러한 혀를 의지하고 맛을 의존하여 혀의 감각접촉에서 생긴 느낌은 … ⑥ 인식은 … ⑦ 의도는 … ⑧ 혀의 알음알이는 생겼고 생기고 생길 것이고 생길 수 있다. …

⑨ 이러한 혀를 의지하고 맛을 대상으로 하는 혀의 감각접촉은 생겼고 생기고 생길 것이고 생길 수 있다. … ⑩ 이러한 혀를 의지하고 맛을 대상으로 하는 혀의 감각접촉에서 생긴 느낌은 … ⑪ 인식은 … ⑫ 의도는 … ⑬ 혀의 알음알이는 생겼고 생기고 생길 것이고 생길 수 있다.

이것은 혀이기도 하고, 이것은 혀의 감각장소이기도 하고, 이것은 혀의 요소이기도 하고, 이것은 혀의 기능이기도 하고, 이것은 세상이기도 하고, 이것은 문이기도 하고, 이것은 바다이기도 하고, 이것은 깨끗한 것이기도 하고, 이것은 들판이기도 하고, 이것은 토대이기도 하고, 이것은 이쪽 언덕[此岸]이기도 하고, 이것은 텅 빈 마을이기도 하다. — 이것이 혀의 감각장소인 물질이다.

(5) 몸의 감각장소[身處, kāyāyatana]

612. 무엇이 '몸의 감각장소'인 물질인가?

몸[87]은 네 가지 근본물질에서 파생된 감성의 [물질]이고, 자기 존재(몸)에 포함된 것이고, 볼 수 없고, 부딪힘이 있다.[88]

① 이러한 볼 수 없고 부딪힘이 있는 몸으로, 볼 수 없고 부딪힘이 있는 감촉을 ⓐ 감촉했거나 ⓑ 감촉하거나 ⓒ 감촉할 것이거나 ⓓ 감촉할 수 있다.

이것은 몸이기도 하고, 이것은 몸의 감각장소이기도 하고, 이것은 몸의 요소이기도 하고, 이것은 몸의 기능이기도 하고, 이것은 세상이기도 하고, 이것은 문이기도 하고, 이것은 바다이기도 하고, 이것은 깨끗한 것이기도 하고, 이것은 들판이기도 하고, 이것은 토대이기도 하고, 이것은 이쪽 언덕[此岸]이기도 하고, 이것은 텅 빈 마을이기도 하다. — 이것이 몸의 감각장소인 물질이다.

613. 무엇이 '몸의 감각장소'인 물질인가?

---

87) "몸의 [감성](kāya)은 업에서 생긴 물질이 있는 이 몸의 모든 곳에 두루 퍼져 있다. 마치 면 조각에 배어든 기름처럼. 그것은 앞서 말한 대로 도움을 받고 지탱되고 유지되고 함께한다. 몸의 알음알이 등이 일어나는 토대와 문의 역할을 적절하게 수행한다."(DhsA.311 = Vis.XIV.51)

88) 주석서와 『청정도론』은 '몸'의 특징 등을 이렇게 설명하고 있다.
"몸[身, kāya]은 ㉠ 감촉이 부딪혀오는 것에 만반의 준비가 된, 근본물질로 된 감성을 가지는 것이 특징이다. 또는 맞닿고자 하는 욕망에 기인한 업에서 생겨난 근본물질의 감성이 그 특징이다. ㉡ 몸의 역할은 맞닿음에서 알음알이를 끌어당기는 것이다. ㉢ 몸은 몸의 알음알이의 기반으로 나타난다. ㉣ 이것의 가까운 원인은 맞닿고자 하는 욕망에 기인한 업에서 생겨난 근본물질이다"(DhsA.312 = Vis.XIV.41)

몸은 네 가지 근본물질에서 파생된 감성의 [물질]이고, 자기 존재(몸)에 포함된 것이고, 볼 수 없고, 부딪힘이 있다.

② 이러한 볼 수 없고 부딪힘이 있는 몸에, 볼 수 없고 부딪힘이 있는 감촉은 부딪혔거나 부딪히거나 부딪힐 것이거나 [139] 부딪힐 수 있다.

이것은 몸이기도 하고, 이것은 몸의 감각장소이기도 하고, 이것은 몸의 요소이기도 하고, 이것은 몸의 기능이기도 하고, 이것은 세상이기도 하고, 이것은 문이기도 하고, 이것은 바다이기도 하고, 이것은 깨끗한 것이기도 하고, 이것은 들판이기도 하고, 이것은 토대이기도 하고, 이것은 이쪽 언덕[此岸]이기도 하고, 이것은 텅 빈 마을이기도 하다. — 이것이 몸의 감각장소인 물질이다.

614. 무엇이 '몸의 감각장소'인 물질인가?

몸은 네 가지 근본물질에서 파생된 감성의 [물질]이고, 자기 존재(몸)에 포함된 것이고, 볼 수 없고, 부딪힘이 있다.

③ 이러한 볼 수 없고 부딪힘이 있는 몸은, 볼 수 없고 부딪힘이 있는 감촉에 부딪혔거나 부딪히거나 부딪힐 것이거나 부딪힐 수 있다.

이것은 몸이기도 하고, 이것은 몸의 감각장소이기도 하고, 이것은 몸의 요소이기도 하고, 이것은 몸의 기능이기도 하고, 이것은 세상이기도 하고, 이것은 문이기도 하고, 이것은 바다이기도 하고, 이것은 깨끗한 것이기도 하고, 이것은 들판이기도 하고, 이것은 토대이기도 하고, 이것은 이쪽 언덕[此岸]이기도 하고, 이것은 텅 빈 마을이기도 하다. — 이것이 몸의 감각장소인 물질이다.

615. 무엇이 '몸의 감각장소'인 물질인가?

몸은 네 가지 근본물질에서 파생된 감성의 [물질]이고, 자기 존재(몸)에 포함된 것이고, 볼 수 없고, 부딪힘이 있다.

④ 이러한 몸을 의지하고 감촉을 의존하여 몸의 감각접촉은 생겼고

생기고 생길 것이고 생길 수 있다. … ⑤ 이러한 몸을 의지하고 감촉을 의존하여 몸의 감각접촉에서 생긴 느낌은 … ⑥ 인식은 … ⑦ 의도는 … ⑧ 몸의 알음알이는 생겼고 생기고 생길 것이고 생길 수 있다. …

⑨ 이러한 몸을 의지하고 감촉을 대상으로 하는 몸의 감각접촉은 생겼고 생기고 생길 것이고 생길 수 있다. … ⑩ 이러한 몸을 의지하고 감촉을 대상으로 하는 몸의 감각접촉에서 생긴 느낌은 … ⑪ 인식은 … ⑫ 의도는 … ⑬ 몸의 알음알이는 생겼고 생기고 생길 것이고 생길 수 있다.

이것은 몸이기도 하고, 이것은 몸의 감각장소이기도 하고, 이것은 몸의 요소이기도 하고, 이것은 몸의 기능이기도 하고, 이것은 세상이기도 하고, 이것은 문이기도 하고, 이것은 바다이기도 하고, 이것은 깨끗한 것이기도 하고, 이것은 들판이기도 하고, 이것은 토대이기도 하고, 이것은 이쪽 언덕[此岸]이기도 하고, 이것은 텅 빈 마을이기도 하다. — 이것이 몸의 감각장소인 물질이다.89)

---

89) 주석서는 앞에서 인용한 것처럼 눈・귀・코・혀・몸의 감성의 물질을 설명한 뒤 이러한 눈・귀・코・혀・몸의 감성이 서로 다른 이유는 네 가지 근본물질 가운데 무엇을 더 많이 가졌는가에 의해서 결정된다는 견해들을 소개한다. 그런 뒤에 이런 주장은 아무런 경전적 근거가 없는 억측일 뿐(visesa-kappana)이고 그런 억측은 버려야 한다고 강조한다. 그리고 이들이 서로 공통되지 않는 것(asādhāraṇa)은 네 가지 근본물질의 차이 때문이 아니라 오직 업(kamma) 때문이라고 말하면서 업이 그들이 서로 차이가 나는 특별한 이유라고 결론짓는다.(DhsA.312~315) 여기에 대해서는『청정도론』(Vis.XIV.42~46)도 참조하기 바란다. 그런 뒤에 주석서는 다시 이렇게 설명하고 있다.

"이 몸에는 ① 몸의 아랫부분(heṭṭhima-kāya)과 ② 몸의 중간 부분(majjhima-kāya)과 ③ 몸의 윗부분(uparima-kāya)의 세 가지 부분이 있다.
① 이 가운데 배꼽으로부터 아래가 몸의 아랫부분인데 여기에는 몸의 십원소, 여성・남자의 십원소, 음식에서 생긴 것 여덟 가지, 온도에서 생긴 것 여덟 가지, 마음에서 생긴 것 여덟 가지가 있어서 모두 44가지 물질들이 있다.
② 배꼽의 위에서부터 목덜미까지가 몸의 중간 부분이 된다. 여기에는 몸의

(6) 형색의 감각장소[色處, rūpāyatana]

616. 무엇이 '형색의 감각장소'인 물질인가?

형색은 네 가지 근본물질에서 파생된 것이고, 색깔로 빛나고,90) 볼 수 있고, 부딪힘이 있고,91) 파랗고 노랗고 붉고 희고 검고 심홍색이고

십원소, 여성 · 남자의 십원소, [심장]토대의 십원소, 음식 등의 세 가지(즉 음식, 온도, 마음)에서 생긴 [세 가지] 팔원소가 있어서 모두 54가지 물질들이 있다.

③ 목덜미로부터 위가 몸의 윗부분이 된다. 여기에는 눈의 십원소, 귀의 십원소, 코의 십원소, 혀의 십원소, 몸의 십원소, 여성 · 남자의 십원소, 음식 등의 세 가지에서 생긴 팔원소가 있어서 모두 84가지 물질들이 있다.

이 가운데 눈의 감성의 조건이 되는 네 가지 근본물질(cattāri mahābhūtāni), 색깔(vaṇṇa), 냄새(gandha), 맛(rasa), 영양분(ojā), 생명기능(jīvitindriya), 눈의 감성(cakkhupasāda)은 전적으로 분리할 수 없는(avinibbhutta) 열 가지 구체적인 물질(nipphanna-rūpa)인데 이들 열 가지를 통해서 눈의 십원소(cakkhu-dasaka)라 불린다. 이런 방법으로 나머지들도 알아야 한다. 이들 가운데 몸의 아랫부분에 있는 물질은 중간 부분과 윗부분의 물질들과 섞이지 않는다. 나머지 둘에 있는 물질도 나머지들과 섞이지 않는다. 마치 해거름에 산의 그림자와 나무의 그림자가 하나로 묶여있는 것처럼 보이지만 서로서로 섞인 것이 아니듯이 이 몸의 각 부분에 있는 44가지와 54가지와 84가지의 물질들은 하나로 묶여있는 것처럼 보이지만 서로서로 섞인 것이 아니다."(DhsA.316)

여기에 언급되고 있는 몸의 십원소(kāya-dasaka) 등에 대해서는 『청정도론』 XVII.151의 주해와 『아비담마 길라잡이』 제6장 §7의 10번 해설과 제6장 §§16~22를 참조하기 바란다.

90) "색깔(vaṇṇa)이 바로 '색깔로 빛남(vaṇṇanibhā)'이다. 빛난다(nibhāti)고 해서 '빛(광명, nibhā)'이다. 눈의 알음알이에게 분명하다(pākaṭā)는 뜻이다. 그리고 색깔이 바로 광명(vaṇṇova nibhā)이라고 해서도 '색깔로 빛남'이다."(DhsA.316~317)

여기서 색깔로 옮긴 vaṇṇa는 다양한 뜻으로 쓰이는데 『디가 니까야 주석서』는 "완나(vaṇṇa)는 모양(saṇṭhāna), 태생(jāti), 형색의 감각장소[色處, rūpāyatana], 이유(kāraṇa), 크기(pamāṇa), 공덕(성질, guṇa), 칭송(pasaṁsa) 등의 뜻으로 쓰인다."(DA.i.37)라고 밝히고 있다. 본서에서는 주로 색깔의 의미로 쓰인다.(본서 §223 이하와 그 주해들을 참조할 것.)

황금색이고[92] 녹색이고 망고의 싹과 같은 색이고,[93] 길고 짧고, 작고 크고, 둥글고 구형이고 사각형이고 육각형이고 팔각형이고 십육각형이고, 낮고 높고,[94] 그늘지고 뙤약볕이고,[95] 밝고 어둡고, 먹구름 색이고 서리처럼 희고[96] 연기가 자욱한 [색깔]이고 먼지투성이 [색깔]이고, 달

---

91) "부딪힘이 함께하는 것이 '부딪힘이 있는 것(sappaṭigha)'이다. 충돌하는 마찰(paṭighaṭṭanānighaṁsa)이 생기는 것이라는 뜻이다."(DhsA.317)

92) "'파랗고 노랗고 붉고 희고 검고 심홍색이고 황금색이고(nīlaṁ pītakaṁ lohitakaṁ odātaṁ kāḷakaṁ mañjiṭṭhakaṁ hari)'라는 이 일곱 가지는 토대(vatthu)를 고려하지 않고 고유성질(sabhāva)만을 통해서 보여주신 것이다."(DhsA.317)

93) "'녹색이고 망고의 싹과 같은 색이고(harivaṇṇaṁ ambaṅkuravaṇṇaṁ)'라는 이 두 가지는 토대를 고려하지 않고 나타내신 것이다."(DhsA.317)

94) "'길고 짧고 작고 크고 둥글고 구형이고 사각형이고 육각형이고 팔각형이고 십육각형이고, 낮고 높고(dīghaṁ rassaṁ aṇuṁ thūlaṁ vaṭṭaṁ parimaṇḍalaṁ caturaṁsaṁ chaḷaṁsaṁ aṭṭhaṁsaṁ soḷasaṁsaṁ ninnaṁ thalaṁ)'라는 이 열두 가지는 인습적 표현(vohāra)을 통해서 나타내신 것이다. 이들에 대한 이 인습적 표현은 ① 비교를 통한 가르침(upanidhāya-siddha)과 ② 나열을 통한 가르침(sannivesa-siddha)이 있다. '긴 것(dīgha)' 등은 상호간의 비교를 통해서 성취되는 것이고 '둥근 것(vaṭṭa)' 등은 나열을 통해서 성취되는 것이다.

이 가운데 짧은 것과 비교하여 그보다 더 긴 것(uccatara)이 '긴 것'이고 이것과 비교해서 이보다 더 짧은 것(nīcatara)이 '짧은 것'이다. 큰 것과 비교하여 그보다 더 소형인 것(khuddakatara)이 '작은 것'이고 이것과 비교해서 이보다 더 대형인 것(mahantatara)이 '큰 것'이다.
이 가운데 '긴 것' 등은 건드려보고(phusitvā) 알 수 있지만 '푸른 것(nīla)' 등은 그렇지 못하다. 그러므로 긴 형색의 감각장소는 비방편적인 것이 아니고 짧은 것 등도 그러하다. 이런저런 것을 의지하고 여기저기에 서서 길다거나 짧다거나 하는 인습적 표현을 통해서 이 경우에 형색의 감각장소는 설해졌다고 알아야 한다."(DhsA.317)

95) "'그늘지고 뙤약볕이고(chāyā ātapo)'는 서로서로 상반되는 것이다. '밝고 어둡고(āloko andhakāro)'도 그러하다."(DhsA.317)

96) "'먹구름 색이고 서리처럼 희고, 연기가 자욱한 [색깔]이고 먼지투성이 [색깔]이고(abbhā mahikā dhūmo rajo)'의 네 가지는 토대(vatthu)를 통해서만 나타내신 것이다. 여기서 '먹구름 색'은 먹구름(valāhaka)이고 '서리처

의 원반의 색깔로 빛나고[97] 태양의 원반의 색깔로 빛나고 별빛의 색깔로 빛나고 거울의 원반의 색깔로 빛나고 보석과 고둥과 진주와 녹주석의 색깔로 빛나고 금과 은의 색깔로 빛난다.

그리고 어떠한 다른 형색이 있다 하더라도[98] 그것은 네 가지 근본물질에서 파생된 것이고, 색깔로 빛나고, 볼 수 있고, 부딪힘이 있다.[99]

① 이러한 볼 수 있고 부딪힘이 있는 형색을, 볼 수 없고 부딪힘이 있는 눈으로 보았거나 보거나 볼 것이거나 볼 수 있다.

이것은 형색이기도 하고, 이것은 형색의 감각장소이기도 하고, 이것은 형색의 요소이기도 하다. — 이것이 형색의 감각장소인 물질이다.[100]

럼 희고'는 눈(서리, hima)이다. 이들 네 가지는 색깔(vaṇṇā)을 나타낸 것이다."(DhsA.317)

97) "'달의 원반의 색깔로 빛나고(candamaṇḍalassa vaṇṇanibhā)' 등은 빛나는 색깔(pabhā-vaṇṇā)을 나타낸 것이다."(DhsA.317~318)

98) "'그리고 어떠한 다른 형색이 있다 하더라도(yaṁ vā panaññampi)'라는 이것으로 성전에 나타난 것을 제외하고 남은 돗자리나 천 조각이나 받침대 등의 색깔 등으로 구분되는 형색을 취한 것이다. 이것은 모두 그밖에들(예와빠나까)에 포함되었다."(DhsA.318)
'그밖에들' 혹은 '예와빠나까(yevāpanakā)'에 대해서는 본서 제1권 §57의 해당 주해를 참조할 것.

99) "이와 같이 푸른 색 등의 차이에 의해서 구분되지만 [여기서 나열한] 이 형색은 모두 특징 등에 의해서는 구분되지 않는다. [여기서 나열한] 이 모든 것은 ㉠ 눈에 부딪히는 특징을 가지는 형색(rūpa)이다. ㉡ 그것의 역할은 눈의 알음알이의 대상이 되는 것이다. ㉢ 눈의 알음알이의 영역으로 나타난다. ㉣ 근본물질이 가까운 원인이다. 나머지 모든 파생된 물질도 이와 같다. 차이점이 있는 곳에서는 말할 것이다."(DhsA.318 = Vis.XIV.54)

100) "여기서 나머지는 눈의 감각장소의 해설(§§596~599)에서 설한 방법대로 알아야 한다. 단지 거기서는 눈을 앞세운 해설이었고 여기서는 형색을 앞세운 해설이다. 거기서는 '~눈은' 등으로 14가지 이름들이 있었고 여기서는 '~형색은'으로 세 가지이다. 나머지는 거기서와 같다. 마치 네 가지씩 네 가지씩의 분석을 통한 방법에 의해서 장엄을 한 뒤 눈을 분석하기 위해서 13가지 부문들을 설하셨듯이 여기서도 그와 같이 설하셨다."(DhsA.318~319)

617. 무엇이 [140] '형색의 감각장소'인 물질인가?

형색은 네 가지 근본물질에서 파생된 것이고, 색깔로 빛나고, 볼 수 있고, 부딪힘이 있고, 파랗고 노랗고 붉고 희고 검고 심홍색이고 황금색이고 녹색이고 망고의 싹과 같은 색이고, 길고 짧고, 작고 크고, 둥글고 구형이고 사각형이고 육각형이고 팔각형이고 십육각형이고, 낮고 높고, 그늘지고 뙤약볕이고, 밝고 어둡고, 먹구름 색이고 서리처럼 희고, 연기가 자욱한 [색깔]이고 먼지투성이 [색깔]이고, 달의 원반의 색깔로 빛나고 태양의 원반의 색깔로 빛나고 별빛의 색깔로 빛나고 거울의 원반의 색깔로 빛나고 보석과 고둥과 진주와 녹주석의 색깔로 빛나고 금과 은의 색깔로 빛난다.

그리고 어떠한 다른 형색이 있다 하더라도 그것은 네 가지 근본물질에서 파생된 것이고, 색깔로 빛나고, 볼 수 있고, 부딪힘이 있다.

② 이러한 볼 수 있고 부딪힘이 있는 형색에, 볼 수 없고 부딪힘이 있는 눈은 부딪혔거나 부딪히거나 부딪힐 것이거나 부딪힐 수 있다. 이것은 형색이기도 하고, 이것은 형색의 감각장소이기도 하고, 이것은 형색의 요소이기도 하다. — 이것이 형색의 감각장소인 물질이다.

618. 무엇이 '형색의 감각장소'인 물질인가?

형색은 네 가지 근본물질에서 파생된 것이고, 색깔로 빛나고, 볼 수 있고, 부딪힘이 있고, 파랗고 노랗고 붉고 희고 검고 심홍색이고 황금색이고 녹색이고 망고의 싹과 같은 색이고, 길고 짧고, 작고 크고, 둥글고 구형이고 사각형이고 육각형이고 팔각형이고 십육각형이고, 낮고 높고, 그늘지고 뙤약볕이고, 밝고 어둡고, 먹구름 색이고 서리처럼 희고 연기가 자욱한 [색깔]이고 먼지투성이 [색깔]이고, 달의 원반의 색깔로 빛나고 태양의 원반의 색깔로 빛나고 별빛의 색깔로 빛나고 거울의 원반의 색깔로 빛나고 보석과 고둥과 진주와 녹주석의 색깔로 빛나고 금과 은

의 색깔로 빛난다.

그리고 어떠한 다른 형색이 있다 하더라도 그것은 네 가지 근본물질에서 파생된 것이고, 색깔로 빛나고, 볼 수 있고, 부딪힘이 있다.

③ 이러한 볼 수 있고 부딪힘이 있는 형색은, 볼 수 없고 부딪힘이 있는 눈에 부딪혔거나 부딪히거나 부딪힐 것이거나 부딪힐 수 있다.

이것은 형색이기도 하고, 이것은 형색의 감각장소이기도 하고, 이것은 형색의 요소이기도 하다. — 이것이 형색의 감각장소인 물질이다.

619. 무엇이 '형색의 감각장소'인 물질인가?

형색은 네 가지 근본물질에서 파생된 것이고, 색깔로 빛나고, 볼 수 있고, 부딪힘이 있고, 파랗고 노랗고 붉고 희고 검고 심홍색이고 황금색이고 녹색이고 망고의 싹과 같은 색이고, 길고 짧고, 작고 크고, 둥글고 구형이고 사각형이고 육각형이고 팔각형이고 십육각형이고, 낮고 높고, 그늘지고 뙤약볕이고, 밝고 어둡고, 먹구름 색이고 서리처럼 희고 연기가 자욱한 [색깔]이고 먼지투성이 [색깔]이고, 달의 원반의 색깔로 빛나고 태양의 원반의 색깔로 빛나고 별빛의 색깔로 빛나고 거울의 원반의 색깔로 빛나고 보석과 고둥과 진주와 녹주석의 색깔로 빛나고 금과 은의 색깔로 빛난다.

그리고 어떠한 다른 형색이 있다 하더라도 그것은 네 가지 근본물질에서 파생된 것이고, 색깔로 빛나고, 볼 수 있고, 부딪힘이 있다.

④ 이러한 형색을 의존하고 눈을 의지하여[101] 눈의 감각접촉은 생겼고 생기고 생길 것이고 생길 수 있다. … ⑤ 이러한 형색을 의존하고 눈을 의지하여 눈의 감각접촉에서 생긴 느낌은 … ⑥ 인식은 … ⑦ 의도는

---

101) 안에 있는 감각장소를 설명하는 §599 ④ 등에서 "이러한 눈을 의지하고 형색을 의존하여(yaṁ cakkhuṁ nissāya rūpaṁ ārabbha)"로 나타나던 것이 밖의 감각장소를 설명하는 본 문단 이후에는 "이러한 형색을 의존하고 눈을 의지하여(yaṁ rūpaṁ ārabbha cakkhuṁ nissāya)"로 표현되고 있다.

… ⑧ 눈의 알음알이는 생겼고 생기고 생길 것이고 생길 수 있다. …

⑨ 이러한 형색을 대상으로 하고 눈을 의지하여[102] 눈의 감각접촉은 생겼고 생기고 생길 것이고 생길 수 있다. … ⑩ 이러한 형색을 대상으로 하고 눈을 의지하여 눈의 감각접촉에서 생긴 느낌은 … ⑪ 인식은 … ⑫ 의도는 … ⑬ 눈의 알음알이는 생겼고 생기고 생길 것이고 생길 수 있다.

이것은 형색이기도 하고, 이것은 형색의 감각장소이기도 하고, 이것은 형색의 요소이기도 하다. — 이것이 형색의 감각장소인 물질이다.

(7) 소리의 감각장소[聲處, saddāyatana]

620. 무엇이 '소리의 감각장소'인 물질인가?

소리는 네 가지 근본물질에서 파생된 것이고, 볼 수 없고, 부딪힘이 있고, 북소리, 작은북 소리, 고둥 소리, 빠나와 북소리, 노래 소리, 음악 소리, 심벌즈 소리, 손뼉 소리, 중생들의 외치는 소리, 요소들이 부딪히는 소리, 바람소리, 물소리, 인간의 소리, 비인간의 소리이다.

그리고 어떠한 다른 소리가 있다 하더라도 그것은 네 가지 근본물질에서 파생된 것이고, 볼 수 없고, 부딪힘이 있다.[103]

① 이러한 볼 수 없고 부딪힘이 있는 소리를, 볼 수 없고 부딪힘이 있

---

102) 본 문단 이하에서도 §599 ⑨ 등에서 나타나는 "이러한 눈을 의지하고 형색을 대상으로 하는(yaṁ cakkhuṁ nissāya rūpārammaṇā)" 대신에 "이러한 형색을 대상으로 하고 눈을 의지하여(yaṁ rūpārammaṇo cakkhuṁ nissāya)"로 나타나고 있다.

103) "이와 같이 '북소리(bherī-sadda)' 등의 차이에 의해서 구분되지만 [여기서 나열한] 이 소리는 모두 특징 등에 의해서는 구분되지 않는다. [여기서 나열한] 이 모든 것은 ㉠ 귀에 부딪히는 특징을 가지는 소리이다. ㉡ 그것의 역할은 귀의 알음알이의 대상이 되는 것이다. ㉢ 귀의 알음알이의 영역으로 나타난다. 나머지는 눈의 감각장소의 해설(§§596~599)에서 설한 방법으로 알아야 한다. 여기서도 네 가지씩 네 가지씩의 방법에 의해서 장엄된 13가지 부문들을 설하셨다."(DhsA.319)

는 귀로 ⓐ 들었거나 ⓑ 듣거나 ⓒ 들을 것이거나 ⓓ 들을 수 있다.

이것은 소리이기도 하고, 이것은 소리의 감각장소이기도 하고, 이것은 소리의 요소이기도 하다. — 이것이 소리의 감각장소인 물질이다.

621. 무엇이 '소리의 감각장소'인 물질인가?

소리는 [141] 네 가지 근본물질에서 파생된 것이고, 볼 수 없고, 부딪힘이 있고, 북소리, 작은북 소리, 고둥 소리, 빠나와 북소리, 노래 소리, 음악 소리, 심벌즈 소리, 손뼉 소리, 중생들의 외치는 소리, 요소들이 부딪히는 소리, 바람소리, 물소리, 인간의 소리, 비인간의 소리이다.

그리고 어떠한 다른 소리가 있다 하더라도 그것은 네 가지 근본물질에서 파생된 것이고, 볼 수 없고, 부딪힘이 있다.

② 이러한 볼 수 없고 부딪힘이 있는 소리에, 볼 수 없고 부딪힘이 있는 귀는 부딪혔거나 부딪히거나 부딪힐 것이거나 부딪힐 수 있다.

이것은 소리이기도 하고, 이것은 소리의 감각장소이기도 하고, 이것은 소리의 요소이기도 하다. — 이것이 소리의 감각장소인 물질이다.

622. 무엇이 '소리의 감각장소'인 물질인가?

소리는 네 가지 근본물질에서 파생된 것이고, 볼 수 없고, 부딪힘이 있고, 북소리, 작은북 소리, 고둥 소리, 빠나와 북소리, 노래 소리, 음악 소리, 심벌즈 소리, 손뼉 소리, 중생들의 외치는 소리, 요소들이 부딪히는 소리, 바람소리, 물소리, 인간의 소리, 비인간의 소리이다.

그리고 어떠한 다른 소리가 있다 하더라도 그것은 네 가지 근본물질에서 파생된 것이고, 볼 수 없고, 부딪힘이 있다.

③ 이러한 볼 수 없고 부딪힘이 있는 소리는, 볼 수 없고 부딪힘이 있는 귀에 부딪혔거나 부딪히거나 부딪힐 것이거나 부딪힐 수 있다.

이것은 소리이기도 하고, 이것은 소리의 감각장소이기도 하고, 이것은 소리의 요소이기도 하다. — 이것이 소리의 감각장소인 물질이다.

623. 무엇이 '소리의 감각장소'인 물질인가?

소리는 네 가지 근본물질에서 파생된 것이고, 볼 수 없고, 부딪힘이 있고, 북소리, 작은북 소리, 고둥 소리, 빠나와 북소리, 노래 소리, 음악 소리, 심벌즈 소리, 손뼉 소리, 중생들의 외치는 소리, 요소들이 부딪히는 소리, 바람소리, 물소리, 인간의 소리, 비인간의 소리이다.

그리고 어떠한 다른 소리가 있다 하더라도 그것은 네 가지 근본물질에서 파생된 것이고, 볼 수 없고, 부딪힘이 있다.

④ 이러한 소리를 의존하고 귀를 의지하여 귀의 감각접촉은 생겼고 생기고 생길 것이고 생길 수 있다. … ⑤ 이러한 소리를 의존하고 귀를 의지하여 귀의 감각접촉에서 생긴 느낌은 … ⑥ 인식은 … ⑦ 의도는 … ⑧ 귀의 알음알이는 생겼고 생기고 생길 것이고 생길 수 있다. …

⑨ 이러한 소리를 대상으로 하고 귀를 의지하여 귀의 감각접촉은 생겼고 생기고 생길 것이고 생길 수 있다. … ⑩ 이러한 소리를 대상으로 하고 귀를 의지하여 귀의 감각접촉에서 생긴 느낌은 … ⑪ 인식은 … ⑫ 의도는 … ⑬ 귀의 알음알이는 생겼고 생기고 생길 것이고 생길 수 있다.

이것은 소리이기도 하고, 이것은 소리의 감각장소이기도 하고, 이것은 소리의 요소이기도 하다. — 이것이 소리의 감각장소인 물질이다.

(8) 냄새의 감각장소[香處, gandhāyatana]

624. 무엇이 '냄새의 감각장소'인 물질인가?

냄새는 네 가지 근본물질에서 파생된 것이고, 볼 수 없고, 부딪힘이 있고, 뿌리 냄새, 고갱이 냄새, 껍질 냄새, 잎사귀 냄새, 꽃 냄새, 과일 냄새, 비린 냄새, 썩는 냄새, 좋은 냄새, 나쁜 냄새이다.

그리고 어떠한 다른 냄새가 있다 하더라도 그것은 네 가지 근본물질

에서 파생된 것이고, 볼 수 없고, 부딪힘이 있다.104)

① 이러한 볼 수 없고 부딪힘이 있는 냄새를, 볼 수 없고 부딪힘이 있는 코로 냄새를 맡았거나 맡거나 맡을 것이거나 맡을 수 있다.

이것은 냄새이기도 하고, 이것은 냄새의 감각장소이기도 하고, 이것은 냄새의 요소이기도 하다. — 이것이 냄새의 감각장소인 물질이다.

625. 무엇이 '냄새의 감각장소'인 물질인가?

뿌리 냄새, 고갱이 냄새, 껍질 냄새, 잎사귀 냄새, 꽃 냄새, 과일 냄새, 비린 냄새, 썩는 냄새, 좋은 냄새, 나쁜 냄새이다.

그리고 어떠한 다른 냄새가 있다 하더라도 그것은 네 가지 근본물질에서 파생된 것이고, 볼 수 없고, 부딪힘이 있다.

② 이러한 볼 수 없고 부딪힘이 있는 냄새에, 볼 수 없고 부딪힘이 있는 코는 부딪혔거나 부딪히거나 부딪힐 것이거나 부딪힐 수 있다. [142]

이것은 냄새이기도 하고, 이것은 냄새의 감각장소이기도 하고, 이것은 냄새의 요소이기도 하다. — 이것이 냄새의 감각장소인 물질이다.

626. 무엇이 '냄새의 감각장소'인 물질인가?

냄새는 네 가지 근본물질에서 파생된 것이고, 볼 수 없고, 부딪힘이 있고, 뿌리 냄새, 고갱이 냄새, 껍질 냄새, 잎사귀 냄새, 꽃 냄새, 과일 냄새, 비린 냄새, 썩는 냄새, 좋은 냄새, 나쁜 냄새이다.

그리고 어떠한 다른 냄새가 있다 하더라도 그것은 네 가지 근본물질

---

104) "이와 같이 '뿌리 냄새(mūla-gandha)' 등의 차이에 의해서 구분되지만 [여기서 나열한] 이 냄새는 모두 특징 등에 의해서는 구분되지 않는다. [여기서 나열한] 이 모든 것은 ㉠ 코에 부딪히는 특징을 가지는 냄새이다. ㉡ 그것의 역할은 코의 알음알이의 대상이 되는 것이다. ㉢ 코의 알음알이의 영역으로 나타난다. 나머지는 눈의 감각장소의 해설(§§596~599)에서 설한 방법으로 알아야 한다. 여기서도 네 가지씩 네 가지씩의 방법에 의해서 장엄된 13가지 부분들을 설하셨다."(DhsA.320)

에서 파생된 것이고, 볼 수 없고, 부딪힘이 있다.

③ 이러한 볼 수 없고 부딪힘이 있는 냄새는, 볼 수 없고 부딪힘이 있는 코에 부딪혔거나 부딪히거나 부딪힐 것이거나 부딪힐 수 있다.

이것은 냄새이기도 하고, 이것은 냄새의 감각장소이기도 하고, 이것은 냄새의 요소이기도 하다. — 이것이 냄새의 감각장소인 물질이다.

627. 무엇이 '냄새의 감각장소'인 물질인가?

냄새는 네 가지 근본물질에서 파생된 것이고, 볼 수 없고, 부딪힘이 있고, 뿌리 냄새, 고갱이 냄새, 껍질 냄새, 잎사귀 냄새, 꽃 냄새, 과일 냄새, 비린 냄새, 썩는 냄새, 좋은 냄새, 나쁜 냄새이다.

그리고 어떠한 다른 냄새가 있다 하더라도 그것은 네 가지 근본물질에서 파생된 것이고, 볼 수 없고, 부딪힘이 있다.

④ 이러한 냄새를 의존하고 코를 의지하여 코의 감각접촉은 생겼고 생기고 생길 것이고 생길 수 있다. … ⑤ 이러한 냄새를 의존하고 코를 의지하여 코의 감각접촉에서 생긴 느낌은 … ⑥ 인식은 … ⑦ 의도는 … ⑧ 코의 알음알이는 생겼고 생기고 생길 것이고 생길 수 있다. …

⑨ 이러한 냄새를 대상으로 하고 코를 의지하여 코의 감각접촉은 생겼고 생기고 생길 것이고 생길 수 있다. … ⑩ 이러한 냄새를 대상으로 하고 코를 의지하여 코의 감각접촉에서 생긴 느낌은 … ⑪ 인식은 … ⑫ 의도는 … ⑬ 코의 알음알이는 생겼고 생기고 생길 것이고 생길 수 있다.

이것은 냄새이기도 하고, 이것은 냄새의 감각장소이기도 하고, 이것은 냄새의 요소이기도 하다. — 이것이 냄새의 감각장소인 물질이다.

(9) 맛의 감각장소[味處, rasāyatana]

628. 무엇이 '맛의 감각장소'인 물질인가?

맛은 네 가지 근본물질에서 파생된 것이고, 볼 수 없고, 부딪힘이 있고, 뿌리의 맛, 줄기의 맛, 껍질의 맛, 잎사귀의 맛, 꽃의 맛, 과일의 맛, 신맛, 단맛, 쓴맛, 떫은맛, 짠맛, 알싸한 맛, 시큼한 맛, 매운맛, 좋은 맛, 역겨운 맛이다.

그리고 어떠한 다른 맛이 있다 하더라도 그것은 네 가지 근본물질에서 파생된 것이고, 볼 수 없고, 부딪힘이 있다.[105)]

① 이러한 볼 수 없고 부딪힘이 있는 맛을, 볼 수 없고 부딪힘이 있는 혀로 ⓐ 맛보았거나 ⓑ 맛보거나 ⓒ 맛볼 것이거나 ⓓ 맛볼 수 있다.

이것은 맛이기도 하고, 이것은 맛의 감각장소이기도 하고, 이것은 맛의 요소이기도 하다. — 이것이 맛의 감각장소인 물질이다.

629. 무엇이 '맛의 감각장소'인 물질인가?

맛은 네 가지 근본물질에서 파생된 것이고, 볼 수 없고, 부딪힘이 있고, 뿌리의 맛, 줄기의 맛, 껍질의 맛, 잎사귀의 맛, 꽃의 맛, 과일의 맛, 신맛, 단맛, 쓴맛, 떫은맛, 짠맛, 알싸한 맛, 시큼한 맛, 매운맛, 좋은 맛, 역겨운 맛이다.

그리고 어떠한 다른 맛이 있다 하더라도 그것은 네 가지 근본물질에서 파생된 것이고, 볼 수 없고, 부딪힘이 있다.

② 이러한 볼 수 없고 부딪힘이 있는 맛에, 볼 수 없고 부딪힘이 있는 혀는 부딪혔거나 부딪히거나 부딪힐 것이거나 부딪힐 수 있다.

이것은 맛이기도 하고, 이것은 맛의 감각장소이기도 하고, 이것은 맛

---

105) "이와 같이 '뿌리의 맛(mūla-rasa)' 등의 차이에 의해서 구분되지만 [여기서 나열한] 이 맛은 모두 특징 등에 의해서는 구분되지 않는다. [여기서 나열한] 이 모든 것은 ㉠ 혀에 부딪히는 특징을 가진 맛이다. ㉡ 그것의 역할은 혀의 알음알이의 대상이 되는 것이다. ㉢ 혀의 알음알이의 영역으로 나타난다. 나머지는 눈의 감각장소의 해설에서 설한 방법으로 알아야 한다. 여기서도 네 가지씩 네 가지씩의 방법에 의해서 장엄된 13가지 부문들을 설하셨다."(DhsA.320~321)

의 요소이기도 하다. — 이것이 맛의 감각장소인 물질이다.

630. 무엇이 [143] '맛의 감각장소'인 물질인가?

맛은 네 가지 근본물질에서 파생된 것이고, 볼 수 없고, 부딪힘이 있고, 뿌리의 맛, 줄기의 맛, 껍질의 맛, 잎사귀의 맛, 꽃의 맛, 과일의 맛, 신맛, 단맛, 쓴맛, 떫은맛, 짠맛, 알싸한 맛, 시큼한 맛, 매운맛, 좋은 맛, 역겨운 맛이다.

그리고 어떠한 다른 맛이 있다 하더라도 그것은 네 가지 근본물질에서 파생된 것이고, 볼 수 없고, 부딪힘이 있다.

③ 이러한 볼 수 없고 부딪힘이 있는 맛은, 볼 수 없고 부딪힘이 있는 혀에 부딪혔거나 부딪히거나 부딪힐 것이거나 부딪힐 수 있다.

이것은 맛이기도 하고, 이것은 맛의 감각장소이기도 하고, 이것은 맛의 요소이기도 하다. — 이것이 맛의 감각장소인 물질이다.

631. 무엇이 '맛의 감각장소'인 물질인가?

맛은 네 가지 근본물질에서 파생된 것이고, 볼 수 없고, 부딪힘이 있고, 뿌리의 맛, 줄기의 맛, 껍질의 맛, 잎사귀의 맛, 꽃의 맛, 과일의 맛, 신맛, 단맛, 쓴맛, 떫은맛, 짠맛, 알싸한 맛, 시큼한 맛, 매운맛, 좋은 맛, 역겨운 맛이다.

그리고 어떠한 다른 맛이 있다 하더라도 그것은 네 가지 근본물질에서 파생된 것이고, 볼 수 없고, 부딪힘이 있다.

④ 이러한 맛을 의존하고 혀를 의지하여 혀의 감각접촉은 생겼고 생기고 생길 것이고 생길 수 있다. … ⑤ 이러한 맛을 의존하고 혀를 의지하여 혀의 감각접촉에서 생긴 느낌은 … ⑥ 인식은 … ⑦ 의도는 … ⑧ 혀의 알음알이는 생겼고 생기고 생길 것이고 생길 수 있다. …

⑨ 이러한 맛을 대상으로 하고 혀를 의지하여 혀의 감각접촉은 생겼고 생기고 생길 것이고 생길 수 있다. … ⑩ 이러한 맛을 대상으로 하고

혀를 의지하여 혀의 감각접촉에서 생긴 느낌은 … ⑪ 인식은 … ⑫ 의도는 … ⑬ 혀의 알음알이는 생겼고 생기고 생길 것이고 생길 수 있다.

이것은 맛이기도 하고, 이것은 맛의 감각장소이기도 하고, 이것은 맛의 요소이기도 하다. — 이것이 맛의 감각장소인 물질이다.

(10) 여자의 기능[女根, itthindriya]

632. 무엇이 '여자의 기능'인 물질인가?

여자가 가지는 여자의 생김새,[106] 여자의 [외관상의] 표상, 여자다운 행위, 여자의 모습, 여자됨, 여자의 상태 — 이것이 여자의 기능인 물질이다.[107]

(11) 남자의 기능[男根, purisindriya]

633. 무엇이 '남자의 기능'인 물질인가?

남자가 가지는 남자의 생김새, 남자의 [외관상의] 표상, 남자다운 행위, 남자의 모습, 남자됨, 남자의 상태 — 이것이 남자의 기능인 물질이다.[108]

---

106) "'여자의 생김새(itthiyā itthiliṅga)'에서 '생김새(liṅga)'란 형태(모습, saṇ-ṭhāna)이다. 여자의 손과 발과 목과 가슴 등의 모습이 남자의 모습과 같지 않고 여자들의 하체는 넓고 상체는 넓지 않으며 손과 발도 작고 얼굴도 작기 때문이다. '표상(nimitta)'이란 인지할 수 있는 [표시]이다. 여자들의 가슴은 넓지 않고 얼굴은 수염이나 콧수염이 없으며 머리를 묶고 옷을 입는 것도 남자들과 같지 않기 때문이다."(DhsA.321)

107) "'여자의 기능[女根, itthi-indriya]'의 ㉠ 특징은 여자됨(여성, itthibhāva)이다. ㉡ 그것의 역할은 '이 사람은 여자이다.'라고 보여준다. ㉢ 여자의 외관상의 표시, 속성, 활동, 자세에 대한 이유로 나타난다."(DhsA.322)

108) "'남자의 기능[男根, purisa-indriya]'의 ㉠ 특징은 남자됨(남성, purisa-bhāva)이다. ㉡ 그것의 역할은 '이 사람은 남자이다.'라고 보여준다. ㉢ 남자의 외관상의 표시, 속성, 활동, 자세에 대한 이유로 나타난다."(DhsA.322)

⑿ 생명기능[命根, jīvitindriya]

634. 무엇이 '생명기능[命根]'109)인 물질인가?

물질로 된 법들의 수명, 머묾, 지속, 유지, 나아감, 계속됨, 보존, 생명, 생명기능 — 이것이 생명기능인 물질이다.

⒀ 몸의 암시(kāya-viññatti)

635. 무엇이 '몸의 암시'110)인 물질인가?

유익한 마음이나 해로운 마음이나 결정할 수 없는[無記] 마음을 [원인으로 하여]111) 나아가거나 물러가거나 앞을 보거나 돌아보거나 구부리

---

109) "생명기능의 해설에서 설명해야 하는 것은 앞의 비물질의 생명기능에서 설했다.(비물질의 생명기능 혹은 정신의 생명기능에 대해서는 본서 제1권 §1 (3) 기능의 모음에 나타나는 생명기능의 주해를 참조할 것.) '생명기능[命根, jīvitindriya]'은 ㉠ 함께 생겨난 물질들을 지탱하는 특징을 가진다. ㉡ 그것은 그들을 생기게 하는 역할을 한다. ㉢ 그들이 존재하는 것으로 나타난다. ㉣ 지속되어야 할 근본물질이 가까운 원인이다."(DhsA.322)

110) "'몸의 암시(kāya-viññatti)'라고 하였다. 몸으로 자신의 상태(bhāva)를 알리고자 하는 상대방들에게 몸으로 지어서 드러내는 것을 통해서 그런 상태를 알도록 하는 것을 '암시'라 한다. 이것은 동물들이 인간들에게 할 수도 있고 인간들이 동물들에게도 할 수 있다. 혹은 스스로 몸으로 지어서 알도록 한다고 해서도 '암시'라 한다.
"몸으로 잘 단속한다."(Dhp.102 {361})는 등의 말씀에서처럼 [몸의] 움직임(copana)이라 불리는 몸 그 자체가 바로 암시라고 해서 '몸의 암시'라 한다. 몸의 움직임(kāya-vipphandana)에 의해서 의도하고 알게 하는 원인이 되기 때문에, 그리고 스스로 그러함을 알게 하기 때문에 몸으로 알게 한다(kāyena viññatti)고 해서도 역시 '몸의 암시'이다."(DhsA.322)

"알게 하는 것(viññāpana)만이 암시가 아니다. 알아져야 하는 것(viññeyya)도 역시 암시이다. 이것은 남들에게도, 즉 동물들에게조차도 분명하기 때문이다."(DhsA.84)

111) "'유익한 마음이나 해로운 마음이나 결정할 수 없는[無記] 마음을 [원인으로 하여](kusalacittassa vā akusalacittassa vā abyākatacittassa vā)'라고 하셨다. 여기서 욕계에 속하는 유익한 마음 8가지와 신통지의 마음(abhiññā-citta) [한 가지]에 의해서 9가지 '유익한 마음'이 있고, 12가지

거나 펴는 [행위의 결과로 생긴][112] 몸의 굳셈,[113] 굳건 함, 굳건한 상태, 암시, 알게 함, 알게 하는 상태 — 이것이 몸의 암시인 물질이다.

⒁ 말의 암시(vacī-viññatti)

636. 무엇이 '말의 암시'[114]인 물질인가?

유익한 마음이나 해로운 마음이나 결정할 수 없는[無記] 마음을 [원인으로 하여 생긴] 말, 언성, 발성, 언설, 소리, 소리냄, 말, 말을 내뱉음 — 이를 일러 말이라 한다. 이러한 말의 암시, 알게 함, 알게 하는 상태 — 이것이 [144] 말의 암시인 물질이다.[115]

'해로운 마음'이 있다. 작용만 하는 큰마음 8가지와 원인 없는 작용만 하는 마음 두 가지와 신통지를 얻은 색계에 속하는 작용만 하는 마음 하나인 이 11가지 작용만 하는 마음이 '결정할 수 없는 마음(abyākata-citta)'이다. 이들 이외의 다른 마음들은 암시를 만들어내지 못한다. 유학과 무학과 범부들은 이러한 마음들을 통해서 암시를 드러내기 때문에 이런 유익한 마음 등의 세 가지 용어들을 '원인으로 하여(hetuto)'라는 뜻을 보여주셨다."(DhsA. 323~324)

주석서의 이런 설명을 참조하여 [ ] 안에 '원인으로 하여'라고 넣어서 옮겼다.

112) "'나아가거나 물러가거나(abhikkamantassa vā paṭikkamantassa vā)' 등의 이러한 6가지 구절의 결과로부터 '몸의 강함(thambhanā)' 등이 생기는 것을 보여주기 위해서 '나아가거나 물러가거나' 등을 설하셨다."(DhsA.324)

113) "'몸의 굳셈(kāyassa thambhanā)' 등의 이러한 6가지 구절은 고유성질을 통해서 설하신 것이다."(DhsA.324)

114) "'말의 암시(vacī-viññatti)'라고 하였다. 말로 자신의 상태(bhāva)를 알리고자 하는 상대방들에게 말로 지어서 드러내는 것을 통해서 그런 상태를 알도록 하는 것을 '암시'라 한다. 이것은 동물들이 인간들에게 할 수도 있고 인간들이 동물들에게도 할 수 있다. 혹은 스스로 말로 지어서 알도록 한다고 해서도 '암시'라 한다.

"말을 단속하는 것은 장한 일이다."(Dhp.102 {361})라는 등을 통해서 전승되어 온 것처럼 [발성기관의] 움직임(copana)이라 일컬어지는 말이 바로 암시라고 해서 '말의 암시'이다. 말소리(vacī-ghosa)로 의도하고 알게 하는 원인이 되기 때문에, 그리고 스스로 그러함을 알게 하기 때문에 말로 하는 암시(vācāya viññatti)라고 해서도 역시 '말의 암시'이다."(DhsA.324)

⒂ 허공의 요소[空界, ākāsa-dhātu]

637. 무엇이 '허공116)의 요소'117)인 물질인가?

허공과 허공에 속하는 것과 빈 것과 빈 것에 속하는 것과 열린 것과

---

115) "이제 암시를 일어나게 하는 마음들에 대해서 미혹함이 생기지 않도록 하기 위해서 32가지와 26가지와 19가지와 16가지 일반적인 항목(pakiṇṇaka)을 알아야 한다. —

32가지 마음은 ① 물질을 생기게 하고 ② 자세(iriyāpatha)를 지탱하게 하고 ③ 두 가지 암시를 생기게 한다. 26가지 마음은 암시를 생기게 하지 않고 나머지 두 가지를 생기게 한다. 19가지 마음은 오직 물질을 생기게 하고 나머지 두 가지를 생기게 하지 않는다. 16가지 마음은 이 세 가지 가운데 하나도 생기게 하지 않는다.

이 가운데 32가지 마음은 앞에서 설한 욕계의 유익한 마음 8가지, 해로운 마음 12가지, 작용만 하는 마음 10가지, 유학과 범부의 신통지, 번뇌 다한 분들의 신통지이다.
여기서 26가지 마음은 색계의 유익한 마음 5가지, 작용만 하는 마음 5가지, 무색계의 유익한 마음 4가지, 작용만 하는 마음 4가지, 고귀한 마음 4가지, 과보의 마음 4가지이다.
19가지 마음은 욕계의 유익한 과보로 나타난 마음 11가지, 해로운 과보로 나타난 것 두 가지, 작용만 하는 마노의 요소, 색계의 과보로 나타난 마음 5가지이다.
16가지 마음은 한 쌍의 전오식, 모든 중생들의 재생연결식, 번뇌 다한 분들의 죽음의 마음, 무색계의 과보로 나타난 마음 4가지이다. 이 16가지는 물질을 [생기게 하고] 자세를 [지탱하게 하고] 암시를 [생기게 하는] 것 가운데 한 가지도 행하지 않는다. 무색계에서 생겨난 다른 많은 [마음들]도 기회가 주어지지 않았기 때문에 물질을 생기게 하지 못한다. 그뿐만 아니라 몸의 암시와 말의 암시도 생기게 하지 못한다."(DhsA.325)

116) "[논이나 밭처럼] 갈아지지 않는다(na kassati), 갈아엎어지지 않는다(na nikassati), 갈거나 자르거나 부술 수 없다고 해서 '허공(ākāsa)'이다."(DhsA.325)

117) "'허공의 요소[空界, ākāsa-dhātu]'의 ㉠ 특징은 물질의 범위를 정하는 것이다. ㉡ 물질의 경계를 보여주는 것이 그 역할이다. ㉢ 물질의 한계로 나타난다. 또는 닿지 않는 상태와 구멍과 공간의 상태로 나타난다. ㉣ 한정된 물질이 가까운 원인이다. 이 허공의 요소 때문에 한정된 물질들에 대해 이것은 저것보다 위이고, 아래이며, 맞은편이라고 한다."(DhsA.326 = Vis.XIV.63)

열린 것에 속하는 것과 네 가지 근본물질에 의해서 닿지 않는 것 — 이 것이 허공의 요소인 물질이다.

⒃ 물질의 가벼움(rūpassa lahutā)

638. 무엇이 '물질의 가벼움'118)인 물질인가?

물질의 가벼움, 가볍게 변함, 굼뜨지 않음, 무기력하지 않음 — 이것이 물질의 가벼움인 물질이다.

⒄ 물질의 부드러움(rūpassa mudutā)

639. 무엇이 '물질의 부드러움'119)인 물질인가?

물질의 부드러움, 유연한 상태, 단단하지 않음, 견고하지 않음 — 이것이 물질의 부드러움인 물질이다.

⒅ 물질의 적합함(rūpassa kammaññatā)

640. 무엇이 '물질의 적합함'120)인 물질인가?

---

118) "물질의 가벼움, 물질의 부드러움, 물질의 적합함은 마음의 가벼움 등에서 설한 방법대로 알아야 한다.(본서 제1권 §1의 '⑼ 편안함[輕安] 등의 [9가지] 쌍'에 나타나는 여러 주해들을 참조할 것.) 이 가운데 ㉠ '물질의 가벼움(rūpassa lahutā)'은 신속함이 그 특징이다. ㉡ 물질의 무거움을 떨쳐버리는 역할을 한다. ㉢ 신속하게 변화하는 것으로 나타난다. ㉣ 그것의 가까운 원인은 가벼운 물질이다."(DhsA.326 = Vis.XIV.64)

119) "'물질의 부드러움(rūpassa mudutā)'은 ㉠ 뻣뻣하지 않음이 그 특징이다. ㉡ 물질의 뻣뻣함을 떨쳐버리는 역할을 한다. ㉢ 어떤 행위에서나 거역하지 않음으로 나타난다. ㉣ 그것의 가까운 원인은 부드러운 물질이다."(DhsA.326 = Vis.XIV.64)

120) "'물질의 적합함(rūpassa kammaññatā)'은 ㉠ 몸으로 짓는 행위와 조화되도록 다루기 쉬움이 그 특징이다. ㉡ 부적합함을 떨쳐버리는 역할을 한다. ㉢ 힘이 없지 않음으로 나타난다. ㉣ 그것의 가까운 원인은 다루기 쉬운 물질이다."(DhsA.326 = Vis.XIV.64)

물질의 적합함, 적합하게 됨, 적합한 상태 — 이것이 물질의 적합함인 물질이다.[121)]

⒆ **물질의 생성**(rūpassa upacaya)

641. 무엇이 '물질의 생성'[122)]인 물질인가?

---

121) "이 [가벼움, 부드러움, 적합함의] 셋은 각각 서로 떨어져 존재하지 않는다. 그러나 다음과 같이 이 셋의 차이점을 알아야 한다.
'물질의 가벼움'은 [다음과 같은] 물질의 변화(rūpa-vikāra)를 말한다. 그것은 마치 건강한 사람에게서 발견되는 것과 같은 물질의 가벼운 성질(lahubhāva)를 말하며 느리지 않음과 신속하게 변화하는 모습이다. 이러한 물질의 변화는 물질의 느린 성질을 초래하는 사대의 부조화를 막는 조건에 의해 생긴다. 이러한 물질의 변화가 '물질의 가벼움'이다.

'물질의 부드러움'은 다음과 같은 물질의 변화를 말한다. 그것은 마치 잘 문질러진 가죽에서 발견되는 것과 같은 물질의 유연한 성질(mudubhāva)을 말하며 여러 다른 행위들에서 마음껏 기량을 발휘하는 순응성과 부드러운 모습이다. 이러한 물질의 변화는 물질의 느린 성질을 초래하는 사대의 부조화를 막는 조건에 의해서 생긴다. 이러한 물질의 변화가 '물질의 부드러움이다.

'물질의 적합함'은 다음과 같은 물질의 변화를 말한다. 그것은 마치 잘 정제된 금에서 발견되는 것과 같은 물질의 [일에] 적합한 성질(kammaññabhāva)을 말하며 몸으로 짓는 행위들에 대해 재능을 발휘하는 모습이다. 이러한 물질의 변화는 몸으로 짓는 행위들에 대해서 적합하지 못함을 초래하는 사대의 부조화를 막는 조건에 의해 생겼다. 이러한 물질의 변화가 '물질의 적합함'이다.

그러나 업이 이 셋을 만들 수 없다. 음식과 온도와 마음이 만든다. 그래서 수행자는 '오늘 우리는 음식을 충분하게 얻었고 몸은 가볍고 부드럽고 적합하다.'고 말한다. '오늘은 온도가 적합하다. 오늘은 우리의 마음이 한끝으로 [집중]되었다. 우리의 몸은 가볍고 부드럽고 적합하다.'라고 말한다."(DhsA. 326~327, *cf.* Vis.XIV.65)

『청정도론』의 복주서인 『빠라맛타만주사』는 이렇게 덧붙인다.
"알맞은 온도(sappāya-utu), 좋은 음식(āhāra), 편안한 마음(avikkhitta-cittatā), 이 셋이 이 세 가지 물질의 변화의 특별한 조건이 된다. 그러나 구분 없이 [네 가지, 즉 업, 마음, 온도, 음식] 모두가 모두의 조건이 된다." (Pm.ii.101, Vis.XIV.65의 주해에서 인용함.)

122) "여기서 '감각장소들'은 10개 반(aḍḍhekādasa)의 물질에 속하는 감각장소

감각장소들의 시작이 물질의 생성이니 이것이 물질의 생성인 물질이다.

⒇ 물질의 상속[色相續, rūpassa santati]

642. 무엇이 '물질의 상속'인 물질인가?

물질의 생성이 물질의 상속이니[123] 이것이 물질의 상속인 물질이다.[124]

들(rūpāyatanā)이다. '시작(ācaya)'은 생겨남(nibbatti)이다. '이것이 물질의 생성인 물질이다(so rūpassa upacayo).'라고 하였다. 거듭 거듭 생겨나는 감각장소들의 시작이 '물질의 생성'이다. 증장한다는 말이다." (DhsA.327)

여기서 10개 반(aḍḍhekādasa)은 안・이・비・설・신과 색・성・향・미・촉의 열 가지 감각장소와 법의 감각장소 가운데 반(addha)을 말한다. 이것은 물질[色, rūpa]에 속한다. 나머지 마노의 감각장소와 법의 감각장소 가운데 반은 정신[名, nāma]에 속한다.
법의 감각장소 가운데 물질에 속하는 반은 열 가지 감각장소에 속하는 12가지를 제외한 16가지 미세한 물질(sukhuma-rūpa)을 말한다. 감촉[觸]은 지・화・풍 3대로 구성되어 있기 때문에 이들은 모두 12가지가 되고 이를 아비담마에서는 거친 물질(oḷārika-rūpa)이라 부른다. 12가지 거친 물질과 16가지 미세한 물질은 『청정도론』 XIV.73과 『아비담마 길라잡이』 제6장 §7의 해설을 참조할 것.

123) "'물질의 생성이 물질의 상속이다(yo rūpassa upacayo sā rūpassa santati).'라는 것은 이와 같이 생성된 물질들의 증장이 그 직후부터 진행될 때에 그것이 '물질의 상속'이 된다. 진행된다(pavatti)는 뜻이다. 강의 언덕에 파진 구멍에서 물이 흘러나오는 때와 같은 것이 '시작(ācaya)'이니 생겨나는 것(nibbatti)이다. 가득 채워지는 때가 '생성(upacaya)'이니 증장하는 것(vaḍḍhi)이다. 가득 채우고 흘러나가는 때가 '상속(santati)'이니 진행되는 것이라고 알아야 한다."(DhsA.327)

124) "이렇게 해서 무엇을 설하셨는가? [여섯 가지] 감각장소[六入]로 '시작(ācaya)'을 설하셨다. 시작으로 [여섯 가지] 감각장소를 설하셨다. 시작을 설한 것이 바로 감각장소를 설한 것이다. 이렇게 해서 무엇을 설하셨는가? 네 가지 상속하는 물질의 시작과 생성, 즉 생겨남과 증장을 설하셨다. 뜻으로는 이 둘은 물질의 태어남과 동의어이다.(§641) 그렇지만 형태의 다양함과 인도되어야 할 사람들의 [성향]에 따라서 생성과 상속이라고 개요의 가르침(uddesa-desana)을 만든 뒤 여기서 뜻으로는 다양함이 없기 때문에 해설

(21) 물질의 쇠퇴함[色老性, rūpassa jaratā]

643. 무엇이 '물질의 쇠퇴함'인 물질인가?

물질의 쇠퇴[老, 늙음, jarā], 노쇠함, 부서진 [이빨], 희어진 [머리털], 주름진 피부,125) 수명의 줄어듦, 기능[根]의 무르익음126) — 이것이 물

(niddesa)에서 '감각장소들의 시작이 물질의 생성이고(§641) 물질의 생성이 물질의 상속이다(§642).'라고 설하셨다."(DhsA.327)

『청정도론』도 이 둘에 대해서 본서를 인용하면서 이렇게 설명하고 있다. "이 둘은 물질이 처음 생길 때의 용어이다. 그러나 이 둘의 형태(ākāra)가 다르기도 하고 또 인도되어야 할 사람(veneyya)의 [성향]이 달라 개요에서는 "물질의 생성, 물질의 상속"(Dhs. §642)이라고 했다. 하지만 뜻으로 볼 때는 차이가 없기 때문에 해설에서는 이 둘을 "여섯 감각장소[六入]의 시작이 물질의 생성이고, 물질의 생성이 물질의 상속이다."(Dhs. §§641~642)라고 했다."(Vis.XIV.66)

계속해서 『담마상가니 주석서』는 이 둘의 특징 등을 다음과 같이 설명하고 있다.
"'물질의 생성'은 ㉠ 시작이 특징이다. ㉡ 이것의 역할은 물질을 처음으로 출현하도록 하는 것이다. ㉢ 건네줌으로 나타난다. 또는 완성된 상태로 나타난다. ㉣ 가까운 원인은 적집된 물질이다.
'물질의 상속'은 ㉠ 진행이 특징이다. ㉡ 이것의 역할은 붙들어 매는 것이다. ㉢ 중단되지 않음으로 나타난다. ㉣ 가까운 원인은 붙들어 매야 할 물질이다."(DhsA.327 = Vis.XIV.66)

125) "쇠약해짐(jīraṇaka)을 통한 '쇠퇴[老, 늙음, jarā]'가 있다. 이것은 고유성질을 통한 해설이다. 쇠약해지는 모습이 '노쇠함(jīraṇatā)'이다.
'부서진 [이빨], 희어진 [머리털], 주름진 피부(khaṇḍiccaṁ pāliccaṁ valittacatā)'라는 처음의 셋은 시간이 경과할 때의 역할에 대한 해설이고 '수명의 줄어듦, 기능[根]의 무르익음(āyuno saṁhāni indriyānaṁ paripāko)'이라는 마지막의 두 가지는 성질에 대한 해설이다.
'쇠퇴[老, 늙음, jarā]'라는 용어는 고유성질을 통해서 드러내는 것이기 때문에 이것은 고유성질에 대한 해설이다. '노쇠함(jīraṇatā)'은 형태(모습)를 밝힌 것이기 때문에 형태에 대한 해설이다.
'부서진 [이빨]'은 시간이 경과하면서 이빨과 손발톱이 부서지는 상태를 보여주는 역할을 하고, '희어진 [머리털]'은 머리털과 몸털이 희어지는 상태를 보여주는 역할을 하고, '주름진 피부'라는 것은 살이 탄력을 잃어서 피부에 주름진 상태를 보여주는 역할을 하기 때문에 여기서 밝힌 것이다. 그래서 '부

질의 쇠퇴함인 물질이다.127)

(22) 물질의 무상함[色無常性, rūpassa aniccatā]

644. 무엇이 '물질의 무상함'인 물질인가?

물질의 멸진, 사라짐, 부서짐, 무너짐, 무상함, 끝남 — 이것이 물질의 무상함128) 인 물질이다.129)

서진 [이빨]' 등의 처음의 셋은 시간이 경과할 때의 역할에 대한 해설이다.

이들은 이러한 변화를 보여줌을 통해서 명확하게 된 분명한 쇠퇴를 보여준다. 물이나 불이 가는 길은 풀과 나무 등이 부러지고 흩어지거나 타는 것에 의해서 분명해진다. 그러나 가는 길이 물이나 불은 아니다. 이와 같이 쇠퇴(늙음)가 가는 길은 이빨 등이 부서짐 등을 통해서 분명하다. 그러나 이빨 등이 부서지는 것이 쇠퇴(늙음)는 아니다. 쇠퇴는 눈으로 보아지지 않기 때문이다."(DhsA.328)

126) '무르익음'은 paripāka를 옮긴 것이다. 이것은 pari+√pac(*to cook*)에서 파생된 명사로 과일이나 음식 등이 완전히 익은 것을 뜻한다. 니까야에서 이 용어는 여기서처럼 '기능의 무르익음(indriyānaṁ paripāko)'(D22 §18 등)의 문맥에서 나타나고 있다. 역자는 익는다는 원의미를 살려 '무르익음'으로 옮겼다.

127) "'물질의 쇠퇴함(rūpassa jaratā)'의 ㉠ 특징은 물질의 성숙이다. ㉡ 그것의 역할은 [종말로] 인도하는 것이다. ㉢ 마치 묵은 쌀처럼 비록 본성을 잃지는 않았지만 새로움(싱싱함)을 잃은 것으로 나타난다. ㉣ 그것의 가까운 원인은 성숙하여가는 물질이다."(DhsA.329 = Vis.XIV.68)

128) "'물질의 무상함(rūpassa aniccatā)'이라고 하셨다. 그런데 물질만이 이처럼 [무상한 것은] 아니다. 다섯 가지 무더기[五蘊] 모두가 그러하다. 그러므로 이 [무상함은] 다섯 가지 무더기들의 무상함에 대한 특징이라고 알아야 한다.

'물질의 무상함(rūpassa aniccatā)'의 ㉠ 특징은 완전히 무너짐이다. ㉡ 그것의 역할은 가라앉게 하는 것이다. ㉢ 무너짐과 사라짐으로 나타난다. ㉣ 그것의 가까운 원인은 무너지고 있는 물질이다."(DhsA.329)

129) "앞에서는 태어남(jāti)을 취하셨고(§641) 늙음(jarā)을 취하셨고(§643) 여기서는 죽음(maraṇa)을 취하셨다. 중생들에게 이 세 가지 법은 칼을 빼어 든 적들과 같다. 이 세 명의 적들은 사람들에게 접근할 기회를 찾으면서 다니기 때문이다.

그들에게 첫 번째 적은 '이 자를 데리고 나와 숲으로 들어가는 것이 나의 임

(23) 덩어리진 [먹는] 음식[段食, kabaḷīkāra-āhāra]

645. 무엇이 '덩어리진 [먹는] 음식'130)인 물질인가?

쌀밥, 죽, 보리, 생선, 고기, 우유,131) 커드, 버터기름, 응유, 참기름, 꿀, 당밀이나, 그 밖에 어떤 다른 물질이 있어서 이런저런 지역에서 이런저런 중생들의 입에 들어가고 이빨132)로 씹고 목으로 삼키고 배 속에서 퍼지는 것이니, 이러한 영양분으로서 중생들이 연명하는 것 — 이것이 덩어리진 [먹는] 음식인 물질이다.133)

무(bhāra)로다.'라고 말할 것이다. 두 번째 [적]은 '숲에 데리고 가면 때려서 땅에 쓰러뜨리는 것이 나의 임무로다.'라고 말하고, 세 번째 [적]은 '땅에 쓰러지기만 하면 칼로 머리를 잘라버리는 것이 나의 임무로다.'라고 말할 것이다.

태어남과 늙음과 죽음은 이와 같다. 태어남은 그를 끌고 숲에 들어간 적과 같으니 그는 이곳이나 저곳에 태어났기 때문이다. 늙음은 숲에 들어간 자를 때려서 땅에 쓰러뜨리는 적과 같으니 태어난 오온의 힘을 약하게 만들고 남에게 의지하게 만들고 침상에 드러눕게 만들기 때문이다. 죽음은 땅에 쓰러진 자의 머리를 칼로 잘라버리는 적과 같으니 늙음에 도달한 오온의 생명을 파멸시켜 버리기 때문이다."(DhsA.329~330)

130) "덩어리로 만들어진다(kabaḷaṁ karīyati)고 해서 '덩어리진(kabaḷīkāra)'이다. 가져와진다(āharīyati)고 해서 '음식(āhāra)'이다. 덩어리로 만들어서 삼켜진 것이라는 뜻이다. 혹은 물질을 가져온다(āharati)고 해서도 음식이다. 이와 같이 토대(vatthu)를 통해서 이름을 끌어내어 다시 토대를 통해서 이것을 분류하여 보여주시기 위해서 '쌀밥, 죽(odana, kummāsa)' 등을 말씀하셨다."(DhsA.330)

131) 여기서 '우유'와 '커드'와 '버터기름'과 '응유'는 각각 khīra, dadhi, sappi, navanīta를 옮긴 것이다.

132) 여기서 뿐만 아니라 본서 전체에서 '이빨'은 danta를 옮긴 것이다. 이 단어는 우리말로 이[齒], 이빨, 치아(齒牙)로 옮길 수 있다. 치아는 이[齒]를 점잖게 이르는 말이고 이빨은 이를 낮잡아 부르는 말이라고 국어사전은 설명하고 있다. 우리말 '이'라는 단어가 주로 '이것', '이사람' 등의 뜻으로 쓰이고 있고, 이[齒]는 몸의 32가지 부위에 대한 혐오 가운데 포함되어 언급되는 점 등(D22 §5, M119 §7, Vis.I.55 등)을 고려하여 본서에서는 '이빨'로 통일해서 옮기고 있음을 밝힌다. 이[齒] 혹은 이빨에 대한 정의는 『청정도론』 VIII.92를 참조할 것.

이것이 파생된 물질이다.

파생된 물질의 분류가 [끝났다.]

물질의 부문에서 첫 번째 바나와라가 [끝났다.]

2. 파생되지 않은 물질의 분류

646. 무엇이 [170] '파생되지 않은 물질'(Rma-2-1-b) 인가?[134]
감촉의 감각장소[135]와 물의 요소이다.

(1) 감촉의 감각장소[觸處, phoṭṭhabbāyatana]

647. 무엇이 '감촉의 감각장소'인 물질인가?[136]
땅의 요소, 불의 요소, 바람의 요소[137]인데 단단하고 부드럽고 매끄

---

133) "'덩어리진 [먹는] 음식(kabaḷīkāra āhāra)'의 ㉠ 특징은 영양분(ojā)이다. ㉡ 그것의 역할은 물질에게 영양을 공급하는 것이다. ㉢ 물질을 지탱함으로써 나타난다. ㉣ 덩이를 만들어 먹어야 할 음식이 가까운 원인이라고 알아야 한다."(DhsA.332)

134) "파생된 물질(upādārūpa)이 취착되듯이(upādiyati) 다른 것으로 이 [파생되지 않은 물질]은 취착되지 않는다. 이와 같이 이것은 취착되지 않는다고 해서 '파생되지 않은 물질(no upādā)'이다."(DhsA.332)

본서 제1권에 싣고 있는 두 개 조 마띠까 가운데 '파생된 법들, 파생되지 않은 법들'(ma2-67)의 주해도 참조할 것.

135) "닿아야 하는 것(phusitabba)이라고 해서 '감촉(phoṭṭhabba)'이다. 닿아서 알아지는 것이라는 의미이다. 닿는 것과 그 감각장소라고 해서 '감촉의 감각장소(phoṭṭhabbāyatana)'이다. 중생이 없고 고유성질이 공하다는 뜻(nissatta-suññata-sabhāvaṭṭha)에서 '요소(dhātu)'라 한다. 물과 그 요소라고 해서 '물의 요소(āpodhātu)'이다."(DhsA.332)

136) "세 가지 물질은 닿아서 알아지는 것들이기 때문에 그들을 분류한 뒤 보여주기 위해서 '무엇이 '감촉의 감각장소'인 물질인가? 땅의 요소, 불의 요소, 바람의 요소인데 …'라고 말씀하셨다."(DhsA.332)

137) "이 가운데 '땅의 요소(pathavī-dhātu)'는 ㉠ 단단한 특징을 가지고 ㉡ 토

럽고 거칠고 즐거운 감각접촉이고 괴로운 감각접촉이고 무겁고 가벼운 것이다.[138]

① 이러한 볼 수 없고 부딪힘이 있는 감촉을, 볼 수 없고 부딪힘이 있는 몸으로[139] ⓐ 닿았거나 ⓑ 닿거나 ⓒ 닿을 것이거나 ⓓ 닿을 수 있다.

이것은 감촉이기도 하고, 이것은 감촉의 감각장소이기도 하고, 이것은 감촉의 요소이기도 하다. — 이것이 감촉의 감각장소인 물질이다.

648. 무엇이 '감촉의 감각장소'인 물질인가?

땅의 요소, 불의 요소, 바람의 요소인데 단단하고 부드럽고 매끄럽고 거칠고 즐거운 감각접촉이고 괴로운 감각접촉이고 무겁고 가벼운 것이다.

② 이러한 볼 수 없고 부딪힘이 있는 감촉에, 볼 수 없고 부딪힘이 있는 몸은 부딪혔거나 부딪히거나 부딪힐 것이거나 부딪힐 수 있다.

대의 역할을 하고, ⓒ 받아들임으로 나타난다.
'불의 요소(tejo-dhātu)'는 ㉠ 뜨거운 특징을 가지고 ㉡ 소화하는 역할을 하고 ㉢ 부드러움을 공급함으로 나타난다.
'바람의 요소(vāyo-dhātu)'는 ㉠ 팽창하는 특징을 가지고 ㉡ 움직이게 하는 역할을 하고 ㉢ 전달함으로 나타난다.
'물의 요소(āpo-dhātu)'는 ㉠ 흘러내리는 특징을 가지고 ㉡ 강화하는 역할을 하고 ㉢ 결합으로 나타난다.
그리고 이들 각각은 ㉣ 나머지 세 가지가 이들이 일어나는 가까운 원인이라고 알아야 한다."(DhsA.332, *cf* Vis.XI.93)

138) "여기서 '단단하고 부드럽고 매끄럽고 거칠고 무겁고 가벼운 것(kakkhaḷaṁ mudukaṁ saṇhaṁ pharusaṁ garukaṁ lahukaṁ)'이라는 용어들은 땅의 요소에 해당한다. "이 몸도 바람과 함께하고 온기와 함께하고 알음알이와 함께할 때 더 가볍고 더 부드럽고 더 유연합니다."(D23 §17)라고 경에서도 가볍고 부드러운 성질(lahumudu-bhūta)은 땅의 요소를 두고 말씀하신 것이기 때문이다."(DhsA.332~333)

139) "[여기 §§647~650에서] '이러한 볼 수 없고 부딪힘이 있는 감촉을, 볼 수 없고 부딪힘이 있는 몸으로'라는 등의 방법으로 설하신 것은 각각 네 가지씩의 방법으로 장엄하여 13가지 부문(§616의 마지막 주해와 §620과 §628의 주해 참조)으로 앞에서 형색의 감각장소(§§616~619) 등에서 설하신 방법대로 알아야 한다."(DhsA.333)

이것은 감촉이기도 하고, 이것은 감촉의 감각장소이기도 하고, 이것은 감촉의 요소이기도 하다. — 이것이 감촉의 감각장소인 물질이다.

649. 무엇이 '감촉의 감각장소'인 물질인가?

땅의 요소, 불의 요소, 바람의 요소인데 단단하고 부드럽고 매끄럽고 거칠고 즐거운 감각접촉이고 괴로운 감각접촉이고 무겁고 가벼운 것이다.

③ 이러한 볼 수 없고 부딪힘이 있는 감촉은, 볼 수 없고 부딪힘이 있는 몸에 부딪혔거나 부딪히거나 부딪힐 것이거나 부딪힐 수 있다.

이것은 감촉이기도 하고, 이것은 감촉의 감각장소이기도 하고, 이것은 감촉의 요소이기도 하다. — 이것이 감촉의 감각장소인 물질이다.

650. 무엇이 '감촉의 감각장소'인 물질인가?

땅의 요소, 불의 요소, 바람의 요소인데 단단하고 부드럽고 매끄럽고 거칠고 즐거운 감각접촉이고 괴로운 감각접촉이고 무겁고 가벼운 것이다.

④ 이러한 감촉을 의존하고 몸을 의지하여 몸의 감각접촉은 생겼고 생기고 생길 것이고 생길 수 있다. … 이러한 감촉을 의존하고 몸을 의지하여 몸의 감각접촉에서 생긴 느낌은 … 인식은 … 의도는 … 몸의 알음알이는 생겼고 생기고 생길 것이고 생길 수 있다. …

이러한 감촉을 대상으로 하고 몸을 의지하여 몸의 감각접촉은 생겼고 생기고 생길 것이고 생길 수 있다. … 이러한 감촉을 대상으로 하고 몸을 의지하여 몸의 감각접촉에서 생긴 느낌은 … 인식은 … 의도는 … 몸의 알음알이는 생겼고 생기고 생길 것이고 생길 수 있다.

이것은 감촉이기도 하고, 이것은 감촉의 감각장소이기도 하고, 이것은 감촉의 요소이기도 하다. — 이것이 감촉의 감각장소인 물질이다.[140]

---

140) "그러면 이 세 가지 근본물질은 동시에 나타나는가, 그렇지 않은가? [동시에] 나타난다. 이렇게 나타날 때 몸의 감성을 치는가, 치지 않는가? 친다. 그러면 동시에 이 셋을 대상으로 삼아서 몸의 알음알이가 생기는가, 생기지 않

는가? 그렇게 생기지 않는다. ① 쏠림[偏向, ābhujita]과 ② 두드러짐(ussada)에 의해서 대상을 삼기 때문이다.

이 가운데 ① 쏠림[偏向, ābhujita]에 의해서는 이러하다. — 그릇에 음식을 가득 채우고 먹을 때 밥 한 덩어리를 떠서 딱딱한가 부드러운가를 검증할 때에는 거기에 불의 성분도 있고 바람의 성분도 있지만 땅의 요소로 쏠린다(편향된다). 뜨거운 물에 손을 넣고 검증할 때에는 거기에 땅의 성분도 있고 바람의 성분도 있지만 불의 요소로 쏠린다. 무더운 시기에 창문을 열고 바람이 몸에 닿도록 하고 서서 부드러운 바람이 몸에 닿으면 거기에 땅의 성분도 있고 불의 성분도 있지만 바람의 요소로 쏠린다. 이와 같이 쏠림(편향)을 통해서 대상을 삼는다.

② 그런데 미끄러지거나 나무에 머리를 부딪히거나 먹는 중에 돌을 씹거나 하면 거기에 불의 성분도 있고 바람의 성분도 있지만 두드러짐(ussada)에 의해서 단지 땅의 요소를 대상으로 삼는다. 불 위를 걸으면 거기에 땅의 성분도 있고 바람의 성분도 있지만 두드러짐에 의해서 불의 요소를 대상으로 삼는다. 강한 바람이 귓구멍을 두드려 귀머거리가 될 지경이면 거기에 땅의 성분도 있고 불의 성분도 있지만 두드러짐에 의해서 바람의 요소를 대상으로 삼는다.

어떤 요소(dhātu)를 대상으로 삼는가에 대해서 [설명한다.] — 몸의 알음알이는 동시에 일어나지 않는다. 침의 뭉치로 찔릴 때 몸은 한 번에 자극이 된다. 그러나 이런저런 경우에 따라서 몸의 감성이 두드러질 때 거기서 몸의 알음알이는 일어난다. 어느 경우든 충돌하는 마찰이 강하면 거기서 첫 번째로 일어난다. 닭의 깃털로 몸에 난 상처를 씻어낼 때 깃털마다 몸의 감성과 닿지만 감성이 두드러지는 곳에서 몸의 알음알이는 일어난다. 이처럼 두드러짐을 통해서 대상을 삼는다. 두드러짐을 통해서 몸의 알음알이는 일어나는 것이다.

그러면 어떻게 마음은 대상을 바꾸는가? ① 의향(ajjhāsaya)과 ② 대상의 강력함(visayādhimatta)이라는 두 가지를 통해서이다.

① 승원에서 예경하는 의식 등을 할 때에 '이러한 탑묘들과 불상에 먼저 예배하고 여러 소상들과 탱화를 우러러보리라.'라는 의향을 가지고 가서 한 곳을 예배하거나 본 뒤에, 다른 곳을 예배하고 보기로 마음을 정하여 그곳을 예배하고 보기 위해서 갈 것이다. 이처럼 의향에 의해서 대상을 바꾸게 된다.

② 까일라사 산의 정상(Kelāsa-kūṭa)을 닮은 큰 탑묘를 우러러보면서 서 있지만 그다음에 대지를 진동하는 소리를 듣게 되면 형색인 대상을 버리고 소리를 대상으로 바꾸게 된다. 마음을 매혹시키는 향기를 가진 꽃의 향기가 날아오면 소리인 대상을 버리고 냄새를 대상으로 바꾼다. 이와 같이 대상의 강력함에 의해서 바꾸게 된다."(DhsA.333~334)

(2) 물의 요소[水界, āpodhātu]

651. 무엇이 '물의 요소'인 물질인가?

물과 [146] 물로 된 것[141)]과 액체와 액체로 된 것과 물질의 응집성[142)] — 이것이 물의 요소인 물질이다.[143)]

이것이 파생되지 않은 물질이다.[144)]

---

141) '물로 된 것'이라고 옮긴 원어는 āpo-gata인데 직역하면 '물에 속하는'이 된다. 『맛지마 니까야』 제1권 「코끼리 발자국 비유의 긴 경」(M28) §11에도 본 정형구가 나타나는데 그 경에 해당하는 주석서에서는 이 단어를 "신선한 액즙 상태를 특징으로 하는 것(alla-yūsa-bhāva-lakkhaṇa, MA.ii.227)으로 설명하고 있어서 이렇게 옮겼다.

142) "여기서 '물(āpo)'은 고유성질에 따른 해설이다. … '물질의 응집성(bandhanatta rūpassa)'에서 '물질'은 땅의 요소 등의 근본물질(bhūta-rūpa)이 응집된(뭉쳐진) 상태이다. 쇳덩어리 등도 물의 요소가 응집을 하여 뭉쳐진다. 그들의 응집성 때문에 뭉쳐짐(baddha)이란 것이 있다. 바위나 산이나 야자 열매나 코끼리의 이빨이나 소뿔 등에도 이 방법이 적용된다. 이들 모두는 물의 요소가 응집하여 뭉쳐진 것이다. 물의 요소에 의해서 응집되었기 때문에 뭉쳐진 것이다."(DhsA.335)

143) 『위방가』에는 이렇게 나타난다.
"여기서 어떤 것이 물의 요소인가? 물의 요소는 두 가지이다. 내적인 것과 외적인 것이 있다. 여기서 무엇이 내적인 물의 요소인가?
[자신의] 안에 있고 개개인에 속하는 물과 물로 된 것과 액체와 액체로 된 것과 물질의 응집성과 안에 있고 업 [등]에서 생긴 것은 무엇이든 이를 일러 내적인 물의 요소라 한다. 예를 들면 쓸개즙 · 가래 · 고름 · 피 · 땀 · 굳기름 · 눈물 · [피부의] 기름기 · 침 · 콧물 · 관절활액 · 오줌이다. 그 외에도 [자신의] 안에 있고 개개인에 속하는 물과 물로 된 것과 액체와 액체로 된 것과 물질의 응집성과 안에 있고 업 [등]에서 생긴 것은 무엇이든 이를 일러 내적인 물의 요소라 한다."(Vbh. §174)

144) 상좌부 아비담마에 의하면 응집하게 하는 특징(ābandhana-lakkhaṇa, Vis.XI.35)을 가진 물의 요소는 감촉의 감각장소[觸處]에 포함되지 않는다.(§647 참조) 그래서 몸의 알음알이[身識]의 대상이 되지 못한다. 그러면 그 이유가 무엇인가? 이를 설명하기 위해서 주석서는 다음과 같이 문제를 제기하고 그 답변을 제시한다.

"그런데 땅의 요소는 나머지 요소들을 견고하게 하는가, 그렇지 않은가? 견고하게 한다. 그러면 [그들과] 접촉하면서 그렇게 하는가, 아니면 접촉하지 않으면서 그렇게 하는가? 혹은 물의 요소가 나머지 요소들을 응집하게 할 때 [그들과] 접촉하면서 응집하게 하는가, 아니면 접촉하지 않으면서 그렇게 하는가?
땅의 요소는 물의 요소와 접촉하지 않고 [그것을] 견고하게 하지만 불의 요소와 바람의 요소와는 접촉하면서 그렇게 한다. 그러나 물의 요소는 땅의 요소도 불의 요소도 바람의 요소도 접촉하지 않고 [그들을] 응집하게 한다. 만일 접촉하여 응집하게 한다고 하면 그것은 감촉의 감각장소가 될 것이다.
불의 요소와 바람의 요소가 다른 요소들에 대해서 자신들의 역할을 행함에 있어서도 마찬가지이다."(DhsA.335)

복주서는 이렇게 덧붙이고 있다.
"접촉하지 않고 [그것을] 견고하게 한다(aphusitvā patiṭṭhā hoti)고 했다. 물의 요소에는 감촉이 되는 성질이 없기 때문에(aphoṭṭhabbabhāvato) 이렇게 말하였다."(DhsAMṬ.154)

계속해서 주석서는 다음과 같은 설명을 이어간다.
"불의 요소는 땅의 요소와 접촉한 뒤에 [그것을] 타게 한다. 그러나 이 [땅의 요소가] 뜨거움(열기, uṇhā)이 되어서 타오르는 것이 아니다. 만일 [땅의 요소가] 뜨거움이 되어서 타오른다면 [땅의 요소가] 뜨거움을 가지는 특징(unhatta-lakkhaṇā)이 있게 될 것이다. 그러나 [불의 요소는] 물의 요소와 접촉하지 않고서 덥게 한다. 이 [물의 요소]도 더워질 때에 뜨거움이 되지 않고 더워진다. 만일 뜨거움이 되어 데운다면 뜨거움을 가지는 특징이 있게 될 것이다. 그러나 바람의 요소와는 접촉하면서 덥게 한다. [바람의 요소는] 더워질 때에 뜨거움이 되어서 더워지지 않는다. 만일 뜨거움이 되어 더워진다면 뜨거움을 가지는 특징이 있게 될 것이다.
바람의 요소는 땅의 요소와 접촉하여 [그것을] 팽창시킨다. 그렇지만 불의 요소와 물의 요소와는 접촉하지 않고 [이들을] 팽창시킨다.

그러면 사탕수수 즙을 조리하여 사탕 덩어리를 만들 때 물의 요소는 견고해지는가, 그렇지 않은가? 그렇지 않다. 물의 요소는 흘러내리는 특징을 가지고 있고(paggharaṇa-lakkhaṇā) 땅의 요소는 단단함의 특징을 가지고 있기(kakkhaḷa-lakkhaṇā) 때문이다. 그러나 물의 [요소]가 부족하게 되면 지나치게 땅의 성질로 됨이 생긴다. 그것은 역할을 행함에 있어서는 원래의 상태를 바꾸지만 특징을 바꾸는 것은 아니다.(물의 요소는 흘러내림의 특징을 가지고, 강화하는 역할을 하고, 결합으로 나타난다. — Vis.XI.93)
사탕 덩어리가 녹더라도 땅의 요소는 녹지 않는다. 단단함의 특징을 가진 것이 땅의 요소이고 흘러내림의 특징을 가진 것이 물의 요소이기 때문이다. 그러나 [물의 요소가] 부족하게 되면 땅의 [요소가] 지나친 상태가 된다. 그것은 덩어리 형태로 원래 상태를 바꾸지만 특징은 바꾸지 않는다. 네 가지 근본물질에는 상태의 변화(bhāvaññathatta)는 있지만 특징의 변화(lakkhaṇ-

[나머지 두 개 조의 해설]

652. 무엇이 '취착된145) 물질'(Rma-2-2-a)인가?

aññathatta)라는 것은 없다. 그래서 경에서 이렇게 말씀하셨다.
"아난다여, 네 가지 근본물질[四大], 즉 땅의 요소[地界], 물의 요소[水界], 불의 요소[火界], 바람의 요소[風界]에는 변화가 있다. 그러나 부처님께 흔들림 없는 청정한 믿음을 구족한 성스러운 제자에게는 변화란 없다."(A3:75) 그 뜻은 이러하다. — 아난다여, 설혹 단단함의 특징을 가진 땅의 요소가 바뀌어서 흘러내림의 특징을 가진 물의 요소가 된다고 하더라도 성스러운 제자에게 변화란 없다."(DhsA.335~336)

145) '취착된'으로 옮긴 원어는 upādiṇṇa/upādinna인데 과거수동분사로서 '움켜쥔, 취착된' 등의 뜻이다. 삼장과 주석서에서 upādiṇṇa와 upādinna는 혼용되고 있다. 본서에 해당하는 VRI본과 PTS본에는 모두 upādiṇṇa로 표기되어 있다. 그러나 주석서 문헌에서는 이 둘은 혼용되고 있다. 그리고 주석서 문헌에는 upādiṇṇaka나 upādinnaka로 -ka어미를 첨가하여 표기한 경우도 아주 많이 나타난다. 뜻에는 변화가 없다.

upādiṇṇa와 upādinna는 둘 다 upa+ā+√dā(*to give*)의 과거수동분사로 이해해야 한다. PED는 upādiṇṇa를 upa +ā+√dṛ(*to split*)의 과거수동분사로 설명하는 것은 어원을 잘못 밝힌 것이라고 적고 있다.(PED *s.v.* upādiṇṇa) PED, NMD 등에서는 upādiṇṇa를 표제어로하고 BDD에서는 upādinna를 표제어로 하고 있다. 초기불전연구원에서는 주로 upādiṇṇa로 표기하지만 문맥에 따라 원전에 나타나는 대로 upādinna로 표기하기도 한다.

아비담마에서는 업에서 생긴 18가지 물질을 '취착된 것'이라 한다.(『아비담마 길라잡이』 제6장 §7 참조) 이들은 갈애와 사견이 원동력이 된 업의 과보로 인해 얻어진 것들이기 때문이다. 그래서 본 『담마상가니 주석서』도 "대상이 되어서 갈애와 사견과 가까이 있는 업(upeta kamma)에 의해서 쥐어져 있고(ādinnā) 결과가 되는 것(phalabhāvā)에 의해서 붙잡혀 있다(gahitā)고 해서 '취착된 것(upādinnā)'이다."(DhsA.42)라고 설명하고 있다.
그리고 『아비담맛타상가하』에서 "업에서 생긴 것이 취착된 물질이다(kammajaṁ upādinnarūpaṁ)."(『아비담마 길라잡이』 제6장 §7 참조)라고 설명하는 등 주석서 문헌들에서 이렇게 설명하고 있어서 초기불전연구원에서는 그동안 물질의 문맥에서 나타나는 upādiṇṇa를 대부분 '업에서 생긴 [물질]'로 의역하였다.

그러나 본서에서는 '취착된'이라는 원어의 의미를 그대로 살려서 대부분 '취착된'으로 옮기고 있다. anupādiṇṇa는 '취착되지 않은'으로 옮겼다. 본서에서 upādiṇṇa를 '업에서 생긴'으로만 의역을 하면 본서를 비롯한 논장의 칠론에 나타나는 '업에서 생긴 [물질](kamma-samuṭṭhāna) 등과 혼동이 될 수 있기 때문이다.

한편 『청정도론』 영역본의 색인에서 냐나몰리 스님은 upādiṇṇa를 '*clung-to*'와 '*kammically acquired (matter)*'와 '*organic (matter)*'의 셋으로 옮기고 있다. 처음의 둘은 각각 초기불전연구원에서 옮기고 있는 '취착된'과 '업에서 생긴 물질'에 해당한다. 여기서 주목해야할 부분은 세 번째인 '*organic (matter)*'이다.
여기서 나냐몰리 스님이 upādiṇṇa를 *organic matter*(유기물)로 설명한 것은 M28 §6, M140 §14, M62 §8 등에서 "몸 안에 있고 개개인에 속하고 딱딱하고 견고하고 취착된 것(upādiṇṇa)은 무엇이든 이를 일러 내적인 땅의 요소라 한다. 예를 들면 머리털 … 위 속의 음식 · 똥 … 이를 일러 내적인 땅의 요소라 한다."(M140 §14)는 등의 정형구 때문이라 할 수 있다.

이 경우의 upādiṇṇa를 주석서는 '몸에 머물고 있는 것(sarīraṭṭhaka = sarīra+ṭhaka)'(MA.ii.222)으로 설명하고 있는데 냐나몰리 스님은 이것을 *organic matter*(유기물)로 설명하고 있는 것이다. 왜냐하면 위의 경에 언급되는 위 속의 음식과 똥 등은 업에서 생긴 것이 아니기 때문이다. 그래서 이 경우에 upādiṇṇa를 업에서 생긴 것으로 옮기면 모든 경우를 다 포함할 수가 없다. 그래서 주석서도 이 경우의 upādiṇṇa를 '몸에 머물고 있는 것(sarīraṭṭhaka)'으로 설명하고 있다. 여기에 대해서는 본서 §1050의 취착된 물질에 대한 주해를 참조하기 바란다.

위에서 인용한 『맛지마 니까야』 제4권 「요소의 분석 경」(M140 §14)에 해당하는 『맛지마 니까야 주석서』를 옮겨보면 다음과 같다.
"여기서 취착된 것(upādiṇṇa)은 업에서 발생한 것만이 아니다(na kamma-samuṭṭhānameva). 대신에 일반적인 의미로서 몸에 머물고 있는 것(sarīraṭṭhaka)을 취한 것이다. 몸에 머물고 있는 것은 취착된 것도 있고 취착되지 않은 것도 있기 때문이다. 가지고 거머쥐고 집착[固守]함을 통해서 취착된 것들(upādiṇṇā)이라고 하셨다."(MA.ii.222)

이런 문맥의 upādiṇṇā를 본 『담마상가니 주석서』도 위에 인용한 『맛지마 니까야 주석서』와 같은 방법으로 이렇게 설명하고 있다.
"'취착된(upādiṇṇā) [물질]'이란 몸에 머물고 있는 것이다. 이들은 업에서 생긴 것(kamma-nibbattā)이거나 아닌 것이다. 그러나 여기서는 가지고 거머쥐고 집착[固守]함을 통해서 취착된 것들이라고 하셨다."(DhsA.361)라고 설명하고 있다.(§1050의 취착된 물질에 대한 주해 참조) 비슷한 설명이 『위방가 주석서』(VbhA.56)에도 나타나고 있다.

upādiṇṇa에 대해서는 『아비담마 길라잡이』 제6장 §7의 8번 해설(취착된 눈의 감각장소, 귀의 감각장소, 코의 감각장소, 혀의 감각장소, 몸의 감각장소, 여자의 기능, 남자의 기능, 생명기능,146) 그 밖에147) 업을 지었기 때문에 [생긴]148) 그 어떤 다른 물질로서 형색의 감각장소, 냄새의 감각장소, 맛의 감각장소, 감촉의 감각장소, 허공의 요소, 물의 요소, 물질의 생성, 물질의 상속,149) 덩어리진 [먹는] 음식 — 이것이 취착된 물

것)도 참조하고 업에서 생긴 물질(kamma-samuṭṭhāna-rūpa)은 제6장 §10을 참조하기 바란다.

146) "[아래 §653에는 나타나는 '물질의 쇠퇴함, 물질의 무상함(rūpassa jaratā rūpassa aniccatā)'이라는 이 둘은 여기 §652에는 나타나지 않는다. 왜냐하면] 이 둘은 업으로부터도 생기지 않고 물질을 생기게 하는 다른 조건들로부터도 생기지 않기 때문이다. 그래서 취하지 않았다. 이들이 이렇게 일어나지 않는다는 것은 아래(§653의 주해)에서 분명하게 될 것이다."(DhsA.337)

147) "여기서 눈의 감각장소 등은 전적으로 취착된 것으로 설해졌다. 그러나 형색의 감각장소 등은 취착된 것도 있고 취착되지 않은 것도 있다. 그래서 여기서 '그 밖에(yaṁ vā pana)'라는 구문으로 그것들을 간략하게 보여준 뒤에 다시 '업을 지었기 때문에 [생긴] 형색의 감각장소(kammassa katattā rūpāyatanaṁ)'라는 등의 방법으로 상세하게 설하였다. 이러한 방법으로 [아래 §653 등의] 모든 그밖에들(예와빠나까)에서도 그 뜻을 알아야 한다."(DhsA.336)

'그밖에들' 혹은 '예와빠나까(yevāpanakā)'에 대해서는 본서 제1권 §57의 해당 주해를 참조할 것.

148) "그런데 왜 '업을 지었기 때문에 [생긴](kammassa katattā)'(§652 등)과 '업을 지었기 때문에 [생긴 것이] 아닌(na kammassa katattā)'(§653 등)이라는 이 두 구절이 있는 해설에서는 '물질의 쇠퇴함, 물질의 무상함(jaratā ca aniccatā ca)'이 취해지지 않고 오직 '취착되지 않은(anupādiṇṇa)'(§653, §655) 등의 해설들에서만 취해지는가? '업을 지었기 때문에 [생긴 것이] 아닌 것'은 업과는 다른 조건으로부터 생긴 것을 조합한 것이고 '업을 지었기 때문에 [생긴] 것'은 업에서 생긴 것이기 때문이다."(DhsA.336~337)

즉 물질의 쇠퇴함과 물질의 무상함은 그 자체가 업을 짓는 것과는 아무 관계가 없는 추상적인 물질이기 때문에 업을 지었기 때문에 생긴 물질에도, 업을 지었기 때문에 생긴 것이 아닌 물질에도 포함되지 않는다는 뜻이다. '업(kamma)'에 대해서는 본서 제1권 해제 §4-(3)(124~127쪽)을 참조할 것.

149) 본서에서는 이처럼 물질의 생성과 물질의 상속을 업을 지었기 때문에 생긴 물질 혹은 업에서 생긴 물질에 포함시키고 있는데 이것은 『청정도론』이나

질이다.

653. 무엇이 '취착되지 않은 물질'(Rma-2-2-b)인가?

소리의 감각장소, 몸의 암시, 말의 암시, 물질의 가벼움, 물질의 부드러움, 물질의 적합함, 물질의 쇠퇴함, 물질의 무상함,150) 그 밖에 업을 지었기 때문에 [생긴 것이] 아닌 그 어떤 다른 물질로서 형색의 감각장소, 냄새의 감각장소, 맛의 감각장소, 감촉의 감각장소, 허공의 요소, 물의 요소, 물질의 생성, 물질의 상속, 덩어리진 [먹는] 음식 — 이것이 취착되지 않은 물질이다.

654. 무엇이 '취착되었고 취착의 대상인 물질'(Rma-2-3-a)인가?

눈의 감각장소, 귀의 감각장소, 코의 감각장소, 혀의 감각장소, 몸의 감각장소, 여자의 기능, 남자의 기능, 생명기능, 그 밖에 업을 지었기 때문에 [생긴] 그 어떤 다른 물질로서 형색의 감각장소, 냄새의 감각장소, 맛의 감각장소, 감촉의 감각장소, 허공의 요소, 물의 요소, 물질의 생성, 물질의 상속, 덩어리진 [먹는] 음식 — 이것이 취착되었고 취착의 대상인 물질이다.

655. 무엇이 '취착되지 않았지만 취착의 대상인 물질'(Rma-2-3-b) 인가?

『아비담맛타상가하』의 입장과는 다르다. 여기에 대해서는 본 물질 편의 맨 마지막인 아래 §984의 마지막 주해를 참조하기 바란다.

150) "'물질의 쇠퇴함, 물질의 무상함(rūpassa jaratā rūpassa aniccatā)'이라는 [이 둘은 위의 §652에는 나타나지 않았다. 왜냐하면] 이 둘은 업으로부터도 생기지 않고 물질을 생기게 하는 다른 조건들로부터도 생기지 않기 때문이다. 그래서 취하지 않았다.
그러나 여기 '취착되지 않은 것(anupādiṇṇa)' 등에서는 오직 취착되지 않은 것 등만을 취했기 때문에 업 등에서 생긴다는 것은 거부되었고 다른 조건들로부터 생긴다는 것은 인정되었다. 그러므로 여기서는 '물질의 쇠퇴함과 물질의 무상함'이 취해졌다고 알아야 한다."(DhsA.337)

소리의 감각장소, 몸의 암시, 말의 암시, 물질의 가벼움, 물질의 부드러움, 물질의 적합함, 물질의 쇠퇴함, 물질의 무상함, 그 밖에 업을 지었기 때문에 [생긴 것이] 아닌 그 어떤 다른 물질로서 형색의 감각장소, 냄새의 감각장소, 맛의 감각장소, 감촉의 감각장소, 허공의 요소, 물의 요소, 물질의 생성, 물질의 상속, 덩어리진 [먹는] 음식 — 이것이 취착되지 않았지만 취착의 대상인 물질이다.

656. 무엇이 '볼 수 있는 물질'(Rma-2-4-a)인가?
형색의 감각장소 — 이것이 볼 수 있는 물질이다.

657. 무엇이 '볼 수 없는 물질'(Rma-2-4-b)인가?
눈의 감각장소 … pe(§595) … 덩어리진 [먹는] 음식 — 이것이 볼 수 없는 물질이다.

658. 무엇이 [147] '부딪힘이 있는 물질'(Rma-2-5-a)인가?
눈의 감각장소, 귀의 감각장소, 코의 감각장소, 혀의 감각장소, 몸의 감각장소, 형색의 감각장소, 소리의 감각장소, 냄새의 감각장소, 맛의 감각장소, 감촉의 감각장소 — 이것이 부딪힘이 있는 물질이다.

659. 무엇이 '부딪힘이 없는 물질'(Rma-2-5-b)인가?
여자의 기능 … pe(§595) … 덩어리진 [먹는] 음식 — 이것이 부딪힘이 없는 물질이다.

660. 무엇이 '기능인 물질'(Rma-2-6-a)인가?
눈의 기능, 귀의 기능, 코의 기능, 혀의 기능, 몸의 기능, 여자의 기능, 남자의 기능, 생명기능 — 이것이 기능인 물질이다.

661. 무엇이 '기능이 아닌 물질'(Rma-2-6-b)인가?

형색의 감각장소 … pe(§595) … 덩어리진 [먹는] 음식 — 이것이 기능이 아닌 물질이다.

662. 무엇이 '근본물질인 물질'(Rma-2-7-a)인가?

감촉의 감각장소, 물의 요소 — 이것이 근본물질이다.

663. 무엇이 '근본물질이 아닌 물질'(Rma-2-7-b)인가?

눈의 감각장소 … pe(§595) … 덩어리진 [먹는] 음식 — 이것이 근본물질이 아닌 물질이다.

664. 무엇이 '암시인 물질'(Rma-2-8-a)인가?

몸의 암시와 말의 암시 — 이것이 암시인 물질이다.

665. 무엇이 '암시가 아닌 물질'(Rma-2-8-b)인가?

눈의 감각장소 … pe(§595) … 덩어리진 [먹는] 음식 — 이것이 암시가 아닌 물질이다.

666. 무엇이 '마음에서 생긴 물질'(Rma-2-9-a)인가?

몸의 암시,151) 말의 암시, 그 밖에 마음으로부터 발생했고 마음을 원인으로 하고 마음에서 생긴 그 어떤 다른 물질로서 형색의 감각장소, 소리의 감각장소, 냄새의 감각장소, 맛의 감각장소, 감촉의 감각장소, 허공의 요소, 물의 요소, 물질의 가벼움, 물질의 부드러움, 물질의 적합함, 물질의 생성, 물질의 상속, 덩어리진 [먹는] 음식 — 이것이 마음에서 생긴 물질이다.

---

151) "'몸의 암시'와 '말의 암시'라는 이 둘은 전적으로 마음에서 생긴 파생된 [물질]이라고 인정된다. 그래서 여기서 언급하였다. 그런데 궁극적인 입장에서 보자면 이 둘의 의지처가 되는 것들은 이 둘이 의지하는 곳이기 때문에 이들도 마음에서 생긴 것이 된다."(DhsA.337)
몸의 암시와 말의 암시에 대해서는 본서 §§635~636과 주해들을 참조할 것.

667. 무엇이 '마음에서 생기지 않은 물질'(Rma-2-9-b)인가?

눈의 감각장소 … 몸의 감각장소, 여자의 기능, 남자의 기능, 생명기능, 물질의 쇠퇴함, 물질의 무상함, 그 밖에 마음으로부터 발생하지 않았고 마음을 원인으로 하지 않았고 마음에서 생기지 않은 그 어떤 다른 물질로서 형색의 감각장소, 소리의 감각장소, 냄새의 감각장소, 맛의 감각장소, [148] 감촉의 감각장소, 허공의 요소, 물의 요소, 물질의 가벼움, 물질의 부드러움, 물질의 적합함, 물질의 생성, 물질의 상속, 덩어리진 [먹는] 음식 — 이것이 마음에서 생기지 않은 물질이다.

668. 무엇이 '마음과 함께 존재하는 물질'(Rma-2-10-a)인가?[152]

몸의 암시, 말의 암시 — 이것이 마음과 함께 존재하는 물질이다.

669. 무엇이 '마음과 함께 존재하지 않는 물질'(Rma-2-10-b)인가?

눈의 감각장소 … pe(§595) … 덩어리진 [먹는] 음식 — 이것이 마음과 함께 존재하지 않는 물질이다.

670. 무엇이 '마음을 따르는 물질'(Rma-2-11-a)인가?

몸의 암시, 말의 암시 — 이것이 마음을 따르는 물질이다.

671. 무엇이 '마음을 따르지 않는 물질'(Rma-2—b)인가?

눈의 감각장소 … 덩어리진 [먹는] 음식 — 이것이 마음을 따르지 않는 물질이다.

672. 무엇이 '안에 있는 물질'(Rma-2-12-a)인가?

---

152) "'마음과 함께 존재하는 물질(rūpa cittasahabhu)'과 '마음과 함께 존재하지 않는 물질(rūpa na cittasahabhu)'은 마음이 있을 때 알려지는 것이기 때문에 이 둘이 언급되었다. 그러나 이것은 마음과 함께 존재하는 것(saha bhūtāni)이지 의도 등처럼 [마음에서] 생기는 것은 아니다."(DhsA.337)

눈의 감각장소 … 몸의 감각장소 — 이것이 안에 있는 물질이다.

673. 무엇이 '밖에 있는 물질'(Rma-2-12-b)인가?

형색의 감각장소 … 덩어리진 [먹는] 음식 — 이것이 밖에 있는 물질이다.

674. 무엇이 '거친 물질'(Rma-2-13-a)인가?

눈의 감각장소 … 감촉의 감각장소 — 이것이 거친 물질이다.

675. 무엇이 '미세한 물질'(Rma-2-13-b)인가?

여자의 기능 … 덩어리진 [먹는] 음식 — 이것이 미세한 물질이다.

676. 무엇이 '멀리 있는[153] 물질'(Rma-2-14-a)인가?

여자의 기능 … 덩어리진 [먹는] 음식 — 이것이 멀리 있는 물질이다.

677. 무엇이 '가까이 있는 물질'(Rma-2-14-b)인가?

눈의 감각장소 … 감촉의 감각장소 — 이것이 가까이 있는 물질이다.

678. 무엇이 '눈의 감각접촉의 토대인 물질'(Rma-2-15-a)인가?

눈의 감각장소 — 이것이 눈의 감각접촉의 토대인 물질이다.

679. 무엇이 '눈의 감각접촉의 토대가 아닌 물질'(Rma-2-15-b)인가?

귀의 감각장소 … 덩어리진 [먹는] 음식 — 이것이 눈의 감각접촉의 토대가 아닌 물질이다.

---

153) "'멀리 있는(dūre)'이라고 하셨다. 부딪힘을 통해서 취할 수가 없으면 알기 어려운 상태가 되기 때문에 가까이 놓여있더라도 멀리 있는 것이 된다. 이와는 달리 부딪힘을 통해서 취할 수가 있으면 잘 알 수 있는 상태가 되기 때문에 멀리 놓였더라도 '가까이 있는 것(santike)'이 된다."(DhsA.337～338)

680. 무엇이 [149] '눈의 감각접촉에서 생긴 느낌의 … 인식의 … 의도의 … 눈의 알음알이의 토대인 물질'(Rma-2-16~19-a)인가?

눈의 감각장소 — 이것이 [눈의 감각접촉에서 생긴] 눈의 알음알이의 토대인 물질이다.

681. 무엇이 '[눈의 감각접촉에서 생긴] 눈의 알음알이의 토대가 아닌 물질'(Rma-2-19-b)인가?

귀의 감각장소 … 덩어리진 [먹는] 음식 — 이것이 [눈의 감각접촉에서 생긴] 눈의 알음알이의 토대가 아닌 물질이다.

682. 무엇이 '귀의 감각접촉의 … (Rma-2-20~24) 코의 감각접촉의 … (Rma-2-25~29) 혀의 감각접촉의 … (Rma-2-30~34) 몸의 감각접촉의 토대인 물질'(Rma-2-35-a)인가?

몸의 감각장소 — 이것이 몸의 감각접촉의 토대인 물질이다.

683. 무엇이 '몸의 감각접촉의 토대가 아닌 물질'(Rma-2-35-b)인가?

눈의 감각장소 … 덩어리진 [먹는] 음식 — 이것이 몸의 감각접촉의 토대가 아닌 물질이다.

684. 무엇이 '몸의 감각접촉에서 생긴 느낌의 … 인식의 … 의도의 … 몸의 알음알이의 토대인 물질'(Rma-2-36~39-a)인가?

몸의 감각장소 — 이것이 [몸의 감각접촉에서 생긴] 몸의 알음알이의 토대인 물질이다.

685. 무엇이 '[몸의 감각접촉에서 생긴] 몸의 알음알이의 토대가 아닌 물질'(Rma-2-39-b)인가?

눈의 감각장소 … 덩어리진 [먹는] 음식 — 이것이 [몸의 감각접촉에서 생긴] 몸의 알음알이 토대가 아닌 물질이다.

686. 무엇이 '눈의 감각접촉의 대상인 물질'(Rma-2-40-a)인가?

형색의 감각장소 — 이것이 눈의 감각접촉의 대상인 물질이다.

687. 무엇이 '눈의 감각접촉의 대상이 아닌 물질'(Rma-2-40-b)인가?

눈의 감각장소 … 덩어리진 [먹는] 음식 — 이것이 눈의 감각접촉의 대상이 아닌 물질이다.

688. 무엇이 '눈의 감각접촉에서 생긴 느낌의 … 인식의 … 의도의 … 눈의 알음알이의 대상인 물질'(Rma-2-41~44-a)인가?

형색의 감각장소 — 이것이 눈의 알음알이의 대상인 물질이다.

689. 무엇이 '[눈의 감각접촉에서 생긴] 눈의 알음알이의 대상이 아닌 물질'(Rma-2-44-b)인가?

눈의 감각장소 … 덩어리진 [먹는] 음식 — 이것이 [눈의 감각접촉에서 생긴] 눈의 알음알이의 대상이 아닌 물질이다.

690. 무엇이 '귀의 감각접촉의 … (Rma-2-45~49) 코의 감각접촉의 … (Rma-2-50~54) [150] 혀의 감각접촉의 … (Rma-2-55~59) 몸의 감각접촉의 대상인 물질'(Rma-2-60-a)인가?

감촉의 감각장소 — 이것이 몸의 감각접촉의 대상인 물질이다.

691. 무엇이 '몸의 감각접촉의 대상이 아닌 물질'(Rma-2-60-b)인가?

눈의 감각장소 … 덩어리진 [먹는] 음식 — 이것이 몸의 감각접촉의 대상이 아닌 물질이다.

692. 무엇이 '몸의 감각접촉에서 생긴 느낌의 … 인식의 … 의도의 … 몸의 알음알이의 대상인 물질'(Rma-2-61~64-a)인가?

감촉의 감각장소 — 이것이 몸의 알음알이의 대상인 물질이다.

693. 무엇이 '[몸의 감각접촉에서 생긴] 몸의 알음알이의 대상이 아닌 물질'(Rma-2-64-b)인가?

눈의 감각장소 … 덩어리진 [먹는] 음식 — 이것이 [몸의 감각접촉에서 생긴] 몸의 알음알이의 대상이 아닌 물질이다.

694. 무엇이 '눈의 감각장소인 물질'(Rma-2-65-a)인가?

눈은 네 가지 근본물질에서 파생된 감성의 [물질]이고 … 이것은 텅 빈 마을이기도 하다. — 이것이 눈의 감각장소인 물질이다.

695. 무엇이 '눈의 감각장소가 아닌 물질'(Rma-2-65-b)인가?

귀의 감각장소 … 덩어리진 [먹는] 음식 — 이것이 눈의 감각장소가 아닌 물질이다.

696. 무엇이 '귀의 감각장소인 … 코의 감각장소인 … 혀의 감각장소인 … 몸의 감각장소인 물질'(Rma-2-66~69-a)인가?

몸은 네 가지 근본물질에서 파생된 감성의 [물질]이고 … 이것은 텅 빈 마을이기도 하다. — 이것이 몸의 감각장소인 물질이다.

697. 무엇이 '몸의 감각장소가 아닌 물질'(Rma-2-69-b)인가?

눈의 감각장소 … 덩어리진 [먹는] 음식 — 이것이 몸의 감각장소가 아닌 물질이다.

698. 무엇이 '형색의 감각장소[色處]인 물질'(Rma-2-70-a)인가?

형색은 네 가지 근본물질에서 파생된 것이고, 색깔로 빛나고 … 이것은 형색의 요소이기도 하다. — 이것이 형색의 감각장소인 물질이다.

699. 무엇이 '형색의 감각장소가 아닌 물질'(Rma-2-70-b)인가?

눈의 감각장소 … 덩어리진 [먹는] 음식 — 이것이 형색의 감각장소가 아닌 물질이다.

700. 무엇이 '소리의 감각장소인 … 냄새의 감각장소인 … [151] 맛의 감각장소인 … 감촉의 감각장소인 물질'(Rma-2-71~74-a)인가?

땅의 요소 … 이것은 감촉의 요소이기도 하다. — 이것이 감촉의 감각장소인 물질이다.

701. 무엇이 '감촉의 감각장소가 아닌 물질'(Rma-2-74-b)인가?

눈의 감각장소 … 덩어리진 [먹는] 음식 — 이것이 감촉의 감각장소가 아닌 물질이다.

702. 무엇이 '눈의 요소인 물질'(Rma-2-75-a)인가?

눈의 감각장소 — 이것이 눈의 요소인 물질이다.

703. 무엇이 '눈의 요소가 아닌 물질'(Rma-2-75-b)인가?

귀의 감각장소 … 덩어리진 [먹는] 음식 — 이것이 눈의 요소가 아닌 물질이다.

704. 무엇이 '귀의 요소인 … 코의 요소인 … 혀의 요소인 … 몸의 요소인 물질'(Rma-2-76~79-a)인가?

몸의 감각장소 — 이것이 몸의 요소인 물질이다.

705. 무엇이 '몸의 요소가 아닌 물질'(Rma-2-79-b)인가?

눈의 감각장소 … 덩어리진 [먹는] 음식 — 이것이 몸의 요소가 아닌 물질이다.

706. 무엇이 '형색의 요소인 물질'(Rma-2-80-a)인가?
형색의 감각장소 — 이것이 형색의 요소인 물질이다.

707. 무엇이 '형색의 요소가 아닌 물질'(Rma-2-80-b)인가?
눈의 감각장소 … 덩어리진 [먹는] 음식 — 이것이 형색의 요소가 아닌 물질이다.

708. 무엇이 '소리의 요소인 … 냄새의 요소인 … 맛의 요소인 … 감촉의 요소인 물질'(Rma-2-81~84-a)인가?
감촉의 감각장소 — 이것이 감촉의 요소인 물질이다.

709. 무엇이 '감촉의 요소가 아닌 물질'(Rma-2-84-b)인가?
눈의 감각장소 … 덩어리진 [먹는] 음식 — 이것이 감촉의 요소가 아닌 물질이다.

710. 무엇이 '눈의 기능인 물질'(Rma-2-85-a)인가?
눈은 네 가지 근본물질에서 파생된 감성의 [물질]이고 … 이것은 텅 빈 마을이기도 하다. — 이것이 눈의 기능인 물질이다.

711. 무엇이 '눈의 기능이 아닌 물질'(Rma-2-85-b)인가?
귀의 감각장소 … 덩어리진 [먹는] 음식 — 이것이 눈의 기능이 아닌 물질이다.

712. 무엇이 '귀의 기능인 … 코의 기능인 … 혀의 기능인 … 몸의 기능인 물질'(Rma-2-86~89-a)인가?
몸은 네 가지 근본물질에서 파생된 감성의 [물질]이고 … 이것은 텅 빈 마을이기도 하다. — 이것이 몸의 기능인 물질이다.

713. 무엇이 '몸의 기능이 아닌 물질'(Rma-2-89-b)인가?

눈의 감각장소 … 덩어리진 [먹는] 음식 — 이것이 몸의 기능이 아닌 물질이다.

714. 무엇이 '여자의 기능인 물질'(Rma-2-90-a)인가?

여자가 가지는 [152] 여자의 생김새, 여자의 [외관상의] 표상, 여자다운 행위, 여자의 모습, 여자됨, 여자의 상태 — 이것이 여자의 기능인 물질이다.

715. 무엇이 '여자의 기능이 아닌 물질'(Rma-2-90-b)인가?

눈의 감각장소 … 덩어리진 [먹는] 음식 — 이것이 여자의 기능이 아닌 물질이다.

716. 무엇이 '남자의 기능인 물질'(Rma-2-91-a)인가?

남자가 가지는 남자의 생김새, 남자의 [외관상의] 표상, 남자다운 행위, 남자의 모습, 남자됨, 남자의 상태 — 이것이 남자의 기능인 물질이다.

717. 무엇이 '남자의 기능이 아닌 물질'(Rma-2-91-b)인가?

눈의 감각장소 … 덩어리진 [먹는] 음식 — 이것이 남자의 기능이 아닌 물질이다.

718. 무엇이 '생명기능인 물질'(Rma-2-92-a)인가?

물질로 된 법들의 수명, 머묾, 지속, 유지, 나아감, 계속됨, 보존, 생명, 생명기능 — 이것이 생명기능인 물질이다.

719. 무엇이 '생명기능이 아닌 물질'(Rma-2-92-b)인가?

눈의 감각장소 … 덩어리진 [먹는] 음식 — 이것이 생명기능이 아닌 물질이다.

720. 무엇이 '몸의 암시인 물질'(Rma-2-93-a)인가?

유익한 마음이나 해로운 마음이나 결정할 수 없는[無記] 마음을 [원인으로 하여] 나아가거나 물러가거나 앞을 보거나 돌아보거나 구부리거나 펴는 [행위의 결과로 생긴] 몸의 굳셈, 굳건 함, 굳건한 상태, 암시, 알게 함, 알게 하는 상태 — 이것이 몸의 암시인 물질이다.

721. 무엇이 '몸의 암시가 아닌 물질'(Rma-2-93-b)인가?

눈의 감각장소 … 덩어리진 [먹는] 음식 — 이것이 몸의 암시가 아닌 물질이다.

722. 무엇이 '말의 암시인 물질'(Rma-2-94-a)인가?

유익한 마음이나 해로운 마음이나 결정할 수 없는[無記] 마음을 [원인으로 하여 생긴] 말, 언성, 발성, 언설, 소리, 소리냄, 말, 말을 내뱉음 — 이를 일러 말이라 한다. 이러한 말의 암시, 알게 함, 알게 하는 상태 — 이것이 말의 암시인 물질이다.

723. 무엇이 '말의 암시가 아닌 물질'(Rma-2-94-b)인가?

눈의 감각장소 … 덩어리진 [먹는] 음식 — 이것이 말의 암시가 아닌 물질이다.

724. 무엇이 '허공의 요소인 물질'(Rma-2-95-a)인가?

허공과 허공에 속하는 것과 빈 것과 빈 것에 속하는 것과 열린 것과 열린 것에 속하는 것과 네 가지 근본물질에 의해서 닿지 않는 것 — 이것이 허공의 요소인 물질이다.

725. 무엇이 '허공의 요소가 아닌 물질'(Rma-2-95-b)인가?

눈의 감각장소 … [153] 덩어리진 [먹는] 음식 — 이것이 허공의 요소가 아닌 물질이다.

726. 무엇이 '물의 요소인 물질'(Rma-2-96-a)인가?

물과 물로 된 것과 액체와 액체로 된 것과 물질의 응집성 — 이것이 물의 요소인 물질이다.

727. 무엇이 '물의 요소가 아닌 물질'(Rma-2-96-b)인가?

눈의 감각장소 … 덩어리진 [먹는] 음식 — 이것이 물의 요소가 아닌 물질이다.

728. 무엇이 '물질의 가벼움인 물질'(Rma-2-97-a)인가?

물질의 가벼움, 가볍게 변함, 굼뜨지 않음, 무기력하지 않음 — 이것이 물질의 가벼움인 물질이다.

729. 무엇이 '물질의 가벼움이 아닌 물질'(Rma-2-97-b)인가?

눈의 감각장소 … 덩어리진 [먹는] 음식 — 이것이 물질의 가벼움이 아닌 물질이다.

730. 무엇이 '물질의 부드러움인 물질'(Rma-2-98-a)인가?

물질의 부드러움, 유연한 상태, 단단하지 않음, 견고하지 않음 — 이것이 물질의 부드러움인 물질이다.

731. 무엇이 '물질의 부드러움이 아닌 물질'(Rma-2-98-b)인가?

눈의 감각장소 … 덩어리진 [먹는] 음식 — 이것이 물질의 부드러움이 아닌 물질이다.

732. 무엇이 '물질의 적합함인 물질'(Rma-2-99-a)인가?

물질의 적합함, 적합하게 됨, 적합한 상태 — 이것이 물질의 적합함인 물질이다.

733. 무엇이 '물질의 적합함이 아닌 물질'(Rma-2-99-b)인가?

눈의 감각장소 … 덩어리진 [먹는] 음식 — 이것이 물질의 적합함이 아닌 물질이다.

734. 무엇이 '물질의 생성인 물질'(Rma-2-100-a)인가?

감각장소들의 시작이 물질의 생성이니 이것이 물질의 생성인 물질이다.

735. 무엇이 '물질의 생성이 아닌 물질'(Rma-2-100-b)인가?

눈의 감각장소 … 덩어리진 [먹는] 음식 — 이것이 물질의 생성이 아닌 물질이다.

736. 무엇이 '물질의 상속인 물질'(Rma-2-101-a)인가?

물질의 생성이 물질의 상속이니 이것이 물질의 상속인 물질이다.

737. 무엇이 '물질의 상속이 아닌 물질'(Rma-2-101-b)인가?

눈의 감각장소 … 덩어리진 [먹는] 음식 — 이것이 물질의 상속이 아닌 물질이다.

738. 무엇이 [154] '물질의 쇠퇴함인 물질'(Rma-2-102-a)인가?

물질의 쇠퇴[老, 늙음, jarā], 노쇠함, 부서진 [이빨], 희어진 [머리털], 주름진 피부, 수명의 줄어듦, 기능[根]의 무르익음 — 이것이 물질의 쇠퇴함인 물질이다.

739. 무엇이 '물질의 쇠퇴함이 아닌 물질'(Rma-2-102-b)인가?

눈의 감각장소 … 덩어리진 [먹는] 음식 — 이것이 물질의 쇠퇴함이 아닌 물질이다.

740. 무엇이 '물질의 무상함인 물질'(Rma-2-103-a)인가?

물질의 멸진, 사라짐, 부서짐, 무너짐, 무상함, 끝남 — 이것이 물질의 무상함인 물질이다.

741. 무엇이 '물질의 무상함이 아닌 물질'(Rma-2-103-b)인가?

눈의 감각장소 … 덩어리진 [먹는] 음식 — 이것이 물질의 무상함이 아닌 물질이다.

742. 무엇이 '덩어리진 [먹는] 음식[段食]인 물질'(Rma-2-104-a)인가?

쌀밥, 죽, 보리, 생선, 고기, 우유, 커드, 버터기름, 응유, 참기름, 꿀, 당밀이나, 그 밖에 어떤 다른 물질이 있어서 이런저런 지역에서 이런저런 중생들의 입에 들어가고 이빨로 씹고 목으로 삼키고 배 속에서 퍼지는 것이니, 이러한 영양분으로서 중생들이 연명하는 것 — 이것이 덩어리진 [먹는] 음식인 물질이다.

743. 무엇이 '덩어리진 [먹는] 음식이 아닌 물질'(Rma-2-104-b)인가?

눈의 감각장소 … 물질의 무상함 — 이것이 덩어리진 [먹는] 음식이 아닌 물질이다.

이와 같이 두 가지에 의한 물질의 길라잡이가 있다.

두 개 조의 해설이 [끝났다.]

제3장 세 개 조의 해설

tikaniddesa

744. 무엇이 '안에 있으면서 파생된 물질'(Rma-3-1-a)인가?

눈의 감각장소 … 몸의 감각장소 — 이것이 안에 있으면서 파생된 물질이다.

745. 무엇이 '밖에 있으면서 파생된 물질'(Rma-3-1-b)인가?

형색의 감각장소 … 덩어리진 [먹는] 음식 — 이것이 밖에 있으면서 파생된 물질이다.

746. 무엇이 '밖에 있으면서 파생되지 않은 물질'(Rma-3-1-c)인가?

감촉의 감각장소, 물의 요소 — 이것이 밖에 있으면서 파생되지 않은 물질이다.

747. 무엇이 '안에 있으면서 취착된 물질'(Rma-3-2-a)인가?

눈의 감각장소 … 몸의 감각장소 — 이것이 안에 있으면서 취착된 물질이다.

748. 무엇이 [155] '밖에 있으면서 취착된 물질'(Rma-3-2-b)인가?

여자의 기능, 남자의 기능, 생명기능, 그 밖에 업을 지었기 때문에 [생긴][154] 그 어떤 다른 물질로서 형색의 감각장소, 냄새의 감각장소, 맛의 감각장소, 감촉의 감각장소, 허공의 요소, 물의 요소, 물질의 생성, 물질

154) §652의 해당 주해를 참조할 것.

의 상속, 덩어리진 [먹는] 음식 — 이것이 밖에 있으면서 취착된 물질이다.

749. 무엇이 '밖에 있으면서 취착되지 않은 물질'(Rma-3-2-c)인가?

소리의 감각장소, 몸의 암시, 말의 암시, 물질의 가벼움, 물질의 부드러움, 물질의 적합함, 물질의 쇠퇴함, 물질의 무상함, 그 밖에 업을 지었기 때문에 [생긴 것이] 아닌 그 어떤 다른 물질로서 형색의 감각장소, 냄새의 감각장소, 맛의 감각장소, 감촉의 감각장소, 허공의 요소, 물의 요소, 물질의 생성, 물질의 상속, 덩어리진 [먹는] 음식 — 이것이 밖에 있으면서 취착되지 않은 물질이다.

750. 무엇이 '안에 있으면서 취착되었고 취착의 대상인 물질'(Rma-3-3-a)인가?

눈의 감각장소 … 몸의 감각장소 — 이것이 안에 있으면서 취착되었고 취착의 대상인 물질이다.

751. 무엇이 '밖에 있으면서 취착되었고 취착의 대상인 물질'(Rma-3-3-b)인가?

여자의 기능, 남자의 기능, 생명기능, 그 밖에 업을 지었기 때문에 [생긴] 그 어떤 다른 물질로서 형색의 감각장소, 냄새의 감각장소, 맛의 감각장소, 감촉의 감각장소, 허공의 요소, 물의 요소, 물질의 생성, 물질의 상속, 덩어리진 [먹는] 음식 — 이것이 밖에 있으면서 취착되었고 취착의 대상인 물질이다.

752. 무엇이 '밖에 있으면서 취착되지 않았고 취착의 대상인 물질'(Rma-3-3-c)인가?

소리의 감각장소, 몸의 암시, 말의 암시, 물질의 가벼움, 물질의 부드러움, 물질의 적합함, 물질의 쇠퇴함, 물질의 무상함, 그 밖에 업을 지었기 때문에 [생긴 것이] 아닌 그 어떤 다른 물질로서 형색의 감각장소, 냄새의 감각장소, 맛의 감각장소, 감촉의 감각장소, 허공의 요소, 물의 요소, 물질의 생성, 물질의 상속, 덩어리진 [먹는] 음식 — 이것이 밖에 있으면서 취착되지 않았고 취착의 대상인 물질이다.

753. 무엇이 '안에 있으면서 볼 수 없는 물질'(Rma-3-4-a)인가?
눈의 감각장소 … 몸의 감각장소 — 이것이 안에 있으면서 볼 수 없는 물질이다.

754. 무엇이 '밖에 있으면서 볼 수 있는 물질'(Rma-3-4-b)인가?
형색의 감각장소 — 이것이 밖에 있으면서 볼 수 있는 물질이다.

755. 무엇이 '밖에 있으면서 볼 수 없는 물질'(Rma-3-4-c)인가?
소리의 감각장소 [156] … 덩어리진 [먹는] 음식 — 이것이 밖에 있으면서 볼 수 없는 물질이다.

756. 무엇이 '안에 있으면서 부딪힘이 있는 물질'(Rma-3-5-a)인가?
눈의 감각장소 … 몸의 감각장소 — 이것이 안에 있으면서 부딪힘이 있는 물질이다.

757. 무엇이 '밖에 있으면서 부딪힘이 있는 물질'(Rma-3-5-b)인가?
형색의 감각장소 … 감촉의 감각장소 — 이것이 밖에 있으면서 부딪힘이 있는 물질이다.

758. 무엇이 '밖에 있으면서 부딪힘이 없는 물질'(Rma-3-5-c)인가?
여자의 기능 … 덩어리진 [먹는] 음식 — 이것이 밖에 있으면서 부딪힘이 없는 물질이다.

759. 무엇이 '안에 있으면서 기능인 물질'(Rma-3-6-a)인가?
눈의 기능 … 몸의 기능 — 이것이 안에 있으면서 기능인 물질이다.

760. 무엇이 '밖에 있으면서 기능인 물질'(Rma-3-6-b)인가?

여자의 기능, 남자의 기능, 생명기능 — 이것이 밖에 있으면서 기능인 물질이다.

761. 무엇이 '밖에 있으면서 기능이 아닌 물질'(Rma-3-6-c)인가?

형색의 감각장소 … 덩어리진 [먹는] 음식 — 이것이 밖에 있으면서 기능이 아닌 물질이다.

762. 무엇이 '안에 있으면서 근본물질이 아닌 물질'(Rma-3-7-a) 인가?

눈의 감각장소 … 몸의 감각장소 — 이것이 안에 있으면서 근본물질이 아닌 물질이다.

763. 무엇이 '밖에 있으면서 근본물질인 물질'(Rma-3-7-b)인가?

감촉의 감각장소, 물의 요소 — 이것이 밖에 있으면서 근본물질인 물질이다.

764. 무엇이 '밖에 있으면서 근본물질이 아닌 물질'(Rma-3-7-c) 인가?

형색의 감각장소 … 덩어리진 [먹는] 음식 — 이것이 밖에 있으면서 근본물질이 아닌 물질이다.

765. 무엇이 '안에 있으면서 암시가 아닌 물질'(Rma-3-8-a)인가?

눈의 감각장소 … 몸의 감각장소 — 이것이 안에 있으면서 암시가 아닌 물질이다.

766. 무엇이 '밖에 있으면서 암시인 물질'(Rma-3-8-b)인가?

몸의 암시, 말의 암시 — 이것이 밖에 있으면서 암시인 물질이다.

767. 무엇이 '밖에 있으면서 암시가 아닌 물질'(Rma-3-8-c)인가?

형색의 감각장소 … 덩어리진 [먹는] 음식 — 이것이 밖에 있으면서 암시가 아닌 물질이다.

768. 무엇이 [157] '안에 있으면서 마음에서 생기지 않은 물질'(Rma-3-9-a)인가?

눈의 감각장소 … 몸의 감각장소 — 이것이 안에 있으면서 마음에서 생기지 않은 물질이다.

769. 무엇이 '밖에 있으면서 마음에서 생긴 물질'(Rma-3-9-b)인가?

몸의 암시, 말의 암시, 그 밖에 마음으로부터 발생했고 마음을 원인으로 하고 마음에서 생긴 그 어떤 다른 물질로서 형색의 감각장소, 소리의 감각장소, 냄새의 감각장소, 맛의 감각장소, 감촉의 감각장소, 허공의 요소, 물의 요소, 물질의 가벼움, 물질의 부드러움, 물질의 적합함, 물질의 생성, 물질의 상속, 덩어리진 [먹는] 음식 — 이것이 밖에 있으면서 마음에서 생긴 물질이다.

770. 무엇이 '밖에 있으면서 마음에서 생기지 않은 물질'(Rma-3-9-c)인가?

여자의 기능, 남자의 기능, 생명기능, 물질의 쇠퇴함(jaratā), 물질의 무상함(aniccatā), 그 밖에 마음으로부터 발생하지 않았고 마음을 원인으로 하지 않았고 마음에서 생기지 않은 그 어떤 다른 물질로서 형색의 감각장소, 소리의 감각장소, 냄새의 감각장소, 맛의 감각장소, 감촉의 감각장소, 허공의 요소, 물의 요소, 물질의 가벼움, 물질의 부드러움, 물질의 적합함, 물질의 생성, 물질의 상속, 덩어리진 [먹는] 음식 — 이것이 밖에 있으면서 마음에서 생기지 않은 물질이다.

771. 무엇이 '안에 있으면서 마음과 함께 존재하지 않는 물질'(Rma-3-10-a)인가?

눈의 감각장소 … 몸의 감각장소 — 이것이 안에 있으면서 마음과 함께 존재하지 않는 물질이다.

772. 무엇이 '밖에 있으면서 마음과 함께 존재하는 물질'(Rma-3-10-b)인가?

몸의 암시, 말의 암시 — 이것이 밖에 있으면서 마음과 함께 존재하는 물질이다.

773. 무엇이 '밖에 있으면서 마음과 함께 존재하지 않는 물질'(Rma-3-10-c)인가?

형색의 감각장소 … 덩어리진 [먹는] 음식 — 이것이 밖에 있으면서 마음과 함께 존재하지 않는 물질이다.

774. 무엇이 '안에 있으면서 마음을 따르지 않는 물질'(Rma-3-11-a)인가?

눈의 감각장소 … 몸의 감각장소 — 이것이 안에 있으면서 마음을 따르지 않는 물질이다.

775. 무엇이 '밖에 있으면서 마음을 따르는 물질'(Rma-3-11-b)인가?

몸의 암시, 말의 암시 — 이것이 밖에 있으면서 마음을 따르는 물질이다.

776. 무엇이 '밖에 있으면서 마음을 따르지 않는 물질'(Rma-3-11-c)인가?

형색의 감각장소 … 덩어리진 [먹는] 음식 — 이것이 밖에 있으면서 마음을 따르지 않는 물질이다.

777. 무엇이 '안에 있으면서 거친 물질'(Rma-3-12-a)인가?

눈의 감각장소 [158] … 몸의 감각장소 — 이것이 안에 있으면서 거친 물질이다.

778. 무엇이 '밖에 있으면서 거친 물질'(Rma-3-12-b)인가?

형색의 감각장소 … 감촉의 감각장소 — 이것이 밖에 있으면서 거친 물질이다.

779. 무엇이 '밖에 있으면서 미세한 물질'(Rma-3-12-c)인가?

여자의 기능 … 덩어리진 [먹는] 음식 — 이것이 밖에 있으면서 미세한 물질이다.

780. 무엇이 '안에 있으면서 가까운 물질'(Rma-3-13-a)인가?

눈의 감각장소 … 몸의 감각장소 — 이것이 안에 있으면서 가까운 물질이다.

781. 무엇이 '밖에 있으면서 먼 물질'(Rma-3-13-b)인가?

여자의 기능 … 덩어리진 [먹는] 음식 — 이것이 밖에 있으면서 먼 물질이다.

782. 무엇이 '밖에 있으면서 가까운 물질'(Rma-3-13-c)인가?

형색의 감각장소 … 감촉의 감각장소 — 이것이 밖에 있으면서 가까운 물질이다.

783. 무엇이 '밖에 있으면서 눈의 감각접촉의 토대가 아닌 물질'(Rma-3-14-a)인가?

형색의 감각장소 … 덩어리진 [먹는] 음식 — 이것이 밖에 있으면서 눈의 감각접촉의 토대가 아닌 물질이다.

784. 무엇이 '안에 있으면서 눈의 감각접촉의 토대인 물질'(Rma-3-14-b)인가?

눈의 감각장소 — 이것이 안에 있으면서 눈의 감각접촉의 토대인 물질이다.

785. 무엇이 '안에 있으면서 눈의 감각접촉의 토대가 아닌 물질'(Rma-3-14-c)인가?

귀의 감각장소 … 몸의 감각장소 — 이것이 안에 있으면서 눈의 감각접촉의 토대가 아닌 물질이다.

786. 무엇이 '밖에 있으면서 눈의 감각접촉에서 생긴 느낌의 … 인식의 … 의도의 … 눈의 알음알이의 토대가 아닌 물질'(Rma-3-15~18-a)인가?

형색의 감각장소 … 덩어리진 [먹는] 음식 — 이것이 밖에 있으면서 [눈의 감각접촉에서 생긴] 눈의 알음알이의 토대가 아닌 물질이다.

787. 무엇이 '안에 있으면서 [눈의 감각접촉에서 생긴] 눈의 알음알이의 토대인 물질'(Rma-3-18-b)인가?

눈의 감각장소 — 이것이 안에 있으면서 [눈의 감각접촉에서 생긴] 눈의 알음알이의 토대인 물질이다.

788. 무엇이 [159] '안에 있으면서 [눈의 감각접촉에서 생긴] 눈의 알음알이의 토대가 아닌 물질'(Rma-3-18-c)인가?

귀의 감각장소 … 몸의 감각장소 — 이것이 안에 있으면서 [눈의 감각접촉에서 생긴] 눈의 알음알이의 토대가 아닌 물질이다.

789. 무엇이 '밖에 있으면서 귀의 감각접촉의 토대가 아닌 물질'(Rma-2-19~23-a) … '밖에 있으면서 코의 감각접촉의 토대가 아닌

물질'(Rma-2-24~28-a) … '밖에 있으면서 혀의 감각접촉의 토대가 아닌 물질'(Rma-2-29~33-a) … '밖에 있으면서 몸의 감각접촉의 토대가 아닌 물질'(Rma-3-34-a)인가?

형색의 감각장소 … 덩어리진 [먹는] 음식 — 이것이 밖에 있으면서 몸의 감각접촉의 토대가 아닌 물질이다.

790. 무엇이 '안에 있으면서 몸의 감각접촉의 토대인 물질'(Rma-3-34-b)인가?

몸의 감각장소 — 이것이 안에 있으면서 몸의 감각접촉의 토대인 물질이다.

791. 무엇이 '안에 있으면서 몸의 감각접촉의 토대가 아닌 물질'(Rma-3-34-c)인가?

눈의 감각장소 … 혀의 감각장소 — 이것이 안에 있으면서 몸의 감각접촉의 토대가 아닌 물질이다.

792. 무엇이 '밖에 있으면서 몸의 감각접촉에서 생긴 느낌의 … 인식의 … 의도의 … 몸의 알음알이의 토대가 아닌 물질'(Rma-2-35~38-a)인가?

형색의 감각장소 … 덩어리진 [먹는] 음식 — 이것이 밖에 있으면서 [몸의 감각접촉에서 생긴] 몸의 알음알이의 토대가 아닌 물질이다.

793. 무엇이 '안에 있으면서 [몸의 감각접촉에서 생긴] 몸의 알음알이의 토대인 물질'(Rma-2-38-b)인가?

몸의 감각장소 — 이것이 안에 있으면서 [몸의 감각접촉에서 생긴] 몸의 알음알이의 토대인 물질이다.

794. 무엇이 '안에 있으면서 [몸의 감각접촉에서 생긴] 몸의 알음알

이의 토대가 아닌 물질'(Rma-3-38-c)인가?

눈의 감각장소 … 혀의 감각장소 — 이것이 안에 있으면서 [몸의 감각접촉에서 생긴] 몸의 알음알이의 토대가 아닌 물질이다.

795. 무엇이 '안에 있으면서 눈의 감각접촉의 대상이 아닌 물질'(Rma-3-39-a)인가?

눈의 감각장소 … 몸의 감각장소 — 이것이 안에 있으면서 눈의 감각접촉의 대상이 아닌 물질이다.

796. 무엇이 '밖에 있으면서 눈의 감각접촉의 대상인 물질'(Rma-3-39-b)인가?

형색의 감각장소 — 이것이 밖에 있으면서 눈의 감각접촉의 대상인 물질이다.

797. 무엇이 [160] '밖에 있으면서 눈의 감각접촉의 대상이 아닌 물질'(Rma-3-39-c)인가?

소리의 감각장소 … 덩어리진 [먹는] 음식 — 이것이 밖에 있으면서 눈의 감각접촉의 대상이 아닌 물질이다.

798. 무엇이 '안에 있으면서 눈의 감각접촉에서 생긴 느낌의 … 인식의 … 의도의 … 눈의 알음알이의 대상이 아닌 물질'(Rma-3-40~43-a)인가?

눈의 감각장소 … 몸의 감각장소 — 이것이 안에 있으면서 [눈의 감각접촉에서 생긴] 눈의 알음알이의 대상이 아닌 물질이다.

799. 무엇이 '밖에 있으면서 [눈의 감각접촉에서 생긴] 눈의 알음알이의 대상인 물질'(Rma-3-43-b)인가?

형색의 감각장소 — 이것이 밖에 있으면서 [눈의 감각접촉에서 생긴]

눈의 알음알이의 대상인 물질이다.

800. 무엇이 '밖에 있으면서 [눈의 감각접촉에서 생긴] 눈의 알음알이의 대상이 아닌 물질'(Rma-3-43-c)인가?

소리의 감각장소 … 덩어리진 [먹는] 음식 — 이것이 밖에 있으면서 [눈의 감각접촉에서 생긴] 눈의 알음알이의 대상이 아닌 물질이다.

801. 무엇이 '안에 있으면서 귀의 감각접촉의 … (Rma-2-44~48) 코의 감각접촉의 … (Rma-2-49~53) 혀의 감각접촉의 … (Rma-2-54~58) 몸의 감각접촉의 대상이 아닌 물질'(Rma-3-59-a)인가?

눈의 감각장소 … 몸의 감각장소 — 이것이 안에 있으면서 몸의 감각접촉의 대상이 아닌 물질이다.

802. 무엇이 '밖에 있으면서 몸의 감각접촉의 대상인 물질'(Rma-3-59-b)인가?

감촉의 감각장소 — 이것이 밖에 있으면서 몸의 감각접촉의 대상인 물질이다.

803. 무엇이 '밖에 있으면서 몸의 감각접촉의 대상이 아닌 물질'(Rma-3-59-c)인가?

형색의 감각장소 … 덩어리진 [먹는] 음식 — 이것이 밖에 있으면서 몸의 감각접촉의 대상이 아닌 물질이다.

804. 무엇이 '안에 있으면서 몸의 감각접촉에서 생긴 느낌의 … 인식의 … 의도의 … 몸의 알음알이의 대상이 아닌 물질'(Rma-3-60~63-a)인가?

눈의 감각장소 … 몸의 감각장소 — 이것이 안에 있으면서 [몸의 감각접촉에서 생긴] 몸의 알음알이의 대상이 아닌 물질이다.

805. 무엇이 '밖에 있으면서 [몸의 감각접촉에서 생긴] 몸의 알음알이의 대상인 물질'(Rma-3-63-b)인가?

감촉의 감각장소 [161] — 이것이 밖에 있으면서 [몸의 감각접촉에서 생긴] 몸의 알음알이의 대상인 물질이다.

806. 무엇이 '밖에 있으면서 [몸의 감각접촉에서 생긴] 몸의 알음알이의 대상이 아닌 물질'(Rma-3-63-c)인가?

형색의 감각장소 … 덩어리진 [먹는] 음식 — 이것이 밖에 있으면서 [몸의 감각접촉에서 생긴] 몸의 알음알이의 대상이 아닌 물질이다.

807. 무엇이 '밖에 있으면서 눈의 감각장소가 아닌 물질'(Rma-3-64-a)인가?

형색의 감각장소 … 덩어리진 [먹는] 음식 — 이것이 밖에 있으면서 눈의 감각장소가 아닌 물질이다.

808. 무엇이 '안에 있으면서 눈의 감각장소인 물질'(Rma-3-64-b)인가?

눈은 네 가지 근본물질에서 파생된 감성의 [물질]이고 … 이것은 텅 빈 마을이기도 하다. — 이것이 안에 있으면서 눈의 감각장소인 물질이다.

809. 무엇이 '안에 있으면서 눈의 감각장소가 아닌 물질'(Rma-3-64-c)인가?

귀의 감각장소 … 몸의 감각장소 — 이것이 안에 있으면서 눈의 감각장소가 아닌 물질이다.

810. 무엇이 '밖에 있으면서 귀의 감각장소가 아닌 … 코의 감각장소가 아닌 … 혀의 감각장소가 아닌 … 몸의 감각장소가 아닌 물질'(Rma-3-65~68-a)인가?

형색의 감각장소 … 덩어리진 [먹는] 음식 — 이것이 밖에 있으면서 몸의 감각장소가 아닌 물질이다.

811. 무엇이 '안에 있으면서 몸의 감각장소인 물질'(Rma-3-68-b)인가?

몸은 네 가지 근본물질에서 파생된 감성의 [물질]이고 … 이것은 텅 빈 마을이기도 하다. — 이것이 안에 있으면서 몸의 감각장소인 물질이다.

812. 무엇이 '안에 있으면서 몸의 감각장소가 아닌 물질'(Rma-3-68-c)인가?

눈의 감각장소 … 혀의 감각장소 — 이것이 안에 있으면서 몸의 감각장소가 아닌 물질이다.

813. 무엇이 '안에 있으면서 형색의 감각장소가 아닌 물질'(Rma-3-69-a)인가?

눈의 감각장소 … 몸의 감각장소 — 이것이 안에 있으면서 형색의 감각장소가 아닌 물질이다.

814. 무엇이 '밖에 있으면서 형색의 감각장소인 물질'(Rma-3-69-b)인가?

형색은 네 가지 근본물질에서 파생된 것이고, 색깔로 빛나고 … 이것은 형색의 요소이기도 하다. — 이것이 밖에 있으면서 형색의 감각장소인 물질이다.

815. 무엇이 '밖에 있으면서 형색의 감각장소가 아닌 물질'(Rma-3-69-c)인가?

소리의 감각장소 … 덩어리진 [먹는] 음식 — 이것이 밖에 있으면서 형색의 감각장소가 아닌 물질이다.

816. 무엇이 '안에 있으면서 소리의 감각장소가 아닌 … [162] 냄새의 감각장소가 아닌 … 맛의 감각장소가 아닌 … 감촉의 감각장소가 아닌 물질'(Rma-3-70~73-a)인가?

눈의 감각장소 … 몸의 감각장소 — 이것이 안에 있으면서 감촉의 감각장소가 아닌 물질이다.

817. 무엇이 '밖에 있으면서 감촉의 감각장소인 물질'(Rma-3-73-b)인가?

땅의 요소 … 감촉의 요소 — 이것이 밖에 있으면서 감촉의 감각장소인 물질이다.

818. 무엇이 '밖에 있으면서 감촉의 감각장소가 아닌 물질'(Rma-3-73-c)인가?

형색의 감각장소 … 덩어리진 [먹는] 음식 — 이것이 밖에 있으면서 감촉의 감각장소가 아닌 물질이다.

819. 무엇이 '밖에 있으면서 눈의 요소가 아닌 물질'(Rma-3-74-a)인가?

형색의 감각장소 … 덩어리진 [먹는] 음식 — 이것이 밖에 있으면서 눈의 요소가 아닌 물질이다.

820. 무엇이 '안에 있으면서 눈의 요소인 물질'(Rma-3-74-b)인가?

눈의 감각장소 — 이것이 안에 있으면서 눈의 요소인 물질이다.

821. 무엇이 '안에 있으면서 눈의 요소가 아닌 물질'(Rma-3-74-c)인가?

귀의 감각장소 … 몸의 감각장소 — 이것이 안에 있으면서 눈의 요소가 아닌 물질이다.

822. 무엇이 '밖에 있으면서 귀의 요소가 아닌 … 코의 요소가 아닌 … 혀의 요소가 아닌 … 몸의 요소가 아닌 물질'(Rma-3-75~78-a)인가?

형색의 감각장소 … 덩어리진 [먹는] 음식 — 이것이 밖에 있으면서 몸의 요소가 아닌 물질이다.

823. 무엇이 '안에 있으면서 몸의 요소인 물질'(Rma-3-78-b)인가?

몸의 감각장소 — 이것이 안에 있으면서 몸의 요소인 물질이다.

824. 무엇이 '안에 있으면서 몸의 요소가 아닌 물질'(Rma-3-78-c)인가?

눈의 감각장소 … 혀의 감각장소 — 이것이 안에 있으면서 몸의 요소가 아닌 물질이다.

825. 무엇이 '안에 있으면서 형색의 요소가 아닌 물질'(Rma-3-79-a)인가?

눈의 감각장소 … 몸의 감각장소 — 이것이 안에 있으면서 형색의 요소가 아닌 물질이다.

826. 무엇이 '밖에 있으면서 형색의 요소인 물질'(Rma-3-79-b)인가?

형색의 감각장소 — 이것이 밖에 있으면서 형색의 요소인 물질이다.

827. 무엇이 '밖에 있으면서 형색의 요소가 아닌 물질'(Rma-3-79-c)인가?

소리의 감각장소 … 덩어리진 [먹는] 음식 — 이것이 밖에 있으면서 형색의 요소가 아닌 물질이다.

828. 무엇이 '안에 있으면서 소리의 요소가 아닌 … [163] 냄새의 요

소가 아닌 … 맛의 요소가 아닌 … 감촉의 요소가 아닌 물질'(Rma-3-80~83-a)인가?

눈의 감각장소 … 몸의 감각장소 — 이것이 안에 있으면서 감촉의 요소가 아닌 물질이다.

829. 무엇이 '밖에 있으면서 감촉의 요소인 물질'(Rma-3-83-b)인가?

감촉의 감각장소 — 이것이 밖에 있으면서 감촉의 요소인 물질이다.

830. 무엇이 '밖에 있으면서 감촉의 요소가 아닌 물질'(Rma-3-83-c)인가?

형색의 감각장소 … 덩어리진 [먹는] 음식 — 이것이 밖에 있으면서 감촉의 요소가 아닌 물질이다.

831. 무엇이 '밖에 있으면서 눈의 기능이 아닌 물질'(Rma-3-84-a)인가?

형색의 감각장소 … 덩어리진 [먹는] 음식 — 이것이 밖에 있으면서 눈의 기능이 아닌 물질이다.

832. 무엇이 '안에 있으면서 눈의 기능인 물질'(Rma-3-84-b)인가?

몸은 네 가지 근본물질에서 파생된 감성의 [물질]이고 … 이것은 텅 빈 마을이기도 하다. — 이것이 안에 있으면서 눈의 기능인 물질이다.

833. 무엇이 '안에 있으면서 눈의 기능이 아닌 물질'(Rma-3-84-c)인가?

귀의 감각장소 … 몸의 감각장소 — 이것이 안에 있으면서 눈의 기능이 아닌 물질이다.

834. 무엇이 '밖에 있으면서 귀의 기능이 아닌 … 코의 기능이 아닌 … 혀의 기능이 아닌 … 몸의 기능이 아닌 물질'(Rma-3-85~88-a)인가?

형색의 감각장소 … 덩어리진 [먹는] 음식 — 이것이 밖에 있으면서 몸의 기능이 아닌 물질이다.

835. 무엇이 '안에 있으면서 몸의 기능인 물질'(Rma-3-88-b)인가?

몸은 네 가지 근본물질에서 파생된 감성의 [물질]이고 … 이것은 텅 빈 마을이기도 하다. — 이것이 안에 있으면서 몸의 기능인 물질이다.

836. 무엇이 '안에 있으면서 몸의 기능이 아닌 물질'(Rma-3-88-c) 인가?

눈의 감각장소 … 혀의 감각장소 — 이것이 안에 있으면서 몸의 기능이 아닌 물질이다.

837. 무엇이 '안에 있으면서 여자의 기능[女根]이 아닌 물질'(Rma-3-89-a)인가?

눈의 감각장소 … 몸의 감각장소 — 이것이 안에 있으면서 여자의 기능이 아닌 물질이다.

838. 무엇이 '밖에 있으면서 여자의 기능인 물질'(Rma-3-89-b)인가?

여자가 가지는 여자의 생김새, 여자의 [외관상의] 표상, 여자다운 행위, 여자의 모습, 여자됨, 여자의 상태 — 이것이 밖에 있으면서 여자의 기능인 물질이다.

839. 무엇이 [164] '밖에 있으면서 여자의 기능이 아닌 물질'(Rma-3-89-c)인가?

형색의 감각장소 … 덩어리진 [먹는] 음식 — 이것이 밖에 있으면서 여자의 기능이 아닌 물질이다.

840. 무엇이 '안에 있으면서 남자의 기능[男根]이 아닌 물질'(Rma-3-

90-a)인가?

눈의 감각장소 … 몸의 감각장소 — 이것이 안에 있으면서 남자의 기능이 아닌 물질이다.

841. 무엇이 '밖에 있으면서 남자의 기능인 물질'(Rma-3-90-b)인가?

남자가 가지는 남자의 생김새, 남자의 [외관상의] 표상, 남자다운 행위, 남자의 모습, 남자됨, 남자의 상태 — 이것이 밖에 있으면서 남자의 기능인 물질이다.

842. 무엇이 '밖에 있으면서 남자의 기능이 아닌 물질'(Rma-3-90-c)인가?

형색의 감각장소 … 덩어리진 [먹는] 음식 — 이것이 밖에 있으면서 남자의 기능이 아닌 물질이다.

843. 무엇이 '안에 있으면서 생명기능[命根]이 아닌 물질'(Rma-3-91-a)인가?

눈의 감각장소 … 몸의 감각장소 — 이것이 안에 있으면서 생명기능이 아닌 물질이다.

844. 무엇이 '밖에 있으면서 생명기능인 물질'(Rma-3-91-b)인가?

물질로 된 법들의 수명, 머묾, 지속, 유지, 나아감, 계속됨, 보존, 생명, 생명기능 — 이것이 밖에 있으면서 생명기능인 물질이다.

845. 무엇이 '밖에 있으면서 생명기능이 아닌 물질'(Rma-3-91-c)인가?

형색의 감각장소 … 덩어리진 [먹는] 음식 — 이것이 밖에 있으면서 생명기능이 아닌 물질이다.

846. 무엇이 '안에 있으면서 몸의 암시가 아닌 물질'(Rma-3-92-a) 인가?

눈의 감각장소 … 몸의 감각장소 — 이것이 안에 있으면서 몸의 암시가 아닌 물질이다.

847. 무엇이 '밖에 있으면서 몸의 암시인 물질'(Rma-3-92-b)인가?

유익한 마음이나 해로운 마음이나 결정할 수 없는[無記] 마음을 [원인으로 하여] 나아가거나 물러가거나 앞을 보거나 돌아보거나 구부리거나 펴는 [행위의 결과로 생긴] 몸의 굳셈, 굳건 함, 굳건한 상태, 암시, 알게 함, 알게 하는 상태 — 이것이 밖에 있으면서 몸의 암시인 물질이다.

848. 무엇이 '밖에 있으면서 몸의 암시가 아닌 물질'(Rma-3-92-c) 인가?

형색의 감각장소 … 덩어리진 [먹는] 음식 — 이것이 밖에 있으면서 몸의 암시가 아닌 물질이다.

849. 무엇이 '안에 있으면서 말의 암시가 아닌 물질'(Rma-3-93-a) 인가?

눈의 감각장소 … 몸의 감각장소 — 이것이 안에 있으면서 말의 암시가 아닌 물질이다.

850. 무엇이 [165] '밖에 있으면서 말의 암시인 물질'(Rma-3-93-b) 인가?

유익한 마음이나 해로운 마음이나 결정할 수 없는[無記] 마음을 [원인으로 하여 생긴] 말, 언성, 발성, 언설, 소리, 소리냄, 말, 말을 내뱉음 — 이를 일러 말이라 한다. 이러한 말의 암시, 알게 함, 알게 하는 상태 — 이것이 밖에 있으면서 말의 암시인 물질이다.

851. 무엇이 '밖에 있으면서 말의 암시가 아닌 물질'(Rma-3-93-c)인가?

형색의 감각장소 … 덩어리진 [먹는] 음식 — 이것이 밖에 있으면서 말의 암시가 아닌 물질이다.

852. 무엇이 '안에 있으면서 허공의 요소가 아닌 물질'(Rma-3-94-a)인가?

눈의 감각장소 … 몸의 감각장소 — 이것이 안에 있으면서 허공의 요소가 아닌 물질이다.

853. 무엇이 '밖에 있으면서 허공의 요소인 물질'(Rma-3-94-b)인가?

허공과 허공에 속하는 것과 빈 것과 빈 것에 속하는 것과 열린 것과 열린 것에 속하는 것과 네 가지 근본물질에 의해서 닿지 않는 것 — 이것이 밖에 있으면서 허공의 요소인 물질이다.

854. 무엇이 '밖에 있으면서 허공의 요소가 아닌 물질'(Rma-3-94-c)인가?

형색의 감각장소 … 덩어리진 [먹는] 음식 — 이것이 밖에 있으면서 허공의 요소가 아닌 물질이다.

855. 무엇이 '안에 있으면서 물의 요소가 아닌 물질'(Rma-3-95-a)인가?

눈의 감각장소 … 몸의 감각장소 — 이것이 안에 있으면서 물의 요소가 아닌 물질이다.

856. 무엇이 '밖에 있으면서 물의 요소인 물질'(Rma-3-95-b)인가?

물과 물로 된 것과 액체와 액체로 된 것과 물질의 응집성 — 이것이 밖에 있으면서 물의 요소인 물질이다.

857. 무엇이 '밖에 있으면서 물의 요소가 아닌 물질'(Rma-3-95-c)인가?

형색의 감각장소 … 덩어리진 [먹는] 음식 — 이것이 밖에 있으면서 물의 요소가 아닌 물질이다.

858. 무엇이 '안에 있으면서 물질의 가벼움이 아닌 물질'(Rma-3-96-a)인가?

눈의 감각장소 … 몸의 감각장소 — 이것이 안에 있으면서 물질의 가벼움이 아닌 물질이다.

859. 무엇이 '밖에 있으면서 물질의 가벼움인 물질'(Rma-3-96-b)인가?

물질의 가벼움, 가볍게 변함, 굼뜨지 않음, 무기력하지 않음 — 이것이 밖에 있으면서 물질의 가벼움인 물질이다.

860. 무엇이 '밖에 있으면서 물질의 가벼움이 아닌 물질'(Rma-3-96-c)인가?

형색의 감각장소 … 덩어리진 [먹는] 음식 — 이것이 밖에 있으면서 물질의 가벼움이 아닌 물질이다.

861. 무엇이 '안에 있으면서 물질의 부드러움이 아닌 물질'(Rma-3-97-a)인가?

눈의 감각장소 … 몸의 감각장소 — 이것이 안에 있으면서 물질의 부드러움이 아닌 물질이다.

862. 무엇이 '밖에 있으면서 물질의 부드러움인 물질'(Rma-3-

97-b)인가?

물질의 부드러움, [166] 유연한 상태, 단단하지 않음, 견고하지 않음 — 이것이 밖에 있으면서 물질의 부드러움인 물질이다.

863. 무엇이 '밖에 있으면서 물질의 부드러움이 아닌 물질'(Rma-3-97-c)인가?

형색의 감각장소 … 덩어리진 [먹는] 음식 — 이것이 밖에 있으면서 물질의 부드러움이 아닌 물질이다.

864. 무엇이 '안에 있으면서 물질의 적합함이 아닌 물질'(Rma-3-98-a)인가?

눈의 감각장소 … 몸의 감각장소 — 이것이 안에 있으면서 물질의 적합함이 아닌 물질이다.

865. 무엇이 '밖에 있으면서 물질의 적합함인 물질'(Rma-3-98-b)인가?

물질의 적합함, 적합하게 됨, 적합한 상태 — 이것이 밖에 있으면서 물질의 적합함인 물질이다.

866. 무엇이 '밖에 있으면서 물질의 적합함이 아닌 물질'(Rma-3-98-c)인가?

형색의 감각장소 … 덩어리진 [먹는] 음식 — 이것이 밖에 있으면서 물질의 적합함이 아닌 물질이다.

867. 무엇이 '안에 있으면서 물질의 생성이 아닌 물질'(Rma-3-99-a)인가?

눈의 감각장소 … 몸의 감각장소 — 이것이 안에 있으면서 물질의 생성이 아닌 물질이다.

868. 무엇이 '밖에 있으면서 물질의 생성인 물질'(Rma-3-99-b)인가?

감각장소들의 시작이 물질의 생성이니 이것이 밖에 있으면서 물질의 생성인 물질이다.

869. 무엇이 '밖에 있으면서 물질의 생성이 아닌 물질'(Rma-3-99-c)인가?

형색의 감각장소 … 덩어리진 [먹는] 음식 — 이것이 밖에 있으면서 물질의 생성이 아닌 물질이다.

870. 무엇이 '안에 있으면서 물질의 상속이 아닌 물질'(Rma-3-100-a)인가?

눈의 감각장소 … 몸의 감각장소 — 이것이 안에 있으면서 물질의 상속이 아닌 물질이다.

871. 무엇이 '밖에 있으면서 물질의 상속인 물질'(Rma-3-100-b)인가?

물질의 생성이 물질의 상속이니 이것이 밖에 있으면서 물질의 상속인 물질이다.

872. 무엇이 '밖에 있으면서 물질의 상속이 아닌 물질'(Rma-3-100-c)인가?

형색의 감각장소 … 덩어리진 [먹는] 음식 — 이것이 밖에 있으면서 물질의 상속이 아닌 물질이다.

873. 무엇이 '안에 있으면서 물질의 쇠퇴함이 아닌 물질'(Rma-3-101-a)인가?

눈의 감각장소 … 몸의 감각장소 — 이것이 안에 있으면서 물질의 쇠퇴함이 아닌 물질이다.

874. 무엇이 '밖에 있으면서 물질의 쇠퇴함인 물질'(Rma-3-101-b)인가?

물질의 쇠퇴[老, 늙음], 노쇠함, 부서진 [이빨], 희어진 [머리털], 주름진 피부, 수명의 줄어듦, 기능[根]의 무르익음 — 이것이 밖에 있으면서 물질의 쇠퇴함인 물질이다.

875. 무엇이 '밖에 있으면서 물질의 쇠퇴함이 아닌 물질'(Rma-3-101-c)인가?

형색의 감각장소 … 덩어리진 [먹는] 음식 — 이것이 밖에 있으면서 물질의 쇠퇴함이 아닌 물질이다.

876. 무엇이 [167] '안에 있으면서 물질의 무상함이 아닌 물질'(Rma-3-102-a)인가?

눈의 감각장소 … 몸의 감각장소 — 이것이 안에 있으면서 물질의 무상함이 아닌 물질이다.

877. 무엇이 '밖에 있으면서 물질의 무상함인 물질'(Rma-3-102-b)인가?

물질의 멸진, 사라짐, 부서짐, 무너짐, 무상함, 끝남 — 이것이 밖에 있으면서 물질의 무상함인 물질이다.

878. 무엇이 '밖에 있으면서 물질의 무상함이 아닌 물질'(Rma-3-102-c)인가?

형색의 감각장소 … 덩어리진 [먹는] 음식 — 이것이 밖에 있으면서 물질의 무상함이 아닌 물질이다.

879. 무엇이 '안에 있으면서 덩어리진 [먹는] 음식이 아닌 물질'(Rma-3-103-a)인가?

눈의 감각장소 … 몸의 감각장소 — 이것이 안에 있으면서 덩어리진 [먹는] 음식이 아닌 물질이다.

880. 무엇이 '밖에 있으면서 덩어리진 [먹는] 음식인 물질'(Rma-3-103-b)인가?

쌀밥, 죽, 보리, 생선, 고기, 우유, 커드, 버터기름, 응유, 참기름, 꿀, 당밀이나, 그 밖에 어떤 다른 물질이 있어서 이런저런 지역에서 이런저런 중생들의 입에 들어가고 이빨로 씹고 목으로 삼키고 배 속에서 퍼지는 것이니, 이러한 영양분으로서 중생들이 연명하는 것 — 이것이 밖에 있으면서 덩어리진 [먹는] 음식인 물질이다.

881. 무엇이 '밖에 있으면서 덩어리진 [먹는] 음식이 아닌 물질'(Rma-3-103-c)인가?

형색의 감각장소 … 물질의 무상함 — 이것이 밖에 있으면서 덩어리진 [먹는] 음식이 아닌 물질이다.

이와 같이 세 가지에 의한 물질의 길라잡이가 있다.

세 개 조의 해설이 [끝났다.]

제4장 네 개 조의 해설

catukkaniddesa

882. 무엇이 '파생되었으면서 취착된 물질'(Rma-4-1-a)인가?

눈의 감각장소, 귀의 감각장소, 코의 감각장소, 혀의 감각장소, 몸의 감각장소, 여자의 기능, 남자의 기능, 생명기능, 그 밖에 업을 지었기 때문에 [생긴] 그 어떤 다른 물질로서 형색의 감각장소, 냄새의 감각장소, 맛의 감각장소, 허공의 요소, 물질의 생성, 물질의 상속, 덩어리진 [먹는] 음식 — 이것이 파생되었으면서 취착된 물질이다.

883. 무엇이 '파생되었으면서 취착되지 않은 물질'(Rma-4-1-b)인가?

소리의 감각장소, 몸의 암시, 말의 암시, 물질의 가벼움, 물질의 부드러움, 물질의 적합함, 물질의 쇠퇴함, 물질의 무상함, 그 밖에 업을 지었기 때문에 [생긴 것이] 아닌 [168] 그 어떤 다른 물질로서 형색의 감각장소, 냄새의 감각장소, 맛의 감각장소, 허공의 요소, 물질의 생성, 물질의 상속, 덩어리진 [먹는] 음식 — 이것이 파생되었으면서 취착되지 않은 물질이다.

884. 무엇이 '파생되지 않았으면서 취착된 물질'(Rma-4-1-c)인가?

업을 지었기 때문에 [생긴] 감촉의 감각장소, 물의 요소 — 이것이 파생되지 않았으면서 취착된 물질이다.

885. 무엇이 '파생되지 않았으면서 취착되지 않은 물질'(Rma-4-1-d)인가?

업을 지었기 때문에 [생긴 것이] 아닌 감촉의 감각장소, 물의 요소 —

이것이 파생되지 않았으면서 취착되지 않은 물질이다.

886. 무엇이 '파생되었으면서 취착되었고 취착의 대상인 물질'(Rma -4-2-a)인가?

눈의 감각장소 … 몸의 감각장소, 여자의 기능, 남자의 기능, 생명기능, 그 밖에 업을 지었기 때문에 [생긴] 그 어떤 다른 물질로서 형색의 감각장소, 냄새의 감각장소, 맛의 감각장소, 허공의 요소, 물질의 생성, 물질의 상속, 덩어리진 [먹는] 음식 — 이것이 파생되었으면서 취착되었고 취착의 대상인 물질이다.

887. 무엇이 '파생되었으면서 취착되지 않았지만 취착의 대상인 물질'(Rma-4-2-b)인가?

소리의 감각장소, 몸의 암시, 말의 암시, 물질의 가벼움, 물질의 부드러움, 물질의 적합함, 물질의 쇠퇴함, 물질의 무상함, 그 밖에 업을 지었기 때문에 [생긴 것이] 아닌 그 어떤 다른 물질로서 형색의 감각장소, 냄새의 감각장소, 맛의 감각장소, 허공의 요소, 물질의 생성, 물질의 상속, 덩어리진 [먹는] 음식 — 이것이 파생되었으면서 취착되지 않았지만 취착의 대상인 물질이다.

888. 무엇이 '파생되지 않았으면서 취착되었고 취착의 대상인 물질'(Rma-4-2-c)인가?

업을 지었기 때문에 [생긴] 감촉의 감각장소, 물의 요소 — 이것이 파생되지 않았으면서 취착되었고 취착의 대상인 물질이다.

889. 무엇이 '파생되지 않았으면서 취착되지 않았지만 취착의 대상인 물질'(Rma-4-2-d)인가?

업을 지었기 때문에 [생긴 것이] 아닌 감촉의 감각장소, 물의 요소 — 이것이 파생되지 않았으면서 취착되지 않았지만 취착의 대상인 물질이다.

890. 무엇이 '파생되었으면서 부딪힘이 있는 물질'(Rma-4-3-a)인가?

눈의 감각장소, 귀의 감각장소, 코의 감각장소, 혀의 감각장소, 몸의 감각장소, 형색의 감각장소, 소리의 감각장소, 냄새의 감각장소, 맛의 감각장소 — 이것이 파생되었으면서 부딪힘이 있는 물질이다.

891. 무엇이 '파생되었으면서 부딪힘이 없는 물질'(Rma-4-3-b)인가?

여자의 기능 … 덩어리진 [먹는] 음식 — 이것이 파생되었으면서 부딪힘이 없는 물질이다.

892. 무엇이 '파생되지 않았으면서 부딪힘이 있는 물질'(Rma-4-3-c)인가?

감촉의 감각장소 — 이것이 파생되지 않았으면서 부딪힘이 있는 물질이다.

893. 무엇이 [169] '파생되지 않았으면서 부딪힘이 없는 물질'(Rma-4-3-d)인가?

물의 요소 — 이것이 파생되지 않았으면서 부딪힘이 없는 물질이다.

894. 무엇이 '파생되었으면서 거친 물질'(Rma-4-4-a)인가?

눈의 감각장소 … 맛의 감각장소 — 이것이 파생되었으면서 거친 물질이다.

895. 무엇이 '파생되었으면서 미세한 물질'(Rma-4-4-b)인가?

여자의 기능 … 덩어리진 [먹는] 음식 — 이것이 파생되었으면서 미세한 물질이다.

896. 무엇이 '파생되지 않았으면서 거친 물질'(Rma-4-4-c)인가?

감촉의 감각장소 — 이것이 파생되지 않았으면서 거친 물질이다.

897. 무엇이 '파생되지 않았으면서 미세한 물질'(Rma-4-4-d)인가?
물의 요소 — 이것이 파생되지 않았으면서 미세한 물질이다.

898. 무엇이 '파생되었으면서 멀리 있는 물질'(Rma-4-5-a)인가?
여자의 기능 … 덩어리진 [먹는] 음식 — 이것이 파생되었으면서 멀리 있는 물질이다.

899. 무엇이 '파생되었으면서 가까이 있는 물질'(Rma-4-5-b)인가?
눈의 감각장소 … 맛의 감각장소 — 이것이 파생되었으면서 가까이 있는 물질이다.

900. 무엇이 '파생되지 않았으면서 멀리 있는 물질'(Rma-4-5-c)인가?
물의 요소 — 이것이 파생되지 않았으면서 멀리 있는 물질이다.

901. 무엇이 '파생되지 않았으면서 가까이 있는 물질'(Rma-4-5-d)인가?
감촉의 감각장소 — 이것이 파생되지 않았으면서 가까이 있는 물질이다.

902. 무엇이 '취착되었으면서 볼 수 있는 물질'(Rma-4-6-a)인가?
업을 지었기 때문에 [생긴] 형색의 감각장소 — 이것이 취착되었으면서 볼 수 있는 물질이다.

903. 무엇이 '취착되었으면서 볼 수 없는 물질'(Rma-4-6-b)인가?
눈의 감각장소 … 몸의 감각장소, 여자의 기능, 남자의 기능, 생명기능, 그 밖에 업을 지었기 때문에 [생긴] 그 어떤 다른 물질로서 냄새의 감각장소, 맛의 감각장소, 감촉의 감각장소, 허공의 요소, 물의 요소, 물질의 생성, 물질의 상속, 덩어리진 [먹는] 음식 — 이것이 취착되었으면서 볼 수 없는 물질이다.

904. 무엇이 '취착되지 않았으면서 볼 수 있는 물질'(Rma-4-6-c)인가?

업을 지었기 때문에 [생긴 것이] 아닌 형색의 감각장소 — 이것이 취착되지 않았으면서 볼 수 있는 물질이다.

905. 무엇이 '취착되지 않았으면서 볼 수 없는 물질'(Rma-4-6-d)인가?

소리의 감각장소, 몸의 암시, 말의 암시, 물질의 가벼움, 물질의 부드러움, 물질의 적합함, 물질의 쇠퇴함, 물질의 무상함, [170] 그 밖에 업을 지었기 때문에 [생긴 것이] 아닌 그 어떤 다른 물질로서 냄새의 감각장소, 맛의 감각장소, 감촉의 감각장소, 허공의 요소, 물의 요소, 물질의 생성, 물질의 상속, 덩어리진 [먹는] 음식 — 이것이 취착되지 않았으면서 볼 수 없는 물질이다.

906. 무엇이 '취착되었으면서 부딪힘이 있는 물질'(Rma-4-7-a)인가?

눈의 감각장소 … 몸의 감각장소, 그 밖에 업을 지었기 때문에 [생긴] 그 어떤 다른 물질로서 형색의 감각장소, 냄새의 감각장소, 맛의 감각장소, 감촉의 감각장소 — 이것이 취착되었으면서 부딪힘이 있는 물질이다.

907. 무엇이 '취착되었으면서 부딪힘이 없는 물질'(Rma-4-7-b)인가?

여자의 기능, 남자의 기능, 생명기능, 그 밖에 업을 지었기 때문에 [생긴] 그 어떤 다른 물질로서 허공의 요소, 물의 요소, 물질의 생성, 물질의 상속, 덩어리진 [먹는] 음식 — 이것이 취착되었으면서 부딪힘이 없는 물질이다.

908. 무엇이 '취착되지 않았으면서 부딪힘이 있는 물질'(Rma-4-7-c)인가?

소리의 감각장소, 그 밖에 업을 지었기 때문에 [생긴 것이] 아닌 그 어떤 다른 물질로서 형색의 감각장소, 냄새의 감각장소, 맛의 감각장소, 감촉의 감각장소 — 이것이 취착되지 않았으면서 부딪힘이 있는 물질이다.

909. 무엇이 '취착되지 않았으면서 부딪힘이 없는 물질'(Rma-4-7-d) 인가?

몸의 암시, 말의 암시, 물질의 가벼움, 물질의 부드러움, 물질의 적합함, 물질의 쇠퇴함, 물질의 무상함, 그 밖에 업을 지었기 때문에 [생긴 것이] 아닌 그 어떤 다른 물질로서 허공의 요소, 물의 요소, 물질의 생성, 물질의 상속, 덩어리진 [먹는] 음식 — 이것이 취착되지 않았으면서 부딪힘이 없는 물질이다.

910. 무엇이 '취착되었으면서 근본물질인 물질'(Rma-4-8-a) 인가?

업을 지었기 때문에 [생긴] 감촉의 감각장소, 물의 요소 — 이것이 취착되었으면서 근본물질인 물질이다.

911. 무엇이 '취착되었으면서 근본물질이 아닌 물질'(Rma-4-8-b) 인가?

눈의 감각장소 … 몸의 감각장소, 여자의 기능, 남자의 기능, 생명기능, 그 밖에 업을 지었기 때문에 [생긴] 그 어떤 다른 물질로서 형색의 감각장소, 냄새의 감각장소, 맛의 감각장소, 허공의 요소, 물질의 생성, 물질의 상속, 덩어리진 [먹는] 음식 — 이것이 취착되었으면서 근본물질이 아닌 물질이다.

912. 무엇이 '취착되지 않았으면서 근본물질인 물질'(Rma-4-8-c) 인가?

업을 지었기 때문에 [생긴 것이] 아닌 감촉의 감각장소, 물의 요소 —

이것이 취착되지 않았으면서 근본물질인 물질이다.

913. 무엇이 '취착되지 않았으면서 근본물질이 아닌 물질'(Rma-4-8-d)인가?

소리의 감각장소, [171] 몸의 암시, 말의 암시, 물질의 가벼움, 물질의 부드러움, 물질의 적합함, 물질의 쇠퇴함, 물질의 무상함, 그 밖에 업을 지었기 때문에 [생긴 것이] 아닌 그 어떤 다른 물질로서 형색의 감각장소, 냄새의 감각장소, 맛의 감각장소, 허공의 요소, 물질의 생성, 물질의 상속, 덩어리진 [먹는] 음식 — 이것이 취착되지 않았으면서 근본물질이 아닌 물질이다.

914. 무엇이 '취착되었으면서 거친 물질'(Rma-4-9-a)인가?

눈의 감각장소 … 몸의 감각장소, 그 밖에 업을 지었기 때문에 [생긴] 그 어떤 다른 물질로서 형색의 감각장소, 냄새의 감각장소, 맛의 감각장소, 감촉의 감각장소 — 이것이 취착되었으면서 거친 물질이다.

915. 무엇이 '취착되었으면서 미세한 물질'(Rma-4-9-b)인가?

여자의 기능, 남자의 기능, 생명기능, 그 밖에 업을 지었기 때문에 [생긴] 그 어떤 다른 물질로서 허공의 요소, 물의 요소, 물질의 생성, 물질의 상속, 덩어리진 [먹는] 음식 — 이것이 취착되었으면서 미세한 물질이다.

916. 무엇이 '취착되지 않았으면서 거친 물질'(Rma-4-9-c)인가?

소리의 감각장소, 그 밖에 업을 지었기 때문에 [생긴 것이] 아닌 그 어떤 다른 물질로서 형색의 감각장소, 냄새의 감각장소, 맛의 감각장소, 감촉의 감각장소 — 이것이 취착되지 않았으면서 거친 물질이다.

917. 무엇이 '취착되지 않았으면서 미세한 물질'(Rma-4-9-d)인가?

몸의 암시, 말의 암시, 물질의 가벼움, 물질의 부드러움, 물질의 적합함, 물질의 쇠퇴함, 물질의 무상함, 그 밖에 업을 지었기 때문에 [생긴 것이] 아닌 그 어떤 다른 물질로서 허공의 요소, 물의 요소, 물질의 생성, 물질의 상속, 덩어리진 [먹는] 음식 — 이것이 취착되지 않았으면서 미세한 물질이다.

918. 무엇이 '취착되었으면서 멀리 있는 물질'(Rma-4-10-a)인가?

여자의 기능, 남자의 기능, 생명기능, 그 밖에 업을 지었기 때문에 [생긴] 그 어떤 다른 물질로서 허공의 요소, 물의 요소, 물질의 생성, 물질의 상속, 덩어리진 [먹는] 음식 — 이것이 취착되었으면서 멀리 있는 물질이다.

919. 무엇이 '취착되었으면서 가까이 있는 물질'(Rma-4-10-b)인가?

눈의 감각장소 … 몸의 감각장소, 그 밖에 업을 지었기 때문에 [생긴] 그 어떤 다른 물질로서 형색의 감각장소, 냄새의 감각장소, 맛의 감각장소, 감촉의 감각장소 — 이것이 취착되었으면서 가까이 있는 물질이다.

920. 무엇이 '취착되지 않았으면서 멀리 있는 물질'(Rma-4-10-c)인가?

몸의 암시, 말의 암시, 물질의 가벼움, 물질의 부드러움, 물질의 적합함, [172] 물질의 쇠퇴함, 물질의 무상함, 그 밖에 업을 지었기 때문에 [생긴 것이] 아닌 그 어떤 다른 물질로서 허공의 요소, 물의 요소, 물질의 생성, 물질의 상속, 덩어리진 [먹는] 음식 — 이것이 취착되지 않았으면서 멀리 있는 물질이다.

921. 무엇이 '취착되지 않았으면서 가까이 있는 물질'(Rma-4-10-d)인가?

소리의 감각장소, 그 밖에 업을 지었기 때문에 [생긴 것이] 아닌 그 어떤 다른 물질로서 형색의 감각장소, 냄새의 감각장소, 맛의 감각장소, 감촉의 감각장소 — 이것이 취착되지 않았으면서 가까이 있는 물질이다.

922. 무엇이 '취착되었고 취착의 대상이면서 볼 수 있는 물질'(Rma-4-11-a)인가?

업을 지었기 때문에 [생긴] 형색의 감각장소 — 이것이 취착되었고 취착의 대상이면서 볼 수 있는 물질이다.

923. 무엇이 '취착되었고 취착의 대상이면서 볼 수 없는 물질'(Rma-4-11-b)인가?

눈의 감각장소 … 몸의 감각장소, 여자의 기능, 남자의 기능, 생명기능, 그 밖에 업을 지었기 때문에 [생긴] 그 어떤 다른 물질로서, 냄새의 감각장소, 맛의 감각장소, 감촉의 감각장소, 허공의 요소, 물의 요소, 물질의 생성, 물질의 상속, 덩어리진 [먹는] 음식 — 이것이 취착되었고 취착의 대상이면서 볼 수 없는 물질이다.

924. 무엇이 '취착되지 않았지만 취착의 대상이면서 볼 수 있는 물질'(Rma-4-11-c)인가?

업을 지었기 때문에 [생긴 것이] 아닌 형색의 감각장소 — 이것이 취착되지 않았지만 취착의 대상이면서 볼 수 있는 물질이다.

925. 무엇이 '취착되지 않았지만 취착의 대상이면서 볼 수 없는 물질'(Rma-4-11-d)인가?

소리의 감각장소, 몸의 암시, 말의 암시, 물질의 가벼움, 물질의 부드러움, 물질의 적합함, 물질의 쇠퇴함, 물질의 무상함, 그 밖에 업을 지었기 때문에 [생긴 것이] 아닌 그 어떤 다른 물질로서 냄새의 감각장소, 맛의 감각장소, 감촉의 감각장소, 허공의 요소, 물의 요소, 물질의 생성, 물질의 상속, 덩어리진 [먹는] 음식 — 이것이 취착되지 않았지만 취착의 대상이면서 볼 수 없는 물질이다.

926. 무엇이 '취착되었고 취착의 대상이면서 부딪힘이 있는 물질'(Rma-4-12-a)인가?

눈의 감각장소 … 몸의 감각장소, 그 밖에 업을 지었기 때문에 [생긴] 그 어떤 다른 물질로서 형색의 감각장소, 냄새의 감각장소, [173] 맛의 감각장소, 감촉의 감각장소 — 이것이 취착되었고 취착의 대상이면서 부딪힘이 있는 물질이다.

927. 무엇이 '취착되었고 취착의 대상이면서 부딪힘이 없는 물질'(Rma-4-12-b)인가?

여자의 기능, 남자의 기능, 생명기능, 그 밖에 업을 지었기 때문에 [생긴] 그 어떤 다른 물질로서 허공의 요소, 물의 요소, 물질의 생성, 물질의 상속, 덩어리진 [먹는] 음식 — 이것이 취착되었고 취착의 대상이면서 부딪힘이 없는 물질이다.

928. 무엇이 '취착되지 않았지만 취착의 대상이면서 부딪힘이 있는 물질'(Rma-4-12-c)인가?

소리의 감각장소, 그 밖에 업을 지었기 때문에 [생긴 것이] 아닌 그 어떤 다른 물질로서 형색의 감각장소, 냄새의 감각장소, 맛의 감각장소, 감촉의 감각장소 — 이것이 취착되지 않았지만 취착의 대상이면서 부딪힘이 있는 물질이다.

929. 무엇이 '취착되지 않았지만 취착의 대상이면서 부딪힘이 없는 물질'(Rma-4-12-d)인가?

몸의 암시, 말의 암시, 물질의 가벼움, 물질의 부드러움, 물질의 적합함, 물질의 쇠퇴함, 물질의 무상함, 그 밖에 업을 지었기 때문에 [생긴 것이] 아닌 그 어떤 다른 물질로서 허공의 요소, 물의 요소, 물질의 생성, 물질의 상속, 덩어리진 [먹는] 음식 — 이것이 취착되지 않았지만 취착의 대상이면서 부딪힘이 없는 물질이다.

930. 무엇이 '취착되었고 취착의 대상이면서 근본물질인 물질'(Rma-4-13-a)인가?

업을 지었기 때문에 [생긴] 감촉의 감각장소, 물의 요소 — 이것이 취착되었고 취착의 대상이면서 근본물질인 물질이다.

931. 무엇이 '취착되었고 취착의 대상이면서 근본물질이 아닌 물질'(Rma-4-13-b)인가?

눈의 감각장소 … 몸의 감각장소, 여자의 기능, 남자의 기능, 생명기능, 그 밖에 업을 지었기 때문에 [생긴] 그 어떤 다른 물질로서 형색의 감각장소, 냄새의 감각장소, 맛의 감각장소, 허공의 요소, 물질의 생성, 물질의 상속, 덩어리진 [먹는] 음식 — 이것이 취착되었고 취착의 대상이면서 근본물질이 아닌 물질이다.

932. 무엇이 '취착되지 않았지만 취착의 대상이면서 근본물질인 물질'(Rma-4-13-c)인가?

업을 지었기 때문에 [생긴 것이] 아닌 감촉의 감각장소, 물의 요소 — 이것이 취착되지 않았지만 취착의 대상이면서 근본물질인 물질이다.

933. 무엇이 '취착되지 않았지만 취착의 대상이면서 근본물질이 아닌 물질'(Rma-4-13-d)인가?

소리의 감각장소, [174] 몸의 암시, 말의 암시, 물질의 가벼움, 물질의 부드러움, 물질의 적합함, 물질의 쇠퇴함, 물질의 무상함, 그 밖에 업을 지었기 때문에 [생긴 것이] 아닌 그 어떤 다른 물질로서 형색의 감각장소, 냄새의 감각장소, 맛의 감각장소, 허공의 요소, 물질의 생성, 물질의 상속, 덩어리진 [먹는] 음식 — 이것이 취착되지 않았지만 취착의 대상이면서 근본물질이 아닌 물질이다.

934. 무엇이 '취착되었고 취착의 대상이면서 거친 물질'(Rma-4-14-a)인가?

눈의 감각장소 … 몸의 감각장소, 그 밖에 업을 지었기 때문에 [생긴] 그 어떤 다른 물질로서 형색의 감각장소, 냄새의 감각장소, 맛의 감각장소, 감촉의 감각장소 — 이것이 취착되었고 취착의 대상이면서 거친 물질이다.

935. 무엇이 '취착되었고 취착의 대상이면서 미세한 물질'(Rma-4-14-b)인가?

여자의 기능, 남자의 기능, 생명기능, 그 밖에 업을 지었기 때문에 [생긴] 그 어떤 다른 물질로서 허공의 요소, 물의 요소, 물질의 생성, 물질의 상속, 덩어리진 [먹는] 음식 — 이것이 취착되었고 취착의 대상이면서 미세한 물질이다.

936. 무엇이 '취착되지 않았지만 취착의 대상이면서 거친 물질'(Rma-4-14-c)인가?

소리의 감각장소, 그 밖에 업을 지었기 때문에 [생긴 것이] 아닌 그 어떤 다른 물질로서 형색의 감각장소, 냄새의 감각장소, 맛의 감각장소, 감촉의 감각장소 — 이것이 취착되지 않았지만 취착의 대상이면서 거친 물질이다.

937. 무엇이 '취착되지 않았지만 취착의 대상이면서 미세한 물질'(Rma-4-14-d)인가?

몸의 암시, 말의 암시, 물질의 가벼움, 물질의 부드러움, 물질의 적합함, 물질의 쇠퇴함, 물질의 무상함, 그 밖에 업을 지었기 때문에 [생긴 것이] 아닌 그 어떤 다른 물질로서 허공의 요소, 물의 요소, 물질의 생성, 물질의 상속, 덩어리진 [먹는] 음식 — 이것이 취착되지 않았지만 취착의 대상이면서 미세한 물질이다.

938. 무엇이 '취착되었고 취착의 대상이면서 멀리 있는 물질'(Rma-4-15-a)인가?

여자의 기능, 남자의 기능, 생명기능, 그 밖에 업을 지었기 때문에 [생긴] 그 어떤 다른 물질로서 허공의 요소, 물의 요소, 물질의 생성, 물질의 상속, 덩어리진 [먹는] 음식 — 이것이 취착되었고 취착의 대상이면서 멀리 있는 물질이다.

939. 무엇이 '취착되었고 취착의 대상이면서 가까이 있는 물질'(Rma-4-15-b)인가?

눈의 감각장소 … 몸의 감각장소, 그 밖에 업을 지었기 때문에 [생긴] 그 어떤 다른 물질로서 형색의 감각장소, 냄새의 감각장소, 맛의 감각장소, 감촉의 감각장소 — 이것이 취착되었고 취착의 대상이면서 가까이 있는 물질이다.

940. 무엇이 [175] '취착되지 않았지만 취착의 대상이면서 멀리 있는 물질'(Rma-4-15-c)인가?

몸의 암시, 말의 암시, 물질의 가벼움, 물질의 부드러움, 물질의 적합함, 물질의 쇠퇴함, 물질의 무상함, 그 밖에 업을 지었기 때문에 [생긴 것이] 아닌 그 어떤 다른 물질로서 허공의 요소, 물의 요소, 물질의 생성, 물질의 상속, 덩어리진 [먹는] 음식 — 이것이 취착되지 않았지만 취착의 대상이면서 멀리 있는 물질이다.

941. 무엇이 '취착되지 않았지만 취착의 대상이면서 가까이 있는 물질'(Rma-4-15-d)인가?

소리의 감각장소, 그 밖에 업을 지었기 때문에 [생긴 것이] 아닌 그 어떤 다른 물질로서 형색의 감각장소, 냄새의 감각장소, 맛의 감각장소,

감촉의 감각장소 — 이것이 취착되지 않았지만 취착의 대상이면서 가까이 있는 물질이다.

942. 무엇이 '부딪힘이 있으면서 기능인 물질'(Rma-4-16-a)인가?

눈의 기능 … 몸의 기능 — 이것이 부딪힘이 있으면서 기능인 물질이다.

943. 무엇이 '부딪힘이 있으면서 기능이 아닌 물질'(Rma-4-16-b)인가?

형색의 감각장소 … 감촉의 감각장소 — 이것이 부딪힘이 있으면서 기능이 아닌 물질이다.

944. 무엇이 '부딪힘이 없으면서 기능인 물질'(Rma-4-16-c)인가?

여자의 기능, 남자의 기능, 생명기능 — 이것이 부딪힘이 없으면서 기능인 물질이다.

945. 무엇이 '부딪힘이 없으면서 기능이 아닌 물질'(Rma-4-16-d)인가?

몸의 암시, 말의 암시 … 덩어리진 [먹는] 음식 — 이것이 부딪힘이 없으면서 기능이 아닌 물질이다.

946. 무엇이 '부딪힘이 있으면서 근본물질인 물질'(Rma-4-17-a)인가?

감촉의 감각장소 — 이것이 부딪힘이 있으면서 근본물질인 물질이다.

947. 무엇이 '부딪힘이 있으면서 근본물질이 아닌 물질'(Rma-4-17-b)인가?

눈의 감각장소 … 맛의 감각장소 — 이것이 부딪힘이 있으면서 근본물질이 아닌 물질이다.

948. 무엇이 '부딪힘이 없으면서 근본물질인 물질'(Rma-4-17-c)인가?

물의 요소 — 이것이 부딪힘이 없으면서 근본물질인 물질이다.

949. 무엇이 '부딪힘이 없으면서 근본물질이 아닌 물질'(Rma-4-17-d)인가?

여자의 기능 … 덩어리진 [먹는] 음식 — 이것이 부딪힘이 없으면서 근본물질이 아닌 물질이다.

950. 무엇이 '기능이면서 거친 물질'(Rma-4-18-a)인가?

눈의 기능 … 몸의 기능 — 이것이 기능이면서 거친 물질이다.

951. 무엇이 '기능이면서 미세한 물질'(Rma-4-18-b)인가?

여자의 기능, [176] 남자의 기능, 생명기능 — 이것이 기능이면서 미세한 물질이다.

952. 무엇이 '기능이 아니면서 거친 물질'(Rma-4-18-c)인가?

형색의 감각장소 … 감촉의 감각장소 — 이것이 기능이 아니면서 거친 물질이다.

953. 무엇이 '기능이 아니면서 미세한 물질'(Rma-4-18-d)인가?

몸의 암시, 말의 암시 … 덩어리진 [먹는] 음식 — 이것이 기능이 아니면서 미세한 물질이다.

954. 무엇이 '기능이면서 멀리 있는 물질'(Rma-4-19-a)인가?

여자의 기능, 남자의 기능, 생명기능 — 이것이 기능이면서 멀리 있는 물질이다.

955. 무엇이 '기능이면서 가까이 있는 물질'(Rma-4-19-b)인가?

눈의 기능 … 몸의 기능 — 이것이 기능이면서 가까이 있는 물질이다.

956. 무엇이 '기능이 아니면서 멀리 있는 물질'(Rma-4-19-c)인가?

몸의 암시, 말의 암시 … 덩어리진 [먹는] 음식 — 이것이 기능이 아니면서 멀리 있는 물질이다.

957. 무엇이 '기능이 아니면서 가까이 있는 물질'(Rma-4-19-d) 인가?

형색의 감각장소 … 감촉의 감각장소 — 이것이 기능이 아니면서 가까이 있는 물질이다.

958. 무엇이 '근본물질이면서 거친 물질'(Rma-4-20-a)인가?

감촉의 감각장소 — 이것이 근본물질이면서 거친 물질이다.

959. 무엇이 '근본물질이면서 미세한 물질'(Rma-4-20-b)인가?

물의 요소 — 이것이 근본물질이면서 미세한 물질이다.

960. 무엇이 '근본물질이 아니면서 거친 물질'(Rma-4-20-c)인가?

눈의 감각장소 … 맛의 감각장소 — 이것이 근본물질이 아니면서 거친 물질이다.

961. 무엇이 '근본물질이 아니면서 미세한 물질'(Rma-4-20-d)인가?

여자의 기능 … 덩어리진 [먹는] 음식 — 이것이 근본물질이 아니면서 미세한 물질이다.

962. 무엇이 '근본물질이면서 멀리 있는 물질'(Rma-4-21-a)인가?

물의 요소 — 이것이 근본물질이면서 멀리 있는 물질이다.

963. 무엇이 '근본물질이면서 가까이 있는 물질'(Rma-4-21-b)인가?

감촉의 감각장소 — 이것이 근본물질이면서 가까이 있는 물질이다.

964. 무엇이 '근본물질이 아니면서 멀리 있는 물질'(Rma-4-21-c) 인가?

여자의 기능 … 덩어리진 [먹는] 음식 — 이것이 근본물질이 아니면서 멀리 있는 물질이다.

965. 무엇이 [177] '근본물질이 아니면서 가까이 있는 물질'(Rma-4-21-d)인가?

눈의 감각장소 … 맛의 감각장소 — 이것이 근본물질이 아니면서 가까이 있는 물질이다.

966. 형색의 감각장소는 보이는 것(Rma-4-22-a)이고,[155]

소리의 감각장소는 들리는 것(Rma-4-22-b)이고,

냄새의 감각장소와 맛의 감각장소와 감촉의 감각장소는 감지되는 것(Rma-4-22-c)이고,[156]

---

155) "여기 [네 개 조에서] '보이는 것', '들리는 것', '감지되는 것', '식별되는 것'의 마지막의 용어들은 [각각 형색의 감각장소, 소리의 감각장소 등 외에는] 더 이상의 다른 분류가 없기 때문에 처음부터 질문을 하지 않고 '형색의 감각장소는 보이는 것이고, 소리의 감각장소는 들리는 것이고(rūpāyatanaṁ diṭṭhaṁ, saddāyatanaṁ sutaṁ)'라는 등으로 말씀하셨다."(DhsA.338)

156) "냄새의 감각장소 등의 셋은 코와 혀와 몸으로 얻어서 취해야 하는 것(이기 때문에 감지한 뒤에 알아진다는 뜻에서 '감지한 것(muta)'이라 한다. 그리고 감촉한 뒤에(phusitvā) 알음알이가 일어나는 원인이 되기 때문에 역시 '감지한 것'이라고 부른다."(DhsA.338)

『맛지마 니까야 주석서』는 이렇게 설명한다.
"생각하고(mutvā) 감지하여(munitvā) 취한 것을 '감지한 것(muta)'이라 한다. 감각기관들이 대상들과 함께 서로서로 닿아서 안다는 말이다. 냄새와 맛과 감촉의 감각장소와 동의어이다."(MA.i.37)

모든 물질은 마노[意]로 식별되는 물질[157](Rma-4-22-d)이다.

이와 같이 네 가지에 의한 물질의 길라잡이가 있다.

네 개 조의 해설이 [끝났다.]

157) "모든 물질은 마노의 알음알이[意識]로 알아진다고 해서 '마노로 식별되는 것(manasā viññāta)'이라 한다."(DhsA.338)

제5장 다섯 개 조의 해설

pañcakaniddesa

967. 무엇이 '땅의 요소인 물질'(Rma-5-a)인가?

단단한 것과 견고하게 된 것과 단단함과 단단한 성질[堅固性]과 안에 있거나 밖에 있거나 취착되었거나 취착되지 않은 것 — 이것이 땅의 요소인 물질이다.

968. 무엇이 '물의 요소인 물질'(Rma-5-b)인가?

물과 물로 된 것과 액체와 액체로 된 것과 물질의 응집성과 안에 있거나 밖에 있거나 취착되었거나 취착되지 않은 것 — 이것이 물의 요소인 물질이다.

969. 무엇이 '불의 요소인 물질'(Rma-5-c)인가?

불과 불로 된 것과 뜨거운 것과 뜨거운 것으로 된 것[熱性]과 따뜻한 것과 따뜻한 것으로 된 것과 안에 있거나 밖에 있거나 취착되었거나 취착되지 않은 것 — 이것이 불의 요소인 물질이다.

970. 무엇이 '바람의 요소인 물질'(Rma-5-d)인가?

바람과 바람 기운과 물질의 팽창성[158]과 안에 있거나 밖에 있거나 취

---

158) 여기서 '팽창성'으로 옮긴 원어는 VRI본에는 thambhitatta(당황스러움)으로, PTS본에는 chambhitatta(놀람)로 나타난다. 주석서는 별다른 설명을 하지 않고 있다. 역자는 이 문맥에서 thambhitatta/chambhitatta는 바람의 요소[風大]가 가지는 팽창하는 성질을 뜻한다고 이해해서 '팽창성'으로 옮겼다. 리스 데이비즈 여사도 *inflation*(부풀림, 팽창)으로 옮기고 있다.(리스 데이비즈, 242쪽 참조) thambhitatta(당황스러움)에 대해서는 §425의

착되었거나 취착되지 않은 것 — 이것이 바람의 요소인 물질이다.

971. 무엇이 '파생된 물질'(Rma-5-e)인가?

눈의 감각장소 … 덩어리진 [먹는] 음식이다. — 이것이 파생된 물질이다.

이와 같이 다섯 가지에 의한 물질의 길라잡이가 있다.

다섯 개 조의 해설이 [끝났다.]

해당 주해를 참조할 것.

제6장 여섯 개 조의 해설

chakkaniddesa

972. 형색의 감각장소는 '눈으로 식별되는 물질'(Rma-6-a)이고,
소리의 감각장소는 '귀로 식별되는 물질'(Rma-6-b)이고,
냄새의 감각장소는 '코로 식별되는 물질'(Rma-6-c)이고,
맛의 감각장소는 '혀로 식별되는 물질'(Rma-6-d)이고,
감촉의 감각장소는 '몸으로 식별되는 물질'(Rma-6-e)이고,
모든 물질은 '마노로 식별되는 물질'(Rma-6-f)이다.159)

이와 같이 여섯 가지에 의한 물질의 길라잡이가 있다.

여섯 개 조의 해설이 [끝났다.]

---

159) "세 가지 마노의 요소(mano-dhātu)로 알 수 있다고 해서 '모든 물질은 '마노로 식별되는 물질'(Rma-6-f)이다.'라고 하셨다.
여기서 어떤 하나의 물질도 마노의 알음알이의 요소로 알아지지 않는 것은 없다. 그래서 '모든 물질은(sabbaṁ rūpaṁ)'이라고 하셨다. 정등각자께서 아비담마에 이르러서 방법(naya)을 사용하기에 적절한 곳에서 방법을 사용하지 않으신 적이 없다. 그래서 이곳은 단 하나의 물질도 마노의 알음알이의 요소에 의해서 알아지지 않는 경우가 없다는 것에 대해서 방법을 사용하기에 적절한 곳이기 때문에 방법을 적용해서 '모든 물질은'이라고 말씀하셨다." (DhsA.339)

제7장 일곱 개 조의 해설

sattakaniddesa

973. 형색의 감각장소는 [178] '눈으로 식별되는 물질'(Rma-7-a)이고,
소리의 감각장소는 '귀로 식별되는 물질'(Rma-7-b)이고,
냄새의 감각장소는 '코로 식별되는 물질'(Rma-7-c)이고,
맛의 감각장소는 '혀로 식별되는 물질'(Rma-7-d)이고,
감촉의 감각장소는 '몸으로 식별되는 물질'(Rma-7-e)이고,
형색의 감각장소와 소리의 감각장소와 냄새의 감각장소와 맛의 감각장소와 감촉의 감각장소는 '마노의 요소로 식별되는 물질'(Rma-7-f)이고,
모든 물질은 '마노의 알음알이의 요소로 식별되는 물질'(Rma-7-g)이다.

이와 같이 일곱 가지에 의한 물질의 길라잡이가 있다.

일곱 개 조의 해설이 [끝났다.]

제8장 여덟 개 조의 해설

aṭṭhakkaniddesa

974. 형색의 감각장소는 '눈으로 식별되는 물질'(Rma-8-a)이고,

소리의 감각장소는 '귀로 식별되는 물질'(Rma-8-b)이고,

냄새의 감각장소는 '코로 식별되는 물질'(Rma-8-c)이고,

맛의 감각장소는 '혀로 식별되는 물질'(Rma-8-d)이고,

마음에 드는 즐거운 감각접촉[160]인 감촉은 '몸으로 식별되는 물질'(Rma-8-e)이고,

마음에 들지 않는 괴로운 감각접촉인 감촉은 '몸으로 식별되는 물질'(Rma-8-f)이고,

형색의 감각장소와 소리의 감각장소와 냄새의 감각장소와 맛의 감각장소와 감촉의 감각장소는 '마노의 요소로 식별되는 물질'(Rma-8-g)이고,

모든 물질은 '마노의 알음알이의 요소로 식별되는 물질'(Rma-8-h)이다.

이와 같이 여덟 가지에 의한 물질의 길라잡이가 있다.

여덟 개 조의 해설이 [끝났다.]

---

160) "'즐거운 감각접촉(sukhasamphassa)'이란 즐거운 느낌을 얻을 조건이다. '괴로운 감각접촉(dukkhasamphassa)'이란 괴로운 느낌을 얻을 조건이다. 여기서도 감촉이라는 대상은 즐거움과 괴로움이 존재하는 [조건이기] 때문에 이 방법이 언급되었다."(DhsA.339)

제9장 아홉 개 조의 해설

navakaniddesa

975. 무엇이 '눈의 기능인 물질'(Rma-9-a)인가?

눈은 네 가지 근본물질에서 파생된 감성의 [물질]이고 … 이것은 텅 빈 마을이기도 하다. — 이것이 눈의 기능인 물질이다.

976. 무엇이 '귀의 기능인 물질'(Rma-9-b) … '코의 기능인 물질'(Rma-9-c) … '혀의 기능인 물질'(Rma-9-d) … '몸의 기능인 물질'(Rma-9-e) … '여자의 기능인 물질'(Rma-9-f) … '남자의 기능인 물질'(Rma-9-g) … '생명기능인 물질'(Rma-9-h)인가?

물질로 된 법들의 수명, 머묾, 지속, 유지, 나아감, 계속됨, 보존, 생명, 생명기능 — 이것이 생명기능인 물질이다.

977. 무엇이 '기능이 아닌 물질'(Rma-9-i)인가?

형색의 감각장소 … 덩어리진 [먹는] 음식 — 이것이 기능이 아닌 물질이다.

이와 같이 아홉 가지에 의한 물질의 길라잡이가 있다.

아홉 개 조의 해설이 [끝났다.]

제10장 열 개 조의 해설

dasakaniddesa

978. 무엇이 [179] '눈의 기능인 물질'(Rma-10-a)인가?

눈은 네 가지 근본물질에서 파생된 감성의 [물질]이고 … 이것은 텅 빈 마을이기도 하다. — 이것이 눈의 기능인 물질이다.

979. 무엇이 '귀의 기능인 물질'(Rma-10-b) … '코의 기능인 물질'(Rma-10-c) … '혀의 기능인 물질'(Rma-10-d) … '몸의 기능인 물질'(Rma-10-e) … '여자의 기능인 물질'(Rma-10-f) … '남자의 기능인 물질'(Rma-10-g) … '생명기능인 물질'(Rma-10-h)인가?

물질로 된 법들의 수명, 머묾, 지속, 유지, 나아감, 계속됨, 보존, 생명, 생명기능 — 이것이 생명기능인 물질이다.

980. 무엇이 '기능이 아니면서 부딪힘이 있는 물질'(Rma-10-i)인가?

형색의 감각장소 … 감촉의 감각장소 — 이것이 기능이 아니면서 부딪힘이 있는 물질이다.

981. 무엇이 '기능이 아니면서 부딪힘이 없는 물질'(Rma-10-j)인가?

몸의 암시 … 덩어리진 [먹는] 음식 — 이것이 기능이 아니면서 부딪힘이 없는 물질이다.

이와 같이 열 가지에 의한 물질의 길라잡이가 있다.

열 개 조의 해설이 [끝났다.]

제11장 열한 개 조의 해설

ekādasakaniddesa

982. 무엇이 '눈의 감각장소인 물질'(Rma-11-a)인가?

눈은 네 가지 근본물질에서 파생된 감성의 [물질]이고 … 이것은 텅 빈 마을이기도 하다. — 이것이 눈의 감각장소인 물질이다.

983. 무엇이 '귀의 감각장소인 물질'(Rma-11-b) … '코의 감각장소인 물질'(Rma-11-c) … '혀의 감각장소인 물질'(Rma-11-d) … '몸의 감각장소인 물질'(Rma-11-e) … '형색의 감각장소인 물질'(Rma-11-f) … '소리의 감각장소인 물질'(Rma-11-g) … '냄새의 감각장소인 물질'(Rma-11-h) … '맛의 감각장소인 물질'(Rma-11-i) … '감촉의 감각장소인 물질'(Rma-11-j)인가?

땅의 요소 … 감촉의 요소 — 이것이 감촉의 감각장소인 물질이다.

984. 무엇이 '볼 수 없고 부딪힘이 없는 법의 감각장소에 포함된 물질[法處所攝色]'(Rma-11-k)인가?

여자의 기능 … 덩어리진 [먹는] 음식 — 이것이 볼 수 없고 부딪힘이 없는 법의 감각장소에 포함된 물질이다.

이와 같이 열한 가지에 의한 물질의 길라잡이가 있다.

열한 개 조의 해설이 [끝났다.]

여덟 번째 바나와라가 [끝났다.]

물질의 분석161)이 [끝났다.]162)

---

161) "그런데 이들 물질에 대한 미혹함을 없애기 위해서 ① 통합(samodhāna)과 ② 생기는 것(samuṭṭhāna)과 ③ 구체적인 것(parinipphanna)과 ④ 형성된 것[有爲, saṅkhata]이라는 이러한 일반적인 항목(pakiṇṇaka)을 알아야 한다."(DhsA.339)

주석서는 이렇게 네 가지 일반적인 항목을 제시하고 이들을 하나하나 설명하고 있다. 중요한 부분을 발췌해서 옮겨 본다.

"이 가운데 ① 통합(samodhāna)이라는 것은 이 모든 물질은 통합을 통해서 눈의 감각장소로부터 시작해서 덩어리진 [먹는] 음식, 감촉의 감각장소, 물의 요소까지 25가지가 된다. 이것은 토대의 물질(vatthu-rūpa, 즉 심장토대)과 더불어 26가지가 된다고 알아야 한다. 이와 다른 물질이란 것은 없다." (DhsA.339~340)

본서에는 토대의 물질, 즉 심장토대(hadaya-vatthu)는 나타나지 않는다. 그러나 『앗타살리니』의 이 문맥이나 『청정도론』(Vis.XIV.35~36)과 같은 주석서 문헌들에서 심장토대는 물질에 속하는 고유성질을 가진 법으로 정착이 된다. 심장토대는 논장의 『빳타나』에서 그 기원을 찾을 수 있다.(심장토대에 대한 설명은 본서 §595의 주해와 Vis.XIV.60을 참조할 것.) 이렇게 해서 상좌부에서는 물질이라는 법을 모두 26가지로 정착시켰다. 『아비담맛타상가하』(『아비담마 길라잡이』)와 같은 후대의 상좌부 논서에는 물질은 28가지라고 확정 짓고 있다.(『아비담마 길라잡이』 제6장 §3 참조) 이것은 『앗타살리니』에서 말하는 26가지 물질과 정확하게 일치한다. 이 26가지 물질에 포함된 감촉의 내용이 땅의 요소와 불의 요소와 바람의 요소의 3가지이기 때문에 감촉을 빼고 이들 셋을 넣으면 28가지가 되기 때문이다.

계속해서 주석서는 혼침의 물질(middha-rūpa) 등과 같은 이설을 예로 들고 이들은 존재하지 않는다고 논파하고 있다.(DhsA.340) 『청정도론』 XIV.71에도 이와 비슷한 논의가 있으므로 『청정도론』의 해당 부분을 참조하기 바란다.

상좌부 불교는 물질이 일어나는 원인을 업(kamma)과 마음(citta)과 온도(utu)와 음식(āhāra)의 넷으로 설명한다. 여기에 대해서는 『아비담마 길라잡이』 제6장 §9 이하를 참조하기 바란다. 계속해서 주석서는 업과 마음과 온도와 음식이라는 이러한 네 가지 물질이 생기는 원인을 '생기는 것(samuṭṭhāna)'이라는 항목을 통해서 아래와 같이 살펴보고 있다.

"② 생기는 것(samuṭṭhāna)이라고 하였다. 얼마나 어떤 물질이 어떤 것들로부터 생기는가? ⓐ 한 가지에서 생긴 것 열 가지, ⓑ 두 가지에서 생긴 것 한 가지, ⓒ 세 가지에서 생긴 것 세 가지, ⓓ 네 가지에서 생긴 것 아홉 가지, ⓔ 어떤 것으로부터도 생기지 않은 것 두 가지이다.

ⓐ 이 가운데 눈의 감성부터 생명기능까지 이 여덟 가지는 전적으로 업에서 생긴 것이다. 몸의 암시와 말의 암시 이 두 가지는 전적으로 마음에서 생긴 것이다. 이렇게 해서 한 가지 [원인에 의해서] 생긴 물질은 열 가지가 된다. (심장토대는 빠졌음.)
ⓑ 소리는 온도와 마음으로부터 생긴 것이라서 두 가지 원인에 의해서 생긴 것은 한 가지가 된다.
ⓒ 가벼움과 부드러움과 적합함, 이 세 가지는 온도와 마음과 음식으로부터 생긴 것이기 때문에 세 가지 원인에 의해서 생긴 것은 세 가지가 된다.
ⓓ 나머지 아홉 가지의 물질은 이들 온도와 마음과 음식과 더불어 업으로부터 생긴 것이기 때문에 네 가지 원인에 의해서 생긴 것이 되어, 네 가지 원인에 의해서 생긴 것은 아홉 가지이다.
ⓔ 그러나 쇠퇴함과 무상함은 이들 가운데 어떤 하나로부터도 생기지 않는다고 해서 어떤 것으로부터도 생기지 않은 것은 두 가지가 된다. 왜 그런가? 이 둘은 발생하지 않았기 때문이다. 왜 그런가? 발생한 것은 성숙하고 부서지기 때문이다. …

③ 구체적인 것(parinipphanna)이라고 하였다. 15가지 물질들은 구체적인 물질(parinipphannāni rūpāni)이라 하고 10가지는 추상적인 물질(구체적이지 않은 물질, aparinipphanna)이라 한다. 만일 추상적인 물질들이 [실제로] 있다면 그것은 형성되지 않은 것들이 될 것이다. 몸의 암시, 말의 암시, 허공의 요소, 가벼움, 부드러움, 적합함, 생성, 상속, 쇠퇴함, 무상함이 [추상적인 물질에 속한다.]

④ 모든 구체적인 물질은 오직 형성된 것[有爲, saṅkhata]이다."(DhsA. 339~343)

여기 『담마상가니 주석서』에 나타나는 물질의 분류 등을 토대로 하여 『아비담마 길라잡이』는 제6장 §15에서 물질이 일어나는 네 가지 원인을 기준으로 다음과 같이 물질들을 정리하고 있다. 이 분류에는 심장토대도 포함되어 있다.

1가지 원인에서 생긴 물질: 8가지 기능들 + 심장토대 + 2가지 암시 = 11가지
2가지 원인에서 생긴 물질: 소리 = 1가지
3가지 원인에서 생긴 물질: 가벼움 등 3가지 = 3가지
4가지 원인에서 생긴 물질: 8가지 분리할 수 없는 것 + 허공 = 9가지
원인 없이 생긴 물질: 4가지 특징들 = 4가지

업에서 생긴 물질 18가지: 8가지 분리할 수 없는 것 + 8가지 기능[根]들 + 심장토대 + 허공
마음에서 생긴 물질 15가지: 8가지 분리할 수 없는 것 + 5가지 변화하는 것

(2가지 암시 + 가벼움 등 3가지) + 소리 + 허공
온도에서 생긴 물질 13가지: 8가지 분리할 수 없는 것 + 가벼움 등 3가지 + 소리 + 허공
음식에서 생긴 물질 12가지: 8가지 분리할 수 없는 것 + 가벼움 등 3가지 + 허공

분리할 수 없는 물질(avinibbhoga)에 대해서는 본서 제1권 마띠까의 물질인 법들(ma2-11-a)의 주해와 『아비담마 길라잡이』 제6장 §7 [해설] 10을 참조할 것.

162) 여기서 관심을 가져야 할 점은 어떤 원인으로부터도 생기지 않은 물질이 두 가지인가, 네 가지인가 하는 점이다. 본 주석서의 인용에서 보듯이 『앗타살리니』는 '물질의 생성, 물질의 상속, 물질의 쇠퇴함, 물질의 무상함(upacaya, santati, jaratā aniccatā)'의 네 가지 특징의 물질 가운데 앞의 두 가지는 네 가지 원인에 의해서 생긴 물질의 영역에 포함시키고 뒤의 두 가지만 어떤 원인으로부터도 생기지 않은 것에 포함시키고 있다.
이것은 이미 본서 §652 등에서 물질의 생성과 물질의 상속을 업을 지었기 때문에 생긴 물질 혹은 업에서 생긴 물질에 포함시키고 있기 때문이고(§652의 해당 주해 참조), §666 등에서 업에서 생긴 물질과 마음에서 생긴 물질 안에 물질의 생성과 물질의 상속을 포함하고 있기 때문이다. 그리고 온도와 음식을 통해서도 물질은 생기기 때문에 앞의 둘, 즉 물질의 생성과 물질의 상속은 네 가지 원인에 의해서 생긴 것에 포함시켰을 것이다. 『앗타살리니』는 이렇게 하여 앞의 두 가지는 네 가지 원인에 의해서 생긴 것에 포함시키고 뒤의 둘, 즉 물질의 쇠퇴함과 물질의 무상함은 어떤 원인으로부터도 생기지 않은 것에 포함시킨 것으로 해석을 한다.

그런데 같은 저자가 지은 『청정도론』은 물질의 생성과 물질의 상속과 물질의 쇠퇴함과 물질의 무상함, 이 넷 모두가 어떤 원인으로부터도 생기지 않은 것에 포함되는 것으로 설명하고 있다. 그래서 『청정도론』은 "특징의 물질은 어느 것으로부터도 생기지 않은 것이다."(Vis.XIV.80)라고 적고 있다. 『청정도론』은 그 이유를 다음과 같이 설명한다.

"무슨 이유인가? 생긴 것에 [또 다시] 생김이 없기 때문이다. 나머지 둘도 생긴 것의 성숙이고 부서짐일 뿐이다. "형색의 감각장소[色處], 소리의 감각장소, 냄새의 감각장소, 맛의 감각장소, 감촉의 감각장소, 허공의 요소, 물의 요소, 물질의 가벼움, 물질의 부드러움, 물질의 적합성, 물질의 생성, 물질의 상속, 덩어리진 [먹는] 음식 — 이러한 것들은 마음에서 생긴 것이다."(Dhs. §666) 등에서 '태어남도 어떤 것에서 생겼다.'라고 인정하는 것은 물질을 생기게 하는 조건들이 그들의 역할을 수행하는 그 순간에 [그 처음 태어남을] 보았기 때문이라고 알아야 한다."(Vis.XIV.80)

제2편 물질 편이 [끝났다.]

이처럼 『청정도론』은 본서에서 업에서 생긴 물질과 마음에서 생긴 물질에 이 둘이 포함된 것은 이러한 특수한 경우를 말하는 것이고 일반적으로는 이 넷은 모두가 어떤 원인으로부터도 생기지 않은 것에 포함된다고 설명하고 있다. 『아비담마 길라잡이』도 다음과 같이 동일한 견해를 가지고 있다.

"특징의 [물질]들은 물질의 본성인 생김 등을 가지고 있을 뿐이기 때문에 어느 것으로부터도 생긴 것이 아니라고 설했다."(Abhi-Sgh.42, 『아비담마 길라잡이』 제6장 §15 (44))

후대의 아비담마 주석서들은 대부분 『청정도론』의 이 견해를 따르는 듯하다. 그러나 『앗타살리니』의 저자인 붓다고사 스님과 동시대 스님으로 알려진 붓다닷따(Buddhadatta) 스님이 지은 『아비담마 아와따라』(Abhidhamma-avatāra, 아비담마 입문)는 『앗타살리니』의 견해를 따른다. 그래서 "나머지 11가지 종류는 네 가지에서 생긴 것이고 쇠퇴함과 무상함은 어느 것으로부터도 생기지 않은 것이다."(Abhi-av.76)라고 설명한다. 여기서 11가지가 된 것은 감촉 대신에 감촉의 내용인 땅의 요소와 불의 요소와 바람의 요소를 넣었기 때문이다.

담마상가니

제3편

간결한 설명 편

nikkhepa-kaṇḍa

제3편

간결한 설명 편

nikkhepa-kaṇḍa163)

163) '간결한 설명 편'은 nikkhepa-kaṇḍa를 풀어서 옮긴 것이다. 전통적으로 왜 본편의 명칭을 '간결한 설명 편', 즉 nikkhepa-kaṇḍa로 붙였을까? 『담마상가니』의 주석서와 복주서의 설명은 그 이유를 분명하게 알게 해준다. 『담마상가니』의 주석서인 『앗타살리니』와 복주서인 『담마상가니 물라띠까』의 설명을 통해서 그 이유를 살펴보자. 『앗타살리니』는 이렇게 말한다.

"지금까지 [제1편과 제2편에서는 『담마상가니』 마띠까 가운데 첫 번째 마띠까인] 유익함의 세 개 조(kusalattika, ma-3-1)를 상세하게 설명하였다. 그것은 유익한 것 등의 모든 법들을 단어를 분석하는 방법(padabhājana-naya)을 통해서였다. 유익함의 세 개 조를 분석하는 방법이 이와 같이 설해졌기 때문에 [마띠까 가운데] 나머지 세 개 조와 두 개 조도 이러한 방법을 적용시켜 설명하게 된다.
그러면 현자들은 유익함의 세 개 조(ma-3-1)를 분석하는 이러한 방법을 여기 [제3편]에서도 적용하여,

"무엇이 즐거운 느낌과 결합된 법들인가? 기쁨이 함께하고 지혜와 결합되고, 형색을 대상으로 하거나 소리를 대상으로 하거나 냄새를 대상으로 하거나 맛을 대상으로 하거나 감촉을 대상으로 하거나 법을 대상으로 하거나 그 어떤 것을 대상으로 하여 욕계에 속하는 유익한 마음이 일어날 때 … 그 밖에 그때에 느낌의 무더기는 제외하고, 조건 따라 일어난[緣起] 비물질의 다른 법들도 있다. — 이것이 '즐거운 느낌과 결합된 법들'이다."(*cf.* §988)

라는 등의 순서로 [남은] 모든 세 개 조와 두 개 조들을 주도면밀하게 설명할 수 있을 것이다.

그러나 여기서는 이러한 상세한 가르침(vitthāra-desana)을 간결하게 한 뒤(nikkhipitvā) 이와는 다르게 너무 간략하지도 않고 너무 상세하지도 않은 방법(nātisaṅkhepa-nātivitthāra-naya)으로 [마띠까의] 세 개 조와 두 개 조로 정리된 모든 법들의 분류를 보여주기 위해서 '무엇이 유익한 법들인가?'라고 '간결한 설명 편(Nikkhepa-kaṇḍa)'을 시작하셨다.

[본서의 제1편인] 마음의 일어남 편(Cittuppāda-kaṇḍa)은 상세한 가르침(vitthāra-desanā)이고 [제4편인] 주석 편(Aṭṭhakathā-kaṇḍa)은 간략한 가르침(saṅkhepa-desanā)이다. 그러나 [제3편인] 이 간결한 설명 편

(Nikkhepa-kaṇḍa)은 마음의 일어남 편에 비하면 간결하고 주석 편에 비하면 상세하기 때문에 간략하고 상세한 요소를 가진 것이다. 그래서 이것은 ① 상세한 가르침을 간결하게 설명하였다고 해서, 그리고 ② 바로 위에서 설명한 이유를 통해서 간결한 설명 편이라 한다고 알아야 한다."(DhsA.343~344)

이처럼 주석서는 왜 본편을 간결한 설명 편이라 하는지를 명쾌하게 설명하고 있다. 그러면 제3편 간결한 설명 편은 마띠까들을 어떻게 간결하게 설명하고 있는가? 주석서는 여덟 가지를 통해서 간결하게 설명한다고 다음과 같이 게송으로 먼저 그 여덟 가지를 밝힌다.

"이렇게 말씀하셨다. —

> ① 뿌리(mūla)를 통해서 ② 무더기(khandha)를 통해서
> ③ 문(dvāra)을 통해서 ④ 경지(bhūmi)를 통해서
> ⑤ 뜻(attha)을 통해서 ⑥ 법(dhamma)을 통해서
> ⑦ 이름(nāma)을 통해서 ⑧ 성(liṅga)을 통해서
> 간결하게 설하셨기 때문에(nikkhipitvā desitattā)
> 간결함(nikkhepa)이라고 일컬어진다."(DhsA.344)

계속해서 주석서는 이 여덟 가지에 해당하는 본품의 예를 들어서 다음과 같이 설명을 이어가고 있다.
""세 가지 유익함의 뿌리[善根]"(§985)라는 등의 방법을 통해서는 ① '뿌리를 통해서' 간결하게 한 뒤 설하셨다.
"이것과 결합된 느낌의 무더기"(§985)에서는 ② '무더기를 통해서' 설하셨다.
"그것에서 생긴 몸으로 짓는 업"(§985)에서는 ③ '문을 통해서' 설하셨다. 몸의 문에서 일어난 업을 몸으로 짓는 업이라 부르기 때문이다.
"즐거운(행복한) 경지인 욕계에서"(§988)에서는 ④ '경지를 통해서' 설하셨다. 그리고 [본편의] 여기저기서 ⑤ 뜻과 ⑥ 법과 ⑦ 이름과 ⑧ 성을 통해서 [간결하게] 설하셨기 때문에 ⑤ 뜻 등을 통해서 간결하게 설하신 것이라고 알아야 한다."(DhsA.344)

한편 『담마상가니』의 복주서인 『담마상가니 물라띠까』도 같은 방법으로 이 여덟 가지를 설명하고 있는데 이 가운데 ⑤ 뜻과 ⑥ 법과 ⑦ 이름과 ⑧ 성에 관한 설명을 옮겨보면 다음과 같다.

"여기서 뜻은 원인의 결과이고 법은 원인이다. 그러므로 "세 가지 유익함의 뿌리"(§985)나 "세 가지 해로움의 뿌리"(§986)라는 등에 의해서 원인을 통해서 조합한 것은 ⑥ '법을 통해서' 간결하게 설명하신 것이다.
"이들로부터 생긴"(§985)이나 "이들과 함께 작용하는 오염원들"(§986)이라는 등에 의해서 원인의 결과를 통해서 조합한 것은 ⑤ '뜻을 통해서' 간결하

제1장 세 개 조에 대한 간결한 설명

tikanikkhepa

게 설명하신 것이다.
혹은, 법은 설해진 것을 말하고 뜻은 설해진 것의 뜻을 말한다. [예를 들면] "세 가지 유익한 원인"(§1059)이라는 구절은 법을 말씀하신 것이다. "여기서 무엇이 '세 가지 유익한 원인'인가? 탐욕 없음, 성냄 없음, 어리석음 없음이다."(§1060)라는 구문은 뜻을 말씀하신 것이기도 하고 법을 말씀하신 것이기도 하다. "여기서 무엇이 '탐욕 없음'인가?"(§1061)라는 등은 뜻을 말씀하신 것이다. 이처럼 뜻과 법을 통해서 간결하게 설하셨다고 알아야 한다.
⑦ '이름을 통해서'라는 것은 "세 가지 유익함의 뿌리"(§985)라고 말씀하신 법들의 탐욕 없음 등의 이름을 통해서 [간결하게 말씀하셨다는 말이다.]
⑧ '성을 통해서'라는 것은 하나의 법에 대해서 드러내어서 설명하신 "탐욕 없음, 탐하지 않음, 탐하지 않는 상태"(§1061)라는 단어들의 남성·여성·중성의 성을 통해서 [간결하게 말씀하신 것이다.]"(DhsAMṬ.17)

여기서 탐욕 없음으로 옮긴 alobho는 남성명사이고 탐하지 않음으로 옮긴 alubbhanā는 여성명사이며 탐하지 않는 상태로 옮긴 alubbhitatta는 중성명사이다. 이처럼 본편 §1061 등에서 특정한 용어를 설명하면서 나열하고 있는 단어들의 성을 통해서 간결하게 말씀하신 것을 뜻한다.
부연하자면, 모든 빠알리어 명사나 대명사는 성(性)과 수(數)와 격(格)을 가진다. 성에는 남성·여성·중성이 있고 수는 단수와 복수(산스끄리뜨는 단수·양수·복수로 구분됨)로 나누어지고 격은 주격부터 호격까지의 8격으로 구분이 된다. 이 가운데 여기서는 성을 언급하고 있다.

여기서 보듯이 『담마상가니 물라띠까』는 본 게송을 설명하면서 ni+√kṣip(*to throw*)의 동명사인 nikkhipitvā(간결하게 하여)를 saṅkhipitvā(축약하여, 간략하게 하여)라는 단어를 사용하여 설명하고 있다. '축약하여'로 옮긴 saṅkhipitvā는 '간결한'으로 옮긴 nikkhipitvā와 같은 어근인 √kṣipa(*to throw*)에다 접두어 saṁ을 붙인 saṁkhipati의 동명사이다. PED는 이것의 명사인 saṅkhepa를 '*abridgment, abstract, condensed account* (*opp.* vitthāra)'로 설명하고 있듯이 축약이나 간략함을 뜻한다. 그리고 같은 saṁ+√kṣip에서 파생된 과거분사 saṅkhitta는 초기불전의 여러 곳에서 "요컨대(간략하게 말하면) 취착의 [대상이 되는] 다섯 가지 무더기[五取蘊]들 자체가 괴로움이다."(S56:11 등)로 나타나기도 한다. 이러한 복주서의 설명을 통해서도 nikkhepa는 '간결함'으로 옮기는 것이 적절하다. 그래서 nikkhepa-kaṇḍa를 '간결한 설명 편'으로 옮기고 있다.

985. 무엇이 [180] '유익한 법들'(ma3-1-a)인가?[164]

세 가지 유익함의 뿌리[善根][165]인 탐욕 없음 · 성냄 없음 · 어리석음 없음,[166] 이들과 결합된[167] 느낌의 무더기 · 인식의 무더기 · 심리현상들의 무더기 · 알음알이의 무더기, 이들로부터 생긴[168] 몸으로 짓는 업 · 말로 짓는 업 · 마노로 짓는 업[169] — 이것이 유익한 법들이다.

---

164) 여기 간결한 설명 편에서 설명되고 있는 22개의 세 개 조 마띠까들과 142개의 두 개 조 마띠까들의 문자적인 의미는 이미 본서 제1권의 첫머리에 실린 마띠까들의 해당 주해에서 『담마상가니 주석서』를 인용하면서 설명하였다. 그러므로 이 주해들을 참조하면서 본 간결한 설명 편을 읽을 것을 권한다.

165) "유익함(ma3-2-a)의 해설에서 '세 가지(tīṇi)'는 숫자의 제한이다. 유익함과 그 뿌리들(kusalāni ca tāni mūlāni ca), 혹은 유익한 법들의 원인과 조건과 기원과 생산과 발생과 생성이라는 뜻(hetu-paccaya-pabhava-janaka-samuṭṭhāna-nibbattakaṭṭha)에서 뿌리라고 해서 '유익함의 뿌리(kusala-mūlāni)'이다."(DhsA.344)

166) "이와 같이 ⑤ 뜻(attha)을 통해서 보여주신 뒤 이제 ⑦ 이름(nāma)을 통해서 보여주시기 위해서 '탐욕 없음 · 성냄 없음 · 어리석음 없음(alobha, adosa, amoha)'이라고 말씀하셨다. 이렇게 하여 뿌리로부터 벗어난 유익함이란 없기 때문에 법왕께서는 네 가지 경지의 유익한 마음(catubhūmaka-kusala)을 세 가지 뿌리를 통해서 모두 포함시켜 가르치셨다."(DhsA.344)

167) "'이들과 결합된(taṁsampayutta)': 이들 탐욕 없음 등과 결합된. 여기서는 탐욕 없음과 결합된 심리현상들의 무더기[行蘊]를 말한다. 성냄 없음과 어리석음 없음도 이 탐욕 없음과 결합된 심리현상들의 무더기라는 헤아림에 들어간다. 나머지 둘을 통한 결합에 대해서도 이 방법이 적용된다. 이렇게 하여 법왕께서는 네 가지 경지의 유익한 마음을 이것과 결합된 네 가지 무더기들을 통해서 모두 포함시켜 가르치셨다."(DhsA.345)

168) "'이들로부터 생긴(taṁsamuṭṭhāna)': 이 탐욕 없음 등으로부터 생긴. 이 방법에 의해서도 법왕께서는 네 가지 경지의 유익한 마음을 세 가지 업의 문을 통해서 모두 포함시켜 가르치셨다. 이처럼 유익함을 세 가지 경우에 모두 포함시켜 가르치셨다."(DhsA.345)

169) 여기서 몸으로 짓는 업, 말로 짓는 업, 마노로 짓는 업은 각각 kāya-kamma, vacī-kamma, mano-kamma를 옮긴 것인데 몸의 업, 말의 업, 마노의 업으로 직역할 수 있다. '업(kamma)'에 대해서는 본서 제1권 해제 §4-(3)(124~127쪽)을 참조할 것.

986. 무엇이 '해로운 법들'(ma3-1-b)인가?

세 가지 해로움의 뿌리[不善根]인 탐욕 · 성냄 · 어리석음,170) 그리고 이들과 함께 작용하는 오염원들,171) 이들과 결합된 느낌의 무더기 · 인식의 무더기 · 심리현상들의 무더기 · 알음알이의 무더기, 이들로부터 생긴 몸으로 짓는 업 · 말로 짓는 업 · 마노로 짓는 업 — 이것이 해로운 법

---

170) "'해로움(akusala)'의 경우에도 이 방법이 적용된다.
열두 가지 해로운 마음들 가운데 단 하나라도 뿌리(mūla)로부터 벗어난 것은 없기 때문에 법왕께서는 뿌리에 의해서 모두 포함시켜 가르치셨다.
그리고 법왕께서는 이것과 결합된 네 가지 무더기보다 더한 해로움이란 없기 때문에 12가지 해로운 마음들을 네 가지 무더기를 통해서 모두 포함시켜 가르치셨다.
몸으로 짓는 업 등을 통해서 이들의 고유성질이 일어나기 때문에 법왕께서는 업의 문(kamma-dvāra)을 통해서 모두 포함시켜 가르치셨다."(DhsA.345)

171) '오염원(kilesa)'에 대해서는 본서 §1235와 §1565를 참조하기 바란다. 주석서는 '이들과 함께 작용하는 오염원들'에 대해서 다음과 같이 설명하고 있다.

"그런데 여기서 '그리고 이들과 함께 작용하는 오염원들(tadekaṭṭhā ca kilesā)'이라는 등을 설하셨다. 여기서 하나의 마음이나 한 사람에 머문다(ṭhita)고 해서 '함께 작용하는 것(ekaṭṭha)'이다. 여기서 하나의 마음에 머무는 것이 ① 함께 생긴 것과 함께 작용하는 것(sahajekaṭṭha)이다. 한 사람에 머무는 것은 ② 버려질 때 함께 작용하는 것(pahānekaṭṭha)이다. 이것은 탐욕 등과 함께 작용한다. 혹은 이것은 탐욕 등과는 다르고 여기저기서 설명되지 않는 [감각접촉 등]과 더불어 한 곳에 머문다고 해서 '함께 작용하는 것'이다."(DhsA.345)
여기에 대해서는 본서 §1010과 §1301의 해당 주해도 참조할 것.

계속해서 주석서는 ① 함께 생긴 것과 함께 작용하는 것의 보기로 본서의 본편 가운데 오염된 것의 세 개 조(§997)와 저열한 것의 세 개 조(§1032)와 유익함의 세 개 조 가운데 이 부분(§986)과 오염원의 모둠(§1249)과 다툼의 두 개 조(§1301)의 다섯 가지를 들고 있다.
② 버림에 함께 작용하는 것의 보기로는 본서의 본편에 나타나는 봄[見]으로써 버려야 하는 세 개 조(ma3-8)에서 이들과 함께 작용하는 오염원들(§1264)과 봄으로써 버려야 하는 원인을 가진 세 개 조(ma3-9)와 관계된 것들(*cf* §1013, §1017, §1268 등)과 『위방가』(Vbh. §391)를 들고 있다.(DhsA.345~346)

들이다.

987. 무엇이 '결정할 수 없는[無記] 법들'(ma3-1-c)인가?

유익하거나 해로운 법들의 과보로 나타난 욕계에 속하거나 색계에 속하거나 무색계에 속하거나 [세간에] 포함되지 않는[出世間][172] 것들, [즉] 느낌의 무더기 · 인식의 무더기 · 심리현상들의 무더기 · 알음알이의 무더기, 유익한 것도 아니고 해로운 것도 아니고 업의 과보로 나타난 것도 아닌 작용만 하는 법들, 모든 물질, 형성되지 않은[無爲] 요소 — 이것이 결정할 수 없는[無記] 법들이다.[173]

988. 무엇이 '즐거운 느낌과 결합된 법들'(ma3-2-a)인가?

욕계에 속하거나 색계에 속하거나 [세간에] 포함되지 않는[出世間] 행복(즐거움)이 있는 경지[174]에서 즐거운 느낌은 제외하고,[175] 그 [즐거운

---

172) 본서에서 출세간을 뜻하는 용어는 두 가지가 나타난다. 하나는 lokuttara이고 하나는 apariyāpanna이다. 이 둘을 구분하기 위해서 본서에서는 lokuttara를 '출세간'(ma2-12-b; §277 등)으로 옮기고 후자는 '[세간에] 포함되지 않는[出世間]'(ma2-96-b; §1395 등)으로 옮겼다. §1464와 본서 제1권 마띠까(ma2-12-b)의 주해 등에서 보듯이 이 두 가지는 동의어이다. 여기 간결한 설명 편에서 lokuttara는 §1100에 한 번만 나타난다. 이 경우를 제외하고 본 간결한 설명 편에서 출세간을 뜻하는 용어는 모두 '[세간에] 포함되지 않는[出世間]'으로 옮기고 있는 apariyāpanna이다.

173) "'결정할 수 없는[無記] 법들'(ma3-1-c)의 해설은 그 뜻이 분명하다.
이 [유익함의] 세 개 조에서는 세 가지 특징(lakkhaṇāni), 세 가지 개념(paññattiyo), 까시나를 제거한 허공(kasiṇugghāṭima ākāsa), 제한되지 않은 허공(ajaṭākāsa), 무소유처의 대상, 멸진정(nirodha-samāpatti)은 얻어지지 않는다."(DhsA.346)

복주서는 이렇게 설명을 덧붙이고 있다.
"여기서 무상과 괴로움과 무아이기 때문에(anicca-dukkha-anattatā) '세 가지 특징'이다. '세 가지 개념'은 이름, 까시나, 중생이라는 개념(nāma-kasiṇa-satta-paññatti)이다."(DhsAMṬ.160)
이 §987은 본서 제2편 물질 편의 §583과 동일하다. 더 자세한 설명은 그곳의 주해들을 참조하기 바란다.

느낌]과 결합된[176] 인식의 무더기 · 심리현상들의 무더기 · 알음알이의 무더기 — 이것이 즐거운 느낌과 결합된 법들이다.[177] [178]

989. 무엇이 '괴로운 느낌과 결합된 법들'(ma3-2-b)인가?

욕계에 속하는 괴로움이 있는 경지에서 괴로운 느낌은 제외하고, 그 [괴로운 느낌]과 결합된 인식의 무더기 · 심리현상들의 무더기 · 알음알이의 무더기 — 이것이 괴로운 느낌과 결합된 법들이다.

990. 무엇이 '괴롭지도 즐겁지도 않은 느낌과 결합된 법들'(ma3-2-c)인가?

욕계에 속하거나 색계에 속하거나 무색계에 속하거나 [세간에] 포함

---

174) "느낌의 세 개 조(ma3-2)의 해설에서 구리를 함유한 땅과 검은 땅을 구리가 함유된 검은 땅이라 하는 것처럼, 행복(즐거움)을 여기서는 '행복(즐거움)이 있는 경지(sukha-bhūmi)'라고 한다. 그리고 사탕수수 밭과 벼 논이 사탕수수와 벼가 자라는 곳을 말하는 것처럼 이와 같이 행복(즐거움)이 일어나는 곳인 마음도 '행복(즐거움)이 있는 경지'라고 한다. 이것이 여기서 의미하는 것이다. 이런 행복(즐거움)이 있는 경지는 욕계에도 있고 색계 등에도 있기 때문에 이러한 구분을 보여주시기 위해서 욕계 등을 말씀하셨다."(DhsA.346)

175) "'즐거운 느낌은 제외하고(sukhavedanaṁ ṭhapetvā)': 이 행복(즐거움)이 있는 경지에 있는 즐거운 느낌을 제외하고."(DhsA.346)

176) "'그 [즐거운 느낌]과 결합된(taṁsampayutta)': 거기에 확립되어 있는 즐거운 느낌과 결합된."(DhsA.346)

177) "이 세 개 조(ma3-2)에서는 세 가지 느낌, 모든 물질, 열반은 얻어지지 않는다."(DhsA.347)

178) VRI본에는 원문이 'sukhabhūmiyaṁ kāmāvacare, rūpāvacare, apariyāpanne, sukhaṁ vedanaṁ ṭhapetvā; taṁsampayutto saññākkhandho, saṅkhārakkhandho, viññāṇakkhandho'로 편집되어 나타난다. 여기서 주목할 점은 VRI본은 여기뿐만 아니라 다음의 여러 같은 문맥의 문단에서 ṭhapetvā와 taṁsampayutto 사이에 세미콜론(;)을 넣어서 'ṭhapetvā; taṁsampayutto'로 편집하여 앞의 구절과 뒤의 구절을 구분하고 있다. 역자는 '… 즐거운 느낌은 제외하고, 그 [즐거운 느낌]과 결합된 …'으로 쉼표를 넣어서 구분하여 옮겼다.

되지 않는[出世間] 괴롭지도 즐겁지도 않음이 있는 경지에서 괴롭지도 즐겁지도 않은 느낌은 제외하고, 그 [괴롭지도 즐겁지도 않은 느낌]과 결합된 인식의 무더기 · 심리현상들의 무더기 · 알음알이의 무더기 — 이것이 괴롭지도 즐겁지도 않은 느낌과 결합된 법들이다.

991. 무엇이 '과보로 나타난 법들'(ma3-3-a)인가?179)

유익하거나 해로운 법들의 과보로 나타난 욕계에 속하거나 색계에 속하거나 무색계에 속하거나 [세간에] 포함되지 않는[出世間] 것들, [즉] 느낌의 무더기 · 인식의 무더기 · 심리현상들의 무더기 · 알음알이의 무더기180) — 이것이 과보로 나타난 법들이다.

---

179) "과보로 나타난 세 개 조(ma3-3)에서 비물질인 [과보로 나타난] 법들처럼 물질인 법들도 업에서 생긴 것들이 있지만 대상을 가지지 않기 때문에 그들은 업과 닮은 것이 아니다. 비물질인 [과보로 나타난] 법들은 대상을 가졌고 (sārammaṇā) 업과 닮았기 때문에(kamma-sarikkhakā) 과보(vipākā)라 불린다. 이것은 씨앗과 닮은 열매와 같다. 벼의 씨앗이 익으면 싹과 잎 등이 나오더라도 벼의 결실이라고 부르지 않는다. 그러나 벼의 머리가 익어서 고개가 숙여지면 씨앗과 닮은 벼가 벼의 결실이라 불린다. 그러나 싹과 잎 등은 씨앗에서 생겼고 씨앗으로부터 발생한 것이라고 불린다. 그와 같이 물질은 업에서 생겼거나(kammaja) 취착된 것(upādiṇṇa)으로 불리게 된다."(DhsA.347)

180) VRI본에는 원문이 'kusalākusalānaṁ dhammānaṁ vipākā kāmāvacarā, rūpāvacarā, arūpāvacarā, apariyāpannā; vedanākkhandho … pe … viññāṇakkhandho'로 편집되어 나타난다. 즉 apariyāpannā와 vedanākkhandho 사이에 세미콜론(;)을 넣어서 '① 유익하거나 해로운 법들의 과보로 나타난 욕계에 속하거나 색계에 속하거나 무색계에 속하거나 [세간에] 포함되지 않는[出世間] 것들'과 '② 느낌의 무더기 · 인식의 무더기 · 심리현상들의 무더기 · 알음알이의 무더기'를 구분하고 있다. PTS본에는 이런 편집이 나타나지 않는다. 그리고 여기뿐만 아니라 본편 가운데 네 가지 무더기나 다섯 가지 무더기 등이 언급되는 곳은 모두 이렇게 편집하고 있다.

여기서 ①과 ②는 같은 내용을 담고 있다. 그러므로 ①이 ②를 수식하는 구조나 ②가 ①을 부연하는 구조로 이해해야 한다. 일창 스님에 의하면 미얀마 번역본들, 예를 들면 자나까비왐사(Janakābhivaṁsa) 스님의 대역 등에서도 이렇게 이해하고 있다고 한다. 역자는 ②가 ①을 부연하는 구조로 이해하

992. 무엇이 [181] '과보를 생기게 하는 법들'(ma3-3-b)인가?

욕계에 속하거나 색계에 속하거나 무색계에 속하거나 [세간에] 포함되지 않는[出世間] 유익하거나 해로운 법들, [즉] 느낌의 무더기 · 인식의 무더기 · 심리현상들의 무더기 · 알음알이의 무더기181) — 이것이

여 '[즉]'을 넣어서 옮겼다. 여기에 대해서는 아래 §992의 주해를 참조하기 바란다.

리스 데이비즈 여사도 그의 영역본 여러 곳에서 ①과 ②를 세미콜론(;)으로 분리해서 옮기면서 '… and in the life that is Unincluded; [in other words] the four skandhas …' 등으로 ①과 ② 사이에 '[in other words]'를 넣어서 번역하였는데 ②가 ①을 부연하는 구조로 이해한 것으로 여겨진다.(리스 데이비즈, 252쪽과 주해2 등을 참조할 것.)

181) "욕계에 속하거나 색계에 속하거나 무색계에 속하거나 [세간에] 포함되지 않는[出世間] 유익하거나 해로운 법들, [즉] 느낌의 무더기 · 인식의 무더기 · 심리현상들의 무더기 · 알음알이의 무더기"는 kusalākusalā dhammā kāmāvacarā, rūpaavacarā, arūpāvacarā apariyaapannaa; vedanā-kkhandho … pe … viññāṇakkhandho를 옮긴 것이다.

여기서는 '욕계에 속하거나 색계에 속하거나 무색계에 속하거나 [세간에] 포함되지 않는[出世間] 유익하거나 해로운 법들'인 전자와, '느낌의 무더기 · 인식의 무더기 · 심리현상들의 무더기 · 알음알이의 무더기'인 후자의 관계를 어떻게 이해할 것인가가 중요하다. 이러한 문장 구조는 여기뿐만 아니라 앞의 §987, §991과 다음의 §994, §995, §998, §1012 등을 비롯하여 §1302에 이르기까지 본서 제3편 간결한 설명 편의 대략 53 군데 정도나 되는 많은 문단에서도 나타나고 있다. 역자는 이 전자와 후자의 관계를 어떻게 옮길 것인가를 두고 고심을 하면서 다음의 다섯 가지 번역을 상정하여 보았다.

① '… 해로운 법들, 느낌의 무더기 … 알음알이의 무더기'
② '… 해로운 법들인 느낌의 무더기 … 알음알이의 무더기'
③ '… 해로운 느낌의 무더기 … 알음알이의 무더기'
④ '… 해로운 법들, [즉] 느낌의 무더기 … 알음알이의 무더기'
⑤ '… 해로운 법들, [달리 말하면] 느낌의 무더기 … 알음알이의 무더기'

여기서 ①은 전자와 후자를 병렬관계로 보아서 단어대로 대역을 한 것이다. ②는 전자가 후자를 수식하는 구조로 이해한 것이다. ③도 전자가 후자를 수식하는 구조로 이해한 것인데 §991이나 §994 등에서는 문장을 쉽게 이해하는 데는 도움이 된다. 그러나 이렇게 옮기면 여기 §992나 §995 등의 여러 곳의 원문에 들어 있는 '법들(dhammā)'을 생략하여 옮기게 되는 단점이 있다.

과보를 생기게 하는 법들이다.

993. 무엇이 '과보로 나타난 것도 아니고 과보를 생기게 하는 것도 아닌 법들'(ma3-3-c)인가?

유익한 것도 아니고 해로운 것도 아니고 업의 과보로 나타난 것도 아닌 작용만 하는 법들, 모든 물질, 형성되지 않은[無爲] 요소 — 이것이 과보로 나타난 것도 아니고 과보를 생기게 하는 것도 아닌 법들이다.

994. 무엇이 '취착되었고 취착의 대상인 법들'(ma3-4-a)인가?

번뇌의 대상이면서 유익하거나 해로운 법들의 과보로 나타난 욕계에 속하거나 색계에 속하거나 무색계에 속하는 것들, [즉] 느낌의 무더기 … 알음알이의 무더기, 그리고 업을 지었기 때문에 [생긴] 물질 — 이것이 취착되었고 취착의 대상인 법들이다.

995. 무엇이 '취착되지 않았지만 취착의 대상인 법들'(ma3-4-b)인가?

---

④는 후자가 전자를 부연하는 구조로 옮긴 것인데 특히 §992나 §995 등의 여러 곳에서 원문에 있는 '법들(dhammā)'을 살려서 옮기는 장점이 있다. ⑤도 후자가 전자를 부연하는 구조로 옮긴 것인데 '[달리 말하면]'이라는 원문에 없는 용어를 첨가하여 부연하는 단점이 있다.

역자는 후자가 전자를 부연하는 구조로 이해하여 ④로 통일하여 옮겼다. 전자와 후자는 같은 내용을 담고 있고, 일창 스님에 의하면 미얀마의 번역본들에서도 전자가 후자를 수식하거나 후자가 전자를 부연하는 구조로 옮겨져 있다고 한다. 그런데 전자에는 법들(dhammā)이라는 복수인 용어가 들어가 있고 후자는 느낌의 무더기 … 알음알이의 무더기(vedanākkhandho … pe … viññāṇakkhandho)라는 각각 단수인 술어들이 나열되어 있기 때문에 전자가 후자를 수식하는 구조로 보기보다는 후자인 네 가지 무더기 각각이 전자인 법들(dhammā)을 부연하고 있는 구조로 보는 것이 가장 적합하다고 생각하여 ④로 통일하여 옮겼음을 밝힌다. 리스 데이비즈 여사는 전자와 후자 사이에 '[달리 말하면]'에 해당하는 '[in other words]'를 넣어서 ⑤의 형태로 번역하였다.(리스 데이비즈, 252쪽과 주해2 등을 참조할 것.)
여기에 대해서는 앞 §991의 해당 주해도 참조하기 바란다.

번뇌의 대상이면서 욕계에 속하거나 색계에 속하거나 무색계에 속하는 유익하거나 해로운 법들, [즉] 느낌의 무더기 … 알음알이의 무더기, 유익한 것도 아니고 해로운 것도 아니고 업의 과보로 나타난 것도 아닌 작용만 하는 법들, 그리고 업을 지었기 때문에 [생긴 것이] 아닌 물질 — 이것이 취착되지 않았지만 취착의 대상인 법들이다.

996. 무엇이 '취착되지 않았고 취착의 대상도 아닌 법들'(ma3-4-c)인가?

[세간에] 포함되지 않는[出世間] 도(道)들, 도의 결실들[果], 형성되지 않은[無爲] 요소 — 이것이 취착되지 않았고 취착의 대상도 아닌 법들[182]이다.[183]

---

182) "['취착되지 않았고 취착의 대상도 아닌 법들(anupādiṇṇānupādāniyā)'(ma3-4-c)이라고 하셨다.] 번뇌 다한 분의 무더기들(오온)은 '우리 외삼촌 장로이시다. 우리 삼촌 장로이시다.'라고 칭송하는 다른 사람들의 취착의 조건이 되지만 도와 과와 열반(magga-phala-nibbānāni)은 거머쥐어지지 않고(aggahitāni) 집착되지 않고(aparāmaṭṭhāni) 취착되지 않는다(anupādiṇṇāni). 이것은 마치 한낮의 햇볕에 달아오른 철환이 파리들에게 앉는 조건이 되지 못하듯이 광명으로 가득하기 때문에 갈애와 자만과 사견을 통해서 거머쥐는 자에게 조건이 되지 않는다. 그래서 '취착되지 않았고 취착의 대상도 아닌 법들'이라고 말씀하셨다."(DhsA.347)

오온은 그것이 비록 아라한의 오온이라 할지라도 범부들에게는 취착의 대상이 되지만(오취온), 도와 과와 열반이라는 출세간법들은 취착의 대상이 되지 못한다는 설명이다.

183) 본 문장은 『무애해도』(Ps.i.84)에서 '[세간에] 포함되지 않는 경지(apariyāpannā bhūmi)'를 정의하는 구문으로도 나타난다. 『무애해도 주석서』는 이 구절을 다음과 같이 설명하고 있다.
"'도들(maggā)'은 네 가지 성스러운 도들(ariya-maggā)이다. '도의 결실들(magga-phalāni)'은 네 가지 성스러운 도의 결실들이다. '형성되지 않은[無爲] 요소(asaṅkhatā dhātu)'는 조건들에 의해서 만들어지지 않은 열반의 요소이다."(PsA.i.298)
여기서 '도의 결실들'은 magga-phalāni를 옮긴 것인데 '도와 과들'로 옮길 수도 있다. 그런데 이 『무애해도』(Ps.i.84)의 인용문에서 도는 이미 '네 가지 성스러운 도들'로 설명이 되고 있기 때문에 역자는 이처럼 '도의 결실들'

997. 무엇이 '오염되었고 오염의 대상인 법들'(ma3-5-a)인가?

세 가지 해로움의 뿌리[不善根]인 탐욕·성냄·어리석음, 그리고 이들과 함께 작용하는 오염원들, 이들과 결합된 느낌의 무더기 … 알음알이의 무더기, 이들로부터 생긴 몸으로 짓는 업·말로 짓는 업·마노로 짓는 업 — 이것이 오염되었고 오염의 대상인 법들이다.

998. 무엇이 '오염되지 않았지만 오염의 대상인 법들'(ma3-5-b)인가?

번뇌의 대상인 유익하거나 결정할 수 없는 욕계에 속하거나 색계에 속하거나 무색계에 속하는 법들, [즉] 물질의 무더기[184]·느낌의 무더기 … 알음알이의 무더기 — 이것이 오염되지 않았지만 오염의 대상인 법들이다.

999. 무엇이 '오염되지 않았고 오염의 대상도 아닌 법들'(ma3-5-c)인가?

[세간에] 포함되지 않는[出世間] 도들, 도의 결실들[果], 형성되지 않은[無爲] 요소 — 이것이 오염되지 않았고 오염의 대상도 아닌 법들이다.[185]

1000. 무엇이 '일으킨 생각이 있고 지속적 고찰이 있는 법들'(ma3-6-a)인가?

욕계에 속하거나 색계에 속하거나 [세간에] 포함되지 않는[出世間] 일

로 옮겼다. 주석서는 별다른 설명을 하지 않고 있다.

184) 물질의 무더기(색온)가 포함됨에 유의해야 한다. 물질 자체는 오염되지 않는 것이기 때문에 오염되지 않았지만 오염의 대상인 법들에는 포함된다.

185) "'오염되지 않았고 오염의 대상도 아닌 법들(asaṁkiliṭṭhāsaṁkilesikā)'(ma3-5-c)에도 [§996의 주해와] 같은 방법이 적용된다."(DhsA.347)

으킨 생각이 있고 지속적 고찰이 있는 경지에서 [182] 일으킨 생각과 지속적 고찰은 제외하고, 그것과 결합된 느낌의 무더기 … 알음알이의 무더기 — 이것이 일으킨 생각이 있고 지속적 고찰이 있는 법들이다.

1001. 무엇이 '일으킨 생각은 없고 지속적 고찰만 있는 법들'(ma3-6-b)인가?

색계에 속하거나 [세간에] 포함되지 않는[出世間] 일으킨 생각은 없고 지속적 고찰만 있는 경지에서 지속적 고찰은 제외하고, 그것과 결합된 느낌의 무더기 … 알음알이의 무더기 — 이것이 일으킨 생각은 없고 지속적 고찰만 있는 법들이다.

1002. 무엇이 '일으킨 생각도 없고 지속적 고찰도 없는 법들'(ma3-6-c)인가?

욕계에 속하거나 색계에 속하거나 무색계에 속하거나 [세간에] 포함되지 않는[出世間] 일으킨 생각도 없고 지속적 고찰도 없는 경지에서 느낌의 무더기 … 알음알이의 무더기, 모든 물질, 형성되지 않은[無爲] 요소 — 이것이 일으킨 생각도 없고 지속적 고찰도 없는 법들이다.

1003. 무엇이 '희열이 함께하는 법들'(ma3-7-a)인가?

욕계에 속하거나 색계에 속하거나 [세간에] 포함되지 않는[出世間] 희열의 경지에서 희열은 제외하고, 그것과 결합된 느낌의 무더기 … 알음알이의 무더기 — 이것이 희열이 함께하는 법들이다.

1004. 무엇이 '행복이 함께하는 법들'(ma3-7-b)인가?

욕계에 속하거나 색계에 속하거나 [세간에] 포함되지 않는[出世間] 행복의 경지에서 행복(즐거움)은 제외하고, 그것과 결합된 인식의 무더기 · 심리현상들의 무더기 · 알음알이의 무더기 — 이것이 행복이 함께하는 법들이다.[186]

1005. 무엇이 '평온이 함께하는 법들'(ma3-7-c)인가?

욕계에 속하거나 색계에 속하거나 무색계에 속하거나 [세간에] 포함되지 않는[出世間] 평온이 있는 경지에서 평온은 제외하고, 그것과 결합된 인식의 무더기・심리현상들의 무더기・알음알이의 무더기 — 이것이 평온이 함께하는 법들이다.

1006. 무엇이 '봄[見]으로써 버려야 하는 법들'(ma3-8-a)인가?

세 가지 족쇄들[187]이니 [불변하는] 자신이 존재한다는 견해[有身見],[188] 의심, 계행과 의례의식에 대한 집착[戒禁取][189]이다.

1007. 여기서 무엇이 '[불변하는] 자신이 존재한다는 견해[有身見]'인가?

'여기[190] 배우지 못한 범부[191]는 성자들을 친견하지 못하고 성스러

---

186) 여기서 '행복(즐거움)'은 느낌의 무더기에 속하기 때문에 느낌의 무더기는 '행복이 함께하는 법들'에는 포함되지 않는다.

187) "'족쇄들(saññojanāni)'이란 속박(bandhanāni)이다."(DhsA.348) 열 가지 족쇄를 비롯한 '족쇄'에 대해서는 본서 §1118과 해당 주해와 §1477을 참조할 것.

188) "존재한다는 뜻(vijjamānaṭṭha)에서나 자신(sayaṁ)이라는 뜻에서 존재함인 그런 다섯 가지 무더기(khandha-pañcaka)라 불리는 몸(kāya)에 대한 [그릇된] 견해라고 해서 '[불변하는] 자신이 존재한다는 견해[有身見, sakkāya-diṭṭhi]'이다."(DhsA.348)

189) "계행(sīla)으로 청정해질 수 있고 의례의식(vata)으로 청정해질 수 있고 계행과 의례의식으로 청정해질 수 있다고 거머쥐고 받아 지니는 것(gahita-samādāna)이 '계행과 의례의식[誓戒]에 대한 집착[戒禁取, sīla-bbata-parāmāsa)'이다."(DhsA.348)

190) 주석서는 '여기(idha)'를 장소를 뜻하는 불변사라고 설명한 뒤 이것이 뜻하는 의미는 세상에 태어남(lokaṁ upādāya), 교법(sāsana), 기회(okāsa)를 뜻하기도 하고 단지 단어를 채우기 위해서이기도 하다고 설명한다. 여기서는 세상에 태어남의 뜻이라고 설명하고 있다.(DhsA.348)

191) "여기서 '배우지 못한 범부(assutavā puthujjana)'는 전승된 가르침과 증

운 법에 정통하지 못하고 성스러운 법에 인도되지 못하고, 참된 사람들을 친견하지 못하고 참된 사람들의 법에 정통하지 못하고 참된 사람들의 법에 인도되지 않아서, 물질을 자아라고 관찰하고, 물질을 가진 것이

득이 없기 때문에 알아야 할 것을 배우지 못한 자를 뜻한다. 무더기와 요소와 장소와 조건의 형태[蘊·界·處·緣]와 마음챙김의 확립 등에 대해서 파악하고 다시 묻고 판별함이 없기 때문에 그릇된 견해를 논파하는 전승된 가르침(āgama)이 없고, 도닦음으로 증득해야 하는 자가 그것을 증득하지 못함 때문에 증득(adhigama)이 없다. 그래서 전승된 가르침과 증득이 없기 때문에 알아야 할 것을 배우지 못한 자라 한다.
그는 범속한(puthu) 여러 형태들의 오염원 등을 생산해 내는 등(jananādi)의 이유 때문에 '범부(puthujjana)'이다."(DhsA.348)

한편 『상윳따 니까야 주석서』는 범부를 이렇게 설명하고 있다.
"'배우지 못한(assutavā)'이란 무더기(온), 요소(계), 감각장소(처), 조건의 형태(연), 마음챙김의 확립 등에 대한 파악(uggaha)과 질문(paripucchā)과 판별(vinicchaya)이 없는 것이다.
'범부(puthujjana)'라고 하였다. 많고(puthu) 다양한 오염원 등을 산출하는(janana) 등의 형태에 의해서 범부라 불린다. 그리고 성스러운 법을 등지고 저열한 법에 빠진, 그 숫자를 헤아릴 수 없을 만큼 많은 사람들 가운데에(puthūnaṁ janānaṁ) 포함되기 때문에 범부라고도 불린다.
혹은 [범(凡)으로 옮긴] puthu란 분리된 것(visuṁ)을 뜻한다. 계행과 배움 등의 공덕을 갖춘 성자들로부터 분리된(visaṁsaṭṭha) 사람(jana)이라고 해서 범부(puthujjana)라고 한다. 이렇게 해서 배우지 못한 범부는 두 가지로 설명이 된다."(SA.ii.97~98 = S12:61의 주해)

주석서에서 범부를 이러한 두 가지 어원으로 설명하는 것은 빠알리어 puthu는 두 가지로 해석이 가능하기 때문이다. 하나는 베다에 나타나는 pṛthu(많은, 광대한)로 본 것이고 다른 하나는 pṛthak(분리된, 구분된)으로 해석하는 것이다. 불교 산스끄리뜨에는 pṛthag-jana로 나타나는데 이는 후자로 해석한 것이다. 그러나 빠알리 주석가들은 위의 주석서의 인용에서 보듯이 전자를 더 중시하고 있다.

한편 주석서와 복주서들은 배우지 못한 범부(assutavā puthujjana 혹은 눈먼 범부(andha puthujjana, DA.i.59))와 선한 범부(kalyāṇa-puthujjana)를 구분하고 있다. 이 둘은 아직 예류도에 도달하지 못했기 때문에 범부이지만, 전자는 온·처·계·연 등의 법에 대한 지혜(교학)도 없고 마음챙김의 확립 등의 수행도 하지 않은 자이다. 후자는 이 둘을 다 갖추어 예류도에 도달하기 위해서 노력하는 자이다.(SAṬ.ii.200)

자아라고 관찰하고, 물질이 자아 안에 있다고 관찰하고, 물질 안에 자아가 있다고 관찰한다. 느낌을 자아라고 관찰하고, 느낌을 가진 것이 자아라고 관찰하고, 느낌이 자아 안에 있다고 관찰하고, 느낌 안에 자아가 있다고 관찰한다. 인식을 자아라고 관찰하고, 인식을 가진 것이 자아라고 관찰하고, 인식이 자아 안에 있다고 관찰하고, 인식 안에 자아가 있다고 관찰한다. 심리현상들을 [183] 자아라고 관찰하고, 심리현상들을 가진 것이 자아라고 관찰하고, 심리현상들이 자아 안에 있다고 관찰하고, 심리현상들 안에 자아가 있다고 관찰한다. 알음알이를 자아라고 관찰하고, 알음알이를 가진 것이 자아라고 관찰하고, 알음알이가 자아 안에 있다고 관찰하고, 알음알이 안에 자아가 있다고 관찰한다.'(S22:1 등)

이런 형태의 [그릇된] 견해, 견해에 빠짐, 견해의 밀림(密林), 견해의 황무지, 견해의 뒤틀림, 견해의 요동, 견해의 족쇄, 거머쥠, 고착, 천착, 집착[固守], 나쁜 길, 그릇된 길, 그릇된 상태, 외도의 장소, 거꾸로 거머쥠 — 이를 일러 [불변하는] 자신이 존재한다는 견해[有身見]라 한다.

1008. 여기서 무엇이 '의심'인가?

스승에 대해서 회의하고[192] 의심한다. 법에 대해서 회의하고 의심한

---

192) "'스승에 대해서 회의한다(satthari kaṅkhati).'라는 것은 스승의 몸이나 공덕이나 이 둘에 대해서 회의하는 것이다. 몸에 대해서 회의하여 '32가지 상호로 장엄된 몸이 있는가, 있지 않는가?'라고 회의한다. 공덕에 대해서 회의하여 '과거와 미래와 현재를 아는 것이 가능한 일체지의 지혜[一切智智]란 있는가, 아니면 없는가?'라고 회의한다.
이 둘에 대해서 회의하여 '80가지 세세한 부분상[細相, anuvyañjana]과 후광[光輪, byāmappabhā]으로 빛나고 완전한 몸을 구족하셨으며, 알아야 하는 모든 것을 아는 것이 가능한 일체지의 지혜를 꿰뚫으신 뒤에 머무시는 세상을 구원하시는(loka-tāraka) 부처님이란 계시는가, 아니면 계시지 않은가?'라고 회의한다. 이것은 그분의 존재 자체나 공덕에 대해서 회의하기 때문에 둘 다를 회의하는 것이다.
'의심한다(vicikicchati)'는 것은 대상을 확정할 수가 없어서 성가시고(kicchata) 피곤한 것이다(kilamati)."(DhsA.354)

다.[193] 승가에 대해서 회의하고 의심한다.[194] 공부지음에 대해서 회의하고 의심한다.[195] 과거에 대해서 회의하고 의심한다. 미래에 대해서 회의하고 의심한다. 과거와 미래에 대해서 회의하고 의심한다.[196] 이것에게 조건이 되는[此緣性] [법들]과 조건 따라 일어난[緣而生] 법들에 대해서 회의하고 의심한다.[197] [198]

CBETA로 검색해보면 여기서 '일체지의 지혜'로 옮긴 sabbaññuta-ñāṇa는 중국의 여러 경론에서 '一切智智(일체지지)'로 옮겨졌음을 알 수 있다.

193) "'오염원을 제거하는 네 가지 성스러운 도와 오염원을 가라앉힌 네 가지 사문의 결실과 도와 과의 대상의 조건이 되는 불사(不死)인 대열반이란 것은 있는 것인가, 아니면 없는 것인가?'라고 회의하기도 하고 '이 법은 출리로 인도하는 것인가, 아니면 출리로 인도하지 못하는 것인가?'라고 회의하기도 하는 것을 '법에 대해서 회의한다(dhamme kaṅkhati).'라고 한다."(DhsA.354)

194) "'이 승가라는 보배[僧寶, saṅgha-ratana]는 네 가지 도에 머무는 자들(maggaṭṭhakā)이고 네 가지 과에 머무는 자들(phalaṭṭhakā)인가, 아닌가?'라고 회의하기도 하고 '이 승가는 잘 도를 닦는가(suppaṭipanna), 잘못 도를 닦는가?'라고 회의하기도 하고 '이 승보에 보시한 것은 과보의 결실(vipāka-phala)이 있는가, 있지 않는가?'라고 회의하기도 하는 것을 '승가에 대해서 회의한다(saṅghe kaṅkhati).'라고 한다."(DhsA.355)

195) "'그런데 세 가지 공부지음[三學, tisso sikkhā]이란 것은 있는가, 아니면 있지 않는가?'라고 회의하기도 하고 '세 가지 공부지음은 공부짓는 조건에 의해서 이익(ānisaṁsa)이 있는가, 아니면 있지 않는가?'라고 회의하기도 하는 것을 '공부지음에 대해서 회의한다(sikkhāya kaṅkhati).'라고 한다."(DhsA.355)

196) "과거(pubbanta)는 과거에 속하는(atītāni) 무더기[蘊]와 요소[界]와 장소[處]를 일컫는다. 미래(aparanta)는 미래의 것들(anāgatāni)을 말한다. 여기서 과거의 무더기 등에 대해서 '과거의 것들은 있었는가, 아니면 없었는가?'라고 회의하는 것을 '과거에 대해서 회의한다(pubbante kaṅkhati).'라고 한다. 미래의 것들에 대해서 '미래의 것들은 있을 것인가, 아니면 없을 것인가?'라고 회의하는 것을 '미래에 대해서 회의한다(aparante kaṅkhati).'라고 한다. 이 두 가지로 의심하는 것을 '과거와 미래에 대해서 회의한다(pubbantāparante kaṅkhati).'라고 한다."(DhsA.355)

197) 예를 들면 '태어남을 조건으로 늙음·죽음이 있다[生緣老死, jātipaccayā jarāmaraṇaṁ].'(S12:1 등)라는 12연기의 정형구에서 태어남은 ① '이것에게 조건이 되는 법(idappaccayatā-dhamma)'이고, 늙음·죽음은 ② '조건

이런 형태의 회의, 회의를 품음, 회의를 품은 상태, 혼란, 의심, 갈피를

따라 일어난 법(paṭiccasamuppanna dhamma)'이다. 같은 방법으로 '무명을 조건으로 [업] 형성들이 있다[無明緣行, avijjāpaccayā saṅkhārā].' (*Ibid.*)에서 무명은 ① '이것에게 조건이 되는 법'이고, [업] 형성들은 ② '조건 따라 일어난 법'이다. 그래서 주석서는 다음과 같이 설명을 하고 있다.

"'12가지 구문을 가진 조건의 회전(paccayavaṭṭa), [즉 12연기]는 있는가, 아니면 있지 않는가?'라고 의심하는 것을 '① 이것에게 조건이 되는[此緣性] [법들]과 ② 조건 따라 일어난[緣而生] 법들에 대해서 회의한다(idappaccayatā-paṭiccasamuppannesu dhammesu kaṅkhati).'라고 한다. 여기서 이것이 문자적인 의미이다.—
['태어남을 조건으로 늙음·죽음이 있다[生緣老死]'는 연기의 정형구에서] ① [태어남이] 늙음과 죽음에게 조건이 되는 것을 이것에 대한 조건(idappaccayā)이라 한다. 이것에 대한 조건이 되는 성질(bhāva)이 '이것에게 조건이 됨(idappaccayatā)'이다. 혹은 이것에 대한 조건이 바로 이것에게 조건이 됨이다. ② [늙음·죽음이] 태어남에 의해서 이런저런 조건이 되어서 생기고 일어났다(paṭicca āgamma samuppanna)고 해서 '조건 따라 일어난 것[緣而生, paṭiccasamuppanna]'이다. 그래서 '이것에게 조건이 되는[此緣性] [법들]과 조건 따라 일어난[緣而生] 법들에 대해서 회의한다.'라고 말씀하신 것이다."(DhsA.355)

한편 『디가 니까야 주석서』와 복주서는 ① 이것에게 조건이 됨[此緣性]을 이렇게 설명한다.
"이들에 대한 조건이 이것에 대한 조건이다. 이것에 대한 조건이 바로 '이것에게 조건이 됨'이다(imesaṁ paccayā idappaccayā, idappaccayā eva idappaccayatā)."(DA.ii.464)
"마치 데와(천신)가 바로 데와따인 것과 같다(yathā devo eva devatā)." (DAṬ.ii.75)

역자는 '이것에게 조건이 됨'을 '이것에게 조건이 되는 [법들]'로 풀어서 옮기고 있다.

주석서들의 설명을 종합하면 ① '이것에게 조건이 됨[此緣性, idap-paccaya-tā]'과 '조건발생인 법[緣起法, paṭiccasamuppāda dhamma]'과 '조건 짓는 법(paccaya-dhamma)'은 동의어이고 ② '조건 따라 일어난 법[緣而生法, paṭicca-samuppanna dhamma'과 '조건 따라 생긴 법(paccayuppanna-dhamma)'은 동의어이다. 자세한 설명은 『청정도론』 제17장 §1이하 특히 §4이하를 참조하기 바란다.

그리고 경에서 연기(緣起, paṭiccasamuppāda)는 주로 12지, 11지, 10지 등의 연기의 정형구로 된 교학의 주제를 통칭하는 용어로 쓰이지만 여기서

잡지 못함, 두 갈래 길, 의문, 불확실한 선택, 회피, 망설임, 몰입하지 못함, 마음의 당황스러움,[199] 마음의 상처 — 이를 일러 의심이라 한다.

처럼 이 paṭiccasamuppāda가 연기적인 관계에 있는 두 법을 지칭하는 용어로 쓰이면 조건 짓는 법(paccaya-dhamma)을 뜻한다. 연기와 조건에 대한 설명은 『아비담마 길라잡이』 제8장 §1과 §2의 아래에 있는 I. 연기의 방법(paṭiccasamuppāda-naya)에 대한 해설과 §10의 아래에 있는 II. 빳타나의 방법(paṭṭhāna-naya)에 대한 해설을 참조할 것. 그리고 '조건 따라 일어난 법들[緣而生法, paṭicca-samuppannā dhammā]에 대해서는 본서 제1권 §57의 해당 주해도 참조할 것.

198) 한편 본서에서 '이것에게 조건이 되는 [법들]과 조건 따라 일어난 법들'로 옮긴 idappaccayatā-paṭiccasamuppannā dhammā와 니까야에서 '이것에게 조건이 됨인 연기'로 번역이 되는 idappaccayatā-paṭiccasamuppāda는 그 내용이 서로 다르다. 후자는 니까야에서 "집착을 좋아하고 집착을 기뻐하고 집착을 즐기는 사람들이 이런 경지, 즉 이것에게 조건이 됨인 연기(緣起)를 보기는 어려울 것이다."(M26 §19, D14 §3.4, S6:1, S12:20)로 나타난다. 이것은 『맛지마 니까야』 「성스러운 구함 경」(M26)과 『율장』(Vin.i.4~7)과 『상윳따 니까야』 제1권 「권청(勸請) 경」(S6:1) 전체와 『디가 니까야』 제2권 「대전기경」(D14) §§3.1~3.7에 나타나고 있다. 주석서는 부처님의 이러한 사유는 깨달음을 이루신 뒤 여덟 번째 칠 일(aṭṭhama sattāha)에 염소치기의 니그로다 나무 아래에서 있었던 것이라 적고 있다.(SA.i.195)

니까야의 이런 경들에서 '이것에게 조건이 됨인 연기'로 옮긴 idappaccayatā-paṭiccasamuppāda에서 idappaccayatā(이것에게 조건이 됨)와 paṭicca-samuppāda(연기)는 동일한 뜻을 가진 다른 표현이다. 여기서 연기는 조건 짓는 법들(paccaya-dhammā)을 말한다. 즉 '무명을 조건하여 [업] 형성들이 있다[無明緣行].'라는 연기의 구문에서는 '무명'이 바로 연기이고, 조건 짓는 법이고, 이것에게(imesaṁ) 조건이 됨(paccayā)이다. 즉 [업] 형성들[行]에게 무명은 조건이 된다. 여기서 의도적 행위들은 조건 따라 생긴 법(paṭiccasamuppanna-dhamma)이라 부르지 연기라고 부르지 않는다. 상세한 설명은 『청정도론』 제17장 통찰지의 토양을 참조할 것.

니까야의 이런 어법이 여기 『담마상가니』에서는 idappaccayatā-paṭicca-samuppanna로 ① 이것에게 조건이 되는[此緣性] [법들]과 ② 조건 따라 일어난[緣而生] 법들이라는 조건 짓는 것과 조건 따라 생긴 것 둘 다를 나타내는 용어로 언급이 되고 있다.

199) 본서 제1권 §425의 해당 주해를 참조할 것.

1009. 여기서 무엇이 '계행과 의례의식에 대한 집착[戒禁取]'인가?

외도의 사문 · 바라문들이 가지고 있는, '계행에 의해서 청정해진다.'라거나, '의례의식에 의해서 청정해진다.'라거나, '계행과 의례의식에 의해서 청정해진다.'[200]라고 하는 이런 형태의 [그릇된] 견해, 견해에 빠짐, 견해의 밀림(密林), 견해의 황무지, 견해의 뒤틀림, 견해의 요동, 견해의 족쇄, 거머쥠, 고착, 천착, 집착[固守], 나쁜 길, 그릇된 길, 그릇된 상태, 외도의 장소, 거꾸로 거머쥠 — 이를 일러 계행과 의례의식에 대한 집착이라 한다.

1010. 이러한 세 가지 족쇄들, 이들과 함께 작용하는[201] 오염원들,[202] 이들과 결합된[203] 느낌의 무더기 … 알음알이의 무더기, 이들로

---

200) "'계행에 의해서(sīlena)'라는 것은 소처럼 사는 계행 등이다. '의례의식에 의해서(vatena)'란 소처럼 사는 의례의식 등에 의해서이다. '계행과 의례의식에 의해서(sīlabbatena)'라는 것은 이 둘에 의해서이다. '청정(suddhi)'이란 오염원의 청정이나 궁극적으로 청정해진 열반이다."(DhsA.355)

소처럼 사는 계행은 소의 계행으로 직역할 수 있는 고실라(gosīla)를 옮긴 것인데 『맛지마 니까야』 복주서가 "'소의 계행(gosīla)'이란 소의 행실(gavācāra)이다."(MAṬ.ii.42)라고 설명하고 있어서 소처럼 사는 계행으로 풀어서 옮겼다. 소처럼 사는 계행 등은 『맛지마 니까야』 제2권 「견서계경」(犬誓戒經, Kukkuravatika Sutta, M57)이 좋은 보기가 되므로 참조하기 바란다.

201) "'이들과 함께 작용하는 것(tadekaṭṭhā)'(§1010)은 여기서는 버려질 때 함께 작용하는 것(§986의 주해 참조)이 앞에서 인도하는 것(dhura)이 된다."(DhsA.355)

202) "본서의 [열 가지 오염원의 토대(§1235)]에는 사견의 오염원(diṭṭhi-kilesa)과 의심의 오염원(vicikicchā-kilesa)이라는 두 가지[를 비롯해 모두 10가지]가 나타난다. 그런데 [이러한 10가지 오염원들 가운데] 여기서는 탐욕(lobha), 성냄(dosa), 어리석음(moha), 자만(māna), 해태(thīna), 들뜸(uddhacca), 양심 없음(ahirika), 수치심 없음(anottappa)의 이 여덟 가지는 나타나지 않는데 이들도 가져와서 설명이 되어야 한다. 여기서는 사견과 의심이 버려질 때 탐욕, 성냄, 어리석음, 자만, 해태, 들뜸, 양심 없음, 수치심 없음의 이 모두는 버려질 때 함께 작용하는 것(§986의 주해 참조)이 되어서

부터 생긴[204] 몸으로 짓는 업 · 말로 짓는 업 · 마노로 짓는 업 — 이것이 봄[見]으로써 버려야 하는 법들이다.[205]

[함께] 버려진다. 그리고 함께 생긴 것과 함께 작용하는 것(§986의 주해 참조)도 가져와서 설명되어야 한다.

예류도에 의해서는 사견이 함께하는(diṭṭhisahagatāni) 네 가지와 의심이 함께하는 것(vicikicchāsahagata)이라는 이 다섯 가지 마음이 버려진다. 이 경우에 자극이 없는 사견의 마음(asaṅkhārika-diṭṭhicittā) 두 가지가 버려질 때 이들과 함께 생긴 탐욕과 어리석음과 들뜸과 양심 없음과 수치심 없음이라는 이 오염원들이 '함께 생긴 것과 함께 작용하는 것(sahajekaṭṭha)'을 통해서 버려진다. 나머지 사견의 오염원과 의심의 오염원은 '버려질 때 함께 작용하는 것(pahānekaṭṭha)'을 통해서 버려진다.

사견과 결합된 자극이 있는 마음들이 버려질 때에도 이들과 함께 생긴 탐욕, 어리석음, 해태, 들뜸, 양심 없음, 수치심 없음이라는 이 오염원들은 함께 생긴 것과 함께 작용하는 것을 통해서 버려진다. 나머지 사견의 오염원과 의심의 오염원은 버려질 때 함께 작용하는 것을 통해서 버려진다. 이와 같이 버려질 때 함께 작용하는 것에는 함께 생긴 것과 함께 작용하는 것이 들어 있다라고 이 함께 생긴 것과 함께 작용하는 것을 가져와서 밝혔다."(DhsA.355~356)

203) "'이들과 결합된(taṁsampayutto)': 이들과 함께 작용하는 8가지 오염원들과 결합된. 이들을 분리해 보면, 탐욕과 성냄 등은 이들 각각에 의해서 결합됨을 밝혀야 한다.

이 가운데 탐욕을 취하면 어리석음, 자만, 해태, 들뜸, 양심 없음, 수치심 없음이라는 이 심리현상들의 무더기(행온)에 있는 오염원의 무리가 탐욕과 결합된 것이다.

성냄을 취하면 어리석음, 해태, 들뜸, 양심 없음, 수치심 없음이라는 이 오염원의 무리가 성냄과 결합된 것이다.

어리석음을 취하면 탐욕, 성냄, 자만, 해태, 들뜸, 양심 없음, 수치심 없음이라는 이 오염원의 무리가 어리석음과 결합된 것이다.

자만을 취하면 이와 함께 일어난 탐욕, 어리석음, 해태, 들뜸, 양심 없음, 수치심 없음이라는 이 오염원의 무리가 자만과 결합된 것이다.

이러한 방법으로 이 해태와 이 들뜸과 이 양심 없음과 이 수치심 없음과 결합된이라고 '이들과 결합된'을 적용시켜야 한다."(DhsA.356)

204) "'이들로부터 생긴(taṁsamuṭṭhānaṁ)'이란 이러한 탐욕과 … 이러한 수치심 없음에 의해서 생겼다는 뜻이다."(DhsA.356)

205) "'이것이 봄으로써 버려야 하는 법들이다(ime dhammā dassanena pahātabbā).'라고 하셨다. 여기서 봄[見, dassana]이란 것은 예류도(sotāpatti-

1011. 무엇이 '닦음으로써 버려야 하는 법들'(ma3-8-b)인가?

남아있는 탐욕 · 성냄 · 어리석음,[206] 이들과 함께 작용하는 오염원들,[207] 이들과 결합된 느낌의 무더기 … 알음알이의 무더기, 이들로부터 생긴 몸으로 짓는 업 · 말로 짓는 업 · 마노로 짓는 업 — 이것이 닦음으로써 버려야 하는 법들이다.

1012. 무엇이 '봄[見]이나 닦음으로 버려야 하지 않는 법들'(ma3-8-c)인가?[208]

유익하거나 결정할 수 없는 욕계에 속하거나 색계에 속하거나 무색계에 속하거나 [세간에] 포함되지 않는[出世間] 법들, [즉] 느낌의 무더

---

magga)이다. 이것으로써 버려야 한다는 뜻이다.
그러면 왜 예류도에서는 봄이 생기는가? 첫 번째로 열반을 보기 때문이다(paṭhamaṁ nibbānadassanato). 그런데 종성(種姓, gotrabhu)이 더 첫 번째로(paṭhamatara) 보는 것이 아닌가? 보지 않는 것은 아니다. 그러나 [종성은] 본 뒤에도 해야 할 역할(kattabba-kicca)을 하지 않는다. 족쇄들(saṁyojanā)을 버리지 못했기 때문이다. 그러므로 본다고 말하지는 못한다. 마치 어떤 변방에 있는 사람이 왕을 보았지만 아직 왕에게 진상품을 헌납하고 해야 할 의무(kicca)를 행하지 않았기 때문에 '오늘도 나는 왕을 뵙지 못했다.'라고 말하는 것이 그 보기가 된다."(DhsA.356~357)

종성(種姓, gotrabhū)에 대해서는 본서 제1권 세 개조 마띠까 ma3-8의 해당 주해와 『아비담마 길라잡이』 제4장 §14의 3번 해설과 9장 §34를 참조할 것.

206) "'남아있는 탐욕, 성냄, 어리석음(avaseso lobho doso moho)'이란 봄으로써 버리고 남아있는 것이다. 봄으로써 악처로 인도하는 것들을 버렸기 때문이다. 이들 [악처로 인도하는 것들]과는 다른, [오염원]들을 보여주기 위해서 '남아있는 탐욕, 성냄, 어리석음'을 설하였다."(DhsA.357)

207) "'이들과 함께 작용하는 오염원들(tadekaṭṭhā kilesā)'이란 성전에 나타나는 세 가지 오염원과 결합된 것과도 함께 작용하고 버린 것과도 함께 작용하는 다섯 가지 오염원들(kilesā, 자만부터 수치심 없음까지)이다."(DhsA.357)

208) "'봄[見]이나 닦음으로 버려야 하지 않는 법들(dhammā neva dassanena na bhāvanāya pahātabbā)'(ma3-8-c)이라고 하였다. 이것은 족쇄 등의 경우에서와 같이 [네 가지] 도에 의해서 버릴 수 없는 것을 두고 설한 것이다."(DhsA.357)

기 … 알음알이의 무더기, [184] 모든 물질, 형성되지 않은[無爲] 요소 — 이것이 봄[見]이나 닦음으로 버려야 하지 않는 법들이다.[209]

1013. 무엇이 '봄으로써 버려야 하는 원인을 가진 법들'(ma3-9-a) 인가?[210]

세 가지 족쇄들이 있으니 [불변하는] 자신이 존재한다는 견해[有身見], 의심, 계행과 의례의식에 대한 집착[戒禁取]이다.

1014. 여기서 무엇이 '[불변하는] 자신이 존재한다는 견해[有身見]' 인가?[211] … (§1007) … 이를 일러 [불변하는] 자신이 존재한다는 견해[有身見]라 한다.

1015. 여기서 무엇이 '의심'인가? … (§1008) … 이를 일러 의심이라 한다.

1016. 여기서 무엇이 '계행과 의례의식에 대한 집착[戒禁取]'인가? … (§1009) … 이를 일러 계행과 의례의식에 대한 집착이라 한다.

---

209) "“예류도의 지혜로 업을 짓는 알음알이(abhisaṅkhāra-viññāṇa)의 소멸에 의해서 시작을 알 수 없는 윤회의 회전에서 일어나기 마련인 이들 정신과 물질은 일곱 생을 제외하고 여기서 버려진다.”라는 등의 방법으로 유익함 등을 버리는 것도 인정되지만 이러한 도들이 수행되지 않을 때에는 [유신견 등이] 일어나기 마련이다. 그러나 [네 가지 도가 일어날 때는] 강하게 의지하는 조건[親依支緣, upanissaya-paccaya]인 오염원들이 버려지기 때문에 이런 것들도 버려진다는 이러한 방편을 두고 [이 봄[見]으로써 버려야 하는 세 개 조(ma3-8)를] 말씀하신 것이라고 알아야 한다."(DhsA.357)

210) "봄으로써 버려야 하는 원인을 가진 세 개 조(ma3-9)에서는 먼저 이러한 법들은 봄으로써 버려야 하는 원인을 가진 것이라고 확정한 뒤, '세 가지 족쇄들(tīṇi saṁyojanāni)' 등을 버려야 하는 것이라고 보여주신다. 그런 뒤에 다시 이들과 함께 작용하는 것(tadekaṭṭhabhāva)을 통해서 원인들(hetū)과 원인을 가진 것들(sahetukā)을 보여주기 위해서 설하셨다."(DhsA.357)

211) 리스 데이비즈 여사의 지적처럼 PTS본(p184, §1010)은 문장이 잘못 편집되어 있다.(리스 데이비즈, 262쪽 주2 참조)

1017. 이러한 세 가지 족쇄들, 이들과 함께 작용하는 오염원들, 이들과 결합된 느낌의 무더기 … 알음알이의 무더기, 이들로부터 생긴 몸으로 짓는 업 · 말로 짓는 업 · 마노로 짓는 업 — 이것이 봄으로써 버려야 하는 원인을 가진 법들이다.

[그러나] 세 가지 족쇄들인 [불변하는] 자신이 존재한다는 견해[有身見], 의심, 계행과 의례의식에 대한 집착[戒禁取] — 이것은 봄으로써 버려야 하는 법들이다.

이들과 함께 작용하는212) 탐욕, 성냄, 어리석음 — 이것이 봄으로써 버려야 하는 원인인 법들213)이다.214)

이들과 함께 작용하는 오염원들, 이들과 결합된 느낌의 무더기 … 알

---

212) 리스 데이비즈 여사의 지적처럼 PTS본에는 본 문단의 이 문구가 빠져 있다. 리스 데이비즈 여사는 미얀마본을 참조해서 번역하였다.(리스 데이비즈, 263쪽 [1010b]와 주1 참조)

213) '봄으로써 버려야 하는 원인인 법들'은 dhammā dassanena pahātabba-hetū를 옮긴 것이다. PTS본에는 나타나지 않는데 미얀마본(VRI본)에서처럼 반드시 있어야 한다. 이것이 없으면 탐욕과 성냄과 어리석음은 '봄으로써 버려야 하는 원인을 가진 법들(pahātabba-hetukā)'에 포함이 되어버린다. 탐욕과 성냄과 어리석음은 원인(hetu)이지 원인을 가진 것(hetuka)이 아니다.

214) "여기서 봄으로써 버려야 하는 원인인 법들 가운데 탐욕이 함께한 어리석음은 탐욕에 의해서 원인을 가진 것(sahetuka)이 된다. 성냄이 함께한 어리석음은 성냄에 의해서, 탐욕과 성냄은 어리석음에 의해서 원인을 가진 것이 된다. 이처럼 이들은 버려야 하는 원인을 가진 구절(pahātabbahetuka-pada)과 조합이 된다. 그러나 의심이 함께한 어리석음은 다른 것과 결합된 원인이 없기 때문에 원인이지만 원인을 가진 것은 아니다(hetuyeva na sahetuko). 이처럼 이 [어리석음]을 버리는 것을 보여주기 위해서 '봄으로써 버려야 하는 원인인 법들(dassanena pahātabbahetū)'을 설하셨다."(DhsA.357)

여기서 '버려야 하는 원인인 법들'은 pahātabba-hetū를 옮긴 것이고 '버려야 하는 원인을 가진 법들'은 pahātabba-hetukā을 옮긴 것이다. 예를 들면 탐욕(lobha)은 버려야 하는 원인인 법이고 탐욕과 함께 일어나는 느낌(vedanā)은 탐욕이라는 버려야 하는 원인을 가진 법이 된다.

음알이의 무더기, 이들로부터 생긴 몸으로 짓는 업 · 말로 짓는 업 · 마노로 짓는 업 — 이것이 봄으로써 버려야 하는 원인을 가진 법들이다.

1018. 무엇이 '닦음으로써 버려야 하는 원인을 가진 법들'(ma3-9-b)인가?

남아있는 탐욕, 성냄, 어리석음 — 이것이 닦음으로써 버려야 하는 원인인 법들이다.

그리고 이들과 함께 작용하는 오염원들, 이들과 결합된 느낌의 무더기 … 알음알이의 무더기, 이들로부터 생긴 몸으로 짓는 업 · 말로 짓는 업 · 마노로 짓는 업 — 이것이 닦음으로써 버려야 하는 원인을 가진 법들이다.215)

1019. 무엇이 '봄[見]이나 닦음으로 버려야 하는 원인을 가지지 않은 법들'(ma3-9-c)인가?

[봄이나 닦음으로 버려야 하는 원인인] 이러한 법들을 제외한, 나머지 유익하거나 해롭거나 결정할 수 없는 욕계에 속하거나 색계에 속하거나 무색계에 속하거나 [세간에] 포함되지 않는[出世間] 법들, [즉] 느낌의 무더기 · 인식의 무더기 · 심리현상들의 무더기 · 알음알이의 무더기, 모든 물질, 형성되지 않은[無爲] 요소 — 이것이 봄[見]이나 닦음으로 버려야 하는 원인을 가지지 않은 법들이다.216)

---

215) "[봄으로써 버려야 하는 원인을 가진 세 개 조 가운데] 두 번째 구절에서는 들뜸이 함께한 어리석음을 버리는 것을 보여주기 위해서 '이것이 닦음으로써 버려야 하는 원인인 법들이다(ime dhammā bhāvanāya pahātabbahetu).' 라고 설하셨다. 이러한 [어리석음]은 자신과 결합된 법들을 원인을 가진 것들(sahetukā)로 만든 뒤 스스로 뒤로 물러서기 때문이다. 이것은 의심이 함께한 것과 마찬가지로 다른 결합된 원인이 존재하지 않기 때문에 버려야 하는 원인을 가진 구절에는 포함되지 않는다."(DhsA.358)

216) "[본 세 개 조 가운데] 세 번째 구절에서 '이러한 법들을 제외한, 나머지 유익하거나 해롭거나 결정할 수 없는(te dhamme ṭhapetvā avasesā kusala-

1020. 무엇이 '[윤회를] 축적하게 하는 법들'(ma3-10-a)인가?

번뇌의 대상이면서 욕계에 속하거나 색계에 속하거나 무색계에 속하는 유익하거나 해로운 법들, [즉] 느낌의 무더기 … 알음알이의 무더기 — 이것이 [윤회를] 축적하게 하는 법들이다.

1021. 무엇이 '[윤회를] 감소시키는 법들'(ma3-10-b)인가?

[세간에] 포함되지 않는[出世間] 네 가지 도들 — 이것이 [윤회를] 감소시키는 법들이다.

1022. 무엇이 '[윤회를] 축적하게 하는 것도 [윤회를] 감소시키는 것도 아닌 법들'(ma3-10-c)인가?

유익하거나 해로운 법들의 과보로 나타난 욕계에 속하거나 색계에 속하거나 무색계에 속하거나 [세간에] 포함되지 않는[出世間] 것들, [즉] 느낌의 무더기 … 알음알이의 무더기, 유익한 것도 아니고 해로운 것도 아니고 업의 과보로 나타난 것도 아닌 작용만 하는 법들, 모든 물질, 형성되지 않은[無爲] 요소 — 이것이 [윤회를] 축적하게 하는 것도 [윤회를] 감소시키는 것도 아닌 법들이다.

1023. 무엇이 '유학에 속하는 법들'(ma3-11-a)인가?

[세간에] 포함되지 않는[出世間] 네 가지 도들, 낮은 단계의 세 가지 사문됨의 결실들[果] — 이것이 유학에 속하는 법들이다.

1024. 무엇이 [185] '무학에 속하는 법들'(ma3-11-b)인가?

가장 높은 아라한과 — 이것이 무학에 속하는 법들이다.

---

akusalābyākatā) …'이라고 다시 해로움을 취한 것은 의심과 들뜸이 함께 하는 어리석음을 조합하기 위해서 설한 것이다. 이들은 결합된 원인이 존재하지 않기 때문에 버려야 하는 원인을 가진 것(pahātabba-hetukā)이 아니다."(DhsA.358)

1025. 무엇이 '유학에도 무학에도 속하지 않는 법들'(ma3-11-c)인가?

[유학이나 무학에 속하는] 이러한 법들을 제외한, 나머지 유익하거나 해롭거나 결정할 수 없는 욕계에 속하거나 색계에 속하거나 무색계에 속하는 법들, [즉] 느낌의 무더기 … 알음알이의 무더기, 모든 물질, 형성되지 않은[無爲] 요소 — 이것이 유학에도 무학에도 속하지 않는 법들이다.

1026. 무엇이 '제한된 법들'(ma3-12-a)인가?

욕계에 속하는 모든 유익하거나 해롭거나 결정할 수 없는 법들, [즉] 물질의 무더기 · 느낌의 무더기 · 인식의 무더기 · 심리현상들의 무더기 · 알음알이의 무더기 — 이것이 제한된 법들이다.

1027. 무엇이 '고귀한 법들'(ma3-12-b)인가?

색계에 속하거나 무색계에 속하는 유익하거나 결정할 수 없는 법들, [즉] 느낌의 무더기 … 알음알이의 무더기 — 이것이 고귀한 법들이다.

1028. 무엇이 '무량한 법들'(ma3-12-c)인가?

[세간에] 포함되지 않는[出世間] 도들, 도의 결실들[果], 형성되지 않은[無爲] 요소 — 이것이 무량한 법들이다.

1029. 무엇이 '제한된 대상을 가진 법들'(ma3-13-a)인가?[217]

---

217) "제한된 대상을 가진 세 개 조(ma3-13)에서 '대상으로 해서(ārabbha)'는 대상을 만들어서(ārammaṇaṁ katvā)라는 말이다. 스스로는 제한되었거나(parittā) 고귀하거나(mahaggatā) 간에 제한된 법들을 대상으로 한 뒤 일어나는 것은 '제한된 대상을 가진 것들(parittārammaṇā — parittaṁ ārammaṇaṁ etesaṁ, DhsA.45)'(§1029)이고 고귀한 것들을 대상으로 한 뒤 일어나는 것은 '고귀한 대상을 가진 것들(mahaggatārammaṇā)'(§1030)이며, 무량한 것들을 대상으로 한 뒤 일어나는 것은 '무량한 대상을 가진 것들(appamāṇārammaṇā)'(§1031)이다."(DhsA.358)

제한된 법들을 대상으로 해서 일어난 마음과 마음부수인 법들 — 이것이 제한된 대상을 가진 법들이다.

1030. 무엇이 '고귀한 대상을 가진 법들'(ma3-13-b)인가?

고귀한 법들을 대상으로 해서 일어난 마음과 마음부수인 법들 — 이것이 고귀한 대상을 가진 법들이다.

1031. 무엇이 '무량한 대상을 가진 법들'(ma3-13-c)인가?

무량한 법들을 대상으로 해서 일어난 마음과 마음부수인 법들 — 이것이 무량한 대상을 가진 법들이다.

1032. 무엇이 '저열한 법들'(ma3-14-a)인가?

세 가지 해로움의 뿌리[不善根]인 탐욕 · 성냄 · 어리석음, 그리고 이들과 함께 작용하는 오염원들, 이들과 결합된 느낌의 무더기 … 알음알이의 무더기, 이들로부터 생긴 몸으로 짓는 업 · 말로 짓는 업 · 마노로 짓는 업 — 이것이 저열한 법들이다.

1033. 무엇이 '중간인 법들'(ma3-14-b)인가?

번뇌의 대상인 유익하거나 결정할 수 없는 욕계에 속하거나 색계에 속하거나 무색계에 속하는 법들, [즉] 물질의 무더기 · 느낌의 무더기 … 알음알이의 무더기 — 이것이 중간인 법들이다.

1034. 무엇이 '수승한 법들'(ma3-14-c)인가?

[세간에] 포함되지 않는[出世間] 도들, 도의 결실들[果], 형성되지 않은[無爲] 요소 — 이것이 수승한 법들이다.

1035. 무엇이 [186] '그릇된 것으로 확정된 법들'(ma3-15-a)인가?

다섯 가지 무간업,[218] 그리고 확정된 그릇된 견해[219] — 이것이 그릇된 것으로 확정된 법들이다.

1036. 무엇이 '바른 것으로 확정된 법들'(ma3-15-b)인가?

[세간에] 포함되지 않는[出世間] 네 가지 도들 — 이것이 바른 것으로 확정된 법들이다.

1037. 무엇이 '확정되지 않은 법들'(ma3-15-c)인가?

[확정된] 이러한 법들을 제외한, 나머지 유익하거나 해롭거나 결정할 수 없는 욕계에 속하거나 색계에 속하거나 무색계에 속하거나 [세간에] 포함되지 않는[出世間] 법들, [즉] 느낌의 무더기 … 알음알이의 무더기, 모든 물질, 형성되지 않은[無爲] 요소 — 이것이 확정되지 않은 법들이다.

1038. 무엇이 '도를 대상으로 가진 법들'(ma3-16-a)인가?

성스러운 도를 대상으로 해서220) 일어난 마음과 마음부수인 법들 —

---

218) "그릇된 것으로 확정된 세 개 조(ma3-15)에서 '무간업(ānantarikāni)'은 끝이 없이(anantarāya) 결실을 주는 것들(phala-dāyakāni)이다. 이것은 어머니를 죽이는 업 등의 동의어이다. 이들 가운데 하나의 업만을 지었더라도 그 하나의 업을 제외한 다른 업이 그 자신의 과보를 생기게 하는 기회를 만들 수가 없다. 수미산만 한 크기의 황금의 탑묘들을 만들고 우주만큼의 보배로 된 벽을 가진 승원을 만들게 하고 그것을 가득 채우고 앉아계신 부처님을 으뜸으로 하는 승가에게 수명이 다하도록 네 가지 필수품을 공양 올린다 할지라도 이런 업이 이러한 [무간] 업들의 과보를 제거시킬 수가 없다." (DhsA.358)

219) "'확정된 그릇된 견해(micchādiṭṭhi niyatā)'라는 것은 무인론(ahetuka-vāda)과 도덕부정론(akiriya-vāda)과 허무론(natthika-vādā) 가운데 어떤 것이다. 이러한 견해를 가지고 머무는 인간을 백의 부처님들도 천의 부처님들도 깨닫게 할 수가 없다."(DhsA.358)

무인론자(원인 없음을 말하는 자, ahetuka-vāda)와 도덕부정론자(업지음 없음을 말하는 자, akiriya-vāda)과 허무론자(아무것도 없음을 말하는 자, natthika-vādā)에 대해서는 『상윳따 니까야』 제3권 「언어 표현의 길 경」(S22:62)과 『맛지마 니까야』 제4권 「위대한 마흔 가지 경」(M117) §38의 주해 등을 참조할 것.

220) "도를 대상으로 가진 세 개 조(ma3-16)에서 '성스러운 도를 대상으로 해서(ariyamaggaṁ ārabbha)'는 출세간도(lokuttara-magga)를 대상으로 삼

이것이 도를 대상으로 가진 법들이다.

1039. 무엇이 '도를 원인으로 가진 법들'(ma3-16-b)인가?

성스러운 도를 구족한 자의 도의 구성요소들은 제외하고, 이들과 결합된 느낌의 무더기 … 알음알이의 무더기 — 이것이 도를 원인으로 가진 법들이다.221)

성스러운 도를 구족한 자의 바른 견해는 도이기도 하고 원인이기도 하다. 바른 견해를 제외하고, 이것과 결합된 느낌의 무더기 … 알음알이의 무더기 — 이것이 도를 원인으로 가진 법들이다.222)

성스러운 도를 구족한 자의 탐욕 없음, 성냄 없음, 어리석음 없음 — 이것은 도의 원인인 법들이다. 이들과 결합된 느낌의 무더기 … 알음알이의 무더기 — 이것이 도를 원인으로 가진 법들이다.223)

1040. 무엇이 '도를 지배의 [요소]로 가진 법들'(ma3-16-c)인가?

성스러운 도를 지배의 [요소]로 하여224) 일어난 마음과 마음부수인

아서이다. 이들은 제한된 것들(parittā)도 되고 고귀한 것들(mahaggatā)도 된다."(DhsA.358)

221) "여기 '도를 원인으로 가진 법들(maggahetuka)'(ma3-16-b)에 대한 해설의 첫 번째 방법에 의해서는 조건이라는 뜻인 원인(hetu)에 의해서 도와 결합된 무더기들의 원인을 가진 상태를 보여주셨다."(DhsA.359)

222) "두 번째 방법에 의해서는 도가 되는 바른 견해(sammā-diṭṭhi)라 불리는 원인에 의해서 나머지 도의 구성요소들의 원인을 가진 상태를 보여주셨다."(DhsA.359)

223) "세 번째 방법에 의해서는 도에서 생긴 원인들에 의해서 바른 견해의 원인을 가진 상태를 보여주셨다고 알아야 한다."(DhsA.359)

224) "'성스러운 도를 지배의 [요소]로 하여(ariyamaggaṁ adhipatiṁ karitvā)'라는 것은 성스러운 도를 대상으로서 지배하는 것(ārammaṇa-adhipati)으로 삼아서라는 뜻이다. 이들은 제한된 법들이다. 성스러운 제자들은 자신의 도를 중히 여기고 반조를 하는 때에 대상으로서 지배하는 것을 얻는다.(대상으로서 지배하는 조건에 대해서는 아래 주해를 참조할 것.)
그런데 성스러운 제자가 [남의] 마음을 아는 지혜[他心通, cetopariya-

법들 — 이것이 도를 지배의 [요소]로 가진 법들이다.

검증은 제외하고, 검증의 지배를 가진[225] 도를 닦는 성스러운 도를 구족한 자에게 [있는] 이것과 결합된 느낌의 무더기 … 알음알이의 무더기 — 이것이 도를 지배의 [요소]로 가진 법들이다.

1041. 무엇이 '일어난 법들'(ma3-17-a)인가?

발생했고 존재했고 출생했고 태어났고 나타났고 드러났고 일어났고 생겼고 생성되었고 출현하였고 일어났고[226] 일어난 것으로 분류되

ñāṇa]로 남의 도를 반조하여 그것을 중히 여길 때는 자신이 통찰한 도처럼 중히 여기지 않는다. 그러면 쌍신변(雙身變. yamaka-pāṭihāriya)을 나투시는 여래를 뵙고 그의 도를 중히 여기는가, 여기지 않는가? 중히 여긴다. 그렇지만 자신의 도만큼 중히 여기지는 않다. 아라한은 도와 과와 열반을 제외하고 어떤 법도 중히 여기지 않는다. 이 경우도 같은 의미이다."(DhsA.359)

225) "'검증의 지배를 가진(vīmaṁsādhipateyya)'이란 것은 함께 생긴 것으로 지배하는 것(sahajātādhipati)를 보여주기 위해서 설하셨다. 열의(chanda)를 으뜸으로 하여 도를 수행하는 자에게 열의가 지배하는 것이 되지 도가 그렇지는 않다. 나머지 법들도 열의가 지배하는 것이지 도가 지배하는 것이 아니다. 마음에도 이 방법이 적용된다. 그러나 검증(vīmaṁsa)을 으뜸으로 하여 도를 수행하는 자에게는 검증도 지배가 되고 도도 그렇다.
나머지 법들은 도가 지배하는 것이다. 정진(vīriya)에도 이 방법이 적용된다."(DhsA.359)

지배의 조건[增上緣, adhipatipaccaya]에는 ① 대상으로서 지배하는 조건(ārammaṇa-adhipati-paccaya)과 ② 함께 생긴 것으로서 지배하는 조건(sahajāta-adhipati-paccaya)의 두 가지가 있다.(『아비담마 길라잡이』 제8장 §19 참조) 전자는 선명한 대상이 정신에게 대상으로서 지배하는 조건이 되는 것이다. 후자는 함께 생긴 열의, 정진, 마음, 검증의 네 가지 지배들이 조건 짓는 법들이 되어서 함께 생긴 정신과 물질에게 함께 생긴 것으로서 지배하는 조건이 되는 것이다.
네 가지 지배[增上, cattāro adhipati]에 대해서는 『아비담마 길라잡이』 제7장 §20을 참조하고 지배의 조건에 대해서는 『아비담마 길라잡이』 제8장 §19를 참조하기 바란다.

226) "'일어났고(uppannā)'라는 단어를 다시 [한 번 더] 가져온 이유는 앞에서 설명한 방법대로 알아야 한다."(DhsA.360)
여기에 대해서는 본서 제1권 §12의 해당 주해와 §6의 두 번째 마노에 대한

는[227] 물질, 느낌, 인식, 심리현상들, 알음알이[228] — 이것이 일어난 법들이다.

1042. 무엇이 '일어나지 않은 법들'(ma3-17-b)인가?

발생하지 않았고 존재하지 않았고 출생하지 않았고 태어나지 않았고 나타나지 않았고 드러나지 않았고 [187] 일어나지 않았고 생기지 않았고 생성되지 않았고 출현하지 않았고 일어나지 않았고 일어나지 않은 것으로 분류되는 물질, 느낌, 인식, 심리현상들, 알음알이 — 이것이 일어나지 않은 법들이다.

1043. 무엇이 '일어나게 될 법들'(ma3-17-c)인가?

유익하거나 해로우면서 과보가 아직 익지 않은[229] 법들의 과보로 나타난 욕계에 속하거나 색계에 속하거나 무색계에 속하거나 [세간에] 포함되지 않는[出世間] 법들, [즉] 느낌의 무더기 … 알음알이의 무더기이다. 그리고 업을 지었기 때문에 생기게 될 물질 — 이것이 일어나게 될 법들이다.[230]

주해 등을 참조할 것.

227) "'일어난 것으로 분류되는(uppannaṁsena saṅgahitā)'이란 일어난 부분으로 계산되는 것이다."(DhsA.360)

228) "이것은 이들의 고유성질을 보여주는 것이다."(DhsA.360)

229) '과보가 아직 익지 않은'은 avipakkavipāka를 옮긴 것인데 『앙굿따라 니까야 주석서』에서 "아직 과보로 나타나지 않은 것(aladdha-vipāka-vāra)"(AA.iii.175 = A4:195에 대한 주석)으로 설명하고 있다. 그런데 본서의 PTS본(§1037)에는 이 단어가 빠진 채 편집되어 있다. 이것은 리스 데이비즈 여사의 지적처럼 잘못된 것이다.(리스 데이비즈, 271쪽 1번 주해 참조)

230) "이 일어난 것의 세 개 조(ma3-17, §§1041~1043)는 두 가지 시간(즉 과거와 미래)을 통해서 보여주신 것이다. 기회를 얻은 업의 과보는 두 가지이기 때문이다. 그것은 ① [과보가] 찰나에 얻어진 것(khaṇappatta)과 ② [과보가 아직] 얻어지지 않은 것(appatta)이다.
① 여기서 찰나에 얻어진 것이 '일어난 것(uppanna, §1041)'이다. ② [과보

가 아직] 얻어지지 않은 것은 [업을 지은] 마음 바로 다음에 일어나거나 십만 겁이 지난 뒤에도 [일어나게 된다.] 조건의 확실함(dhuva-paccayaṭṭha) 때문에 [일어남이(DhsAMṬ.166)] 없는 경우란 존재하지 않아서 그것은 일어나려는 [가능성을 가진] 법들(uppādino dhammā)이 된다."(DhsA.360)

이렇게 설명한 뒤에 계속해서 주석서는 『디가 니까야』 제1권 「뽓타빠다 경」(D9) §23에 나타나는 세존의 말씀을 인용하여 업의 과보는 반드시 일어나게 된다는 사실을 아래와 같이 설명하고 있다.

"그래서 말씀하셨다. "무색계의 인식으로 이루어진 자아는 그대로 유지가 된다. [그러나] 그렇게 [유지가 되더라도] 이 [무색계] 존재에게는 그 [무색계의 바왕가]와는 다른 인식이 생기고 그 [무색계의 바왕가]와는 다른 인식이 소멸한다."(D9 §23)라고.
여기서 [이 말씀의 뜻은 이러하다.] — 무색계(āruppa)에서 욕계의 인식(kāmāvacara-saññā)이 진행되는 동안에는(pavatti-kāle) 뿌리인 [무색계의] 바왕가의 인식(muula-bhavaṅga-saññā)이 소멸하지만(niruddhā) 그 욕계의 인식이 소멸하는 때에는 그 [무색계의 바왕가의 인식이] 반드시(avassaṁ) 일어나게 된다(uppajjissati). 그렇기 때문에 [이 성전(D9)에서는] '무색이라 불리는 자아는 없다.'라는 그런 표현을 사용하지 않으시고 '[자아는] 그대로 유지가 된다(tiṭṭhateva).'라는 일상적인 어법을 사용하신 것이다.
이처럼 [과보로 나타난 마음인 바왕가의 인식이 반드시 일어나는 것과] 마찬가지로 기회를 얻은 업의 과보는 두 가지이다. 그것은 ① [과보가] 찰나에 얻어진 것과 ② [과보가 아직] 얻어지지 않은 것이다. ① 여기서 찰나에 얻어진 것이 '일어난 것'이다. ② [과보가 아직] 얻어지지 않은 것은 [업을 지은] 마음 바로 다음에 일어나거나 십만 겁이 지난 뒤에도 [일어나게 된다.] 조건의 확실함 때문에 [일어나지] 않는 경우란 존재하지 않아서 그것은 일어나려는 [가능성을 가진] 법들이 된다."(DhsA.360)

계속해서 주석서는 다음과 같이 설명을 이어간다.

"그런데 만일 쌓은 유익하거나 해로운 업이 모두 다 과보를 준다면 다른 [법에게는] 기회가 없게 될 것이다. 이 [업]은 두 가지가 있다. 확실한 과보를 가진 것(dhuva-vipāka, 즉 무거운 업, 重業)과 확실하지 않은 과보를 가진 것(adhuva-vipāka)이다. 이 가운데 다섯 가지 무간업(ānantariya-kamma)과 여덟 가지 증득(samāpattiyo)과 네 가지 성자들의 도(ariya-maggā)는 확실한 과보를 가진 것[重業]이다.
이것은 다시 ① [과보가] 찰나에 얻어진 것(khaṇappatta)과 ② [과보가 아직] 얻어지지 않는 것(appatta)이 있다. 이 가운데 ① [과보가] 찰나에 얻어진 것은 '일어난 것(uppanna, §1041)'이 된다. ② [과보가 아직] 얻어지지

1044. 무엇이 '과거의 법들'(ma3-18-a)인가?

지나갔고[231] 없어졌고 떠나갔고 변하였고 사라졌고 철저하게 사라졌고 생겼다가 떠나갔고 지나갔고[232] 지나간 것으로 분류되는 법들인 물질, 느낌, 인식, 심리현상들, 알음알이 — 이것이 과거의 법들이다.

1045. 무엇이 '미래의 법들'(ma3-18-b)인가?

[아직] 발생하지 않았고 존재하지 않았고 출생하지 않았고 태어나지 않았고 나타나지 않았고 드러나지 않았고 일어나지 않았고 생기지 않았고 생성되지 않았고 출현하지 않았고 일어나지 않았고 일어나지 않은 것으로 분류되는 법들인 물질, 느낌, 인식, 심리현상들, 알음알이 — 이것이 미래의 법들이다.

않은 것은 '일어나지 않은 것(anuppanna, §1042)'이 된다. 그것의 과보는 [업을 짓는] 마음 바로 다음에 [일어나거나] 십만 겁이 지난 뒤에도 일어나게 된다. 조건이 확실하기 때문에 [과보가] 일어나지 않는다는 것은 존재하지 않으며 일어나려는 [가능성을 가진] 법들이 되어 [그 결실은] 생겨난다.
미륵 보살님(Metteyya-bodhisatta)의 도는 ② [과보가 아직] 얻어지지 않은 것이니 일어나려는 [가능성을 가진] 법들이 되어 그 결실은 생겨난다." (DhsA.360~361)

231) "'지나갔고(atītā)'라는 것은 [일어나고 머물고 부서지는] 세 찰나(khaṇattaya)가 지나간 것(atikkantā)이다."(DhsA.361)

『디가 니까야 복주서』는 세 찰나를 이렇게 설명한다.
"'세 찰나'란 일어나고(uppāda) 머물고(ṭhiti) 부서지는(bhaṅga) 세 [아]찰나(khaṇā)이다."(DAṬ.iii.249)

'일어남 등의 세 순간(uppādādi-khaṇattaya)'(Vis.XIV.190)은 찰나를 구성하고 있는 세 가지이다. 이것을 CMA에서는 *sub-moment*로 옮기고 있고 초기불전연구원에서는 아찰나(亞刹那)로 옮긴다. 여기에 대해서는 『아비담마 길라잡이』 4장 §6의 해설과 『청정도론』 XIV.190과 주해 등을 참조할 것.

232) "'지나갔고(atītā)'라는 단어를 다시 [한 번 더] 가져온 이유는 앞 [§1041의 일어났고(uppannā) 등]에서 설명한 방법대로 알아야 한다."(DhsA.361)

1046. 무엇이 '현재의 법들'(ma3-18-c)인가?

발생해 있고 존재해 있고 출생해 있고 태어나 있고 나타나 있고 드러나 있고 일어나 있고 생겨나 있고 생성되어 있고 출현하여 있고 현존하고 현존하는 것으로 분류되는 법들인 물질, 느낌, 인식, 심리현상들, 알음알이 — 이것이 현재의 법들이다.

1047. 무엇이 '과거의 대상을 가진 법들'(ma3-19-a)인가?

과거의 법들을 대상으로 해서[233] 일어난 마음과 마음부수인 법들 — 이것이 과거의 대상을 가진 법들이다.

1048. 무엇이 '미래의 대상을 가진 법들'(ma3-19-b)인가?

미래의 법들을 대상으로 해서 일어난 마음과 마음부수인 법들 — 이것이 미래의 대상을 가진 법들이다.

1049. 무엇이 '현재의 대상을 가진 법들'(ma3-19-c)인가?

현재의 법들을 대상으로 해서 일어난 마음과 마음부수인 법들 — 이것이 현재의 대상을 가진 법들이다.

1050. 무엇이 '안의 법들'(ma3-20-a)인가?

이런저런[234] 중생들의 안에 있고 개개인에 속하고 자기에게 생긴 것이고[235] 각 개인에 속하는 것이고 취착된[236] 법들인 물질, 느낌, 인식,

---

233) "과거의 대상을 가진 것의 세 개 조(ma3-19)의 해설에서 '과거의 법들을 대상으로 해서(atīte dhamme ārabbha)'라는 등에서 이 법들은 제한된 것과 고귀한 것들이라고 알아야 한다. 이들은 과거 등을 대상으로 하여 일어나기 때문이다."(DhsA.361)

234) "안의 것의 세 개 조(ma3-20)의 해설에서 '이런저런(tesaṁ tesaṁ)'이라고 [tesaṁ이라는] 단어를 두 번 사용하여 모든 중생들을 포함하였다."(DhsA.361)

235) '자기에게 생긴 것이고'는 niyatā(확정된 것)을 옮긴 것인데 주석서에서 "확

심리현상들, 알음알이 — 이것이 안의 법들이다.

1051. 무엇이 '밖의 법들'(ma3-20-b)인가?

이런저런 다른 중생들[237]이나 다른 인간들의 안에 있고 [188] 개개인에 속하고 자기에게 생긴 것이고 각 개인에 속하는 것이고 취착된 법들인 물질, 느낌, 인식, 심리현상들, 알음알이 — 이것이 밖의 법들이다.

1052. 무엇이 '안과 밖의 법들'(ma3-20-c)인가?

이 두 가지 — 이것이 안과 밖의 법들이다.

1053. 무엇이 '안의 대상을 가진 법들'(ma3-21-a)인가?[238]

안의 법들을 대상으로 해서 일어난 마음과 마음부수인 법들 — 이것이 안의 대상을 가진 법들이다.

1054. 무엇이 '밖의 대상을 가진 법들'(ma3-21-b)인가?

밖의 법들을 대상으로 해서 일어난 마음과 마음부수인 법들 — 이것

정된 것이란 자기에게 생긴 것이다(niyatāti attani jātā)."(DhsA.361)라고 설명하고 있어서 이렇게 옮겼다.

236) "'취착된(upādiṇṇā) [물질]'이란 몸에 머물고 있는 것(sarīraṭṭhakā)이다. 이들은 업에서 생긴 것(kamma-nibbattā)이거나 아닌 것이다. 그러나 여기서는 가지고 거머쥐고 집착[固守]함(ādinna-gahita-parāmaṭṭha)을 통해서 취착된 것들이라고 하셨다."(DhsA.361)
'취착된'으로 옮긴 upādiṇṇā에 대해서는 본서 §652의 주해를 참조할 것.

237) "'다른 중생들(parasattā)'은 자신을 제외한 나머지 중생들이다. '다른 인간들(parapuggalā)'도 이와 동의어이다."(DhsA.361)

238) "안의 대상을 가진 것의 세 개 조(ma3-21)에서 첫 번째 구절에서는 제한되었거나 고귀한(paritta-mahaggatā) 법들이라고 알아야 한다. 두 번째 구절에서는 무량한 것들(appamāṇā)이고 세 번째 구절에서는 제한되었거나 고귀한 것들이다. 무량한 것들은 어떤 때는 밖의 것을 대상으로 하고 어떤 때는 안의 것을 대상으로 하지 못한다."(DhsA.361~362)
무량한 것(appamāṇa)에 대해서는 본서 제1권 §181의 주해를 참조할 것.

이 밖의 대상을 가진 법들이다.

1055. 무엇이 '안과 밖의 대상을 가진 법들'(ma3-21-c)[239]'인가?

안과 밖의 법들을 대상으로 해서 일어난 마음과 마음부수인 법들 — 이것이 안과 밖의 대상을 가진 법들이다.

1056. 무엇이 '볼 수도 있고 부딪힘도 있는 법들'(ma3-22-a)인가?

형색의 감각장소 — 이것이 볼 수도 있고 부딪힘도 있는 법들이다.

1057. 무엇이 '볼 수는 없지만 부딪힘은 있는 법들'(ma3-22-b)인가?

눈의 감각장소, 귀의 감각장소, 코의 감각장소, 혀의 감각장소, 몸의 감각장소, 소리의 감각장소, 냄새의 감각장소, 맛의 감각장소, 감촉의 감각장소 — 이것이 볼 수는 없지만 부딪힘은 있는 법들이다.

1058. 무엇이 '볼 수도 없고 부딪힘도 없는 법들'(ma3-22-c)인가?

느낌의 무더기 · 인식의 무더기 · 심리현상들의 무더기 · 알음알이의 무더기, 그리고 법의 감각장소에 포함된 볼 수도 없고 부딪힘도 없는 물질, 형성되지 않은[無爲] 요소 — 이것이 볼 수도 없고 부딪힘도 없는 법들이다.

세 개 조에 대한 간결한 설명이 [끝났다.]

---

239) 이상 21가지 세 개 조 마띠까는 『위방가』(Vbh. §35)에 '세 가지에 의한 느낌의 무더기(tividhena vedanākkhandho)'의 내용으로도 나타나고 있다.

제2장 두 개 조에 대한 간결한 설명

duka-nikkhepa

1. 원인의 모둠

hetu-gocchaka

1059. 무엇이 '원인인 법들'(ma2-1-a)인가?

세 가지 유익한 원인,[240] 세 가지 해로운 원인, 세 가지 결정할 수 없

---

240) 본서에서 '유익한 원인'은 kusala-hetu를 '해로운 원인'은 akusala-hetu를 옮긴 것이다. 이 합성어를 '유익한 원인' 등으로 옮겨야 할지 '유익함의 원인'으로 옮겨야 할지 분명하지가 않다. 주석서와 복주서에는 이 합성어를 분석한 설명이 없는 것으로 보인다. 5부 니까야에는 kusala-hetu나 akusala-hetu는 나타나지 않는 것으로 검색이 된다. 『청정도론』(XVII.67)에서는 본서의 이 부분을 인용하는 것으로 언급이 되고 있을 뿐 여기에 대한 설명은 없다. 『청정도론』에서는 각각 '유익한 원인'과 '해로운 원인'으로 옮겼다. 그런데 『맛지마 니까야』 복주서는 유익한 뿌리 혹은 유익함의 뿌리로 옮겨지는 kusala-mūla를 다음과 같이 설명하고 있다.

"유익함의 뿌리(kusalassa mūla)라고 해서 유익함의 뿌리(kusala-mūla)이다. 아주 확고한 상태를 성취함(suppatiṭṭhitabhāva-sādhana)에 의해서 유익함이 확고해지기 때문에 기원(nidāna)이라는 뜻이다. 여기서 해로움의 뿌리(akusala-mūla)도 같은 방법이 적용된다."(MAṬ.i.299)

여기서 보듯이 『맛지마 니까야』 복주서는 kusalamūla를 kusalassa mūla, 즉 유익함의(kusalassa) 뿌리(mūla)로 해석하고 있다. kusalamūla는 지금 논의의 주제인 kusalahetu와 동의어이기 때문에(kusalamūlasaṅkhāta-ssa kusalahetuno — DhsA.293, 제1권 §566의 주해 참조) kusalahetu도 kusalassa hetu, 즉 해로움의(kusalassa) 원인(hetu)으로 옮겨야 하지 않을까 생각된다.

한편 리스 데이비즈 여사는 이것을 *causes of good (karma)*와 *causes of*

는[無記] 원인, 아홉 가지 욕계에 속하는 원인, 여섯 가지 색계에 속하는 원인, 여섯 가지 무색계에 속하는 원인, 여섯 가지 [세간에] 포함되지 않는[出世間] 원인이다.241)

(1) 세 가지 유익한 원인

1060. 여기서 무엇이 '세 가지 유익한 원인'인가?

탐욕 없음, 성냄 없음, 어리석음 없음이다.

1061. 여기서 무엇이 '탐욕 없음'인가?

탐욕 없음, 탐하지 않음, 탐하지 않는 상태, 탐닉 없음, 탐닉하지 않음, 탐닉하지 않는 상태, 간탐 없음, 탐욕 없음이라는 유익함의 뿌리 — 이를 일러 탐욕 없음이라 한다.

1062. 여기서 무엇이 '성냄 없음'인가?

성냄 없음, [189] 성내지 않음, 성내지 않는 상태, 자애로움, 자애를 가짐, 자애로운 상태, 관용, 관용을 가짐, 관용하는 상태, 이로움을 바람, 애민,242) 악의 없음, 악의를 가지지 않음, 성냄 없음이라는 유익함의 뿌리

---

*bad (karma)*로 옮겼다.(리스 데이비즈, 274~275쪽 등 참조) 즉 '유익함의 원인'과 '해로움의 원인'으로 해석한 것이다. 그런데 뻬 마웅 틴은 『앗타살리니』 영어 번역에서 kusalahetu를 *moral condition*과 *immoral condition*으로 옮겼으며(뻬 마웅 틴, 385쪽 참조) 이것은 '유익한 조건'과 '해로운 조건'으로 해석한 것이다. 역자는 초기불전연구원의 기존 번역어인 '유익한 원인'과 '해로운 원인'으로 옮기고 있다.

241) 이들을 원어로 표기하면 다음과 같다.
"tayo kusalahetū, tayo akusalahetū, tayo abyākatahetū, nava kāmāvacarahetū, cha rūpāvacarahetū, cha arūpāvacarahetū, cha apariyāpannahetū."

242) "[애민(anukampā)]까지의 이 모든 용어들은 근접삼매와 본삼매를 통해서 얻은 자애(mettā)를 설한 것이다. 나머지 용어들은 세간적이거나 출세간적인(lokiya-lokuttara) 성냄 없음(adosa)을 설명한 것이다."(DhsA.362)

리 — 이를 일러 성냄 없음이라 한다.

1063. 여기서 무엇이 '어리석음 없음'인가?

괴로움에 대한 지혜,243) 괴로움의 일어남에 대한 지혜, 괴로움의 소멸에 대한 지혜, 괴로움의 소멸로 인도하는 도닦음에 대한 지혜, 과거에 대한 지혜, 미래에 대한 지혜, 과거와 미래에 대한 지혜, 이것에게 조건이 되는[此緣性] [법들]과 조건 따라 일어난[緣而生] 법들에 대한 지혜244) — 이런 형태의 통찰지, 통찰함, 간택, 꿰뚫어 간택함, 법의 간택[擇法], 주시함, 응시함, 차별화함, 영민함, 능숙함, 숙달됨, 분석함, 사색, 자세히 관찰함, 광대함, 현명함, 주도면밀함, 위빳사나, 알아차림, 몰이 막대, 통찰지, 통찰지의 기능, 통찰지의 힘, 통찰지의 칼, 통찰지의 궁전, 통찰지의 광명, 통찰지의 빛, 통찰지의 광휘로움, 통찰지의 보배, 어리석음 없음, 법의 간택, 바른 견해 — 이를 일러 어리석음 없음이라 한다.

이것이 세 가지 유익한 원인이다.

---

243) "'괴로움에 대한 지혜(dukkhe ñāṇa)'는 고성제(dukkhasacca)에 대한 통찰지(paññā)이다. '괴로움의 일어남(dukkha-samudaya)' 등에도 이 방법이 적용된다. 여기서 괴로움에 대한 지혜는 들음과 명상과 꿰뚫음과 반조(savana-sammasana-paṭivedha-paccavekkhaṇa)에서 생긴다. 괴로움의 일어남에 대해서도 마찬가지이다. 그러나 '소멸(nirodha)'에 대해서는 들음과 꿰뚫음과 반조에서 생긴다. '도닦음(paṭipadā)'에 대해서도 마찬가지이다."(DhsA.362)

244) "'이것에게 조건이 되는[此緣性] [법들]과 조건 따라 일어난[緣而生] 법들에 대한 지혜(idappaccayatā-paṭiccasamuppannesu dhammesu ñāṇa)'는 이것이 조건이고 이것이 조건 따라 생긴 것이고 이것을 조건으로 저것이 일어난다(idaṁ paṭicca idaṁ nibbattaṁ)라고 이와 같이 조건들(paccayā)과 조건 따라 생긴 법들(paccayuppanna-dhammā)에 대한 지혜이다."(DhsA. 362)

'이것에게 조건이 되는[此緣性] [법들]과 조건 따라 일어난[緣而生] 법들(idappaccayatā-paṭiccasamuppannā dhammā)'에 대해서는 본서 §1008의 해당 주해들을 참조할 것.

(2) 세 가지 해로운 원인

1064. 여기서 무엇이 '세 가지 해로운 원인'인가?

탐욕, 성냄, 어리석음이다.

1065. 여기서 무엇이 '탐욕'인가?

갈망, 탐닉, 친밀함, 순응, 기뻐함, 강한 갈망, 마음의 탐닉, 바람, 홀림, 달라붙음, 애착, 간절히 바람, 속박, 수렁, 동요, 속임, 자궁,[245] 출산,[246] 침모,[247] 유혹자,[248] 격류, 달라붙음, 끈,[249] 널리 퍼짐, 적집, 배우자,[250] 염원, 존재로 인도함, 숲, 정글, 친밀함, 애정, 기대함, 친족, 원함,

---

245) "윤회(vaṭṭa)에서 중생들을 출생시킨다는 뜻(jananaṭṭha)에서 '자궁(janikā)'이다.

"갈애가 사람을 태어나게 하고
마음[心]이 치달리노라.
중생이 윤회에 들어가고
괴로움이 그의 가장 큰 두려움이니라."(S1:55 {192})

라고 하셨기 때문이다."(DhsA.363)

246) "윤회에서 중생들을 괴로움으로 족쇄에 묶이게 하면서(saṁyojayamānā) 출생시킨다(janeti)고 해서 '출산(sañjananī)'이다."(DhsA.363)

247) "꿰맨다는 뜻에서 '침모(sibbinī)'이다. 이것은 윤회에서 중생들을 죽음의 마음과 재생연결식(cuti-paṭisandhi)을 통해서 깁고(sibbati) 꿰매나니 마치 재봉사가 천에다 천을 꿰매는 것과 같다. 그래서 꿰맨다는 뜻에서 침모라고 부른다."(DhsA.363)

248) "여러 가지 형태의 대상이라는 그물(visaya-jāla), 혹은 갈애가 요동치는 거처라 불리는 그물(jāla)이 그에게 있다고 해서 '유혹자(jālinī)'이다."(DhsA.363)

249) "거북이를 묶는 노끈(suttaka)과 같다고 해서 '끈(sutta)'이라 한다.(DhsA.364)

250) 여기서 '배우자'는 dutiyā를 옮긴 것이다. dutiya는 두 번째를 뜻하는 서수사인데 초기불전에서는 taṇhā-dutiya(갈애를 두 번째로, 즉 짝 혹은 배우자로 삼는 자)로 쓰이기도 한다. 『숫따니빠따』의 다음 게송을 예로 들 수 있다.

기원함, 원하는 상태, 형색을 원함,251) 소리를 원함, 냄새를 원함, 맛을 원함, 감촉을 원함, 얻는 것을 원함, 재산을 원함, 아들을 원함, 생명을 원함, 중얼거림,252) 많이 중얼거림, 다시 중얼거림, 중얼거림,253) 중얼거리는 행위, 중얼거리는 태도, 게걸, 게걸스러움, 게걸스러운 상태, 꼬리침,254) 격렬한 욕망,255) 법답지 못한 갈망,256) 비뚤어진 탐욕, 집착,

---

"갈애를 배우자로 삼는 사람은 오랜 세월 윤회하여
각양각색의 윤회를 건너지 못하도다.
(taṇhādutiyo puriso, dīghamaddhāna saṁsaraṁ.
itthabhāvaññathābhāvaṁ, saṁsāraṁ nātivattati.)"
(Sn.144 {740}; A4:9; It.9)

251) "이제 이 [탐욕]이 일어나는 장소를 보여주시기 위해서 '형색을 원함(rūpāsā)' 등을 설하셨다. 희구하는 것(āsisana)을 원한다(āsāti)고 해서 원함이라는 뜻을 취해서 형색을 원하는 것이 '형색을 원함(rūpāsā)'이다. 이와 같이 9가지 용어를 알아야 한다.
이 가운데 [형색을 원함부터 감촉을 원함까지인] 앞의 다섯 가지는 다섯 가닥의 감각적 쾌락(pañca-kāmaguṇa)을 통해서 설하신 것이다. 필수품에 대한 탐욕(parikkhāra-lobha)을 통해서 여섯 번째인 ['얻는 것을 원함(lābhāsā)']을 설하셨다. 이것은 출가자들에게 특별한 것이다. 이 뒤의 세 가지인 ['재산을 원함, 아들을 원함, 생명을 원함(dhanāsā puttāsā jīvitāsā)']은 재가자들이 만족하지 못하는 토대를 통해서 설하신 것이다. 그들에게는 재산과 아들과 생명보다 더 사랑스러운 다른 것이 없기 때문이다."(DhsA.365)

252) "'이건 내꺼야, 이건 내꺼야.'라거나 '아무개가 내게 이것을 주었지, 이것을 주었지.'라고 이와 같이 중생들을 중얼거리게 한다(jappāpeti)고 해서 '중얼거림(jappā)'이다. 뒤의 두 단어인 ['많이 중얼거림, 다시 중얼거림(pajappā abhijappā)']은 접두어로 확장시킨 것이다."(DhsA.365)

253) "이 뒤에 다른 형태로 분류하기 위해서 다시 '중얼거림(jappā)'을 설하셨다." (DhsA.365)

254) "'꼬리침(pucchañjikatā)'이란 갈애에 의해서 원하는 장소들에 대해서 꼬리를 흔드는 개(pucchaṁ cālayamānā sunakhā)처럼 촐랑대면서 다니는 이런 자의 촐랑대는 갈애(kampana-taṇhā)의 다른 이름이다."(DhsA.365)

255) "마음에 드는 대상에 대해서 격렬하게 욕망을 가지는 것(sādhu kāmeti)이 격렬하게 욕망함이다. 이러한 상태가 '격렬한 욕망(sādhu-kamyatā)'이다." (DhsA.365)

256) "어머니나 이모 등에 대한, 허용되지 않는 곳(ayuttaṭṭhāna)에 대한 욕망이

집착함, 간청, 갈구, 간청함, 감각적 쾌락에 대한 갈애, 존재에 대한 갈애, 비존재에 대한 갈애, 색계에 대한 갈애, 무색계에 대한 갈애, 소멸에 대한 갈애, 형색에 대한 갈애, 소리에 대한 갈애, 냄새에 대한 갈애, 맛에 대한 갈애, 감촉에 대한 갈애, 법에 대한 갈애, 폭류, 속박, 매듭, 취착, 덮개, 장애, 가리개, 묶음, 오염원, 잠재성향, 얽매임(사로잡힘), 넝쿨, 허욕, 괴로움의 뿌리, 괴로움의 원인, 괴로움의 근원, 마라의 올가미, 마라의 낚싯바늘, 마라의 영역, 갈애의 강,[257] 갈애의 그물,[258] 갈애의 가죽끈,[259] 갈애의 바다,[260] 간탐, 탐욕이라는 해로움의 뿌리 — 이를 일러 탐욕이라 한다.[261]

'법답지 못한 갈망(adhammarāga)'이다. 허용된 곳에 대해서일지라도 강압적(balavā)으로 얻은 탐욕이 '비뚤어진 탐욕(visama-lobha)'이다. 혹은 "욕망은 바르지 못한 것이다."라는 등의 말씀으로부터 허용된 곳에서나 허용되지 않은 곳에서 일어난 욕탐(chandarāga)이 법답지 못하다는 뜻에서 '법답지 못한 욕망(adhammarāga)'이고 비뚤어졌다는 뜻에서 '비뚤어진 탐욕(visamalobha)'이다."(DhsA.366)

257) "흐른다는 뜻(sandanaṭṭha)에서 갈애가 바로 강이라고 해서 '갈애의 강(taṇhā-nadī)'이다."(DhsA.367)

258) "넓게 퍼진다는 뜻(ajjhottharaṇaṭṭha)에서 갈애가 바로 그물이라고 해서 '갈애의 그물(taṇhā-jāla)'이다."(DhsA.367)

259) "마치 개를 가죽끈에 묶어서 원하는 곳으로 데려가듯이 갈애에 묶여서(taṇhā-baddhā) 중생들도 그러하다. 이처럼 강하게 묶는 것이라는 뜻에서 가죽끈과 같다. 갈애가 바로 가죽끈이라고 해서 '갈애의 가죽끈(taṇhā-gaddula)'이다."(DhsA.367)

260) '갈애의 강, 갈애의 그물, 갈애의 가죽끈, 갈애의 바다'는 VRI본의 'taṇhānadī taṇhājālaṁ taṇhāgaddulaṁ taṇhāsamuddo'를 옮긴 것이다. PTS본(§1059)에는 'taṇhā nadītaṇhā jālaṁtaṇhā gaddulaṁtaṇhā samuddo'로 편집되어 있는데 VRI본의 편집이 옳다고 해야 한다. §1141(PTS본 §1136)과 §1236(PTS본 §1230)도 그러하다.

261) 여기에 '탐욕(lobha)'의 동의어로 열거된 101가지 용어들의 우리말 번역과 빠알리 원어를 서로 대응시켜서 적어보면 다음과 같다. 빠알리어는 모두 주격으로 표기하였다.
1 갈망, 탐닉, 친밀함, 순응, 기뻐함,

(1 rāgo sārāgo anunayo anurodho nandī)
6 강한 갈망, 마음의 탐닉, 바람, 홀림, 달라붙음,
(6 nandīrāgo cittassa sārāgo icchā mucchā ajjhosānaṁ)
11 애착, 간절히 바람, 속박, 수렁, 동요,
(11 gedho paligedho saṅgo paṅko ejā)
16 속임, 자궁, 출산, 침모, 유혹자,
(16 māyā janikā sañjananī sibbinī jālinī)
21 격류, 달라붙음, 끈, 널리 퍼짐, 적집,
(21 saritā visattikā suttaṁ visaṭā āyūhinī)
26 배우자, 염원, 존재로 인도함, 숲, 정글,
(26 dutiyā paṇidhi bhavanetti vanaṁ vanatho)
31 친밀함, 애정, 기대함, 친족,
(31 santhavo sineho apekkhā paṭibandhu)
35 원함, 기원함, 원하는 상태,
(35 āsā āsisanā āsisitattaṁ)
38 형색을 원함, 소리를 원함, 냄새를 원함, 맛을 원함, 감촉을 원함,
(38 rūpāsā saddāsā gandhāsā rasāsā phoṭṭhabbāsā)
43 얻는 것을 원함, 재산을 원함, 아들을 원함, 생명을 원함,
(43 lābhāsā dhanāsā puttāsā jīvitāsā)
47 중얼거림, 많이 중얼거림, 다시 중얼거림, 중얼거림, 중얼거리는 행위, 중얼거리는 태도
(47 jappā pajappā abhijappā jappā jappanā jappitattaṁ)
53 게걸, 게걸스러움, 게걸스러운 상태,
(53 loluppaṁ loluppāyanā loluppāyitattaṁ)
56 꼬리침, 격렬한 욕망, 법답지 못한 갈망, 비뚤어진 탐욕,
(56 pucchañjikatā sādhukamyatā adhammarāgo visamalobho)
60 집착, 집착함, 간청, 갈구, 간청함,
(60 nikanti nikāmanā patthanā pihanā sampatthanā)
65 감각적 쾌락에 대한 갈애, 존재에 대한 갈애, 비존재에 대한 갈애,
(65 kāmataṇhā bhavataṇhā vibhavataṇhā)
68 색계에 대한 갈애, 무색계에 대한 갈애, 소멸에 대한 갈애,
(68 rūpataṇhā arūpataṇhā nirodhataṇhā)
71 형색에 대한 갈애, 소리에 대한 갈애, 냄새에 대한 갈애, 맛에 대한 갈애,
(71 rūpataṇhā saddataṇhā gandhataṇhā rasataṇhā)
75 감촉에 대한 갈애, 법에 대한 갈애,
(75 phoṭṭhabbataṇhā dhammataṇhā)
77 폭류, 속박, 매듭, 취착,
(77 ogho yogo gantho upādānaṁ)

1066. 여기서 [190] 무엇이 '성냄'인가?

'이 [사람이] 나에게 손해를 끼쳤다.'라는 생각에 원한이 생긴다. '이 [사람이] 나에게 손해를 끼친다.'라는 생각에 원한이 생긴다. '이 [사람이] 나에게 손해를 끼칠 것이다.'라는 생각에 원한이 생긴다. '이 [사람이] 내가 좋아하고 마음에 드는 사람에게 손해를 끼쳤다 … 손해를 끼친다 … 손해를 끼칠 것이다.'라는 생각에 원한이 생긴다. '이 [사람이] 내가 좋아하지 않고 마음에 들지 않는 사람에게 이익을 주었다 … 이익을 준다 … 이익을 줄 것이다.'라는 생각에 원한이 생긴다.(A9:29 등) 혹은 근거가 없이 원한이 생긴다.262)

---

81 덮개, 장애, 가리개, 묶음, 오염원,
(81 āvaraṇaṁ nīvaraṇaṁ chādanaṁ bandhanaṁ upakkileso)
86 잠재성향, 얽매임(사로잡힘), 넝쿨, 허욕,
(86 anusayo, pariyuṭṭhānaṁ, latā, vevicchaṁ,)
90 괴로움의 뿌리, 괴로움의 원인, 괴로움의 근원,
(90 dukkhamūlaṁ dukkhanidānaṁ dukkhappabhavo)
93 마라의 올가미, 마라의 낚싯바늘, 마라의 영역,
(93 mārapāso mārabaḷisaṁ māravisayo)
96 갈애의 강, 갈애의 그물, 갈애의 가죽끈, 갈애의 바다,
(96 taṇhānadī taṇhājālaṁ taṇhāgaddulaṁ taṇhāsamuddo)
100 간탐, 101 탐욕이라는 해로움의 뿌리
(100 abhijjhā 101 lobho akusalamūlaṁ)

262) "'혹은 근거가 없이 원한이 생긴다(aṭṭhāne vā pana āghāto).'는 것은 이유 없이 화(kopa)가 생기는 것이다. 어떤 자는 비가 너무 많이 온다고 화를 내고(kuppati) 비가 오지 않는다고 화를 내고, 태양이 뜨겁다고 화를 내고 뜨겁지 않다고 화를 내고, 바람이 불어도 화를 내고 불지 않아도 화를 내고, 청소를 할 수 없다고 보리수 잎사귀에 화를 내고, 가사를 추스릴 수가 없다고 바람에 화를 내고, 넘어진 뒤 그루터기에 화를 낸다. 이를 두고 이렇게 말씀하신 것이다.
여기서 언급된 [10가지 가운데] 앞의 아홉 곳에서는 중생들(sattā)을 두고 일어났기 때문에 업의 길로 분류된다(kammapatha-bheda). 그러나 이 근거가 없이 원한이 생기는 것(aṭṭhānāghāta)은 형성된 것들(saṅkhārā)에 대해서 일어난 것이고 업의 길로 분류되지는 않는다."(DhsA.367)

이런 형태의 마음[心]의 원한, 적개심, 적의, 반목, 화, 노여움, 격노함, 성냄, 아주 성냄, 격하게 성냄, 마음[意]의 악의, 마음[意]이 노함, 분노, 분노함, 분노한 상태, 성냄,263) 성마름, 성난 상태, 악의, 악의를 가짐,

---

즉 중생을 대상으로 하여 일어나는 앞의 아홉 가지 원한(āghāta)은 간탐(abhijjhā), 악의(byāpāda), 그릇된 견해(micchādiṭṭhi)의 세 가지 해로운 업의 길[不善業道, akusala-kamma-patha] 가운데 두 번째인 악의가 되어(§390의 해당 주해 참조) 업의 길이 되지만 근거 없이 생기는 원한은 해로운 업이지만 해로운 업의 길은 아니라는 말이다.

그러면 업의 길[業道, kamma-patha]은 무엇인가? 주석서들은 업의 길을 다음과 같이 설명하고 있다.
"선처나 악처로 인도하는 길이 되기 때문에(pathabhūtattā) 업의 길이라 한다."(DA.iii.1048)
"유익하거나 해로운 재생연결을 생산하는 것(paṭisandhijanaka)을 업의 길이라 부른다."(PsA.i.301)
"여기서 업의 길이란 재생연결을 생산하는(paṭisandhijanaka) 업들이 발생하는 입구가 되는 길(uṭṭhānamukha-magga)를 말한다."(PdṬ.226)

이를 종합하면 업의 길[業道, kamma-patha]의 가장 큰 특징은 '재생연결을 생산하는 것(paṭisandhi-janaka)'이다. 업이 과보를 낳는 것은 크게 두 가지로 구분된다. 하나는 재생연결(paṭisandhi)을 결정하는 것이고 하나는 삶의 과정(pavatti)에서 과보를 가져오는 것이다. 그러므로 업들 가운데 재생연결을 결정하게 되는 업들을 특별히 업의 길이라고 부른다. 업의 길이 되지 않는 업들은 삶의 과정에서 과보를 가져오지만 재생연결을 결정하지는 못한다. 여기서도 앞의 9가지 원한은 업의 길이 되지만 뒤의 하나는 업의 길은 되지 못하는 일반적인 업이라고 주석서는 설명하는 것이다.

한편 『담마상가니 주석서』는 "㉠ 의도(cetanā)와 ㉡ 의도와 결합된 어떤 법들(ekacce ca cetanāsampayuttakā dhammā)"(DhsA.88)이라고 업을 정의한다.(본서 제1권 해제 4-(3)-③ 참조) 『디가 니까야 주석서』는 열 가지 해로운 업의 길[十不善業道] 가운데 몸으로 짓는 세 가지, 즉 살생, 투도, 사음과 말로 짓는 네 가지, 즉 망어, 기어, 양설, 악구는 의도(cetanā)이고 마노로 짓는 세 가지, 즉 간탐, 악의, 그릇된 견해는 의도와 결합된 법들(cetanāsampayutta-dhammā)이라고 설명한다. 같은 방법으로 10선업도 가운데 앞의 일곱 가지는 의도이고 뒤의 세 가지, 즉 간탐 없음, 악의 없음, 바른 견해는 의도와 결합된 법들이라고 설명한다.(DA.iii.985~986) 업과 업의 길[業道, kamma-patha]의 구분에 대해서는 『아비담마 길라잡이』 제5장 §18의 해설과 §§22~24의 해설도 참조하기 바란다.

악의를 가진 상태, 불화, 반목, 잔혹함, 잘 제어되지 못함, 마음의 언짢음 — 이를 일러 성냄이라 한다.

1067. 여기서 무엇이 '어리석음'인가?

괴로움에 대한 무지, 괴로움의 일어남에 대한 무지, 괴로움의 소멸에 대한 무지, 괴로움의 소멸로 인도하는 도닦음에 대한 무지, 과거에 대한 무지, 미래에 대한 무지, 과거와 미래에 대한 무지, 이것에게 조건이 되는[此緣性] [법들]과 조건 따라 일어난[緣而生] 법들에 대한 무지 — 이런 형태의 무지함, 견(見)이 없음, 관통하지 못함, 깨닫지 못함, 완전히 깨닫지 못함, 꿰뚫지 못함, 제어하지 못함, 깊이 들어가지 못함, 공평하지 못함, 직접 인지하지 못함, 반조하지 못함, 명민하지 못함, 바보스러움, 알아차리지 못함, 어리석음, 크게 어리석음, 미혹, 무명, 무명의 폭류, 무명의 속박, 무명의 잠재성향, 무명의 얽매임, 무명의 장벽, 어리석음이라는 해로움의 뿌리 — 이를 일러 어리석음이라 한다.[264]

이것이 세 가지 해로운 원인이다.

(3) 세 가지 결정할 수 없는[無記] 원인

1068. (3) 여기서 무엇이 '세 가지 결정할 수 없는[無記] 원인'인가?

---

263) "이제 해로움의 해설(§418 참조)에서 설명한 방법을 [여기서도 적용하여] 보여주시기 위해서 '성냄, 성마름(dosa dussanā)' 등을 [다시] 말씀하셨다. 그러므로 '이런 형태의 마음의 원한 … 성냄, 성마름 … 화가 난 상태'라고 여기서 [먼저] 말하였고 [다시] '성냄, 아주 성냄 …' 등의 방법으로 말한 '이를 일러 성냄이라 한다.'라고 여기서는 이렇게 적용시켜야 한다. 이렇게 하면 [성냄, 아주 성냄으로 성냄을 말하고 다시 성냄, 성마름으로 성냄을] 다시 언급하는 잘못을 면하게 된다."(DhsA.367)

264) "어리석음의 해설(moha-niddesa)은 어리석음 없음의 해설(본서 §1063의 주해 참조)에서 설명한 것과 반대되는 방법으로 알아야 한다. 이것은 『위방가 주석서』에서 전체적으로 분명하게 될 것이다."(DhsA.368)
용어들에 대한 설명은 본서 제1권 §390의 주해들을 참조할 것.

유익한 법들의 과보로 나타났거나 작용만 하는 결정할 수 없는 법들에 속하는 탐욕 없음, 성냄 없음, 어리석음 없음 — 이것이 세 가지 결정할 수 없는 원인이다.

(4) 아홉 가지 욕계에 속하는 원인

1069. 여기서 무엇이 '아홉 가지 욕계에 속하는 원인'인가?
세 가지 유익한 원인, 세 가지 해로운 원인, 세 가지 결정할 수 없는[無記] 원인 — 이것이 아홉 가지 욕계에 속하는 원인이다.

(5) 여섯 가지 색계에 속하는 원인

1070. 여기서 무엇이 '여섯 가지 색계에 속하는 원인'인가?
세 가지 유익한 원인, 세 가지 결정할 수 없는[無記] 원인 — 이것이 여섯 가지 색계에 속하는 원인이다.

(6) 여섯 가지 무색계에 속하는 원인

1071. 여기서 무엇이 '여섯 가지 무색계에 속하는 원인'인가?
세 가지 유익한 원인, [191] 세 가지 결정할 수 없는[無記] 원인 — 이것이 여섯 가지 무색계에 속하는 원인이다.

(7) 여섯 가지 [세간에] 포함되지 않는[出世間] 원인

1072. 여기서 무엇이 '여섯 가지 [세간에] 포함되지 않는[出世間] 원인'인가?
세 가지 유익한 원인, 세 가지 결정할 수 없는[無記] 원인 — 이것이 여섯 가지 [세간에] 포함되지 않는[出世間] 원인이다.

1073. 여기서 무엇이 '세 가지 유익한 원인'인가?

탐욕 없음, 성냄 없음, 어리석음 없음이다.

1074. 여기서 무엇이 '탐욕 없음'인가?

탐욕 없음, 탐하지 않음, 탐하지 않는 상태, 탐닉 없음, 탐닉하지 않음, 탐닉하지 않는 상태, 간탐 없음, 탐욕 없음이라는 유익함의 뿌리 — 이를 일러 탐욕 없음이라 한다.

1075. 여기서 무엇이 '성냄 없음'인가?

성냄 없음, 성내지 않음, 성내지 않는 상태, 자애로움, 자애를 가짐, 자애로운 상태, 관용, 관용을 가짐, 관용하는 상태, 이익을 바람, 애민, 악의 없음, 악의를 가지지 않음, 성냄 없음이라는 유익함의 뿌리 — 이를 일러 성냄 없음이라 한다.

1076. 여기서 무엇이 '어리석음 없음'인가?

괴로움에 대한 지혜, 괴로움의 일어남에 대한 지혜, 괴로움의 소멸에 대한 지혜, 괴로움의 소멸로 인도하는 도닦음에 대한 지혜, 과거에 대한 지혜, 미래에 대한 지혜, 과거와 미래에 대한 지혜, 이것에게 조건이 되는[此緣性] [법들]과 조건 따라 일어난[緣而生] 법들에 대한 지혜 — 이런 형태의 통찰지, 통찰함, 간택, 꿰뚫어 간택함, 법의 간택[擇法], 주시함, 응시함, 차별화함, 영민함, 능숙함, 숙달됨, 분석함, 사색, 자세히 관찰함, 광대함, 현명함, 주도면밀함, 위빳사나, 알아차림, 몰이막대, 통찰지, 통찰지의 기능, 통찰지의 힘, 통찰지의 칼, 통찰지의 궁전, 통찰지의 광명, 통찰지의 빛, 통찰지의 광휘로움, 통찰지의 보배, 어리석음 없음, 법의 간택, 바른 견해, 법을 간택하는 깨달음의 구성요소, 도의 구성요소, 도에 포함됨 — 이를 일러 어리석음 없음이라 한다.

이것이 세 가지 유익한 원인이다.

1077. 여기서 무엇이 '세 가지 결정할 수 없는[無記] 원인'인가?

유익한 법들의 과보로 나타난 탐욕 없음, 성냄 없음, 어리석음 없음 — 이것이 세 가지 결정할 수 없는 원인이다.

이것이 여섯 가지 [세간에] 포함되지 않는[出世間] 원인이다.

이것이 원인인 법들이다.

[(8) 나머지 원인의 모둠]

1078. 무엇이 '원인이 아닌 법들'(ma2-1-b)인가?

[원인인] 이러한 법들을 제외한, 나머지 유익하거나 해롭거나 결정할 수 없는 욕계에 속하거나 색계에 속하거나 무색계에 속하거나 [세간에] 포함되지 않는[出世間] 법들, [즉] 느낌의 무더기 … 알음알이의 무더기, 모든 물질, 형성되지 않은[無爲] 요소 — 이것이 원인이 아닌 법들이다.

1079. 무엇이 '원인을 가진 법들'(ma2-2-a)인가?

[원인인] 법들을 [가졌기] 때문에 [한 가지 혹은 그 이상의] 원인을 가진 법들이라 [일컬어지는][265] 느낌의 무더기 … 알음알이의 무더기

---

265) '[여섯 가지 원인인] 법들을 가졌기 때문에 [한 가지 혹은 그 이상의] 원인을 가진 법들이라 [일컬어지는]'은 'tehi dhammehi ye dhammā sahetukā'를 주석서에 나타나는 아래의 설명을 참조해서 풀어서 옮긴 것이다.

"여기서 '[여섯 가지 원인인] 법들을 가졌기 때문에 [한 가지 혹은 그 이상의] 원인을 가진 법들이라 [일컬어지는]'으로 옮긴 'tehi dhammehi ye dhammā sahetukā'는 그 원인인 법들 때문에 원인을 가진 법들(sahetukā)을 말하는데, 이 [원인을 가진 법들은] 다른 원인인 법들(aññe hetu-dhammā)이거나 원인이 아닌 [다른] 법들(nahetu-dhammā)이다. 아래 원인을 가지지 않은 법들의 구문(§1080)에도 이 방법이 적용된다.
여기서 원인(hetu)은 오직 [여섯 가지] 원인(hetuyeva)이다. 세 가지나 두 가지 원인이 함께 일어나는 곳에 원인을 가진 법(sahetuka)이란 [용어가 적용된다].
의심과 들뜸이 함께한 어리석음은 원인이지만 원인을 가지지 않은 것(hetu

— 이것이 원인을 가진 법들이다.

1080. 무엇이 '원인을 가지지 않은 법들'(ma2-2-b) 인가?

[원인인] 법들을 [가지지 않았기] 때문에 원인을 가지지 않은 법들이라 [일컬어지는] 느낌의 무더기 … 알음알이의 무더기, 모든 물질, 형성되지 않은[無爲] 요소 — 이것이 원인을 가지지 않은 법들이다.

1081. 무엇이 [192] '원인과 결합된 법들'(ma2-3-a) 인가?

[원인인] 법들과 [결합되었기] 때문에 [원인과] 결합된 법들이라 [일컬어지는] 느낌의 무더기 … 알음알이의 무더기 — 이것이 원인과 결합된 법들이다.

1082. 무엇이 '원인과 결합되지 않은 법들'(ma2-3-b) 인가?

[원인인] 법들과 [결합되지 않았기] 때문에 원인과 결합되지 않은 법들이라 [일컬어지는] 느낌의 무더기 … 알음알이의 무더기, 모든 물질, 형성되지 않은[無爲] 요소 — 이것이 원인과 결합되지 않은 법들이다.

1083. 무엇이 '원인이면서 원인을 가진 법들'(ma2-4-a) 인가?

탐욕은 어리석음에 의해서 원인이면서 원인을 가진 것이고, 어리석음은 탐욕에 의해서 원인이면서 원인을 가진 것이고, 성냄은 어리석음에 의해서 원인이면서 원인을 가진 것이고, 어리석음은 성냄에 의해서 원인이면서 원인을 가진 것이고, 탐욕 없음과 성냄 없음과 어리석음 없음

---

ahetuka) 이다."(DhsA.368)

여기서 여섯 가지 원인은 탐욕, 성냄, 어리석음, 탐욕 없음, 성냄 없음, 어리석음 없음의 여섯 가지이다. 여기에 대해서는 본서 §1064와 §1073과 『아비담마 길라잡이』 제3장 §5의 해설을 참조할 것. 그리고 이 여섯 가지는 뿌리(mūla)라고도 불린다.(DhsA.293, 제1권 §566의 주해 참조) 이 여섯 가지 원인을 일반적인 원인(hetu)이라는 용어와 구분하기 위해서 서양에서는 *root-cause*(NMD *s.v.* hetu) 즉 근본원인으로 옮기기도 한다.

은 서로서로에 의해서 원인이면서 원인을 가진 것이다. — 이것이 원인이면서 원인을 가진 법들이다.

1084. 무엇이 '원인을 가졌지만 원인이 아닌 법들'(ma2-4-b)인가?

[원인인] 법들을 [가졌기] 때문에 원인을 가진 법들이라 [일컬어지는] 그러한 법들을 제외한, 느낌의 무더기 … 알음알이의 무더기 — 이것이 원인을 가졌지만 원인이 아닌 법들이다.

1085. 무엇이 '원인이면서 원인과 결합된 법들'(ma2-5-a)인가?

탐욕은 어리석음에 의해서 원인이면서 원인과 결합된 것이고, 어리석음은 탐욕에 의해서 원인이면서 원인과 결합된 것이고, 성냄은 어리석음에 의해서 원인이면서 원인과 결합된 것이고, 어리석음은 성냄에 의해서 원인이면서 원인과 결합된 것이고, 탐욕 없음과 성냄 없음과 어리석음 없음은 서로서로에 의해서 원인이면서 원인과 결합된 것이다. — 이것이 원인이면서 원인과 결합된 법들이다.

1086. 무엇이 '원인과 결합되었지만 원인이 아닌 법들'(ma2-5-b)인가?

[원인인] 법들과 [결합되었기] 때문에 [원인과] 결합된 법들이라 [일컬어지는] 그러한 법들을 제외한, 느낌의 무더기 … 알음알이의 무더기 — 이것이 원인과 결합되었지만 원인이 아닌 법들이다.

1087. 무엇이 '원인이 아니지만 원인을 가진 법들'(ma2-6-a)인가?

원인이 아니지만 [원인인] 법들을 [가졌기] 때문에 원인을 가진 법들이라 [일컬어지는] 느낌의 무더기 … 알음알이의 무더기 — 이것이 원인이 아니지만 원인을 가진 법들이다.

1088. 무엇이 '원인이 아니면서 원인을 가지지 않은 법들'(ma2-

6-b)인가?

원인이 아니면서 [원인인] 법들을 [가지지 않았기] 때문에 원인을 가지지 않는 법들이라 [일컬어지는] 느낌의 무더기 … 알음알이의 무더기, 모든 물질, 형성되지 않은[無爲] 요소 — 이것이 원인이 아니면서 원인을 가지지 않은 법들이다.

원인의 모둠이 [끝났다.]

2. 틈새에 있는 짧은 두 개 조

cūḷantara-duka

1089. 무엇이 '조건을 가진 법들'(ma2-7-a)인가?

다섯 가지 무더기이니 [193] 물질의 무더기 · 느낌의 무더기 · 인식의 무더기 · 심리현상들의 무더기 · 알음알이의 무더기 — 이것이 조건을 가진 법들이다.

1090. 무엇이 '조건을 가지지 않은 법들'(ma2-7-b)인가?

형성되지 않은[無爲] 요소 — 이것이 조건을 가지지 않은 법들이다.

1091. 무엇이 '형성된 법들[有爲法](ma2-8-a)인가?

조건을 가진 법들은 무엇이든 형성된 법들[有爲法]이다.

1092. 무엇이 '형성되지 않은 법들[無爲法](ma2-8-b)인가?

조건을 가지지 않은 바로 그 법,[266] 그것이 형성되지 않은 법[無爲法]이다.

1093. 무엇이 '볼 수 있는 법들'(ma2-9-a)인가?

형색의 감각장소 — 이것이 볼 수 있는 법들이다.

---

266) "여기서는 앞에서(§1090) 설한 형성되지 않은[無爲] 요소(asaṅkhata-dhātu)를 두고 '조건을 가지지 않은 바로 그 법(yo eva so dhammo)'이라고 단수(eka-vacana)로 해설을 하였다. 앞에서는(§1090) 복수(bahu-vacana)로 질문한 것에 대해서 '이러한 법들은 조건이 없다.'라고 질문과 같은 방법으로 복수를 사용하였다. 볼 수 있는 법들이라는 등(§1093 등)에도 이 방법이 적용되고 있다."(DhsA.368)
본서 §1182에 대한 주해도 참조할 것.

1094. 무엇이 '볼 수 없는 법들'(ma2-9-b)인가?

눈의 감각장소 … 감촉의 감각장소, 느낌의 무더기 … 알음알이의 무더기, 그리고 법의 감각장소에 포함된 볼 수도 없고 부딪힘도 없는 물질, 형성되지 않은[無爲] 요소 — 이것이 볼 수 없는 법들이다.

1095. 무엇이 '부딪힘이 있는 법들'(ma2-10-a)인가?

눈의 감각장소 … 감촉의 감각장소 — 이것이 부딪힘이 있는 법들이다.

1096. 무엇이 '부딪힘이 없는 법들'(ma2-10-b)인가?

느낌의 무더기 … 알음알이의 무더기, 그리고 법의 감각장소에 포함된 볼 수도 없고 부딪힘도 없는 물질, 형성되지 않은[無爲] 요소 — 이것이 부딪힘이 없는 법들이다.

1097. 무엇이 '물질인 법들'(ma2-11-a)인가?

네 가지 근본물질과 네 가지 근본물질에서 파생된 물질 — 이것이 물질인 법들이다.

1098. 무엇이 '비물질인 법들'(ma2-11-b)인가?

느낌의 무더기 … 알음알이의 무더기, 형성되지 않은[無爲] 요소 — 이것이 비물질인 법들이다.

1099. 무엇이 '세간적인 법들'(ma2-12-a)인가?

번뇌의 대상인 유익하거나 해롭거나 결정할 수 없는 [법들로서] 욕계에 속하거나 색계에 속하거나 무색계에 속하는 법들, [즉] 물질의 무더기 · 느낌의 무더기 … 알음알이의 무더기 — 이것이 세간적인 법들이다.

1100. 무엇이 '출세간의 법들'(ma2-12-b)인가?

[세간에] 포함되지 않는[出世間] 도들, 도의 결실들[果], 형성되지 않

은[無爲] 요소 — 이것이 출세간의 법들이다.

1101. 무엇이 '어떤 것으로 식별되는 법들'(ma2-13-a)과 '어떤 것으로 식별되지 않는 법들'(ma2-13-b)인가?

눈으로 식별되는 법들[267]은 [194] 귀로 식별되는 법들이 아니고, 귀로 식별되는 법들은 눈으로 식별되는 법들이 아니다.

눈으로 식별되는 법들은 코로 식별되는 법들이 아니고, 코로 식별되는 법들은 눈으로 식별되는 법들이 아니다.

눈으로 식별되는 법들은 혀로 식별되는 법들이 아니고, 혀로 식별되는 법들은 눈으로 식별되는 법들이 아니다.

눈으로 식별되는 법들은 몸으로 식별되는 법들이 아니고, 몸으로 식별되는 법들은 눈으로 식별되는 법들이 아니다.

귀로 식별되는 법들은 코로 식별되는 법들이 아니고, 코로 식별되는 법들은 귀로 식별되는 법들이 아니다.

귀로 식별되는 법들은 혀로 식별되는 법들이 아니고, 혀로 식별되는 법들은 귀로 식별되는 법들이 아니다.

귀로 식별되는 법들은 몸으로 식별되는 법들이 아니고, 몸으로 식별되는 법들은 귀로 식별되는 법들이 아니다.

귀로 식별되는 법들은 눈으로 식별되는 법들이 아니고, 눈으로 식별되는 법들은 귀로 식별되는 법들이 아니다.

코로 식별되는 법들은 혀로 식별되는 법들이 아니고, 혀로 식별되는 법들은 코로 식별되는 법들이 아니다.

코로 식별되는 법들은 몸으로 식별되는 법들이 아니고, 몸으로 식별

---

267) "'눈으로 식별되는 것들(cakkhuviññeyyā)'이란 눈의 알음알이(cakkhuviññāṇa)로 알아져야 하는 것들(vijānitabbā)을 말한다. 나머지 구절에도 이 방법이 적용된다."(DhsA.368)

되는 법들은 코로 식별되는 법들이 아니다.

코로 식별되는 법들은 눈으로 식별되는 법들이 아니고, 눈으로 식별되는 법들은 코로 식별되는 법들이 아니다.

코로 식별되는 법들은 귀로 식별되는 법들이 아니고, 귀로 식별되는 법들은 코로 식별되는 법들이 아니다.

혀로 식별되는 법들은 몸으로 식별되는 법들이 아니고, 몸으로 식별되는 법들은 혀로 식별되는 법들이 아니다.

혀로 식별되는 법들은 눈으로 식별되는 법들이 아니고, 눈으로 식별되는 법들은 혀로 식별되는 법들이 아니다.

혀로 식별되는 법들은 귀로 식별되는 법들이 아니고, 귀로 식별되는 법들은 혀로 식별되는 법들이 아니다.

혀로 식별되는 법들은 코로 식별되는 법들이 아니고, 코로 식별되는 법들은 혀로 식별되는 법들이 아니다.

몸으로 식별되는 법들은 눈으로 식별되는 법들이 아니고, 눈으로 식별되는 법들은 몸으로 식별되는 법들이 아니다.

몸으로 식별되는 법들은 귀로 식별되는 법들이 아니고, 귀로 식별되는 법들은 [195] 몸으로 식별되는 법들이 아니다.

몸으로 식별되는 법들은 코로 식별되는 법들이 아니고, 코로 식별되는 법들은 몸으로 식별되는 법들이 아니다.

몸으로 식별되는 법들은 혀로 식별되는 법들이 아니고, 혀로 식별되는 법들은 몸으로 식별되는 법들이 아니다.

— 이것이 어떤 것으로 식별되는 법들과 어떤 것으로 식별되지 않는 법들이다.[268)]

---

268) "그런데 앞에서 '이러하기 때문에 이 두 개의 구문들의 뜻의 다양함을 통해서 두 개 조가 있다.'(DhsA.48)라고 설명한 것은(본서 제1권 첫머리에 실려

틈새에 있는 짧은 두 개 조가 [끝났다.]

있는 두 개 조 마띠까 §13. '어떤 것으로 식별되지 않는 법들'(ma2-13-b)의 주해 참조) 이 두 개 조에서 '눈으로 식별되는 법들은 귀로 식별되는 법들이 아니다.'라고 적용되지 않는다.
그러나 형색은 눈의 알음알이로 식별되고 소리는 눈의 알음알이로 식별되지 않는다는 이런 뜻을 취하여 이 하나의 두 개 조(즉 어떤 것으로 식별되는 두 개 조, ma2-13)는 '눈으로 식별되는 법들은 귀로 식별되는 법들이 아니고 귀로 식별되는 법들은 눈으로 식별되는 법들이 아니다.'가 된다고 알아야 한다. 이와 같이 각각의 기능의 뿌리를 가진 것에 대해서 네 가지씩 네 가지씩으로 만든 뒤에 모두 20가지 두 개 조로 분류가 된다고 알아야 한다.

그러면 왜 '마노의 알음알이(mano-viññāṇa)에 의해서 어떤 것으로 식별되는 법들과 어떤 것으로 식별되지 않는 법들'이라는 것은 있지 않는가? 왜 여기 두 개 조에서는 이렇게 언급되지 않았는가? 없는 것이 아니다. 그러나 결정된 것이 존재하지 않기 때문에 여기 두 개 조에서는 설하지 않았다. 즉 마노의 알음알이에 의해서는 어떤 것은 식별되기도 하고(kenaci viññeyyā) 식별되지 않기도 하는 그런 것을 뜻한다. 그래서 이것은 설해지지 않았으니 나타나는 문맥에 따라서 알아야 한다.

욕계에 속하는 법들(kāmāvacara-dhammā)은 마노의 알음알이[意識]라는 명칭을 가지는 욕계에 속하는 법들 가운데 어떤 것들을 통해서는 식별되고 어떤 것들을 통해서는 식별되지 않는다. 색계에 속하는 등의 법들(rūpāvacarādi-dhammā)도 이런 [욕계에 속하는 법들 가운데] 어떤 것들을 통해서는 식별되고 어떤 것들을 통해서는 식별되지 않는다. 욕계에 속하는 것들은 색계에 속하는 것들 가운데 어떤 것들을 통해서는 식별되고 어떤 것들을 통해서는 식별되지 않는다.
그러나 욕계에 속하는 것들과 색계에 속하는 것들과 [세간에] 포함되지 않는[出世間] 것들은 무색계에 속하는 것들을 통해서는 결코 식별되지 않는다. 그러나 무색계에 속하는 것들은 어떤 것들을 통해서는 식별되고 어떤 것들을 통해서는 식별되지 않는다. 이들도 어떤 것들은 식별되고 어떤 것들은 식별되지 않는다.
[세간에] 포함되지 않는[出世間] 것들에 의해서는 욕계에 속하는 것 등은 결코 식별되지 않는다. 그러나 [세간에] 포함되지 않는[出世間] 것들은 열반에 의해서 식별되지 않기 때문에 어떤 것들을 통해서는 식별되고 어떤 것들을 통해서는 식별되지 않는다. 이들은 도와 과에 의해서도 식별되지 않기 때문에 어떤 것들을 통해서는 식별되고 어떤 것들을 통해서는 식별되지 않는다."(DhsA.368~369)

3. 번뇌의 모둠

āsava-gocchaka

1102. 무엇이 '번뇌인 법들'(ma2-14-a)인가?

네 가지 번뇌들이 있으니 감각적 쾌락의 번뇌,[269] 존재의 번뇌, 사견[270]의 번뇌, 무명의 번뇌이다.[271]

---

269) "다섯 가닥의 감각적 쾌락에 대한(pañca-kāma-guṇika) 갈망(rāga)을 '감각적 쾌락의 번뇌[欲漏, kāmāsava]'라 한다. 색계와 무색계의 존재에 대한 욕탐(chandarāga), 禪에 대한 열망(jhāna-nikanti), 상견(常見)이 함께하는 갈망은 존재를 통한 염원(patthanā)이기 때문에 '존재의 번뇌[有漏, bhavāsava]'라 한다. 62가지 사견은 '사견의 번뇌[見漏, diṭṭhāsava]'라 한다. [사성제와 과거와 미래와 과거·미래와 연기의 — VṬ.218] 여덟 가지 경우에 대해서 알지 못하는 것은 '무명의 번뇌[無明漏, avijjāsava]'라 한다."(DhsA.369)

'번뇌[漏, āsava]'에 대한 주석서의 설명은 본서 제1권 두 개 조 마띠까 §14. '번뇌인 법들'(ma2-14-a)의 주해를 참조하기 바란다. 번뇌는 니까야의 주석서들에서도 대동소이하지만 경에 따라서 조금씩 다르게 설명되고 있다.(M2 §2의 주해와 M9 §66의 주해와 『아비담마 길라잡이』 제7장 §3의 [해설] 등을 참조할 것.) 그리고 니까야에서는 사견의 번뇌[見漏, diṭṭhāsava]가 나타나지 않으며 번뇌는 감각적 쾌락의 번뇌[欲漏, kāmāsava]와 존재의 번뇌[有漏, bhavāsava]와 무명의 번뇌[無明漏, avijjāsava]의 세 가지 번뇌로 나타나고 있다.(D2 §97 등) 아비담마에서는 여기서 보듯이 네 가지이다. CBETA로 검색을 해보면 북방에서도 아함에는 이 세 가지 번뇌가 나타나고 여러 논서에서는 네 가지 번뇌가 나타난다. 여러 종류의 번뇌에 대해서는 아래 주해를 참조할 것.

270) 여기서 '사견'은 일반적으로 '견해'로 옮기는 diṭṭhi를 옮긴 것이다. 본서 제1권 §365의 주해에서 밝혔듯이 diṭṭhi는 주로 불선법으로 나타나는데 이 경우에는 대부분 '사견(邪見)'으로 옮겼다. 그러나 문맥에 따라 '견해'로 옮긴 경우도 있는데 문맥에 따라 사견으로 옮기기도 하고 견해로 옮기기도 하였다.

271) "여러 곳에서 전승되어 오는(āgatā) 번뇌들에 대해서 미혹하지 않기 위해서 하나의 방법 등으로 분류한 것을 알아야 한다.

1103. 여기서 무엇이 '감각적 쾌락의 번뇌'인가?

감각적 쾌락들272)에 대해서 [일어나는] 감각적 쾌락에 대한 욕구, 감각적 쾌락에 대한 갈망, 감각적 쾌락을 즐거워함, 감각적 쾌락에 대한 갈애, 감각적 쾌락에 대한 애정, 감각적 쾌락에 대한 열병, 감각적 쾌락에

---

① 뜻으로 보면 이들은 오랫동안 삭았다는 뜻(cira-pārivāsiyaṭṭha)에서 취하게 하는 것(āsava)이라는 한 가지 방법으로 [설명]된다.
② 그런데 율장에는 "지금·여기의[現法, diṭṭhadhammikā] 번뇌들을 단속하기(saṁvara) 위해서, 미래의(samparāyikā) 번뇌들을 막기(paṭighāta) 위해서"라는 두 가지로 전승되어 온다.
③ 경에서는 "도반이여, 세 가지 번뇌가 있습니다. 그것은 감각적 쾌락의 번뇌[欲漏]와 존재의 번뇌[有漏]와 무명의 번뇌[無明漏]입니다."(「번뇌 경」(S38:8))라고 세 가지로 전승되어 온다.
④「꿰뚫음 경」(Nibbedhika-sutta, A6:63)에는 "비구들이여, 지옥으로 인도하는 번뇌가 있다. 축생의 모태로 인도하는 번뇌가 있다. 아귀계로 인도하는 번뇌가 있다. 인간 세계로 인도하는 번뇌가 있다. 천상 세계로 인도하는 번뇌가 있다."(A6:63)라고 다섯 가지로 전승되어 온다.
⑤「번뇌 경」(A6:58)에는 "비구들이여, 단속함으로써 없애야 하는 번뇌들은 단속하면 없어진다. 수용함으로써 없애야 하는 번뇌들은 수용하면 없어진다. 감내함으로써 없애야 하는 번뇌들은 감내하면 없어진다. 피함으로써 없애야 하는 번뇌들은 피하면 없어진다. 버림으로써 없애야 하는 번뇌들은 버리면 없어진다. 수행으로써 없애야 하는 번뇌들은 수행하면 없어진다."(A6:58)라고 여섯 가지로 전승되어 온다.
⑥「모든 번뇌 경」(Sabbāsava Sutta, M2)에는 이 여섯 가지에다 봄으로써 없애야 하는 것들과 더불어서 일곱 가지로 전승되어 온다.
⑦ 그러나 여기 [논장]에서는 감각적 쾌락의 번뇌 등의 네 가지로 전승되어 온다.

여기서 문자적인 의미는 다음과 같다. 다섯 가닥의 감각적 쾌락(pañca-kāmaguṇa)이라 불리는 감각적 쾌락에 대한 번뇌(kāme āsava)가 '감각적 쾌락의 번뇌[欲漏, kāmāsava]'이다. [이전에 지은] 업(kamma)과 [다음 생에] 태어남[再生, upapatti]의 두 가지에 의해서 색계와 무색계라 불리는 두 가지 존재에 대한 번뇌(bhave āsava)가 '존재의 번뇌[有漏, bhavāsava]'이다. 사견이 바로 번뇌(diṭṭhi eva āsava)라고 해서 '사견의 번뇌[見漏, diṭṭhāsava]'라 한다. 무명이 바로 번뇌(avijjāva āsava)라고 해서 '무명의 번뇌[無明漏, avijjāsava]'라 한다."(DhsA.369~370)

272) "'감각적 쾌락들(kāmā)'이란 다섯 가닥의 감각적 쾌락들이다."(DhsA.370)

빠짐, 감각적 쾌락에 달라붙음— 이를 일러 감각적 쾌락의 번뇌라 한다.

1104. 여기서 무엇이 '존재의 번뇌'인가?

존재들에 대해서 [일어나는] 존재에 대한 욕구, 존재에 대한 갈망, 존재를 즐거워함, 존재에 대한 갈애, 존재에 대한 애정, 존재에 대한 열병, 존재에 빠짐, 존재에 달라붙음— 이를 일러 존재의 번뇌라 한다.

1105. 여기서 무엇이 '사견의 번뇌'인가?

'세상은 영원하다.'라거나, '세상은 영원하지 않다.'라거나, '세상은 유한하다.'라거나, '세상은 무한하다.'라거나, '생명과 몸은 같은 것이다.'라거나, '생명과 몸은 다른 것이다.'라거나, '여래는 사후에도 존재한다.'라거나, '여래는 사후에 존재하지 않는다.'라거나 '여래는 사후에 존재하기도 하고 존재하지 않기도 한다.'라거나, '여래는 사후에 존재하는 것도 아니고 존재하지 않는 것도 아니다.'[273]라고 하는[274] 이런 형태의 [그

---

273) "여기서 '사후에 존재한다(so paraṁ maraṇā hoti).'는 것은 첫 번째로 상견(sassata-diṭṭhi)이다. '존재하지 않는다(na hoti).'는 것은 두 번째로 단견(uccheda-diṭṭhi)이다. '존재하기도 하고 존재하지 않기도 한다(hoti ca na ca hoti).'는 것은 세 번째로 부분적인 상견(ekacca-sassata-diṭṭhi)이다. '존재하는 것도 아니고 존재하지 않는 것도 아니다(neva hoti na nahoti).'라는 것은 네 번째로 애매모호한 견해(amarāvikkhepa-diṭṭhi)이다."(DhsA.371)

여기서 언급하고 있는 상견(영속한다는 견해)과 단견(단멸한다는 견해)과 부분적인 상견(일부가 영속한다는 견해)과 애매모호한 견해에 대해서는 각각 『디가 니까야』 제1권 「범망경」(D1)의 §1.30 이하와 §3.9 이하와 §2.1 이하와 §2.23 이하를 참조할 것.

274) 이상의 열 가지는 전통적으로 '설명하지 않음[無記, avyākata]'으로 불리었으며 이것은 십사무기(十事無記)로 우리에게 알려져 있다. 십사무기에 대해서는 『상윳따 니까야』 제5권 해제 §4와 「설명하지 않음[無記] 상윳따」(S44)의 첫 번째 주해와 「목갈라나 경」(S44:7) §3의 주해를 참조하고, 『맛지마 니까야』 제2권 「말룽꺄 짧은 경」(M63) §2의 주해들도 참조하기 바란다.

릇된] 견해, 견해에 빠짐, 견해의 밀림(密林), 견해의 황무지, 견해의 뒤틀림, 견해의 요동, 견해의 족쇄, 거머쥠, 고착, 천착, 집착[固守], 나쁜 길, 그릇된 길, 그릇된 상태, 외도의 장소, 거꾸로 거머쥠 — 이를 일러 사견의 번뇌라 한다. 그리고 모든 그릇된 견해도 사견의 번뇌이다.

1106. 여기서 무엇이 '무명의 번뇌'인가?

괴로움에 대한 무지, 괴로움의 일어남에 대한 무지, 괴로움의 소멸에 대한 무지, 괴로움의 소멸로 인도하는 도닦음에 대한 무지, 과거에 대한 무지, 미래에 대한 무지, 과거와 미래에 대한 무지, 이것에게 조건이 되는[此緣性] [법들]과 조건 따라 일어난[緣而生] 법들에 대한 무지 — 이런 형태의 무지함, 견(見)이 없음, 관통하지 못함, 깨닫지 못함, 완전히 깨닫지 못함, 꿰뚫지 못함, 제어하지 못함, 깊이 들어가지 못함, 공평하지 못함, 직접 인지하지 못함, 반조하지 못함, 명민하지 못함, 바보스러움, 알아차리지 못함, 어리석음, 크게 어리석음, 미혹, 무명, 무명의 폭류, 무명의 속박, 무명의 잠재성향, [196] 무명의 얽매임, 무명의 장벽, 어리석음이라는 해로움의 뿌리 — 이를 일러 무명의 번뇌라 한다.

이것이 번뇌인 법들이다.275)

---

275) "'이것이 번뇌인 법들이다(ime dhammā āsavā).'라고 하셨다. 여기서 감각적 쾌락의 번뇌와 존재의 번뇌를, 갈망(rāga)을 통해서 한 가지로 만들면 간략하게는 세 가지이고, 자세하게는 [여기서처럼] 네 가지 법들이 번뇌가 된다.
그런데 범천의 신들(brahmā)은 궁전과 소원성취의 나무와 장신구에 대한 욕탐(chandarāga)이 생기는데 이것은 감각적 쾌락의 번뇌인가, 아닌가? 아니다. 왜 그런가? 다섯 가닥의 감각적 쾌락인 갈망이 여기서는 제거되었기 때문이다.
그런데 [이 감각적 쾌락의 번뇌는] 원인의 모둠에 들어가면 탐욕(lobha)이라는 원인이 되고, 매듭의 모둠에 들어가면 간탐의 몸의 매듭(abhijjhā-kāya-gantha)이 되고, 오염원의 모둠에 들어가면 탐욕이라는 오염원이 된다.
그러면 사견이 함께하는 갈망은 감각적 쾌락의 번뇌인가, 아닌가? 아니다. 그것은 사견의 갈망(diṭṭhi-rāga)이라 한다. 이렇게 말씀하셨기 때문이다.

1107. 무엇이 '번뇌가 아닌 법들'(ma2-14-b)인가?

[번뇌인] 이러한 법들을 제외한, 나머지 유익하거나 해롭거나 결정할 수 없는 욕계에 속하거나 색계에 속하거나 무색계에 속하거나 [세간에] 포함되지 않는[出世間] 법들, [즉] 느낌의 무더기 … 알음알이의 무더기, 모든 물질, 형성되지 않은[無爲] 요소 — 이것이 번뇌가 아닌 법들이다.

1108. 무엇이 '번뇌의 대상인 법들'(ma2-15-a)인가?

유익하거나 해롭거나 결정할 수 없는, 욕계에 속하거나 색계에 속하거나 무색계에 속하는 법들, [즉] 물질의 무더기 · 느낌의 무더기 … 알음알이의 무더기 — 이것이 번뇌의 대상인 법들이다.

1109. 무엇이 '번뇌의 대상이 아닌 법들'(ma2-15-b)인가?

[세간에] 포함되지 않는[出世間] 도들, 도의 결실들[果], 형성되지 않은[無爲] 요소 — 이것이 번뇌의 대상이 아닌 법들이다.

1110. 무엇이 '번뇌와 결합된 법들'(ma2-16-a)인가?

[번뇌인] 법들과 [결합되었기] 때문에 번뇌와 결합된 법들이라 [일컬

"사견의 갈망에 몰두하는 사람들에게 베푼 보시는 큰 결실이 없고 큰 이익이 없다."(Ps.i.140)라고.
그런데 이 번뇌들을 ① 오염원의 순서(kilesa-paṭipāṭi)와 ② 도의 순서(magga-paṭipāṭiyā)를 통해서 정리해 보는 것이 적당하다.
① 오염원의 순서를 통해서 [정리해 보면], 감각적 쾌락의 번뇌는 불환도(anāgāmi-magga)에 의해서, 존재의 번뇌는 아라한도(arahatta-magga)에 의해서, 사견의 번뇌는 예류도(sotāpatti-magga)에 의해서, 무명의 번뇌는 아라한도에 의해서 제거된다.
② 도의 순서를 통해서 [정리해 보면], 예류도에 의해서는 사견의 번뇌가, 불환도에 의해서는 감각적 쾌락의 번뇌가, 아라한도에 의해서는 존재의 번뇌와 무명의 번뇌가 제거된다."(DhsA.371~372)

한편 일래도(sakadāgāmi-magga)는 예류도에 비해서 감각적 쾌락에 대한 갈망과 악의가 엷어졌을(tanubhūta) 뿐(§361), 일래도에서 제거되는 번뇌는 없기 때문에 여기서 언급이 되지 않았다.

어지는] 느낌의 무더기 … 알음알이의 무더기 — 이것이 번뇌와 결합된 법들이다.

1111. 무엇이 '번뇌와 결합되지 않은 법들'(ma2-16-b)인가?

[번뇌인] 법들과 [결합되지 않았기] 때문에 번뇌와 결합되지 않은 법들이라 [일컬어지는] 느낌의 무더기 … 알음알이의 무더기, 모든 물질, 형성되지 않은[無爲] 요소 — 이것이 번뇌와 결합되지 않은 법들이다.

1112. 무엇이 '번뇌이면서 번뇌의 대상인 법들'(ma2-17-a)인가?

바로 그 번뇌들이 번뇌이면서 번뇌의 대상인 법들이다.

1113. 무엇이 '번뇌의 대상이지만 번뇌가 아닌 법들'(ma2-17-b)인가?

[번뇌인] 법들의 대상이기 때문에 번뇌의 대상인 법들이라 [일컬어지는] 그러한 법들을 제외한, 나머지 번뇌의 대상인 유익하거나 해롭거나 결정할 수 없는 욕계에 속하거나 색계에 속하거나 무색계에 속하는 법들, [즉] 물질의 무더기·느낌의 무더기 … 알음알이의 무더기 — 이것이 번뇌의 대상이지만 번뇌가 아닌 법들이다.

1114. 무엇이 '번뇌이면서 번뇌와 결합된 법들'(ma2-18-a)인가?

감각적 쾌락의 번뇌는 무명의 번뇌에 의해서 번뇌이면서 번뇌와 결합된 것이다. 무명의 번뇌는 감각적 쾌락의 번뇌에 의해서 번뇌이면서 번뇌와 결합된 것이다. 존재의 번뇌는 무명의 번뇌에 의해서 번뇌이면서 번뇌와 결합된 것이다. 무명의 번뇌는 존재의 번뇌에 의해서 번뇌이면서 번뇌와 결합된 것이다. 사견의 번뇌는 무명의 번뇌에 의해서 번뇌이면서 번뇌와 결합된 것이다. 무명의 번뇌는 [197] 사견의 번뇌에 의해서 번뇌이면서 번뇌와 결합된 것이다. — 이것이 번뇌이면서 번뇌와 결합된 법들이다.

1115. 무엇이 '번뇌와 결합되었지만 번뇌가 아닌 법들'(ma2-18-b) 인가?

[번뇌인] 법들과 [결합되었기] 때문에 번뇌와 결합된 법들이라 [일컬어지는] 그러한 법들을 제외한, 느낌의 무더기 … 알음알이의 무더기 — 이것이 번뇌와 결합되었지만 번뇌가 아닌 법들이다.

1116. 무엇이 '번뇌와 결합되지 않았지만 번뇌의 대상인 법들' (ma2-19-a)인가?

[번뇌인] 법들과 [결합되지 않았기] 때문에 번뇌와 결합되지 않았지만 번뇌의 대상인 법들이라 [일컬어지는], 유익하거나 해롭거나 결정할 수 없는 욕계에 속하거나 색계에 속하거나 무색계에 속하는 법들, [즉] 물질의 무더기 · 느낌의 무더기 … 알음알이의 무더기 — 이것이 번뇌와 결합되지 않았지만 번뇌의 대상인 법들이다.

1117. 무엇이 '번뇌와 결합되지 않았으면서 번뇌의 대상이 아닌 법들'(ma2-19-b)인가?

[세간에] 포함되지 않는[出世間] 도들, 도의 결실들[果], 형성되지 않은[無爲] 요소 — 이것이 번뇌와 결합되지 않았으면서 번뇌의 대상이 아닌 법들이다.

번뇌의 모둠이 [끝났다.]

간결한 설명 편에서 첫 번째 바나와라가 [끝났다.]

4. 족쇄의 모둠

saṁyojana-gocchaka

1118. 무엇이 '족쇄인 법들'(ma2-20-a)인가?

열 가지 족쇄가 있으니 감각적 쾌락에 대한 갈망의 족쇄, 적의의 족쇄, 자만의 족쇄, 견해의 족쇄, 의심의 족쇄, 계행과 의례의식에 대한 집착[固守]의 족쇄, 존재에 대한 갈망의 족쇄, 질투의 족쇄, 인색의 족쇄, 무명의 족쇄이다.276)

---

276) '족쇄'로 옮긴 삼요자나(saṁyojana)는 saṁ(함께)+√yuj(*to yoke*)에서 파생된 중성명사이다. 함께 묶는다는 문자적인 뜻에서 족쇄라고 옮겼다. 중국에서도 묶고 매고 얽어맨다는 뜻을 살려 結(결), 結使(결사), 纏(전) 등으로 한역하였다. 주석서에서 "사람을 윤회에 얽어맨다(saṁyojenti), 묶는다(bandhanti)고 해서 족쇄라 한다."(DhsA.48)고 정의하듯이 족쇄는 중생들을 윤회에 묶는 정신적 요인이다.

본서의 여기서 설명하는 열 가지 족쇄는 아비담마의 방법에 따른 것이다. 『위방가』 제17장 작은 주제에 대한 분석 §969에도 이렇게 나타나고 있다. 경에서 설하는 족쇄와 아비담마에서 설하는 족쇄는 조금 다르다.
경(經)에 의하면 열 가지 족쇄는 ① 감각적 쾌락에 대한 갈망의 족쇄 ② 색계의 [존재]에 대한 갈망의 족쇄 ③ 무색계의 [존재]에 대한 갈망의 족쇄 ④ 적의의 족쇄 ⑤ 자만의 족쇄 ⑥ 견해의 족쇄 ⑦ 계행과 의례의식에 대한 집착의 족쇄 ⑧ 의심의 족쇄 ⑨ 들뜸의 족쇄 ⑩ 무명의 족쇄이다.(「족쇄 경」(A10:13))
아비담마의 열 가지 족쇄에는 경에 나타나는 열 가지 족쇄 가운데서 ⑨ 들뜸의 족쇄가 빠졌고, ② 색계의 [존재]에 대한 갈망의 족쇄와 ③ 무색계의 [존재]에 대한 갈망의 족쇄가 존재에 대한 갈망의 족쇄 하나로 묶어졌다. 그리고 질투의 족쇄와 인색의 족쇄가 첨가되었다. 이렇게 해서 열 가지가 된 것이다.

그런데 "질투와 인색의 족쇄 때문에"로 읽을 수 있는 issā-macchariya-saṁyojanā라는 표현이 『디가 니까야』 「제석문경」(帝釋問經, D21) §2.1에 나타나는데 이런 것을 고려하여 논장에서는 이 둘을 열 가지 족쇄에

1119. 여기서 무엇이 '감각적 쾌락에 대한 갈망의 족쇄'인가?

감각적 쾌락들에 대해서 [일어나는] 감각적 쾌락에 대한 욕구, 감각적 쾌락에 대한 갈망, 감각적 쾌락을 즐거워함, 감각적 쾌락에 대한 갈애, 감각적 쾌락에 대한 애정, 감각적 쾌락에 대한 열병, 감각적 쾌락에 빠짐, 감각적 쾌락에 달라붙음 — 이를 일러 감각적 쾌락의 족쇄라 한다.

1120. 여기서 무엇이 '적의의 족쇄'인가?

'이 [사람이] 나에게 손해를 끼쳤다.'라는 생각에 원한이 생긴다. '이 [사람이] 나에게 손해를 끼친다.'라는 생각에 원한이 생긴다. '이 [사람이] 나에게 손해를 끼칠 것이다.'라는 생각에 원한이 생긴다. '이 [사람이] 내가 좋아하고 마음에 드는 사람에게 손해를 끼쳤다. … 손해를 끼친다. … 손해를 끼칠 것이다.'라는 생각에 원한이 생긴다. '이 [사람이] 내가 좋아하지 않고 마음에 들지 않는 사람에게 이익을 주었다. … 이익을 준다. … 이익을 줄 것이다.'라는 생각에 원한이 생긴다.(A9:29 등) 혹은 근거가 없이 원한이 생긴다.

포함시킨 듯하다.

그리고 본서의 두 개 조 마띠까에 나타나는 9가지 불선법들의 모둠 가운데서 이 족쇄의 모둠에만 질투와 인색의 해로운 마음부수가 들어 있다. 이렇게 질투와 인색을 본 족쇄의 모둠에 포함시킴에 의해서 아비담마에서 정리하는 14가지 해로운 마음부수들이 모두 이 9가지 해로운 법들의 모둠에 다 포함된다. 이것도 논장의 칠론에서 이 둘을 열 가지 족쇄 가운데 포함시킨 이유가 아닌가 생각된다. 불선법들의 모둠과 14가지 해로운 마음부수법들의 관계는 『아비담마 길라잡이』 제7장 **<도표 7.1 오염원들과 마음부수들과의 관계>**를 참조하기 바란다.

무엇보다도 족쇄가 중요한 이유는 초기불교에서는 깨달음을 실현한 예류자, 일래자, 불환자, 아라한의 성자(ariya)들을 10가지 족쇄를 얼마나 많이 풀어내었는가와 연결 지어서 설명하기 때문이라 할 수 있다. 10가지 족쇄 각각에 대한 설명과 성자와 족쇄와의 관계에 대해서는 졸저 『초기불교이해』 제31장 족쇄를 푼 성자들(474쪽 이하)을 참조하기 바란다.

이런 형태의 마음[心]의 원한, 적개심, 적의, 반목, 화, 노여움, 격노함, 성냄, 아주 성냄, 격하게 성냄, 마음[意]의 악의, 마음[意]이 노함, 노함, 분노, 분노함, 분노한 상태, 성냄, 성마름, 성난 상태, 악의, 악의를 가짐, 악의를 가진 상태, 불화, 반목, 잔혹함, 잘 제어되지 못함, 마음의 언짢음 — 이를 일러 적의의 족쇄라 한다.

1121. 여기서 무엇이 '자만의 족쇄'인가?

내가 더 뛰어나다는 자만,[277] 나와 동등하다는 자만, 내가 더 못하다

---

277) "'내가 더 뛰어나다는 자만(seyyohamasmīti māno)'은 으뜸이라는 뜻(uttamaṭṭha)에서 '내가 더 뛰어나다(ahaṁ seyyo).'라고 하면서 생긴 자만이다.
'나와 동등하다는 자만(sadisohamasmīti māno)'은 동일하다는 뜻(sama-samaṭṭha)에서 '나는 동등하다.'라고 하면서 생긴 자만이다.
'내가 더 못하다는 자만(hīnohamasmīti māno)'은 하열하다는 뜻(lāmaka-ṭṭha)에서 '나는 못하다.'라고 하면서 생긴 자만이다."(DhsA.371~372)

세 가지 자만은 『상윳따 니까야』 제3권 「소나 경」 1(S22:49) §3과 제5권 「자만심 경」(S45:162) §3과 「자만심 경」(S46:41) §3에도 나타나며, 이것은 『위방가』(Vbh.389~390 §832)에서 다시 9가지로 확장된 것이 덧붙어서 모두 12가지로 정리되어 있다. 『담마상가니 주석서』도 이것을 인용하여 이 세 가지 자만이 아홉 가지로 확장된다는 설명을 덧붙이고 있다.(DhsA.372)
『위방가』의 9가지는 뛰어남(seyya)과 동등함(sādisa)과 못함(hīna)의 셋을 다시 뛰어남의 뛰어남 등(seyyassa seyya, seyyassa sadisa, seyyassa hīna, sadisassa seyya, sadisassa sadisa, sadisassa hīna, hīnassa seyya, hīnassa sadisa, hīnassa hīna)의 아홉으로 확장시킨 것이다. 『위방가』에 나타나는 12가지를 우리말로 옮겨보면 다음과 같다.

"① 내가 더 뛰어나다는 자만 ② 나와 동등하다는 자만 ③ 내가 더 못하다는 자만 ④ 뛰어난 자가 내가 더 뛰어나다고 [여기는] 자만 ⑤ 뛰어난 자가 내가 동등하다고 [여기는] 자만 ⑥ 뛰어난 자가 내가 더 못하다고 [여기는] 자만 ⑦ 동등한 자가 내가 더 뛰어나다고 [여기는] 자만 ⑧ 동등한 자가 내가 동등하다고 [여기는] 자만 ⑨ 동등한 자가 내가 더 못하다고 [여기는] 자만 ⑩ 못한 자가 내가 더 뛰어나다고 [여기는] 자만 ⑪ 못한 자가 내가 동등하다고 [여기는] 자만 ⑫ 못한 자가 내가 더 못하다고 [여기는] 자만이다." (Vbh. §832)

는 자만[198] — 이런 형태의 자만, 자만함, 자만하는 상태, 우쭐함, 우월감, 깃발[을 날림],278) 건방짐, 마음의 허영심 — 이를 일러 자만의 족쇄라 한다.

1122. 여기서 무엇이 '견해의 족쇄'인가?

'세상은 영원하다.'라거나, '세상은 영원하지 않다.'라거나, '세상은 유한하다.'라거나, '세상은 무한하다.'라거나, '생명과 몸은 같은 것이다.'라거나, '생명과 몸은 다른 것이다.'라거나, '여래는 사후에도 존재한다.'라거나, '여래는 사후에 존재하지 않는다.'라거나 '여래는 사후에 존재하기도 하고 존재하지 않기도 한다.'라거나, '여래는 사후에 존재하는 것도 아니고 존재하지 않는 것도 아니다.'라고 하는 것, 이런 형태의 [그릇된] 견해, 견해에 빠짐, 견해의 밀림(密林), 견해의 황무지, 견해의 뒤틀림, 견해의 요동, 견해의 족쇄, 거머쥠, 고착, 천착, 집착[固守], 나쁜 길, 그릇된 길, 그릇된 상태, 외도의 장소, 거꾸로 거머쥠 — 이를 일러 견해의 족쇄라 한다. 그리고 계행과 의례의식에 대한 집착을 제외한 모든 그릇된 견해도 견해의 족쇄이다.

1123. 여기서 무엇이 '의심의 족쇄'인가?

스승에 대해서 회의하고 의심한다. 법에 대해서 회의하고 의심한다. 승가에 대해서 회의하고 의심한다. 공부지음에 대해서 회의하고 의심한다. 과거에 대해서 회의하고 의심한다. 미래에 대해서 회의하고 의심한다. 과거와 미래에 대해서 회의하고 의심한다. 이것에게 조건이 되는[此緣性] [법들]과 조건 따라 일어난[緣而生] 법들에 대해서 회의하고 의심

이 12가지 자만은 『위방가』 §§866~877에서 자세히 설명되고 있으므로 참조하기 바란다.

278) "잘 세워졌다는 뜻(samussitaṭṭha)에서 '깃발(dhaja)'이다."(DhsA.372)

한다.

이런 형태의 회의, 회의를 품음, 회의를 품은 상태, 혼란, 의심, 갈피를 잡지 못함, 두 갈래 길, 의문, 불확실한 선택, 회피, 망설임, 몰입하지 못함, 마음의 당황스러움, 마음의 상처 — 이를 일러 의심의 족쇄라 한다.

1124. 여기서 무엇이 '계행과 의례의식에 대한 집착[戒禁取]의 족쇄'인가?

외도의 사문・바라문들이 가지고 있는, '계행에 의해서 청정해진다.'라거나, '의례의식에 의해서 청정해진다.'라거나, '계행과 의례의식에 의해서 청정해진다.'라고 하는 이런 형태의 [그릇된] 견해, 견해에 빠짐, 견해의 밀림(密林), 견해의 황무지, 견해의 뒤틀림, 견해의 요동, 견해의 족쇄, 거머쥠, 고착, 천착, 집착[固守], 나쁜 길, 그릇된 길, 그릇된 상태, 외도의 장소, 거꾸로 거머쥠 — 이를 일러 계행과 의례의식에 대한 집착의 족쇄라 한다.

1125. 여기서 무엇이 '존재에 대한 갈망의 족쇄'인가?

존재들에 대해서 [일어나는] 존재에 대한 욕구, 존재에 대한 갈망, 존재를 즐거워함, 존재에 대한 갈애, 존재에 대한 애정, 존재에 대한 열병, 존재에 빠짐, 존재에 달라붙음 — 이를 일러 존재에 대한 족쇄라 한다.

1126. 여기서 무엇이 '질투의 족쇄'인가?

남들의 이득과 존경과 존중과 추앙과 경배와 숭배에 대한 질투, 질투함, [199] 질투하는 상태, 시샘, 시샘함, 시샘하는 상태 — 이를 일러 질투의 족쇄라 한다.

1127. 여기서 무엇이 '인색의 족쇄'인가?

다섯 가지 인색이 있으니 거처에 대한 인색, 신도 가족에 대한 인색, 이득에 대한 인색, 칭찬에 대한 인색, 법에 대한 인색이다.(A5:115;

A5:253 등)

이런 형태의 인색, 인색함, 인색한 상태, 허욕, 쩨쩨함, 구두쇠, 마음이 닫힌 상태[279] — 이를 일러 인색의 족쇄라 한다.

1128. 여기서 무엇이 '무명의 족쇄'인가?

괴로움에 대한 무지, 괴로움의 일어남에 대한 무지, 괴로움의 소멸에 대한 무지, 괴로움의 소멸로 인도하는 도닦음에 대한 무지, 과거에 대한 무지, 미래에 대한 무지, 과거와 미래에 대한 무지, 이것에게 조건이 되는[此緣性] [법들]과 조건 따라 일어난[緣而生] 법들에 대한 무지 — 이런 형태의 무지함, 견(見)이 없음, 관통하지 못함, 깨닫지 못함, 완전히 깨닫지 못함, 꿰뚫지 못함, 제어하지 못함, 깊이 들어가지 못함, 공평하지 못함, 직접 인지하지 못함, 반조하지 못함, 명민하지 못함, 바보스러움, 알아차리지 못함, 어리석음, 크게 어리석음, 미혹, 무명, 무명의 폭류, 무명의 속박, 무명의 잠재성향, 무명의 얽매임, 무명의 장벽, 어리석음이라는 해로움의 뿌리 — 이를 일러 무명의 족쇄라 한다.

이것이 족쇄인 법들이다.[280]

---

279) "[마음을] 닫은 뒤에 상대하는 것이 닫힌 것이고 이러한 상태를 '닫힌 상태(aggahitatta)'라 하며 인색(macchariya)을 뜻한다."(DhsAMṬ.172)

280) "그런데 이 족쇄들을 ① 오염원의 순서(kilesa-paṭipāṭi)와 ② 도의 순서(magga-paṭipāṭiyā)를 통해서 정리해 보는 것이 적당하다.
① 오염원의 순서를 통해서 [정리해 보면], 감각적 쾌락에 대한 갈망의 족쇄와 적의의 족쇄(kāmarāga-paṭigha-saṁyojanāni)는 불환도에 의해서, 자만의 족쇄(māna-saṁyojana)는 아라한도에 의해서, 사견과 의심과 계행과 의례의식에 대한 집착(diṭṭhi-vicikicchā-sīlabbataparāmāsā)의 [족쇄]는 예류도에 의해서, 존재에 대한 갈망의 족쇄(bhavarāga-saṁyojana)는 아라한도에 의해서, 질투와 인색(issā-macchariyāni)의 [족쇄]는 예류도에 의해서, 무명(avijjā)의 [족쇄]는 아라한도에 의해서 제거된다.
② 도의 순서를 통해서 [정리해 보면], 예류도에 의해서는 사견과 의심과 계행과 의례의식에 대한 집착과 질투와 인색이, 불환도에 의해서는 감각적 쾌락에 대한 갈망과 적의가, 아라한도에 의해서는 자만과 존재에 대한 갈망과 무명이 제거된다."(DhsA.376~377)

1129. 무엇이 '족쇄가 아닌 법들'(ma2-20-b)인가?

[족쇄인] 이러한 법들을 제외한, 나머지 유익하거나 해롭거나 결정할 수 없는 욕계에 속하거나 색계에 속하거나 무색계에 속하거나 [세간에] 포함되지 않는[出世間] 법들, [즉] 느낌의 무더기 · 인식의 무더기 · 심리 현상들의 무더기 · 알음알이의 무더기, 모든 물질, 형성되지 않은[無爲] 요소 — 이것이 족쇄가 아닌 법들이다.

1130. 무엇이 '족쇄의 대상인 법들'(ma2-21-a)인가?

번뇌의 대상인 유익하거나 해롭거나 결정할 수 없는 욕계에 속하거나 색계에 속하거나 무색계에 속하는 법들, [즉] 물질의 무더기 · 느낌의 무더기 … 알음알이의 무더기 — 이것이 족쇄의 대상인 법들이다.

1131. 무엇이 '족쇄의 대상이 아닌 법들'(ma2-21-b)인가?

[세간에] 포함되지 않는[出世間] 도들, 도의 결실들[果], 형성되지 않은[無爲] 요소 — 이것이 족쇄의 대상이 아닌 법들이다.

1132. 무엇이 '족쇄와 결합된 법들'(ma2-22-a)인가?

[족쇄인] 법들과 [결합되었기] 때문에 족쇄와 결합된 법들이라 [일컬어지는] 느낌의 무더기 … 알음알이의 무더기 — 이것이 족쇄와 결합된 법들이다.

1133. 무엇이 '족쇄와 결합되지 않은 법들'(ma2-22-b)인가?

[족쇄인] 법들과 [결합되지 않았기] 때문에 족쇄와 결합되지 않은 법들이라 [일컬어지는] 느낌의 무더기 … 알음알이의 무더기, 모든 물질, 형성되지 않은[無爲] 요소 — 이것이 족쇄와 결합되지 않은 법들이다.

1134. 무엇이 [200] '족쇄이면서 족쇄의 대상인 법들'(ma2-23-a)

인가?

바로 그 족쇄들이 족쇄이면서 족쇄의 대상인 법들이다.

1135. 무엇이 '족쇄의 대상이지만 족쇄가 아닌 법들'(ma2-23-b) 인가?

[족쇄인] 법들의 대상이기 때문에 족쇄의 대상인 법들이라 [일컬어지는] 그러한 법들을 제외한, 나머지 번뇌의 대상인 유익하거나 해롭거나 결정할 수 없는 욕계에 속하거나 색계에 속하거나 무색계에 속하는 법들, [즉] 물질의 무더기 · 느낌의 무더기 … 알음알이의 무더기 — 이것이 족쇄의 대상이지만 족쇄가 아닌 법들이다.

1136. 무엇이 '족쇄이면서 족쇄와 결합된 법들'(ma2-24-a) 인가?

감각적 쾌락에 대한 갈망의 족쇄는 무명의 족쇄에 의해서 족쇄이면서 족쇄와 결합된 것이고, 무명의 족쇄는 감각적 쾌락에 대한 갈망의 족쇄에 의해서 족쇄이면서 족쇄와 결합된 것이다.

적의의 족쇄는 무명의 족쇄에 의해서 족쇄이면서 족쇄와 결합된 것이고, 무명의 족쇄는 적의의 족쇄에 의해서 족쇄이면서 족쇄와 결합된 것이다.

자만의 족쇄는 무명의 족쇄에 의해서 족쇄이면서 족쇄와 결합된 것이고, 무명의 족쇄는 자만의 족쇄에 의해서 족쇄이면서 족쇄와 결합된 것이다.

견해의 족쇄는 무명의 족쇄에 의해서 족쇄이면서 족쇄와 결합된 것이고, 무명의 족쇄는 견해의 족쇄에 의해서 족쇄이면서 족쇄와 결합된 것이다.

의심의 족쇄는 무명의 족쇄에 의해서 족쇄이면서 족쇄와 결합된 것이고, 무명의 족쇄는 의심의 족쇄에 의해서 족쇄이면서 족쇄와 결합된 것이다.

계행과 의례의식에 대한 집착의 족쇄는 무명의 족쇄에 의해서 족쇄이면서 족쇄와 결합된 것이고, 무명의 족쇄는 계행과 의례의식에 대한 집착의 족쇄에 의해서 족쇄이면서 족쇄와 결합된 것이다.

존재에 대한 갈망의 족쇄는 무명의 족쇄에 의해서 족쇄이면서 족쇄와 결합된 것이고, 무명의 족쇄는 존재에 대한 갈망의 족쇄에 의해서 족쇄이면서 족쇄와 결합된 것이다.

질투의 족쇄는 무명의 족쇄에 의해서 족쇄이면서 족쇄와 결합된 것이고, 무명의 족쇄는 질투의 족쇄에 의해서 족쇄이면서 족쇄와 결합된 것이다.

인색의 족쇄는 무명의 족쇄에 의해서 족쇄이면서 족쇄와 결합된 것이고, 무명의 족쇄는 인색의 족쇄에 의해서 족쇄이면서 족쇄와 결합된 것이다.

— 이것이 족쇄이면서 족쇄와 결합된 법들이다.

1137. 무엇이 [201] '족쇄와 결합되었지만 족쇄가 아닌 법들'(ma2-24-b)인가?

[족쇄인] 법들과 [결합되었기] 때문에 족쇄와 결합된 법들이라 [일컬어지는] 그러한 법들을 제외한, 느낌의 무더기 … 알음알이의 무더기 — 이것이 족쇄와 결합되었지만 족쇄가 아닌 법들이다.

1138. 족쇄와 결합되지 않았지만 족쇄의 대상인 법들'(ma2-25-a)인가?

[족쇄인] 법들과 [결합되지 않았기] 때문에 족쇄와 결합되지 않은 법들이라 [일컬어지는] 번뇌의 대상인 유익하거나 해롭거나 결정할 수 없는 욕계에 속하거나 색계에 속하거나 무색계에 속하는 법들, [즉] 물질의 무더기 · 느낌의 무더기 … 알음알이의 무더기 — 이것이 족쇄와 결

합되지 않았지만 족쇄의 대상인 법들이다.

1139. 무엇이 '족쇄와 결합되지 않았으면서 족쇄의 대상이 아닌 법들'(ma2-25-b)인가?

[세간에] 포함되지 않는[出世間] 도들, 도의 결실들[果], 형성되지 않은[無爲] 요소 — 이것이 족쇄와 결합되지 않았으면서 족쇄의 대상이 아닌 법들이다.

족쇄의 모둠이 [끝났다.]

5. 매듭의 모둠

gantha-gocchaka

1140. 무엇이 '매듭인 법들'(ma2-26-a)인가?

네 가지 매듭이 있으니 간탐의 몸의 매듭,[281] 악의의 몸의 매듭, 계행과 의례의식에 대한 집착의 몸의 매듭, 이것만이 진리라고 천착하는[282] 몸의 매듭이다.

1141. 여기서 무엇이 '간탐의 몸의 매듭'인가?

갈망, 탐닉,[283] 친밀함, 순응, 기뻐함, 강한 갈망, 마음의 탐닉, 바람,

---

281) "매듭의 모둠에서, 정신적인 몸(nāma-kāya)을 묶어(gantheti) 죽음과 재생연결을 통해서 윤회에 얽어맨다고 해서 '몸의 매듭(kāyagantha)'이다." (DhsA.377)

282) "일체지자의 말씀(sabbaññu-bhāsita)을 거부하고 세상은 영원하다는 이것만이 진리이고 다른 것은 쓸모가 없다는 이러한 형태로 천착한다고 해서 '이것만이 진리라는 천착(idaṁsaccābhinivesa)'이다."(DhsA.377)

283) "그런데 간탐(abhijjhā)과 감각적 쾌락에 대한 갈망(kāmarāgā)의 차이점이 있기 때문에 간탐의 몸의 매듭(abhijjhā-kāyagantha)의 용어를 분류하면서 [족쇄의 모둠에서처럼] '감각적 쾌락들에 대해서 [일어나는] 감각적 쾌락에 대한 욕구, 감각적 쾌락에 대한 갈망(yo kāmesu kāmacchando kāmarāgo)'(§1119)이라고 설명하지 않고 '갈망, 탐닉(yo rāgo sārāgo)'이라는 등으로 설하셨다.
이것에 의해서 앞에서 범천의 신들의 궁전 등에 대한 욕탐(chandarāga)과 같은 감각적 쾌락의 번뇌(§1106의 주해 참조)는 여기에 언급되지 않고, 여기 매듭의 모둠에서는 간탐의 몸의 매듭이 있다고 하신 것은 잘 설하신 것이라고 알아야 한다. 다음의 오염원의 모둠에서도 이 방법이 적용된다."(DhsA. 377)

간탐(abhijjha)에 대한 주석서의 설명은 본서 제1편 §365의 (6) 뿌리의 모음에 나타나는 간탐에 대한 주해를 참조하기 바란다.

홀림, 달라붙음, 애착, 간절히 바람, 속박, 수렁, 동요, 속임, 자궁, 출산, 침모, 유혹자, 격류, 달라붙음, 끈, 널리 퍼짐, 적집, 배우자, 염원, 존재로 인도함, 숲, 정글, 친밀함, 애정, 기대함, 친족, 원함, 기원함, 원하는 상태, 형색을 원함, 소리를 원함, 냄새를 원함, 맛을 원함, 감촉을 원함, 얻는 것을 원함, 재산을 원함, 아들을 원함, 생명을 원함, 중얼거림, 많이 중얼거림, 다시 중얼거림, 중얼거림, 중얼거리는 행위, 중얼거리는 태도, 게걸, 게걸스러움, 게걸스러운 상태, 꼬리침, 격렬한 욕망, 법답지 못한 갈망, 비뚤어진 탐욕, 집착, 집착함, 간청, 갈구, 간청함, 감각적 쾌락에 대한 갈애, 존재에 대한 갈애, 비존재에 대한 갈애, 색계에 대한 갈애, 무색계에 대한 갈애, 소멸에 대한 갈애, 형색에 대한 갈애, 소리에 대한 갈애, 냄새에 대한 갈애, 맛에 대한 갈애, 감촉에 대한 갈애, 법에 대한 갈애,

폭류, 속박, 매듭, 취착, 덮개, 장애, 가리개, 묶음, 오염원, 잠재성향, 얽매임(사로잡힘), 넝쿨, 허욕, 괴로움의 뿌리, 괴로움의 원인, 괴로움의 근원, 마라의 올가미, 마라의 낚싯바늘, 마라의 영역, 갈애의 강, 갈애의 그물, 갈애의 가죽끈, 갈애의 바다, 간탐, 탐욕이라는 해로움의 뿌리 — 이를 일러 간탐의 몸의 매듭이라 한다.

1142. 여기서 무엇이 '악의의 몸의 매듭'인가?

'이 [사람이] 나에게 손해를 끼쳤다.'라는 생각에 원한이 생긴다. '이 [사람이] 나에게 손해를 끼친다.'라는 생각에 원한이 [202] 생긴다. '이 [사람이] 나에게 손해를 끼칠 것이다.'라는 생각에 원한이 생긴다. '이 [사람이] 내가 좋아하고 마음에 드는 사람에게 손해를 끼쳤다. … 손해를 끼친다. … 손해를 끼칠 것이다.'라는 생각에 원한이 생긴다. '이 [사람이] 내가 좋아하지 않고 마음에 들지 않는 사람에게 이익을 주었다. … 이익을 준다. … 이익을 줄 것이다.'라는 생각에 원한이 생긴다.(A9:29 등) 혹은 근거가 없이 원한이 생긴다.

이런 형태의 마음[心]의 원한, 적개심, 적의, 반목, 화, 노여움, 격노함, 성냄, 아주 성냄, 격하게 성냄, 마음[意]의 악의, 마음[意]이 노함, 노함, 분노, 분노함, 분노한 상태, 성냄, 성마름, 성난 상태, 악의, 악의를 가짐, 악의를 가진 상태, 불화, 반목, 잔혹함, 잘 제어되지 못함, 마음의 언짢음 — 이를 일러 악의의 몸의 매듭이라 한다.

1143. 여기서 무엇이 '계행과 의례의식에 대한 집착[戒禁取]의 몸의 매듭'인가?

외도의 사문 · 바라문들이 가지고 있는, '계행에 의해서 청정해진다.'라거나, '의례의식에 의해서 청정해진다.'라거나, '계행과 의례의식에 의해서 청정해진다.'라고 하는 이런 형태의 [그릇된] 견해, 견해에 빠짐, 견해의 밀림(密林), 견해의 황무지, 견해의 뒤틀림, 견해의 요동, 견해의 족쇄, 거머쥠, 고착, 천착, 집착[固守], 나쁜 길, 그릇된 길, 그릇된 상태, 외도의 장소, 거꾸로 거머쥠 — 이를 일러 계행과 의례의식에 대한 집착의 몸의 매듭이라 한다.

1144. 여기서 무엇이 '이것만이 진리라고 천착하는 몸의 매듭'인가?

"'세상은 영원하다.'라는 이것만이 진리이고 다른 것은 쓸모가 없다.'라거나, "'세상은 영원하지 않다.'라는 이것만이 진리이고 다른 것은 쓸모가 없다.'라거나, "'세상은 유한하다.'라는 이것만이 진리이고 다른 것은 쓸모가 없다.'라거나, "'세상은 무한하다.'라는 이것만이 진리이고 다른 것은 쓸모가 없다.'라거나, "'생명과 몸은 같은 것이다.'라는 이것만이 진리이고 다른 것은 쓸모가 없다.'라거나, "'생명과 몸은 다른 것이다.'라는 이것만이 진리이고 다른 것은 쓸모가 없다.'라거나, "'여래는 사후에도 존재한다.'라는 이것만이 진리이고 다른 것은 쓸모가 없다.'라거나, "'여래는 사후에 존재하지 않는다.'라는 이것만이 진리이고 다른 것은 쓸모가 없다.'라거나, "여래는 사후에 존재하기도 하고 존재하지 않기도 한다.'라는 이것만이 진리이고 다른 것은 쓸모가 없다.'라거나, "여래는 사후에 존재하는 것도 아니고 존재하지 않는 것도 아니다.'라는 이것만이 진리이고 다른 것은 쓸모가 없다.'라고 하는(M72 등) 이런 형태의 [그릇된] 견해, 견해에 빠짐, 견해의 밀림(密林), 견해의 황무지, 견해의 뒤틀림, 견해의 요동, 견해의 족쇄, 거머쥠, 고착, 천착, 집착[固守], 나쁜 길, 그릇된 길, 그릇된 상태, 외도의 장소, 거꾸로 거머쥠 — 이를 일러 이것만이 진리라고 천착하는 몸의 매듭이라 한다. 그리고 계행과 의례의식에 대한 집착을 제외한[284] 모든 그릇된 견해도 이것만이 진리라고 천착하는 몸의 매듭이다.

이것이 매듭인 법들이다.

1145. 무엇이 '매듭이 아닌 법들'(ma2-26-b)인가?

[매듭인] 이러한 [203] 법들을 제외한, 나머지 유익하거나 해롭거나 결정할 수 없는 욕계에 속하거나 색계에 속하거나 무색계에 속하거나 [세간에] 포함되지 않는[出世間] 법들, [즉] 느낌의 무더기 … 알음알이의 무더기, 모든 물질, 형성되지 않은[無爲] 요소 — 이것이 매듭이 아닌 법들이다.

1146. 무엇이 '매듭의 대상인 법들'(ma2-27-a)인가?

번뇌의 대상인 유익하거나 해롭거나 결정할 수 없는 욕계에 속하거나 색계에 속하거나 무색계에 속하는 법들, [즉] 물질의 무더기 · 느낌의 무더기 … 알음알이의 무더기 — 이것이 매듭의 대상인 법들이다.

---

284) "'계행과 의례의식에 대한 집착을 제외한(ṭhapetvā sīlabbataparāmāsaṁ)'이라고 하셨다. 여기서 계행과 의례의식에 대한 집착은 '이것만이 진리이고(idameva saccaṁ)'라는 등의 형태로 집착하지 않고 '계행에 의해서 청정해진다(sīlena suddhi).'라는 등으로 집착한다. 그러므로 이것은 그릇된 견해이기는 하지만 이것을 '제외한(ṭhapetvā)'이라고 말씀하셨다."(DhsA.377)

1147. 무엇이 '매듭의 대상이 아닌 법들'(ma2-27-b)인가?

[세간에] 포함되지 않는[出世間] 도들, 도의 결실들[果], 형성되지 않은[無爲] 요소 — 이것이 매듭의 대상이 아닌 법들이다.

1148. 무엇이 '매듭과 결합된 법들'(ma2-28-a)인가?

[매듭인] 법들과 [결합되었기] 때문에 매듭과 결합된 법들이라 [일컬어지는] 느낌의 무더기 … 알음알이의 무더기 — 이것이 매듭과 결합된 법들이다.

1149. 무엇이 '매듭과 결합되지 않은 법들'(ma2-28-b)인가?

[매듭인] 법들과 [결합되지 않았기] 때문에 매듭과 결합되지 않은 법들이라 [일컬어지는] 느낌의 무더기 … 알음알이의 무더기, 모든 물질, 형성되지 않은[無爲] 요소 — 이것이 매듭과 결합되지 않은 법들이다.

1150. 무엇이 '매듭이면서 매듭의 대상인 법들'(ma2-29-a)인가?

그 매듭들이 매듭이면서 매듭의 대상인 법들이다.

1151. 무엇이 '매듭의 대상이지만 매듭이 아닌 법들'(ma2-29-b) 인가?

[매듭인] 법들의 대상이기 때문에 매듭의 대상인 법들이라 [일컬어지는] 그러한 법들을 제외한, 나머지 번뇌의 대상인 유익하거나 해롭거나 결정할 수 없는 욕계에 속하거나 색계에 속하거나 무색계에 속하는 법들, [즉] 물질의 무더기・느낌의 무더기 … 알음알이의 무더기 — 이것이 매듭의 대상이지만 매듭이 아닌 법들이다.

1152. 무엇이 '매듭이면서 매듭과 결합된 법들'(ma2-30-a)인가?

계행과 의례의식에 대한 집착의 몸의 매듭은 간탐의 몸의 매듭에 의해서 매듭이면서 매듭과 결합된 것이다. 간탐의 몸의 매듭은 계행과 의례의식에 대한 집착의 몸의 매듭에 의해서 매듭이면서 매듭과 결합된 것이다.

이것만이 진리라고 천착하는 몸의 매듭은 간탐의 몸의 매듭에 의해서 매듭이면서 매듭과 결합된 것이고, 간탐의 몸의 매듭은 이것만이 진리라고 천착하는 몸의 매듭에 의해서 매듭이면서 매듭과 결합된 것이다. — 이것이 매듭이면서 매듭과 결합된 법들이다.

1153. 무엇이 '매듭과 결합되었지만 매듭이 아닌 법들'(ma2-30-b)인가? [204]

[매듭인] 법들과 [결합되었기] 때문에 매듭과 결합된 법들이라 [일컬어지는] 그런 법들을 제외한, 느낌의 무더기 … 알음알이의 무더기 — 이것이 매듭과 결합되었지만 매듭이 아닌 법들이다.

1154. 무엇이 '매듭과 결합되지 않았지만 매듭의 대상인 법들'(ma2-31-a)인가?

[매듭인] 법들과 [결합되지 않았기] 때문에 매듭과 결합되지 않은 법들이라 [일컬어지는] 번뇌의 대상인 유익하거나 해롭거나 결정할 수 없는 욕계에 속하거나 색계에 속하거나 무색계에 속하는 법들, [즉] 물질의 무더기・느낌의 무더기 … 알음알이의 무더기 — 이것이 매듭과 결합되지 않았지만 매듭의 대상인 법들이다.

1155. 무엇이 '매듭과 결합되지 않았으면서 매듭의 대상이 아닌 법들'(ma3-31-b)인가?

[세간에] 포함되지 않는[出世間] 도들, 도의 결실들[果], 형성되지 않은[無爲] 요소 — 이것이 매듭과 결합되지 않았으면서 매듭의 대상이 아닌 법들이다.

매듭의 모둠이 [끝났다.]

6. 폭류의 모둠

ogha-gocchaka

1156. 무엇이 '폭류인 법들'(ma2-32-a)인가? 네 가지 폭류가 있으니 … pe … 이것이 폭류와 결합되지 않았으면서 폭류의 대상이 아닌 법들이다.

폭류의 모둠이 [끝났다.]

7. 속박의 모둠

yoga-gocchaka

1157. 무엇이 '속박인 법들'(ma2-38-a)인가? 네 가지 속박이 있으니 … pe … 이것이 속박과 결합되지 않았으면서 속박의 대상이 아닌 법들이다.

속박의 모둠이 [끝났다.]

8. 장애의 모둠

nīvaraṇa-gocchaka

1158. 무엇이 '장애인 법들'(ma2-44-a)인가?

여섯 가지 장애가 있으니 감각적 쾌락에 대한 욕구의 장애, 악의의 장애, 해태와 혼침의 장애, 들뜸과 후회의 장애, 의심의 장애, 무명의 장애이다.

1159. 여기서 무엇이 '감각적 쾌락에 대한 욕구의 장애'인가?

감각적 쾌락들에 대해서 [일어나는] 감각적 쾌락에 대한 욕구, 감각적 쾌락에 대한 갈망, 감각적 쾌락을 즐거워함, 감각적 쾌락에 대한 갈애, 감각적 쾌락에 대한 애정, 감각적 쾌락에 대한 열병, 감각적 쾌락에 빠짐, 감각적 쾌락에 달라붙음 — 이를 일러 감각적 쾌락에 대한 욕구의 장애라 한다.

1160. 여기서 무엇이 '악의의 장애'인가?

'이 [사람이] 나에게 손해를 끼쳤다.'라는 생각에 원한이 생긴다. '이 [사람이] 나에게 손해를 끼친다.'라는 생각에 원한이 생긴다. '이 [사람이] 나에게 손해를 끼칠 것이다.'라는 생각에 원한이 생긴다. '이 [사람이] 내가 좋아하고 마음에 드는 사람에게 손해를 끼쳤다. … 손해를 끼친다. … 손해를 끼칠 것이다.'라는 생각에 원한이 생긴다. '이 [사람이] 내가 좋아하지 않고 마음에 들지 않는 사람에게 이익을 주었다. … 이익을 준다. … 이익을 줄 것이다.'라는 생각에 원한이 생긴다.(A9:29 등) 혹은 근거가 없이 원한이 생긴다.

이런 형태의 마음[心]의 원한, 적개심, 적의, 반목, 화, 노여움, 격노함,

성냄, 아주 성냄, 격하게 성냄, 마음[意]의 악의, 마음[意]이 노함, 노함, 분노, 분노함, 분노한 상태, 성냄, 성마름, 성난 상태, 악의, 악의를 가짐, 악의를 가진 상태, 불화, 반목, 잔혹함, 잘 제어되지 못함, 마음의 언짢음 — 이를 일러 악의의 장애라 한다.

1161. 여기서 무엇이 '해태와 혼침의 장애'인가?

해태가 있고 혼침이 있다.

1162. 여기서 무엇이 '해태'인가?

마음의 내키지 않음, 일에 적합하지 않음, 굼뜸, 축 처짐, [205] 의기소침, 움츠러듦, 움츠러든 상태, 해태, 나태함, 마음의 나태한 상태 — 이를 일러 해태라 한다.

1163. 여기서 무엇이 '혼침'인가?

몸[285]의 지둔함, 적합하지 않음, 덮임, 완전히 덮임, 안이 가로막힘[286], 혼침, 잠, 졸음, 잠,[287] 잠듦, 잠든 상태 — 이를 일러 혼침이라 한다.

이와 같이 이것이 해태이고 이것이 혼침이다. — 이를 일러 해태와 혼침의 장애라 한다.[288]

---

285) "여기서 '몸(kāya)'은 세 가지 무더기(느낌의 무더기 · 인식의 무더기 · 심리현상들의 무더기)라 불리는 정신적인 몸(nāma-kāya)이다."(DhsA.378)

286) "여러 대상들에 대해서 [마음이] 전개되는 것을 막아버리거나(pavatti-nivāraṇa) 퍼져나가는 것을 막아버려서(vipphārikatā-nivāraṇa) '안이 가로막힌 것(anto-samorodha)'이다."(DhsAMṬ.173)

287) '잠(soppa)'이 한 번 더 언급되는 이유에 대해서는 본서 제1권 §6의 여섯 번째 주해와 §12의 세 번째 주해 등을 참조할 것. 본문에 해당하는 주석서도 여기서 잠이라는 용어가 다시 언급되는 이유는 앞에서 설명이 되었다고 적고 있다.(DhsA.378)

288) "'이를 일러 해태와 혼침의 장애라 한다(thīnamiddha-nīvaraṇa).'라고 하셨다. 이 해태와 혼침을 한 가지로 만들어서 덮개(āvaraṇa)라는 뜻에서 '해

1164. 여기서 무엇이 '들뜸과 후회의 장애'인가?

들뜸이 있고 후회가 있다.

1165. 여기서 무엇이 '들뜸'인가?

마음의 들뜸, 가라앉지 않음, 마음이 산란함, 마음의 동요 — 이를 일러 들뜸이라 한다.

1166. 여기서 무엇이 '후회'인가?

적당하지 않은 것을 적당하다고 생각하고 적당한 것을 적당하지 않다고 생각하며, 비난받지 않아야 하는 것을 비난받는 것으로 생각하고 비난받아야 하는 것을 비난받지 않는 것으로 생각한다.

이런 형태의 후회, 후회함, 후회하는 상태, 정신적인 가책,289) 마음의

태와 혼침의 장애'라고 설하셨다. 이것은 대부분 유학과 범부들의 수면(잠, niddā)의 전과 후에 일어나는데 아라한도에 의해서 이것은 근절된다. 번뇌 다한 [아라한]들은 육체적인 몸(karaja-kāya)의 힘이 약해져서 바왕가로 떨어지게(bhavaṅgotaraṇa) 된다. 이것이 [인식과정과] 함께 섞이지 않을 때 그들은 잠든다(supanti). 그들에게 이것은 수면이 된다.

그래서 세존께서는 말씀하셨다. "악기웨사나여, 나는 여름의 마지막 달에 공양을 마치고 탁발에서 돌아와서 가사를 네 겹으로 접어서 깔고 오른쪽 옆구리로 누워 마음챙기고 알아차리면서[正念·正知] 잠을 잤던 것을 기억한다."(M36 §46)라고.

이런 형태의 것은 육체적인 몸의 힘이 약해진 것(dubbala-bhāva)이지 도가 훼손된 것(magga-vajjha)이 아니다. 이런 [육체적인 몸의 힘이 약해져서 생기는 형태의] 잠은 업에서 생긴 존재(upādinnaka)에서도 얻어지고 업에서 생기지 않은 존재(anupādinnaka)에서도 얻어진다.
업에서 생긴 존재에서 얻어지는 경우는 번뇌 다한 분이 먼 길을 갔을 때나 어떤 일을 한 뒤에 피곤해진(kilanta) 그런 때에 얻어진다.
업에서 생기지 않은 존재에서 얻어지는 경우는 잎과 꽃에서 얻어진다. 어떤 종류의 나무들의 잎들은 햇볕에 의해서 피어나고 밤에 오므라든다. 연꽃 등은 햇볕에 의해서 꽃이 피고 밤에 오므라든다. 그러나 이 혼침(middha)은 해로운 것이기 때문에 번뇌 다한 분들에게는 없다."(DhsA.378~379)

289) "'정신적인 가책(cetaso vippaṭisāra)'이라고 하셨다. 여기서 비난받거나 비

상처290) — 이를 일러 후회라 한다.291)

이와 같이 이것이 들뜸이고 이것이 후회이다. — 이를 일러 들뜸과 후회의 장애라 한다.

1167. 여기서 무엇이 '의심의 장애'인가?

스승에 대해서 회의하고 의심한다. 법에 대해서 회의하고 의심한다.

난받지 않거나(sāvajjānavajja) 간에 행한 것과 행하지 않은 것(katākata)을 향해서 가는 것을 '가책(vippaṭisāra)'이라 한다. 그런데 이미 지은 나쁜 행위(pāpa)를 짓지 않은 것으로 만들 수 없고, 짓지 않은 선행(kalyāṇa)을 지은 것으로 만들 수 없기 때문에 잘못된 나쁜 것(kucchita)을 책망한다(paṭisāroti)고 해서 가책이라 한다. 이것은 정신적인 것(cetaso, 즉 심소법)이지 중생에게 속하는 것이 아니라는 것을 알게 하기 위해서 '정신적인' 가책이라고 말씀하셨다. 이것은 후회(kukkucca)의 고유성질에 대한 해설이다."(DhsA.384)

290) "후회가 생기면 송곳이 청동 발우를 할퀴는(vilikhamāna) 것처럼 마음(mano)을 할퀴게 된다. 그래서 '마음의 상처(mano-vilekha)'라고 설하셨다. 이것은 후회의 역할에 대한 해설이다."(DhsA.384)

이 '마음의 상처(mano-vilekha)'는 '의심(vicikicchā)'을 설명하는 용어로도 나타나고 있다.(본서 제1권 §425의 해당 주해와 §1008의 정형구 등을 참조할 것.)

291) "그런데 『율장』에서는 "사리뿟따 존자는 거기에 계속해서 머물렀지만 세존께서 허락하지 않으신 휴게소에 있는 음식(āvasatha-piṇḍa)을 수용하는 것이라고 꼼꼼하게 점검하면서(kukkuccāyanta, 문자적으로는 '후회하면서'라는 뜻인데 문맥에 맞추어서 꼼꼼하게 점검하면서로 옮겼다. — 역자 주) 그것을 받지 않았다."(Vin.iv.70)라고 후회(kukkucca)가 언급되지만 이것은 장애(nīvaraṇa)가 아니다. 아라한에게는 '내가 잘못해서 이것을 지었다.'라고 이처럼 속을 태우는 것(anutāpa)이 없기 때문이다. 이 경우에 이것은 장애와 반대가 되는 것으로 '적합한가 적합하지 않은가.'라는 검증(vīmaṁsana)이라 불리는 율에 대한 후회(vinaya-kukkucca)라고 한다."(DhsA.384)

『아비담맛타상가하』의 복주서인 『빠라맛타디빠니 띠까』(PdṬ)는 삼장과 주석서에 나타나는 후회(kukkucca)를 ① 심소법으로서의 후회(cetaso kukkucca)와 ② 어색한 행동거지로서의 후회(asaṁyata kukkucca)와 ③ 율장의 후회(vinaya kukkucca)의 세 가지로 정리하고 있다. 이 가운데 뒤의 둘은 불선법이 아니다. 『아비담마 길라잡이』 제2장 §4의 11번 해설을 참조할 것.

승가에 대해서 회의하고 의심한다. 공부지음에 대해서 회의하고 의심한다. 과거에 대해서 회의하고 의심한다. 미래에 대해서 회의하고 의심한다. 과거와 미래에 대해서 회의하고 의심한다. 이것에게 조건이 되는[此緣性] [법들]과 조건 따라 일어난[緣而生] 법들에 대해서 회의하고 의심한다.

이런 형태의 회의, 회의를 품음, 회의를 품은 상태, 혼란, 의심, 갈피를 잡지 못함, 두 갈래 길, 의문, 불확실한 선택, 회피, 망설임, 몰입하지 못함, 마음의 당황스러움, 마음의 상처 — 이를 일러 의심의 장애라 한다.

1168. 여기서 무엇이 '무명의 장애'인가?

괴로움에 대한 무지, 괴로움의 일어남에 대한 무지, 괴로움의 소멸에 대한 무지, 괴로움의 소멸로 인도하는 도닦음에 대한 무지, 과거에 대한 무지, 미래에 대한 무지, 과거와 미래에 대한 무지, 이것에게 조건이 되는[此緣性] [법들]과 조건 따라 일어난[緣而生] 법들에 대한 무지 — 이런 형태의 무지함, 견(見)이 없음, 관통하지 못함, 깨닫지 못함, 완전히 깨닫지 못함, 꿰뚫지 못함, 제어하지 못함, 깊이 들어가지 못함, 공평하지 못함, 직접 인지하지 못함, 반조하지 못함, 명민하지 못함, 바보스러움, 알아차리지 못함, 어리석음, 크게 어리석음, 미혹, 무명, 무명의 폭류, 무명의 속박, 무명의 잠재성향, 무명의 얽매임, 무명의 장벽, 어리석음이라는 해로움의 뿌리 — 이를 일러 무명의 장애라 한다.

1169. 무엇이 [206] '장애가 아닌 법들'(ma2-44-b)인가?

[장애인] 이러한 법들을 제외한, 나머지 유익하거나 해롭거나 결정할 수 없는 욕계에 속하거나 색계에 속하거나 무색계에 속하거나 [세간에] 포함되지 않는[出世間] 법들, [즉] 느낌의 무더기 · 인식의 무더기 · 심리현상들의 무더기 · 알음알이의 무더기, 모든 물질, 형성되지 않은[無爲] 요소 — 이것이 장애가 아닌 법들이다.

1170. 무엇이 '장애의 대상인 법들'(ma2-45-a)인가?

번뇌의 대상이 되는 유익하거나 해롭거나 결정할 수 없는 욕계에 속하거나 색계에 속하거나 무색계에 속하는 법들, [즉] 물질의 무더기 · 느낌의 무더기 … 알음알이의 무더기 — 이것이 장애의 대상인 법들이다.

1171. 무엇이 '장애의 대상이 아닌 법들'(ma2-45-b)인가?

[세간에] 포함되지 않는[出世間] 도들, 도의 결실들[果], 형성되지 않은[無爲] 요소 — 이것이 장애의 대상이 아닌 법들이다.

1172. 무엇이 '장애와 결합된 법들'(ma2-46-a)인가?

[장애인] 법들과 [결합되었기] 때문에 장애와 결합된 법들이라 [일컬어지는] 느낌의 무더기 … 알음알이의 무더기 — 이것이 장애와 결합된 법들이다.

1173. 무엇이 '장애와 결합되지 않은 법들'(ma2-46-b)인가?

[장애인] 법들과 [결합되지 않았기] 때문에 장애와 결합되지 않은 법들이라 [일컬어지는] 느낌의 무더기 … 알음알이의 무더기, 모든 물질, 형성되지 않은[無爲] 요소 — 이것이 장애와 결합되지 않은 법들이다.

1174. 무엇이 '장애이면서 장애의 대상인 법들'(ma2-47-a)인가?

바로 그 장애들이 장애이면서 장애의 대상인 법들이다.

1175. 무엇이 '장애의 대상이지만 장애가 아닌 법들'(ma2-47-b)인가?

[장애인] 법들의 대상이기 때문에 장애의 대상인 법들이라 [일컬어지는] 그러한 법들을 제외한, 나머지 번뇌의 대상인 유익하거나 해롭거나 결정할 수 없는 욕계에 속하거나 색계에 속하거나 무색계에 속하는 법

들, [즉] 물질의 무더기 · 느낌의 무더기 … 알음알이의 무더기 — 이것이 장애의 대상이지만 장애가 아닌 법들이다.

1176. 무엇이 '장애이면서 장애와 결합된 법들'(ma2-48-a)인가?

감각적 쾌락에 대한 욕구의 장애는 무명의 장애에 의해서 장애이면서 장애와 결합된 것이고, 무명의 장애는 감각적 쾌락에 대한 욕구의 장애에 의해서 장애이면서 장애와 결합된 것이다.

악의의 장애는 무명의 장애에 의해서 장애이면서 장애와 결합된 것이고, 무명의 장애는 악의의 장애에 의해서 장애이면서 장애와 결합된 것이다.

해태와 혼침의 장애는 무명의 장애에 의해서 장애이면서 장애와 결합된 것이고, 무명의 장애는 해태와 혼침의 장애에 의해서 장애이면서 장애와 결합된 것이다.

들뜸의 장애는 무명의 장애에 의해서 장애이면서 장애와 결합된 것이고, [207] 무명의 장애는 들뜸의 장애에 의해서 장애이면서 장애와 결합된 것이다.

후회의 장애는 무명의 장애에 의해서 장애이면서 장애와 결합된 것이고, 무명의 장애는 후회의 장애에 의해서 장애이면서 장애와 결합된 것이다.

의심의 장애는 무명의 장애에 의해서 장애이면서 장애와 결합된 것이고, 무명의 장애는 의심의 장애에 의해서 장애이면서 장애와 결합된 것이다.

감각적 쾌락에 대한 욕구의 장애는 들뜸의 장애에 의해서 장애이면서 장애와 결합된 것이고, 들뜸의 장애는 감각적 쾌락에 대한 욕구의 장애에 의해서 장애이면서 장애와 결합된 것이다.

악의의 장애는 들뜸의 장애에 의해서 장애이면서 장애와 결합된 것이고, 들뜸의 장애는 악의의 장애에 의해서 장애이면서 장애와 결합된 것이다.

해태와 혼침의 장애는 들뜸의 장애에 의해서 장애이면서 장애와 결합된 것이고, 들뜸의 장애는 해태와 혼침의 장애에 의해서 장애이면서 장애와 결합된 것이다.

후회의 장애는 들뜸의 장애에 의해서 장애이면서 장애와 결합된 것이고, 들뜸의 장애는 후회의 장애에 의해서 장애이면서 장애와 결합된 것이다.

의심의 장애는 들뜸의 장애에 의해서 장애이면서 장애와 결합된 것이고, 들뜸의 장애는 의심의 장애에 의해서 장애이면서 장애와 결합된 것이다.

무명의 장애는 들뜸의 장애에 의해서 장애이면서 장애와 결합된 것이고, 들뜸의 장애는 무명의 장애에 의해서 장애이면서 장애와 결합된 것이다.

— 이것이 장애이면서 장애와 결합된 법들이다.

1177. 무엇이 '장애와 결합되었지만 장애가 아닌 법들'(ma2-48-b)인가?

[장애인] 법들과 [결합되었기] 때문에 장애와 결합된 법들이라 [일컬어지는] 그런 법들을 제외한, 느낌의 무더기 … 알음알이의 무더기 — 이것이 장애와 결합되었지만 장애가 아닌 법들이다.

1178. 무엇이 '장애와 결합되지 않았지만 장애의 대상인 법들'(ma2-49-a)인가?

[장애인] 법들과 [결합되지 않았기] 때문에 장애와 결합되지 않은 법들이라 [일컬어지는] 번뇌의 대상인 유익하거나 결정할 수 없는 욕계에 속하거나 색계에 속하거나 무색계에 속하는 법들, [즉] 물질의 무더

기 · 느낌의 무더기 … 알음알이의 무더기 — 이것이 장애와 결합되지 않았지만 장애의 대상인 법들이다.

1179. 무엇이 '장애와 결합되지 않았으면서 장애의 대상이 아닌 법들'(ma2-49-b)인가?

[세간에] 포함되지 않는[出世間] 도들, 도의 결실들[果], 형성되지 않은[無爲] 요소 — 이것이 장애와 결합되지 않았으면서 장애의 대상이 아닌 법들이다.

장애의 모둠이 [끝났다.][292]

---

292) "그런데 이들 장애들을 ① 오염원의 순서(kilesapaṭipāṭi)와 ② 도의 순서(maggapaṭipāṭiyā)를 통해서 정리해 보는 것이 적당하다.

① 오염원의 순서를 통해서 [정리해 보면], 감각적 쾌락에 대한 욕구와 악의(kāmacchanda-byāpādā)는 불환도에 의해서, 해태와 혼침과 들뜸(thīna-middh-uddhaccāni)은 아라한도에 의해서, 후회와 의심(kukkucca-viciki-cchā)은 예류도에 의해서, 무명(avijjā)은 아라한도에 의해서 제거된다(pahīyati).

② 도의 순서를 통해서 [정리해 보면], 예류도에 의해서는 후회와 의심이, 불환도에 의해서는 감각적 쾌락에 대한 욕구와 악의가, 아라한도에 의해서는 해태와 혼침과 들뜸과 무명이 제거된다."(DhsA.384)

그런데 『청정도론』은 "감각적 쾌락과 악의와 후회는 세 번째 지혜(불환도의 지혜)로 버린다."(Vis.XXII.71)라고 하여 후회는 불환도에 의해서 버려지는 것으로 설명하고 있다. 이것은 어떻게 받아들여야 하는가? 『청정도론』의 복주서인 『빠라맛타만주사』는 후회를 두 가지로 나누어서 "행하거나 행하지 않은 유익함과 해로움의 영역(katākatā-kusalākusala-visaya)에 대해서 나중에 뉘우치게 되는(vippaṭisārabhūta) 후회는 세 번째 지혜(불환도의 지혜)로 버려진다."(Pm.ii.498)고 주석을 하고 있고, 율에 적합한지 적합하지 않은지를 두고 생긴 후회에 빠진 채(kukkuccapakatatā) 계를 범하게 되는 그런 후회는 예류도에 의해서 버려진다고 설명하고 있다.(*Ibid.*)

9. 집착[固守]의 모둠

parāmāsa-gocchaka

1180. 무엇이 [208] '집착[固守]인 법들'(ma2-50-a)인가?

견해의 집착이다.

1181. 여기서 무엇이 '견해의 집착'인가?

'세상은 영원하다.'라거나, '세상은 영원하지 않다.'라거나, '세상은 유한하다.'라거나, '세상은 무한하다.'라거나, '생명과 몸은 같은 것이다.'라거나, '생명과 몸은 다른 것이다.'라거나, '여래는 사후에도 존재한다.'라거나, '여래는 사후에 존재하지 않는다.'라거나 '여래는 사후에 존재하기도 하고 존재하지 않기도 한다.'라거나, '여래는 사후에 존재하는 것도 아니고 존재하지 않는 것도 아니다.'라고 하는 것, 이런 형태의 [그릇된] 견해, 견해에 빠짐, 견해의 밀림(密林), 견해의 황무지, 견해의 뒤틀림, 견해의 요동, 견해의 족쇄, 거머쥠, 고착, 천착, 집착[固守], 나쁜 길, 그릇된 길, 그릇된 상태, 외도의 장소, 거꾸로 거머쥠 — 이를 일러 견해의 집착이라 한다. 그리고 모든 그릇된 견해도 견해의 집착이다.

— 이것이 집착인 법들이다.

1182. 무엇이 '집착이 아닌 법들'(ma2-50-b)인가?

[집착인] 이러한 법들을293) 제외한, 나머지 유익하거나 해롭거나 결정할 수 없는 욕계에 속하거나 색계에 속하거나 무색계에 속하거나 [세

293) "여기서 [집착(parāmāsa)은 단수이지만] 질문에 [나타나는 수와] 맞추기 위해서 복수를 취해서 [법들]이라고 하였다."(DhsA.385)

간에] 포함되지 않는[出世間] 법들, [즉] 느낌의 무더기 … 알음알이의 무더기, 모든 물질, 형성되지 않은[無爲] 요소 — 이것이 집착이 아닌 법들이다.

1183. 무엇이 '집착의 대상인 법들'(ma2-51-a)인가?

번뇌의 대상인 유익하거나 해롭거나 결정할 수 없는 욕계에 속하거나 색계에 속하거나 무색계에 속하는 법들, [즉] 물질의 무더기 · 느낌의 무더기 … 알음알이의 무더기 — 이것이 집착의 대상인 법들이다.

1184. 무엇이 '집착의 대상이 아닌 법들'(ma2-51-b)인가?

[세간에] 포함되지 않는[出世間] 도들, 도의 결실들[果], 형성되지 않은[無爲] 요소 — 이것이 집착의 대상이 아닌 법들이다.

1185. 무엇이 '집착과 결합된 법들'(ma2-52-a)인가?

[집착인] 법들과 [결합되었기] 때문에 집착과 결합된 법들이라 [일컬어지는] 느낌의 무더기 … 알음알이의 무더기 — 이것이 집착과 결합된 법들이다.

1186. 무엇이 '집착과 결합되지 않은 법들'(ma2-52-b)인가?

[집착인] 법들과 [결합되지 않았기] 때문에 집착과 결합되지 않은 법들이라 [일컬어지는] 느낌의 무더기 … 알음알이의 무더기, 모든 물질, 형성되지 않은[無爲] 요소 — 이것이 집착과 결합되지 않은 법들이다.

1187. 무엇이 '집착이면서 집착의 대상인 법들'(ma2-53-a)인가?

바로 그 집착이 집착이면서 집착의 대상인 법들이다.

1188. 무엇이 '집착의 대상이지만 집착이 아닌 법들'(ma2-53-b)인가?

[집착인] 법들의 대상이기 때문에 집착의 대상인 법들이라 [일컬어지

는] 그러한 법들을 제외한, 나머지 [209] 번뇌의 대상인 유익하거나 해롭거나 결정할 수 없는 욕계에 속하거나 색계에 속하거나 무색계에 속하는 법들, [즉] 물질의 무더기 · 느낌의 무더기 … 알음알이의 무더기 — 이것이 집착의 대상이지만 집착이 아닌 법들이다.

1189. 무엇이 '집착과 결합되지 않았지만 집착의 대상인 법들'(ma2-54-a)인가?

[집착인] 법들과 [결합되지 않았기] 때문에 집착과 결합되지 않은 법들이라 [일컬어지는] 번뇌의 대상인 유익하거나 해롭거나 결정할 수 없는 욕계에 속하거나 색계에 속하거나 무색계에 속하는 법들, [즉] 물질의 무더기 · 느낌의 무더기 … 알음알이의 무더기 — 이것이 집착과 결합되지 않았지만 집착의 대상인 법들이다.

1190. 무엇이 '집착과 결합되지 않았으면서 집착의 대상이 아닌 법들'(ma2-54-b)인가?

[세간에] 포함되지 않는[出世間] 도들, 도의 결실들[果], 형성되지 않은[無爲] 요소 — 이것이 집착과 결합되지 않았으면서 집착의 대상이 아닌 법들이다.

집착의 모둠이 [끝났다.]

10. 틈새에 있는 긴 두 개 조

mahantara-duka

1191. 무엇이 '대상을 가진 법들'(ma2-55-a)인가?

느낌의 무더기 · 인식의 무더기 · 심리현상들의 무더기 · 알음알이의 무더기 — 이것이 대상을 가진 법들이다.

1192. 무엇이 '대상이 없는 법들'(ma2-55-b)인가?

모든 물질과 형성되지 않은[無爲] 요소 — 이들이 대상이 없는 법들이다.

1193. 무엇이 '마음인 법들'(ma2-56-a)인가?

눈의 알음알이, 귀의 알음알이, 코의 알음알이, 혀의 알음알이, 몸의 알음알이, 마노의 요소, 마노의 알음알이의 요소 — 이것이 마음인 법들이다.

1194. 무엇이 '마음이 아닌 법들'(ma2-56-b)인가?

느낌의 무더기 · 인식의 무더기 · 심리현상들의 무더기, 모든 물질, 형성되지 않은[無爲] 요소 — 이것이 마음이 아닌 법들이다.

1195. 무엇이 '마음부수인 법들'(ma2-57-a)인가?

느낌의 무더기 · 인식의 무더기 · 심리현상들의 무더기 — 이것이 마음부수인 법들이다.

1196. 무엇이 '마음부수가 아닌 법들'(ma2-57-b)인가?

마음과 모든 물질, 형성되지 않은[無爲] 요소 — 이것이 마음부수가 아닌 법들이다.

1197. 무엇이 '마음과 결합된 법들'(ma2-58-a)인가?

느낌의 무더기 · 인식의 무더기 · 심리현상들의 무더기 — 이것이 마음과 결합된 법들이다.

1198. 무엇이 '마음과 결합되지 않은 법들'(ma2-58-b)인가?

모든 물질과 [210] 형성되지 않은[無爲] 요소 — 이것이 마음과 결합되지 않은 법들이다.

마음은 마음과 결합되었다라고도 마음과 결합되지 않았다라고도 말해서는 안 된다.[294]

1199. 무엇이 '마음과 결속된 법들'(ma2-59-a)인가?

느낌의 무더기 · 인식의 무더기 · 심리현상들의 무더기 — 이것이 마음과 결속된 법들이다.

1200. 무엇이 '마음과 결속되지 않은 법들'(ma2-59-b)인가?

모든 물질과 형성되지 않은[無爲] 요소 — 이것이 마음과 결속되지 않은 법들이다.

마음은 마음과 결속되었다라고도 마음과 결속되지 않았다라고도 말해서는 안 된다.

1201. 무엇이 '마음에서 생긴 법들'(ma2-60-a)인가?

느낌의 무더기, 인식의 무더기, 심리현상들의 무더기, 몸의 암시, 말의 암시, 그리고 또 다른 물질이 있으니 마음으로부터 발생했고 마음을 원인으로 하고 마음에서 생긴 형색의 감각장소, 소리의 감각장소, 냄새

---

294) 'X라고도 말해서는 안 된다(na vattabbā X-tipi)'라는 이런 어법은 본서 제4편 주석 편에서 많이 나타난다.(§1389 등 참조) 이런 구문에 대한 고찰은 본서 해제 <§7. 주석 편에서 법을 설명하는 세 가지 독특한 구문> 가운데 언급되는 'na vattabba ~tipi 구문'을 참조하기 바란다.

의 감각장소, 맛의 감각장소, 감촉의 감각장소, 허공의 요소, 물의 요소, 물질의 가벼움, 물질의 부드러움, 물질의 적합함, 물질의 생성, 물질의 상속, 덩어리진 [먹는] 음식 — 이것이 마음에서 생긴 법들이다.

1202. 무엇이 '마음에서 생기지 않은 법들'(ma2-60-b)인가?

마음과 나머지 물질과 형성되지 않은[無爲] 요소 — 이것이 마음에서 생기지 않은 법들이다.

1203. 무엇이 '마음과 함께 존재하는 법들'(ma2-61-a)인가?

느낌의 무더기, 인식의 무더기, 심리현상들의 무더기, 몸의 암시, 말의 암시 — 이것이 마음과 함께 존재하는 법들이다.

1204. 무엇이 '마음과 함께 존재하지 않는 법들'(ma2-61-b)인가?

마음과 나머지 물질과 형성되지 않은[無爲] 요소 — 이것이 마음과 함께 존재하지 않는 법들이다.

1205. 무엇이 '마음을 따르는 법들'(ma2-62-a)인가?

느낌의 무더기, 인식의 무더기, 심리현상들의 무더기, 몸의 암시, 말의 암시 — 이것이 마음을 따르는 법들이다.

1206. 무엇이 '마음을 따르지 않는 법들'(ma2-62-b)인가?

마음과 나머지 물질과 형성되지 않은[無爲] 요소 — 이것이 마음을 따르지 않는 법들이다.

1207. 무엇이 '마음과 결속되어 있고 마음에서 생긴 법들'(ma2-63-a)인가?

느낌의 무더기, 인식의 무더기, 심리현상들의 무더기 — 이것이 마음과 결속되어 있고 마음에서 생긴 법들이다.

1208. 무엇이 [211] '마음과 결속되어 있거나 마음에서 생긴 것이 아닌 법들'(ma2-63-b)인가?

마음과 모든 물질과 형성되지 않은[無爲] 요소 — 이것이 마음과 결속되어 있거나 마음에서 생긴 것이 아닌 법들이다.

1209. 무엇이 '마음과 결속되어 있고 마음에서 생겼고 마음과 함께 존재하는 법들'(ma2-64-a)인가?

느낌의 무더기, 인식의 무더기, 심리현상들의 무더기 — 이것이 마음과 결속되어 있고 마음에서 생겼고 마음과 함께 존재하는 법들이다.

1210. 무엇이 '마음과 결속되어 있거나 마음에서 생겼거나 마음과 함께 존재하는 것이 아닌 법들'(ma2-64-b)인가?

마음과 모든 물질과 형성되지 않은[無爲] 요소 — 이것이 마음과 결속되어 있거나 마음에서 생겼거나 마음과 함께 존재하는 것이 아닌 법들이다.

1211. 무엇이 '마음과 결속되어 있고 마음에서 생겼고 마음을 따르는 법들'(ma2-65-a)인가?

느낌의 무더기, 인식의 무더기, 심리현상들의 무더기 — 이것이 마음과 결속되어 있고 마음에서 생겼고 마음을 따르는 법들이다.

1212. 무엇이 '마음과 결속되어 있거나 마음에서 생겼거나 마음을 따르는 것이 아닌 법들'(ma2-65-b)인가?

마음과 모든 물질과 형성되지 않은[無爲] 요소 — 이것이 마음과 결속되어 있거나 마음에서 생겼거나 마음을 따르는 것이 아닌 법들이다.

1213. 무엇이 '안에 있는 법들'(ma2-66-a)인가?

눈의 감각장소 … 마노의 감각장소 — 이것이 안에 있는 법들이다.

1214. 무엇이 '밖에 있는 법들'(ma2-66-b)인가?

형색의 감각장소 … 법의 감각장소 — 이것이 밖에 있는 법들이다.

1215. 무엇이 '파생된 법들'(ma2-67-a)인가?

눈의 감각장소 … 덩어리진 [먹는] 음식 — 이것이 파생된 법들이다.

1216. 무엇이 '파생되지 않은 법들'(ma2-67-b)인가?

느낌의 무더기 · 인식의 무더기 · 심리현상들의 무더기 · 알음알이의 무더기, 네 가지 근본물질, 형성되지 않은[無爲] 요소 — 이것이 파생되지 않은 법들이다.

1217. 무엇이 '취착된 법들'(ma2-68-a)인가?

번뇌의 대상이면서 유익하거나 해로운 법들의 과보로 나타난 욕계에 속하거나 색계에 속하거나 무색계에 속하는 법들, [즉] 느낌의 무더기 … 알음알이의 무더기, 그리고 업을 지었기 때문에 [생긴] 물질 — 이것이 취착된 법들이다.

1218. 무엇이 '취착되지 않은 법들'(ma2-68-b)인가?

번뇌의 대상이면서 [212] 욕계에 속하거나 색계에 속하거나 무색계에 속하는 유익하거나 해로운 법들, [즉] 느낌의 무더기 … 알음알이의 무더기, 유익한 것도 아니고 해로운 것도 아니고 업의 과보로 나타난 것도 아닌 작용만 하는 법들, 그리고 업을 지었기 때문에 [생긴 것이] 아닌 물질, 그리고 [세간에] 포함되지 않는[出世間] 도들, 도의 결실들[果], 형성되지 않은[無爲] 요소 — 이것이 취착되지 않은 법들이다.

틈새에 있는 긴 두 개 조가 [끝났다.]

11. 취착의 모둠

upādāna-gocchaka

1219. 무엇이 '취착인 법들'(ma2-69-a)인가?

네 가지 취착이 있으니 감각적 쾌락에 대한 취착[欲取], 견해에 대한 취착[見取], 계행과 의례의식에 대한 취착[戒禁取], 자아의 교설에 대한 취착[我語取]이다.

1220. 여기서 무엇이 '감각적 쾌락에 대한 취착'인가?

감각적 쾌락들에 대해서 [일어나는] 감각적 쾌락에 대한 욕구,[295] 감각적 쾌락에 대한 갈망, 감각적 쾌락을 즐거워함, 감각적 쾌락에 대한 갈애, 감각적 쾌락에 대한 애정, 감각적 쾌락에 대한 열병, 감각적 쾌락에 빠짐, 감각적 쾌락에 달라붙음 — 이를 일러 감각적 쾌락에 대한 취착이라 한다.

---

295) "'감각적 쾌락들에 대해서 [일어나는] 감각적 쾌락에 대한 욕구(yo kāmesu kāmacchando)'라고 하였다. 여기서 감각적 쾌락들(kāmā)은 전적으로 대상으로서의 감각적 쾌락들(vatthu-kāmā)과 동의어이다. 그러므로 대상으로서의 감각적 쾌락들에 대한 감각적 쾌락에 대한 욕구가 여기서는 감각적 쾌락에 대한 취착(kāmupādāna)이어서 불환자에게도 이것은 존재하게 된다. 그러나 다섯 가닥의 감각적 쾌락이라는 대상을 가진 감각적 쾌락에 대한 갈망(kāmarāga)은 그에게 존재하지 않는다."(DhsA.385)

주석서는 감각적 쾌락을 ① 대상으로서의 감각적 쾌락(vatthukāma)과 ② 오염원인 감각적 쾌락(kilesa-kāma)의 두 가지로 나누고 있다.(DhsA.62) 여기에 대해서는 본서 제1권에 실린 제1편의 제1장 제목인 '욕계'에 대한 주해를 참조할 것.

1221. 여기서 무엇이 '견해에 대한 취착'인가?

'보시도 없고, 공물도 없고, 제사(헌공)도 없다. 선행과 악행의 업들에 대한 열매도 과보도 없다. 이 세상도 없고, 저 세상도 없다. 어머니도 없고, 아버지도 없다. 화생하는 중생도 없고, 이 세상과 저 세상을 스스로 최상의 지혜로 알고[296] 실현하여 드러내는 바른 도를 구족한 사문・바라문들도 이 세상에는 없다.'(M41 등)라고 하는 것, 이런 형태의 [그릇된] 견해, 견해에 빠짐, 견해의 밀림(密林), 견해의 황무지, 견해의 뒤틀림, 견해의 요동, 견해의 족쇄, 거머쥠, 고착, 천착, 집착[固守], 나쁜 길, 그릇된 길, 그릇된 상태, 외도의 장소, 거꾸로 거머쥠 — 이를 일러 견해의 취착이라 한다. 그리고 계행과 의례의식에 대한 집착을 제외한 모든 그릇된 견해도 견해에 대한 취착이다.

1222. 여기서 무엇이 '계행과 의례의식에 대한 취착'인가?

---

296) 여기서 '최상의 지혜로 알고'는 abhiññā를 옮긴 것이다. 이 문맥에서 abhiññā는 초월지나 신통지로 옮기는 여성명사가 아니라 abhi+√jñā(*to know*)의 현재분사 abhiññāya의 축약된 형태이다.(PED *s.v.* abhijānāti)

본서에서 abhiñña/abhiññā는 세 가지 문맥에서 나타나고 있다. 가장 많이 나타나는 것은 dandhābhiñña(§176 등), khippābhiñña(§177 등)로 합성어로 나타나는 경우이다. 이때의 abhiñña는 형용사이다.(PED *s.v.* abhiñña) 이 경우에는 '초월지가 느린' '초월지가 빠른' 등으로 '초월지'로 옮겼다.
그리고 명사 abhiññā는 신족통, 천이통 등의 다섯 가지 신통이나 육신통(chaḷabhiññā)을 뜻하는 전문술어로 니까야의 도처에 나타나는데 이 경우는 대부분 '신통지'로 옮겼다. 본서에서는 원문에는 나타나지 않고 주석서에 나타나고 있다.(본서 §1422의 해당 주해 참조)
세 번째는 여기서처럼 '최상의 지혜로 알고'로 옮긴 현재분사 혹은 동명사인 abhiññāya의 축약된 형태인 abhiññā이다.

초기불전연구원에서는 abhiññā를 문맥에 따라 초월지, 신통지, 최상의 지혜, 최상의 지혜로 알고로 옮기고 있다. 여기에 대해서는 『청정도론』 XII.1, D1 §1.28, M3 §8, S22:24 §3, S6:3 §3 등의 해당 주해를 참조할 것.

외도의 사문 · 바라문들이 가지고 있는, '계행에 의해서 청정해진다.' 라거나, '의례의식에 의해서 청정해진다.'라거나, '계행과 의례의식에 의해서 청정해진다.'라고 하는 이런 형태의 [그릇된] 견해, 견해에 빠짐, 견해의 밀림(密林), 견해의 황무지, 견해의 뒤틀림, 견해의 요동, 견해의 족쇄, 거머쥠, 고착, 천착, 집착[固守], 나쁜 길, 그릇된 길, 그릇된 상태, 외도의 장소, 거꾸로 거머쥠 — 이를 일러 계행과 의례의식에 대한 취착이라 한다.

1223. 여기서 무엇이 '자아의 교설에 대한 취착'인가?

'여기 배우지 못한 범부는 성자들을 친견하지 못하고 성스러운 법에 정통하지 못하고 성스러운 법에 인도되지 못하고, 참된 사람들을 친견하지 못하고 참된 사람들의 법에 정통하지 못하고 참된 사람들의 법에 인도되지 않아서, 물질을 자아라고 관찰하고, 물질을 가진 것이 자아라고 관찰하고, 물질이 자아 안에 있다고 [213] 관찰하고, 물질 안에 자아가 있다고 관찰한다. 느낌을 … 인식을 … 심리현상들을 … 알음알이를 자아라고 관찰하고, 알음알이를 가진 것이 자아라고 관찰하고, 알음알이가 자아 안에 있다고 관찰하고, 알음알이 안에 자아가 있다고 관찰한다.'(S22:1 등)

이런 형태의 [그릇된] 견해, 견해에 빠짐, 견해의 밀림(密林), 견해의 황무지, 견해의 뒤틀림, 견해의 요동, 견해의 족쇄, 거머쥠, 고착, 천착, 집착[固守], 나쁜 길, 그릇된 길, 그릇된 상태, 외도의 장소, 거꾸로 거머쥠 — 이를 일러 자아의 교설에 대한 취착이라 한다.

이것이 취착인 법들이다.297)

---

297) "그런데 이 취착들을 ① 오염원의 순서(kilesa-paṭipāṭi)와 ② 도의 순서(magga-paṭipāṭiyā)를 통해서 정리해 보는 것이 적당하다.
① 오염원의 순서를 통해서 [정리해 보면], 감각적 쾌락에 대한 취착(kām-

1224. 무엇이 '취착이 아닌 법들'(ma2-69-b)인가?

[취착인] 이러한 법들을 제외한, 나머지 유익하거나 해롭거나 결정할 수 없는 욕계에 속하거나 색계에 속하거나 무색계에 속하거나 [세간에] 포함되지 않는[出世間] 법들, [즉] 느낌의 무더기 … 알음알이의 무더기, 모든 물질, 형성되지 않은[無爲] 요소 — 이것이 취착이 아닌 법들이다.

1225. 무엇이 '취착의 대상인 법들'(ma2-70-a)인가?

번뇌의 대상이면서 유익하거나 해롭거나 결정할 수 없는[無記] 욕계에 속하거나 색계에 속하거나 무색계에 속하는 법들, [즉] 물질의 무더기 · 느낌의 무더기 … 알음알이의 무더기 — 이것이 취착의 대상인 법들이다.

1226. 무엇이 '취착의 대상이 아닌 법들'(ma2-70-b)인가?

[세간에] 포함되지 않는[出世間] 도들, 도의 결실들[果], 형성되지 않은[無爲] 요소 — 이것이 취착의 대상이 아닌 법들이다.

1227. 무엇이 '취착과 결합된 법들'(ma2-71-a)인가?

[취착인] 법들과 [결합되었기] 때문에 취착과 결합된 법들이라 [일컬어지는] 느낌의 무더기 … 알음알이의 무더기 — 이것이 취착과 결합된 법들이다.

1228. 무엇이 '취착과 결합되지 않은 법들'(ma2-71-b)인가?

---

upādāna)은 [예류도부터 아라한도까지의] 네 가지 도에 의해서 제거되고 나머지 세 가지는 예류도에 의해서 제거된다.
② 도의 순서를 통해서 [정리해 보면], 예류도에 의해서는 견해에 대한 취착 등(diṭṭhupādānādīni)이 제거되고 네 가지 도에 의해서 감각적 쾌락에 대한 취착이 제거된다."(DhsA.386)

[취착인] 법들과 [결합되지 않았기] 때문에 취착과 결합되지 않은 법들이라 [일컬어지는] 느낌의 무더기 … 알음알이의 무더기, 모든 물질, 형성되지 않은[無爲] 요소 — 이것이 취착과 결합되지 않은 법들이다.

1229. 무엇이 '취착이면서 취착의 대상인 법들'(ma2-72-a)인가?

오직 그 취착들이 취착이면서 취착의 대상인 법들이다.

1230. 무엇이 '취착의 대상이지만 취착이 아닌 법들'(ma2-72-b)인가?

[취착인] 법들의 대상이기 때문에 취착의 대상인 법들이라 [일컬어지는] 그러한 법들을 제외한, 나머지 번뇌의 대상인 유익하거나 해롭거나 결정할 수 없는 욕계에 속하거나 색계에 속하거나 무색계에 속하는 법들, [즉] 물질의 무더기 · 느낌의 무더기 … 알음알이의 무더기 — 이것이 취착의 대상이지만 취착이 아닌 법들이다.

1231. 무엇이 '취착이면서 취착과 결합된 법들'(ma2-73-a)인가?

견해에 대한 취착은 [214] 감각적 쾌락에 대한 취착에 의한 취착이면서 취착과 결합된 것이고, 감각적 쾌락에 대한 취착은 견해에 대한 취착에 의한 취착이면서 취착과 결합된 것이다.

계행과 의례의식에 대한 취착은 감각적 쾌락에 대한 취착에 의한 취착이면서 취착과 결합된 것이고, 감각적 쾌락에 대한 취착은 계행과 의례의식에 대한 취착에 의한 취착이면서 취착과 결합된 것이다.

자아의 교설에 대한 취착은 감각적 쾌락에 대한 취착에 의한 취착이면서 취착과 결합된 것이고, 감각적 쾌락에 대한 취착은 자아의 교설에 대한 취착에 의한 취착이면서 취착과 결합된 것이다.

— 이것이 취착이면서 취착과 결합된 법들이다.

1232. 무엇이 '취착과 결합되었지만 취착이 아닌 법들'(ma2-73-b) 인가?

[취착인] 법들과 [결합되었기] 때문에 취착과 결합된 법들이라 [일컬어지는] 그런 법들을 제외한, 느낌의 무더기 … 알음알이의 무더기 — 이것이 취착과 결합되었지만 취착이 아닌 법들이다.

1233. 무엇이 '취착과 결합되지 않았지만 취착의 대상인 법들'(ma2-74-a)인가?

[취착인] 법들과 [결합되지 않았기] 때문에 취착과 결합되지 않은 법들이라 [일컬어지는] 번뇌의 대상인 유익하거나 해롭거나 결정할 수 없는 욕계에 속하거나 색계에 속하거나 무색계에 속하는 법들, [즉] 물질의 무더기 · 느낌의 무더기 … 알음알이의 무더기 — 이것이 취착과 결합되지 않았지만 취착의 대상인 법들이다.

1234. 무엇이 '취착과 결합되지 않았으면서 취착의 대상이 아닌 법들'(ma2-74-b)인가?

[세간에] 포함되지 않는[出世間] 도들, 도의 결실들[果], 형성되지 않은[無爲] 요소 — 이것이 취착과 결합되지 않았으면서 취착의 대상이 아닌 법들이다.

취착의 모둠이 [끝났다.]

간결한 설명 편에서 두 번째 바나와라가 [끝났다.]

12. 오염원의 모둠

kilesa-gocchaka

1235. 무엇이 '오염원인 법들'(ma2-75-a)인가?

열 가지 오염원의 토대[298]가 있으니 탐욕, 성냄, 어리석음, 자만, 사견, 의심, 해태, 들뜸, 양심 없음, 수치심 없음이다.

1236. 여기서 무엇이 '탐욕'인가?[299]

갈망, 탐닉, 친밀함, 순응, 기뻐함, 강한 갈망, 마음의 탐닉, 바람, 홀림,

---

298) "① 오염원들(kilesā)이 바로 '오염원의 토대(kilesa-vatthūni)'이다. ② 혹은 여기에 번뇌가 다하지 않은 중생들이 탐욕 등에 확립되어서 거주한다(vasanti)고 해서 토대(vatthūni)이다. 오염원들과 그곳에 확립된 중생들의 토대라고 해서 '오염원의 토대'이다. ③ 그리고 틈 없이 뒤따르는 조건[無間緣, anantara-paccaya] 등의 상태로 일어나는 오염원들이 여기에 거주한다고 한다. 그래서 오염원들의 토대(kilesānaṁ vatthūni)라고 해서도 '오염원의 토대'이다."(DhsA.386)

299) "'여기서 무엇이 탐욕인가? 갈망, 탐닉, 친밀함(tattha katamo lobho? yo rāgo sārāgo) …'이라고 하셨다. 여기서 언급되는 이 탐욕은 원인의 모둠과 매듭의 모둠과 이 오염원의 모둠의 세 곳에서 100개가 넘는 용어를 통해서 설명되고 있다. 번뇌와 족쇄와 폭류와 속박과 장애와 취착의 모둠에서는 각각 여덟 개씩의 용어로 설명이 되고 있다. 이처럼 이 [탐욕]은 100개가 넘는 용어를 통해서 설명이 되는 곳에서도 각각 여덟 개씩의 용어로 설명이 되는 곳에서도 상세하게 포괄적으로 취한 것이라고 알아야 한다.
이 가운데 네 가지 도에 의해서 제거되는 갈애는 원인과 매듭과 장애와 취착과 오염원의 모둠에서는 하나의 항목으로 구성되어 있고, 번뇌와 족쇄와 폭류와 속박의 [모둠]에서는 두 개의 항목으로 구성되어 있다. 어떻게?
번뇌에서는 감각적 쾌락에 대한 번뇌와 존재에 대한 번뇌로, 족쇄에서는 감각적 쾌락에 대한 갈망의 족쇄와 존재에 대한 갈망의 족쇄로, 폭류에서는 감각적 쾌락에 대한 폭류와 존재에 대한 폭류로, 속박에서는 감각적 쾌락에 대한 속박과 존재에 대한 속박으로 [각각 두 부분으로 구성되어 있다.]"(DhsA.386~387)

달라붙음, 애착, 간절히 바람, 속박, 수렁, 동요, 속임, 자궁, 출산, 침모, 유혹자, 격류, 달라붙음, 끈, 널리 퍼짐, 적집, 배우자, 염원, 존재로 인도함, 숲, 정글, 친밀함, 애정, 기대함, 친족, 원함, 기원함, 원하는 상태, 형색을 원함, 소리를 원함, 냄새를 원함, 맛을 원함, 감촉을 원함, 얻는 것을 원함, 재산을 원함, 아들을 원함, 생명을 원함, 중얼거림, 많이 중얼거림, 다시 중얼거림, 중얼거림, 중얼거리는 행위, 중얼거리는 태도, 게걸, 게걸스러움, 게걸스러운 상태, 꼬리침, 격렬한 욕망, 법답지 못한 갈망, 비뚤어진 탐욕, 집착, 집착함, 간청, 갈구, 간청함, 감각적 쾌락에 대한 갈애, 존재에 대한 갈애, 비존재에 대한 갈애, 색계에 대한 갈애, 무색계에 대한 갈애, 소멸에 대한 갈애, 형색에 대한 갈애, 소리에 대한 갈애, 냄새에 대한 갈애, 맛에 대한 갈애, 감촉에 대한 갈애, 법에 대한 갈애, 폭류, 속박, 매듭, 취착, 덮개, 장애, 가리개, 묶음, 오염원, 잠재성향, 얽매임(사로잡힘), 넝쿨, 허욕, 괴로움의 뿌리, 괴로움의 원인, 괴로움의 근원, 마라의 올가미, 마라의 낚싯바늘, 마라의 영역, 갈애의 강, 갈애의 그물, 갈애의 가죽끈, 갈애의 바다, 간탐, 탐욕이라는 해로움의 뿌리 — 이를 일러 탐욕이라 한다.

1237. 여기서 무엇이 '성냄'인가?

'이 [사람이] 나에게 손해를 끼쳤다.'라는 생각에 원한이 생긴다. '이 [사람이] 나에게 손해를 끼친다.'라는 생각에 원한이 생긴다. '이 [사람이] 나에게 손해를 끼칠 것이다.'라는 생각에 원한이 생긴다. '이 [사람이] 내가 좋아하고 마음에 드는 사람에게 손해를 끼쳤다. … 손해를 끼친다. … 손해를 끼칠 것이다.'라는 생각에 원한이 생긴다. '이 [사람이] 내가 좋아하지 않고 마음에 들지 않는 사람에게 이익을 주었다. … 이익을 준다. … 이익을 줄 것이다.'라는 생각에 원한이 생긴다.(A9:29 등) 혹은 근거가 없이 원한이 생긴다.

이런 형태의 마음[心]의 원한, 적개심, 적의, 반목, 화, 노여움, 격노함, 성냄, 아주 성냄, 격하게 성냄, 마음[意]의 악의, 마음[意]이 노함, 노함, 분노, 분노함, 분노한 상태, 성냄, 성마름, 성난 상태, 악의, 악의를 가짐, 악의를 가진 상태, 불화, 반목, 잔혹함, 잘 제어되지 못함, 마음의 언짢음 — 이를 일러 성냄이라 한다.

1238. 여기서 무엇이 '어리석음'인가?

괴로움에 대한 무지, 괴로움의 일어남에 대한 무지, 괴로움의 소멸에 대한 무지, 괴로움의 소멸로 인도하는 도닦음에 대한 무지, 과거에 대한 무지, 미래에 대한 무지, 과거와 미래에 대한 무지, 이것에게 조건이 되는[此緣性] [법들]과 조건 따라 일어난[緣而生] 법들에 대한 무지 — 이런 형태의 무지함, 견(見)이 없음, 관통하지 못함, 깨닫지 못함, 완전히 깨닫지 못함, 꿰뚫지 못함, 제어하지 못함, 깊이 들어가지 못함, 공평하지 못함, 직접 인지하지 못함, 반조하지 못함, 명민하지 못함, 바보스러움, 알아차리지 못함, 어리석음, 크게 어리석음, 미혹, 무명, 무명의 폭류, 무명의 속박, 무명의 잠재성향, 무명의 얽매임, 무명의 장벽, 어리석음이라는 해로움의 뿌리 — 이를 일러 어리석음이라 한다.

1239. 여기서 무엇이 '자만'인가?

내가 더 뛰어나다는 자만, 나와 동등하다는 자만, 내가 못하다는 자만 — 이런 형태의 자만, 자만함, 자만하는 상태, 우쭐함, 우월감, 깃발[을 날림], 건방짐, 마음의 허영심 — 이를 일러 자만이라 한다.

1240. 여기서 무엇이 '사견'인가?

'세상은 영원하다.'라거나, '세상은 영원하지 않다.'라거나, '세상은 유한하다.'라거나, '세상은 무한하다.'라거나, '생명과 몸은 같은 것이다.'라거나, '생명과 몸은 다른 것이다.'라거나, '여래는 사후에도 존재한다.'

라거나, [216] '여래는 사후에 존재하지 않는다.'라거나 '여래는 사후에 존재하기도 하고 존재하지 않기도 한다.'라거나, '여래는 사후에 존재하는 것도 아니고 존재하지 않는 것도 아니다.'라고 하는 것, 이런 형태의 [그릇된] 견해, 견해에 빠짐, 견해의 밀림(密林), 견해의 황무지, 견해의 뒤틀림, 견해의 요동, 견해의 족쇄, 거머쥠, 고착, 천착, 집착[固守], 나쁜 길, 그릇된 길, 그릇된 상태, 외도의 장소, 거꾸로 거머쥠 — 이를 일러 사견이라 한다. 모든 그릇된 견해도 사견이다.

1241. 여기서 무엇이 '의심'인가?

스승에 대해서 회의하고 의심한다. 법에 대해서 회의하고 의심한다. 승가에 대해서 회의하고 의심한다. 공부지음에 대해서 회의하고 의심한다. 과거에 대해서 회의하고 의심한다. 미래에 대해서 회의하고 의심한다. 과거와 미래에 대해서 회의하고 의심한다. 이것에게 조건이 되는[此緣性] [법들]과 조건 따라 일어난[緣而生] 법들에 대해서 회의하고 의심한다.

이런 형태의 회의, 회의를 품음, 회의를 품은 상태, 혼란, 의심, 갈피를 잡지 못함, 두 갈래 길, 의문, 불확실한 선택, 회피, 망설임, 몰입하지 못함, 마음의 당황스러움, 마음의 상처 — 이를 일러 의심이라 한다.

1242. 여기서 무엇이 '해태'인가?

마음의 내키지 않음, 일에 적합하지 않음, 굼뜸, 축 처짐, 의기소침, 움츠러듦, 움츠러든 상태, 해태, 나태함, 마음의 나태한 상태 — 이를 일러 해태라 한다.

1243. 여기서 무엇이 '들뜸'인가?

마음의 들뜸, 가라앉지 않음, 마음이 산란함, 마음의 동요 — 이를 일러 들뜸이라 한다.

1244. 무엇이 '양심 없음'인가?

부끄러워해야 하는 것에 대해서 부끄러워하지 않고 삿되고 해로운 법들을 성취한 것에 대해서 부끄러워하지 않는 것 — 이를 일러 양심 없음이라 한다.

1245. 여기서 무엇이 '수치심 없음'인가?

두려워해야 하는 것에 대해서 두려워하지 않고 삿되고 해로운 법들을 성취한 것에 대해서 두려워하지 않는 것 — 이를 일러 수치심 없음이라 한다.

— 이것이 오염원인 법들이다.[300]

1246. 무엇이 '오염원이 아닌 법들'(ma2-75-b)인가?

---

300) "그런데 이 오염원의 토대들을 ① 오염원의 순서와 ② 도의 순서를 통해서 정리해 보는 것이 적당하다.
① 오염원의 순서를 통해서 [정리해 보면], 탐욕은 네 가지 도에 의해서, 성냄은 불환도에 의해서, 어리석음과 자만은 아라한도에 의해서, 사견과 의심은 예류도에 의해서, 해태와 [들뜸과 양심 없음과 수치심 없음]은 아라한도에 의해서 제거된다.
② 도의 순서를 통해서 [정리해 보면], 예류도에 의해서는 사견과 의심이, 불환도에 의해서는 성냄이, 아라한도에 의해서는 나머지 일곱 가지가 제거된다."(DhsA.387)

복주서는 이렇게 덧붙이고 있다.
"여기서 아라한도에 의해서 제거된다는 것은 네 가지 도에 의해서(즉 예류도부터 아라한도까지) 제거되어야 한다고 간주해야 한다. 앞의 단계들에서 엷어지지 않은 어리석음 등이 아라한도에 의해서 제거되지 않기 때문이다."(DhsAMṬ.176)

감각적 쾌락에 대한 갈망은 불환도에 의해서 없어진다(§362와 §1220의 주해 등 참조). 그러나 여기서 보듯이 주석서는 탐욕은 네 가지 도에 의해서 없어진다고 설명하고 있다. 그만큼 탐욕은 범위가 포괄적이라는 뜻이다. 예를 들면 색계나 무색계에 대한 갈망(§363)이나 존재에 대한 갈망(§1118) 등은 감각적 쾌락에 대한 갈망은 아니지만 탐욕의 영역에 포함되기 때문이다.

[오염원인] 이러한 법들을 제외한, 나머지 유익하거나 해롭거나 결정할 수 없는 욕계에 속하거나 색계에 속하거나 무색계에 속하거나 [세간에] 포함되지 않는[出世間] 법들, [즉] 느낌의 무더기 [217] … 알음알이의 무더기, 모든 물질, 형성되지 않은[無爲] 요소 — 이것이 오염원이 아닌 법들이다.

1247. 무엇이 '오염원의 대상인 법들'(ma2-76-a)인가?

번뇌의 대상이면서 유익하거나 해롭거나 결정할 수 없는[無記] 욕계에 속하거나 색계에 속하거나 무색계에 속하는 법들, [즉] 물질의 무더기・느낌의 무더기 … 알음알이의 무더기 — 이것이 오염원의 대상인 법들이다.

1248. 무엇이 '오염원의 대상이 아닌 법들'(ma2-76-b)인가?

[세간에] 포함되지 않는[出世間] 도들, 도의 결실들[果], 형성되지 않은[無爲] 요소 — 이것이 오염원의 대상이 아닌 법들이다.

1249. 무엇이 '오염된 법들'[301](ma2-77-a)인가?

세 가지 해로움의 뿌리[不善根]인 탐욕・성냄・어리석음, 그리고 이들과 함께 작용하는 오염원들, 이들과 결합된 느낌의 무더기 … 알음알이의 무더기, 이들로부터 생긴 몸으로 짓는 업・말로 짓는 업・마노로 짓는 업 — 이것이 오염된 법들이다.

1250. 무엇이 '오염되지 않은 법들'(ma2-77-b)인가?

---

301) 오염원의 모둠의 경우에는 여기 세 번째에 나타나는 '오염된 법들, 오염되지 않은 법들(saṁkiliṭṭhā dhammā, asaṁkiliṭṭhā dhammā)'(ma2-77)과 아래 여섯 번째에 나타나는 '오염원이면서 오염된 법들, 오염되었지만 오염원이 아닌 법들(kilesā ceva dhammā saṁkiliṭṭhā ca, saṁkiliṭṭhā ceva dhammā no ca kilesā)'(ma2-80)이 더 들어가서 모두 8개의 마띠까로 구성되어 있다.

유익하거나 결정할 수 없는 욕계에 속하거나 색계에 속하거나 무색계에 속하거나 [세간에] 포함되지 않는[出世間] 법들, [즉] 느낌의 무더기 … 알음알이의 무더기, 모든 물질, 형성되지 않은[無爲] 요소 — 이것이 오염되지 않은 법들이다.

1251. 무엇이 '오염원과 결합된 법들'(ma2-78-a)인가?

[오염원인] 법들과 [결합되었기] 때문에 오염원과 결합된 법들이라 [일컬어지는] 느낌의 무더기 … 알음알이의 무더기 — 이것이 오염원과 결합된 법들이다.

1252. 무엇이 '오염원과 결합되지 않은 법들'(ma2-78-b)인가?

[오염원인] 법들과 [결합되지 않았기] 때문에 오염원과 결합되지 않은 법들이라 [일컬어지는] 느낌의 무더기 … 알음알이의 무더기, 모든 물질, 형성되지 않은[無爲] 요소 — 이것이 오염원과 결합되지 않은 법들이다.

1253. 무엇이 '오염원이면서 오염원의 대상인 법들'(ma2-79-a)인가?

바로 그 오염원이 오염원이면서 오염원의 대상인 법들이다.

1254. 무엇이 '오염원의 대상이지만 오염원이 아닌 법들'(ma2-79-b)인가?

[오염원인] 법들의 대상이기 때문에 오염원의 대상인 법들이라 [일컬어지는] 그러한 법들을 제외한, 나머지 번뇌의 대상인 유익하거나 해롭거나 결정할 수 없는 욕계에 속하거나 색계에 속하거나 무색계에 속하는 법들, [즉] 물질의 무더기 … 알음알이의 무더기 — 이것이 오염원의 대상이지만 오염원이 아닌 법들이다.

1255. 무엇이 '오염원이면서 오염된 법들'(ma2-80-a)인가?

바로 그 오염원이 오염원이면서 오염된 법들이다.

1256. 무엇이 '오염되었지만 오염원이 아닌 법들'(ma2-80-b)인가?

[오염원인] 법들에 의해서 [오염되었기] 때문에 오염된 법들이라 [일컬어지는] 그런 법들을 제외한, 느낌의 무더기 … 알음알이의 무더기 — 이것이 오염되었지만 오염원이 아닌 법들이다.

1257. 무엇이 '오염원이면서 오염원과 결합된 법들'(ma2-81-a) 인가?

탐욕은 어리석음에 의해서 오염원이면서 오염원과 결합된 것이고, 어리석음은[218] 탐욕에 의해서 오염원이면서 오염원과 결합된 것이다.

성냄은 어리석음에 의해서 오염원이면서 오염원과 결합된 것이고, 어리석음은 성냄에 의해서 오염원이면서 오염원과 결합된 것이다.

자만은 어리석음에 의해서 오염원이면서 오염원과 결합된 것이고, 어리석음은 자만에 의해서 오염원이면서 오염원과 결합된 것이다.

사견은 어리석음에 의해서 오염원이면서 오염원과 결합된 것이고, 어리석음은 사견에 의해서 오염원이면서 오염원과 결합된 것이다.

의심은 어리석음에 의해서 오염원이면서 오염원과 결합된 것이고, 어리석음은 의심에 의해서 오염원이면서 오염원과 결합된 것이다.

해태는 어리석음에 의해서 오염원이면서 오염원과 결합된 것이고, 어리석음은 해태에 의해서 오염원이면서 오염원과 결합된 것이다.

들뜸은 어리석음에 의해서 오염원이면서 오염원과 결합된 것이고, 어리석음은 들뜸에 의해서 오염원이면서 오염원과 결합된 것이다.

양심 없음은 어리석음에 의해서 오염원이면서 오염원과 결합된 것이고, 어리석음은 양심 없음에 의해서 오염원이면서 오염원과 결합된 것이다.

수치심 없음은 어리석음에 의해서 오염원이면서 오염원과 결합된 것이고, 어리석음은 수치심 없음에 의해서 오염원이면서 오염원과 결합된 것이다.

탐욕은 들뜸에 의해서 오염원이면서 오염원과 결합된 것이고, 들뜸은 탐욕에 의해서 오염원이면서 오염원과 결합된 것이다.

성냄은 들뜸에 의해서 오염원이면서 오염원과 결합된 것이고, 들뜸은 성냄에 의해서 오염원이면서 오염원과 결합된 것이다.

어리석음은 들뜸에 의해서 오염원이면서 오염원과 결합된 것이고, 들뜸은 어리석음에 의해서 오염원이면서 오염원과 결합된 것이다.

자만은 들뜸에 의해서 오염원이면서 오염원과 결합된 것이고, 들뜸은 자만에 의해서 오염원이면서 오염원과 결합된 것이다.

사견은 들뜸에 의해서 오염원이면서 오염원과 결합된 것이고, 들뜸은 사견에 의해서 오염원이면서 오염원과 결합된 것이다.

의심은 들뜸에 의해서 오염원이면서 오염원과 결합된 것이고, 들뜸은 의심에 의해서 오염원이면서 오염원과 결합된 것이다.

해태는 들뜸에 의해서 오염원이면서 오염원과 결합된 것이고, 들뜸은 해태에 의해서 오염원이면서 오염원과 결합된 것이다.

양심 없음은 들뜸에 의해서 오염원이면서 오염원과 결합된 것이고, 들뜸은 양심 없음에 의해서 오염원이면서 오염원과 결합된 것이다.

수치심 없음은 들뜸에 의해서 오염원이면서 오염원과 결합된 것이고, 들뜸은 수치심 없음에 의해서 오염원이면서 오염원과 결합된 것이다.

탐욕은 양심 없음에 의해서 오염원이면서 오염원과 결합된 것이고, 양심 없음은 탐욕에 의해서 오염원이면서 오염원과 결합된 것이다.

성냄은 양심 없음에 의해서 오염원이면서 오염원과 결합된 것이고, 양심 없음은 성냄에 의해서 오염원이면서 오염원과 결합된 것이다.

어리석음은 양심 없음에 의해서 오염원이면서 오염원과 결합된 것이고, 양심 없음은 어리석음에 의해서 오염원이면서 오염원과 결합된 것이다.

자만은 양심 없음에 의해서 오염원이면서 오염원과 결합된 것이고, [219] 양심 없음은 자만에 의해서 오염원이면서 오염원과 결합된 것이다.

사견은 양심 없음에 의해서 오염원이면서 오염원과 결합된 것이고, 양심 없음은 사견에 의해서 오염원이면서 오염원과 결합된 것이다.

의심은 양심 없음에 의해서 오염원이면서 오염원과 결합된 것이고, 양심 없음은 의심에 의해서 오염원이면서 오염원과 결합된 것이다.

해태는 양심 없음에 의해서 오염원이면서 오염원과 결합된 것이고, 양심 없음은 해태에 의해서 오염원이면서 오염원과 결합된 것이다.

들뜸은 양심 없음에 의해서 오염원이면서 오염원과 결합된 것이고, 양심 없음은 들뜸에 의해서 오염원이면서 오염원과 결합된 것이다.

수치심 없음은 양심 없음에 의해서 오염원이면서 오염원과 결합된 것이고, 양심 없음은 수치심 없음에 의해서 오염원이면서 오염원과 결합된 것이다.

탐욕은 수치심 없음에 의해서 오염원이면서 오염원과 결합된 것이고, 수치심 없음은 탐욕에 의해서 오염원이면서 오염원과 결합된 것이다.

성냄은 수치심 없음에 의해서 오염원이면서 오염원과 결합된 것이고, 수치심 없음은 성냄에 의해서 오염원이면서 오염원과 결합된 것이다.

어리석음은 수치심 없음에 의해서 오염원이면서 오염원과 결합된 것이고, 수치심 없음은 어리석음에 의해서 오염원이면서 오염원과 결합된 것이다.

자만은 수치심 없음에 의해서 오염원이면서 오염원과 결합된 것이고, 수치심 없음은 자만에 의해서 오염원이면서 오염원과 결합된 것이다.

사견은 수치심 없음에 의해서 오염원이면서 오염원과 결합된 것이고, 수치심 없음은 사견에 의해서 오염원이면서 오염원과 결합된 것이다.

의심은 수치심 없음에 의해서 오염원이면서 오염원과 결합된 것이고, 수치심 없음은 의심에 의해서 오염원이면서 오염원과 결합된 것이다.

해태는 수치심 없음에 의해서 오염원이면서 오염원과 결합된 것이고, 수치심 없음은 해태에 의해서 오염원이면서 오염원과 결합된 것이다.

들뜸은 수치심 없음에 의해서 오염원이면서 오염원과 결합된 것이고, 수치심 없음은 들뜸에 의해서 오염원이면서 오염원과 결합된 것이다.

양심 없음은 수치심 없음에 의해서 오염원이면서 오염원과 결합된 것이고, 수치심 없음은 양심 없음에 의해서 오염원이면서 오염원과 결합된 것이다.

— 이것이 오염원이면서 오염원과 결합된 법들이다.

1258. 무엇이 '오염원과 결합되었지만 오염원이 아닌 법들'(ma2-81-b)인가?

[오염원인] 법들과 [결합되었기] 때문에 오염원과 결합된 법들이라 [일컬어지는] 그런 법들을 제외한, 느낌의 무더기 … 알음알이의 무더기 — 이것이 오염원과 결합되었지만 오염원이 아닌 법들이다.

1259. 무엇이 '오염원과 결합되지 않았지만 오염원의 대상인 법들'(ma2-82-a)인가?

[오염원인] 법들과 [결합되지 않았기] 때문에 오염원과 결합되지 않은 법들이라 [일컬어지는] 번뇌의 대상인 유익하거나 결정할 수 없는 욕계에 속하거나 색계에 속하거나 무색계에 속하는 법들, [즉] 물질의

무더기 · 느낌의 무더기 … [220] 알음알이의 무더기 — 이것이 오염원과 결합되지 않았지만 오염원의 대상인 법들이다.

1260. 무엇이 '오염원과 결합되지 않았으면서 오염원의 대상이 아닌 법들'(ma2-82-b)인가?

[세간에] 포함되지 않는[出世間] 도들, 도의 결실들[果], 형성되지 않은[無爲] 요소 — 이것이 오염원과 결합되지 않았으면서 오염원의 대상이 아닌 법들이다.

오염원의 모둠이 [끝났다.]

13. 마지막 두 개 조

pitthi-duka

1261. 무엇이 '봄[見]으로써 버려야 하는 법들'(ma2-83-a)인가?

세 가지 족쇄들이니 [불변하는] 자신이 존재한다는 견해[有身見], 의심, 계행과 의례의식에 대한 집착[戒禁取]이다.

1262. 여기서 무엇이 '[불변하는] 자신이 존재한다는 견해[有身見]' 인가?

'여기 배우지 못한 범부는 성자들을 친견하지 못하고 성스러운 법에 정통하지 못하고 성스러운 법에 인도되지 못하고, 참된 사람들을 친견하지 못하고 참된 사람들의 법에 정통하지 못하고 참된 사람들의 법에 인도되지 않아서, 물질을 자아라고 관찰하고, 물질을 가진 것이 자아라고 관찰하고, 물질이 자아 안에 있다고 관찰하고, 물질 안에 자아가 있다고 관찰한다. 느낌을 … 인식을 … 심리현상들을 … 알음알이를 자아라고 관찰하고, 알음알이를 가진 것이 자아라고 관찰하고, 알음알이가 자아 안에 있다고 관찰하고, 알음알이 안에 자아가 있다고 관찰한다.'(S22:1 등)

이런 형태의 [그릇된] 견해, 견해에 빠짐, 견해의 밀림(密林), 견해의 황무지, 견해의 뒤틀림, 견해의 요동, 견해의 족쇄, 거머쥠, 고착, 천착, 집착[固守], 나쁜 길, 그릇된 길, 그릇된 상태, 외도의 장소, 거꾸로 거머쥠 — 이를 일러 [불변하는] 자신이 존재한다는 견해[有身見]라 한다.

1263. 여기서 무엇이 '의심'인가?

스승에 대해서 회의하고 의심한다. … 마음의 당황스러움, 마음의 상처 — 이를 일러 의심이라 한다.

1264. 여기서 무엇이 '계행과 의례의식에 대한 집착[戒禁取]' 인가?

외도의 사문 · 바라문들이 가지고 있는, '계행에 의해서 청정해진다.' 라거나, '의례의식에 의해서 청정해진다.' 라거나, '계행과 의례의식에 의해서 청정해진다.' 라고 하는 것, 이런 형태의 [그릇된] 견해, 견해에 빠짐 … 거꾸로 거머쥠 — 이를 일러 계행과 의례의식에 대한 집착이라 한다.

이러한 세 가지 족쇄들, 그리고 이들과 함께 작용하는 오염원들, 이들과 결합된 느낌의 무더기 … 알음알이의 무더기, 이들로부터 생긴 몸으로 짓는 업 · 말로 짓는 업 · 마노로 짓는 업 — 이것이 봄[見]으로써 버려야 하는 법들이다.

1265. 무엇이 '봄[見]으로써 버려야 하는 것이 아닌 법들'(ma2-83-b) 인가?

[봄으로써 버려야 하는] 이러한 법들을 제외한, 나머지 유익하거나 해롭거나 결정할 수 없는 욕계에 속하거나 색계에 속하거나 무색계에 속하거나 [세간에] 포함되지 않는[出世間] 법들, [즉] 느낌의 무더기 … 알음알이의 무더기, 모든 물질, 형성되지 않은[無爲] 요소 — 이것이 봄[見]으로써 버려야 하는 것이 아닌 법들이다.

1266. 무엇이 '닦음[修]으로써 버려야 하는 법들'(ma2-84-a) 인가?

남아있는 탐욕 · 성냄 · 어리석음, 그리고 이들과 함께 작용하는 오염원들, 이들과 결합된 느낌의 무더기 … 알음알이의 무더기, 이들로부터 생긴 몸으로 짓는 업 · 말로 짓는 업 · 마노로 짓는 업 — 이것이 닦음[修]으로써 버려야 하는 법들이다.

1267. 무엇이 [221] '닦음[修]으로써 버려야 하는 것이 아닌 법들'

(ma2-84-b)인가?

[닦음으로써 버려야 하는] 이러한 법들을 제외한, 나머지 유익하거나 해롭거나 결정할 수 없는 욕계에 속하거나 색계에 속하거나 무색계에 속하거나 [세간에] 포함되지 않는[出世間] 법들, [즉] 느낌의 무더기 … 알음알이의 무더기, 모든 물질, 형성되지 않은[無爲] 요소 — 이것이 닦음[修]으로써 버려야 하는 것이 아닌 법들이다.

1268. 무엇이 '봄으로써 버려야 하는 원인을 가진 법들'(ma2-85-a)인가?

세 가지 족쇄들이니 [불변하는] 자신이 존재한다는 견해[有身見], 의심, 계행과 의례의식에 대한 집착[戒禁取]이다.

1269. 여기서 무엇이 '[불변하는] 자신이 존재한다는 견해[有身見]'인가?

'여기 배우지 못한 범부는 성자들을 친견하지 못하고 성스러운 법에 정통하지 못하고 성스러운 법에 인도되지 못하고, 참된 사람들을 친견하지 못하고 참된 사람들의 법에 정통하지 못하고 참된 사람들의 법에 인도되지 않아서, 물질을 자아라고 관찰하고, 물질을 가진 것이 자아라고 관찰하고, 물질이 자아 안에 있다고 관찰하고, 물질 안에 자아가 있다고 관찰한다. 느낌을 … 인식을 … 심리현상들을 … 알음알이를 자아라고 관찰하고, 알음알이를 가진 것이 자아라고 관찰하고, 알음알이가 자아 안에 있다고 관찰하고, 알음알이 안에 자아가 있다고 관찰한다.'(S22:1 등)

이런 형태의 [그릇된] 견해, 견해에 빠짐 … 거꾸로 거머쥠 — 이를 일러 [불변하는] 자신이 존재한다는 견해[有身見]라 한다.

1270. 여기서 무엇이 '의심'인가?

스승에 대해서 회의하고 의심한다. … 마음의 당황스러움, 마음의 상처 — 이를 일러 의심이라 한다.

1271. 여기서 무엇이 '계행과 의례의식에 대한 집착[戒禁取]'인가?

외도의 사문·바라문들이 가지고 있는, '계행에 의해서 청정해진다.'라거나, '의례의식에 의해서 청정해진다.'라거나, '계행과 의례의식에 의해서 청정해진다.'라고 하는 것, 이런 형태의 [그릇된] 견해, 견해에 빠짐 … 거꾸로 거머쥠 — 이를 일러 계행과 의례의식에 대한 집착이라 한다.

이러한 세 가지 족쇄들, 그리고 이들과 함께 작용하는 오염원들, 이들과 결합된 느낌의 무더기 … 알음알이의 무더기, 이들로부터 생긴 몸으로 짓는 업·말로 짓는 업·마노로 짓는 업 — 이것은 봄으로써 버려야 하는 원인을 가진 법들이다.

세 가지 족쇄들인 [불변하는] 자신이 존재한다는 견해[有身見], 의심, 계행과 의례의식에 대한 집착[戒禁取] — 이것은 봄으로써 버려야 하는 법들이다.

이들과 함께 작용하는 탐욕, 성냄, 어리석음 — 이것은 봄으로써 버려야 하는 원인인 법들이다.

이들과 함께 작용하는 오염원들, 이들과 결합된 느낌의 무더기 … 알음알이의 무더기, 이들로부터 생긴 몸으로 짓는 업·말로 짓는 업·마노로 짓는 업 — 이것이 봄[見]으로써 버려야 하는 원인을 가진 법들이다.

1272. 무엇이 '봄으로써 버려야 하는 원인을 가지지 않은 법들'(ma2-85-b)인가?

[봄으로써 버려야 하는 원인을 가진] 이러한 법들을 제외한, 나머지 유익하거나 해롭거나 결정할 수 없는 욕계에 속하거나 [222] 색계에 속하거나 무색계에 속하거나 [세간에] 포함되지 않는[出世間] 법들, [즉] 느낌의 무더기 … 알음알이의 무더기, 모든 물질, 형성되지 않은[無爲]

요소 — 이것이 봄으로써 버려야 하는 원인을 가지지 않은 법들이다.

1273. 무엇이 '닦음으로써 버려야 하는 원인을 가진 법들'(ma2-86-a)인가?

남아있는 탐욕, 성냄, 어리석음 — 이것은 닦음으로써 버려야 하는 원인인 법들이다.

그리고 이들과 함께 작용하는 오염원들, 이들과 결합된 느낌의 무더기 … 알음알이의 무더기, 이들로부터 생긴 몸으로 짓는 업 · 말로 짓는 업 · 마노로 짓는 업 — 이것이 닦음으로써 버려야 하는 원인을 가진 법들이다.

1274. 무엇이 '닦음으로써 버려야 하는 원인을 가지지 않은 법들'(ma2-86-b)인가?

[닦음으로써 버려야 하는 원인을 가진] 이러한 법들을 제외한, 나머지 유익하거나 해롭거나 결정할 수 없는 욕계에 속하거나 색계에 속하거나 무색계에 속하거나 [세간에] 포함되지 않는[出世間] 법들, [즉] 느낌의 무더기 … 알음알이의 무더기, 모든 물질, 형성되지 않은[無爲] 요소 — 이것이 닦음으로써 버려야 하는 원인을 가지지 않은 법들이다.

1275. 무엇이 '일으킨 생각이 있는 법들'(ma2-87-a)인가?

욕계에 속하거나 색계에 속하거나 [세간에] 포함되지 않는[出世間] 일으킨 생각이 있는 경지에서 일으킨 생각은 제외하고, 이 [일으킨 생각]과 결합된 느낌의 무더기 … 알음알이의 무더기 — 이것이 일으킨 생각이 있는 법들이다.

1276. 무엇이 '일으킨 생각이 없는 법들'(ma2-87-b)인가?

욕계에 속하거나 색계에 속하거나 무색계에 속하거나 [세간에] 포함되지 않는[出世間] 일으킨 생각이 없는 경지에 있는 느낌의 무더기 … 알음알이의 무더기, 그리고 일으킨 생각, 모든 물질, 형성되지 않은[無爲] 요소 — 이것이 일으킨 생각이 없는 법들이다.

1277. 무엇이 '지속적 고찰이 있는 법들'(ma2-88-a)인가?

욕계에 속하거나 색계에 속하거나 [세간에] 포함되지 않는[出世間] 지속적 고찰이 있는 경지에서 지속적 고찰은 제외하고, 이 [지속적 고찰]과 결합된 느낌의 무더기 · 인식의 무더기 · 심리현상들의 무더기 · 알음알이의 무더기 — 이것이 지속적 고찰이 있는 법들이다.

1278. 무엇이 '지속적 고찰이 없는 법들'(ma2-88-b)인가?

욕계에 속하거나 색계에 속하거나 무색계에 속하거나 [세간에] 포함되지 않는[出世間] 지속적 고찰이 없는 경지에 있는 느낌의 무더기 … 알음알이의 무더기, 그리고 지속적 고찰, 모든 물질, 형성되지 않은[無爲] 요소 — 이것이 지속적 고찰이 없는 법들이다.

1279. 무엇이 '희열이 있는 법들'(ma2-89-a)인가?

욕계에 속하거나 색계에 속하거나 [세간에] 포함되지 않는[出世間] 희열이 있는 경지에서 [223] 희열은 제외하고, 이 [희열]과 결합된 느낌의 무더기 … 알음알이의 무더기 — 이것이 희열이 있는 법들이다.

1280. 무엇이 '희열이 없는 법들'(ma2-89-b)인가?

욕계에 속하거나 색계에 속하거나 무색계에 속하거나 [세간에] 포함되지 않는[出世間] 희열이 없는 경지에 있는 느낌의 무더기 … 알음알이의 무더기, 그리고 희열, 모든 물질, 형성되지 않은[無爲] 요소 — 이것이 희열이 없는 법들이다.

1281. 무엇이 '희열이 함께하는 법들'(ma2-90-a)인가?[302]

---

302) 앞의 §1279의 '희열이 있는'은 sappītikā를 옮긴 것이고 '희열이 함께하는'

욕계에 속하거나 색계에 속하거나 [세간에] 포함되지 않는[出世間] 희열이 있는 경지에서 희열은 제외하고, 이 [희열]과 결합된 느낌의 무더기 … 알음알이의 무더기 — 이것이 희열이 함께하는 법들이다.

1282. 무엇이 '희열이 함께하지 않는 법들'(ma2-90-b)인가?

욕계에 속하거나 색계에 속하거나 무색계에 속하거나 [세간에] 포함되지 않는[出世間] 희열이 없는 경지에 있는 느낌의 무더기 … 알음알이의 무더기, 그리고 희열, 모든 물질, 형성되지 않은[無爲] 요소 — 이것이 희열이 함께하지 않는 법들이다.

1283. 무엇이 '행복이 함께하는 법들'(ma2-91-a)인가?

욕계에 속하거나 색계에 속하거나 [세간에] 포함되지 않는[出世間] 행복(즐거움)이 있는 경지에서 행복(즐거움)은 제외하고, 이 [행복]과 결합된 인식의 무더기 · 심리현상들의 무더기 · 알음알이의 무더기 — 이것이 행복이 함께하는 법들이다.

은 pītisahagatā를 옮긴 것이다. 본문의 내용으로도 그렇고 주석서들의 내용을 살펴봐도 이 둘은 동의어이다. 본서의 마띠까에 해당하는 주석서에서 적고 있듯이 여기서도 "이 두 가지는 가르침을 장엄하는 것(desanāvilāsa)과 깨달은 분들의 성향(ajjhāsaya)에 따라서 [다르게] 말씀하신 것"(DhsA. 46~47)으로 생각된다.

주석서에서 '희열이 있는(sappītika)'은 주로 희열이 있는 두 개의 禪(sappītike dve jhāna), 즉 초선과 제2선(paṭhamadutiyajhānāni)을 지칭하는 표현으로 나타나며(MA.iv.209; MAT.ii.96; Pm) '희열이 함께하는(pītisahagatā)'은 "희열과 함께 일어나는 등의 상태가 된 것으로 희열과 결합된(pīti-sampayuttā)이란 뜻이다. 나머지 구문에서도 이 방법이 적용된다."라고 설명한다.(DhsA.43)

그리고 본문에 나타나는 '희열이 있는 경지(sappītikabhūmi)'(§1279)와 여기에 나타나는 '희열의 경지(pītibhūmi)도 같은 것으로 봐야 할 것이다. 주석서는 별다른 설명이 없다. '희열이 있는 경지(sappītikabhūmi)'라는 표현은 빠알리 문헌 가운데 여기 §1279에만 나타나는 것으로 검색이 된다.

1284. 무엇이 '행복이 함께하지 않는 법들'(ma2-91-b)인가?

욕계에 속하거나 색계에 속하거나 무색계에 속하거나 [세간에] 포함되지 않는[出世間] 행복이 없는 경지에 있는 느낌의 무더기 … 알음알이의 무더기, 그리고 행복, 모든 물질, 형성되지 않은[無爲] 요소 — 이것이 행복이 함께하지 않는 법들이다.

1285. 무엇이 '평온이 함께하는 법들'(ma2-92-a)인가?

욕계에 속하거나 색계에 속하거나 무색계에 속하거나 [세간에] 포함되지 않는[出世間] 평온이 있는 경지에서 평온은 제외하고, 이 [평온]과 결합된 인식의 무더기·심리현상들의 무더기·알음알이의 무더기 — 이것이 평온이 함께하는 법들이다.

1286. 무엇이 '평온이 함께하지 않는 법들'(ma2-92-b)인가?

욕계에 속하거나 색계에 속하거나 [세간에] 포함되지 않는[出世間] 평온이 없는 경지에 있는 느낌의 무더기 … 알음알이의 무더기, 그리고 평온, 모든 물질, 형성되지 않은[無爲] 요소 — 이것이 평온이 함께하지 않는 법들이다.

1287. 무엇이 '욕계에 속하는 법들'(ma2-93-a)인가?

아래로는 무간지옥303)을 경계로 하고 위로는 타화자재천의 신들304)

---

303) "'무간지옥(avīciniraya)'이라고 하셨다. 불 무더기나 중생들의 괴로운 느낌의 간격(vīci)과 틈새(antara)와 갈라진 틈(chidda)이 없다고 해서 '무간(無間, avīci)'이다. 여기에는 즐거움이라 불리는 편안함(aya)이 없다고 해서 '지옥(niraya)'이다. 그리고 기뻐함이 없다는 뜻(nirati-attha)과 달콤함이 없다는 뜻(nirassādattha)에서도 '지옥'이라 한다."(DhsA.387)

304) '타화자재천의 신들'은 Paranimmitavasavatti-devā를 옮긴 것이다. 타화자재천은 욕계 가운데 가장 높은 천상이다. 여기서 Paranimmitavasavatti는 paranimmita와 vasavatti의 둘로 나누어서 설명되는데 paranimmita는 para(他) + nimmita(nis+√mā(*to measure*)의 과거분사)로, vasavatti

을 끝으로 하여 [224] 이 안에 있고 여기에 속하고[305] 여기에 포함되어 있는[306] 무더기와 요소와 감각장소와 물질과 느낌과 인식과 심리현상들과 알음알이 — 이것이 욕계에 속하는 법들이다.

1288. 무엇이 '욕계에 속하지 않는 법들'(ma2-93-b)인가?

색계에 속하는 것들, 무색계에 속하는 것들, [세간에] 포함되지 않는 [出世間] 것들 — 이것이 욕계에 속하지 않는 법들이다.

1289. 무엇이 '색계에 속하는 법들'(ma2-94-a)인가?

아래로는 범천의 세상[307]을 경계로 하고 위로는 색구경천[308]의 신

는 vasa(√vaś, *to control*) + vatti(√vṛt, *to turn*)로 풀이가 된다. 그래서 para-nimmita는 '남에 의해서 창조된'을 뜻하고 vasa-vatti는 '지배할 수 있는, 제어할 수 있는'의 뜻이다. 중국에서는 他化自在天으로 옮겼다. 욕계 세상에 대해서는 『아비담마 길라잡이』 제5장 §§4~5와 해설들을 참조하기 바란다.

305) "'여기에 속하고(ettha avacarā)'라고 했다. 이 안에는 언제 어디서든 다른 [법]들도 발생하여 출몰하게 된다. 그러므로 그들을 포함하지 않기 위해서(asaṅgaṇhanattha) '여기에 속하고'라고 하셨다."(DhsA.387)
avacara에 대한 이런 주석서의 설명을 참조해서 본서에서 역자는 kāmāva-cara 등을 '욕계의'로도 옮기지만 '욕계에 속하는' 등으로도 옮기고 있다. 계속해서 주석서는 이렇게 설명한다.

"이렇게 하여 [여기서] 발생하여 이 안에(etasmiṁ antare) 깊이 들어가서 모든 곳에서 항상 출몰하는(caranti) 그런 [법]들은 근본적인 것과 파생된 것으로 전개됨에 의해서 아래로 무간지옥으로부터 시작하여 이곳의 안의 부분에서 출몰하는데 그들을 [여기에] 포함시킨 것이다. 그런 [법]들은 [이 영역에] 깊이 들어가서 출몰하고 이곳의 안의 부분에서 출몰한다고 해서 '여기에 속하는 것(ettha avacarā)'이라 한다."(DhsA.387)

306) "'여기에 포함되어 있는(ettha pariyāpannā)'이라는 것은, 이 [욕계에 속하는 법]들은 여기서 출몰하지만(etthāvacarā) 다른 곳에서도 출몰한다. 이런 것들은 그러나 거기에는 포함되지 않는다. 그러므로 다른 곳에서도 [출몰하는] 그런 [법]들을 [여기에] 포함시킨 것이다. 이제 여기에 포함된 그 법들을 더미와 공함과 조건이 됨(rāsi-suññata-paccayabhāva)과 고유성질(sabhāva)을 통해서 보여주시면서 '무더기' 등을 말씀하셨다."(DhsA.387~388)

들을 끝으로 하여 이 안에 있고 여기에 속하고 여기에 포함되어 있으며, [이런 경지를] 증득하였거나[309] [이곳에] 태어났거나 지금 · 여기에서 행복하게 머무는 자의 마음과 마음부수의 법들 — 이것이 색계에 속하는 법들이다.

1290. 무엇이 '색계에 속하지 않는 법들'(ma2-94-b)인가?

욕계에 속하는 것들, 무색계에 속하는 것들, [세간에] 포함되지 않는 [出世間] 것들 — 이것이 색계에 속하지 않는 법들이다.

1291. 무엇이 '무색계에 속하는 법들'(ma2-95-a)인가?

---

307) "'범천의 세상(brahma-loka)'이라는 것은 초선천(paṭhamajjhāna-bhūmi)이라 불리는 범천들이 [거주하는] 장소이다."(DhsA.388)

308) '색구경천(色究境天)'은 아까닛타(Akaniṭṭhā)를 옮긴 것이다. akaniṭṭhā는 kaññā(어린)의 최상급인 kaniṭṭhā에 부정접두어 a-를 첨가하여 만든 명사이다. 그래서 가장 어리지 않은 존재라는 문자적인 뜻에서 으뜸이나 최고[境天]를 뜻한다. 이런 의미를 살려서 색계 천상 가운데 제일 으뜸이기 때문에 중국에서는 색구경천(色究境天)으로 옮겼고 아가니타천(阿迦尼吒天)으로 음역하였다. 이 천상에 사는 신들은 그 공덕을 누리고 [고귀한] 존재를 성취함에 있어 최상(jeṭṭha)이며 거기에는 어린 자들(kaniṭṭhā)이 없기 때문에 이렇게 이름 붙였다고 주석서에서는 설명하고 있다.(DA.ii.480)
색구경천은 색계천상 가운데 정거천(淨居天, Suddhā-vāsā, 『아비담마 길라잡이』 제5장 §6의 설명 참조)에 속한다. 정거천은 다섯으로 구성되어 있는데 이 다섯 가지 정거천에 태어나는 것은 그들의 아주 우세한 정신적 기능[五根, indriya]에 의해서 결정된다고 한다. 믿음(saddhā)을 탁월한 기능으로 가진 불환자는 무번천(avihā)에 태어나고, 정진(vīriya)이 탁월한 불환자는 무열천(atappā)에, 마음챙김(sati)이 탁월한 불환자는 선현천(sudassā)에, 삼매(samādhi)가 탁월한 불환자는 선견천(sudassii)에, 통찰지[慧, paññā]가 탁월한 불환자는 색구경천(akaniṭṭhā)에 태어난다고 주석서 문헌은 설명하고 있다.(PdṬ.247)

309) "'[이런 경지를] 증득하였거나(samāpannassa vā)'라는 문구는 유익한 禪을 말한 것이고, '[이곳에] 태어났거나(upapannassa vā)'라는 문구는 과보로 나타난 禪을 말한 것이며, '지금 · 여기에서 행복하게 머무는(diṭṭha-dhamma-sukhavihārissa vā, 본서 제1권 §577 참조)'이란 것은 작용만 하는 禪을 말한 것이라고 알아야 한다."(DhsA.388)

아래로는 공무변처에 도달한 신들을 경계로 하고 위로는 비상비비상처에 도달한 신들을 끝으로 하여 이 안에 있고 여기에 속하고 여기에 포함되어 있으며, [이런 경지를] 증득하였거나 [이곳에] 태어났거나 지금·여기에서 행복하게 머무는 자의 마음과 마음부수의 법들 — 이것이 무색계에 속하는 법들이다.

1292. 무엇이 '무색계에 속하지 않는 법들'(ma2-95-b)인가?

욕계에 속하는 것들, 색계에 속하는 것들, [세간에] 포함되지 않는 것들[出世間] — 이것이 무색계에 속하지 않는 법들이다.

1293. 무엇이 '[세간에] 포함된 법들'(ma2-96-a)인가?

번뇌의 대상이 되는 욕계에 속하거나 색계에 속하거나 무색계에 속하는 유익하거나 해롭거나 결정할 수 없는 법들, [즉] 물질의 무더기·느낌의 무더기 … 알음알이의 무더기 — 이것이 [세간에] 포함된 법들이다.

1294. 무엇이 '[세간에] 포함되지 않는[出世間] 법들'(ma2-96-b)인가?

도들, 도의 결실들[果], 형성되지 않은[無爲] 요소 — 이것이 [세간에] 포함되지 않는 법들이다.

1295. 무엇이 '출리로 인도하는 법들'(ma2-97-a)인가?

[세간에] 포함되지 않는[出世間] 네 가지 도들 — 이것이 출리로 인도하는 법들이다.

1296. 무엇이 '출리로 인도하지 못하는 법들'(ma2-97-b)인가?

[출리로 인도하는] 이러한 법들을 제외한, 나머지 유익하거나 해롭거나 결정할 수 없는 욕계에 속하거나 색계에 속하거나 무색계에 속하거

나 [세간에] 포함되지 않는[出世間] 법들, [즉] 느낌의 무더기 … 알음알이의 무더기, 모든 물질, 형성되지 않은[無爲] 요소 — 이것이 출리로 인도하지 못하는 법들이다.

1297. 무엇이 [225] '확정된 법들'(ma2-98-a)인가?

다섯 가지 무간업들, 그리고 확정된 그릇된 견해, [세간에] 포함되지 않는[出世間] 네 가지 도들 — 이것이 확정된 법들이다.

1298. 무엇이 '확정되지 않은 법들'(ma2-98-b)인가?

[확정된] 이러한 법들을 제외한, 나머지 유익하거나 해롭거나 결정할 수 없는 욕계에 속하거나 색계에 속하거나 무색계에 속하거나 [세간에] 포함되지 않는[出世間] 법들, [즉] 느낌의 무더기 … 알음알이의 무더기, 모든 물질, 형성되지 않은[無爲] 요소 — 이것이 확정되지 않은 법들이다.

1299. 무엇이 '위가 있는 법들'(ma2-99-a)인가?

번뇌의 대상인 유익하거나 해롭거나 결정할 수 없는 욕계에 속하거나 색계에 속하거나 무색계에 속하는 법들, [즉] 물질의 무더기 · 느낌의 무더기 … 알음알이의 무더기 — 이것이 위가 있는 법들이다.

1300. 무엇이 '위가 없는 법들'(ma2-99-b)인가?

[세간에] 포함되지 않는[出世間] 도들과 도의 결실들[果], 형성되지 않은[無爲] 요소 — 이것이 위가 없는 법들이다.

1301. 무엇이 '다툼을 가진 법들'(ma2-100-a)인가?

세 가지 해로움의 뿌리인 탐욕 · 성냄 · 어리석음,[310] 그리고 이들과

---

310) "세 가지 해로움의 뿌리들 가운데서 탐욕과 결합되어 있는 어리석음은 탐욕 때문에 '다툼을 가졌고(saraṇa)' 성냄과 결합되어 있는 어리석음은 성냄 때문에 '다툼을 가졌다.' 그러나 의심과 들뜸과 결합된 어리석음은 [다음 이유 때문에] 다툼을 가졌고 더러움을 가진 것(sarajo)이라고 알아야 한다. 왜냐

함께 작용하는 오염원들, 이들과 결합된 느낌의 무더기 … 알음알이의 무더기, 이들로부터 생긴 몸으로 짓는 업・말로 짓는 업・마노로 짓는 업 — 이것이 다툼을 가진 법들이다.

1302. 무엇이 '다툼이 없는[無爭] 법들'(ma2-100-b)인가?

유익하거나 결정할 수 없는 욕계에 속하거나 색계에 속하거나 무색계에 속하거나 [세간에] 포함되지 않는[出世間] 법들, [즉] 느낌의 무더기 … 알음알이의 무더기, 모든 물질, 형성되지 않은[無爲] 요소 — 이것이 다툼이 없는[無爭] 법들이다.

마지막 두 개 조가 [끝났다.]

아비담마의 두 개 조가 [끝났다.]

하면 이 [의심은] 사견과 결합된 갈망이라는 다툼(rāga-raṇa) 때문에, [들뜸은] 색계에 대한 갈망과 무색계에 대한 갈망이라 불리는 갈망이라는 다툼(rāga-raṇa) 때문에 이것은 버려질 때 함께 작용하는 것(pahānekaṭṭha-bhāva)이다. 그래서 [다툼을 가졌고 더러움을 가진 것이다.]"(DhsA.388) 버려질 때 함께 작용하는 것에 대해서는 본서 §986의 주해 등을 참조할 것.

『담마상가니 물라띠까』는 이렇게 설명하고 있다.
"의심이 함께한 어리석음이라는 다툼(moha-raṇa)은 버려질 때 함께 작용하는 것인 사견과 결합된 갈망이라는 다툼 때문에 다툼을 가진(saraṇa) [법]이고, 들뜸이 함께한 것은 색계에 대한 갈망과 무색계에 대한 갈망이라 불리는 것 때문에 다툼을 가진 [법]이다.
「무쟁(無諍)의 분석 경」(Araṇavibhaṅga Sutta, M139)에 "비구들이여, 여기 저급하고 저속하고 범속하고 비열하고 이익 없는 감각적 쾌락과 관련된 즐거움에 속하는 기쁨을 추구하는 것은 괴로움을 가져오고 성가심을 가져오고 절망을 수반하고 열병을 수반하며, 그것은 그릇된 도닦음이다. 그러므로 이것은 다툼을 가진 법이다."(M139 §13)라는 등의 말씀이 있기 때문에 그릇된 도닦음(micchāpaṭipadā-bhāva)이 참으로 다툼을 가진 것(saraṇa)이라고 인정된다. 이런 것들을 통해서 모든 해로운 법들은 다툼을 가진 것(saraṇatā)이 된다."(DhsAMṬ.176)

14. 경장의 두 개 조에 대한 간결한 설명[311]

suttantika-duka-nikkhepa

① 명지의 일부가 되는 법들과 무명의 일부가 되는 법들(ma2-101)

1303. 무엇이 '명지의 일부가 되는 법들'(ma2-101-a)인가?
명지와 결합된 법들 — 이것이 명지의 일부가 되는 법들이다.

1304. 무엇이 '무명의 일부가 되는 법들'(ma2-101-b)인가?
무명과 결합된 법들 — 이것이 무명의 일부가 되는 법들이다.

② 번갯불의 비유를 가진 법들과 벼락의 비유를 가진 법들(ma2-102)

1305. 무엇이 '번갯불의 비유를 가진 법들'(ma2-102-a)인가?
낮은 단계의 세 가지 성스러운 도에 있는 통찰지 — 이것이 번갯불의 비유를 가진 법들이다.

1306. 무엇이 '벼락의 비유를 가진 법들'(ma2-102-b)인가?
가장 높은 [226] 아라한도에 있는 통찰지 — 이것이 벼락의 비유를 가진 법들이다.[312]

---

311) '경장의 두 개 조에 대한 간결한 설명'에 대한 주석서의 설명은 본서 제1권의 첫머리에 실린 『담마상가니』 마띠까의 ⒁ 경장의 두 개 조 마띠까(ma2-101~ma2-142)의 주해들도 참조하기 바란다. 주석서도 이 부분을 참조하라고 권하면서(DhsA.388) 각 마띠까 가운데 특별한 점이 있는 부분만 간략하게 주석을 달고 있다.

312) "번갯불의 비유를 가진 두 개 조(ma2-102)에서 [이 비유의 뜻은 다음과 같다.]
눈을 가진 사람(cakkhumā purisa)이 구름이 낀 어둠 속에서 밤에 길을 떠났다 하자. 그는 어두움 때문에 길을 구분하지 못하였다. 그때 번갯불이 생겨서(vijju niccharitvā) 어둠이 사라졌다. 이렇게 하여 그에게 어둠은 물러가고 길이 분명하게 되었다. 그는 다시 두 번째 길로 접어들었다. 두 번째도 어둠이 밀려왔다. 길을 구분하지 못하였다. 그때 번갯불이 생겨서 어둠이 사라졌다. 어둠이 물러가자 길이 분명하게 되었다. 그는 다시 세 번째 길로 접어들었다. 어둠이 밀려왔다. 길을 구분하지 못하였다. 그때 번갯불이 생겨서 어둠이 사라졌다.

여기서 눈을 가진 사람이 어둠 속에서 길 떠날 채비를 하는 것처럼 성스러운 제자(ariya-sāvaka)도 예류도(sotāpatti-magga)를 위해서 위빳사나를 시작한다. 어둠 속에서 길을 구분하지 못하는 때와 같은 것이 진리를 덮는 암흑이다. 그때 번갯불이 생겨서 어둠이 사라지는 때와 같은 것이 예류도의 광명(sotāpattimagg-obhāsa)이 일어나서 진리를 덮는 암흑을 제거하는 때이다. 어둠이 사라져서 길이 분명하게 된 때와 같은 것이 예류도가 네 가지 진리에 대해서 분명하게 된 때이다. 길이 분명하게 된 것은 그 길을 완주한 사람에게도 분명하게 된다.

두 번째 길을 가는 것으로 마음을 기울이는 것처럼 그는 일래도(sakadāgāmi-magga)를 위해서 위빳사나를 시작한다. 어둠 속에서 길을 구분하지 못하는 때와 같은 것이 진리를 덮는 암흑이다. 두 번째로 번갯불이 생겨서 어둠이 사라지는 때와 같은 것이 일래도의 광명이 일어나서 진리를 덮는 암흑을 제거하는 때이다. 어둠이 사라져서 길이 분명하게 된 때와 같은 것이 일래도가 네 가지 진리에 대해서 분명하게 된 때이다. 길에서 분명하게 된 것은 그 길을 완주한 사람에게도 분명하게 된다.

세 번째 길을 가는 것으로 마음을 기울이는 것처럼 그는 불환도(anāgāmi-magga)를 위해서 위빳사나를 시작한다. 어둠 속에서 길을 구분하지 못하는 때와 같은 것이 진리를 덮는 암흑이다. 세 번째로 번갯불이 생겨서 어둠이 사라지는 때와 같은 것이 불환도의 광명이 일어나서 진리를 덮는 암흑을 제거하는 때이다. 어둠이 사라져서 길이 분명하게 된 때와 같은 것이 불환도가 네 가지 진리에 대해서 분명하게 된 때이다. 길에서 분명하게 된 것은 그 길을 완주한 사람에게도 분명하게 된다.

그런데 벼락(vajira)으로 깨뜨리지 못하는 암석이나 보석은 없다. 벼락은 떨어지기만 하면 그것을 꿰뚫어버린다. 벼락이 부숴버릴 때는 남김없이 부숴버린다. 벼락이 지나간 길은 다시 원상태가 되지 않는다. 그와 같이 아라한도(arahatta-magga)로 꿰뚫어버리지 못하는 오염원(kilesā)이란 것은 없다. 벼락이 모든 오염원들을 꿰뚫어버리는 것처럼 아라한도가 오염원들을 부숴버릴 때 남김없이 부숴버린다. 벼락이 지나간 길은 다시 원상태가 되지 않는 것처럼 아라한도로 제거된 오염원들이 다시 되돌아온다는 것은 없다."(Dhs

③ 어리석은 자들에게 있는 법들과 현자들에게 있는 법들(ma2-103)

1307. 무엇이 '어리석은 자들에게 있는 법들'(ma2-103-a)인가?

양심 없음과 수치심 없음 — 이것이 어리석은 자들에게 있는 법들이다. 모든 해로운 것들도 어리석은 자들에게 있는 법들이다.

1308. 무엇이 '현자들에게 있는 법들'(ma2-103-b)인가?

양심과 수치심 — 이것이 현자들에게 있는 법들이다. 모든 유익한 것들도 현자들에게 있는 법들이다.

④ 어두운 법들과 밝은 법들(ma2-104)

1309. 무엇이 '어두운 법들'(ma2-104-a)인가?

양심 없음과 수치심 없음 — 이것이 어두운 법들이다. 모든 해로운 것들도 어두운 법들이다.

1310. 무엇이 '밝은 법들'(ma2-104-b)인가?

양심과 수치심 — 이것이 밝은 법들이다. 모든 유익한 것들도 밝은 법들이다.

⑤ 고통을 주는 법들과 고통을 주지 않는 법들(ma2-105)

1311. 무엇이 '고통을 주는 법들'(ma2-105-a)인가?

몸으로 짓는 나쁜 행위, 말로 짓는 나쁜 행위, 마노로 짓는 나쁜 행위 — 이것이 고통을 주는 법들이다. 모든 해로운 것들도 고통을 주는 법들이다.

1312. 무엇이 '고통을 주지 않는 법들'(ma2-105-b)인가?

A.388~389)

몸으로 짓는 좋은 행위, 말로 짓는 좋은 행위, 마노로 짓는 좋은 행위 — 이것이 고통을 주지 않는 법들이다. 모든 유익한 것들도 고통을 주지 않는 법들이다.

⑥ 이름 붙임인 법들과 이름 붙이는 길인 법들(ma2-106)

1313. 무엇이 '이름 붙임인 법들'(ma2-106-a)인가?[313)]

이런저런 법들에 대한 명칭, 일반적 호칭, 개념, 인습적 표현, 이름, 이름 지음, 호칭, 언어 표현, 단어, 말을 함 — 이것이 이름 붙임인 법들이다.

이 모든 것은 '이름 붙이는 길인 법들'(ma2-106-b)이기도 하다.

⑦ 언어 표현인 법들과 언어 표현의 길인 법들(ma2-107)

1314. 무엇이 '언어 표현인 법들'(ma2-107-a)인가?

이런저런 법들에 대한 명칭, 일반적 호칭, 개념, 인습적 표현, 이름, 이

---

313) 여기서 '이름 붙임'(§1313, ma2-106-a)은 adhivacana를, '이름 붙이는 길'(§1313, ma2-106-b)은 adhivacana-patha를, '언어 표현'(§1314, ma2-107-a)은 nirutti를, '언어 표현의 길'(§1314, ma2-107-b)은 nirutti-patha를, '개념'(§1315, ma2-108-a)은 paññatti를, '개념의 길'(§1315, ma2-108-b)은 paññatti-patha를 옮긴 것이다. 본문에서 보듯이 이 여섯은 모두 서로 동의어(vevacana)이다. 『상윳따 니까야 주석서』도 아래와 같이 이렇게 설명하고 있다.

"'언어 표현(nirutti)'이 바로 '언어 표현의 길(nirutti-patha)'이다. 혹은 언어 표현과 그 언어 표현을 통해서 알게 하려는 뜻(attha)들의 길이 되기 때문에 길(patha)이다. 그래서 '언어 표현의 길'이라 한다. 나머지 두 단어(이름 붙임과 개념)에도 이 방법이 적용된다. 이 셋은 서로서로 동의어라고 알아야 한다."(SA.ii.279)

한편 『디가 니까야』 제2권 「대인연경」(D15/ii.63~64) §22에는 알음알이를 포함한 정신·물질[名色, nāma-rūpa]이 이름 붙이는 길이요 언어 표현의 길이요 개념의 길이라고 나타나고 있다.(「대인연경」에서는 이 셋을 각각 이름을 얻는 길, 언어 표현을 얻는 길, 개념을 얻는 길로 옮겼다.) 그리고 『상윳따 니까야』 제3권 「언어표현의 길 경」(S22:62)에는 언어표현의 길, 이름붙이는 길, 개념의 길의 순서로 언급이 되고 있다.

름 지음, 호칭, 언어 표현, 단어, 말을 함— 이것이 언어 표현인 법들이다.

이 모든 것은 '언어 표현의 길인 법들'(ma2-107-b)이기도 하다.

⑧ 개념인 법들과 개념의 길인 법들(ma2-108)

1315. 무엇이 '개념인 법들'(ma2-108-a)인가?

이런저런 법들에 대한 명칭, 일반적 호칭, 개념, 인습적 표현, 이름, 이름 지음, 호칭, 언어 표현, 단어, 말을 함— 이것이 개념인 법들이다.

이 모든 것은 '개념의 길인 법들'(ma2-108-b)이기도 하다.

⑨ 정신[名]과 물질[色](ma2-109, D33 §1.9 (1))

1316. 여기서 무엇이 '정신[名]'(ma2-109-a)인가?[314)]

느낌의 무더기 · 인식의 무더기 · 심리현상들의 무더기 · 알음알이의 무더기, 형성되지 않은[無爲] 요소— 이를 일러 정신이라 한다.

1317. 여기서 [227] 무엇이 '물질[色]'(ma2-109-b)인가?

네 가지 근본물질[四大]과 네 가지 근본물질로부터 파생된 물질 — 이를 일러 물질이라 한다.

---

314) 정신과 물질의 두 개 조(ma2-109, §1316)부터 본 마띠까의 미지막인 멸진에 대한 지혜의 두 개 조(ma2-142, §1383)까지의 33가지 두 개 조는 사리뿟따 존자가 설한 『디가 니까야』 제3권 「합송경」(D33) §1.9의 (1)부터 (33)까지의 두 가지로 구성된 법들과 거의 같다. 본서에는 ma2-109부터 ma2-142까지 34가지 두 개 조들이 나타나지만 D33 §1.9에는 33가지가 나타난다. 본서에는 ma2-112~ma2-114의 셋이 더 첨가되어 있고 D33 §1.9의 (16)과 (22)가 본 마띠까에는 나타나지 않는다. 그래서 본 마띠까에는 모두 33-2+3=34개의 두 개 조가 나타나고 있다. 「합송경」(D33)의 출처는 마띠까 번호 옆에 병기하였다.
그리고 여기 본서 §§1316~1383에 싣고 있는 주해는 『디가 니까야』 제3권 「합송경」(D33) §1.9의 (1)부터 (33)까지의 주해에 실린 부분을 여기에 맞게 수정한 것이다.

⑩ 무명과 존재에 대한 갈애(ma2-110, D33 §1.9 (2))

1318. 여기서 무엇이 '무명(無明)'(ma2-110-a)인가?

무지함, 견(見)이 없음 … (§390, §1067) … 무명의 장벽, 어리석음이라는 해로움의 뿌리 — 이를 일러 무명이라 한다.

1319. 여기서 무엇이 '존재에 대한 갈애[有愛]'(ma2-110-b)인가?

존재들에 대해서 [일어나는] 존재에 대한 욕구 … 존재에 달라붙음 — 이를 일러 존재에 대한 갈애라 한다.

⑪ 존재에 대한 견해와 비존재에 대한 견해(ma2-111, D33 §1.9 (3))

1320. 여기서 무엇이 '존재에 대한 견해'(ma2-111-a)인가?[315]

'자아와 세상은 [다시] 존재할 것이다.'라고 하는 이런 형태의 견해, 견해에 빠짐 … 거꾸로 거머쥠 — 이를 일러 존재에 대한 견해라 한다.

1321. 여기서 무엇이 '비존재에 대한 견해'(ma2-111-b)인가?

'자아와 세상은 [다시] 존재하지 않을 것이다.'라고 하는 이런 형태의 견해, 견해에 빠짐 … 거꾸로 거머쥠 — 이를 일러 비존재에 대한 견해라 한다.

⑫ 영원하다는 견해[常見]와 단멸한다는 견해[斷見](ma2-112)

1322. 여기서 무엇이 '영원하다는 견해[常見]'(ma2-112-a)인가?

'자아와 세상은 영원하다.'라고 하는 이런 형태의 [그릇된] 견해, 견해에 빠짐 … 거꾸로 거머쥠 — 이를 일러 영원하다는 견해라 한다.

---

315) "존재에 대한 견해란 상견(常見, sassata-diṭṭhi)이고 … 비존재에 대한 견해란 단견(斷見, uccheda-diṭṭhi)이다."(DA.iii.978)

1323. 여기서 무엇이 '단멸한다는 견해[斷見]'(ma2-112-b)인가?

'자아와 세상은 단멸한다.'라고 하는 이런 형태의 [그릇된] 견해, 견해에 빠짐 … 거꾸로 거머쥠 — 이를 일러 단멸한다는 견해라 한다.

⑬ 유한하다는 견해와 무한하다는 견해(ma2-113, D1 §2.28)

1324. 여기서 무엇이 '유한하다는 견해'(ma2-113-a)인가?

'자아와 세상은 끝이 있다.'라고 하는 이런 형태의 [그릇된] 견해, 견해에 빠짐 … 거꾸로 거머쥠 — 이를 일러 유한하다는 견해라 한다.

1325. 여기서 무엇이 '무한하다는 견해'(ma2-113-b)인가?

'자아와 세상은 끝이 없다.'라고 하는 이런 형태의 [그릇된] 견해, 견해에 빠짐 … 거꾸로 거머쥠 — 이를 일러 무한하다는 견해라 한다.

⑭ 과거를 모색하는 견해와 미래를 모색하는 견해(ma2-114)

1326. 여기서 무엇이 '과거를 모색하는 견해'(ma2-114-a, D1 §1.29)인가?

과거에 대해서 생긴 [그릇된] 견해, 견해에 빠짐 … 거꾸로 거머쥠 — 이를 일러 과거를 모색하는 견해라 한다.

1327. 여기서 무엇이 '미래를 모색하는 견해'(ma2-114-b, S22: 46; D1 §2.37)인가?

미래에 대해서 생긴 [그릇된] 견해, 견해에 빠짐 … 거꾸로 거머쥠 — 이를 일러 미래를 모색하는 견해라 한다.

⑮ 양심 없음과 수치심 없음(ma2-115, D33 §1.9 (4))

1328. 여기서 무엇이 '양심 없음'(ma2-115-a)인가?

부끄러워해야 하는 것에 대해서 부끄러워하지 않고 삿되고 해로운 법들을 성취한 것에 대해서 부끄러워하지 않는 것 — 이를 일러 양심 없음이라 한다.

1329. 여기서 무엇이 '수치심 없음'(ma2-115-b)인가?

두려워해야 하는 것에 대해서 [228] 두려워하지 않고 삿되고 해로운 법들을 성취한 것에 대해서 두려워하지 않는 것 — 이를 일러 수치심 없음이라 한다.

⑯ 양심과 수치심(ma2-116, D33 §1.9 (5))

1330. 여기서 무엇이 '양심'(ma2-116-a)인가?

부끄러워해야 하는 것에 대해서 부끄러워하고 삿되고 해로운 법들을 성취한 것에 대해서 부끄러워하는 것 — 이를 일러 양심이라 한다.

1331. 여기서 무엇이 '수치심'(ma2-116-b)인가?

두려워해야 하는 것에 대해서 두려워하고 삿되고 해로운 법들을 성취한 것에 대해서 두려워하는 것 — 이를 일러 수치심이라 한다.

⑰ 거칠게 말함과 나쁜 친구를 사귐(ma2-117, D33 §1.9 (6))

1332. 여기서 무엇이 '거칠게 말함'(ma2-117-a)인가?

동료 수행자들과 말을 하면서 거칠게 말을 걺, 거칠게 말하는 상태, 거칠게 말함, 멋대로 대함, 억지를 부림, 경시함, 무시함, 불경스러움, 존중하지 않음 — 이를 일러 거칠게 말함이라 한다.

1333. 여기서 무엇이 '나쁜 친구를 사귐'(ma2-117-b)인가?

믿음이 없고 계행이 나쁘고 적게 배웠고 인색하고 통찰지가 없는 그런 사람들을 의지하고 크게 의지하고 깊이 의지하고 가까이하고 아주 가까이하고 헌신하고 아주 헌신하고 그들과 사귀는 것 — 이를 일러 나쁜 친구를 사귐이라 한다.

⑱ 부드럽게 말함과 좋은 친구를 사귐(ma2-118, D33 §1.9 (7))

1334. 여기서 무엇이 '부드럽게 말함'(ma2-118-a)인가?

동료 수행자들과 말을 하면서 부드럽게 말을 겖, 부드럽게 말하는 상태, 부드럽게 말함, 멋대로 대하지 않음, 억지를 부리지 않음, 존중함, 성의를 가짐, 성의 있음, 순응함 — 이를 일러 부드럽게 말함이라 한다.

1335. 여기서 무엇이 '좋은 친구[善友]를 사귐'(ma2-118-b)인가?

믿음이 있고 계행을 가졌고 많이 배웠고 베풀고 통찰지가 있는 그런 사람들을 의지하고 크게 의지하고 깊이 의지하고 가까이하고 아주 가까이하고 헌신하고 아주 헌신하고 그들과 사귀는 것 — 이를 일러 좋은 친구[善友]를 사귐이라 한다.

⑲ 범계(犯戒)에 능숙함과 범계에서 벗어남에 능숙함(ma2-119, D33 §1.9 (8))

1336. 여기서 무엇이 '범계(犯戒)에 능숙함'(ma2-119-a)인가?[316]

다섯 가지 범계(āpatti)의 무더기도 범계이고 일곱 가지 범계의 무더기도 범계이다.[317] 이러한 범계들에 대해서 범계에 능숙함, 통찰지, 통

---

316) "관련된 사례[事, vatthu]와 더불어 그 범계(犯戒)들의 한계를 분명하게 아는 통찰지를 '범계에 능숙함(āpatti-kusalatā)'이라 한다. 갈마(羯磨)를 행하는 말(kamma-vācā)과 더불어 범계들에서 벗어남의 한계를 분명하게 아는 통찰지를 '범계에서 벗어남에 능숙함(āpatti-vuṭṭhāna-kusalatā)'이라 한다."(DhsA.394)

317) 주석서에 의하면 '다섯 가지 범계의 무더기(pañca āpattikkhandhā)'는 [율장의] 마띠까의 해설(mātikā-niddesa)에 의해서 분류된 것으로 ① 바라이죄(波羅夷罪, pārājika), ② 승잔죄(僧殘罪, saṅghādisesa,), ③ 단타죄(單墮罪, pācittiya), ④ 회과죄(悔過罪, pāṭidesanīya), ⑤ 악작죄(惡作

찰함 … 어리석음 없음, 법을 간택함, 바른 견해 — 이를 일러 범계에 능숙함이라 한다.

1337. 여기서 무엇이 '범계에서 벗어남에 능숙함'(ma2-119-b)인가?

이러한 범계들에서 벗어남에 능숙함, 통찰지, 통찰함 … 어리석음 없음, 법을 간택함, 바른 견해 — 이를 일러 범계에서 벗어남에 능숙함이라 한다.

⑳ 증득[等至]에 능숙함과 증득으로부터의 출정(出定)에 능숙함 (ma2-119, D33 §1.9 (9))

1338. 여기서 무엇이 '증득[等至]에 능숙함'(ma2-120-a)인가?

일으킨 생각이 있고 지속적 고찰이 있는 증득이 [229] 있고, 일으킨 생각은 없고 지속적 고찰만 있는 증득이 있고, 일으킨 생각도 없고 지속적 고찰도 없는 증득이 있다. 이러한 증득들에 대해서 증득에 능숙함, 통찰지, 통찰함 … 어리석음 없음, 법을 간택함, 바른 견해 — 이를 일러 증득에 능숙함이라 한다.

1339. 여기서 무엇이 '증득으로부터의 출정(出定)에 능숙함'(ma2-120-b)인가?

이러한 증득들로부터의 출정에 능숙함, 통찰지, 통찰함 … 어리석음 없음, 법을 간택함, 바른 견해 — 이를 일러 증득으로부터의 출정에 능

罪, dukkaṭa)의 다섯 가지 범계를 말한다.(DhsA.394)
'일곱 가지 범계의 무더기(satta āpattikkhandhā)'는 율장의 해설(vinaya-niddesa)에 의해서 분류된 것으로 ① 바라이죄, ② 승잔죄, ③ 조죄(粗罪, thullaccaya), ④ 단타죄, ⑤ 회과죄, ⑥ 악작죄 ⑦ 악어죄(惡語罪, dubbhāsita, 악작죄보다 더 사소한 것으로 남들의 나쁜 말을 듣는 것.)의 일곱 가지 범계를 말한다.(*Ibid.*) 다섯 가지 범계에 ③ 조죄와 ⑦ 악어죄가 더 들어간 것이다. 이 일곱 가지에 대한 간단한 설명은 『청정도론』 I.60의 주해를 참조하기 바란다.

숙함이라 한다.

㉑ 요소[界]에 능숙함과 마음에 잡도리함[作意]에 능숙함(ma2-120, D33 §1.9 (10))

1340. 여기서 무엇이 '요소[界]에 능숙함'318)(ma2-121-a)인가?

18가지 요소들[十八界]이 있으니 눈의 요소[眼界], 형색의 요소, 눈의 알음알이의 요소, 귀의 요소, 소리의 요소, 귀의 알음알이의 요소, 코의 요소, 냄새의 요소, 코의 알음알이의 요소, 혀의 요소, 맛의 요소, 혀의 알음알이의 요소, 몸의 요소, 감촉의 요소, 몸의 알음알이의 요소, 마노의 요소[意界], 법의 요소[法界], 마노의 알음알이의 요소[意識界]이다.

이러한 [18가지] 요소들에 대해서 요소에 능숙함, 통찰지, 통찰함 … 어리석음 없음, 법을 간택함, 바른 견해 — 이를 일러 요소에 능숙함이라 한다.

1341. 여기서 무엇이 '마음에 잡도리함[作意]에 능숙함'319)(ma2-121-b)인가?

이러한 [18가지] 요소들에 대해서 마음에 잡도리함에 능숙함, 통찰지, 통찰함 … 어리석음 없음, 법을 간택함, 바른 견해 — 이를 일러 마음에 잡도리함에 능숙함이라 한다.

㉒ 감각장소[處]에 능숙함과 연기(緣起)에 능숙함(ma2-122, D33 §1.9)

1342. 여기서 무엇이 '감각장소[處]에 능숙함'(ma2-122-a)인가?

---

318) "'요소[界]에 능숙함(dhātu-kusalatā)'이란 듣고 호지하고 명상하고 꿰뚫어서 18가지 요소[界, dhātu]들의 고유성질을 구분해서 정의하는(sabhāva-paricchedakā) 통찰지(paññā)를 말한다."(DA.iii.979)

319) "'마음에 잡도리함[作意]에 능숙함(manasikāra-kusalatā)'이런 요소들을 명상하고 꿰뚫고 반조해서 생긴 통찰지이다."(DA.iii.979)

열두 가지 감각장소들이 있으니 눈의 감각장소, 형색의 감각장소, 귀의 감각장소, 소리의 감각장소, 코의 감각장소, 냄새의 감각장소, 혀의 감각장소, 맛의 감각장소, 몸의 감각장소, 감촉의 감각장소, 마노의 감각장소, 법의 감각장소이다.

이러한 [열두 가지] 감각장소들에 대해서 감각장소에 능숙함, 통찰지, 통찰함 … 어리석음 없음, 법을 간택함, 바른 견해 — 이를 일러 감각장소에 능숙함이라 한다.

1343. 여기서 무엇이 '연기(緣起)에 능숙함'(ma2 -122-b)인가?

[12가지 연기가 있으니] 무명을 조건으로 [업] 형성들이, [업] 형성들을 조건으로 알음알이가, 알음알이를 조건으로 정신·물질이, 정신·물질을 조건으로 여섯 감각장소가, 여섯 감각장소를 조건으로 감각접촉이, 감각접촉을 조건으로 느낌이, 느낌을 조건으로 갈애가, 갈애를 조건으로 취착이, 취착을 조건으로 존재가, 존재를 조건으로 태어남이, 태어남을 조건으로 늙음·죽음과 근심·탄식·육체적 고통·정신적 고통·절망이 발생한다. 이와 같이 전체 괴로움의 무더기[苦蘊]가 발생한다.(S12:2 등) 이 [12가지 연기]에 대해서 능숙함, 통찰지, 통찰함 … 어리석음 없음, 법을 간택함, 바른 견해 — 이를 일러 연기에 능숙함이라 한다.

㉓ [바른] 경우에 능숙함과 [바른] 경우가 아닌 것에 능숙함(ma2-123, D33 §1.9 (12))

1344. 여기서 [230] 무엇이 '[바른] 경우에 능숙함'(ma2-123-a)인가?

'이런저런 법들은 이런저런 법들이 일어나는 원인이 되고 조건이 된다. 그런 것은 가능한 일이다.'[320]라는 이러한 통찰지, 통찰함 … 어리

---

320) 『담마상가니 주석서』는 '원인[因, hetu]'과 '조건[緣, paccaya]'이 서로 부

석음 없음, 법을 간택함, 바른 견해 — 이를 일러 [바른] 경우에 능숙함이라 한다.

1345. 여기서 무엇이 '[바른] 경우가 아닌 것에 능숙함'(ma2-123-b)인가?

'이런저런 법들은 이런저런 법들이 일어나는 원인이 아니고 조건이 아니다. 그런 것은 불가능한 일이다.'라는 이러한 통찰지, 통찰지, 통찰함 … 어리석음 없음, 법을 간택함, 바른 견해 — 이를 일러 [바른] 경우가 아닌 것에 능숙함이라 한다.[321]

㉔ 반듯함과 유연함(ma2-124, D33 §1.9 (13))

1346. 여기서 무엇이 '반듯함'[322](ma2-124-a)인가?

합하는 것(aññamañña-vevacana)과 감성(pasāda)과 대상(ārammaṇa)과 알음알이(viññāṇa), 즉 근(根)·경(境)·식(識)이 바르게 적용되는 것을 '[바른] 경우(ṭhāna)'라 설명하고 그렇지 않은 것을 '[바른] 경우가 아닌 것(aṭṭhāna)'으로 설명한다. 예를 들면 눈·형색·눈의 알음알이[眼·色·眼識]는 바른 경우에 속하고 눈·형색·귀의 알음알이는 바른 경우가 아닌 것에 속한다. 그리고 망고 씨앗(bīja)에서 망고 열매(phala)가 생기는 것은 바른 경우에 속하고 망고 나무에서 야자나무가 생기는 것은 바른 경우가 아닌 것에 속한다.(DhsA.395)

한편 『맛지마 니까야』 제4권 「많은 요소 경」(M115) §§12~18에서는 [바른] 경우와 [바른] 경우가 아닌 것에 능숙한 자(ṭhāna-aṭṭhāna-kusala)에 대해서 "[바른] 견해를 구족한 사람이 형성된 것들[行]을 영원하다고 간주하는 것은 가능하지 않고 그런 경우란 없다."(M115 §10)는 등의 일곱 가지 주제를 들고 있으니 참조하기 바란다.

321) 『맛지마 니까야 주석서』는 요소 등의 이러한 네 가지에 능숙하기 때문에 현자(paṇḍita)라 부른다고 다음과 같이 설명하고 있다.
"요소에 능숙함, 감각장소에 능숙함, 연기(緣起)에 능숙함, [바른] 경우와 [바른] 경우가 아닌 것에 능숙함이라는 이러한 네 가지 이유 때문에 현자이다."(MA.iv.82)

322) "'반듯함(ajjava)'이라고 하셨다. 반듯하지 못함(anajjava)에는 세 가지가 있다. ① 소 오줌처럼 휜 것(gomutta-vaṅkatā)과 ② 달(canda)처럼 휜

반듯한 상태, 뒤틀리지 않음, 꼬부라지지 않음, 비뚤어지지 않음 — 이를 일러 반듯함이라 한다.

1347. 여기서 무엇이 '유연함'[323](ma2-124-b)인가?

부드러움, 유연한 상태, 단단하지 않음, 견고하지 않음, 하심(下心)하는 마음 — 이를 일러 유연함이라 한다.

㉕ 인욕과 온화함(ma2-125, D33 §1.9 (14))

1348. 여기서 무엇이 '인욕'(ma2-125-a)인가?

인욕, 인욕함, 견디어냄, 난폭하지 않음, 잘 제어됨, 마음의 편안함 — 이를 일러 인욕이라 한다.

1349. 여기서 무엇이 '온화함'[324](ma2-125-b)인가?

몸으로 범하지 않고, 말로 범하지 않고, 몸과 말 [둘 다로] 범하지 않는 것 — 이를 일러 온화함이라 한다. 모든 계를 통한 단속도 온화함이다.

것과 ③ 쟁기(naṅgala)처럼 흰 것이다.
① 여기 어떤 비구는 처음에는 21가지 추구하지 않아야 할 것을 추구하고 여섯 가지 가지 않아야 할 곳을 다닌다. 중간과 마지막에는 부끄러워하고 후회하여 공부짓고자 한다. 이것이 소 오줌처럼 휜 것이다.
② 어떤 자는 처음과 마지막에는 네 가지 청정한 계를 구족하고 부끄러워하고 후회하여 공부짓고자 한다. 그러나 중간은 첫 번째와 같다. 이것을 달처럼 휜 것이라 한다.
③ 어떤 자는 처음과 중간에는 네 가지 청정한 계를 구족하고 부끄러워하고 후회하여 공부짓고자 한다. 그러나 마지막은 첫 번째와 같다. 이것을 쟁기처럼 휜 것이라 한다.
그러나 어떤 자는 이 모든 휜 것을 버리고 처음・중간・마지막에 바르게 행동하고 부끄러워하고 후회하여 공부짓고자 한다. 이런 그의 올곧은 상태가 바로 '반듯함(ajjava)'이다."(DA.iii.980)

323) D33 §1.9 (13)에는 '부끄러워함(lajjava)'으로 나타나지만 본서의 마띠까와 여기서는 부드러움(maddava)으로 나타나고 있다.

324) "계를 통한 단속이 '온화함'이다(sīlasaṁvaro soraccaṁ)."(DA.iii.981)

㉖ 싹싹한 말씨와 호의를 베풂(ma2-126, D33 §1.9 (15))

1350. 여기서 무엇이 '싹싹한 말씨'(ma2-126-a)인가?

과격하고 꺼칠꺼칠하고 남에게 모질고 남을 찌르고 분노에 맞닿아있고 삼매에 도움이 되지 못하는 이런 형태의 말을 버리고, 유순하고 귀에 즐겁고 사랑스럽고 가슴에 와 닿고 예의바르고 많은 사람들이 좋아하고 많은 사람들의 마음에 드는 그런 말을 한다.

이런 것에 세련된 말, 상냥한 말, 거칠지 않은 말 — 이를 일러 싹싹한 말씨라 한다.

1351. 여기서 무엇이 '호의를 베풂'[325](ma2-126-b)인가?

두 가지 호의를 베풂이 있다. 물질로 호의를 베풂과 법으로 호의를 베풂이다. 여기 어떤 자는 물질로 호의를 베푸는 것과 법으로 호의를 베푸는 것으로 호의를 베푼다. — 이를 일러 호의를 베풂이라 한다.

㉗ 감각기능들의 문을 잘 보호하지 못함과 음식에서 적당함을 알지 못함(ma2-127, D33 §1.9 (19))

1352. 여기서 무엇이 '감각기능들의 문을 잘 보호하지 못함'(ma2-127-a)인가?

여기 어떤 자는 눈으로 형색을 봄에 그 표상[全體相]을 취하고, 또 그 세세한 부분상[細相]을 취한다. 만약 그가 눈의 감각기능이 [231] 제어되지 않은 채 머무르면, 간탐과 싫어하는 마음이라는 나쁘고 해로운 법[不善法]들이 그를 침입해올 것이다. 그러나 그는 눈의 감각기능을 잘 단속하기 위해 수행하지 않으며, 눈의 감각기능을 잘 방호하지 않고, 눈의

---

325) "'호의를 베풂(paṭisanthāra)'이란 세상과 함께하는 것인데 물질적(āmisa)인 방법과 법을 통한 것으로 두 가지이다."(DA.iii.981)

감각기능을 잘 단속하지 않는다. 귀로 소리를 들음에 … 코로 냄새를 맡음에 … 혀로 맛을 봄에 … 몸으로 감촉을 느낌에 … 마노로 법을 지각함에 그 표상을 취하고, 또 그 세세한 부분상을 취한다. 만약 그가 마노의 감각기능이 제어되지 않은 채 머무르면, 간탐과 싫어하는 마음이라는 나쁘고 해로운 법[不善法]들이 그를 침입해올 것이다. 그러나 그는 마노의 감각기능을 잘 단속하기 위해 수행하지 않으며, 마노의 감각기능을 잘 방호하지 않고 마노의 감각기능을 잘 단속하지 않는다. 이러한 여섯 가지 감각기능들을 보호하지 않고 돌보지 않고 방호하지 않고 단속하지 않는 것 — 이를 일러 감각기능들의 문을 잘 보호하지 못함이라 한다.

1353. 여기서 무엇이 '음식에서 적당함을 알지 못함'(ma2-127-b)인가?

여기 어떤 사람은 숙고하지도 못하고 지혜롭지도 못하여 단지 즐기기 위해서 취하기 위해서 겉치레를 위해서 외양을 위해서 음식을 수용한다. 여기서 음식에서 만족하지 못하고 적당함을 알지 못하고 숙고하지 못하는 것 — 이를 일러 음식에서 적당함을 알지 못함이라 한다.

㉘ 감각기능들의 문을 잘 보호함과 음식에서 적당함을 앎(ma2-128, D33 §1.9 (20))

1354. 여기서 무엇이 '감각기능들의 문을 잘 보호함(guttadvāratā)'(ma2-128-a)인가?

여기 어떤 사람은 눈으로 형색을 봄에 그 표상[全體相]을 취하지 않으며, 또 그 세세한 부분상[細相]을 취하지도 않는다. 만약 그가 눈의 감각기능이 제어되지 않은 채 머무르면, 간탐과 싫어하는 마음이라는 나쁘고 해로운 법[不善法]들이 그를 침입해올 것이다. 따라서 그는 눈의 감각기능을 잘 단속하기 위해 수행하며, 눈의 감각기능을 잘 방호하고, 눈의 감각기능을 잘 단속한다. 귀로 소리를 들음에 … 코로 냄새를 맡음에 …

혀로 맛을 봄에 … 몸으로 감촉을 느낌에 … 마노로 법을 지각함에 그 표상을 취하지 않으며, 또 그 세세한 부분상을 취하지도 않는다. 만약 그가 마노의 감각기능이 제어되지 않은 채 머무르면, 간탐과 싫어하는 마음이라는 나쁘고 해로운 법[不善法]들이 그를 침입해올 것이다. 따라서 그는 마노의 감각기능을 잘 단속하기 위해 수행하며, 마노의 감각기능을 잘 방호하고 마노의 감각기능을 잘 단속한다.

이러한 여섯 가지 감각기능들을 보호하고 돌보고 방호하고 단속하는 것 — 이를 일러 감각기능들의 문을 잘 보호함이라 한다.

1355. 여기서 무엇이 '음식에서 적당함을 앎'(ma2-128-b)인가?

여기 어떤 사람은 지혜롭게 숙고하면서 음식을 수용한다. 그것은 즐기기 위해서도 아니며 취하기 위해서도 아니며 겉치레를 위해서도 아니며 외양을 위해서도 아니며 단지 이 몸을 지탱하고 유지하고 해악을 쉬고[326] 청정범행을 잘 지키기 위해서이다. [232] '그래서 나는 이전의 느낌을 물리치고 새로운 느낌을 일어나게 하지 않을 것이다. 나는 잘 유지될 것이고 비난받을 일 없이 편안하게 머물 것이다.'라고 [지혜롭게 숙고하면서 음식을 수용한다.] 여기서 그는 음식에서 만족하고 적당함을 알고 숙고한다. — 이를 일러 음식에서 적당함을 앎이라 한다.

㉙ 마음챙김을 놓아버림과 알아차림이 없음(ma2-129, D33 §1.9 (17))

1356. 여기서 무엇이 '마음챙김을 놓아버림'(ma2-129-a)인가?

마음챙기지 못함, 계속해서 생각[隨念]하지 못함, 돌이켜 마음챙기지 못함, 마음챙김이 없음, 챙겨있지 못함, 간직하지 못함, 떠다님, 잊어버

---

326) "'해악을 쉬고(vihiṁsūparati)': 괴롭힌다는 뜻에서 배고픔이 해악이다. 그것을 제거하기 위해 탁발음식을 수용한다. 이는 마치 상처에 연고를 바르는 것과 같고, 추위와 더위 등을 중화시키는 것과 같다."(Vis.I.92; *cf.* DhsA.404)

림 — 이를 일러 마음챙김을 놓아버림이라 한다.

1357. 여기서 무엇이 '알아차림이 없음'(ma2-129-b)인가?

무지함, 견(見)이 없음 … 무명의 장벽, 어리석음이라는 해로움의 뿌리 — 이를 일러 알아차림이 없음이라 한다.

㉚ 마음챙김과 알아차림(ma2-130, D33 §1.9 (18))

1358. 여기서 무엇이 '마음챙김'(ma2-130-a)인가?

마음챙김, 계속해서 생각함[隨念], 돌이켜 마음챙김, 마음챙김, 챙겨있음, 간직함, 떠다니지 않음, 잊어버리지 않음, 마음챙김, 마음챙김의 기능, 마음챙김의 힘, 바른 마음챙김[正念] — 이를 일러 마음챙김이라 한다.

1359. 여기서 무엇이 '알아차림'(ma2-130-b)인가?

통찰지, 통찰함 … 어리석음 없음, 법을 간택함, 바른 견해 — 이를 일러 알아차림이라 한다.

㉛ 숙고의 힘과 수행의 힘(ma2-131, D33 §1.9 (21))

1360. 여기서 무엇이 '숙고의 힘'(ma2-131-a)인가?

통찰지, 통찰함 … 어리석음 없음, 법을 간택함, 바른 견해 — 이를 일러 숙고의 힘이라 한다.

1361. 여기서 무엇이 '수행의 힘'(ma2-131-b)인가?

유익한 법들을 받들어 행하고 닦고 많이 [공부]짓는 것 — 이를 일러 수행의 힘이라 한다. 일곱 가지 깨달음의 구성요소[七覺支]도 수행의 힘이다.

㉜ 사마타와 위빳사나(ma2-132, D33 §1.9 (23))

1362. 여기서 무엇이 '사마타'(ma2-132-a)인가?

마음의 머묾 … 바른 삼매 — 이를 일러 사마타라 한다.

1363. 여기서 무엇이 '위빳사나'327)(ma2-132-b)인가?

통찰지, 통찰함 … 어리석음 없음, 법의 간택, 바른 견해 — 이를 일러 위빳사나라 한다.

㉝ 사마타의 표상과 분발의 표상(ma2-133, D33 §1.9 (24))

1364. 여기서 무엇이 '사마타의 표상'(ma2-133-a)인가?

마음의 머묾 … 바른 삼매 — 이를 일러 사마타의 표상이라 한다.

1365. 여기서 무엇이 '분발328)의 표상'(ma2-133-b)인가?

정신적인 정진을 시작함 … 바른 정진 — 이를 일러 분발의 표상이라 한다.

㉞ 분발과 산란하지 않음(ma2-134, D33 §1.9 (25))

1366. 여기서 무엇이 '분발'(ma2-134-a)인가?

정신적인 정진을 시작함, [233] … 바른 정진 — 이를 일러 분발이라 한다.

---

327) "'사마타'는 삼매이고 '위빳사나'는 통찰지이다(samatho samādhi, vipassanā paññā)."(DA.iii.983)
"반대되는 법들을 고요하게 하기 때문에(paccanīka-dhammā-samana) 사마타는 삼매이다. 무상 등의 다양한 형태(vividha ākāra)로 보기 때문에 위빳사나는 통찰지이다."(DAT.iii.234)
본서 제1권 §54의 주해도 참조할 것.

328) "'분발(paggāha)'은 정진(vīriya)을 뜻한다."(DA.iii.983)

1367. 여기서 무엇이 '산란하지 않음'(ma2-134-b)[329] 인가?

마음의 머묾 … 바른 삼매 — 이를 일러 산란하지 않음이라 한다.

㉟ 계를 파함과 견해를 파함(ma2-135, D33 §1.9 (26))

1368. 여기서 무엇이 '계를 파함'[330](ma2-135-a)인가?

몸으로 범하고, 말로 범하고, 몸과 말 [둘 다로] 범하는 것 — 이를 일러 계를 파함이라 한다. 모든 나쁜 계행도 계를 파함이다.

1369. 여기서 무엇이 '견해를 파함'[331](ma2-135-b)인가?

'보시도 없고, 공물도 없고, 제사(헌공)도 없다. 선행과 악행의 업들에 대한 열매도 과보도 없다. 이 세상도 없고, 저 세상도 없다. 어머니도 없고, 아버지도 없다. 화생하는 중생도 없고, 이 세상과 저 세상을 스스로 최상의 지혜로 알고 실현하여 드러내는 바른 도를 구족한 사문・바라문들도 이 세상에는 없다.'(M41 등)라고 하는 이런 형태의 [그릇된] 견해, 견해에 빠짐 … 거꾸로 거머쥠 — 이를 일러 견해를 파함이라 한다. 모든 그릇된 견해도 견해를 파함이다.

㊱ 계의 구족과 견해의 구족(ma2-136, D33 §1.9 (27))

1370. 여기서 무엇이 '계의 구족'(ma2-136-a)인가?

몸으로 범하지 않고, 말로 범하지 않고, 몸과 말 [둘 다로] 범하지 않는 것 — 이를 일러 계의 구족이라 한다. 모든 계를 통한 단속도 계의 구

---

329) "'산란하지 않음(avikkhepa)'은 한끝으로 [집중]됨[一境性, ekaggatā]이다."(DA.iii.983)

330) "'계를 파함(sīla-vipatti)'은 단속하지 않음(asaṁvaro)이다."(DA.iii.983)

331) "'견해를 파함(diṭṭhi-vipatti)'이란 … 바른 견해[正見]를 파한 그릇된 견해이다."(DA.iii.983)

족이다.

1371. 여기서 무엇이 '견해의 구족'[332](ma2-136-b) 인가?

'보시도 있고 [349] 공물도 있고 제사(헌공)도 있다. 선행과 악행의 업들에 대한 열매도 있고 과보도 있다. 이 세상도 있고, 저 세상도 있다. 어머니도 있고, 아버지도 있다. 화생하는 중생도 있고, 이 세상과 저 세상을 스스로 최상의 지혜로 실현하여 드러내는, 바른 도를 구족한 사문·바라문들도 이 세상에는 있다.'(M60 등)라고 하는 이런 형태의 통찰지, 통찰함 … 어리석음 없음, 법의 간택, 바른 견해 — 이를 일러 견해의 구족이라 한다. 모든 바른 견해도 견해의 구족이다.

㊲ 계의 청정과 견해의 청정(ma2-137, D33 §1.9 (28))

1372. 여기서 무엇이 '계의 청정'(ma2-137-a) 인가?

몸으로 범하지 않고, 말로 범하지 않고, 몸과 말 [둘 다로] 범하지 않는 것 — 이를 일러 계의 청정이라 한다. 모든 계를 통한 단속도 계의 청정이다.

1373. 여기서 무엇이 '견해의 청정'(ma2-137-b) 인가?

업이 자신의 주인임을 아는 지혜, 진리에 수순하는 지혜, 도를 구족한 자의 지혜, 과를 구족한 자의 지혜이다. — 이를 일러 견해의 청정이라 한다.

㊳ 견해의 청정뿐만 그러한 견해에 따른 노력(ma2-138, D33 §1.9 (29))

1374. '견해의 청정뿐만 아니라'(ma2-138-a)라고 한 것은 [234] 통

332) "'견해의 구족(diṭṭhi-sampadā, diṭṭhi-pāripūribhūta)'은 지혜(ñāṇa)를 말한다."(DA.iii.983)

찰지, 통찰함 … 어리석음 없음, 법의 간택, 바른 견해이다.333)

1375. '그러한 견해에 따른 노력'(ma2-138-b)이란 정신적인 정진을 시작함 … 바른 정진이다.

㊴ 절박함을 일으키는 원인들에 대한 절박함과 절박함을 가진 자의 지혜로운 노력(ma2-139, D33 §1.9 (31))

1376. '절박함'이란 태어남에 대한 두려움, 늙음에 대한 두려움, 병에 대한 두려움, 죽음에 대한 두려움이다. '절박함을 일으키는 원인들'(ma2-139-a)이란 태어남, 늙음, 병, 죽음이다.

1377. '절박함을 가진 자의 지혜로운 노력'(ma2-139-b)이란 '여기 비구는 아직 일어나지 않은 나쁘고 해로운 법들을 일어나지 않도록 하기 위해 열의를 일으키고 정진하고 힘을 내고 마음을 다잡고 애를 쓴다. 이미 일어난 나쁘고 해로운 법들을 제거하기 위해 열의를 일으키고 정진하고 힘을 내고 마음을 다잡고 애를 쓴다. 아직 일어나지 않은 유익한 법들을 일어나도록 하기 위해 열의를 일으키고 정진하고 힘을 내고 마음을 다잡고 애를 쓴다. 이미 일어난 유익한 법들을 지속하게 하고 사라지지 않게 하고 증장하게 하고 충만하게 하고 닦아서 성취하기 위해서 열의를 일으키고 정진하고 힘을 내고 마음을 다잡고 애를 쓴다.'(D22 등)[이다.]

333) 여기서(ma2-138)부터 마지막 마띠까(ma2-142)까지는 질문의 형태를 빌리지 않고 설명만 나열하고 있다.

㊵ 유익한 법들만으로 만족하지 못함과 노력에서 물러서지 않음 (ma2-140, D33 §1.9 (31))

1378. '유익한 법들만으로 만족하지 못함'[334](ma2-140-a)이란 유익한 법들을 닦는 것으로 만족하지 못하고 더 많은 것을 바라는 것이다.

1379. '노력에서 물러서지 않음'(ma2-140-b)이란 유익한 법들을 수행하기 위해서 정성을 다하여 행함, 끈기 있게 행함, 쉼 없이 행함, 굴하지 않음[無劣],[335] 열의를 버리지 않음, 의무를 버리지 않음, 받들어 행함, 닦음, 많이 [공부]지음이다.

㊶ 명지(明知)와 해탈(ma2-141, D33 §1.9 (32))

1380. '명지(明知)'(ma2-141-a)란 세 가지 명지이니 전생을 기억하는 지혜[宿命通]인 명지, 죽음과 다시 태어남을 [아는] 지혜[天眼通]인 명지, 번뇌를 멸진하는 지혜[漏盡通]인 명지이다.

1381. '해탈'[336](ma2-141-b)이란 두 가지 해탈이니 마음의 확신과 열반이다.

---

334) "'유익한 법들만으로 만족하지 못함(asantuṭṭhitā)'이란 유익한 법들을 닦음만으로 만족하지 못하는 자가 더욱더 수행하고자 함이다. 이러한 것을 구족한 사람은 계를 구족한 뒤 禪을 증득한다. 禪을 얻은 뒤 위빳사나를 시작한다. 위빳사나를 시작한 자는 아라한과를 얻지 못하고서는 도중에 포기하지 않는다."(DA.iii.983)

335) "'굴하지 않음(anolīna-vuttitā)'이란 게으르지 않은 삶(alīna-jīvitā)이나 게으르지 않은 활동(alīna-pavattitā)을 뜻한다."(DhsA.408)

336) "'해탈(vimutti)'에는 마음의 확신(adhimutti)과 열반의 두 가지가 있다. 이 가운데서 여덟 가지 증득[等至]은 장애[五蓋] 등으로부터 잘 벗어났기 때문에(muttattā) 확신이라 한다. 열반은 모든 형성된 것[有爲, saṅkhata]으로부터 벗어났기 때문에 해탈(vimutti)이라 한다고 알아야 한다."(DA.iii.985)

㊷ 멸진에 대한 지혜와 일어나지 않음에 대한 지혜(ma2-142, D33 §1.9)

1382. '멸진에 대한 지혜'[337](ma2-142-a)란 도를 구족한 자의 지혜이다.

1383. '일어나지 않음에 대한 지혜'[338](ma2-142-b)란 과를 구족한 자의 지혜이다.

제3편 간결한 설명 편이 [끝났다.]

---

337) "'멸진에 대한 지혜(khaye ñāṇa)'란 오염원을 무너뜨리는 성스러운 도(ariya-magga)에 대한 지혜이다."(DA.iii.985)

338) "'일어나지 않음에 대한 지혜(anuppāde ñāṇa)'란 성스러운 과(ariya-phala)에 대한 지혜이다."(DA.iii.985)

담마상가니

제4편

주석편

aṭṭhakathā-kaṇḍa

제4편

주석 편

aṭṭhakathā-kaṇḍa[339)]

---

339) 여기서 '주석 편'으로 옮긴 용어는 aṭṭhakathā-kaṇḍa이다. 이 aṭṭhakathā는 일반적으로 주석서로 옮기고 있는 용어이기도 하다. 그래서 주석으로 옮겼다. 사실 이 aṭṭhakathā-kaṇḍa를 주석 편으로 옮기면 주석서와 혼동할 염려가 있고 aṭṭhakathā가 aṭṭha(의미)와 kathā(설명)이라는 두 단어가 합성된 것이라서 의미를 밝힘 편으로 수정하였다가 이 aṭṭhakathā-kaṇḍa는 아비담마 마띠까 혹은 본서 제3편 간결한 설명 편에 대한 사리뿟다 존자의 주석이기 때문에(아래에 인용하는 주석서 참조) 최종적으로 다시 우리에게 익숙한 주석이란 용어를 택해서 '주석 편'으로 옮겼음을 밝힌다. 그렇지만 이 주석 편과 주석서 문헌들은 같은 문헌군에 속하는 것이 아님을 강조하면서 본편에 대한 주석서의 설명을 살펴보고자 한다. 주석 편에 대한 여러 논의는 본서 해제 <§5. 주석 편>을 참조하기 바란다. 본서의 주석서인 『앗타살리니』는 본 주석 편을 다음과 같이 설명하고 있다.

"이제 간결한 설명 편 바로 다음에 놓여있는 주석 편을 설명하는 차례가 되었다. 그러면 왜 이것을 '주석 편'이라고 부르는가? [이것은] 삼장에 담겨있는 부처님의 가르침(Buddha-vacana)의 의미(attha)를 뽑아내어 확정한 것이기 때문이다. 왜냐하면 이것은 삼장에서 언급되지 않은 특별한 법(dhammantara)으로 전승되어 온 것을 주석 편을 통해서 범위를 한정한 뒤 아주 잘 판별한 것이기 때문이다. 전체 논장에 대한 조직적인 도(naya-magga)와 『마하빠까라나』(Mahāpakaraṇa, 큰 논서 = 『빳타나』, mahā-pakaraṇaṁ nāma paṭṭhānantipi tasseva nāmaṁ — DhsA.9)에 나타나는 [알고자 하는 의미를 드러내기 위한 — DAṬ.iii.112] 질문을 드러냄(pañhuddhāra)과 숫자의 전개(gaṇana-cāra)에 대해서 주도면밀하지 못한 자도 이 주석 편을 통해서 잘 배우게 되기 때문이다.

그러면 이것은 누구로부터 비롯된 것인가? 사리뿟따 장로로부터 기원하는 것(Sāriputtattherappabhava)이다. 사리뿟따 장로는 자신과 함께 머무는 어떤 [비구]가 간결한 설명 편의 의미를 드러냄에 대해서 주도면밀하지 못하자 이 주석 편을 가르쳐서 그것을 보여주었기 때문이다."(DhsA.409~410)

이처럼 『담마상가니 주석서』,즉 『앗타살리니』는 이 주석 편은 사리뿟따 존자가 본서 제3편 간결한 설명 편의 의미를 드러내기 위해서 제자에게 설한

제1장 세 개 조의 의미를 드러냄[義要]

tika-atthuddhāra[340)]

것으로 설명하고 있다. 그러나 고주석서는 이것도 부처님의 직설이라고 주장한다고 『앗타살리니』는 계속해서 다음과 같이 적고 있다.

"그러나 대주석서(mahā-aṭṭhakathā = 고주석서)는 이런 견해를 거부한 뒤 이렇게 말했다. 아비담마란 제자들의 분야(sāvaka-visaya)가 아니고 제자들의 영역(sāvaka-gocara)이 아니다. 이것은 부처님의 분야이고 부처님의 영역이다.
법의 대장군(dhammasenāpati = 사리뿟따 존자)은 함께 머무는 [비구]로부터 질문을 받고 그를 데리고 스승이신 부처님의 곁에 직접 가서 정등각께 말씀을 드렸다. 정등각께서는 그 비구에게 주석 편을 설명하신 뒤에 드러내어 주셨다. 어떻게? 세존께서는 '어떤 것이 유익한 법들인가?'라고 그에게 질문을 하셨다. 이것은 '그대는 유익한 법들이란 것은 어떤 것이라고 식별하는가?'라는 뜻이다.
그가 침묵하고 있자 '내가 어떤 것이 유익한 법들인가라고 한 것은 욕계에 속하는 유익한 마음이 일어날 때 등의 방법으로 경지에 따른 분류(bhūmi-bheda)를 하여 유익한 법을 가르쳤으니 이 모든 것은 네 가지 경지에 있는 유익한 법이고 바로 이러한 것이 유익한 법들이다.'라는 이러한 방법으로 각각의 요점별(kaṇṇika)로, 각각의 무리별(ghaṭa)로, 각각의 모둠별(gocchaka)로 말씀하신 뒤 그 의미를 드러내시기 위해서 유익한 법 등을 보여주시면서 설명하여 주셨다."(DhsA.410)

이처럼 본 주석 편도 모두 부처님의 친설(親說)을 담고 있다는 것이 상좌부 불교의 관점이다.

340) 여기서 '의미를 드러냄'은 atthuddhāra를 옮긴 것이다. 이것은 앗타(attha, 의미)와 웃다라(uddhāra, 드러냄)의 합성어이다. 웃다라(uddhāra)는 ud+√dhṛ(*to hold*)에서 파생된 명사로 주로 취소, 취하, 중지를 뜻하지만 여기서는 아래 복주서의 설명처럼 '위로 끄집어내다.'는 문자적인 의미에서 '유래, 기원, 드러냄, 밝힘'을 뜻한다. 냐나몰리 스님은 *derivation*으로 설명하고 있다(NMD).
『담마상가니』의 주석서와 복주서는 앗툿다라(attha+uddhāra)의 의미를 설명하지 않는다. 『넷띠빠까라나 복주서』(Nettippakaraṇa-ṭīkā)에 의하면 앗툿다라(atthuddhāra)는 하나의 단어가 내포한 여러 가지 의미들을 밝힌 것으로 정의하면서 다음과 같이 앗툿다라(atthuddhāra, 여러 의미를 드러냄)와 빠둣다라(paduddhāra, 동의어를 드러냄)를 설명하고 있다.

"하나의 단어(eka pada)가 내포한(sambhavantā) 여러 가지 의미들(anekā

1384. 무엇이 '유익한 법들'(ma3-1-a)인가?

네 가지 경지들에서 유익함 — 이것이 유익한 법들이다.341)

---

atthā)을 밝히는 것(uddhāra)이 앗툿다라(atthuddhāra, [여러] 의미를 드러냄)이고, 같은 뜻(eka attha)을 내포한 여러 가지 단어들(anekāni padā-ni)을 밝히는 것이 빠둣다라(paduddhāra, 동의어를 드러냄)이다."(NetAṬ.46)

한편 『위방가 주석서』는 삿짜(sacca, 진리)라는 단어를 통해서 이 단어가 가지는 여러 의미를 경을 인용하여 밝히면서 앗툿다라를 설명하고 있는데 (VbhA.86) 이것을 이 주석 편의 §1386에 적용하여 생각해보자.
예를 들면 §1386에서는 '결정할 수 없는 법들[無記, abyākatā]'(ma3-1-c)의 의미를 ① 네 가지 경지에서 과보로 나타난 것, ② 세 가지 경지에서 작용만 하는 결정할 수 없는[無記] 것, ③ 물질, ④ 열반의 네 가지로 밝히고 있다. 이처럼 '결정할 수 없는 법들'이라는 하나의 논의의 주제가 가진 여러 가지 의미를 드러내는 것이 본 주석 편 §1386의 내용이다.
이러한 방법으로 세 개 조 마띠까 22개에 포함된 22×3=66개 구문과 두 개 조 마띠까 100개에 포함된 100×2=200개 구문을 합하여 모두 266개 구문의 여러 가지 의미를 드러내는 것이 이 주석 편의 내용이다. 그래서 전통적으로 본편의 세 개 조 마띠까의 설명을 '세 개 조의 의미를 드러냄[義要]'이라 부르고 있고 두 개 조 마띠까의 설명을 '두 개 조의 의미를 드러냄[義要]'라고 부르고 있다.

그리고 주석서 문헌들에서는 본서 제4편 전체를 아예 앗툿다라 깐다(atth-uddhāra-kaṇḍa), 즉 의미를 드러냄 편이라 부르기도 한다. 예를 들면 『담마상가니』의 복주서에 해당하는 『모하윗체다니』(Mohavicchedanī)에서는 본서 제3편과 제4편을 각각 닉케빠깐다와 앗툿다라깐다로 부르고 있다.(nikkhepakaṇḍe, atthuddhārakaṇḍe ca — Moh.104) 그리고 『담마상가니 아누띠까』에서도 "이 의미를 드러냄 편에서(imasmiṁ atthuddhāra-kaṇḍe)"(DhsAAnuṬ.208)라고 표현하고 있다.
한편 본편에는 두 개 조 마띠까 가운데 경장의 두 개 조 마띠까 42개는 나타나지 않는다.

341) "여기서 '네 가지(catu)'란 욕계에 속하거나 색계에 속하거나 무색계에 속하거나 [세간에] 포함되지 않는[出世間] 것들(kāmāvacara-rūpāvacara-arūpāvacara-apariyāpannā)이다. '유익함(kusalā)'이란 감각접촉 등으로 분류된 유익한 것이다. '이것이 유익한 법들이다(ime dhammā kusalā).'라는 것은 이런저런 모든 경지(bhūmi)들에 있는 감각접촉 등의 법들이 유익한 것이라는 뜻이다."(DhsA.410)

1385. 무엇이 '해로운 법들'(ma3-1-b)인가?

열두 가지 해로운 마음의 일어남[342] — 이것이 해로운 법들이다.

1386. 무엇이 '결정할 수 없는[無記] 법들'(ma3-1-c)인가?

네 가지 경지에서 과보로 나타난 것,[343] 세 가지 경지에서 작용만 하는 결정할 수 없는[無記] 것, 물질, 열반 — 이것이 결정할 수 없는[無記] 법들이다.

1387. 무엇이 [235] '즐거운 느낌과 결합된 법들'(ma3-2-a)인가?

여기서 일어난 즐거운 느낌은 제외하고,[344] 욕계의 유익한 것 가운데

---

342) "해로운 법들은 경지를 통해서 분류하는 것이 존재하지 않기 때문에 '열두 가지 해로운 마음의 일어남(dvādasa akusala-cittuppādā)'이라고 말씀하셨다.

마음이 일어나는 것(cittameva uppāda)이 '마음의 일어남(cittuppāda)'이다. 이것은 가르침의 머리말(desanā-sīsa)이다. 마치 왕이 왔다(rājā āgato)고 말하면 대신들 등(amaccādīna)도 왔다고 말한 것이듯이 마음의 일어남이라고 말하면 이러한 마음들과 결합된 법들도 언급이 된 것이다. 모든 곳에서 마음의 일어남을 취하면 이것과 결합된 법들과 더불은 마음이 취해지는 것이라고 알아야 한다."(DhsA.410)

343) "이 이후에 나타나는 '네 가지 경지에서 과보로 나타난 것(catūsu bhūmīsu vipāka)' 등과 같은 모든 세 개 조와 두 개 조로 분류된 용어들의 의미와 느낌의 세 개 조(ma3-2) 등에 나타나는 즐거움 등(§§1387~1419)에 대해서 설명하지 않는 것은 앞의 편들에서 설한 방법대로 성전의 뜻을 검증한 뒤에 알아야 한다. 여기서는 특별한 것만 설명할 것이다."(DhsA.410~411)

이처럼 주석서는 앞의 세 편에서 이미 설명한 용어들에 대해서는 더 이상 설명하지 않는다고 밝힌 뒤에 바로 §1420에 대한 주석으로 넘어간다.

344) '여기서 일어난 X는 제외하고'는 etthuppannaṁ X ṭhapetvā를 옮긴 것이다. 이러한 어법은 여기 주석 편에서만 나타나는 구문인데 모두 25군데 정도에 나타나고 있다. X라는 법(들)이 포함된 Y라는 법들을 계산할 때 그 Y라는 법들에 포함된 X는 제외해야 하기 때문에 이런 표현을 쓰고 있다. 본서에 나타나는 'ṭhapetvā(제외하고) 구문'에 대해서는 본서 해제 <§6. 간결한 설명 편과 주석 편에 나타나는 'ṭhapetvā(제외하고) 구문'>을 참조하기 바란다.

기쁨이 함께하는 마음의 일어남 네 가지, 해로운 것 가운데 네 가지, 욕계의 유익한 것의 과보[345]와 작용만 하는 것 가운데 다섯 가지, 유익한 것과 과보로 나타난 것과 작용만 하는 것 가운데 색계의 세 가지나 네 가지 禪,[346] 유익한 것과 과보로 나타난 것 가운데 출세간의 세 가지나

---

345) 여기뿐만 아니라 본서 전체에서 '유익한 것의 과보'는 kusalassa vipāka를 직역하여 옮긴 것이고, 본서 §1389 등에 나타나는 '해로운 것의 과보'는 akusalassa vipāka를 직역하여 옮긴 것이다. 빠알리 문헌 전체에서 본서와 『까타왓투』 한군데와 『빳타나』 한군데에서만 이처럼 나타나고 주석서 문헌에서는 대부분 kusala-vipāka와 akusala-vipāka로 합성어의 형태로 나타나는 것으로 조사된다. kusala-vipāka와 akusala-vipāka는 각각 유익한 과보와 해로운 과보로 옮겼다. kusalassa vipāka와 kusala-vipāka, akusalassa vipāka와 akusala-vipāka는 동의어로 간주하면 된다.

346) '색계의 세 가지나 네 가지 禪'은 rūpāvacara-tika-catukka-jjhānā를 옮긴 것이다. 여기뿐만 아니라 본 주석 편의 §1403와 §1422 등의 아홉 군데 정도에 이런 표현이 나타나고 있다. 『맛지마 니까야 복주서』는 이렇게 설명하고 있다.

"세 가지나 네 가지 禪의 삼매(tikacatukkajjhāna-samādhi)라는 것은 4종禪(네 가지로 분류하는 禪)의 방법에 따른 세 가지 禪의 삼매(catukka-naye tikajjhāna-samādhi)와 5종禪의 방법에 따른 네 가지 禪의 삼매(pañcakanaye catukkajjhāna-samādhi)라고 적용시켜야 한다."(MAṬ. ii.135)

경에서는 禪(jhāna)을 초선부터 제4禪까지의 4종禪으로 분류하고, 아비담마에서는 초선부터 제5선까지의 5종선으로 분류하고 있다. 이 가운데 '세 가지 禪들'은 4종禪 가운데 앞의 세 가지 禪(즉 4종禪의 초선부터 제3선까지)을 뜻하고 '네 가지 禪들'은 5종禪 가운데 앞의 네 가지 禪(즉 5종禪의 초선부터 제4선까지)을 의미한다. 그러므로 이 둘은 같은 것인데 경의 방법과 아비담마의 방법을 아울러 표현하는 것이라 할 수 있다. 4종禪에 대해서는 본서 §160 이하와 주해들을, 5종禪에 대해서는 §167의 제목에 대한 주해와 §167 이하 및 『아비담마 길라잡이』 제1장 §18의 해설과 <도표 1.5>를 참조하고, 문자적인 설명을 비롯한 해설은 『청정도론』 IV.198~202에 잘 나타나 있으니 참조하기 바란다.

그리고 여기서 더 언급하고 싶은 것은 이 『맛지마 니까야 복주서』에 나타나는 'jhāna-samādhi'라는 표현에 대해서이다. 역자는 이것을 '禪의 삼매'로 옮겼는데 한자로 직역하면 jhāna[禪]-samādhi[定]가 되어 禪定(선정)이 된다. 이처럼 禪(jhāna)과 禪定(jhāna-samādhi)은 용어가 다르다. 이

네 가지 禪 — 이것이 즐거운 느낌과 결합된 법들이다.

1388. 무엇이 '괴로운 느낌과 결합된 법들'(ma3-2-b)인가?

여기서 일어난 괴로운 느낌은 제외하고, 불만족이 함께한 마음의 일어남 두 가지, 괴로움이 함께한 몸의 알음알이 — 이것이 괴로운 느낌과 결합된 법들이다.

1389. 무엇이 '괴롭지도 즐겁지도 않은 느낌과 결합된 법들'(ma3-2-c)인가?

여기서 일어난 괴롭지도 즐겁지도 않은 느낌은 제외하고, 욕계의 유익한 것 가운데 평온이 함께하는 마음의 일어남 네 가지, 해로운 것 가운데 여섯 가지, 욕계의 유익한 것의 과보로 나타난 것 가운데 열 가지, 해로운 것의 과보로 나타난 것 가운데 여섯 가지, 작용만 하는 것 가운데 여섯 가지, 유익한 것과 과보로 나타난 것과 작용만 하는 것 가운데 색계의 네 번째 禪, 유익한 것과 과보로 나타난 것과 작용만 하는 것 가운데 무색계 네 가지, 유익한 것과 과보로 나타난 것 가운데 출세간의 네 번째 禪 — 이것이 괴롭지도 즐겁지도 않은 느낌과 결합된 법들이다.

세 가지 느낌과 물질과 열반 — 이 법들은 즐거운 느낌이 함께한 것이라고도 괴로운 느낌이 함께한 것이라고도 괴롭지도 즐겁지도 않은 느낌이 함께한 것이라고도 말해서는 안 된다.[347] [348]

---

jhāna-samādhi라는 용어는 주석서 문헌에서 사용하고 있는 용어이지 빠알리 삼장에는 나타나지 않는 것으로 조사된다. jhāna-samādhi라는 표현은 주석서 문헌에서 적지 않게 쓰이고 있지만 jhāna와 비교했을 때 jhāna-samādhi라는 표현은 아주 적게 나타나고 있다. 역자는 이 둘을 구분해서 옮긴다. jhāna는 '禪'으로 jhāna-samādhi는 '禪의 삼매[禪定]'로 옮기고 있다.

347) '이 법들은 즐거운 느낌이 함께한 것이라고도 괴로운 느낌이 함께한 것이라고도 괴롭지도 즐겁지도 않은 느낌이 함께한 것이라고도 말해서는 안 된다.'는 'ime dhammā na vattabbā sukhāya vedanāya sampayuttātipi, dukkhāya vedanāya sampayuttātipi, adukkhamasukhāya vedanāya

1390. 무엇이 '과보로 나타난 법들'(ma3-3-a)인가?

네 가지 경지에서 과보로 나타난 것 — 이것이 과보로 나타난 법들이다.

1391. 무엇이 '과보를 생기게 하는 법들'(ma3-3-b)인가?

네 가지 경지에서 유익한 것과 해로운 것 — 이것이 과보를 생기게 하는 법들이다.

1392. 무엇이 '과보로 나타난 것도 아니고 과보를 생기게 하는 것도 아닌 법들'(ma3-3-c)인가?

세 가지 경지에서 작용만 하는 결정할 수 없는 것[無記], 물질, 열반 — 이것이 과보로 나타난 것도 아니고 과보를 생기게 하는 것도 아닌 법들이다.

1393. 무엇이 '취착되었고 취착의 대상인 법들'(ma3-4-a)인가?

세 가지 경지에서 과보로 나타난 것, 업을 지었기 때문에 [생긴] 물질 — 이것이 취착되었고 취착의 대상인 법들이다.

1394. 무엇이 '취착되지 않았지만 취착의 대상인 법들'(ma3-4-b)인가?

세 가지 경지에서 유익한 것, 해로운 것, 세 가지 경지에서 작용만 하

---

sampayuttātipi'를 옮긴 것이다. 그런데 VRI본에는 'adukkhamasukhāya vedanāya sampayuttātipi' 대신에 'ya vedanāya sampayuttātipi'(293쪽 §1389)로 나타나는데 이것은 명백한 편집상의 실수이다. PTS본에는 'adukkhamasukhāya vedanāya sampayuttātipi'로 바르게 나타나고 있다. 일창 스님에 의하면 미얀마 본을 저본으로 번역한 자나까비왐사 스님의 미얀마어 대역에는 바르게 나타나고 있다고 한다.

348) 'X라고도 말해서는 안 된다(na vattabbā X-tipi)'라는 이런 어법 등은 『위방가』에도 많이 나타나고 있다. 이런 구문에 대한 고찰은 본서 해제 <§7. 주석 편에서 법을 설명하는 세 가지 독특한 구문> 가운데 언급되는 'na vattabba ~tipi 구문'을 참조하기 바란다.

는 결정할 수 없는 것[無記], [236] 그리고 업을 지었기 때문에 생긴 것이 아닌 물질 — 이것이 취착되지 않았지만 취착의 대상인 법들이다.

1395. 무엇이 '취착되지 않았고 취착의 대상도 아닌 법들'(ma3-4-c)인가?

[세간에] 포함되지 않는[出世間] 네 가지 도들, 그리고 네 가지 사문됨의 결실들[果], 열반 — 이것이 취착되지 않았고 취착의 대상도 아닌 법들이다.

1396. 무엇이 '오염되었고 오염의 대상인 법들'(ma3-5-a)인가?

열두 가지 해로운 마음의 일어남 — 이것이 오염되었고 오염의 대상인 법들이다.

1397. 무엇이 '오염되지 않았지만 오염의 대상인 법들'(ma3-5-b)인가?

세 가지 경지에서 유익한 것, 세 가지 경지에서 과보로 나타난 것, 세 가지 경지에서 작용만 하는 결정할 수 없는 것[無記], 모든 물질 — 이것이 오염되지 않았지만 오염의 대상인 법들이다.

1398. 무엇이 '오염되지 않았고 오염의 대상도 아닌 법들'(ma3-5-c)인가?

[세간에] 포함되지 않는[出世間] 네 가지 도들, 그리고 네 가지 사문됨의 결실들[果], 열반 — 이것이 오염되지 않았고 오염의 대상도 아닌 법들이다.

1399. 무엇이 '일으킨 생각이 있고 지속적 고찰이 있는 법들'(ma3-6-a)인가?

여기서 일어난 일으킨 생각과 지속적 고찰은 제외하고, 욕계의 유익한 것과 해로운 것, 욕계의 유익한 것의 과보로 나타난 것 가운데 열한 가지 마음의 일어남, 해로운 것의 과보로 나타난 것 가운데 두 가지, 작용만 하는 것 가운데 열한 가지, 유익한 것과 과보로 나타난 것과 작용만 하는 것 가운데 색계 초선, 유익한 것과 과보로 나타난 것 가운데 출세간의 초선 — 이것이 일으킨 생각이 있고 지속적 고찰이 있는 법들이다.

1400. 무엇이 '일으킨 생각은 없고 지속적 고찰만 있는 법들'(ma3-6-b)인가?

여기서 일어난 지속적 고찰은 제외하고, 유익한 것과 과보로 나타난 것과 작용만 하는 것 가운데 색계 다섯 가지 禪의 분류 방법 가운데 두 번째 禪, 유익한 것과 과보로 나타난 것과 작용만 하는 것 가운데 출세간의 다섯 가지 禪의 분류 방법 가운데 두 번째 禪, 일으킨 생각 — 이것이 일으킨 생각은 없고 지속적 고찰만 있는 법들이다.

1401. 무엇이 '일으킨 생각도 없고 지속적 고찰도 없는 법들'(ma3-6-c)인가?

한 쌍의 전오식들, 유익한 것과 과보로 나타난 것과 작용만 하는 것 가운데 색계 세 가지나 세 가지 禪, 유익한 것과 과보로 나타난 것과 작용만 하는 것 가운데 네 가지 무색의 경지, 유익한 것과 과보로 나타난 것 가운데 출세간의 세 가지나 세 가지 禪, 그리고 다섯 가지 禪의 분류 방법 가운데 두 번째 禪에서 생긴 지속적 고찰, 물질, 열반 — 이것이 일으킨 생각도 없고 지속적 고찰도 없는 법들이다.

일으킨 생각과 함께 생긴 지속적 고찰은 일으킨 생각도 있고 지속적 고찰도 있는 것이라고도 일으킨 생각은 없고 지속적 고찰만 있는 것이라고도 일으킨 생각도 없고 지속적 고찰도 없는 것이라고도 말해서는 안 된다.

1402. 무엇이 '희열이 함께하는 법들'(ma3-7-a)인가?

여기서 일어난 희열은 제외하고, 욕계 유익한 것 가운데 네 가지 기쁨이 함께하는 마음의 일어남, [237] 해로운 것 가운데 네 가지, 욕계 유익한 것의 과보로 나타난 것 가운데 다섯 가지, 작용만 하는 것 가운데 다섯 가지, 유익한 것과 과보로 나타난 것과 작용만 하는 것 가운데 색계의 두 가지나 세 가지 禪, 유익한 것과 과보로 나타난 것 가운데 출세간의 두 가지나 세 가지 禪 — 이것이 희열이 함께하는 법들이다.

1403. 무엇이 '행복이 함께하는 법들'(ma3-7-b)인가?

여기서 일어난 행복은 제외하고, 욕계 유익한 것 가운데 네 가지 기쁨이 함께하는 마음의 일어남, 해로운 것 가운데 네 가지, 욕계 유익한 것의 과보로 나타난 것 가운데 여섯 가지, 작용만 하는 것 가운데 다섯 가지, 유익한 것과 과보로 나타난 것과 작용만 하는 것 가운데 색계의 세 가지나 네 가지 禪, 유익한 것과 과보로 나타난 것 가운데 출세간의 세 가지나 네 가지 禪 — 이것이 행복이 함께하는 법들이다.

1404. 무엇이 '평온이 함께하는 법들'(ma3-7-c)인가?

여기서 일어난 평온은 제외하고, 욕계 유익한 것 가운데 네 가지 평온이 함께하는 마음의 일어남, 해로운 것 가운데 여섯 가지, 욕계 유익한 것의 과보로 나타난 것 가운데 열 가지, 해로운 것의 과보로 나타난 것 가운데 여섯 가지, 작용만 하는 것 가운데 여섯 가지, 유익한 것과 과보로 나타난 것과 작용만 하는 것 가운데 색계의 네 번째 禪, 유익한 것과 과보로 나타난 것과 작용만 하는 것 가운데 네 가지 무색의 경지들, 유익한 것과 과보로 나타난 것 가운데 출세간의 네 번째 禪 — 이것이 평온이 함께하는 법들이다.

희열은 희열이 함께한 것들이 아니고, 행복이 함께한 것들이고, 평온이 함께한 것들이 아니다. 행복은 행복이 함께한 것이 아니고, 희열이 함께한 것일 수 있고, 평온이 함께한 것이 아니고, 희열이 함께한 것이라고 말해서는 안 되는 경우가 있다. 두 가지 불만족이 함께한 마음의 일어남, 괴로움이 함께한 몸의 알음알이, 그리고 평온한 느낌, 물질, 열반 — 이러한 법들은 희열이 함께한 것이라고도 행복이 함께한 것이라고도 평온이 함께한 것이라고도 말해서는 안 된다.

1405. 무엇이 '봄[見]으로써 버려야 하는 법들'(ma3-8-a)인가?

네 가지 사견에 빠짐과 결합된 마음의 일어남, 의심이 함께한 마음의 일어남 — 이것이 봄[見]으로써 버려야 하는 법들이다.

1406. 무엇이 '닦음으로써 버려야 하는 법들'(ma3-8-b)인가?

들뜸이 함께한 마음의 일어남 — 이것이 닦음으로써 버려야 하는 법들이다.

사견에 빠짐과 결합되지 않고 탐욕과 결합된 마음의 일어남 네 가지, 불만족이 함께한 마음의 일어남 두 가지 — 이러한 법들은 봄으로써 버려야 하는 것들일 수 있고 닦음으로써 버려야 하는 것들일 수 있다.

1407. 무엇이 '봄[見]이나 닦음으로 버려야 하지 않는 법들'(ma3-8-c)인가?

네 가지 경지에서 [238] 유익한 것, 네 가지 경지에서 과보로 나타난 것, 세 가지 경지에서 작용만 하는 결정할 수 없는 것[無記], 물질, 열반 — 이것이 봄[見]이나 닦음으로 버려야 하지 않는 법들이다.

1408. 무엇이 '봄[見]으로써 버려야 하는 원인을 가진 법들'(ma3-9-a)인가?

여기서 일어난 어리석음을 제외하고, 사견에 빠짐과 결합된 마음의 일어남 네 가지, 의심이 함께한 마음의 일어남 — 이것이 봄[見]으로써 버려야 하는 원인을 가진 법들이다.

1409. 무엇이 '닦음으로써 버려야 하는 원인을 가진 법들'(ma3-9-b) 인가?

여기서 일어난 어리석음을 제외하고, 들뜸이 함께한 마음의 일어남 — 이것이 닦음으로써 버려야 하는 원인을 가진 법들이다.

사견에 빠짐과 결합되지 않고 탐욕이 함께한 마음의 일어남 네 가지, 불만족이 함께한 마음의 일어남 두 가지 — 이러한 법들은 봄으로써 버려야 하는 원인을 가진 것들일 수 있고 닦음으로써 버려야 하는 원인을 가진 것들일 수 있다.

1410. 무엇이 '봄[見]이나 닦음으로 버려야 하는 원인을 가지지 않은 법들'(ma3-9-c)인가?

의심이 함께한 어리석음, 들뜸이 함께한 어리석음, 네 가지 경지에서 유익한 것, 네 가지 경지에서 과보로 나타난 것, 세 가지 경지에서 작용만 하는 결정할 수 없는 것[無記], 물질, 열반 — 이것이 봄[見]이나 닦음으로 버려야 하는 원인을 가지지 않은 법들이다.

1411. 무엇이 '[윤회를] 축적하게 하는 법들'(ma3-10-a)인가?

세 가지 경지에서 유익한 것, 해로운 것 — 이것이 [윤회를] 축적하게 하는 법들이다.

1412. 무엇이 '[윤회를] 감소시키는 법들'(ma3-10-b)인가?

[세간에] 포함되지 않는[出世間] 네 가지 도 — 이것이 [윤회를] 감소시키는 법들이다.

1413. 무엇이 '[윤회를] 축적하게 하는 것도 [윤회를] 감소시키는 것도 아닌 법들'(ma3-10-c)인가?

네 가지 경지에서 과보로 나타난 것, 세 가지 경지에서 작용만 하는 결정할 수 없는 것[無記], 물질, 열반 — 이것이 [윤회를] 축적하게 하는 것도 [윤회를] 감소시키는 것도 아닌 법들이다.

1414. 무엇이 '유학에 속하는 법들'(ma3-11-a)인가?

[세간에] 포함되지 않는[出世間] 네 가지 도들, 낮은 단계의 세 가지 사문됨의 결실들[果] — 이것이 유학에 속하는 법들이다.

1415. 무엇이 '무학에 속하는 법들'(ma3-11-b)인가?

가장 높은 아라한과 — 이것이 무학에 속하는 법들이다.

1416. 무엇이 '유학에도 무학에도 속하지 않는 법들'(ma3-11-c)인가?

세 가지 경지에서 유익한 것, 해로운 것, 세 가지 경지에서 과보로 나타난 것, 세 가지 경지에서 작용만 하는 결정할 수 없는 것[無記], 물질, 열반 — 이것이 유학에도 무학에도 속하지 않는 법들이다.

1417. 무엇이 '제한된 법들'(ma3-12-a)인가?

욕계의 유익한 것, [239] 해로운 것, 욕계의 모든 과보로 나타난 것, 욕계의 작용만 하는 결정할 수 없는 것, 모든 물질 — 이것이 제한된 법들이다.

1418. 무엇이 '고귀한 법들'(ma3-12-b)인가?

색계에 속하거나 무색계에 속하는 유익한 것과 결정할 수 없는 것[無記] — 이것이 고귀한 법들이다.

1419. 무엇이 '무량한 법들'(ma3-12-c)인가?

[세간에] 포함되지 않는[出世間] 네 가지 도들, 네 가지 사문됨의 결실들[果], 열반 — 이것이 무량한 법들이다.

1420. 무엇이 '제한된 대상을 가진 법들'(ma3-13-a)인가?

욕계의 과보로 나타난 것 모두,349) 작용만 하는 마노의 요소,350) 기쁨이 함께하고 원인 없고 작용만 하는 마노의 알음알이의 요소351) —

---

349) "제한된 대상을 가진 세 개 조(ma3-13)에서 '욕계의 과보로 나타난 것 모두(sabbo kāmāvacarassa vipāko)'라는 것은 여기서 [23가지 마음이다.] 이 가운데 ①~⑩ 한 쌍의 전오식(dvipañcaviññāṇāni)은 눈의 감성 등을 의지하여 정해진 법칙(niyama)에 의해서 원하거나 원하지 않는 등으로 분류되는(iṭṭhāniṭṭhādi-bhedā) 형색, 소리, 냄새, 맛, 감촉의 법들을 대상으로 하여 일어나므로 제한된 대상을 가진 것(parittārammaṇāni)이다.
⑪~⑫ 유익하거나 해로운 과보로 나타난 두 가지 마노의 요소(받아들이는 마음)는 심장토대(hadaya-vatthu)를 의지하여 눈의 알음알이 등의 바로 다음에 [일어나는데] 정해진 법칙에 따라 형색 등을 대상으로 하여 일어난다고 해서 제한된 대상을 가진 것이다.
⑬ 기쁨이 함께하고 유익한 과보로 나타난 원인 없는 마노의 알음알이의 요소는 다섯 가지 문에서는 조사(santīraṇa)를 통해서, 그리고 여섯 가지 문에서는 등록(tadārammaṇa)을 통해서 정해진 법칙에 따라 형색 등의 여섯 가지 제한된 대상을 대상으로 하여 일어난다고 해서 제한된 대상을 가진 것이다.
⑭~⑮ 유익하거나 해로운 과보로 나타난 원인 없는 마노의 알음알이의 요소 두 가지는 다섯 가지 문에서는 조사를 통해서, 여섯 가지 문에서는 등록을 통해서 정해진 법칙에 따라 형색 등의 여섯 가지 제한된 대상을 대상으로 하여 일어난다. 재생연결(paṭisandhi)을 통해서 일어나고 제한된 업(kamma)이나 업의 표상(kamma-nimitta)이나 태어날 곳의 표상(gati-nimitta)을 대상으로 하며, 삶의 과정(pavatti)에서는 바왕가를 통해서, 마지막에는 죽음의 [마음](cuti)을 통해서 일어나는 것도 이것을 대상으로 한다고 해서 '제한된 대상을 가진 것(parittārammaṇā)'이다. [이상의 15가지는 원인 없는 과보의 마음이다.]
⑯~㉓ 원인을 가진 과보로 나타난 마음의 일어남 여덟 가지는 여기서 설명한 방법대로 등록을 통해서 그리고 재생연결과 바왕가와 죽음의 마음을 통해서 제한된 법들을 대상으로 하여 일어난다."(DhsA.411)

350) "'작용만 하는 마노의 요소(kiriyā-manodhātu, 오문전향의 마음)'는 다섯 가지 문에서 형색 등을 대상으로 하여 일어난다."(DhsA.411)

351) "'기쁨이 함께하고 작용만 하는 원인 없는 마노의 알음알이의 요소(kiriya-ahetuka-manoviññāṇadhātu somanassasahagatā, 미소 짓는 마음)'는 현재에 대해서는 여섯 가지 문에서, 과거와 미래에 대해서는 마노의 문에서

이 [25가지 법들이] 제한된 대상을 가진 법들[352])이다.

1421. 무엇이 '고귀한 대상을 가진 법들'(ma3-13-b)인가?

식무변처, 비상비비상처 — 이것이 고귀한 대상을 가진 법들이다.[353])

1422. 무엇이 '무량한 대상을 가진 법들'(ma3-13-c)인가?

[세간에] 포함되지 않는[出世間] 네 가지 도들, 네 가지 사문됨의 결실들[果] — 이것이 무량한 대상을 가진 법들이다.[354])

욕계의 유익한 것 가운데 지혜와 결합되지 않은 마음의 일어남 네 가지, 작용만 하는 것 가운데 지혜와 결합되지 않은 마음의 일어남 네 가지, 모든 해로운 것 — 이러한 법들은 제한된 대상을 가진 것일 수 있고, 고귀한 대상을 가진 것일 수 있지만, 무량한 대상을 가진 것은 아니다. [그러나] 제한된 대상을 가진 것이라고도 고귀한 대상을 가진 것이라고도 말해서는 안 되는 경우가 있다.[355])

제한된 형색 등의 법들을 대상으로 하여 번뇌 다한 분들(아라한들)이 미소를 띠는 모습(pahaṭṭhākāra)을 만들면서 일어난다고 해서 '제한된 대상을 가진 것'이다."(DhsA.411)

352) "이와 같이 25가지 마음의 일어남은 전적으로 '제한된 대상을 가진 것(parittārammaṇā)'이라고 알아야 한다."(DhsA.411)

353) "'식무변처(viññāṇañcāyatana)'와 '비상비비상처(nevasaññānāsaññāya-tana)'의 법들은 각각 자신의 앞의 증득을 대상으로 하여 일어나기 때문에 '고귀한 대상을 가진 것들(mahaggatārammaṇā)'이다."(DhsA.411~412)

354) "도와 과의 법들은 열반을 대상으로 하기 때문에(nibbānārammaṇattā) '무량한 대상을 가진 것들(appamāṇārammaṇā)'이다."(DhsA.411~412)

355) "유익한 [마음] 가운데 네 가지와 작용만 하는 [마음] 가운데 네 가지인 여덟 가지 지혜와 결합되지 않은 마음의 일어남들은 유학과 범부와 번뇌 다한 분들(sekkha-puthujjana-khīṇāsavā)의 정성을 다하지 않은 보시와 반조와 법을 들음 등(asakkaccadāna-paccavekkhaṇa-dhammasavanādi)에 대해서 욕계에 속하는 법들을 대상으로 일어날 때에는 '제한된 대상을 가진 것'이다.

아주 능숙하게 초선 등을 반조할 때에는 '고귀한 대상을 가진 것'이다. 까시

욕계 유익한 것 가운데 지혜와 결합된 마음의 일어남 네 가지, 작용만 하는 것 가운데 지혜와 결합된 마음의 일어남 네 가지, 유익한 것과 작용만 하는 것 가운데 색계의 네 번째 禪, 원인이 없고 평온이 함께한 작용만 하는 마노의 알음알이의 요소 — 이러한 법들은 제한된 대상을 가진 것 일 수 있고, 고귀한 대상을 가진 것 일 수 있고, 무량한 대상을 가진 것 일 수 있지만, 제한된 대상을 가진 것이라고도 고귀한 대상을 가진 것이라고도 무량한 대상을 가진 것이라고도 말해서는 안 되는 경우가 있다.356)

나의 표상 등의 개념을 반조할 때에는 [이 둘로] 규정할 수 없는 것을 대상으로 가진다(navattabbārammaṇā).
해로운 것 가운데 사견과 결합된 마음의 일어남 네 가지는 55가지 욕계에 속하는 법들을 두고 '중생, 중생'이라는 [실체가 있다고] 집착[固守]하여 맛보고 즐길 때에는 제한된 대상을 가진다."(DhsA.412)

복주서는 55가지 욕계에 속하는 법들을 이렇게 설명하고 있다.
"여기서 욕계의 54가지 마음의 일어남과 물질을 통해서 55가지가 된다."(DhsAMṬ.191)

계속해서 주석서는 다음과 같이 설명을 이어가고 있다.
"이러한 형태로 27가지 고귀한 법들(색계 15가지 무색계 12가지)을 대상으로 하여 일어날 때에는 고귀한 대상을 가진다. 개념적인 법들(paṇṇatti-dhammā)을 대상으로 하여 일어날 때에는 규정할 수 없는 대상을 가질 수도 있다(siyā navattabbārammaṇā).
① 사견과 결합되지 않은 것들 가운데 이러한 [제한된 것이나 고귀한 것이나 규정할 수 없는] 법들을 대상으로 하여 오직 맛보고 즐기는 것을 통해서, ② 삶의 과정에서 적의와 결합된 것들 가운데 불만족을 통해서, ③ 의심과 결합된 마음의 일어남의 바른 결론에 도달하지 못함(aniṭṭhaṅgata)을 통해서, ④ 들뜸이 함께한 것의 산란함(vikkhepa)과 가라앉지 않음(avūpasama)을 통해서 삶의 과정에서 제한된 것이나 고귀한 것이나 [이 둘로] 규정할 수 없는 것을 대상으로 가짐을 알아야 한다.
[본문에서 말씀하신 20가지 마음들(빼 마웅 틴, 522쪽)] 가운데 어떤 하나의 법도 무량한 것들(appamāṇā)을 대상으로 하여 일어날 수 없다. 그러므로 무량한 대상을 가지지는 못한다."(DhsA.412)

356) "유익한 것 가운데 네 가지와 작용만 하는 것 가운데 네 가지인 지혜와 결합

유익한 것과 과보로 나타난 것과 작용만 하는 것 가운데 색계의 세 가지나 네 가지 禪,[357] 과보로 나타난 네 번째 禪(제4선),[358] 공무변처, 무

된 마음의 일어남 여덟 가지는 유학과 범부와 번뇌 다한 분들의 정성을 다한 보시와 반조와 법을 들음 등에 대해서 앞에서 설명한 형태의 법들을 대상으로 일어날 때에는 제한된 것이나 고귀한 것이나 [이 둘로] 규정할 수 없는 것을 대상으로 가진 것이다. 종성이 일어나는 때와 출세간법들을 반조할 때에는 무량한 대상을 가진 것이라고 알아야 한다."(DhsA.412)

357) '색계의 세 가지나 네 가지 禪(rūpāvacara-tikacatukkajjhānā)'에 대해서는 §1387의 주해를 참조할 것.

358) 한편 주석서는 색계 제4선을 다음의 12가지로 구분하여 밝힌 뒤에 이들을 제한된 대상을 가진 것(parittārammaṇa)과 고귀한 대상을 가진 것(mahaggatārammaṇa)과 무량한 대상을 가진 것(appamāṇārammaṇa)과 [고귀한 것이나 무량한 것으로] 규정할 수 없는 것을 대상으로 가진 것(navattabbārammaṇa)으로 구분하여 설명하고 있다.

"그런데 색계 제4선은 유익한 것과 작용만 하는 것으로 다음과 같은 12가지 종류가 있다. 그것은 ① 모든 곳에서 기초가 되는 제4선(sabbattha-pādaka-catuttha) ② 허공의 까시나를 가진 제4선(ākāsakasiṇa-catuttha) ③ 광명의 까시나를 가진 제4선(ālokakasiṇa-catuttha) ④ 거룩한 마음가짐을 통한 제4선(brahmavihāra-catuttha) ⑤ 들숨날숨을 통한 제4선(ānāpāna-catuttha) ⑥ 신통변화(신족통)의 [기초가 되는] 제4선(iddhi-vidha-catuttha) ⑦ 신성한 귀의 요소[天耳通]의 [기초가 되는] 제4선(dibbasota-catuttha) ⑧ [남의] 마음을 다 아는 지혜(타심통)의 [기초가 되는] 제4선(cetopariyañāṇa-catuttha) ⑨ 업에 따라 감을 아는 지혜(Vis.XIII.103)의 [기초가 되는] 제4선(yathākammupagañāṇa-catuttha) ⑩ 신성한 눈의 지혜(천안통)의 [기초가 되는] 제4선(dibbacakkhuñāṇa-catuttha) ⑪ 전생에 대한 지혜(숙명통)의 [기초가 되는] 제4선(pubbenivāsa-ñāṇa-catuttha) ⑫ 미래를 아는 지혜(Vis.XIII.125)의 [기초가 되는] 제4선(anāgataṁsañāṇa-catuttha)이다."(DhsA.412~413)

이렇게 12가지를 밝힌 뒤에 계속해서 주석서는 이들 각각의 대상을 다음과 같이 설명하고 있다.
"이 가운데 ① 모든 곳에서 기초가 되는 제4선은 여덟 가지 까시나에 대한 제4선이다. 이것은 위빳사나(vipassanā)의 기초(pādaka)도 되고 신통지들(abhiññā)의 기초도 되고 소멸(nirodha)의 기초도 되고 윤회(vaṭṭa)의 기초도 되기 때문에 모든 곳에서 기초가 되는 제4선이라고 불린다.

② 허공의 까시나를 가진 제4선과 ③ 광명의 까시나를 가진 제4선은 위빳사

나의 기초도 되고 신통지의 기초도 되고 윤회의 기초도 되지만 소멸의 기초는 되지 않는다.

④ 거룩한 마음가짐을 통한 제4선과 ⑤ 들숨날숨을 통한 제4선은 위빳사나와 윤회의 기초가 되지만 신통지와 소멸의 기초는 되지 않는다.
이 가운데 10가지 까시나를 가진 禪(kasiṇajjhāna)은 까시나라는 개념(kasiṇa-paṇṇatti)을 대상으로 하여 일어나기 때문에, 그리고 거룩한 마음가짐을 통한 제4선은 중생이라는 개념(satta-paṇṇatti)을 대상으로 하여 일어나기 때문에, 그리고 들숨날숨을 통한 제4선은 표상을 대상으로 하여 일어나기 때문에 제한된 것 등을 통해서 규정할 수 없는 것을 대상으로 가진다(navattabbadhammārammaṇa). 그러므로 이들은 '[제한된 것이나 고귀한 것으로] 규정할 수 없는 것을 대상으로 가진 것(navattabbārammaṇa)'이 된다.

⑥ 신통변화(신족통)의 [기초가 되는] 제4선은 제한되거나 고귀한 대상을 가진 것이다. 왜 그런가? ⓐ 그 몸이 마음을 의지하게 만든 뒤 보이지 않는 몸으로 가기를 원할 때 마음에 따라 몸을 변화시키고(Vis.XII.119), 그것을 고귀한 마음에 놓고, 얹어둘 때 [문법적으로] 목적격으로 사용된 것이(문법적으로 목적격을 얻은 것은 '몸을 변화시킨다(kāyaṁ pariṇāmeti)'라는 구절의 몸을 뜻한다. — Pm.414) 대상이 된다. 그러므로 물질적인 몸이 그것의 대상이기 때문에 이 [신통변화의 지혜는] 제한된(작은) 대상을 가진다. ⓑ 마음이 몸을 의지하게 만든 뒤 보이는 몸으로 가기를 원할 때 몸에 따라 마음을 변화시키고, 기초가 되는 禪의 마음을 물질적인 몸에 놓고 얹어둘 때 [문법적으로] 목적격으로 사용된 것이 대상이 된다. 그러므로 고귀한 마음이 그것의 대상이기 때문에 이것은 고귀한 대상을 가진다.(*cf.* Vis.XIII.106)

⑦ 신성한 귀의 요소[天耳通]의 [기초가 되는] 제4선은 소리(sadda)를 대상으로 하여 일어나기 때문에 전적으로 제한된 대상을 가진다.

⑧ [남의] 마음을 다 아는 지혜(타심통)의 [기초가 되는] 제4선은 제한되거나 고귀하거나 무량한 대상을 가진다. 왜 그런가? 이것은 남들의 욕계에 속하는 마음을 알 때에는 제한된 대상을 가지고, 색계에 속하거나 무색계에 속하는 마음을 알 때에는 고귀한 대상을 가지며, 도와 과의 마음을 알 때에는 무량한 대상을 가지기 때문이다.
이 가운데 범부는 예류자의 마음을 알지 못하고 예류자는 일래자의 마음을 알지 못하며 이와 같이 아라한에게까지 적용시켜야 한다. 아라한은 모든 마음을 알 수 있다. [아라한뿐만 아니라] 위의 단계에 있는 다른 자도 아래 단계에 있는 자의 마음을 안다는 것이 여기서 특별한 점이라고 알아야 한다.

⑨ 업에 따라 감을 아는 지혜(yathākammupaga-ñāṇa — Vis.XIII.103)의 [기초가 되는] 제4선은 욕계에 속하는 업을 알 때에는 제한된 대상을 가

진다. 색계에 속하거나 무색계에 속하는 업을 알 때에는 고귀한 대상을 가진다.

⑩ 신성한 눈의 지혜(천안통)의 [기초가 되는] 제4선은 형색을 대상으로 하기 때문에 전적으로 제한된 대상을 가진다.

⑪ 전생에 대한 지혜(숙명통)의 [기초가 되는] 제4선은 제한된 것이나 고귀한 것이나 무량한 것이나 규정할 수 없는 것을 대상으로 가진다. 왜 그런가? 이것은 욕계에 속하는 무더기를 기억할 때에는 제한된 대상을 가진다. 색계에 속하거나 무색계에 속하는 무더기를 기억할 때에는 고귀한 대상을 가진다. 과거의 자신이나 남들이 닦은 도와 실현한 과를 기억할 때에는 무량한 대상을 가진다.
그리고 옛날에 부처님들께서 도를 닦으셨고 과를 실현하셨고 열반의 요소로 완전한 열반에 드셨다라고 [업의] 행로를 자르셨던 것(chinnavaṭumaka)을 기억함(anussaraṇa)에 의해서 도와 과와 열반을 반조하기 때문에 이 경우도 무량한 대상을 가진다. 옛날에 '위빳시라는 세존이 계셨다. 그분께는 반두마띠라는 도시가 있었고 아버지는 반두마 왕이었고, 어머니는 반두마띠 왕비였다.'(*cf.* D14 §1.14)라는 등의 방법으로 성함과 종족과 땅의 표상 등을 기억하는 때에는 [제한된 것이나 고귀한 것이나 무량한 것으로] 규정할 수 없는 것을 대상으로 가진다.

⑫ 미래를 아는 지혜(anāgataṁsa-ñāṇa Vis.XIII.125)의 [기초가 되는] 제4선에도 이 방법이 적용된다. 이 경우에도 '이 자는 미래에 욕계에 태어날 것이다.'라고 알 때에는 제한된 대상을 가진다. '색계나 무색계에 태어날 것이다.'라고 알 때에는 고귀한 대상을 가진다. '도를 닦을 것이고 과를 실현할 것이다.'라거나 '열반의 요소로 완전한 열반에 들 것이다.'라고 알 때에는 무량한 대상을 가진다. 미래에 '미륵(Metteyya)이라는 세존(D26 §25 참조)이 출현하실 것이다. 아버지는 수브라흐마(Subrahmā)라는 바라문이실 것이고, 어머니는 브라흐마와띠(Brahmavati)라는 바라문녀이실 것이다.'라는 방법으로 성함과 종족을 알 때에는 [제한된 것이나 고귀한 것이나 무량한 것으로] 규정할 수 없는 법을 대상으로 가진다.

[이들 외에] 무색계의 [기초가 되는] 제4선(arūpāvacara-catuttha)과 번뇌의 멸진(누진통)의 [기초가 되는] 제4선(āsavānaṁ khaya-catuttha)은 성전에서 전승되어 오는 곳에서 설명할 것이다.
평온이 함께하고 작용만 하는 원인 없는 마노의 알음알이의 요소(결정하는 마음)는 이 모든 유익하거나 해롭거나 작용만 하는 마음들의 앞에 가는 것(purecārikā)이다. 이 마음의 대상의 분류에 대해서는 이런 마음들에서 설한 방법대로 알아야 한다. 그런데 이것은 다섯 가지 문에서 결정하는 마음(voṭṭhabbana)을 통해서 삶의 과정(pavatti)에서는 전적으로 제한된 대상

소유처 — 이러한 법들은 제한된 대상을 가진 것이라고도 고귀한 대상을 가진 것이라고도 무량한 대상을 가진 것이라고도 말해서는 안 된다.

물질과 열반은 대상을 가지지 않는다.

1423. 무엇이 '저열한 법들'(ma3-14-a)인가?

열두 가지 해로운 마음의 일어남 — 이것이 저열한 법들이다.

1424. 무엇이 '중간인 법들'(ma3-14-b)인가?

세 가지 경지에서 [240] 유익한 것, 세 가지 경지에서 과보로 나타난 것, 세 가지 경지에서 작용만 하는 결정할 수 없는 것[無記], 모든 물질 — 이것이 중간인 법들이다.

1425. 무엇이 '수승한 법들'(ma3-14-c)인가?

[세간에] 포함되지 않는[出世間] 네 가지 도들, 네 가지 사문됨의 결실들[果], 열반 — 이것이 수승한 법들이다.

1426. 무엇이 '그릇된 것으로 확정된 법들'(ma3-15-a)인가?

사견에 빠짐과 결합된 마음의 일어남 네 가지, 불만족이 함께한 마음의 일어남 두 가지 — 이러한 법들은 그릇된 것으로 확정된 것들일 수 있고, 확정되지 않은 것들일 수 있다.

1427. 무엇이 '바른 것으로 확정된 법들'(ma3-15-b)인가?

을 가진다.
색계의 세 가지나 네 가지 禪 등은 제한된 등의 상태를 통해서 [제한된 것 등으로] 규정할 수 없는 법을 대상으로 하여 일어나기 때문에 [제한된 것 등으로] 규정할 수 없는 것을 대상으로 가진다. 이 가운데 색계에 속하는 것들은 땅의 까시나 등에서 일어나기 때문에 [까시나를] 제거한 뒤 남은 허공(ugghāṭimākāsa)에 대해서 공무변처가 일어나고, [공무변처의] 알음알이가 떠나감(viññāṇāpagama)에 대해서 무소유처가 일어난다."(DhsA.413~415)

[세간에] 포함되지 않는[出世間] 네 가지 도들 — 이것이 바른 것으로 확정된 법들이다.

1428. 무엇이 '확정되지 않은 법들'(ma3-15-c)인가?

사견에 빠짐과 결합되지 않고 탐욕이 함께한 마음의 일어남 네 가지, 의심이 함께한 마음의 일어남, 들뜸이 함께한 마음의 일어남, 세 가지 경지에서 유익한 것, 네 가지 경지에서 과보로 나타난 것, 세 가지 경지에서 작용만 하는 결정할 수 없는 것[無記], 물질, 열반 — 이것이 확정되지 않은 법들이다.

1429. 무엇이 '도를 대상으로 가진 법들'(ma3-16-a)인가?

욕계 유익한 것 가운데 지혜와 결합된 마음의 일어남 네 가지, 작용만 하는 것 가운데 지혜와 결합된 마음의 일어남 네 가지 — 이러한 법들은 '도를 대상으로 가진 것'일 수가 있지만 '도를 원인으로 가진 것'(ma3-16-b)은 아니다. '도를 지배의 [요소]로 가진 것'(ma3-16-c)일 수가 있지만, '도를 대상으로 가진 것'이라고도 '도를 지배의 [요소]로 가진 것'이라고도 말해서는 안 되는 경우가 있다.359)

네 가지 성스러운 도는 도를 대상으로 가진 것이 아니고 도를 원인으로 가진 것이고 도를 지배의 [요소]로 가진 것일 수가 있지만, 도를 지배의 [요소]로 가진 것이라고 말해서는 안 되는 경우가 있다.360)

---

359) "도를 대상으로 가진 세 개 조(ma3-16))에서, 처음에 설한 지혜와 결합한 마음의 일어남 여덟 가지는 유학과 무학이 자신이 꿰뚫은 도(paṭividdha-magga)를 반조할 때에는 도를 대상으로 하지만(maggārammaṇā) 도와 함께하지 않기 때문에 도를 원인으로 가진 것(maggahetukā)은 아니다. 자신이 꿰뚫은 도를 중히 여기고 반조를 하는 때에는 대상을 지배함(ārammaṇādhipati)을 통해서 도를 지배의 [요소]로 가지지만(magga-adhipati), 다른 법들을 대상으로 가지는 때에는 도를 대상으로 가진 것이라고도 도를 지배의 [요소]로 가진 것이라고도 규정할 수 없다."(DhsA.415)

360) "네 가지 성스러운 도는 도라고 불리거나 도와 결합된 원인이 있기 때문에

유익한 것과 작용만 하는 것 가운데 색계의 네 번째 禪,[361] 원인이 없고 평온이 함께한 작용만 하는 마노의 알음알이의 요소[362] — 이러한

전적으로 '도를 원인으로 가진 것(magga-hetukāva)'이다. 그러나 정진(vīriya)과 검증(vīmaṁsa)을 으뜸으로 삼아서 도를 닦을 때에는 함께 생긴 지배의 요소(sahajātādhipati)에 의해서 '도를 지배의 [요소]로 가진 것(maggādhipati)'일 수가 있지만, 열의와 마음(chanda-cittā)과 같은 다른 것을 으뜸으로 삼는 때에는 '도를 지배의 [요소]로 가진 것'이라고 말해서는 안 되는 경우가 있다(siyā na vattabbā)."(DhsA.415~416)

361) "[위의] 12가지 색계의 제4선에서(§1422의 주해 참조) ① 모든 곳에서 기초가 되는 제4선 등의 9가지 禪은 도를 대상으로 가지지도 않고(neva maggārammaṇāni) 도를 원인으로 하지도 않고(na maggahetukāni) 도를 지배의 요소로 가지지도 않는다(na maggādhipatīni). ⑧ [남의] 마음을 다 아는 지혜(타심통)의 [기초가 되는] 제4선과 ⑪ 전생에 대한 지혜(숙명통)의 [기초가 되는] 제4선과 ⑫ 미래를 아는 지혜의 [기초가 되는] 제4선은 성자들의 도의 마음을 아는 때에는 도를 대상으로 가지지만, 도와 함께하지 않기 때문에 도를 원인으로 가지지 않으며, 도를 중히 여기고 일어나지 않기 때문에 도를 지배의 요소로 가지지 않는다.

그러면 왜 이들은 도를 중히 여기지 않는가? 자신의 고귀함(mahaggatatā) 때문이다. 마치 모든 세상이 왕을 중히 여기지만 [왕의] 부모는 [왕을] 중히 여기지 않는 것과 같다. [왕의] 부모는 왕을 보아도 자리에서 일어나지 않고 합장하고 공경하는 행위도 하지 않고 어릴 적에 하던 일상적인 방법(voharita-naya)대로 그를 대하기 때문이다. 이와 같이 이들도 자신의 고귀함 때문에 도를 중히 여기지 않는다."(DhsA.416)

362) "'작용만 하는 원인 없는 마노의 알음알이의 요소(kiriyāhetuka-mano-viññāṇadhātu, 의문전향)'도 성자들이 도를 반조하는 때에는 반조의 앞에 서기 때문에 도를 대상으로 가지지만, 도와 함께 생긴 것이 아니기 때문에 도의 원인이 되지는 않고, 도를 중히 여기고 일어나지 않기 때문에 도를 지배의 요소로 가지지 않는다. 왜 중히 여기지 않는가? 자신이 원인이 없고 저열하고 멍청하기 때문이다. 마치 모든 세상이 왕을 중히 여기지만 왕의 시종들은 꼽추나 난장이나 몸종 등인 것과 같다. 이들은 무지하여 자신들이 마치 현명한 사람들인 양 [왕을] 중히 여기지 않는다. 그와 같이 [꼽추 등의 시종들에 비유되는] 이 [의문전향의] 마음도 자신은 원인이 없고 저열하고 멍청하지만 [왕에 비유되는] 도를 중히 여기지 않는다.
지혜와 결합되지 않은 유익한 마음 등은 지혜가 없어서 세간적인 법을 대상으로 하기 때문에 도를 대상으로 가지는 등의 상태를 얻을 수 없고, 규정할 수 없는 것을 대상으로 가진다고 알아야 한다."(DhsA.416)

법들은 도를 대상으로 가진 것일 수가 있지만 도를 원인으로 가진 것이 아니고 도를 지배의 [요소]로 가진 것이 아니다. [그러나] 도를 대상으로 가진 것이라고 말해서는 안 되는 경우가 있다.

욕계 유익한 것 가운데 지혜와 결합되지 않은 마음의 일어남 네 가지, 모든 해로운 것, 모든 욕계의 과보로 나타난 것, 작용만 하는 것 가운데 여섯 가지 마음의 일어남, 유익한 것과 과보로 나타난 것과 작용만 하는 것 가운데 색계의 세 가지나 네 가지 禪, 네 번째 禪의 과보로 나타난 것, 유익한 것과 과보로 나타난 것과 작용만 하는 것 가운데 네 가지 무색의 경지, 네 가지 사문됨의 결실들[果] — 이러한 법들은 도를 대상으로 가진 것이라고도 도를 원인으로 가진 것이라고도 도를 지배의 [요소]로 가진 것이라고도 말해서는 안 된다.

물질과 열반은 대상을 가지지 않는다.

1430. 무엇이 '일어난 법들'(ma3-17-a)인가?

네 가지 경지에서 과보로 나타난 것, 업을 지었기 때문에 [생긴] 물질 — 이러한 [241] 법들은 일어난 것일 수 있고, 일어나게 될 것'(ma3-17-c)일 수 있다. [그러나] 일어나지 않은 것'(ma3-17-b)이라고 말해서는 안 된다. 네 가지 경지에서 유익한 것, 해로운 것, 세 가지 경지에서 작용만 하는 결정할 수 없는 것[無記], 업을 지었기 때문에 [생긴 것이] 아닌 물질 — 이러한 법들은 일어난 것일 수 있고, 일어나지 않은 것일 수 있지만, 일어나게 될 것이라고 말해서는 안 된다.

열반은 일어난 것이라고도 일어나지 않은 것이라고도 일어나게 될 것이라고도 말해서는 안 된다.

1431. 열반을 제외한 모든 법들은 '과거의 것들'(ma3-18-a)일 수가 있고 '미래의 것들'(ma3-18-b)일 수가 있고 '현재의 것들'(ma3-18-c)일 수가 있다. 열반은 과거의 것이라고도 미래의 것이라고도 현재의 것이

라고도 말해서는 안 된다.

1432. 무엇이 '과거의 대상을 가진 법들'(ma3-19-a)인가?

식무변처, 비상비비상처 — 이것이 과거의 대상을 가진 법들이다.363)

1433. 엄밀히 말하면 '미래의 대상을 가진 법들'(ma3-19-b)은 없다.364)

1434. 무엇이 '현재의 대상을 가진 법들'(ma3-19-c)인가?

한 쌍의 전오식들, 세 가지 마노의 요소들 — 이것이 현재의 대상을 가진 법들이다.365)

욕계 유익한 것의 과보로 나타난 것 가운데 마음의 일어남 열 가지,366) 해로운 것의 과보로 나타난 것 가운데 평온이 함께하는 마노의

---

363) "식무변처와 비상비비상처의 법들은 그 앞의 과거의 증득(atīta-samāpatti)을 대상으로 하여 일어나기 때문에 전적으로 '과거의 대상을 가진 것(atīta-ārammaṇāva)'이다."(DhsA.417)

364) "'엄밀히 말하면 미래의 대상을 가진 법들(ma3-19-b)은 없다.(niyogā anāgatārammaṇā natthi).'라는 것은 정해진 법칙(niyama)에 의해서는 각각의 마음은 미래의 대상을 가지지 않는다는 것이다. 그런데 ⑫ 미래를 아는 지혜(anāgataṁsa-ñāṇa)는 전적으로 미래의 대상을 가지고 ⑧ [남의] 마음을 다 아는 지혜(타심통)도 미래를 대상으로 하여 일어나지 않는가? 그렇게 일어나지 않는 것은 아니다. 그러나 이러한 [지혜는] 각각의 개별적인(pāṭiyekka) 하나의 마음(eka citta)이 그렇게 하는 것이 아니라 색계에 속하는 제4선과 결합되었기 때문에 다른 고귀한 마음들과 섞여서 그렇게 되는 것이다. 그래서 '엄밀히 말하면 미래의 대상을 가진 법들은 없다.'라고 하였다."(DhsA.417)

365) "한 쌍의 전오식(dvipañcaviññāṇāni)과 세 가지 마노의 요소(manodhātu-yo)는 현재의 형색 등에 대해서 일어나기 때문에 '현재의 대상을 가진 것(paccuppannārammaṇā)'이 된다."(DhsA.417)

366) "'마음의 일어남 열 가지(dasa cittuppādā)'라고 했다. 이 가운데 ①~⑧ 원인을 가진 마음(sahetukā) 여덟 가지는 신과 인간의 재생연결을 취할 때에는 업이나 업의 표상을 대상으로 하여 일어나면서 과거의 대상을 가진다(atītārammaṇā). 바왕가와 죽음의 마음인 때에도 이 방법이 적용된다. 그

알음알이의 요소,[367] 작용만 하는 원인 없는 마노의 알음알이의 요소[368] — 이러한 법들은 과거의 대상을 가진 것일 수 있고, 미래의 대상을 가진 것일 수 있고, 현재의 대상을 가진 것일 수 있다.

욕계에 속하는 유익한 것,[369] 해로운 것,[370] 작용만 하는 것 가운데

러나 태어날 곳의 표상(gati-nimitta)을 대상으로 하여 재생연결을 취할 때와 그다음의 바왕가가 일어나는 때에는 현재의 대상을 가진다. 이 경우에 다섯 문에서는 등록을 통해서 삶의 과정에서 일어난다. 마노의 문에서는 과거와 미래와 현재의 대상을 가진 자와나들의 대상을 취한 뒤 일어나기 때문에 과거와 미래와 현재의 대상을 가진다.

⑨ 유익한 과보로 나타난 원인 없고 평온이 함께한 마노의 알음알이의 요소(kusalavipākāhetuka-upekkhāsahagata-manoviññāṇadhātu)도 이 방법이 적용된다. 다만 이것은 오직 인간들에게 있어서 선천적인 맹인 등의 재생연결식이 된다. 다섯 가지 문과 조사를 통해서도 현재의 대상을 가진다는 것이 여기서 특별한 점이다.

⑩ 그런데 기쁨이 함께한 것들은 다섯 가지 문에서 조사를 통하고 등록을 통해서 현재의 대상을 가진다. 마노의 문에서는 등록을 통해서 원인을 가진 과보의 마음들처럼 과거와 미래와 현재의 대상을 가진다고 알아야 한다." (DhsA.417)

367) "그러나 '해로운 과보로 나타난 원인 없는 마노의 알음알이의 요소(akusala-vipākāhetuka-manoviññāṇadhātu)'는 유익한 과보로 나타난 평온이 함께하고 원인 없는 것과 같은 행처를 가진 것(samāna-gatikā)이다. 단지 이것은 악처에 떨어지는(āpāyikā) 재생연결과 바왕가와 죽음의 마음을 통해서 일어난다는 이것이 여기서 특별한 점이다."(DhsA.417~418)

이것은 『아비담마 길라잡이』에서 정리하고 있는 89가지 마음 가운데 19번째 마음이다.(『아비담마 길라잡이』 제1장 <도표 1.3 원인 없는 마음들>과 해설을 참조할 것.)

368) 여기에 덧붙여서 주석서는 아라한들의 미소 짓는 마음의 대상을 이렇게 설명하고 있다.
"'작용만 하는 원인 없는 마노의 알음알이의 요소(kiriyāhetuka-mano-viññāṇadhātu, 미소 짓는 마음)'는 기쁨이 함께하는 번뇌 다한 분들의 다섯 가지 문에서 미소를 띠는 모습(pahaṭṭhākāra)을 만들면서 현재의 대상을 가진다. 마노의 문에서 과거 등으로 분류되는 법들을 대상으로 하여 미소 짓는 마음(hasituppāda)을 통해서 삶의 과정에서는 과거와 미래와 현재의 대상을 가진다."(DhsA.418)

아홉 가지 마음의 일어남,[371] 유익한 것과 작용만 하는 것 가운데 색계에 속하는 제4선[372] — 이러한 법들은 과거의 대상을 가진 것일 수 있

369) "'욕계에 속하는 유익한 것(kāmāvacarakusala)'은 유익한 것 가운데 네 가지 지혜와 결합된 마음의 일어남이다. 과거 등으로 분류되는 무더기와 요소와 감각장소를 명상하고 반조하는 유학과 범부들에게는 과거와 미래와 현재의 대상이 있다. 개념과 열반을 반조할 때는 [과거 등으로] 규정할 수 없는 대상을 가진다. 지혜와 결합되지 않은 것들에 대해서도 이 방법이 적용된다. 단지 이러한 마음들에는 도와 과와 열반에 대한 반조가 없다. 이것이 여기서 특별한 점이다."(DhsA.418)

370) "해로운 것(akusala) 가운데 사견과 결합된 마음의 일어남 네 가지는 과거 등으로 분류되는 무더기[蘊]와 요소[界]와 감각장소[處]를 맛보고 즐기고 집착[固守]하는 때에는 과거 등의 대상을 가진다. 개념을 대상으로 하여 맛보고 즐기는 자가 '중생, 중생'이라는 [실체가 있다고] 집착하여 거머쥐면 [과거 등으로] 규정할 수 없는 대상을 가진다.

사견과 결합되지 않은 것들(diṭṭhi-vippayuttā)에도 이 방법이 적용된다. 단지 이들의 경우에는 집착하여 거머쥐는 것(parāmāsaggahaṇa)이 없다.

적의와 결합된 마음의 일어남(paṭighasampayutta-cittuppādā) 두 가지는 과거 등으로 분류되는 법들을 대상으로 하여 일어난다. 불만족을 가진 자들(domanassitā)은 과거 등의 대상을 가지고, 개념을 대상으로 하여 불만족을 가진 자들은 [과거 등으로] 규정할 수 없는 대상을 가진다.

의심과 들뜸과 결합된 마음들(vicikicchuddhacca-sampayuttā)은 그 법들에 대해서 바른 결론에 도달하지 못함(aniṭṭhaṅgata-bhāva)과 들뜬 상태(uddhata-bhāva)에 의해서 삶의 과정에서 과거와 미래와 현재와 [과거 등으로] 규정할 수 없는 대상을 가진다."(DhsA.418)

371) "작용만 하는 것 가운데 원인을 가진 마음의 일어남 여덟 가지는 유익한 마음과 같은 행처를 가진다. 평온이 함께하고 작용만 하는 원인 없는 마노의 알음알이의 요소는 다섯 가지 문에서는 결정(voṭṭhabbana)을 통해서 삶의 과정에서 현재의 대상만을 가진다. 마노의 문에서 과거와 미래와 현재의 대상을 가지고 개념과 열반을 대상으로 가진 속행들의 앞에 올 때에는 과거와 미래와 현재와 [과거 등으로] 규정할 수 없는 대상을 가진다."(DhsA.418~419)

372) "이미 분류하여 설명한 색계선에서(§1422의 주해 참조) ① 모든 곳에서 기초가 되는 제4선 ② 허공의 까시나를 가진 제4선 ③ 광명의 까시나를 가진 제4선 ④ 거룩한 마음가짐을 통한 제4선 ⑤ 들숨날숨을 통한 제4선이라는 이들 다섯 가지는 [과거 등으로] 규정할 수 없는 대상을 가진다. ⑥ 신통변화

고, 미래의 대상을 가진 것일 수 있고, 현재의 대상을 가진 것일 수 있다. [그러나] 과거의 대상을 가진 것이라고도 미래의 대상을 가진 것이라고도 현재의 대상을 가진 것이라고도 말해서는 안 되는 경우가 있다.

유익한 것과 과보로 나타난 것과 작용만 하는 것 가운데 색계의 세 가지나 네 가지 禪, 제4선의 과보로 나타난 것, 공무변처, 무소유처, [세간에] 포함되지 않는[出世間] 네 가지 도들, 네 가지 사문됨의 결실들[果] — 이러한 법들은 과거의 대상을 가진 것이라고도 미래의 대상을 가진 것이라고도 현재의 대상을 가진 것이라고도 말해서는 안 된다.373)

(신족통)의 [기초가 되는] 제4선은 몸을 통해서 마음을 변화시키는(Vis.XII.119) 경우에는 과거의 기초가 되는 禪의 마음(atītapādakajjhāna-citta)을 대상으로 하여 일어나기 때문에 과거의 대상을 가진다. 부처님의 사리를 안치할 때에 마하깟사빠 장로 등처럼 미래에 대해서 결심을 할(adhiṭṭhahantā) 경우에는 미래의 대상을 가진다.

⑦ 신성한 귀의 요소[天耳通]의 [기초가 되는] 제4선은 존재하는 소리를 대상으로 하여 일어나기 때문에 현재의 대상을 가진다. ⑧ [남의] 마음을 다 아는 지혜(타심통)의 기초가 되는 제4선은 과거의 칠 일 안에 있었거나 미래의 칠 일 안에 있을 남들의 마음을 알기 때문에 과거의 대상을 가지거나 미래의 대상을 가진다. 그러나 칠 일이 경과하면 그것을 아는 것은 불가능하다. 이것은 ⑫ 미래를 아는 지혜(anāgataṁsa-ñāṇa)의 영역이지 이것의 [영역이] 아니기 때문이다.(『청정도론』 XIII.125~126 참조) 그러나 현재를 아는 때에는 현재의 대상을 가진다.

현재는 세 가지이다. ㉠ 순간으로서의 현재(khaṇa-paccuppanna) ㉡ 상속으로서의 현재(santati-paccuppanna) ㉢ 기간으로서의 현재(addhā-paccuppanna)이다. 이 가운데서 생기고, 머물고, 멸하는 것에 이른 것이 ㉠ 순간으로서의 현재이다. 하나 혹은 두 개의 상속의 차례에 포함된 것이 ㉡ 상속으로서의 현재이다."(DhsA.419)

세 가지 현재에 대한 설명은 『청정도론』 Vis.XIII.111 이하를 참조할 것. 이 문맥에서 『담마상가니 주석서』(DhsA.419 이하)에 나타나는 ⑥ 신통변화(신족통)와 ⑦ 신성한 귀의 요소[天耳通] 이하의 설명은 『청정도론』 에도 잘 나타나고 있으며 『앗타살리니』 의 설명은 『청정도론』 의 설명과 대부분이 일치한다. 신통변화 이하의 설명은 『청정도론』 Vis.XIII.106 이하를 참조하기 바란다.

물질과 열반은 대상을 가지지 않는다.

1435. 기능에 묶여있지 않은 물질[374]과 열반을 제외하고, 모든 법들은 '안의 것'(ma3-20-a)일 수 있고, '밖의 것'(ma3-20-b)일 수 있고, '안과 밖의 것'(ma3-20-c)일 수 있다. 기능에 묶여있지 않는 물질과 열반은 밖의 것이다.[375]

1436. 무엇이 '안의 대상을 가진 법들'(ma3-21-a)인가?

식무변처, 비상비비상처 — 이것이 안의 대상을 가진 법들이다.[376]

---

373) "색계의 세 가지 禪과 네 가지 禪 등은 과거와 미래와 현재의 것들 가운데 어떤 하나의 법도 대상으로 하여 일어나지 못하기 때문에 전적으로 [과거 등으로] 규정할 수 없는 대상을 가진다고 알아야 한다."(DhsA.423)

374) 『맛지마 니까야 복주서』는 "'기능에 묶여있는(indriya-baddha)'이란 것은 눈 등의 기능에 묶여있는 것을 말한다."(MAṬ.ii.393)라고 설명하고 있다. 그러므로 '기능에 묶여있지 않는 물질(anindriyabaddha-rūpa)'이란 눈·귀·코·혀·몸의 기능을 하지 않는 물질을 말한다.

375) "'기능에 묶여있지 않는 물질과 열반은 밖의 것이다(anindriyabaddharūpañ-ca nibbānañca bahiddhā).'라고 하였다. 기능에 묶여있는 것이 다른 사람의 상속에 있으면 밖의 것(bahiddha)이라고 말해지지만 그 사람에게도 자신의 삶의 흐름(상속)에 포함되었기 때문에 자기 것으로서의 안(niyak-ajjhatta)이 된다. 이와 같이 [기능에 묶여있지 않는 물질과 열반은] 어떤 방법에 의해서도 안의 것(ajjhatta)이 아니다. 이처럼 자기 것으로서의 안에 포함된 것이 아니기 때문에 밖의 것이라고 하였나니 [이 둘은] 자기 것으로서의 안에 있는 것이 아니기 때문이다.
안의 대상의 세 개 조(ma3-21)에서는 오직 자기 것으로서의 안에 있는 것이 아니기만 하면 밖의 대상을 가진 것이 됨을 설하였다."(DhsA.423)

376) "유익한 것과 과보로 나타난 것과 작용만 하는 것(kusalavipāka-kiriya)을 통해서 식무변처와 비상비비상처라는 여섯 가지 마음의 일어남은 자신의 상속(흐름)에 연결되어 있는 앞의 증득(즉 각각 공무변처와 무소유처, 『청정도론』 제10장 참조)을 대상으로 일어나기 때문에 안의 대상을 가진다고 알아야 한다.
여기서 작용만 하는 공무변처는 작용만 하는 식무변처에게만 대상이 되지 그 외에는 적용되지 않는다. 왜 그런가? 작용만 하는 공무변처를 가진 자에게는 유익하거나 과보로 나타난 식무변처가 존재하지 않기 때문이다. 그러나

1437. 무엇이 '밖의 대상을 가진 법들'(ma3-21-b)인가?

유익한 것과 과보로 나타난 것과 작용만 하는 것 가운데 색계의 세 가지나 네 가지 禪, [242] 네 번째 禪의 과보로 나타난 것, 공무변처, [세간에] 포함되지 않는[出世間] 네 가지 도들, 네 가지 사문됨의 결실들[果] — 이것이 밖의 대상을 가진 법들이다.377)

물질을 제외하고, 욕계에 속하는 모든 유익하거나 해롭거나 결정할 수 없는[無記] 법들378)과 색계에 속하는 유익하고 작용만 하는 제4

유익한 것은 유익하거나 과보로 나타난 것이나 작용만 하는 것의 셋 모두에게 대상이 된다. 왜 그런가? 유익한 공무변처를 일으켜서 머무는 자에게는 그 뒤에 세 가지 식무변처가 일어나고 존재하기 때문이다.

과보로 나타난 것은 어떤 것의 대상도 되지 않는다. 왜 그런가? 과보의 [마음]으로부터 출정한 뒤에 [삼매로] 마음을 기울임이라는 것이 존재하지 않기 때문이다.

비상비비상처의 대상이 되는 것에도 이 방법이 적용된다."(DhsA.424)

377) "모든 색계에 속하는 세 가지 禪이나 네 가지 禪 등의 경우에도 자기 것으로서의 안으로부터 밖에 있기 때문에(bahiddhābhāva), 밖에 존재하는 땅의 까시나 등(을 대상으로 하여 일어나기 때문에 밖의 대상을 가진다고 알아야 한다."(DhsA.424)

378) "'욕계에 속하는 모든 유익하거나 해롭거나 결정할 수 없는[無記] 법들과 색계에 속하는 유익하고 작용만 하는 제4선(sabbeva kāmāvacarā kusala-akusalābyākatā dhammā, rūpāvacaraṁ catutthaṁ jhānaṁ)'이라고 하였다.

여기서 ① 유익한 것의 경우에 ⓐ 지혜와 결합된 마음의 일어남 네 가지는 자신의 무더기 등을 반조하기 때문에 안의 대상을 가지고, 남들의 무더기 등을 반조하고 개념과 열반을 반조할 때는 밖의 대상을 가지며, 이 둘을 통해서 안과 밖의 대상을 가진다.

ⓑ 지혜와 결합되지 않은 것들에도 이러한 방법이 적용된다. 단지 이 경우에는 열반을 반조하는 것이 없다.

② 해로운 것의 경우에 ⓐ 사견과 결합된 마음의 일어남 네 가지는 자신의 무더기 등을 맛보고 즐기고 집착할 때에는 안의 대상을 가지고, 남의 무더기 등과 기능에 묶여있지 않는 물질의 까시나 등에 대해서 일어날 때에는 밖의 대상을 가지며, 이 둘에 의해서 안과 밖의 대상을 가진다.

ⓑ 사견과 결합되지 않은 것들에 대해서도 이러한 방법이 적용된다. 이들에

게는 집착하고 거머쥐는 것이 전혀 없기 때문이다.
ⓒ 적의와 결합된 두 가지도 자신의 무더기 등에 대해서 불만족을 가진 자는 안의 대상을 가지고, 남의 무더기 등과 기능에 묶여있지 않는 물질과 개념 등에 대해서는 밖의 대상을 가지며, 이 둘을 통해서 안과 밖의 대상을 가진다.
ⓓ 의심과 들뜸과 결합된 것들에 대해서도 앞에서 법들에 대해서 설명한 방법대로 의심과 흔들림의 상태(vicikicchana-phandana-bhāva)를 통해서 일어날 때에는 안의 대상을 가진다고 알아야 한다."(DhsA.424~425)

계속해서 주석서는 이렇게 설명하고 있다.
"한 쌍의 전오식(dvipañcaviññāṇāni)과 세 가지 마노의 요소(manodhātu-yo)라는 이들 13가지 마음의 일어남은 자신의 물질 등을 대상으로 하여 일어날 때에는 안의 대상을 가지고, 남의 물질 등에 대해서 일어나면 밖의 대상을 가지며, 이 둘을 통해서 안과 밖의 대상을 가진다.

기쁨이 함께하고 과보로 나타난 마노의 알음알이의 요소(somanassa-sahagatāhetukavipāka-manoviññāṇadhātu, 『아비담마 길라잡이』의 14번째 마음)는 ① 다섯 가지 문에서 조사와 등록을 통해서 자신의 다섯 가지 형색 등의 법들을 대상으로 하여 일어날 때와 ② 마노의 문에서 등록을 통해서 다른 안에 있는 욕계에 속하는 법들을 대상으로 하여 일어날 때에는 안의 대상을 가지고, 남들의 법들에 대해서 일어나면 밖의 대상을 가지며, 이 둘을 통해서 안과 밖의 대상을 가진다.

평온이 함께하고 과보로 나타났고 원인 없는 마노의 알음알이의 요소 두 가지(upekkhāsahagata-vipākāhetuka-manoviññāṇadhātu-dvaya)에도 이 방법이 적용된다. 단지 이들은 선처(sugati)와 악처(duggati)에서 재생연결과 바왕가와 죽음의 마음을 통해서 안의 것 등으로 구분되는 업 등에 대해서 일어난다.

과보로 나타난 큰마음(mahāvipāka-cittāni) 여덟 가지는 이 두 가지와 비슷한 행처를 가진다. 단지 이들은 조사하는 [마음](santīraṇa)으로는 일어나지 않는다. 재생연결과 바왕가와 죽음의 마음을 통해서 이들은 오직 선처에서 일어난다.

기쁨이 함께하고 원인 없고 작용만 하는 마음들(somanassasahagata-ahetuka-kiriyā)은 다섯 가지 문에서 자신의 형색 등을 대상으로 하여 유쾌한 모습(pahaṭṭhākāra-karaṇa)을 통해서 일어날 때에는 안의 대상을 가지고, 남의 형색 등에 대해서 일어날 때에는 밖의 대상을 가진다.
마노의 문에서는 여래께서 조띠빨라 바라문 학도(Jotipāla-māṇava, D19 §29 이하)와 마카데와 왕(Makhadeva-rāja, M83)과 깐하 고행자(Kaṇha-tāpasa, D3 §1.20 이하) 등이었을 때에 자신이 행한 행위를 반조할 때에 미소 지음(hasituppāda)을 통해서 일어나는 것은 안의 대상을 가진다.

선[379] — 이러한 법들은 안의 대상을 가진 것일 수 있고, 밖의 대상을

말리까 왕비(Mallikā devi, M87 등)와 산따띠 대신(Santati-mahāmatta, DA.iii.746)과 수마나라는 화환을 파는 자(Sumana-mālākāra) 등이 행한 행위를 대상으로 하여 일어날 때에는 밖의 대상을 가진다. 이 둘을 통해서 안과 밖의 대상을 가진다.

평온이 함께하고 작용만 하는 원인 없는 마노의 알음알이의 요소(upekkhā-sahagata-kiriyāhetuka-manoviññāṇadhātu)는 다섯 가지 문에서는 결정(voṭṭhabbana)을 통해서, 그리고 마노의 문에서는 전향(āvajjana, 의문전향)을 통해서 일어날 때에 안의 대상을 가진다.

작용만 하는 큰마음 여덟 가지는 유익한 마음과 같은 행처를 가진다. 단지 여기서 이들은 번뇌 다한 분들에게서 일어나고 유익한 것들은 유학과 범부들에게서 일어나는 이 정도가 여기서 다른 점이다."(DhsA.425~426)

379) "앞에서 설명한 색계에 속하는 제4선에서(§1422의 주해 참조) ①~⑤ 모든 곳에서 기초가 되는 제4선(등의 다섯 가지 禪들은 이 세 개 조에서 기회를 얻게 된다. 이들은 까시나와 개념과 표상을 대상으로 하기 때문에 밖의 대상을 가진다.
⑥ 신통변화(신족통)의 [기초가 되는] 제4선(iddhividha-catuttha)은 몸을 통해서 마음을, 마음을 통해서 몸을 변화시킬 때와 자신의 어릴 때의 모습 등을 만들 때에는 자기의 몸과 마음들을 대상으로 삼기 때문에 안의 대상을 가진다. 밖의 코끼리나 말 등을 보여 줄 때에는 밖의 대상을 가진다. 때로는 안으로 때로는 밖으로 일어나게 할 때에는 안과 밖의 대상을 가진다.
⑦ 신성한 귀의 요소[天耳通]의 [기초가 되는] 제4선(dibbasota-catuttha)은 자신의 내부에 있는 소리를 들을 때에는 안의 대상을 가지고, 남들의 소리를 들을 때에는 밖의 대상을 가지며, 이 둘을 통해서는 안과 밖의 대상을 가진다.
⑧ [남의] 마음을 다 아는 지혜(타심통)의 [기초가 되는] 제4선(cetopariya-ñāṇa-catuttha)은 남들의 마음을 대상으로 하기 때문에 밖의 대상을 가진다.
⑪ 전생에 대한 지혜(숙명통)의 [기초가 되는] 제4선(pubbenivāsa-ñāṇa-catuttha)은 자신의 무더기들[蘊]을 기억하는 때에는 안의 대상을 가지고, 남의 무더기들과 기능에 묶이지 않은 물질과 세 가지 개념들을 기억할 때에는 밖의 대상을 가지며, 둘 다를 통해서는 안과 밖의 대상을 가진다.

[⑨ 업에 따라 감을 아는 지혜의 [기초가 되는] 제4선(yathākammupaga-ñāṇa-catuttha)은 언급 안 됨.]
⑩ 신성한 눈의 지혜(천안통)의 [기초가 되는] 제4선(dibbacakkhuñāṇa-catuttha)은 자신의 내부에 있는 것 등의 물질을 볼 때에는 안의 대상을 가지고, 나머지 물질을 볼 때에는 밖의 대상을 가지며, 이 둘을 통해서 안과 밖

가진 것일 수 있고, 안과 밖의 대상을 가진 것(ma3-21-c)일 수 있다.

무소유처는 안의 대상을 가진 것이라고도 밖의 대상을 가진 것이라고도 안과 밖의 대상을 가진 것이라고도 말해서는 안 된다.380)

물질과 열반은 대상을 가지지 않는다.

1438. 무엇이 '볼 수 있고 부딪힘도 있는 법들'(ma3-22-a)인가?

형색의 감각장소 — 이것이 볼 수 있고 부딪힘도 있는 법들이다.

1439. 무엇이 '볼 수는 없지만 부딪힘은 있는 법들'(ma3-22-b)인가?

눈의 감각장소 … 감촉의 감각장소 — 이것이 볼 수는 없지만 부딪힘은 있는 법들이다.

1440. 무엇이 '볼 수도 없고 부딪힘도 없는 법들'(ma3-22-c)인가?

네 가지 경지에서 유익한 것, 해로운 것, 네 가지 경지에서 과보로 나타난 것, 세 가지 경지에서 작용만 하는 결정할 수 없는 것[無記], 볼 수도 없고 부딪힘도 없는 법의 감각장소인 [세간에] 포함된 물질, 열반 — 이것이 볼 수도 없고 부딪힘도 없는 법들(ma322-c)이다.

세 개 조의 의미를 드러냄이 [끝났다.]

의 대상을 가진다.

⑫ 미래를 아는 지혜의 [기초가 되는] 제4선(anāgataṁsañāṇa-catuttha)은 자신의 미래의 무더기들을 기억할 때에는 안의 대상을 가지고, 남의 미래의 무더기들이나 기능에 묶이지 않은 물질을 기억할 때에는 밖의 대상을 가지며, 이 둘을 통해서 안과 밖의 대상을 가진다."(DhsA.426~427)

380) "무소유처가 규정할 수 없는 것을 대상으로 가지는 것(navattabbārammaṇatā)에 대해서는 앞에서(§1434) 설명하였다."(DhsA.427)

제2장 두 개 조의 의미를 드러냄[義要]

duka-atthuddhāra

1. 원인의 모둠

hetu-gocchaka

1441. 무엇이 '원인인 법들'(ma2-1-a)인가?[381]

세 가지 유익한 원인,[382] 세 가지 해로운 원인, 세 가지 결정할 수 없는[無記] 원인이 있다.

유익한 원인인 탐욕 없음과 유익한 원인인 성냄 없음은 네 가지 유익한 경지에서 생긴다. 유익한 원인인 어리석음 없음은 욕계의 유익한 것 가운데서 지혜와 결합되지 않은 마음의 일어남 네 가지를 제외하고, 네 가지 유익한 경지에서 생긴다.

탐욕은 탐욕이 함께하는 마음의 일어남 여덟 가지에서 생긴다. 성냄은 불만족이 함께한 마음의 일어남 두 가지에서 생긴다. 어리석음은 모든 해로운 [마음의 일어남]에서 생긴다.

과보로 나타난 것의 원인인 탐욕 없음과 과보로 나타난 것의 원인인

---

381) "원인의 모둠에 대한 해설에서 '세 가지 유익한 원인(tayo kusalahetū)' 등의 방법으로 원인들을 보인 뒤에 다시 그들의 일어나는 경우를 보여주기 위해서 '네 가지 유익한 경지에서 생긴다(catūsu bhūmīsu kusalesu uppajja-nti).'라는 등을 설하셨다. 이러한 방법(upāya)으로 나머지 모둠들에서도 가르침의 방법을 알아야 한다."(DhsA.427)

382) '유익한 원인'과 '해로운 원인'으로 옮긴 것에 대해서는 본서 제3편 §1059의 주해를 참조할 것.

성냄 없음은 욕계의 과보로 나타난 것 가운데서 원인 없는 마음의 일어남을 제외하고, 네 가지 과보로 나타난 경지에서 생긴다.

과보로 나타난 것의 원인인 어리석음 없음은 욕계의 과보로 나타난 것 가운데서 원인 없는 마음의 일어남을 제외하고, 지혜와 결합되지 않은 마음의 일어남 네 가지를 제외하고, 네 가지 과보로 나타난 경지에서 생긴다.

작용만 하는 것의 원인인 탐욕 없음과 작용만 하는 것의 원인인 성냄 없음은 욕계의 작용만 하는 것 가운데서 원인 없는 마음의 일어남을 제외하고, 세 가지 작용만 하는 경지에서 생긴다. [243]

작용만 하는 것의 원인인 어리석음 없음은 욕계의 작용만 하는 것 가운데서 원인 없는 마음의 일어남을 제외하고, 지혜와 결합되지 않은 마음의 일어남 네 가지를 제외하고, 세 가지 작용만 하는 경지에서 생긴다. — 이것이 원인인 법들이다.

1442. 무엇이 '원인이 아닌 법들'(ma2-1-b)인가?

원인을 제외하고, 네 가지 경지에서 유익한 것, 해로운 것, 네 가지 경지에서 과보로 나타난 것, 세 가지 경지에서 작용만 하는 결정할 수 없는 것[無記], 물질, 열반 — 이것이 원인이 아닌 법들이다.

1443. 무엇이 '원인을 가진 법들'(ma2-2-a)인가?

의심이 함께하고 들뜸이 함께한 어리석음을 제외한 나머지 해로운 것, 네 가지 경지에서 유익한 것, 욕계의 과보로 나타난 것 가운데서 원인 없는 마음의 일어남을 제외하고 네 가지 경지에서 과보로 나타난 것, 욕계의 작용만 하는 것 가운데서 원인 없는 마음의 일어남을 제외하고 세 가지 경지에서 작용만 하는 결정할 수 없는 것[無記] — 이것이 원인을 가진 법들이다.

1444. 무엇이 '원인을 가지지 않은 법들'(ma2-2-b)인가?

의심이 함께한 어리석음, 들뜸이 함께한 어리석음, 한 쌍의 전오식들, 세 가지 마노의 요소들, 다섯 가지 원인 없는 마노의 알음알이의 요소들, 물질, 열반 — 이것이 원인을 가지지 않은 법들이다.

1445. 무엇이 '원인과 결합된 법들'(ma2-3-a)인가?

의심이 함께하고 들뜸이 함께한 어리석음을 제외한 나머지 해로운 것, 네 가지 경지에서 유익한 것, 욕계의 과보로 나타난 것 가운데서 원인 없는 마음의 일어남을 제외하고 네 가지 경지에서 과보로 나타난 것, 욕계의 작용만 하는 것 가운데서 원인 없는 마음의 일어남을 제외하고 세 가지 경지에서 작용만 하는 결정할 수 없는 것[無記] — 이것이 원인과 결합된 법들이다.

1446. 무엇이 '원인과 결합되지 않은 법들'(ma2-3-b)인가?

의심이 함께한 어리석음, 들뜸이 함께한 어리석음, 한 쌍의 전오식들, 세 가지 마노의 요소들, 다섯 가지 원인 없는 마노의 알음알이의 요소들, 물질, 열반 — 이것이 원인과 결합되지 않은 법들이다.

1447. 무엇이 '원인이면서 원인을 가진 법들'(ma2-4-a)인가?

거기서 두 개나 세 개의 원인들이 함께 생기면383) — 이것이 원인이

---

383) '거기서 두 개나 세 개의 원인들이 함께 생기면'은 yattha dve tayo hetū ekato uppajjanti를 옮긴 것이다.
아비담마에서는 탐·진·치·불탐·부진·불치(탐욕·성냄·어리석음·탐욕 없음·성냄 없음·어리석음 없음)를 '원인(hetu)'이라 부른다. 여기에 대해서는 본서 §1064와 §1073와 §1079의 설명과 『아비담마 길라잡이』 제3장 §5의 해설을 참조할 것. 이러한 여섯 가지 원인들(hetū) 가운데서 ① 탐과 치라는 두 개의 원인은 함께 생길 수 있다.(『아비담마 길라잡이』 제3장 §6 참조) 이 경우에 탐은 원인이면서 치라는 원인을 가진 법이 된다. 마찬가지로 치는 원인이면서 탐이라는 원인을 가진 법이 된다(*Ibid.*). ② 그리고 불

면서 원인을 가진 법들이다.

1448. 무엇이 '원인을 가졌지만 원인이 아닌 법들'(ma2-4-b)인가?

여기서 원인은 제외하고, 네 가지 경지에서 유익한 것, 해로운 것, 욕계의 과보로 나타난 것 가운데서 원인 없는 마음의 일어남을 제외하고 네 가지 경지에서 과보로 나타난 것, 욕계의 작용만 하는 것 가운데서 원인 없는 마음의 일어남을 제외하고 세 가지 경지에서 작용만 하는 결정할 수 없는 것[無記] — 이것이 원인을 가졌지만 원인이 아닌 법들이다.

원인을 가지지 않은 법들은 원인이면서 원인을 가진 것들이라고도 원인을 가졌지만 원인이 아닌 것들이라고도 말해서는 안 된다.

1449. 무엇이 [244] '원인이면서 원인과 결합된 법들'(ma2-5-a)인가?

거기서 두 개나 세 개의 원인들이 함께 생기면 — 이것이 원인이면서 원인과 결합된 법들이다.

1450. 무엇이 '원인과 결합되었지만 원인이 아닌 법들'(ma2-5-b) 인가?

여기서 일어난 원인은 제외하고, 네 가지 경지에서 유익한 것, 해로운 것, 욕계의 과보로 나타난 것 가운데서 원인 없는 마음의 일어남을 제외하고 네 가지 경지에서 과보로 나타난 것, 욕계의 작용만 하는 것 가운데서 원인 없는 마음의 일어남을 제외하고 세 가지 경지에서 작용만 하는 결정할 수 없는 것[無記] — 이것이 원인과 결합되었지만 원인이 아

탐·부진·불치라는 세 개의 원인은 함께 생길 수 있다(*Ibid.*). 이 경우에 불탐은 원인이면서 부진이나 불치라는 원인을 가진 법이 된다. 마찬가지로 부진은 원인이면서 불탐이나 불치라는 원인을 가진 법이 된다.
이러한 사실을 여기서는 '거기서 두 개나 세 개의 원인들이 함께 생기면 — 이것이 원인이면서 원인과 결합된 법들이다.'라고 표현하고 있다. 같은 어법이 아래 §1449, §1473, §1485, §1497, §1511, §1577 등에도 나타나고 있다. §1473과 §1485의 주해 등도 참조할 것.

닌 법들이다.

원인과 결합되지 않은 법들은 원인이면서 원인과 결합된 것들이라고도 원인과 결합되었지만 원인이 아닌 것들이라고도 말해서는 안 된다.384)

1451. 무엇이 '원인이 아니지만 원인을 가진 법들'(ma2-6-a)인가?

여기서 일어난 원인은 제외하고, 네 가지 경지에서 유익한 것, 해로운 것, 욕계의 과보로 나타난 것 가운데서 원인 없는 마음의 일어남을 제외하고 네 가지 경지에서 과보로 나타난 것, 욕계의 작용만 하는 것 가운데서 원인 없는 마음의 일어남을 제외하고 세 가지 경지에서 작용만 하는 결정할 수 없는 것[無記] — 이것이 원인이 아니지만 원인을 가진 법들이다.

1452. 무엇이 '원인이 아니면서 원인을 가지지 않은 법들'(ma2-6-b)인가?

한 쌍의 전오식들, 세 가지 마노의 요소들, 다섯 가지 원인 없는 마노의 알음알이의 요소들, 물질, 열반 — 이것이 원인이 아니면서 원인을 가지지 않은 법들이다.

원인인 법들은 원인이 아니지만 원인을 가진 것들이라고도 원인이 아니면서 원인을 가지지 않은 것들이라고도 말해서는 안 된다.

원인의 모둠이 [끝났다.]

---

384) 이 문장을 제외하면 §1450과 §1451은 같은 내용을 담고 있다.

2. 틈새에 있는 짧은 두 개 조

cūḷantara-duka

1453. 무엇이 '조건을 가진 법들'(ma2-7-a)인가?

네 가지 경지에서 유익한 것, 해로운 것, 네 가지 경지에서 과보로 나타난 것, 세 가지 경지에서 작용만 하는 결정할 수 없는 것[無記], 모든 물질 — 이것이 조건을 가진 법들이다.

1454. 무엇이 '조건을 가지지 않은 법들'(ma2-7-b)인가?

열반 — 이것이 조건을 가지지 않은 법들이다.

1455. 무엇이 '형성된 법들[有爲法]'(ma2-8-a)인가?

네 가지 경지에서 유익한 것, 해로운 것, 네 가지 경지에서 과보로 나타난 것, 세 가지 경지에서 작용만 하는 결정할 수 없는 것[無記], 모든 물질 — 이것이 형성된 법들이다.

1456. 무엇이 '형성되지 않은 법들[無爲法]'(ma2-8-b)인가?

열반 — 이것이 형성되지 않은 법들[無爲法]이다.

1457. 무엇이 '볼 수 있는 법들'(ma2-9-a)인가?

형색의 감각장소 — 이것이 볼 수 있는 법들이다.

1458. 무엇이 '볼 수 없는 법들'(ma2-9-b)인가?

눈의 감각장소 [245] … 감촉의 감각장소, 네 가지 경지에서 유익한 것, 해로운 것, 네 가지 경지에서 과보로 나타난 것, 세 가지 경지에서 작용만 하는 결정할 수 없는 것[無記], 볼 수도 없고 부딪힘도 없는 법의 감각장소인 [세간에] 포함된 물질, 열반 — 이것이 볼 수 없는 법들이다.

1459. 무엇이 '부딪힘이 있는 법들'(ma2-10-a)인가?

눈의 감각장소 … 감촉의 감각장소 — 이것이 부딪힘이 있는 법들이다.

1460. 무엇이 '부딪힘이 없는 법들'(ma2-10-b)인가?

네 가지 경지에서 유익한 것, 해로운 것, 네 가지 경지에서 과보로 나타난 것, 세 가지 경지에서 작용만 하는 결정할 수 없는 것[無記], 볼 수도 없고 부딪힘도 없는 법의 감각장소인 [세간에] 포함된 물질, 열반 — 이것이 부딪힘이 없는 법들이다.

1461. 무엇이 '물질인 법들'(ma2-11-a)인가?

네 가지 근본물질, 네 가지 근본물질에서 파생된 물질 — 이것이 물질인 법들이다.

1462. 무엇이 '비물질인 법들'(ma2-11-b)인가?

네 가지 경지에서 유익한 것, 해로운 것, 네 가지 경지에서 과보로 나타난 것, 세 가지 경지에서 작용만 하는 결정할 수 없는 것[無記], 열반 — 이것이 비물질인 법들이다.

1463. 무엇이 '세간적인 법들'(ma2-12-a)인가?

세 가지 경지에서 유익한 것, 해로운 것, 세 가지 경지에서 과보로 나타난 것, 세 가지 경지에서 작용만 하는 결정할 수 없는 것[無記], 모든 물질 — 이것이 세간적인 법들이다.

1464. 무엇이 '출세간의 법들'(ma2-12-b)인가?

[세간에] 포함되지 않는[出世間] 네 가지 도들, 네 가지 사문됨의 결실들[果], 열반 — 이것이 출세간의 법들이다.

모든 법들은 '어떤 것으로 식별되는 법들'(ma2-13-a)과 '어떤 것으로 식별되지 않는 법들'(ma2-13-b)이다.[385]

틈새에 있는 짧은 두 개 조가 [끝났다.]

385) '어떤 것으로 식별되는 법들'(ma2-13-a)과 '어떤 것으로 식별되지 않는 법들'(ma2-13-b)은 틈새에 있는 짧은 두 개 조에 포함된 마지막 마띠까(ma2-13)이다. 그러나 VRI본은 여기서처럼 독립된 문단 번호를 매기지 않고 §1464에 포함된 것으로 편집하였다. 그러나 제3편 간결한 설명 편에서는 §1101로 독립된 문단 번호를 부여하였다. PTS본도 §1447에 포함된 것으로 편집하였고 간결한 설명 편에서는 §1095로 독립된 문단 번호를 매겼다.

3. 번뇌의 모둠

āsava-gocchaka

1465. 무엇이 '번뇌인 법들'(ma2-14-a)인가?

네 가지 번뇌들이 있으니 감각적 쾌락의 번뇌, 존재의 번뇌, 사견의 번뇌, 무명의 번뇌이다.

감각적 쾌락의 번뇌는 탐욕이 함께한 마음의 일어남 여덟 가지에서 생긴다. 존재의 번뇌는 사견에 빠짐과 결합되지 않고 탐욕이 함께한 마음의 일어남 네 가지에서 생긴다. 사견의 번뇌는 사견에 빠짐과 결합된 마음의 일어남 네 가지에서 생긴다. 무명의 번뇌는 모든 해로운 것에서 생긴다. — 이것이 번뇌인 법들이다.

1466. 무엇이 '번뇌가 아닌 법들'(ma2-14-b)인가?

번뇌를 제외한 나머지 해로운 것, 네 가지 경지에서 유익한 것, [246] 네 가지 경지에서 과보로 나타난 것, 세 가지 경지에서 작용만 하는 결정할 수 없는 것[無記], 물질, 열반 — 이것이 번뇌가 아닌 법들이다.

1467. 무엇이 '번뇌의 대상인 법들'(ma2-15-a)인가?

세 가지 경지에서 유익한 것, 해로운 것, 세 가지 경지에서 과보로 나타난 것, 세 가지 경지에서 작용만 하는 결정할 수 없는 것[無記], 모든 물질 — 이것이 번뇌의 대상인 법들이다.

1468. 무엇이 '번뇌의 대상이 아닌 법들'(ma2-15-b)인가?

[세간에] 포함되지 않는[出世間] 네 가지 도들, 네 가지 사문됨의 결실들[果], 열반 — 이것이 번뇌의 대상이 아닌 법들이다.

1469. 무엇이 '번뇌와 결합된 법들'(ma2-16-a)인가?

여기서 일어난 어리석음은 제외하고, 불만족이 함께한 마음의 일어남 두 가지, 의심이 함께하고 들뜸이 함께한 어리석음은 제외한 나머지 해로운 것 — 이것이 번뇌와 결합된 법들이다.

1470. 무엇이 '번뇌와 결합되지 않은 법들'(ma2-16-b)인가?

불만족이 함께한 마음의 일어남 두 가지에서 생긴 어리석음, 의심이 함께한 어리석음, 들뜸이 함께한 어리석음, 네 가지 경지에서 유익한 것, 네 가지 경지에서 과보로 나타난 것, 세 가지 경지에서 작용만 하는 결정할 수 없는 것[無記], 물질, 열반 — 이것이 번뇌와 결합되지 않은 법들이다.

1471. 무엇이 '번뇌이면서 번뇌의 대상인 법들'(ma2-17-a)인가?

바로 그 번뇌가 번뇌이면서 번뇌의 대상인 법들이다.

1472. 무엇이 '번뇌의 대상이지만 번뇌가 아닌 법들'(ma2-17-b)인가?

번뇌를 제외한 나머지 해로운 것, 세 가지 경지에서 유익한 것, 세 가지 경지에서 과보로 나타난 것, 세 가지 경지에서 작용만 하는 결정할 수 없는 것[無記], 모든 물질 — 이것이 번뇌의 대상이지만 번뇌가 아닌 법들이다.

번뇌의 대상이 아닌 법들은 번뇌이면서 번뇌의 대상인 것이라고도 번뇌의 대상이지만 번뇌가 아닌 것이라고도 말해서는 안 된다.

1473. 무엇이 '번뇌이면서 번뇌와 결합된 법들'(ma2-18-a)인가?

거기서 두 개나 세 개의 번뇌들이 함께 생기면[386] — 이것이 번뇌이

386) "'거기서 두 개나 세 개의 번뇌들이 함께 생기면(yattha dve tayo āsavā ekato uppajjanti)'이라고 하셨다. 여기서 세 가지 방법으로 번뇌들은 함께

면서 번뇌와 결합된 법들이다.

1474. 무엇이 '번뇌와 결합되었지만 번뇌가 아닌 법들'(ma2-18-b) 인가?

번뇌를 제외한 나머지 해로운 것 — 이것이 번뇌와 결합되었지만 번뇌가 아닌 법들이다.

번뇌와 결합되지 않은 법들은 번뇌이면서 번뇌와 결합된 것이라고도 번뇌와 결합되었지만 번뇌가 아닌 것이라고도 말해서는 안 된다.

1475. 무엇이 '번뇌와 결합되지 않았지만 번뇌의 대상인 법들'(ma2-19-a)인가?

불만족이 함께한 마음의 일어남 두 가지에서 생긴 어리석음, 의심이 함께한 어리석음, 들뜸이 함께한 어리석음, 세 가지 경지에서 유익한 것, [247] 세 가지 경지에서 과보로 나타난 것, 세 가지 경지에서 작용만 하는 결정할 수 없는 것[無記], 모든 물질 — 이것이 번뇌와 결합되지 않았지만 번뇌의 대상인 법들이다.

1476. 무엇이 '번뇌와 결합되지 않았으면서 번뇌의 대상이 아닌 법들'(ma2-19-b)인가?

[세간에] 포함되지 않는[出世間] 네 가지 도들, 네 가지 사문됨의 결실들[果], 열반 — 이것이 번뇌와 결합되지 않았으면서 번뇌의 대상이 아

생긴다고 알아야 한다. ① 사견과 결합되지 않은(diṭṭhi-vippayuttā) 네 가지에서는 무명의 번뇌(avijjāsava)와 더불어서, ② 사견과 결합된 것들(diṭṭhi-sampayuttā)에서는 사견의 번뇌와 무명의 번뇌(diṭṭhāsava-avijjāsavā)와 더불어서 [이처럼] 감각적 쾌락의 번뇌(kāmāsava)는 두 가지로 함께 생긴다. ③ 존재의 번뇌(bhavāsava)는 사견과 결합되지 않은 네 가지에서는 무명의 번뇌와 더불어서 한 가지로 함께 생긴다."(DhsA.427)

'거기서 두 개나 세 개의 X들이 함께 생기면(yattha dve tayo X ekato uppajjanti)'이라는 어법에 대해서는 §1447의 주해를 참조할 것.

닌 법들이다.

번뇌와 결합된 법들은 번뇌와 결합되지 않았지만 번뇌의 대상인 것이라고도 번뇌와 결합되지 않았으면서 번뇌의 대상이 아닌 것이라고도 말해서는 안 된다.

번뇌의 모둠이 [끝났다.]

4. 족쇄의 모둠

saṁyojana-gocchaka

1477. 무엇이 '족쇄인 법들'(ma2-20-a)인가?

열 가지 족쇄가 있으니 감각적 쾌락에 대한 갈망의 족쇄, 적의의 족쇄, 자만의 족쇄, 견해의 족쇄, 의심의 족쇄, 계행과 의례의식에 대한 집착의 족쇄, 존재에 대한 갈망의 족쇄, 질투의 족쇄, 인색의 족쇄, 무명의 족쇄이다.

감각적 쾌락에 대한 갈망의 족쇄는 탐욕이 함께한 마음의 일어남 여덟 가지에서 생긴다. 적의의 족쇄는 불만족이 함께한 마음의 일어남 두 가지에서 생긴다. 자만의 족쇄는 사견에 빠짐과 결합되지 않고 탐욕이 함께한 마음의 일어남 네 가지에서 생긴다. 견해의 족쇄는 사견에 빠짐과 결합된 마음의 일어남 네 가지에서 생긴다. 의심의 족쇄는 의심이 함께한 마음의 일어남에서 생긴다. 계행과 의례의식에 대한 집착의 족쇄는 사견에 빠짐과 결합된 마음의 일어남 네 가지에서 생긴다. 존재에 대한 갈망의 족쇄는 사견에 빠짐과 결합되지 않고 탐욕이 함께한 마음의 일어남 네 가지에서 생긴다. 질투의 족쇄와 인색의 족쇄는 불만족이 함께한 마음의 일어남 두 가지에서 생긴다. 무명의 족쇄는 모든 해로운 것에서 생긴다. — 이것이 족쇄인 법들이다.

1478. 무엇이 '족쇄가 아닌 법들'(ma2-20-b)인가?

족쇄를 제외한 나머지 해로운 것, 네 가지 경지에서 유익한 것, 네 가지 경지에서 과보로 나타난 것, 세 가지 경지에서 작용만 하는 결정할 수 없는 것[無記], 물질, 열반 — 이것이 족쇄가 아닌 법들이다.

1479. 무엇이 '족쇄의 대상인 법들'(ma2-21-a)인가?

세 가지 경지에서 유익한 것, 해로운 것, 세 가지 경지에서 과보로 나타난 것, 세 가지 경지에서 작용만 하는 결정할 수 없는 것[無記], 모든 물질 — 이것이 족쇄의 대상인 법들이다.

1480. 무엇이 '족쇄의 대상이 아닌 법들'(ma2-21-b)인가?

[세간에] 포함되지 않는[出世間] 네 가지 도들, 네 가지 사문됨의 결실들[果], 열반 — 이것이 족쇄의 대상이 아닌 법들이다.

1481. 무엇이 '족쇄와 결합된 법들'(ma2-22-a)인가?

들뜸이 함께한 [248] 어리석음을 제외한 나머지 해로운 것 — 이것이 족쇄와 결합된 법들이다.

1482. 무엇이 '족쇄와 결합되지 않은 법들'(ma2-22-b)인가?

들뜸이 함께한 어리석음, 네 가지 경지에서 유익한 것, 네 가지 경지에서 과보로 나타난 것, 세 가지 경지에서 작용만 하는 결정할 수 없는 것[無記], 물질, 열반 — 이것이 족쇄와 결합되지 않은 법들이다.

1483. 무엇이 '족쇄이면서 족쇄의 대상인 법들'(ma2-23-a)인가?

바로 그 족쇄가 족쇄이면서 족쇄의 대상인 법들이다.

1484. 무엇이 '족쇄의 대상이지만 족쇄가 아닌 법들'(ma2-23-b)인가?

족쇄를 제외한 나머지 해로운 것, 세 가지 경지에서 유익한 것, 세 가지 경지에서 과보로 나타난 것, 세 가지 경지에서 작용만 하는 결정할 수 없는 것[無記], 모든 물질 — 이것이 족쇄의 대상이지만 족쇄가 아닌 법들이다.

'족쇄의 대상이 아닌 법들'(ma2-21-b)은 '족쇄이면서 족쇄의 대상인 법들'(ma2-24-a)이라고도 족쇄의 대상이지만 족쇄가 아닌 법들이라고도 말해서는 안 된다.

1485. 무엇이 '족쇄이면서 족쇄와 결합된 법들'(ma2-24-a)인가?

거기서 두 개나 세 개의 족쇄들이 함께 생기면387) — 이것이 족쇄이면서 족쇄와 결합된 법들이다.

1486. 무엇이 '족쇄와 결합되었지만 족쇄가 아닌 법들'(ma2-24-b)인가?

족쇄를 제외한 나머지 해로운 것 — 이것이 족쇄와 결합되었지만 족쇄가 아닌 법들이다.

족쇄와 결합되지 않은 법들은 족쇄이면서 족쇄와 결합된 것이라고도 족쇄와 결합되었지만 족쇄가 아닌 것이라고도 말해서는 안 된다.

1487. 무엇이 '족쇄와 결합되지 않았지만 족쇄의 대상인 법들'(ma2-25-a)인가?

---

387) "[§1473에서처럼] 여기서 '두 가지나 세 가지 족쇄들(saṁyojanāni)이 함께 생기면', 족쇄들이 함께 생기는 경우는 모두 열 가지가 된다. 여기서 감각적 쾌락에 대한 갈망(kāmarāga)은 네 가지로 함께 생기고, 적의(paṭigha)는 세 곳에서, 자만(māna)은 [한 곳에서] 함께 생기고 의심(vicikicchā)과 존재에 대한 갈망(bhavarāga)도 그러하다.

어떻게? 감각적 쾌락에 대한 갈망(kāmarāga)은 ① 자만의 족쇄와 무명의 족쇄와 더불어서 ② 견해의 족쇄와 무명의 족쇄와 더불어서 ③ 계행과 의례의식에 대한 집착과 무명의 족쇄와 더불어서 ④ 오직 무명의 족쇄와 더불어서 이처럼 모두 네 가지로 함께 생긴다.
그런데 적의(paṭigha)는 ① 질투의 족쇄와 무명의 족쇄와 더불어서 ② 인색의 족쇄와 무명의 족쇄와 더불어서 ③ 오직 무명의 족쇄와 더불어서 이처럼 모두 세 가지로 함께 생긴다.

자만(māna)은 존재에 대한 갈망과 무명의 족쇄와 더불어서 한 가지로 함께 생긴다. 의심(vicikicchā)도 그러하다. 이것은 무명의 족쇄와 더불어서 한 가지로 생긴다. 존재에 대한 갈망(bhava-rāga)에 대해서도 이 방법이 적용된다. 이와 같이 여기서 두 개나 세 개의 족쇄들이 함께 생긴다."(DhsA.427~428)

들뜸이 함께한 어리석음, 세 가지 경지에서 유익한 것, 세 가지 경지에서 과보로 나타난 것, 세 가지 경지에서 작용만 하는 결정할 수 없는 것[無記], 모든 물질 — 이것이 족쇄와 결합되지 않았지만 족쇄의 대상인 법들이다.

1488. 무엇이 '족쇄와 결합되지 않았으면서 족쇄의 대상이 아닌 법들'(ma2-25-b)인가?

[세간에] 포함되지 않는[出世間] 네 가지 도들, 네 가지 사문됨의 결실들[果], 열반 — 이것이 족쇄와 결합되지 않았으면서 족쇄의 대상이 아닌 법들이다.

족쇄와 결합된 법들은 족쇄와 결합되지 않았지만 족쇄의 대상인 것이라고도 족쇄와 결합되지 않았으면서 족쇄의 대상이 아닌 것이라고도 말해서는 안 된다.

족쇄의 모둠이 [끝났다.]

5. 매듭의 모둠

gantha-gocchaka

1489. 무엇이 '매듭인 법들'(ma2-26-a)인가?

네 가지 매듭이 있으니 [249] 간탐의 몸의 매듭, 악의의 몸의 매듭, 계행과 의례의식에 대한 집착의 몸의 매듭, 이것만이 진리라고 천착하는 몸의 매듭이다.

간탐의 몸의 매듭은 탐욕이 함께한 마음의 일어남 여덟 가지에서 생긴다. 악의의 몸의 매듭은 불만족이 함께한 마음의 일어남 두 가지에서 생긴다. 계행과 의례의식에 대한 집착의 몸의 매듭과 이것만이 진리라고 천착하는 몸의 매듭은 사견에 빠짐과 결합된 마음의 일어남 네 가지에서 생긴다. — 이것이 매듭인 법들이다.

1490. 무엇이 '매듭이 아닌 법들'(ma2-26-b)인가?

매듭을 제외한 나머지 해로운 것, 네 가지 경지에서 유익한 것, 네 가지 경지에서 과보로 나타난 것, 세 가지 경지에서 작용만 하는 결정할 수 없는 것[無記], 물질, 열반 — 이것이 매듭이 아닌 법들이다.

1491. 무엇이 '매듭의 대상인 법들'(ma2-27-a)인가?

세 가지 경지에서 유익한 것, 해로운 것, 세 가지 경지에서 과보로 나타난 것, 세 가지 경지에서 작용만 하는 결정할 수 없는 것[無記], 모든 물질 — 이것이 매듭의 대상인 법들이다.

1492. 무엇이 '매듭의 대상이 아닌 법들'(ma2-27-b)인가?

[세간에] 포함되지 않는[出世間] 네 가지 도들, 네 가지 사문됨의 결실

들[果], 열반 — 이것이 매듭의 대상이 아닌 법들이다.

1493. 무엇이 '매듭과 결합된 법들'(ma2-28-a)인가?

여기서 일어난 탐욕을 제외하고, 사견에 빠짐과 결합된 마음의 일어남 네 가지, 사견에 빠짐과 결합되지 않은 탐욕이 함께한 마음의 일어남 네 가지, 여기서 일어난 적의를 제외하고 불만족이 함께한 마음의 일어남 두 가지 — 이것이 매듭과 결합된 법들이다.

1494. 무엇이 '매듭과 결합되지 않은 법들'(ma2-28-b)인가?

사견에 빠짐과 결합되지 않은 탐욕이 함께한 마음의 일어남 네 가지에서 생긴 탐욕, 불만족이 함께한 마음의 일어남 두 가지에서 생긴 적의, 의심이 함께한 마음의 일어남, 들뜸이 함께한 마음의 일어남, 네 가지 경지에서 유익한 것, 네 가지 경지에서 과보로 나타난 것, 세 가지 경지에서 작용만 하는 결정할 수 없는 것[無記], 물질, 열반 — 이것이 매듭과 결합되지 않은 법들이다.

1495. 무엇이 '매듭이면서 매듭의 대상인 법들'(ma2-29-a)인가?

바로 그 매듭이 매듭이면서 매듭의 대상인 법들이다.

1496. 무엇이 '매듭의 대상이지만 매듭이 아닌 법들'(ma2-29-b)인가?

매듭을 제외한 나머지 해로운 것, 세 가지 경지에서 유익한 것, 세 가지 경지에서 과보로 나타난 것, 세 가지 경지에서 작용만 하는 결정할 수 없는 것[無記], 모든 물질 — 이것이 매듭의 대상이지만 매듭이 아닌 법들이다.

매듭의 대상이 아닌 법들은 [250] 매듭이면서 매듭의 대상인 것이라고도 매듭의 대상이지만 매듭이 아닌 것이라고도 말해서는 안 된다.

1497. 무엇이 '매듭이면서 매듭과 결합된 법들'(ma2-30-a)인가?

견해와 탐욕이 같은 쪽에서 생기는 곳 — 이것이 매듭이면서 매듭과 결합된 법들이다.

1498. 무엇이 '매듭과 결합되었지만 매듭이 아닌 법들'(ma2-30-b) 인가?

여기서 일어난 매듭은 제외하고, 탐욕이 함께한 마음의 일어남 여덟 가지, 불만족이 함께한 마음의 일어남 두 가지 — 이것이 매듭과 결합되었지만 매듭이 아닌 법들이다.

매듭과 결합되지 않은 법들은 매듭이면서 매듭과 결합된 것이라고도 매듭과 결합되었지만 매듭이 아닌 것이라고도 말해서는 안 된다.

1499. 무엇이 '매듭과 결합되지 않았지만 매듭의 대상인 법들'(ma2-31-a) 인가?

사견에 빠짐과 결합되지 않은 탐욕이 함께한 마음의 일어남 네 가지에서 생긴 탐욕, 불만족이 함께한 마음의 일어남 두 가지에서 생긴 적의, 의심이 함께한 마음의 일어남, 들뜸이 함께한 마음의 일어남, 세 가지 경지에서 유익한 것, 세 가지 경지에서 과보로 나타난 것, 세 가지 경지에서 작용만 하는 결정할 수 없는 것[無記], 모든 물질 — 이것이 매듭과 결합되지 않았지만 매듭의 대상인 법들이다.

1500. 무엇이 '매듭과 결합되지 않았으면서 매듭의 대상이 아닌 법들'(ma2-31-b) 인가?

[세간에] 포함되지 않는[出世間] 네 가지 도들, 네 가지 사문됨의 결실들[果], 열반 — 이것이 매듭과 결합되지 않았으면서 매듭의 대상이 아닌 법들이다.

매듭과 결합된 법들은 매듭과 결합되지 않았지만 매듭의 대상인 것이라고도 매듭과 결합되지 않았으면서 매듭의 대상이 아닌 것이라고도 말해서는 안 된다.

매듭의 모둠이 [끝났다.]

6. 폭류의 모둠

ogha-gocchaka

1501. 무엇이 '폭류인 법들'(ma2-32-a)인가?

… pe …

폭류의 모둠이 [끝났다.]

7. 속박의 모둠

yoga-gocchaka

1502. 무엇이 '속박인 법들'(ma2-38-a)인가?

… pe …

속박의 모둠이 [끝났다.]

8. 장애의 모둠

nīvaraṇa-gocchaka

1503. 무엇이 '장애인 법들'(ma2-44-a)인가?

여섯 가지 장애가 있으니 감각적 쾌락에 대한 욕구의 장애, 악의의 장애, 해태와 혼침의 장애, 들뜸과 후회의 장애, 의심의 장애, 무명의 장애이다.

감각적 쾌락에 대한 욕구의 장애는 탐욕이 함께한 마음의 일어남 여덟 가지에서 생긴다. 악의의 장애는 불만족이 함께한 마음의 일어남 두 가지에서 생긴다. 해태와 혼침의 장애는 자극을 받은 해로운 것들에서 생긴다. 들뜸의 장애는 들뜸이 함께한 마음의 일어남들에서 생긴다. 후회의 장애는 불만족이 함께한 마음의 일어남 두 가지에서 생긴다. 의심의 장애는 의심이 함께한 마음의 일어남들에서 생긴다. 무명의 장애는 [251] 모든 해로운 것에서 생긴다. — 이것이 장애인 법들이다.

1504. 무엇이 '장애가 아닌 법들'(ma2-44-b)인가?

장애를 제외한 나머지 해로운 것, 네 가지 경지에서 유익한 것, 네 가지 경지에서 과보로 나타난 것, 세 가지 경지에서 작용만 하는 결정할 수 없는 것[無記], 물질, 열반 — 이것이 장애가 아닌 법들이다.

1505. 무엇이 '장애의 대상인 법들'(ma2-45-a)인가?

세 가지 경지에서 유익한 것, 해로운 것, 세 가지 경지에서 과보로 나타난 것, 세 가지 경지에서 작용만 하는 결정할 수 없는 것[無記], 모든 물질 — 이것이 장애의 대상인 법들이다.

1506. 무엇이 '장애의 대상이 아닌 법들'(ma2-45-b)인가?

[세간에] 포함되지 않는[出世間] 네 가지 도들, 네 가지 사문됨의 결실들[果], 열반 — 이것이 장애의 대상이 아닌 법들이다.

1507. 무엇이 '장애와 결합된 법들'(ma2-46-a)인가?

열두 가지 해로운 마음의 일어남 — 이것이 장애와 결합된 법들이다.

1508. 무엇이 '장애와 결합되지 않은 법들'(ma2-46-b)인가?

네 가지 경지에서 유익한 것, 네 가지 경지에서 과보로 나타난 것, 세 가지 경지에서 작용만 하는 결정할 수 없는 것[無記], 물질, 열반 — 이것이 장애와 결합되지 않은 법들이다.

1509. 무엇이 '장애이면서 장애의 대상인 법들'(ma2-47-a)인가?

바로 그 장애들이 장애이면서 장애의 대상인 법들이다.

1510. 무엇이 '장애의 대상이지만 장애가 아닌 법들'(ma2-47-b)인가?

장애를 제외한 나머지 해로운 것, 세 가지 경지에서 유익한 것, 세 가지 경지에서 과보로 나타난 것, 세 가지 경지에서 작용만 하는 결정할 수 없는 것[無記], 모든 물질 — 이것이 장애의 대상이지만 장애가 아닌 법들이다.

장애가 아닌 법들은 장애이면서 장애의 대상인 것이라고도 장애의 대상이지만 장애가 아닌 것이라고도 말해서는 안된다.

1511. 무엇이 '장애이면서 장애와 결합된 법들'(ma2-48-a)인가?

거기서 두 개나 세 개의 장애들이 함께 생기면 — 이것이 장애이면서 장애와 결합된 법들이다.[388)]

---

388) "그런데 이 장애의 모둠에서 '거기서 두 개나 세 개의 장애들이 함께 생기면

1512. 무엇이 '장애와 결합되었지만 장애가 아닌 법들'(ma2-48-b) 인가?

장애를 제외한 나머지 해로운 것 — 이것이 장애와 결합되었지만 장애가 아닌 법들이다.

장애와 결합되지 않은 법들은 장애이면서 장애와 결합된 것이라고도 [252] 장애와 결합되었지만 장애가 아닌 것이라고도 말해서는 안 된다.

1513. 무엇이 '장애와 결합되지 않았지만 장애의 대상인 법들'(ma2-49-a)인가?

세 가지 경지에서 유익한 것, 세 가지 경지에서 과보로 나타난 것, 세 가지 경지에서 작용만 하는 결정할 수 없는 것[無記], 모든 물질 — 이것이 장애와 결합되지 않았지만 장애의 대상인 법들이다.

1514. 무엇이 '장애와 결합되지 않았으면서 장애의 대상이 아닌

(yattha dve tīṇi nīvaraṇāni ekato uppajjanti)'이라고 설한 이곳에서도 여덟 가지로 장애들은 함께 생긴다고 알아야 한다. 이들 가운데 감각적 쾌락에 대한 욕구(kāmacchanda)는 두 가지로 함께 일어나고 악의(byāpāda)는 네 가지로, 들뜸(uddhacca)은 한 가지로, 그와 같이 의심(vicikicchā)도 [한 가지로 함께 일어난다.]
어떻게? 감각적 쾌락에 대한 욕구는 자극을 받지 않은 마음들에서 들뜸의 장애와 무명의 장애와 더불어서, 자극을 받은 마음들에서는 해태와 혼침과 들뜸과 무명의 장애와 더불어서 두 가지로 함께 생긴다. 그런데 여기서 두 가지나 세 가지라고 설한 것은 앞에서(§1473) 한정한 것을 통해서 설한 것이다. 그러므로 여기서는 네 가지도 함께 일어난다고 이 말을 적용시킬 수 있다.

그런데 악의는 자극을 받지 않은 마음에서 들뜸과 무명의 장애와 더불어서, 자극을 받은 마음에서는 해태와 혼침과 들뜸과 무명의 장애와 더불어서, 자극을 받지 않은 마음에서는 들뜸과 후회와 무명의 장애와 더불어서, 자극을 받은 마음에서는 해태와 혼침과 들뜸과 후회와 무명의 장애와 더불어서 네 가지로 함께 일어난다.
들뜸은 단지 무명의 장애와 더불어서 한 가지로 함께 일어난다. 의심은 들뜸과 무명의 장애와 더불어서 한 가지로 함께 일어난다."(DhsA.428)

법들'(ma2-49-b)인가?

[세간에] 포함되지 않는[出世間] 네 가지 도들, 네 가지 사문됨의 결실들[果], 열반 — 이것이 장애와 결합되지 않았으면서 장애의 대상이 아닌 법들이다.

장애와 결합된 법들은 장애와 결합되지 않았지만 장애의 대상인 것이라고도 장애와 결합되지 않았으면서 장애의 대상이 아닌 것이라고도 말해서는 안 된다.

장애의 모둠이 [끝났다.]

9. 집착[固守]의 모둠

parāmāsa-gocchaka

1515. 무엇이 '집착[固守]인 법들'(ma2-50-a)인가?

견해의 집착[389]은 사견에 빠짐과 결합된 마음의 일어남 네 가지에서 생긴다. — 이것이 집착인 법들이다.

1516. 무엇이 '집착이 아닌 법들'(ma2-50-b)인가?

집착을 제외한 나머지 해로운 것, 네 가지 경지에서 유익한 것, 네 가지 경지에서 과보로 나타난 것, 세 가지 경지에서 작용만 하는 결정할 수 없는 것[無記], 물질, 열반 — 이것이 집착이 아닌 법들이다.

1517. 무엇이 '집착의 대상인 법들'(ma2-51-a)인가?

세 가지 경지에서 유익한 것, 해로운 것, 세 가지 경지에서 과보로 나타난 것, 세 가지 경지에서 작용만 하는 결정할 수 없는 것[無記], 모든 물질 — 이것이 집착의 대상인 법들이다.

1518. 무엇이 '집착의 대상이 아닌 법들'(ma2-51-b)인가?

[세간에] 포함되지 않는[出世間] 네 가지 도들, 네 가지 사문됨의 결실들[果], 열반 — 이것이 집착의 대상이 아닌 법들이다.

1519. 무엇이 '집착과 결합된 법들'(ma2-52-a)인가?

---

389) 본서 제3편 간결한 설명 편 §1180에서도 집착[固守]은 견해의 집착[固守]이라고 밝히고 있고(§1180) 『맛지마 니까야 주석서』도 "집착은 견해의 집착에 의한 것이다(parāmāsāti diṭṭhiparāmāsena)."(MA.ii.103)라고 설명하고 있다.

여기서 일어난 집착을 제외하고, 사견에 빠짐과 결합된 마음의 일어남들 네 가지 — 이것이 집착과 결합된 법들이다.

1520. 무엇이 '집착과 결합되지 않은 법들'(ma2-52-b)인가?

사견에 빠짐과 결합되지 않은 탐욕이 함께한 마음의 일어남 네 가지, 불만족이 함께한 마음의 일어남 두 가지, 의심이 함께한 마음의 일어남, 들뜸이 함께한 마음의 일어남, 네 가지 경지에서 유익한 것, 네 가지 경지에서 과보로 나타난 것, 세 가지 경지에서 작용만 하는 결정할 수 없는 것[無記], 물질, 열반 — 이것이 집착과 결합되지 않은 법들이다.

집착은 집착과 결합된 것이라고도 집착과 결합되지 않은 것이라고도 말해서는 안 된다.

1521. 무엇이 '집착이면서 집착의 대상인 법들'(ma2-53-a)인가?

바로 [253] 그 집착이 집착이면서 집착의 대상인 법들이다.

1522. 무엇이 '집착의 대상이지만 집착이 아닌 법들'(ma2-53-b)인가?

집착을 제외한 나머지 해로운 것, 세 가지 경지에서 유익한 것, 세 가지 경지에서 과보로 나타난 것, 세 가지 경지에서 작용만 하는 결정할 수 없는 것[無記], 모든 물질 — 이것이 집착의 대상이지만 집착이 아닌 법들이다.

집착의 대상이 아닌 법들은 집착이면서 집착의 대상인 것이라고도 집착의 대상이지만 집착이 아닌 것이라고도 말해서는 안 된다.

1523. 무엇이 '집착과 결합되지 않았지만 집착의 대상인 법들'(ma2-54-a)인가?

사견에 빠짐과 결합되지 않은 탐욕이 함께한 마음의 일어남 네 가지, 불만족이 함께한 마음의 일어남 두 가지, 의심이 함께한 마음의 일어남, 들뜸이 함께한 마음의 일어남, 세 가지 경지에서 유익한 것, 세 가지 경지에서 과보로 나타난 것, 세 가지 경지에서 작용만 하는 결정할 수 없는 것[無記], 모든 물질 — 이것이 집착과 결합되지 않았지만 집착의 대상인 법들이다.

1524. 무엇이 '집착과 결합되지 않았으면서 집착의 대상이 아닌 법들'(ma2-54-b)인가?

[세간에] 포함되지 않는[出世間] 네 가지 도들, 네 가지 사문됨의 결실들[果], 열반 — 이것이 집착과 결합되지 않았으면서 집착의 대상이 아닌 법들이다.

집착이면서 집착과 결합된 법들은 집착과 결합되지 않았지만 집착의 대상인 것이라고도 집착과 결합되지 않았으면서 집착의 대상이 아닌 것이라고도 말해서는 안 된다.

집착의 모둠이 [끝났다.]

10. 틈새에 있는 긴 두 개 조

mahantara-duka

1525. 무엇이 '대상을 가진 법들'(ma2-55-a)인가?

네 가지 경지에서 유익한 것, 해로운 것, 네 가지 경지에서 과보로 나타난 것, 세 가지 경지에서 작용만 하는 결정할 수 없는 것[無記] — 이것이 대상을 가진 법들이다.

1526. 무엇이 '대상이 없는 법들'(ma2-55-b)인가?

물질과 열반 — 이것이 대상이 없는 법들이다.

1527. 무엇이 '마음인 법들'(ma2-56-a)인가?

눈의 알음알이, 귀의 알음알이, 코의 알음알이, 혀의 알음알이, 몸의 알음알이, 마노의 요소, 마노의 알음알이의 요소 — 이것이 마음인 법들이다.

1528. 무엇이 '마음이 아닌 법들'(ma2-56-b)인가?

느낌의 무더기·인식의 무더기·심리현상들의 무더기, 물질, 열반 — 이것이 마음이 아닌 법들이다.

1529. 무엇이 '마음부수인 법들'(ma2-57-a)인가?

느낌의 무더기·인식의 무더기·심리현상들의 무더기 — 이것이 마음부수인 법들이다.

1530. 무엇이 '마음부수가 아닌 법들'(ma2-57-b)인가?

마음과 물질과 열반 — 이것이 마음부수가 아닌 법들이다.

1531. 무엇이 [254] '마음과 결합된 법들'(ma2-58-a)인가?

느낌의 무더기 · 인식의 무더기 · 심리현상들의 무더기 — 이것이 마음과 결합된 법들이다.

1532. 무엇이 '마음과 결합되지 않은 법들'(ma2-58-b)인가?

물질과 열반 — 이들이 마음과 결합되지 않은 법들이다.

마음은 마음과 결합된 것이라고도 마음과 결합되지 않은 것이라고도 말해서는 안 된다.

1533. 무엇이 '마음과 결속된 법들'(ma2-59-a)인가?

느낌의 무더기 · 인식의 무더기 · 심리현상들의 무더기 — 이것이 마음과 결속된 법들이다.

1534. 무엇이 '마음과 결속되지 않은 법들'(ma2-59-b)인가?

물질과 열반 — 이들이 마음과 결속되지 않은 법들이다.

마음은 마음과 결속된 것이라고도 마음과 결속되지 않은 것이라고도 말해서는 안 된다.

1535. 무엇이 '마음에서 생긴 법들'(ma2-60-a)인가?[390]

느낌의 무더기, 인식의 무더기, 심리현상들의 무더기, 몸의 암시, 말의 암시, 그리고 또 다른 물질이 있으니 마음으로부터 발생했고 마음을 원인으로 하고 마음에서 생긴 형색의 감각장소, 소리의 감각장소, 냄새의 감각장소, 맛의 감각장소, 감촉의 감각장소, 허공의 요소, 물의 요소, 물질의 가벼움, 물질의 부드러움, 물질의 적합함, 물질의 생성, 물질의 상속, 덩어리진 [먹는] 음식 — 이것이 마음에서 생긴 법들이다.

390) 본편의 §§1535～1549는 본서 제3편의 §§1201～1215와 같다.

1536. 무엇이 '마음에서 생기지 않은 법들'(ma2-60-b)인가?

마음과 나머지 물질과 열반 — 이것이 마음에서 생기지 않은 법들이다.391)

1537. 무엇이 '마음과 함께 존재하는 법들'(ma2-61-a)인가?

느낌의 무더기, 인식의 무더기, 심리현상들의 무더기, 몸의 암시, 말의 암시 — 이것이 마음과 함께 존재하는 법들이다.

1538. 무엇이 '마음과 함께 존재하지 않는 법들'(ma2-61-b)인가?

마음과 나머지 물질과 열반 — 이것이 마음과 함께 존재하지 않는 법들이다.

1539. 무엇이 '마음을 따르는 법들'(ma2-62-a)인가?

느낌의 무더기, 인식의 무더기, 심리현상들의 무더기, 몸의 암시, 말의 암시 — 이것이 마음을 따르는 법들이다.

1540. 무엇이 '마음을 따르지 않는 법들'(ma2-62-b)인가?

마음과 나머지 물질과 열반 — 이것이 마음을 따르지 않는 법들이다.

1541. 무엇이 '마음과 결속되어 있고 마음에서 생긴 법들'(ma2-63-a)인가? [255]

느낌의 무더기 · 인식의 무더기 · 심리현상들의 무더기 — 이것이 마음과 결속되어 있고 마음에서 생긴 법들이다.

1542. 무엇이 '마음과 결속되어 있거나 마음에서 생긴 것이 아닌 법들'(ma2-63-b)인가?

---

391) 본서 제3편의 §1202과 같은 내용이다. 여기서는 열반(nibbāna)으로 거기서는 형성되지 않은[無爲] 요소(asaṅkhatā dhātu)로 나타나는 것만 다르다.

마음과 물질과 열반 — 이것이 마음과 결속되어 있거나 마음에서 생긴 것이 아닌 법들이다.

1543. 무엇이 '마음과 결속되어 있고 마음에서 생겼고 마음과 함께 존재하는 법들'(ma2-64-a)인가?

느낌의 무더기 · 인식의 무더기 · 심리현상들의 무더기 — 이것이 마음과 결속되어 있고 마음에서 생겼고 마음과 함께 존재하는 법들이다.

1544. 무엇이 '마음과 결속되어 있거나 마음에서 생겼거나 마음과 함께 존재하는 것이 아닌 법들'(ma2-64-b)인가?

마음과 물질과 열반 — 이것이 마음과 결속되어 있거나 마음에서 생겼거나 마음과 함께 존재하는 것이 아닌 법들이다.

1545. 무엇이 '마음과 결속되어 있고 마음에서 생겼고 마음을 따르는 법들'(ma2-65-a)인가?

느낌의 무더기 · 인식의 무더기 · 심리현상들의 무더기 — 이것이 마음과 결속되어 있고 마음에서 생겼고 마음을 따르는 법들이다.

1546. 무엇이 '마음과 결속되어 있거나 마음에서 생겼거나 마음을 따르는 것이 아닌 법들'(ma2-65-b)인가?

마음과 물질과 열반 — 이것이 마음과 결속되어 있거나 마음에서 생겼거나 마음을 따르는 것이 아닌 법들이다.

1547. 무엇이 '안에 있는 법들'(ma2-66-b)인가?

눈의 감각장소 … 마노의 감각장소 — 이것이 안에 있는 법들이다.

1548. 무엇이 '밖에 있는 법들'(ma2-66-b)인가?

형색의 감각장소 … 법의 감각장소 — 이것이 밖에 있는 법들이다.

1549. 무엇이 '파생된 법들'(ma2-67-a)인가?

눈의 감각장소… 덩어리진 [먹는] 음식 — 이것이 파생된 법들이다.

1550. 무엇이 '파생되지 않은 법들'(ma2-67-b)인가?

네 가지 경지에서 유익한 것, 해로운 것, 네 가지 경지에서 과보로 나타난 것, 세 가지 경지에서 작용만 하는 결정할 수 없는 것[無記], 네 가지 근본물질과 열반 — 이것이 파생되지 않은 법들이다.

1551. 무엇이 '취착된 법들'(ma2-68-a)인가?

세 가지 경지에서 과보로 나타난 것, 업을 지었기 때문에 [생긴] 물질 — 이것이 취착된 법들이다.

1552. 무엇이 '취착되지 않은 법들'(ma2-68-b)인가?

세 가지 경지에서 [256] 유익한 것, 해로운 것, 세 가지 경지에서 작용만 하는 결정할 수 없는 것[無記], 업을 지었기 때문에 [생긴 것이] 아닌 물질, [세간에] 포함되지 않는[出世間] 네 가지 도들, 네 가지 사문됨의 결실들[果], 열반 — 이것이 취착되지 않은 법들이다.

틈새에 있는 긴 두 개 조가 [끝났다.]

11. 취착의 모둠

upādāna-gocchaka

1553. 무엇이 '취착인 법들'(ma2-69-a)인가?

네 가지 취착이 있으니 감각적 쾌락에 대한 취착[欲取], 견해에 대한 취착[見取], 계행과 의례의식에 대한 취착[戒禁取], 자아의 교설에 대한 취착[我語取]이다.

감각적 쾌락에 대한 취착은 탐욕이 함께한 마음의 일어남 여덟 가지에서 생긴다. 견해에 대한 취착과 계행과 의례의식에 대한 취착과 자아의 교설에 대한 취착은 네 가지 사견에 빠짐과 결합된 마음의 일어남에서 생긴다. — 이것이 취착인 법들이다.

1554. 무엇이 '취착이 아닌 법들'(ma2-69-b)인가?

취착을 제외한 나머지 해로운 것, 네 가지 경지에서 유익한 것, 네 가지 경지에서 과보로 나타난 것, 세 가지 경지에서 작용만 하는 결정할 수 없는 것[無記], 물질, 열반 — 이것이 취착이 아닌 법들이다.

1555. 무엇이 '취착의 대상인 법들'(ma2-70-a)인가?

세 가지 경지에서 유익한 것, 해로운 것, 세 가지 경지에서 과보로 나타난 것, 세 가지 경지에서 작용만 하는 결정할 수 없는 것[無記], 모든 물질 — 이것이 취착의 대상인 법들이다.

1556. 무엇이 '취착의 대상이 아닌 법들'(ma2-70-b)인가?

[세간에] 포함되지 않는[出世間] 네 가지 도들, 네 가지 사문됨의 결실들[果], 열반 — 이것이 취착의 대상이 아닌 법들이다.

1557. 무엇이 '취착과 결합된 법들'(ma2-71-a)인가?

여기서 일어난 탐욕을 제외하고, 사견에 빠짐과 결합된 탐욕이 함께한 마음의 일어남 네 가지, 사견에 빠짐과 결합되지 않은 탐욕이 함께한 마음의 일어남 네 가지 — 이것이 취착과 결합된 법들이다.

1558. 무엇이 '취착과 결합되지 않은 법들'(ma2-71-b)인가?

사견에 빠짐과 결합되지 않은 탐욕이 함께한 마음의 일어남 네 가지에서 생긴 탐욕, 불만족이 함께한 마음의 일어남 두 가지, 의심이 함께한 마음의 일어남, 들뜸이 함께한 마음의 일어남, 네 가지 경지에서 유익한 것, 네 가지 경지에서 과보로 나타난 것, 세 가지 경지에서 작용만 하는 결정할 수 없는 것[無記], 물질, 열반 — 이것이 취착과 결합되지 않은 법들이다.

1559. 무엇이 '취착이면서 취착의 대상인 법들'(ma2-72-a)인가?

바로 그 취착들이 취착이면서 취착의 대상인 법들이다.

1560. 무엇이 '취착의 대상이지만 취착이 아닌 법들'(ma2-72-b)인가?

취착을 제외한 나머지 해로운 것, 세 가지 경지에서 유익한 것, 세 가지 경지에서 과보로 나타난 것, 세 가지 경지에서 작용만 하는 결정할 수 없는 것[無記], 모든 물질 — 이것이 취착의 대상이지만 취착이 아닌 법들이다. [257]

취착의 대상이 아닌 법들은 취착이면서 취착의 대상인 것이라고도 취착의 대상이지만 취착이 아닌 것이라고도 말해서는 안 된다.

1561. 무엇이 '취착이면서 취착과 결합된 법들'(ma2-73-a)인가?

거기서 견해와 탐욕이 함께 생기면 — 이것이 취착이면서 취착과 결합된 법들이다.

1562. 무엇이 '취착과 결합되었지만 취착이 아닌 법들'(ma2-73-b)인가?

여기서 일어난 취착은 제외하고, 탐욕이 함께한 마음의 일어남 여덟 가지 — 이것이 취착과 결합되었지만 취착이 아닌 법들이다.

취착과 결합되지 않은 법들은 취착이면서 취착과 결합된 것이라고도 취착과 결합되었지만 취착이 아닌 것이라고도 말해서는 안 된다.

1563. 무엇이 '취착과 결합되지 않았지만 취착의 대상인 법들'(ma2-74-a)인가?

사견에 빠짐과 결합되지 않은 탐욕이 함께한 마음의 일어남 네 가지에서 생긴 탐욕, 불만족이 함께한 마음의 일어남에서 두 가지, 의심이 함께한 마음의 일어남, 들뜸이 함께한 마음의 일어남, 세 가지 경지에서 유익한 것, 세 가지 경지에서 과보로 나타난 것, 세 가지 경지에서 작용만 하는 결정할 수 없는 것[無記], 모든 물질 — 이것이 취착과 결합되지 않았지만 취착의 대상인 법들이다.

1564. 무엇이 '취착과 결합되지 않았으면서 취착의 대상이 아닌 법들'(ma2-74-b)인가?

[세간에] 포함되지 않는[出世間] 네 가지 도들, 네 가지 사문됨의 결실들[果], 열반 — 이것이 취착과 결합되지 않았으면서 취착의 대상이 아닌 법들이다.

취착과 결합된 법들은 취착과 결합되지 않았지만 취착의 대상인 것이라고도 취착과 결합되지 않았으면서 취착의 대상이 아닌 것이라고도 말해서는 안 된다.

취착의 모둠이 [끝났다.]

12. 오염원의 모둠

kilesa-gocchaka

1565. 무엇이 '오염원인 법들'(ma2-75-a)인가?

열 가지 오염원의 토대가 있으니 탐욕, 성냄, 어리석음, 자만, 사견, 의심, 해태, 들뜸, 양심 없음, 수치심 없음이다.

탐욕은 탐욕이 함께한 마음의 일어남 여덟 가지에서 생긴다. 성냄은 불만족이 함께한 마음의 일어남 두 가지에서 생긴다. 어리석음은 모든 해로운 것에서 생긴다. 자만은 사견에 빠짐과 결합되지 않은 탐욕이 함께한 마음의 일어남 네 가지에서 생긴다. 사견은 사견에 빠짐과 결합된 마음의 일어남 네 가지에서 생긴다. 의심은 의심이 함께한 마음의 일어남에서 생긴다. 해태는 자극이 있는 해로운 것에서 생긴다. 들뜸과 양심 없음과 수치심 없음은 모든 해로운 것에서 생긴다. ― 이것이 오염원인 법들이다.

1566. 무엇이 '오염원이 아닌 법들'(ma2-75-b)인가?

오염원을 제외한 나머지 [258] 해로운 것, 네 가지 경지에서 유익한 것, 네 가지 경지에서 과보로 나타난 것, 세 가지 경지에서 작용만 하는 결정할 수 없는 것[無記], 물질, 열반 ― 이것이 오염원이 아닌 법들이다.

1567. 무엇이 '오염원의 대상인 법들'(ma2-76-a)인가?

세 가지 경지에서 유익한 것, 해로운 것, 세 가지 경지에서 과보로 나타난 것, 세 가지 경지에서 작용만 하는 결정할 수 없는 것[無記], 모든 물질 ― 이것이 오염원의 대상인 법들이다.

1568. 무엇이 '오염원의 대상이 아닌 법들'(ma2-76-b)인가?

[세간에] 포함되지 않는[出世間] 네 가지 도들, 네 가지 사문됨의 결실들[果], 열반 — 이것이 오염원의 대상이 아닌 법들이다.

1569. 무엇이 '오염된 법들'(ma2-77-a)인가?

열두 가지 해로운 마음의 일어남 — 이것이 오염된 법들이다.

1570. 무엇이 '오염되지 않은 법들'(ma2-77-b)인가?

네 가지 경지에서 유익한 것, 네 가지 경지에서 과보로 나타난 것, 세 가지 경지에서 작용만 하는 결정할 수 없는 것[無記], 물질, 열반 — 이것이 오염되지 않은 법들이다.

1571. 무엇이 '오염원과 결합된 법들'(ma2-78-a)인가?

열두 가지 해로운 마음의 일어남 — 이것이 오염원과 결합된 법들이다.

1572. 무엇이 '오염원과 결합되지 않은 법들'(ma2-78-b)인가?

네 가지 경지에서 유익한 것, 네 가지 경지에서 과보로 나타난 것, 세 가지 경지에서 작용만 하는 결정할 수 없는 것[無記], 물질, 열반 — 이것이 오염원과 결합되지 않은 법들이다.

1573. 무엇이 오염원이면서 오염원의 대상인 법들'(ma2-79-a)인가?

바로 그 오염원이 오염원이면서 오염원의 대상인 법들이다.

1574. 무엇이 '오염원의 대상이지만 오염원이 아닌 법들'(ma2-79-b)인가?

오염원을 제외한 나머지 해로운 것, 세 가지 경지에서 유익한 것, 세 가지 경지에서 과보로 나타난 것, 세 가지 경지에서 작용만 하는 결정할 수 없는 것[無記], 모든 물질 — 이것이 오염원의 대상이지만 오염원이 아닌 법들이다.

오염원의 대상이 아닌 법들은 오염원이면서 오염원의 대상인 것이라고도 오염원의 대상이지만 오염원이 아닌 것이라고도 말해서는 안 된다.

1575. 무엇이 '오염원이면서 오염된 법들'(ma2-80-a)인가?

바로 그 오염원이 오염원이면서 오염된 법들이다.

1576. 무엇이 '오염되었지만 오염원이 아닌 법들'(ma2-80-b)인가?

오염원을 제외한 나머지 해로운 것 — 이것이 오염되었지만 오염원이 아닌 법들이다.

오염되지 않은 법들은 오염원이면서 오염된 것이라고도 오염되었지만 오염원이 아닌 것이라고도 말해서는 안 된다.

1577. 무엇이 [259] '오염원이면서 오염원과 결합된 법들'(ma2-81-a)인가?

거기서 두 개나 세 개의 오염원들이 함께 생기면 — 이것이 오염원이면서 오염원과 결합된 법들이다.392)

---

392) "그리고 이 오염원의 모둠에서도 '거기서 두 개나 세 개의 오염원들이 함께 생기면(yattha dve tayo kilesā ekato uppajjanti)'이라고 한 것은 '두 가지 오염원들이 다른 [오염원들과 더불어서 생기거나] 세 가지 오염원들이 다른 오염원들과 더불어서 생기는 곳(dve kilesā aññehi, tayo vā kilesā aññehi kilesehi saddhiṁ uppajjanti)'이라고 그 뜻을 알아야 한다. 왜 그런가? 두 가지나 세 가지 오염원만이 [하나의 마음에서] 함께 일어나는 것은 존재하지 않기 때문이다.

여기서 열 가지로 오염원들의 함께 일어남이 있다. 여기서 탐욕은 여섯 가지로 함께 일어나고, 적의는 두 가지로, 그와 같이 어리석음도 [두 가지로 일어난다]고 알아야 한다.

어떻게? 탐욕은 ① 사견과 결합되지 않고 자극을 받지 않은 마음에서 어리석음과 들뜸과 양심 없음과 수치심 없음과 더불어서, ② 자극을 받은 마음에서 어리석음과 해태와 들뜸과 양심 없음과 수치심 없음과 더불어서, ③ 자극

1578. 무엇이 '오염원과 결합되었지만 오염원이 아닌 법들'(ma2-81-b)인가?

오염원을 제외한 나머지 해로운 것 — 이것이 오염원과 결합되었지만 오염원이 아닌 법들이다.

오염원과 결합되지 않은 법들은 오염원이면서 오염원과 결합된 것이라고도 오염원과 결합되었지만 오염원이 아닌 것이라고도 말해서는 안 된다.

1579. 무엇이 '오염원과 결합되지 않았지만 오염원의 대상인 법들'(ma2-82-a)인가?

세 가지 경지에서 유익한 것, 세 가지 경지에서 과보로 나타난 것, 세 가지 경지에서 작용만 하는 결정할 수 없는 것[無記], 모든 물질 — 이것이 오염원과 결합되지 않았지만 오염원의 대상인 법들이다.

1580. 무엇이 '오염원과 결합되지 않았으면서 오염원의 대상이 아닌 법들'(ma2-82-b)인가?

[세간에] 포함되지 않는[出世間] 네 가지 도들, 네 가지 사문됨의 결실

을 받지 않은 마음에서 어리석음과 자만과 들뜸과 양심 없음과 수치심 없음과 더불어서, ④ 자극을 받은 마음에서 어리석음과 자만과 해태와 들뜸과 양심 없음과 수치심 없음과 더불어서, ⑤ 그러나 사견과 결합되고 자극을 받지 않은 마음에서는 어리석음과 사견과 해태와 들뜸과 양심 없음과 수치심 없음과 더불어서, ⑥ 자극을 받은 마음에서 어리석음과 사견과 해태와 들뜸과 양심 없음과 수치심 없음과 더불어서 여섯 가지로 함께 일어난다.

그런데 적의는 ① 자극을 받지 않은 마음에서 어리석음과 들뜸과 양심 없음과 수치심 없음과 더불어서, ② 자극을 받은 마음에서 어리석음과 해태와 들뜸과 양심 없음과 수치심 없음과 더불어서 두 가지로 함께 일어난다.

그런데 어리석음은 ① 의심과 결합된 마음에서 의심과 들뜸과 양심 없음과 수치심 없음과 더불어서, ② 들뜸과 결합된 마음에서 들뜸과 양심 없음과 수치심 없음과 더불어서 이와 같이 두 가지로 함께 일어난다."(DhsA.428)

들[果], 열반 — 이것이 오염원과 결합되지 않았으면서 오염원의 대상이 아닌 법들이다.

오염원과 결합된 법들은 오염원과 결합되지 않았지만 오염원의 대상인 것이라고도 오염원과 결합되지 않았으면서 오염원의 대상이 아닌 것이라고도 말해서는 안 된다.

오염원의 모둠이 [끝났다.]

13. 마지막 두 개 조

pitthi-duka

1581. 무엇이 '봄[見]으로써 버려야 하는 법들'(ma2-83-a)인가?

사견에 빠짐과 결합된 마음의 일어남 네 가지, 의심이 함께한 마음의 일어남 — 이것이 봄[見]으로써 버려야 하는 법들이다.

사견에 빠짐과 결합되지 않은 탐욕이 함께한 마음의 일어남 네 가지, 불만족이 함께한 마음의 일어남 두 가지 — 이러한 법들은 봄[見]으로써 버려야 하는 것일 수 있고, 봄[見]으로써 버려야 하는 것이 아닌 법들(ma2-83-b)일 수 있다.

1582. 무엇이 '봄[見]으로써 버려야 하는 것이 아닌 법들'(ma2-83-b)인가?

들뜸이 함께한 마음의 일어남, 네 가지 경지에서 유익한 것, 네 가지 경지에서 과보로 나타난 것, 세 가지 경지에서 작용만 하는 결정할 수 없는 것[無記], 물질, 열반 — 이것이 봄[見]으로써 버려야 하는 것이 아닌 법들이다.

1583. 무엇이 '닦음[修]으로써 버려야 하는 법들'(ma2-84-a)인가?

들뜸이 함께한 마음의 일어남 — 이것이 닦음[修]으로써 버려야 하는 법들이다.

사견에 빠짐과 결합되지 않은 탐욕이 함께한 마음의 일어남 네 가지, 불만족이 함께한 마음의 일어남 두 가지 — 이러한 법들은 닦음[修]으로써 버려야 하는 것일 수 있고, 닦음[修]으로써 버려야 하는 것이 아닌 것일 수 있다.

1584. 무엇이 '닦음[修]으로써 버려야 하는 것이 아닌 법들'(ma2-84-b)인가?

사견에 빠짐과 결합된 마음의 일어남 네 가지, 의심이 함께한 마음의 일어남, 네 가지 경지에서 유익한 것, 네 가지 경지에서 과보로 나타난 것, 세 가지 경지에서 작용만 하는 결정할 수 없는 것[無記], 물질, 열반 — 이것이 닦음[修]으로써 버려야 하는 것이 아닌 법들이다.

1585. 무엇이 [260] '봄으로써 버려야 하는 원인을 가진 법들'(ma2-85-a)인가?

여기서 일어난 어리석음은 제외하고, 사견에 빠짐과 결합된 마음의 일어남 네 가지, 의심이 함께한 마음의 일어남 — 이것이 봄으로써 버려야 하는 원인을 가진 법들이다.

사견에 빠짐과 결합되지 않은 탐욕이 함께한 마음의 일어남 네 가지, 불만족이 함께한 마음의 일어남 두 가지 — 이러한 법들은 봄으로써 버려야 하는 원인을 가진 것일 수 있고, 봄으로써 버려야 하는 원인을 가지지 않은 것일 수 있다.

1586. 무엇이 '봄으로써 버려야 하는 원인을 가지지 않은 법들'(ma2-85-b)인가?

의심이 함께한 어리석음, 들뜸이 함께한 마음의 일어남, 네 가지 경지에서 유익한 것, 네 가지 경지에서 과보로 나타난 것, 세 가지 경지에서 작용만 하는 결정할 수 없는 것[無記], 물질, 열반 — 이것이 봄으로써 버려야 하는 원인을 가지지 않은 법들이다.

1587. 무엇이 '닦음으로써 버려야 하는 원인을 가진 법들'(ma2-86-a)인가?

여기서 일어난 어리석음은 제외하고, 들뜸이 함께한 마음의 일어남

— 이것이 닦음으로써 버려야 하는 원인을 가진 법들이다.

사견에 빠짐과 결합되지 않은 탐욕이 함께한 마음의 일어남 네 가지, 불만족이 함께한 마음의 일어남 두 가지 — 이러한 법들은 닦음으로써 버려야 하는 원인을 가진 것일 수 있고, 닦음으로써 버려야 하는 원인을 가지지 않은 법들'(ma2-86-b)일 수 있다.

1588. 무엇이 '닦음으로써 버려야 하는 원인을 가지지 않은 법들'(ma2-86-b)인가?

사견에 빠짐과 결합된 마음의 일어남 네 가지, 의심이 함께한 마음의 일어남, 들뜸이 함께한 어리석음, 네 가지 경지에서 유익한 것, 네 가지 경지에서 과보로 나타난 것, 세 가지 경지에서 작용만 하는 결정할 수 없는 것[無記], 물질, 열반 — 이것이 닦음으로써 버려야 하는 원인을 가지지 않은 법들이다.

1589. 무엇이 '일으킨 생각이 있는 법들'(ma2-87-a)인가?

욕계의 유익한 것, 해로운 것, 욕계 유익한 것의 과보로 나타난 것 가운데 마음의 일어남 열한 가지, 해로운 것의 과보로 나타난 것 가운데 두 가지, 작용만 하는 것 가운데 열한 가지, 여기서 일어난 일으킨 생각은 제외하고, 유익한 것과 과보로 나타난 것과 작용만 하는 것 가운데 색계의 첫 번째 禪(초선), 유익한 것과 과보로 나타난 것 가운데 출세간의 첫 번째 禪 — 이것이 일으킨 생각이 있는 법들이다.

1590. 무엇이 '일으킨 생각이 없는 법들'(ma2-87-b)인가?

한 쌍의 전오식들, 유익한 것과 과보로 나타난 것과 작용만 하는 것 가운데 색계의 세 가지나 네 가지 禪, 유익한 것과 과보로 나타난 것과 작용만 하는 것 가운데 네 가지 무색의 경지, 유익한 것과 과보로 나타난 것 가운데 출세간의 세 가지나 네 가지 禪, 일으킨 생각, 물질, 열반 — 이것이 일으킨 생각이 없는 법들이다.

1591. 무엇이 '지속적 고찰이 있는 법들'(ma2-88-a)인가?

여기서 일어난 지속적 고찰은 제외하고, 욕계의 유익한 것과 [261] 해로운 것, 욕계의 유익한 것의 과보로 나타난 것 가운데 열한 가지 마음의 일어남, 해로운 것의 과보로 나타난 것 가운데 두 가지, 작용만 하는 것 가운데 열한 가지, 유익한 것과 과보로 나타난 것과 작용만 하는 것 가운데 색계의 한 가지나 두 가지 禪, 유익한 것과 과보로 나타난 것 가운데 출세간의 한 가지나 두 가지 禪 — 이것이 지속적 고찰이 있는 법들이다.

1592. 무엇이 '지속적 고찰이 없는 법들'(ma2-88-b)인가?

한 쌍의 전오식들, 유익한 것과 과보로 나타난 것과 작용만 하는 것 가운데 색계의 세 가지나 세 가지 禪들, 유익한 것과 과보로 나타난 것과 작용만 하는 것 가운데 네 가지 무색의 경지, 유익한 것과 과보로 나타난 것 가운데 출세간의 세 가지나 세 가지 禪, 지속적 고찰, 물질, 열반 — 이것이 지속적 고찰이 없는 법들이다.

1593. 무엇이 '희열이 있는 법들'(ma2-89-a)인가?

여기서 일어난 희열은 제외하고, 욕계 유익한 것 가운데 네 가지 기쁨이 함께하는 마음의 일어남, 해로운 것 가운데 네 가지, 욕계 유익한 것의 과보로 나타난 것 가운데 다섯 가지, 작용만 하는 것 가운데 다섯 가지, 유익한 것과 과보로 나타난 것과 작용만 하는 것 가운데 색계의 두 가지나 세 가지 禪, 유익한 것과 과보로 나타난 것 가운데 출세간의 두 가지나 세 가지 禪 — 이것이 희열이 있는 법들이다.

1594. 무엇이 '희열이 없는 법들'(ma2-89-b)인가?

욕계 유익한 것 가운데 평온이 함께하는 마음의 일어남 네 가지, 해로운 것 가운데 여덟 가지, 욕계 유익한 것의 과보로 나타난 것 가운데 열한 가지, 해로운 것의 과보로 나타난 것 가운데 일곱 가지, 작용만 하는 것 가운데 여섯 가지, 유익한 것과 과보로 나타난 것과 작용만 하는 것 가운데 색계의 두 가지나 두 가지 禪, 유익한 것과 과보로 나타난 것과 작용만 하는 것 가운데 네 가지 무색의 경지, 유익한 것과 과보로 나타난 것 가운데 출세간의 두 가지나 두 가지 禪, 희열, 물질, 열반 — 이것이 희열이 없는 법들이다.

1595. 무엇이 '희열이 함께하는 법들'(ma2-90-a)인가?

여기서 일어난 희열은 제외하고, 욕계 유익한 것 가운데 기쁨이 함께하는 마음의 일어남 네 가지, 해로운 것 가운데 네 가지, 욕계 유익한 것의 과보로 나타난 것 가운데 다섯 가지, 작용만 하는 것 가운데 다섯 가지, 유익한 것과 과보로 나타난 것과 작용만 하는 것 가운데 색계의 두 가지나 세 가지 禪, 유익한 것과 과보로 나타난 것 가운데 출세간의 두 가지나 세 가지 禪 — 이것이 희열이 함께하는 법들이다.

1596. 무엇이 '희열이 함께하지 않는 법들'(ma2-90-b)인가?

욕계 유익한 것 가운데 평온이 함께하는 마음의 일어남 네 가지, 해로운 것 가운데 여덟 가지, 욕계 유익한 것의 과보로 나타난 것 가운데 열한 가지, 해로운 것의 과보로 나타난 것 가운데 일곱 가지, 작용만 하는 것 가운데 여섯 가지, 유익한 것과 과보로 나타난 것과 작용만 하는 것 가운데 색계의 두 가지나 두 가지 禪, 유익한 것과 과보로 나타난 것과 작용만 하는 것 가운데 네 가지 무색의 경지, 유익한 것과 [262] 과보로 나타난 것 가운데 출세간의 두 가지나 두 가지 禪, 희열, 물질, 열반 — 이것이 희열이 함께하지 않는 법들이다.

1597. 무엇이 '행복이 함께하는 법들'(ma2-91-a)인가?

여기서 일어난 행복은 제외하고, 욕계 유익한 것 가운데 네 가지 기쁨이 함께하는 마음의 일어남, 해로운 것 가운데 네 가지, 욕계 유익한 것의 과보로 나타난 것 가운데 여섯 가지, 작용만 하는 것 가운데 다섯 가지, 유익한 것과 과보로 나타난 것과 작용만 하는 것 가운데 색계의 세 가지나 네 가지 禪, 유익한 것과 과보로 나타난 것 가운데 출세간의 세 가지나 네 가지 禪 — 이것이 행복이 함께하는 법들이다.

1598. 무엇이 '행복이 함께하지 않는 법들'(ma2-91-b)인가?

욕계 유익한 것 가운데 평온이 함께하는 마음의 일어남 네 가지, 해로운 것 가운데 여덟 가지, 욕계 유익한 것의 과보로 나타난 것 가운데 열 가지, 해로운 것의 과보로 나타난 것 가운데 일곱 가지, 작용만 하는 것 가운데 여섯 가지, 유익한 것과 과보로 나타난 것과 작용만 하는 것 가운데 색계의 네 번째 禪, 유익한 것과 과보로 나타난 것과 작용만 하는 것 가운데 네 가지 무색의 경지, 유익한 것과 과보로 나타난 것 가운데 출세간의 네 번째 禪, 행복, 물질, 열반 — 이것이 행복이 함께하지 않는 법들이다.

1599. 무엇이 '평온이 함께하는 법들'(ma2-92-a)인가?

여기서 일어난 평온은 제외하고, 욕계 유익한 것 가운데 평온이 함께하는 마음의 일어남 네 가지, 해로운 것 가운데 여섯 가지, 욕계 유익한 것의 과보로 나타난 것 가운데 열 가지, 해로운 것의 과보로 나타난 것 가운데 여섯 가지, 작용만 하는 것 가운데 여섯 가지, 유익한 것과 과보로 나타난 것과 작용만 하는 것 가운데 색계의 네 번째 禪, 유익한 것과 과보로 나타난 것과 작용만 하는 것 가운데 네가지 무색의 경지, 유익한 것과 과보로 나타난 것 가운데 출세간의 네 번째 禪 — 이것이 평온이 함께하는 법들이다.

1600. 무엇이 '평온이 함께하지 않는 법들'(ma2-92-b)인가?

욕계 유익한 것 가운데 기쁨이 함께하는 마음의 일어남 네 가지, 해로운 것 가운데 여섯 가지, 욕계 유익한 것의 과보로 나타난 것 가운데 여섯 가지, 해로운 것의 과보로 나타난 것 가운데 한 가지, 작용만 하는 것 가운데 다섯 가지, 유익한 것과 과보로 나타난 것과 작용만 하는 것 가운데 색계의 세 가지나 네 가지 禪, 유익한 것과 과보로 나타난 것 가운데 출세간의 세 가지나 네 가지 禪, 평온, 물질, 열반 — 이것이 평온이 함께하지 않는 법들이다.

1601. 무엇이 '욕계에 속하는 법들'(ma2-93-a)인가?

욕계의 유익한 것, 해로운 것, 욕계의 과보로 나타난 것 모두, 욕계의 작용만 하는 결정할 수 없는 것[無記], 모든 물질 — 이것이 욕계에 속하는 법들이다.

1602. 무엇이 '욕계에 속하지 않는 법들'(ma2-93-b)인가?

색계에 속하는 것들, [263] 무색계에 속하는 것들, [세간에] 포함되지 않는 것들[出世間] — 이것이 욕계에 속하지 않는 법들이다.

1603. 무엇이 '색계에 속하는 법들'(ma2-94-a)인가?

유익한 것과 과보로 나타난 것과 작용만 하는 것 가운데 색계의 네 가지나 다섯 가지 禪 — 이것이 색계에 속하는 법들이다.

1604. 무엇이 '색계에 속하지 않는 법들'(ma2-94-b)인가?

욕계에 속하는 것들, 무색계에 속하는 것들, [세간에] 포함되지 않는 것들[出世間] — 이것이 색계에 속하지 않는 법들이다.

1605. 무엇이 '무색계에 속하는 법들'(ma2-95-a)인가?

유익한 것과 과보로 나타난 것과 작용만 하는 것 가운데 무색의 경지 네 가지 — 이것이 무색계에 속하는 법들이다.

1606. 무엇이 '무색계에 속하지 않는 법들'(ma2-95-b)인가?

욕계에 속하는 것들, 색계에 속하는 것들, [세간에] 포함되지 않는 것들[出世間] — 이것이 무색계에 속하지 않는 법들이다.

1607. 무엇이 '[세간에] 포함된 법들'(ma2-96-a)인가?

세 가지 경지에서 유익한 것, 해로운 것, 세 가지 경지에서 과보로 나타난 것, 세 가지 경지 가운데 작용만 하는 결정할 수 없는 것[無記], 모든 물질 — 이것이 [세간에] 포함된 법들이다.

1608. 무엇이 '[세간에] 포함되지 않는[出世間] 법들'(ma2-96-b)인가?

[세간에] 포함되지 않는[出世間] 네 가지 도들, 네 가지 사문됨의 결실들[果], 열반 — 이것이 [세간에] 포함되지 않는[出世間] 법들이다.

1609. 무엇이 '출리로 인도하는 법들'(ma2-97-a)인가?

[세간에] 포함되지 않는[出世間] 네 가지 도들 — 이것이 출리로 인도하는 법들이다.

1610. 무엇이 '출리로 인도하지 못하는 법들'(ma2-97-b)인가?

세 가지 경지에서 유익한 것, 해로운 것, 네 가지 경지에서 과보로 나타난 것, 세 가지 경지 가운데 작용만 하는 결정할 수 없는 것[無記], 물질, 열반 — 이것이 출리로 인도하지 못하는 법들이다.

1611. 무엇이 '확정된 법들'(ma2-98-a)인가?

사견에 빠짐과 결합된 마음의 일어남들 네 가지, 불만족이 함께하는 마음의 일어남들 두 가지 — 이러한 법들은 확정된 것일 수 있고, 확정되지 않은 것일 수 있다.

[세간에] 포함되지 않는[出世間] 네 가지 도들 — 이것은 확정된 법들이다.

1612. 무엇이 '확정되지 않은 법들'(ma2-98-b)인가?

사견에 빠짐과 결합되지 않은 탐욕이 함께한 마음의 일어남들 네 가지, 의심이 함께한 마음의 일어남, 들뜸이 함께한 마음의 일어남, 세 가지 경지들에서 유익한 것, 네 가지 경지들에서 과보로 나타난 것, 세 가지 경지들에서 작용만 하는 결정할 수 없는 것[無記], 물질, 열반 — 이것이 확정되지 않은 법들이다.

1613. 무엇이 '위가 있는 법들'(ma2-99-a)인가?

세 가지 경지들에서 유익한 것, 해로운 것, 세 가지 경지들에서 과보로 나타난 것, 세 가지 [264] 경지들에서 작용만 하는 결정할 수 없는 것[無記], 모든 물질 — 이것이 위가 있는 법들이다.

1614. 무엇이 '위가 없는 법들'(ma2-99-b)인가?

[세간에] 포함되지 않는[出世間] 네 가지 도들, 네 가지 사문됨의 결실들[果], 열반 — 이것이 위가 없는 법들이다.

1615. 무엇이 '다툼을 가진 법들'(ma2-100-a)인가?

해로운 마음의 일어남 열두 가지 — 이것이 다툼을 가진 법들이다.

1616. 무엇이 '다툼이 없는[無爭] 법들'(ma2-100-b)인가?

네 가지 경지들에서 유익한 것, 네 가지 경지들에서 과보로 나타난 것, 세 가지 경지들에서 작용만 하는 결정할 수 없는 것[無記], 물질, 열반 — 이것이 다툼이 없는 법들이다.

마지막 두 개 조가 [끝났다.]

두 개 조의 의미를 드러냄이 [끝났다.]

제4편 주석 편이 [끝났다.]

담마상가니가 [끝났다.]

부록

담마상가니 주석서

서문

namo tassa bhagavato arahato sammāsambuddhassa
그분 부처님, 아라한, 정등각께 귀의합니다

담마상가니 주석서

Dhammasaṅgaṇī-aṭṭhakathā

서문[因由分]

nidānādikathā

아비담마의 기원(起源, 淵源, 由來)에 대한 설명

I. 아비담마란 무엇인가

1. 여기서 무슨 뜻에서 아비담마인가?393)

① 법이 뛰어나다는 뜻과 ② 법이 특별하다는 뜻394)에서 그러하다. 여기서 뛰어남과 특별함의 뜻을 밝히는 것이 '아비(abhi-)'라는 접두어이다. 예를 들면 "괴로운 느낌은 더 심하기만 하고(abhikkamanti) 물러가지 않습니다."(S46:14 등)와 "아주 멋진 모습(abhikkantavaṇṇā)"(S1:1 등)이라는 등과

393) 아비담마의 의미에 대한 또 다른 자세한 설명은 아래에 싣고 있는 본 『담마상가니 주석서』 서문 §46 이하를 참조할 것.

394) 『담마상가니 물라띠까』는 다음과 같은 설명을 덧붙이고 있다.
"여기서 법의 뛰어남(dhammātireka)은 법이 뛰어나다(dhammo atireko)는 뜻이고 법의 특별함(dhammavisesa)은 법이 특별하다(dhammo viseso)는 말로서 법의 탁월함(dhammātisaya)을 뜻한다. [전자는] 이 성전(pāḷi)이 경보다 뛰어나다는 뜻이고 [후자는] 이 성전이 [경보다] 더 수려하다는 뜻이다. 이 두 가지 뜻은 아비담마라는 단어의 뜻이 되는 것으로는 공통되기 때문에 단수로 해설을 하였다."(DhsAMṬ.12)

같다.

그러므로 잘 세워진 많은 일산들과 깃발들 가운데 다른 것들을 능가하는 크기를 가졌고 특별한 색깔과 모양을 가진 일산을 빼어난 일산이라고 부르고, 특별한 크기를 가졌고 다양한 그림과 색깔을 특별하게 구족한 깃발을 빼어난 깃발이라 부르며, 마치 한 곳에 모인 수많은 왕자들과 신들 가운데 태생과 재산과 명성과 지배력 등의 성취를 통해서 더 뛰어나고 더 특별한 왕자를 빼어난 왕자라 부르고, 수명과 모습과 지배력과 명성과 성취 등으로 더 뛰어나고 더 특별한 신을 빼어난 신이라 부르며, 이러한 모양새의 범천을 빼어난 범천이라고 부르는 것처럼 그와 같이 이 법도 ① 법이 뛰어나다는 뜻과 ② 법이 특별하다는 뜻에서 아비담마라 부른다.[395]

2. 경에서 다섯 가지 무더기[五蘊]는 부분적으로 분석되었고 전체적으로[396] [분석되지] 않았지만, 아비담마에 이르면[397) [『위방가』의 제1장에

---

395) 문자적으로 접두어 abhi는 두 가지 의미가 있다. 하나는 *above*(위에)의 뜻이고 하나는 *toward*(혹은 *about*, 향해서, 대해서)의 뜻이다. 본 주석서에서는 abhi를 *above*의 뜻으로 해석하고 있으며 남북방 아비담마·아비달마에서는 이것을 정설로 삼는다. 그래서 중국에서는 승법(勝法, 無比法, 수승한 법, 빼어난 법)으로 해석하였다. 그런데 『아비달마 구사론』을 옮기면서 현장 스님은 이것을 대법(對法, 법에 대해서)으로 옮겼는데 이것은 abhi를 후자인 *about*로 해석한 것이라 보여진다. 이 경우에 대법은 법과 대면함, 즉 법에 대한 연구라는 의미로 해석한 것이라 할 수 있다. CBETA로 검색을 해보면 아비달마 문헌에서는 대법(對法)으로 옮긴 경우가 더 많은 듯하다. 한편 아비담마 혹은 아비달마는 중국에서 對法, 無比法, 勝法, 論, 阿毘曇, 阿毘達磨, 阿毘達磨藏, 阿鼻達磨(대법, 무비법, 승법, 논, 아비담, 아비달마, 아비달마장, 아비달마) 등으로 옮겨졌다.

여기 주석서의 설명처럼 니까야에서 접두어 abhi는 대부분이 능가하는, 수승한, 특별한의 뜻으로 쓰인다. 접두어 abhi가 '향해서'의 의미로 쓰이는 대표적인 용어로는 purattha-abhimukho([비구 승가를] 마주보고, D2 §11)와 uttara-abhimukho(북쪽을 향해, D14 §1.29) 등과 『청정도론』 등의 주석서 문헌에 나타나는 nimitta-abhimukhaṁ(표상을 향하도록, Vis.IV.66) 등을 들 수 있다.

396) '전체적으로'는 nippadesa(남김없이)를 옮긴 것인데 주석서는 "전체가 다 완성되어(sabbākāra-paripūra)"(SA.iii.263)로 설명하고 있어서 이렇게

서] ① 경에 따른 분류398)와 ② 아비담마에 따른 분류와 ③ 질문을 제기함

옮겼다.

397) 주석서는 여기서 논장의 칠론 가운데 특히 『위방가』를 예로 들면서 아비담마가 뛰어난 법이고 특별한 법이라는 논지를 전개하고 있다.

398) 아래 §13에 나타나 있는 것처럼 『위방가』는 전체가 18장으로 구성되어 있다. 이 목차에서 보듯이 『위방가』에서 분류하고 정의하고 설명해 내는 이러한 18개의 주제는 초기불교 교학의 토대가 되는 온·처·계·근·제·연의 여섯 가지 주제(1장부터 6장까지)와 초기불교 수행의 토대가 되는 37보리분법(7장부터 11장까지)이 중심이 되고 있다. 여기에다 초기불교의 중요한 주제인 4禪(12장)과 4무량(13장)과 계목(14장)과 4무애해(15장)와 지혜(16장)에 대한 가르침을 분류하고 분석하고 설명하고 있다. 그리고 17장과 18장에서는 200개에 달하는 초기불교의 중요한 주제들을 선택하여 이를 정의하고 설명해내고 있다.

이러한 분석과 설명은 지금 『담마상가니 주석서』가 언급하고 있듯이 '경에 따른 분류(Suttanta-bhājanīya)'와 '아비담마에 따른 분류(Abhidhamma-bhājanīya)'와 '질문을 제기함(Pañhā-pucchaka)'으로 나누어서 전개되는데 경에 따른 분류는 니까야의 정형구를 의지하여 설명하고 있으며, 아비담마에 따른 분류는 아비담마에서 정착시킨 정형구에 토대를 두고 논의를 전개하고 있다.

이 가운데 경에 따른 법의 해석인 '경에 따른 분류'는 이미 『맛지마 니까야』의 제14장 「분석 품」(M131～142)에 포함된 「요소의 분석 경」(M140) 등 12개의 분석 경들과 『상윳따 니까야』에 실려 있는 S12:2, S45:8, S47: 40, S48:9, S48:10, S48:36, S48:37, S51:20 등과 같은 여러 가지 「분석 경」에서도 이미 나타나고 있다.

'아비담마에 따른 분류'는 초기불교의 교학의 주제인 온·처·계·제·근·연(蘊·處·界·諦·根·緣, 각각 『위방가』 제1장부터 제6장까지의 주제임)과 수행의 주제(『위방가』 제7장부터 제13장까지)와 무애해와 지혜 등 불교의 중요한 주제들을 아비담마의 방법론으로 자세하게 분석하고 있다. 특히 12연기의 가르침을 아비담마의 방법으로 상세하게 분석하고 있는 제6장 조건의 형태에 대한 분석(paccayākāra-vibhaṅga)은 '아비담마에 따른 분류'의 특징을 아주 잘 나타내고 있다.

'질문을 제기함'은 『위방가』 14장, 16장, 17장, 18장을 제외한 나머지 14개 장에 공통적으로 적용되고 있는 분류법인데 본 『담마상가니』 제1권의 첫머리에 실려 있는 세 개 조 마띠까 22개와 두 개 조 아비담마 마띠까 100개를 통해서 『위방가』의 14가지 주제들에 포함되어 있는 중요한 법수(法數)들을 엄밀하게 분석해서 살펴보는 품이다.

의 방법을 통해서 전체적으로 분석되었다.[399] [『위방가』의 제2장] 12가지 감각장소[十二處]와 [제3장] 18가지 요소[十八界]와 [제4장] 네 가지 진리[四諦]와 [제5장] 22가지 기능[二十二根]과 [제6장] 12가지 구절로 된 조건의 형태[十二緣起]도 이와 같다. 다만 [제5장] 기능에 대한 분석에는 ① 경에 따른 분류가 없고 [제6장] 조건의 형태에 대한 분석에는 ③ 질문을 제기함이 없다.

3. 경에서는 네 가지 마음챙김의 확립이 부분적으로 분석되었고 전체적으로 분석되지 않았지만, 아비담마에 이르면 [『위방가』의 제7장 마음챙김의 확립[念處]에 대한 분석에서] 세 가지 방법을 통해서 전체적으로 분석되었다. [제8장] 네 가지 바른 노력과 [제9장] 네 가지 성취수단과 [제10장] 일곱 가지 깨달음의 구성요소와 [제11장] 성스러운 팔정도와 [제12장] 네 가지 禪과 [제13장] 네 가지 무량함과 [제14장] 다섯 가지 학습계목과 [제15장] 네 가지 무애해도 이와 같다. 다만 여기 [제14장] 학습계목에 대한 분석에는 ① 경에 따른 분류가 없다.

4. 그리고 경에서는 지혜가 부분적으로 분석되었고 전체적으로 분석되지 않았고 오염원들도 그러하지만, 아비담마에 이르러서는 [제16장 지혜에 대한 분석에서] "한 가지 방법에 의한 지혜의 토대가 있다."(Vbh. §751)라는 등의 방법으로 마띠까를 정한 뒤에 전체적으로 분류하였다. [그리고 제17장 작은 주제에 대한 분석에서] 오염원들도 그와 같은 [방법으로] 한 개 조로부터 시작하여 여러 가지 방법으로 [분류하였다.]

이처럼 『위방가』의 아비담마에 따른 분류와 특히 질문을 제기함은 『담마상가니』의 122가지 마띠까들을 도구로 하여 초기불교의 교학의 주제들과 수행의 주제들을 분석하고 해체해서(vibhajja) 드러내고 있다.

399) 경에는 경에 따른 분류만 있기 때문에 부분적(ekadesa)으로 분석되었다(vibhatta)고 하고, 아비담마에는 경에 따른 분류와 아비담마에 따른 분류와 질문을 제기함의 셋을 다 갖추고 있기 때문에 전체적(nippadesa)으로 분석되었다고 한다고 『담마상가니 물라띠까』는 설명하고 있다.(DhsAMṬ.13)

경에서는 [욕계 · 색계 · 무색계 등의] 경지의 특별함[400]의 범주가 부분적으로 분석되었고 전체적으로 분석되지 않았지만, 아비담마에 이르러서는 [제18장 법의 심장에 대한 분석에서] 세 가지 방법을 통해서 경지의 특별함의 범주가 전체적으로 분석되었다. 이와 같이 법이 뛰어나다는 뜻과 법이 특별하다는 뜻에서 아비담마라고 알아야 한다.

II. 아비담마는 칠론으로 구성되어 있다

5. 논서를 분류하면 이 [아비담마]는 『담마상가니』(法集論, Dhamma-saṅgaṇī)와 『위방가』(分析論, Vibhaṅga)와 『다뚜까타』(界論, Dhātukathā)와 『뿍갈라빤냣띠』(人施設論, Puggalapaññatti)와 『까타왓투』(論事, Kathā-vatthu)와 『야마까』(雙論, Yamaka)와 『빳타나』(發趣론, Paṭṭhāna)의 일곱 가지 논서들로 확정되어 있다. 이것이 스승들의 공통된 말씀이다.

(1) 『까타왓투』는 제외해야 하는 것이 아닌가에 대한 반론

6. 그러나 궤변론자는 이렇게 말한다.

"『까타왓투』는 왜 취하는가? 정등각자께서 반열반하신 후로 218년 뒤에 목갈리뿟따 띳사 장로(Moggaliputtatissatthera)가 확정한 것이 아닌가? 그러므로 제자가 설한 것이기 때문에 이것은 포함시켜서는 안된다."

"그렇다면 아비담마는 오직 여섯 가지 논서만 있는가?"

"그렇게 말하지는 않는다."

"그러면 무엇을 말하는가?"

"일곱 가지 논서이다."

---

400) "'경지의 특별함(bhūmantara)'에는 법들이 가지는 위치의 특별함(avatthā-visesa)과 장소의 특별함(ṭhāna-visesa)이 있다. 여기서 위치의 특별함은 마음챙김(sati) 등의 법들이 마음챙김의 확립과 기능과 힘과 깨달음의 구성요소와 도의 구성요소 등으로 구분되는 것(satipaṭṭhān-indriya-bala-bojjhaṅga-maggaṅgādi-bheda)을 말하고, 장소의 특별함이란 욕계 등으로 구분되는 것(kāmāvacarādi-bheda)을 뜻한다."(DAṬ.i.177~178)

"무엇을 취하여 일곱 가지를 만드는가?"

"[고주석서에 의하면] 『마하담마하다야』(Mahādhamma-hadaya, 큰 법의 심장)라는 것이 있다. 이것과 더불어서 일곱 가지이다."

"『마하담마하다야』에는 [『위방가』 제18장 법의 심장에 대한 분석에서] 이미 [설하지] 않은 것이라고는 없다. [이것을 제외해 버리면 『마하담마하다야』에는] 아주 적은 분량뿐인 질문 편만이 남는데 [이것으로 하나의 논서를 구성하기에는 분량이 너무 적다. 그러므로] 『까타왓투』와 더불어서 일곱 가지이다."

"『까타왓투』에 의해서가 아니다. 『마하다뚜까타』(Mahādhātukathā)라는 것이 있다. 이것과 더불어 일곱 가지이다."

"『마하다뚜까타』에는 [『다뚜까타』와 같은] 다른 곳에서 이미 설하지 않은 것이라고는 없다. [이것을 제외해 버리면] 아주 적은 분량만이 남는다. [그러므로] 『까타왓투』와 더불어서 일곱 가지이다."

(2) 『까타왓투』의 8가지 마띠까는 부처님이 확립하셨다

7. 정등각자께서는 칠론(七論)을 설하시면서 『까타왓투』에 이르러서 개아(個我)의 편에서 네 가지 질문에 대해서 두 가지씩의 다섯 개 조를 통해서 여덟 가지 측면을 가진 논점을 시작하셨다. 그것을 시작으로 하여 설명을 하신 전체 길이로는 [하나의] 바나와라401) 정도의 길이에 미치지 못하는 성전의 마띠까를 확립하셨다. 그것은 이러하다.

"'① 개아(puggala)는 실재요 궁극적인 의미에 의해서 파악되는가?' '그렇습니다.' '그렇다면 실재요 궁극적인 의미인 그 개아는 실재요 궁극적인 의미에 의해서 파악되는가?' '그렇게 말해서는 안됩니다.' '논박되었음을 인정하라.' …

'② 개아는 실재요 궁극적인 의미에 의해서 파악되지 않는가?' '그렇습니

---

401) 바나와라(bhāṇavāra)에 대해서는 본서 제1권 §57의 뒤에서 두 번째 주해를 참조할 것.

다.' '그렇다면 실재요 궁극적인 의미인 그 개아는 실재요 궁극적인 의미에 의해서 파악되지 않는가?' '그렇게 말해서는 안됩니다.' '논박되었음을 인정하라.' …

'③ 개아는 실재요 궁극적인 의미에 의해서 모든 곳에서 파악되는가?' …

'④ 개아는 실재요 궁극적인 의미에 의해서 모든 곳에서 파악되지 않는가?' …

'⑤ 개아는 실재요 궁극적인 의미에 의해서 항상 파악되는가?' …

'⑥ 개아는 실재요 궁극적인 의미에 의해서 항상 파악되지 않는가?' …

'⑦ 개아는 실재요 궁극적인 의미에 의해서 모든 것에서 파악되는가?' …

'⑧ 개아는 실재요 궁극적인 의미에 의해서 모든 것에서 파악되지 않는가?' …"(Kv.8~12)

이와 같이 첫 번째 논점을 의지하여 첫 번째 논박을, 두 번째 [논점]을 의지하여 두 번째 [논박]을 … 여덟 번째 [논점]을 의지하여 여덟 번째 논박을 보여주시는 스승에 의해서 [마띠까는] 확정되었다. 이러한 방법으로 모든 곳에서 마띠까가 확정되었음을 알아야 한다.

이러한 마띠까를 확정하실 때 이렇게 예견하신 뒤에 확정하셨다. "내가 반열반한 지 218년이 지난 뒤에 목갈리뿟따 띳사 장로라는 비구가 1,000명의 비구들 가운데 앉아서 정설 가운데 500개의 경(經)과 이설(異說) 가운데 5,000개의 경을 함께 가져와서 『디가 니까야』에 해당하는 분량으로 『까타왓투』라는 논서를 상세하게 분석할 것이다."라고.

(3) 이런 전례는 경에서도 나타난다(「꿀 덩어리 경」(M18))

8. 목갈리뿟따 띳사 장로도 이 논서를 설하면서 자신의 지혜로 설하지 않았고 스승께서 마띠까에서 확정하여 제시해 주신 방법대로 설하였다. 이처럼 스승께서 마띠까에서 확정하여 제시해 주신 방법대로 설하였기 때문에 이 모든 논서는 부처님이 가르치신 것이 되는 것이다. 무슨 [전례와] 같은가? 「꿀 덩어리 경」(M18) 등과 같다.

「꿀 덩어리 경」(M18)에서 세존께서는 "비구여, 어떤 것을 원인으로 사람에게 사량 분별이 함께한 인식의 더미가 일어나는데, 그것에 대해 즐거움과 환영과 집착이 없으면 그것이 바로 갈망의 잠재성향들의 끝이요 …"(M18 §8)라고 마띠까를 확정하신 뒤에 자리에서 일어나서 승원으로 들어가셨다.

법을 수지한 비구들은 마하깟짜나 장로(Mahākaccānatthera)에게 다가가서 십력(十力)을 가지신 [세존께서] 확정하신 마띠까의 뜻을 질문하였다. 장로는 질문을 받고 바로 설명을 하지 않고 십력을 갖추신 부처님께 존경을 표하기 위해서 "도반들이여, 예를 들면 심재(心材)가 필요하고 심재를 찾는 사람이 심재를 찾아 이리저리 다니다가 …"(M18 §12)라고 심재의 비유를 가져와서 세존께서는 심재를 가진 나무와 같은 분이요 제자들은 잔가지와 잎사귀와 같다고 하면서,

"도반들이여, 참으로 그분 세존께서는 알아야 할 것을 아시고, 보아야 할 것을 보시는 분이며, 우리의 눈이 되시고, 지혜가 되시고, 법이 되시고, 으뜸이 되시며, [사성제를] 말씀하는 분이시고, [오래 진리를 꿰뚫으시면서] 선언하는 분이시고, 뜻을 밝히는 분이시고, 불사(不死)를 주는 분이시며, 법의 주인이시며, 여래이십니다."(M18 §12)라고 스승을 칭송하였다.

장로들이 계속해서 요청하자 스승께서 확정하신 마띠까의 뜻을 분석한 뒤에 "그런데 그대 도반들이 원한다면 직접 세존을 찾아뵙고 이 뜻을 다시 여쭈어보십시오."(M18 §19)라고 한다. 그래서 만일 일체지의 지혜와 더불어 합치하게 되면 받아들이고 그렇지 않으면 받아들이지 마라고 강조한다. 이렇게 하여 "그래서 세존께서 그대들에게 설명해 주시는 그대로 호지하십시오."(M18 §12)라고 말한 뒤에 떠났다.

9. 그들은 스승께 다가가서 여쭈었다. 스승께서는 깟짜나가 잘못 설명했다고 말씀하시지 않고 황금색의 북을 닮은 고개를 끄덕이신 뒤에 활짝 핀 연꽃처럼 우아한 당신의 큰 입을 [공기로] 가득 채우시면서 범천과 같은 [맑은] 목소리를 내시면서 "장하구나, 장하구나."라고 장로를 칭찬하신 뒤에 "비구들이여, 마하깟짜나는 현인이다. 비구들이여, 마하깟짜나는 큰 통찰지를 가

졌다. 만일 그대들이 나에게 이 뜻을 물었더라도 나도 그와 같이 설명했을 것이다."(M18 §21)라고 말씀하셨다.

이와 같이 스승께서 기뻐하신 때부터 시작하여 이 경 전체는 부처님께서 설하신 것이 되었다. 아난다 장로 등에 의해서 상세하게 설명된 경들에서도 이러한 방법이 적용된다.402)

10. 이와 같이 정등각자께서는 일곱 가지 논서를 설하시면서 『까타왓투』에 이르러 앞에서 설명한 방법대로 마띠까를 확정하셨다. 확정하시면서 이렇게 예견하셨다.

"내가 반열반한 지 218년이 지난 뒤에 목갈리뿟따 땃사 장로라는 비구가 1,000명의 비구들 가운데 앉아서 정설 가운데 500개의 가르침과 이설 가운데 5,000개의 가르침을 함께 가져와서 『디가 니까야』에 해당하는 분량으로 『까타왓투』라는 논서를 상세하게 분석할 것이다."라고.

목갈리뿟따 땃사 장로도 역시 이 논서를 설하면서 자신의 지혜로 설하지 않았고 스승께서 마띠까에서 확정하여 제시해 주신 방법대로 설하였다. 이처럼 스승께서 마띠까에서 확정하여 제시해 주신 방법대로 설하였기 때문에 이 모든 논서는 부처님이 가르치신 것이 되는 것이다. 이와 같이 『까타왓투』와 더불어 아비담마는 일곱 가지 논서가 있다.

III. 칠론의 구성과 내용을 간략하게 설명함

(1) 『담마상가니』의 구성을 간략하게 설명함

11. 여기서 『담마상가니』(法集論, Dhammasaṅgaṇī) 논서는 네 가지로 분류되는데 그것은 ① 마음의 분류, ② 물질의 분류, ③ 간결한 설명의 모음(= 간결한 설명 편), ④ 의미를 드러냄(= 주석 편)이다.

① 여기서 욕계에 속하는 유익한 것 8가지, 해로운 것 12가지, 유익한 과

402) 예를 들면 『맛지마 니까야』 제2권 「유학 경」(M53)을 들 수 있다.

보로 나타난 것 16가지, 해로운 과보로 나타난 것 7가지, 작용만 하는 것 11가지, 색계에 속하는 유익한 것 5가지, 과보로 나타난 것 5가지, 작용만 하는 것 5가지, 무색계에 속하는 유익한 것 4가지, 과보로 나타난 것 4가지, 작용만 하는 것 4가지, 출세간의 유익한 것 4가지, 과보로 나타난 것 4가지가 되어 89가지 마음이 마음의 분류가 된다. '마음의 일어남 편'이라는 것도 이것의 이름이다. 이것은 문장의 길이[403]로는 여섯 바나와라 분량이 넘고 확장하면 끝이 없고 무량한 것이 된다.

12. ② 이것의 바로 다음은 한 가지와 두 가지 등의 방법으로 마띠까를 확정하여 상세하게 분류하여 보여주는 물질의 분류이다. '물질 편'이라는 것도 이것의 이름이다. 이것은 문장의 길이에 의하면 세 바나와라 분량 정도이고 확장하면 끝이 없고 무량한 것이 된다.

③ 이것의 바로 다음에는 '뿌리를 통해서, 무더기를 통해서, 문을 통해서, 경지를 통해서, 뜻을 통해서, 법을 통해서, 이름을 통해서, 성을 통해서'라고 이와 같이 뿌리 등을 통해서 간결하게 한 뒤에 가르친 간결한 설명의 모음이 있다. 이것은,

① 뿌리를 통해서 ② 무더기를 통해서
③ 문을 통해서 ④ 경지를 통해서
⑤ 뜻을 통해서 ⑥ 법을 통해서
⑦ 이름을 통해서 ⑧ 성을 통해서
간결하게 하여 설하셨기 때문에
간결한 설명이라고 일컬어진다.

'간결한 설명 편'이라는 것도 이것의 이름이다. 이것은 문장의 길이에 의

---

403) '문장의 길이'는 vācanā-magga(문장의 길)를 옮긴 것인데 『아비담마아와따라 뿌라나띠까』(Abhidhammāvatāra-purāṇaṭīkā)에서 이것을 'vacana-ppabandha(문장의 흐름)'(Abhi-av-pṭ.137)으로 설명하고 있어서 이렇게 옮겼다.

하면 세 바나와라 정도이고 확장하면 끝이 없고 무량한 것이 된다.

④ 이것의 바로 다음에는 삼장에 담겨있는[404] 부처님 가르침의 의미를 드러내면서 다툼의 두 개 조(ma2-100)까지 설명한 것을 '주석 편'이라 한다. 『마하빡까라나』(=『빳타나』)에 나타나는 숫자의 전개에 대해서 주도면밀하지 못한 비구도 이것을 통해서 숫자의 전개를 잘 배우게 된다. 이것은 문장의 길이에 의하면 두 바나와라 정도이고 확장하면 끝이 없고 무량한 것이 된다.

이렇게 하여 전체 『담마상가니』 논서는 문장의 길이에 의하면 13바나와라가 넘는 분량이고 확장하면 끝이 없고 무량한 것이 된다. 이와 같이,

마음의 분류와 물질과
간결한 설명과 뜻을 밝힘이라는
이 심오하고 미묘한 주제를
부처님께서는 말씀하셨다.

(2) 『위방가』의 구성을 간략하게 설명함

13. 이것의 바로 다음은 『위방가』(分析論, Vibhaṅga)이다. 『위방가』[405]는 아래의 18장으로 구성되어 있다. 그것은,

[제1장] 무더기[蘊]에 대한 분석(khandha-vibhaṅga)

---

404) tiṇṇaṁ piṭakānaṁ samūho 'tepiṭakaṁ', tīṇi vā piṭakāni tipiṭakaṁ, tipiṭakameva tepiṭakaṁ(SAṬ.ii.208)

405) vibhaṅga라는 단어는 vi(분리해서)+√bhaj(*to divide*)에서 파생된 명사로서 분석, 분해, 해체, 분별로 번역되는 단어이다. 부처님께서 설하신 주요 가르침을 무더기[蘊], 장소[處], 요소[界], 기능[根], 연기(緣起), 염처(念處) … 의 18가지 장으로 나누어서 설명하고 있다. 이런 경향은 이미 『맛지마 니까야』나 『상윳따 니까야』 등의 경에서도 다수 등장하고 있는데(M137, M140, M141, S12:2, S45:8 등) 부처님 재세 시부터 법을 분류하고 분석하여 이해하는 것이 불자들의 가장 큰 관심 중의 하나였기 때문이다. 이런 노력이 자연스럽게 논장의 『위방가』로 결집된 것이다. 『위방가』에 대해서는 본 『담마상가니 주석서』 서문 §2와 해당 주해도 참조할 것.

[제2장] 감각장소[處]에 대한 분석(āyatana-vibhaṅga)
[제3장] 요소[界]에 대한 분석(dhātu-vibhaṅga)
[제4장] 진리[諦]에 대한 분석(sacca-vibhaṅga)
[제5장] 기능[根]에 대한 분석(indriya-vibhaṅga)
[제6장] 조건의 형태에 대한 분석(paccayākāra-vibhaṅga)
[제7장] 마음챙김의 확립[念處]에 대한 분석(satipaṭṭhāna-vibhaṅga)
[제8장] 바른 노력[正勤]에 대한 분석(sammappadhāna-vibhaṅga)
[제9장] 성취수단[如意足]에 대한 분석(iddhipāda-vibhaṅga)
[제10장] 깨달음의 구성요소[覺支]에 대한 분석(bojjhaṅga-vibhaṅga)
[제11장] 도의 구성요소[道支]에 대한 분석(maggaṅga-vibhaṅga)
[제12장] 선(禪)에 대한 분석(jhāna-vibhaṅga)
[제13장] 무량함[無量]에 대한 분석(appamaññā-vibhaṅga)
[제14장] 학습계목에 대한 분석(sikkhāpada-vibhaṅga)
[제15장] 무애해(無碍解)에 대한 분석(paṭisambhidā-vibhaṅga)
[제16장] 지혜에 대한 분석(ñāṇa-vibhaṅga)
[제17장] 작은 주제에 대한 분석(khuddakavatthu-vibhaṅga)
[제18장] 법의 심장에 대한 분석(dhammahadaya-vibhaṅga)이다.

이 가운데 [제1장] 무더기에 대한 분석은 ① 경에 따른 분류와 ② 아비담마에 따른 분류와 ③ 질문을 제기함을 통해서 세 가지로 분석되었다. 이것은 문장의 길이로는 다섯 바나와라 정도이고 확장하면 끝이 없고 무량한 것이 된다. 그다음의 감각장소에 대한 분석 등도 이러한 세 가지 방법으로 분석되었다. 이들 가운데 [제2장] 감각장소에 대한 분석은 문장의 길이로는 한 바나와라가 넘고 [제3장] 요소에 대한 분석은 두 바나와라 정도이고 [제4장] 진리에 대한 분석도 그러하다. [제5장] 기능에 대한 분석에는 경에 따른 분류가 없고 문장의 길이로는 한 바나와라가 넘는 정도이다. [제6장] 조건의 형태에 대한 분석[406]은 여섯 바나와라 정도이고 여기에는 질문이 없다.

14. [제7장] 마음챙김의 확립에 대한 분석은 하나가 넘는 바나와라 정도이고 [제8장] 바른 노력에 대한 분석과 [제9장] 성취수단에 대한 분석과 [제10장] 깨달음의 구성요소에 대한 분석과 [제11장] 도의 구성요소에 대한 분석도 그러하다. [제12장] 禪에 대한 분석은 두 바나와라 정도이고 [제13장] 무량함에 대한 분석은 한 바나와라가 넘는 정도이다. [제14장] 학습계목에 대한 분석에도 경에 따른 분류가 없고 문장의 길이로는 한 바나와라가 넘는 정도이고 [제15장] 무애해(無碍解)에 대한 분석도 그러하다. [제16장] 지혜에 대한 분석은 열 가지로 분석되었으며 문장의 길이로는 세 바나와라 정도이다.

[제17장] 작은 주제에 대한 분석도 열 가지로 분석되었으며 문장의 길이로도 세 바나와라 정도이다. [제18장] 법의 심장에 대한 분석은 세 가지로 분석되었고 문장의 길이로는 하나가 넘는 바나와라 정도이다. 이 모두는 확장하면 끝이 없고 무량한 것이 된다. 이와 같이 이 『위방가』 논서는 문장의 길이로는 35바나와라 정도이고 확장하면 끝이 없고 무량한 것이 된다.

(3) 『다뚜까타』의 구성을 간략하게 설명함

15. 이것의 바로 다음은 『다뚜까타』[407]이다.

---

406) '조건의 형태에 대한 분석'은 paccayākāra-vibhaṅga를 옮긴 것이다. 이것은 『위방가』 제6장 연기(緣起)에 대한 분석(paṭiccasamuppāda-vibhaṅga)을 지칭한다. 『위방가』와 거의 모든 주석서들에서 『위방가』 제6장은 연기에 대한 분석(paṭiccasamuppāda-vibhaṅga)으로 언급되고 있는데 『담마상가니 주석서』의 이 부분을 위시한 주석서 문헌의 서너 군데에서만 조건의 형태에 대한 분석(paccayākāra-vibhaṅga)으로 언급이 되고 있다.

407) 『다뚜까타』[界論, Dhātukathā]: 요소(dhātu)들에 관한 가르침(kathā)으로 번역되는 『다뚜까타』는 여러 가지 법들이 무더기[蘊, khandha]·장소[處, āyatana]·요소[界, dhātu]의 세 가지 범주에 포함되는가 되지 않는가, 관련이 있는가 없는가를 교리문답 형식을 빌려서 설명하고 있는 책이다. 짧은 14개의 장으로 구성되어 있는 이 논서는 이런 온·처·계의 분석으로 자아가 있다는 잘못된 견해를 척파하기 위한 것이다.

이것은 ① 조합(saṅgaha)과 조합이 아닌 것, 조합된 것(saṅgahita)에 의해서 조합되지 않은 것, 조합되지 않은 것에 의해서 조합된 것, 조합된 것에 의해서 조합된 것, 조합되지 않은 것에 의해서 조합되지 않은 것, ② 결합(sampayoga)과 결합이 아닌 것, 결합된 것(sampayutta)에 의해서 결합되지 않은 것, 결합되지 않은 것에 의해서 결합된 것, 결합된 것에 의해서 결합된 것, 결합되지 않은 것에 의해서 결합되지 않은 것, ③ 조합된 것에 의해서 결합된 것과 결합되지 않은 것, 결합된 것에 의해서 조합된 것과 조합되지 않은 것, 조합되지 않은 것에 의해서 결합된 것과 결합되지 않은 것, 결합되지 않은 것에 의해서 조합된 것과 조합되지 않은 것이라는 14가지로 분석되었다. 이것은 문장의 길이로는 여섯 바나와라가 넘는 정도이고 확장하면 끝이 없고 무량한 것이 된다.

(4) 『뿍갈라빤냣띠』의 구성을 간략하게 설명함

16. 이것의 바로 다음은 『뿍갈라빤냣띠』408)이다.

이것은 '무더기의 개념, 감각장소의 개념, 요소의 개념, 진리의 개념, 기능의 개념, 개아의 개념'이라는 여섯 가지로 분석되었다. 이것은 문장의 길이로는 다섯 바나와라가 넘고 확장하면 끝이 없고 무량한 것이 된다.

(5) 『까타왓투』의 구성을 간략하게 설명함

17. 이것의 바로 다음은 『까타왓투』409) 논서이다.

---

408) 『뿍갈라빤냣띠』[人施設論, Puggalapaññatti]: 제목이 암시하듯이 여러 형태의 인간에 대해서 하나부터 열까지의 법수로서 논의하고 있다. 빤냣띠(paññatti)는 아비담마의 근본주제가 아닌 세속적인 개념이나 명칭을 뜻하며 그래서 시설(施設)이라고 한역되었다. 여기에는 여러 유형의 인간이 하나에서부터 열까지 법수에 따라서 모아져 있으며 그래서 형식상 『디가 니까야』 제3권 「합송경」(D33)과 「십상경」(D34)이나 『앙굿따라 니까야』와 같다. 그러므로 이것은 그 결집된 형태나 내용으로 봐서 논장에 포함되기보다는 경장에 포함되어야 하는 책이라고도 할 수 있다.

409) 『까타왓투』[論事, Kathāvatthu]: 칠론 중에서 부처님이 전부를 설하지는

이것은 정설 가운데 500개의 경(經)과 이설(異說) 가운데 5,000개의 경을 함께 가져와서 분석한 것이다. 이것은 문장의 길이로는 지금은 책에 기록된 것으로 취하지 않고 합송에서 제시된 방법으로 [계산하여]『디가 니까야』의 분량이고 확장하면 끝이 없고 무량한 것이 된다.

(6)『야마까』의 구성을 간략하게 설명함

18. 이것의 바로 다음은『야마까』[410]이다.

이것은 뿌리의 쌍(yamaka), 무더기의 쌍, 감각장소의 쌍, 요소의 쌍, 진리의 쌍, 형성된 것의 쌍, 잠재성향의 쌍, 마음의 쌍, 법의 쌍, 기능의 쌍이라는 10가지로 분석되었다. 이것은 문장의 길이로는 120바나와라이고 확장하면 끝이 없고 무량한 것이 된다.

(7)『빳타나』의 구성을 간략하게 설명함

19. 이것의 바로 다음은『마하빠까라나』(큰 논서)이다.『빳타나』[411]

않으신 것으로 전승되어 온 책이다. 이 논서는 삼차결집을 주도한 목갈리뿟따 띳사(Moggaliputta Tissa) 장로가 다른 부파의 견해를 논파하고 상좌부의 견해를 천명하기 위해서 삼차결집에서 합송한 것으로 알려졌으며 아비달마 불교 혹은 부파불교를 연구하는 데 없어서는 안 될 귀중한 자료이다.

410) 『야마까』[雙論, Yamaka]: 아비담마 전문용어들의 애매하고 잘못된 사용을 해결하기 위해서 결집된 논서이며 문제 제기를 항상 쌍(yamaka)으로 하기 때문에『야마까』(쌍론)라 이름 지었다.

411) 『빳타나』[發趣論, Paṭṭhāna]: 미얀마 아비담마 전통에서 가장 중요한 논서로 취급하고 있다. 그래서『마하빠까라나』(Mahāpakaraṇa, 큰 논서)라고 부르기도 하며 총 5권의 2,500쪽에 이르는 방대한 분량이다.『담마상가니』에 나타나는 세 개 조(tika)로 된 22개의 목록과 두 개 조(duka)로 된 100개의 마띠까 전체에 대해서 24가지 조건(paccaya)을 적용시켜 제법(諸法)의 인과 관계와 상호 관계를 밝히고 있는 난해한 책으로 알려져 있다. 미얀마 스님들은 인간의 마음이 만들어낼 수 있는 최고의 지적인 유산이라 자부하기도 한다. 그래서 미얀마에서는 중요한 날들에 우리나라 절에서 철야 기도를 하듯이 이『빳타나』를 암송하고 있다. 하루 24시간 쉬지 않고 연속적으로 여러 스님들이 번갈아가면서 읽어 총 80시간 이상을 독송해야 전체

라는 것도 이것의 이름이다.

이것은[412] ① 원인의 조건[因緣, hetupaccaya], ② 대상의 조건[所緣緣, ārammaṇapaccaya], ③ 지배의 조건[增上緣, adhipatipaccaya], ④ 틈 없이 뒤따르는 조건[無間緣, anantarapaccaya], ⑤ 더욱 틈 없이 뒤따르는 조건[等無

를 다 읽어낼 수 있다.

412) 역자는 이하 24가지 조건(paccaya)을 우리말로 옮기면서 두 가지 원칙을 세웠다.
첫째, 명사로 합성이 된 경우는 제6격(소유격)으로 옮겼다. 예를 들면 ① hetu-paccaya는 '원인(hetu)의 조건(paccaya)'으로 옮겼다. hetu가 명사이기 때문이다.
여기서 소유격 어미를 써서 '~의'로 옮겼다고 하여 소유 관계를 뜻하는 것으로 보면 안 된다. 마치 영어의 '*of*'가 소유 관계 뿐만 아니라 *a man of Korea*(한국 출신 사람) 등으로 소속이나 행위자의 '의', '…에 대한', '…에 관한', '…가운데(서)' 등 여러 뜻으로 쓰이는 것처럼 범어의 제6격(소유격)도 다양한 용도로 쓰이고 있다. 그래서 산스끄리뜨 문법서에서는 'śeṣe ṣaṣṭhi'라고 표현하여 제6격은 다양한 관계를 나타내는 데 사용된다고 표현하고 있다. 그러므로 원인의 조건이라 한다고 해서 이것을 원인이 소유한 조건으로 이해하면 안 된다. "뿌리를 통해서 조건이 된다고 해서 원인의 조건이다(mūlavasena paccayabhāvo hetupaccayattho)."(DhsAMṬ.159)라거나 "원인과 그 조건이라고 해서 원인의 조건이다(hetuca so paccayo cāti hetupaccayo)."(PdṬ.387)라고 해석하듯이 원인인 조건 등으로 이해해야 한다.

일부에서는 '원인 조건'으로 옮기자는 의견이 있지만 이것은 일종의 무책임한 번역이라 여겨진다. 우리말의 중요한 특성 가운데 하나는 체언이나 부사나 어미 따위에 붙어 그 말과 다른 말과의 문법적 관계를 나타내거나 그 말의 뜻을 도와주는 품사인 조사(助詞)를 적절하게 사용하는 것이기 때문이다.

둘째, 형용사로 합성이 된 경우는 형용사로 분석하여 옮겼다. 예를 들면 '함께 생긴 조건'으로 옮긴 ⑥ sahajāta-paccaya는 sahajāta가 형용사로 paccaya를 수식하는 구조이기 때문에 옮길 때도 sahajāta를 함께 생긴으로 옮겨서 '함께 생긴 조건'으로 옮겼다. ④ anantarapaccaya의 anantara는 틈이 없는을 뜻하는 형용사이기 때문에 틈이 없는 조건으로 옮겨야하지만 내용을 더 분명하게 전달하기 위해서 '틈 없이 뒤따르는 조건[無間緣]'으로 옮긴 경우도 있다.
예외도 있지만 이러한 두 가지를 큰 원칙으로 삼아 24가지 조건을 우리말로 옮겼음을 밝힌다.

間緣, samanantarapaccaya], ⑥ 함께 생긴 조건[俱生緣, sahajātapaccaya], ⑦ 서로 지탱하는 조건[相互緣, aññamaññapaccaya], ⑧ 의지하는 조건[依支緣, nissayapaccaya], ⑨ 강하게 의지하는 조건[親依止緣, upanissaya-paccaya], ⑩ 먼저 생긴 조건[前生緣, purejātapaccaya], ⑪ 뒤에 생긴 조건[後生緣, pacchājātapaccaya], ⑫ 반복의 조건[數數修習緣, āsevanapaccaya], ⑬ 업의 조건[業緣, kammapaccaya], ⑭ 과보의 조건[異熟緣, vipāka-paccaya], ⑮ 음식의 조건[食緣, āhārapaccaya], ⑯ 기능[根]의 조건[根緣, indriyapaccaya], ⑰ 禪의 조건[禪緣, jhānapaccaya], ⑱ 도의 조건[道緣, maggapaccaya], ⑲ 서로 관련된 조건[相應緣, sampayuttapaccaya], ⑳ 서로 관련되지 않은 조건[不相應緣, vippayuttapaccaya], ㉑ 존재하는 조건[有緣, atthipaccaya], ㉒ 존재하지 않은 조건[非有緣, natthipaccaya], ㉓ 떠나가 버린 조건[離去緣, vigatapaccaya], ㉔ 떠나가 버리지 않은 조건[不離去緣, avigatapaccaya]이다. 조건을 통해서 24가지로 분석되었다.

20. 그런데 『빳타나』에서는 이 점이 고려되어야 한다. 유익함의 세 개 조(ma3-1) 등의 세 개 조 마띠까 22개와 원인인 법들과 원인이 아닌 법들(ma2-1)부터 다툼인 법들과 다툼이 없는 법들(ma2-100)까지의 두 개 조 마띠까 100개가 있고 또 다른 것들로는 명지의 일부가 되는 법들, 무명의 일부가 되는 법들(ma2-101)부터 멸진에 대한 지혜와 일어나지 않음에 대한 지혜(ma2-142)까지의 경장의 두 개 조 마띠까 42개가 있다. 이 가운데 세 개 조 마띠까 22개와 두 개 조 마띠까 100개는 일체지를 갖추신 부처님이 가르치신 것으로 직접 설하신 것들이요 승자의 말씀이 되고 일곱 가지 논서들의 마띠까가 된다.

그러면 경장의 두 개 조 마띠까 42개는 어디에서 기원한 것이고 누가 확정한 것이며 누가 설한 것인가? 법의 대장군 사리뿟따 장로로부터 기원한 것이고 그가 확정한 것이며 그가 설한 것이다. 그러나 사리뿟따 장로는 이것을 확립하면서 자신이 직접 얻은 지혜로 확립한 것이 아니다. 한 개 조로부터 시작해서 이것은 [『앙굿따라 니까야』 제1권의] 「하나의 모음」(A1)과 「둘의 모음」(A2)과 [『디가 니까야』 제3권의] 「합송경」(D33)과 「십상경」(D34)으로부터 함께 모아서 아비담마를 논하는 장로들이 경을 언급할 때 피로하지 않게 하기 위해서 제정하였다. 그런데 이들은 [『담마상가니』 제3편] 간결한 설명 편 한 곳에서만 포함되어서 분석되었다. [22개의 세 개 조와 다툼의 두 개 조까지 100개의 두 개 조로 구성된] 아비담마 마띠까는 나머지 편들에서 분석되었다.

21. 정등각자께서는 순방향에 해당하는 곳에서 22가지 세 개 조를 의지하여 세 개 조 빳타나를 상정하셨고, 100개의 두 개 조를 의지하여 두 개 조 빳타나를 상정하셨으며, 그다음에는 22개의 세 개 조를 가져와서 100개의 두 개 조에 놓아서 두 개 조에 세 개 조 빳타나를 보여주셨다. 그다음에는 100개의 두 개 조를 가져와서 22개의 세 개 조에 놓아서 세 개 조에 두 개 조 빳타나를 보여주셨다. 세 개 조에 세 개 조들을 놓아서 세 개 조에 세 개 조 빳타나를 보여주셨고, 두 개 조에 두 개 조들을 놓아서 두 개 조에 두 개 조 빳타나를 보여주셨다. 이렇게 하여,

『빳타나』의 설명은 세 개 조와 두 개 조를 으뜸으로
두 개 조에 세 개 조와 세 개 조에 두 개 조,
세 개 조에 세 개 조와 두 개 조에 두 개 조
— 여섯 가지 아주 심오한 순방향의 방법이 있다.

역방향의 빳타나에도 … 역방향에도 여섯 가지 방법으로 빳타나를 보여주셨다. 그래서 설하기를,

『빳타나』의 설명은 세 개 조와 두 개 조를 으뜸으로
두 개 조에 세 개 조와 세 개 조에 두 개 조,
세 개 조에 세 개 조와 두 개 조에 두 개 조
— 역방향에도 여섯 가지 아주 심오한 방법이 있다.

그다음에는 순방향・역방향으로 이러한 수단을 적용하여 여섯 가지 방법으로 보여주셨다. …

그다음에는 역방향・순방향으로 이러한 수단을 적용하여 여섯 가지 방법으로 보여주셨다. …

이와 같이 순방향에 여섯 가지 빳타나, 역방향에 여섯 가지, 순방향・역방향에 여섯 가지, 역방향・순방향에 여섯 가지 빳타나 가 있어서 24가지 전체 빳타나를 함께 모은 것이 『빳타나』 라는 『마하빠까라나』 (큰 논서)이다.

IV. 아비담마는 심오한 방법의 바다이다

22. 이제 이 아비담마의 심오함을 알기 위해서는 ① 윤회의 바다, ② 물의 바다, ③ 방법의 바다, ④ 지혜의 바다라는 네 가지 바다를 알아야 한다.

이 가운데 ① 윤회의 바다(saṁsāra-sāgara)라는 것은,

> 무더기들[蘊]과 요소들[界]과 감각장소들[處]의 행렬이
> 끊이지 않고 전개되기 때문에 윤회라고 일컫는다.413)

이와 같이 윤회의 흐름은 설해졌다. 그러한 이것은 이 중생들의 태어남의 처음 시작점이 꿰뚫어 알아지지 않는다.414) 이 정도의 백 년이나 천 년이나 십만 년이나 백 겁이나 천 겁이나 십만 겁의 저쪽 편에도 중생들은 태어났는데 그보다 더 이전은 없었다거나 아무개 왕의 시대에 태어났고 아무개 부처님의 시대에 태어난 그 보다 더 이전은 없었다라고 이렇게 한정하는 것은 존재하지 않는다. 그래서 "비구들이여, '이 이전에는 무명이 없었고, 이 이후에 생겼다.'라는 무명의 시작점은 꿰뚫어 알아지지 않는다."(A10:61)라는 이러

---

413) khandhānañca paṭipāṭi, dhātu-āyatanānañca/
abbocchinnaṁ vattamānā, saṁsāroti pavuccatiiti//(DhsA.10)

414) 여기에 대해서는 『상윳따 니까야』 제2권 「시작을 알지 못함 상윳따」 (S15)의 「풀과 나무 경」 (S15:1) 등 여러 경들과 주해들을 참조할 것.

한 방법으로 윤회의 바다는 그 시작이 없는 것이다.

23. 큰 바다[大洋]는 ② 물의 바다(jala-sāgara)라고 알아야 한다. 이것은 8만4천 요자나로 광활하다. 여기서는 물이 백 리터라거나 천 리터라거나 십만 리터라는 양으로 존재하지 않는다. 참으로 헤아릴 수 없고 측량할 수 없어서 많은 물의 무더기라고 불리게 된다. 이것이 물의 바다이다.

24. "무엇이 ③ 방법의 바다(naya-sāgara)인가?415) 삼장에 있는 부처님의 말씀이다. 두 가지 경전을 반조하는, 믿음을 구족하고 청정한 믿음을 갖추고 지혜가 뛰어난 부처님의 제자들에게는 끝없는 희열과 기쁨이 생긴다. 무엇이 두 가지인가? 율과 아비담마이다.

율을 호지하는 비구들이 율장을 반조하여 '범계의 무거움에 따라 학습계목을 제정하셨는데 이러한 범계와 이러한 벗어남에 대해서 학습계목을 제정하는 것은 다른 자들의 영역이 아니고 부처님들의 영역이다.'라고 알게 될 때 끝없는 희열과 기쁨이 생긴다. 그리고 인간을 초월한 법을 반조하고 … 푸른 색깔을 반조하고 … 바른 행위를 반조하면서 … 끝없는 희열과 기쁨이 생긴다.

아비담마를 논하는 비구들에게도 '우리의 스승께서는 마치 하늘에 있는 빛나는 별들을 [여러 별자리로 나누어서] 헤아리는 것처럼 물질과 비물질로 구분되는 미묘하고 난해한 법을 무더기의 특별함416)과 감각장소의 특별함과 요소의 특별함과 기능의 특별함과 힘과 깨달음의 구성요소와 업과 과보의 특별함으로 부분과 부분별로 항목과 항목별로 분류하여 가르치셨구나.'

---

415) "nīyati, neti, nīyanti vā etenāti nayo."(DhsAAnuṬ)
아래 §25에 '전체 『빳타나』에서 24가지로 분류되는 방법의 원리(naya-mukha)'라는 말이 나오는데 이 내용으로 보면 『빳타나』에서 전개하는 24가지 조건의 중중무진연기야말로 아비담마의 광활한 방법의 바다라 할 수 있다.

416) '무더기의 특별함'은 khandhantara를 옮긴 것인데 복주서에서 무더기의 특별함(khandha-visesa)이라고 설명하고 있어서(SAṬ.i.107/ii.120.) 이렇게 옮겼다.

라고 아비담마의 경전[論藏]을 반조하면서 끝없는 희열과 기쁨이 생긴다.

25. 여기에 대해서는 다음의 일화를 알아야 한다.

마하가띠가미야 띳사닷따 장로(Mahāgatigamiya-tissadattatthera)는 '[부처님께서] 크게 깨달으신 나무[大菩提樹, mahābodhi]를 참배하리라.'라고 하면서 [바다 건너] 저쪽 해안(인도)으로 가면서 뱃머리에 앉아서 큰 바다를 보고 있었다. 그때에 그는 저쪽 해안도 보지 못했고 이쪽 해안도 보지 못했다. 그는 그 큰 바다가 마치 아름다운 꽃으로 장엄된 침상에 은가루들을 흩뿌리는 것처럼 물결의 흐름에 의해서 부서지면서 올려치는 흰 물결의 부서짐에 의해서 흩어지는 것을 꿰뚫어 보았다. 그는 '그런데 이 큰 바다의 물결의 흐름이 힘이 센가, 아니면 전체 『빳타나』에서 24가지로 분류되는 방법의 원리가 힘이 센가?'라고 생각하였다.

그러자 그는 큰 바다의 한계를 꿰뚫어 보았다. '이것은 아래로는 대지에 의해서, 위로는 허공에 의해서, 한쪽은 윤위산(輪圍山)에 의해서, 다른 쪽은 해안에 의해서 제한되어 있다. 그러나 전체 『빳타나』에는 한계라는 것이 인정되지 않는다.'라고 미묘하고 난해한 법을 반조하면서 그에게는 강한 희열이 생겼다. 그는 희열을 가라앉히고 위빳사나를 증장시켜서 앉은 채로 모든 오염원들을 내던져 버리고 으뜸가는 결실인 아라한의 경지에 확립되어 감흥어를 읊었다.

> "그는 [부처님의 참다운 제자]이니 심오하고 깨닫기 어려운
> 원인에서 발생함을 스스로 최상의 지혜로 보았도다.
> 부족함이 없으신 대선인께서 전에 가르치신 그것을 따라서
> 마치 [손바닥에 놓인] 보석을 보듯이 그것을 보았도다."

이것을 방법의 바다라고 한다.

26. 무엇이 ④ 지혜의 바다(ñāṇa-sāgara)인가? 일체지의 지혜[一切智智]가 지혜의 바다이다. 이것은 윤회의 바다이고 이것은 물의 바다이며 이것

은 방법의 바다라고 다른 자는 알 수가 없다. 일체지의 지혜에 의해서 알 수가 있다. 그래서 일체지의 지혜가 지혜의 바다인 것이다.

이러한 네 가지 바다 가운데 방법의 바다가 이곳에서 의미하는 것이다. 오직 일체지를 갖추신 부처님들만이 이것을 꿰뚫으시기 때문이다.

V. 심오한 방법의 바다인 아비담마는 부처님이 설하셨다

(1) 아비담마는 성도 후 네 번째 칠 일에 명상하신 것이다

27. 세존께서는 깨달음의 나무417) 아래에 앉으셔서 '나는 이것을 꿰뚫었으니 이 법을 구하고 찾으면서 십만 겁이 넘었고 4아승지겁이 지나갔다. 나는 이제 이 자리418)에 앉아서 1,500가지의 오염원들을 내던져 버리고 이

---

417) 여기서 '깨달음의 나무'로 옮긴 단어는 일반적으로 깨달음으로 옮기는 bodhi이다. 주석서는 bodhi라는 단어를 문맥에 따라서 다음과 같이 네 가지 의미로 쓰이는 것으로 설명하고 있다.
"[깨달음을 뜻하는] 보디(bodhi)는 ① 나무(rukkha)와 ② 도(magga)와 ③ 일체지의 지혜(sabbaññuta-ñāṇa)와 ④ 열반(nibbāna)의 [네 가지] 의미로 쓰인다.
① "깨달음의 나무 아래에서(bodhirukkha-mūle) 처음으로 정등각을 성취하셨다."(Vin.i.1)라거나 "깨달음의 나무(bodhi)와 가야(Gayā) 사이에서"(M26/i.171)로 전승되어 오는 곳에 의해서는 나무를 깨달음이라 부른다.
② "네 가지 도에 있어서의 지혜(ñāṇa)" 등으로 전승되어 오는 곳에서는 도를 뜻한다.
③ "고귀하고 광대한 깨달음을 얻게 된다."(D30 §1.27)라고 전승되어 오는 곳에서는 일체지의 지혜를 뜻한다.
④ "깨달음, 불사(不死, amata), 형성되지 않음[無爲, asaṅkhata]을 얻은 뒤에"라고 전승되어 오는 곳에서는 열반을 뜻한다."(MA.i.54; SA.ii.153~154 등)
본 문맥에서는 깨달음의 나무를 뜻한다. 그래서 깨달음의 나무로 옮겼다.

418) 자리는 빨랑까(pallaṅka)를 옮긴 것이다. 빠알리어 빨랑까는 자리(*sofa, couch*)의 뜻으로도 쓰이고 가부좌를 하고 앉음(*sitting cross-legged*)의 뜻으로도 쓰이고(PED, BDD 등) 여기서처럼 가부좌를 하고 앉아서 깨달음을 이루신 대보리좌(mahābodhi-pallaṅka)를 뜻하기도 한다.

법을 꿰뚫었다.'라고 통찰하신 법을 반조하시면서 칠 일을 [보리]좌 한 곳에 만 앉아계셨다.419)

28. 그다음에 그 [보리]좌로부터 일어나셔서 '나는 이 보리좌에서 일체지의 지혜를 꿰뚫었다.'라고 눈을 깜빡이지 않고 칠 일을 보리좌를 응시하시면서 서 계셨다. 그러자 신들에게 '오늘도 싯닷타 [왕자]에게는 해야 할 의무가 있나보다. 보리좌에 대한 집착을 버리지 못하는구나.'라는 분별하는 생각이 생겼다.

---

419) 부처님의 성도 과정과 성도 후의 일화를 담고 있는 『맛지마 니까야』「성스러운 구함 경」(M26)에 해당하는 『맛지마 니까야 주석서』(MA.ii.181~186)에는 세존께서 깨달음을 증득하신 뒤 49일 동안에 하셨던 일을 자세하게 적고 있다. 그것을 간단하게 정리하면 다음과 같다.

① 세존께서는 깔라 용왕의 거처가 있는(Kālanāgarājassa bhavana) 만제리까(Mañjerika, ApA.77)라는 숲에서 깨달으셨는데 첫 번째 칠 일은 깨달은 바로 그 장소에서 가부좌한 하나의 자세로 좌정하고 계셨다.
② 두 번째 칠 일은 깨달음을 증득하신 바로 그 자리와 그 나무[菩提樹, 보리수, bodhi-rukkha]를 눈을 깜빡이지 않고 쳐다보면서 보내셨다.
③ 세 번째 칠 일은 그곳 가까이에서 동에서 서로 길게 포행을 하시면서 보내셨다.
④ 네 번째 칠 일은 신들이 만들어준 보배창고(ratana-ghara)에 앉으셔서 『논장』(論藏, Abhidhamma-piṭaka)을 체계화하셨다.
⑤ 다섯 번째 칠 일은 보리수 아래로부터 염소치기의 니그로다 나무로 가셔서 『담마상가니』부터 『빳타나』까지 아비담마에 대한 조직적인 도(naya-magga)를 명상하셨다.
⑥ 여섯 번째 칠 일은 무짤린다(Mucalinda) 나무 아래에서 머무셨다.
⑦ 일곱 번째 칠 일은 왕의 처소(Rājāyatana)라 불리는 나무 아래에서 머무셨다.

이렇게 일곱 번째 칠 일을 보내신 뒤에 여덟 번째 칠 일에 다시 염소치기의 니그로다 나무 아래로 가셔서 『상윳따 니까야』 제1권 「권청(勸請) 경」(S6:1)에 나타나는 전법을 주저하는 사유를 하셨고, 사함빠띠 범천은 세존께서 이 세상에 법을 설해 주시기를 간청하게 된다.
이렇게 하여 세존께서는 사함빠띠 범천의 권청을 받아들여 오비구에게 『상윳따 니까야』 제6권의 「초전법륜 경」(S56:11)을 설하셨고, 그들은 그 후에 『상윳따 니까야』 제3권 「무아의 특징 경」(無我相經, S22:59)을 듣고 모두 아라한이 되었다.

스승께서는 신들의 일으킨 생각을 아시고 그들의 일으킨 생각을 가라앉히기 위해서 하늘에 올라가서 쌍신변(雙身變)[420]을 보이셨다. 대보리좌(mahābodhi-pallaṅka)에서 나투신 기적과 친척들과의 만남에서 나투신 기적과 빠딸리뿟따의 모임에서 나투신 기적은 모두 깐다의 망고 숲의 나무 아래에서 나투신 쌍신변과 같은 것이다. 이와 같이 쌍신변을 나투신 뒤에 보리좌로 오셔서 서 계시던 장소 근처의 허공으로부터 내려오셔서 칠 일 동안 포행을 하셨다.

29. 그런데 이 21일 가운데 단 하루도 스승의 몸으로부터 광명이 나온 적이 없었다. 그러나 네 번째 칠 일 동안에는 북동쪽 방향에 있는 보배창고(ratana-ghara)에 앉으셨다. 여기서 보배창고는 칠보로 된 집이 아니다. 칠론(七論)에 정통한 장소를 보배창고라고 알아야 한다. 거기서 『담마상가니』 논서를 명상했을 때에도 몸에서 광명은 나오지 않았다.

『위방가』 논서와 『다뚜까타』와 『뿍갈라빤냣띠』와 『까타왓투』 논서와 『야마까』 논서를 명상했을 때에도 몸에서 광명은 나오지 않았다. 그러나 『마하빠까라나』(=『빳타나』)에 침잠하여 "원인의 조건, 대상의 조건 … 떠나버리지 않은 조건"이라고 명상하기 시작하여 24가지 전체 『빳타나』를 명상하셨을 때에 그분의 일체지의 지혜는 전적으로 『마하빠까라나』에서 그 어울리는 곳을 얻게 되었다. 마치 띠미라삥갈라 물고기가 팔만사천 요자나의 깊이를 가진 큰 바다에서 어울리는 곳을 얻은 것과 같이 일체지의 지혜는 전적으로 『마하빠까라나』에서 그 어울리는 곳을 얻게 된 것이다.

30. 스승께서는 이와 같이 어울리는 곳을 얻으셔서 일체지의 지혜로 자유롭게 미묘하고 난해한 법을 명상하셔서 몸으로부터 푸르고 노랗고 붉고 희고 심홍색이고 번쩍이는 여섯 가지 색깔의 광채를 내뿜었다.[421]

---

420) 쌍신변(雙身變, yamaka-pāṭihāriya)은 신통 가운데서 가장 내보이기 어려운 신통이라 알려져 있다. 불과 물이 동시에 나타나게 하는 등 정반대되는 두 가지[雙, yamaka]를 동시에 나타내는 신통이다. 『아비담마 길라잡이』 제4장 §21의 2번 해설을 참조할 것.

머리와 수염과 두 눈의 푸른 곳으로부터는 푸른 광채가 뿜어져 나왔다. …
피부와 두 눈의 노란 곳으로부터는 노란 광채가 뿜어져 나왔다. …
살점과 피와 두 눈의 붉은 곳으로부터는 붉은 광채가 뿜어져 나왔다. …
뼈와 치아와 두 눈의 흰 부분으로부터는 흰 광채가 뿜어져 나왔다. …

그런데 심홍색과 번쩍이는 [광채]는 이런저런 몸의 부분으로부터 뿜어져 나왔다.[422] 이처럼 여섯 가지 색깔의 광채가 뿜어져 나와서 견고한 대지를 붙잡았다. … 이러한 방법으로 칠 일을 명상하였다.

칠 일 낮과 밤 동안 명상한 법은 얼마나 많은 것이었는가? 끝없고 무량한 것이었다. 물론 이것은 마음으로 예측한 것만을 일컫는다. 그러나 스승께서 이와 같이 칠 일 동안 마음으로 사유한 법을 말로써 구분해서 설하신다면 백 년이든 천 년이든 십만 년이 지나더라도 그 끝에 도달하여 다 설하지 못하신다고 말해서는 안 된다.

(2) 아비담마는 일곱 번째 안거 때 신들에게 설하신 것이다

31. 나중에도 역시[423] 여래께서는[424] 삼십삼천의 빠릿찻따까 나무 아

---

421) 주석서 문헌들은 '푸르고 노랗고 붉고 희고 심홍색이고 번쩍이는(nīla-pīta-lohit-odāta-mañjiṭṭha-pabhassara) 여섯 가지 색깔의 광채(chabbaṇṇa-rasmiyo)'를 '여섯 가지 색깔의 부처님의 광채(chabbaṇṇā buddha-rasmiyo)'라고 부르기도 한다.(SAṬ.ii.336 등) 그리고 『맛지마 니까야 복주서』는 이 여섯에다 알록달록한 색깔(kabara-vaṇṇa)을 넣어서 일곱 가지 색깔(satta-vaṇṇā)이라 부르고 있다.(MAṬ.ii.203.)

422) 이 문장은 'mañjiṭṭhapabhassarā pana tamhā tamhā sarīrappadesā nikkhamiṁsu.'(DhsA.14)를 직역한 것이다. 일창 스님이 지은 『부처님을 만나다』 202쪽 347번 주해는 이 심홍색(분홍색) 광채는 손바닥 등에서 나오고, 번쩍이는 광채는 백호와 손발톱 등에서 나온 것으로 설명하고 있다.

423) 여기서 '나중에도 역시(aparabhāgepi)'라는 것은 부처님의 일곱 번째 안거를 말한다. 부처님께서는 성도 후에 반열반하시기까지 44안거를 나셨는데 그 가운데 일곱 번째 안거를 삼십삼천(Tāvatiṁsa)에서 하셨고 이때 석달 동안 신들에게 아비담마를 설하셨다고 한다.
『앙굿따라 니까야 주석서』 등에 의하면 세존께서 45년 동안 안거를 보내신 곳은 다음과 같다.

래에 있는 빤두깜발라 바위(붉은 대리석, Vis.XII.72) 위에서425) 일만의 세계

첫 번째 안거는 바라나시(Bārāṇasi) 이시빠따나(Isipatana)의 녹야원(Migadāya)에서 하셨다. 두 번째부터 네 번째는 라자가하(Rājagaha)의 대나무 숲(Veḷuvana), 다섯 번째는 웨살리(Vesāli)의 큰 숲[大林, Mahāvana]에 있는 중각강당(Kūṭāgārasālā), 여섯 번째는 마꿀라 산(Makulapabbata), 일곱 번째는 삼십삼천의 거주처(Tāvatiṁsa-bhavana), 여덟 번째는 박가(Bhagga)의 숨수마라기리(Suṁsumāragiri)에 있는 베사깔라 숲(Bhesakaḷāvana), 아홉 번째는 꼬삼비(Kosambi), 열 번째는 빠릴레야까(Pālileyyaka)의 밀림, 열한 번째는 날라(Nālā)의 바라문 마을(Brāhmaṇa-gāma), 열두 번째는 웨란자(Verañjā), 열세 번째는 짤리까(Cālikā)의 짤리까 산(Cālikāpabbata), 열네 번째는 사왓티(Sāvatthi)의 제따 숲(Jetavana), 열다섯 번째는 까삘라왓투(Kapilavatthu), 열여섯 번째는 알라위(Āḷavī), 열일곱 번째는 라자가하(Rājagaha), 열여덟 번째와 열아홉 번째는 짤리까 산(Cālikāpabbata), 스무 번째는 라자가하(Rājagaha)이다.(AA.ii.124; BvA.3)

그 후 스물한 번째부터 마흔세 번째까지의 23안거는 사왓티의 제따 숲과(18안거) 동쪽 원림[東園林, Pubbārāma]에서(5안거) 하셨다.(BvA.3) 그리고 마흔네 번째인 마지막 안거는 웨살리의 벨루와가마(벨루와 마을, Beḷuvagāma)에서 하셨다.(『디가 니까야』「대반열반경」(D16) §2.22)

『디가 니까야 주석서』에 의하면 세존께서는 웨사카 달(우리의 음력 4월)의 보름날 새벽에 반열반에 드셨다. 그러므로 두 달 뒤 아살하(Aasāḷha) 달의 보름(음력 6월 보름)부터 시작되는 이 해의 안거는 하지 못하신 것이다. 여기에 대해서는『디가 니까야』제3권 부록『디가 니까야 주석서』서문 §§17~18을 참조할 것.
이처럼 주석서들은 부처님께서 일곱 번째 안거를 삼십삼천에서 하셨다고 밝히고 있다.

424) 이것이 저 유명한 '천상으로부터 하강하신 것(devorohaṇa)'이다. 이것은『청정도론』XII.72~79에 설명되어 있다. 세존께서는 삼십삼천에 올라가셔서 어머니 마하마야 부인(Mahā-Māyā)을 직접 대면하시면서(kāyasakkhiṁ katvā, AA.i.101) 신들을 위해서 석 달간 아비담마를 설하시고 상까사(Saṅkassa)로 내려오셨는데 이 장면을 '천상으로부터 하강하신 것(devorohaṇa)'이라고 부른다. 어디에서 올라가셨는가는 분명치 않은데 부처님께서 천상에 가셔서 석 달간 안거를 하시면서 아비담마를 설하시는 이 장면을 묘사하고 있는『앙굿따라 니까야 주석서』(AA.i.125 이하)에는 "스승께서 제따와나의 대승원에 머무시면서(satthā Jetavana-mahāvihāre viharanto)"(AA.i.125)라고 언급하고 있다.

425) 「로마사깡기야 존자와 지복한 하룻밤 경」(Lomasakaṅgiyabhaddeka-

에 있는 신들 가운데 앉으셔서 어머니를 직접 대면하여 '유익한 법들과 해로운 법들과 결정할 수 없는[無記] 법들'(ma3-1)이라는 법을 가르치시면서 백으로 구분하고 천으로 구분하고 십만으로 구분하여 어떤 특별한 법으로부터 또 다른 특별한 법으로 자유자재로 옮기면서 가르치셨다. 석 달을 끊임없이 전개된 가르침은 폭포수처럼 혹은 거꾸로 놓은 물 항아리에서 흘러내리는 물의 흐름처럼 빠르게 전개되어 끝이 없고 무량하였다.

32. 왜냐하면 부처님들은 공양에 대해서 덕담을 하시는 때에도 조금 길게 하시면 시주자들에게 『디가 니까야』와 『맛지마 니까야』에 필적하는 분량의 가르침을 베푸시고, 공양을 마치신 뒤에 운집한 대중에게 법을 설하실 때에는 그 가르침은 『상윳따 니까야』와 『앙굿따라 니까야』에 필적하는 만큼의 분량이 되기 때문이다. 왜 그런가? 부처님들이 [가르침을 베푸실 때에] 존재지속심(바왕가)에 머무시는 것은 짧고, 치아를 잘 닫으시고 입을 편안하게 여시고 혀는 부드럽고 음성은 달콤하고 말씀하시는 것은 빠르기 때문이다. 그래서 그런 짧은 시간에 법을 설하시더라도 이만큼이 되는데 석 달간 법을 설하신 것은 끝이 없고 무량하였다.

33. 아난다 장로는 많이 배운 분이고 삼장을 호지하는 분이고 만 오천의 게송과 육만의 구절을 마치 넝쿨과 꽃들을 모으는 것처럼 선 자리에서 수지하거나 외우거나 설한다. 이만큼이 장로가 한 번에 연속적으로 설명할 수 있는 [분량]이다. 장로가 차례대로 설명을 할 때에 다른 사람은 그렇게 할 수가 없고 그에 필적하지 못한다. 오직 정등각자만이 그렇게 하실 수 있다. 이처럼

---

ratta Sutta, M134)에서 짠다나 천신은 세존께서는 이곳에서 「지복한 하룻밤 경」(Bhaddekaratta Sutta, M132)에 대한 요약과 분석을 설하셨다고 로마사깡기야 존자에게 다음과 같이 언급하고 있다.
"비구여, 한번은 세존께서 삼십삼천에서 빠릿찻따까 나무 아래에 있는 붉은 대리석 위에 머무셨습니다. 거기서 세존께서는 삼십삼천의 천신들에게 지복한 하룻밤에 대한 요약과 분석을 설하셨습니다."(M134 §2)
이처럼 주석서가 아니라 이미 니까야에서도 부처님께서는 삼십삼천에서 신들에게 설법을 하신 것을 밝히고 있다.

강한 마음챙김을 갖추고 강인한 정신력을 가지고 강력한 지성을 가진 제자가 스승께서 석 달간 이러한 방법으로 설하신 가르침을 백 년이나 천 년 동안 수지하더라도 그 끝에 이를 수가 없다.

34. 이와 같이 석 달간 끊임없이 설하시면서 여래께서는 덩어리진 [먹는] 음식에 의해서 지탱되는 업에서 생긴 몸을 어떻게 유지하셨는가? [탁발 등으로 몸을] 돌보심에 의해서이다. 부처님들께서는 시간을 각각 잘 구분하시고 잘 한정하시고 잘 지키신다. 그러므로 세존께서는 법을 설하시면서 인간 세계에서의 시간을 내려다보셨다. 그분은 탁발을 할 시간이 [되었음을] 주목하시고 화현된 부처님[化身佛]426)을 만들어 내시어 '이 자가 가사를 입고 발우를 가지고 말을 하고 이러한 외관을 가지고 이러한 법을 설하기를.'이라고 확고하게 결심을 하신 뒤 발우와 가사를 수하시고 아노땃따 호수로 가셨다. 신들은 나가 넝쿨로 만든 치목(齒木)을 드렸다.

35. 그것을 사용하시고 아노닷따 호수에서 몸을 씻으신 뒤 마노실라 바위의 위(Manosilātala)에 서셨다. 잘 만들어진 상의와 하의를 입으시고 가사를 수하신 뒤 사대천왕이 보시한 수정으로 만든 발우를 수하시고 웃따라꾸루[北拘盧洲, 북구로주, uttarakuru]로 가셨다. 거기서 탁발음식을 가지고 아노땃따 호숫가에 앉아서 그것을 드신 뒤에 낮 동안의 머묾을 위해 전단향 나무 숲으로 가셨다.427)

---

426) '화현된 부처님[化身佛]'은 nimmita-buddha를 옮긴 것이다. '화현'으로 옮긴 nimmita(Sk. nirmita)는 중국에서 化, 化人, 化作, 化生, 化身, 如化, 如幻, 幻, 應化, 所化, 現化, 變, 變化, 變化人(화, 화인, 화작, 화생, 화신, 여화, 여환, 환, 응화, 소화, 현화, 변, 변화, 변화인)으로 옮겨졌고 대승경의 여러 군데서 화신(化身, nirmita-kāya)이나 화신불(化身佛)이 나타나는데 여기 나타나는 nimmita-buddha와 유사한 표현이라 여겨진다.

427) 이것은 『청정도론』 XVII.72~73에 간략하게 요약되어 나타난다.

(3) 법의 대장군 사리뿟따 장로가 이것을 듣고 가져와서 인간에 전승하였다

36. 법의 대장군 사리뿟따 장로도 거기에 가서 정등각자께 시중을 들고 한 곁에 앉았다. 스승께서는 '사리뿟따여, 이만큼의 법을 나는 설했다.'라고 말씀해 주시면서 그에게 가르침의 방법을 [말씀해] 주셨다.[428] 이와 같이 정등각자께서 무애해를 증득한 상수제자에게 방법을 [말씀해] 주실 때에 마치 기슭에 서서 손을 뻗어서 바다를 가리키시는 것처럼 방법을 [말씀해] 주셨다. 세존께서 장로에게 백의 방법과 천의 방법과 십만의 방법으로 [설해] 주신 법은 분명하게 확립되었다.

스승께서 낮 동안의 머묾을 위해 앉으신 후에 법을 설하기 위해서 언제쯤에 가셨는가? 사왓티에 거주하는 선남자들이 법을 설하시는 것을 들으러 모이는 시간이 있는데 그 시간에 가셨다. …

37. 사리뿟따 존자도 스승께서 가르치시고 가르치신 법을 가져와서 자신과 함께 머무는 오백의 비구들에게 설하였다. 이것이 그들 전생의 수행에 대한 [일화이다.]

그들은 깟사빠 부처님의 시대에 작은 박쥐의 모태에 태어나서 동굴에 거꾸로 매달려서 아비담마를 논하는 두 비구가 아비담마를 암송할 때 그 소리에서 표상을 취하여 그것이 검은(해로운) 부분에 관한 것인지 밝은(유익한) 부분에 관한 것(인지도 모르고 단지 소리에서 취한 표상만을 가지고 죽은 뒤에 천상 세계에 태어났다.

그들은 부처님이 계시지 않는 시대에 천상 세계에 머문 뒤에 거기서 죽어서 인간 세계에 태어나서 [부처님께서] 쌍신변을 나투실 때에 청정한 믿음이

---

428) "'방법을 [말씀해]주셨다(nayaṁ deti).'라는 것은 그 방법을 기억함에 의해서(nayassa anusārena) 가르침의 도(vācanā-magga)를 확립하셨다는 말이다."(Pm.ii.24)
"'가르침의 도(vācanā-magga)'는 가르침의 순서(vacana-ppabandha, 즉 칠론의 차례)이다."(Abhi-av-pṭ.137)

생겨 [사리뿟따] 장로의 곁에 출가하였다. 장로는 스승께서 가르치고 가르치신 법을 수지하여 그들에게 설한 것이었다. 정등각자께서 아비담마의 가르침을 마무리하신 것과 그 비구들이 칠론을 수지한 것은 동시에 이루어졌다.

(4) 칠론의 순서는 사리뿟따 장로로부터 비롯되었다

38. 아비담마에서 가르침의 순서(즉 칠론의 차례)는 사리뿟따 장로로부터 기원한다. 그리고 『마하빠까라나』(= 『빳타나』)에서 숫자의 전개 과정도 장로가 확정한 것이다. 장로는 이러한 방법으로 특별한 법을 망가뜨리지 않고 쉽게 배우고 호지하고 이해하고 설할 수 있게 하기 위해서 숫자의 전개 과정을 확립하였다. 이와 같다면 장로가 첫 번째로 아비담마를 논하는 자인가? 그렇지 않다. 정등각자께서 첫 번째로 아비담마를 논하신 분이시다. 그 분이 대보리좌에 앉아서 꿰뚫으셨기 때문이다.

VI. 부처님의 일대시교를 정리하는 네 가지 방법429)

부처님의 첫 번째와 중간과 마지막 말씀

39. [세존께서는] 부처님이 되신 뒤에 칠 일을 [대보리좌] 한 곳에만 앉아서 감흥어를 읊으셨다.

> "근면하고 참선을 하는 바라문에게
> 참으로 법들이 분명하게 드러날 때
> 그의 모든 의문들은 사라지나니
> 원인을 가진 법을 꿰뚫어 알기 때문이로다.430)

---

429) 여기서부터 『담마상가니 주석서』 서문은 부처님이 45년간 설하신 말씀을 여러 가지 측면에서 정리하고 있다. 먼저 부처님의 말씀을 첫 번째 말씀과 마지막 말씀과 중간의 말씀으로 나누어서 설명한 뒤(§§39~41), 부처님께서 45년간 설하신 가르침을 ① 3가지 삐따까[三藏, §§43~62] ② 5가지 니까야(§§63~65) ③ 9가지 구성요소[九分敎, §66) ④ 팔만사천 법의 무더기(§67) ⑤ 그 외의 방법(§69)을 통해서 분류하여 설명하고 있다.

근면하고 참선을 하는 바라문에게
참으로 법들이 분명하게 드러날 때
그의 모든 의문들은 사라지나니
조건들의 멸진을 체득했기 때문이로다.431)

근면하고 참선을 하는 바라문에게
참으로 법들이 분명하게 드러날 때
그는 마라의 군대를 흩어버리고 서 있나니
마치 태양이 중천에서 빛을 발하는 것처럼."432)(Vin.i.2)

이것이 '첫 번째 부처님의 말씀'이다.

40. 그러나 『법구경』을 암송하는 자들은,

"많은 생을 윤회하면서
나는 헛되이 치달려왔다네.
집 짓는 자를 찾으면서
거듭되는 태어남은 괴로움이었네.
집 짓는 자여, [드디어] 그대는 보아졌구나.

---

430) yadā have pātubhavanti dhammā,
ātāpino jhāyato brāhmaṇassa,
athassa kaṅkhā vapayanti sabbā,
yato pajānāti sahetudhammaṁ.

431) yadā have pātubhavanti dhammā,
ātāpino jhāyato brāhmaṇassa
athassa kaṅkhā vapayanti sabbā,
yato khayaṁ paccayānaṁ avedi.

432) yadā have pātubhavanti dhammā,
ātāpino jhāyato brāhmaṇassa,
vidhūpayaṁ tiṭṭhati mārasenaṁ,
sūriyova obhāsayamantalikkhanti.

그대 다시는 집을 짓지 못하리.
그대의 모든 골재들은 무너졌고
집의 서까래는 해체되었다.
[이제] 마음은 업형성을 멈추었고
갈애의 부서짐을 성취하였네."433)(Dhp.23 {153~154})

이것이 첫 번째 부처님의 말씀이라고 주장한다.434)

41. 한 쌍의 살라 나무 사이에 누우셔서 반열반하실 때에 "비구들이여, 참으로 이제 그대들에게 당부하노니, 형성된 것들은 소멸하기 마련인 법이다. 방일하지 말고 [해야 할 바를] 성취하라!"(D16 §6.7)라고 말씀하신 것이 '마지막 부처님의 말씀'이다.

이 둘 사이에 45년 동안 화환으로 장식을 하고 보석으로 된 목걸이를 만드신 것처럼 불사(不死)를 천명하신 바른 법이 '중간의 부처님의 말씀'이다.

42. 이 모두는 (1) 삐따까(piṭaka)로는 세 가지 삐따까[三藏]이고 (2) 니까야(nikāya)로는 다섯 가지 니까야이며 (3) 구성요소(aṅga)로는 아홉 가지 구

---

433) anekajātisaṁsāraṁ, sandhāvissaṁ anibbisaṁ
gahakāraṁ gavesanto, dukkhā jāti punappunaṁ
gahakāraka diṭṭhosi, puna gehaṁ na kāhasi
sabbā te phāsukā bhaggā, gahakūṭaṁ visaṅkhataṁ
visaṅkhāragataṁ cittaṁ, taṇhānaṁ khayamajjhagā ti

434) 그러나 같은 저자인 붓다고사 스님이 엮은 『디가 니까야 주석서』에서는 이렇게 적고 있다.
"[『법구경』의] 이 [게송]이 첫 번째 부처님 말씀이다. 어떤 자들은 "참으로 법들이 분명하게 드러날 때에 …"(Vin.i.2)라는 율장의 칸다까(犍度)에 나타나는 감흥어의 게송이 첫 번째 부처님 말씀이라고 한다. 그러나 이것은 [12연기의 순관 · 역관으로] 수행을 하시던 그날에 일체지(一切知)를 얻으셨기 때문에 기쁨으로 가득한 지혜로 조건(paccaya, 緣, 緣起)의 구조를 반조하실 때 일어난 감흥어의 게송이지, [깨달으신 후에 첫 번째로 읊으신 게송은 아니]라고 알아야 한다."(DA.i.16)

성요소[九分教]이고 (4) 법의 무더기[法蘊, dhammakkhandha]로는 8만4천 가지 법의 무더기이다.435)

(1) 세 가지 삐따까(삼장)를 통해서 부처님의 가르침을 정리하는 방법

43. 어떻게? 이 모두는 삐따까[藏]로는 위나야 삐따까[律藏, Vinaya Piṭaka], 숫딴따436) 삐따까[經藏, Suttanta Piṭaka], 아비담마 삐따까[論藏, Abhidhamma Piṭaka]라는 세 가지로 분류된다.

여기서 [비구와 비구니의] 두 가지 빠띠목카(戒目), 두 가지 위방가(經分別), [마하왁가(대품)와 쭐라왁가(소품)의] 22가지 칸다까(犍度), 16가지 빠리와라(補遺)라는 이것이 위나야 삐따까[律藏]가 된다.437)

「범망경」(D1) 등의 34개의 경들로 조합된 것이 『디가 니까야』이다. 「뿌리에 대한 법문 경」(M1) 등의 152개의 경들로 조합된 것이 『맛지마 니까야』이다. 「폭류 경」(S1:1) 등의 7,762개의 경들로 조합된 것이 『상윳따 니까야』이다. 「마음을 유혹함 경」(A1:1:1) 등의 9,557개의 경들로 조합된 것이 『앙굿따라 니까야』이다.438) 『쿳다까빠타』(小誦經)와 『법구경』

---

435) 『디가 니까야 주석서』는 부처님 말씀을 다음과 같이 분류한 뒤에 이들에 대해서 하나씩 설명하고 있다. 이 가운데 4/5/6/7의 설명이 본서의 설명과 일치한다.
"§41. 이와 같이 이 모든 부처님 말씀은 (1) 맛으로는 한 가지이고, (2) 법과 율에 의해서는 두 가지이고, (3) 처음과 중간과 마지막에 의해서는 세 가지이고, (4) 삐따까(藏)에 의해서도 세 가지이고, (5) 니까야에 의해서는 다섯 가지이고, (6) 구성요소에 의해서는 아홉 가지이고, (7) 법의 무더기[法蘊]에 의해서는 8만4천 가지라고 알아야 한다."(DA.i.15~16)
이하 DA.i.16~25와 같다. 『디가 니까야』 제3권의 부록에서 옮겨왔다.

436) 경(經)은 빠알리어로 숫따(sutta)라고 나타나기도 하고 숫딴따(suttanta)라고 나타나기도 하는데 둘 다 동의어이다. suttanta는 sutta(경)+anta(끝)로 분해가 되는데 '경의 끝'이라 직역된다. 즉 '-anta'가 붙어서 '최종적으로 경으로 확정된 것'이란 뜻을 나타내는데 일종의 강조 어법이다. 본서, 즉 『앗타살리니』에서는 숫딴따로 나타나고 있다.

437) VinAṬ.i.67~68.

438) 주석서에서 언급하고 있는 4부 니까야에 담겨있는 경들의 개수와 PTS본과

과 『우다나』(감흥어)와 『이띠웃따까』(如是語)와 『숫따니빠따』(經集)와 『위마나왓투』(천궁사)와 『뻬따왓투』(아귀사)와 『테라가타』(장로게)와 『테리가타』(장로니게)와 『자따까』(本生譚)와 『닛데사』(義釋)와 『무애해도』와 『아빠다나』(譬喩經)와 『붓다왐사』(佛種姓)와 『짜리야삐따까』(所行藏)를 통해서 15가지로 분류되는 것이 『쿳다까 니까야』이다. 이것이 숫딴따 삐따까[經藏]이다.

『담마상가니』 등의 일곱 가지 논서들이 아비담마 삐따까[論藏]이다.

① 위나야 삐따까[律藏]의 자세한 설명

44. ① 이 가운데서,439)

㉠ 다양하고 ㉡ 특별한 방법이기 때문에

㉢ 그리고 몸과 말을 길들이기 때문에

VRI본에서 편집하여 드러내는 경들의 개수와 초기불전연구원에서 옮긴 4부 니까야에 포함되어 있는 경들의 개수를 비교해 보면 아래 도표와 같다. 이렇게 주석서에서 언급하는 경들의 개수와 PTS본과 VRI본에 담겨 있는 경돌의 개수와 초기불전연구원에서 옮긴 경들의 개수가 서로 다른 것은 합송으로 전승되어 오던 경들을 문자로 정착시켜 판본을 만들거나 경들을 옮기면서 편집자들이나 역자들의 입장에 따라서 경의 번호와 제목을 다르게 붙인 것일 뿐이지 각 판본에서 다른 내용의 경들이 첨가 되거나 특정 경들이 삭제된 것은 전혀 없다. 자세한 것은 『맛지마 니까야』 제1권 역자 서문 §3의 (3)을 참조하기 바란다.

니까야	주석서	PTS본	VRI본	초불번역본
디가	34	34	34	34
맛지마	152	152	152	152
상윳따	7,762	2,889	2,908	2,904
앙굿따라	9,557	2,344	7,231	2,211
합계	17,505	5,419	10,325	5,301

439) 여기 싣고 있는 『담마상가니 주석서』 서문의 §§44~70은 역자가 옮긴 『디가 니까야』 제3권 말미에 부록으로 싣고 있는 『디가 니까야 주석서』 서문의 §§40~70과 같다.

율의 의미에 능통한 자는
이것을 율이라고 부른다.

여기서 ㉠ 다섯 가지 빠띠목카[戒目]의 암송에 대한 개요,440) 빠라지까(바라이죄) 등의 일곱 가지 범계(犯戒)441)에 대한 칸다까[健度, 篇]의 마띠까, [비구, 비구니] 위방가 등으로 분류하는 것이 '다양한(vividha)' 방법이다. ㉡ 그리고 '특별한(visesa)' 방법이란 확정된 것을 조금 완화시키는 목적을 가진 부가규정(anupaññatti)의 방법을 말한다. ㉢ 몸에 속하고 말에 속하는 계를 범하는 것을 막기 때문에 이것은 '몸과 말을 길들이는(vinayana)' 것이다. 그러므로 다양한 방법이고 특별한 방법이기 때문에, 그리고 몸과 말을 길들이기 때문에 '율(vinaya)'이라고 부른다. 그래서 이러한 단어의 뜻에 능숙함을 보여주기 위해서 이렇게 설하셨다.

다양하고 특별한 방법이기 때문에
그리고 몸과 말을 길들이기 때문에
율의 의미에 능통한 자는
이것을 율이라고 부른다.

② 숫딴따 삐따까[經藏]의 자세한 설명

45. ⓐ 이제 경에 대해서는
㉠ 의미들을 드러내기 때문에 ㉡ 잘 설해졌기 때문에

---

440) "'빠띠목카[戒目]의 암송에 대한 개요(pātimokkhuddesa)'에는 비구들의 다섯 가지와 비구니들의 네 가지가 있어 모두 아홉 가지 빠띠목카의 암송에 대한 개요가 제정되어 있다(paññattā)."(AA.ii.164)
여기서는 비구들에게 속하는 다섯 가지가 언급되고 있다.

441) "'일곱 가지 범계의 무더기(sattapi āpattikkhandhā)'는 빠띠목카[戒目]에 나타나는 ① 바라이죄(波羅夷罪, pārājika) ② 승잔죄(僧殘罪, saṅgh-ādisesa) ③ 조죄(粗罪, thullaccaya) ④ 단타죄(單墮罪, pācittiya) ⑤ 회과죄(悔過罪, pāṭidesanīya) ⑥ 악작죄(惡作罪, dukkaṭa) ⑦ 악어죄(惡語罪, dubbhāsita)의 일곱 가지 범계를 말한다."(DhsA.394)

㉢ 산출하기 때문에 ㉣ 방출하기 때문에
㉤ 경을 보호하기 때문에 ㉥ 실 줄과 흡사하기 때문에
경이라 불린다.

이것은 ㉠ 자신의 의미(attha)와 다른 의미 등으로 분류되는 의미들을 드러내기(sūcana) 때문이다. ㉡ 또한 여기서는 의미들을 잘 설명(suvutta)하나니,[442] 제도되어야 할 사람의 성향을 따라서 설하셨기(suvutta) 때문이다. ㉢ 이것은 마치 농작물이 결실을 맺듯이 결실을 산출(savana)하나니, 생기게 한다고 말한 것이다. ㉣ 이것은 마치 암소가 우유를 내어 놓듯이 방출(sūdana)한다고 말한 것이다. ㉤ 그들을 잘(suṭṭhu) 보호한다(tāyati)[443]고 해서 보호한다고 말한 것이다. ㉥ 실 줄과 흡사하다는 것은[444] 마치 목수에게 실 줄이 그 표준이 되듯이 이것도 지자들에게 실 줄이 되기 때문이다. 그리고 실 줄에 의해서 꽃들이 결집되어서 흩어지지 않고 부서지지 않는 것과도 같다. [경(經, sutta)이라는 용어는] 이와 같은 의미들을 포함하고 있다. 그래서 이러한 단어의 뜻에 능숙함을 보여주기 위해서 이렇게 설하셨다.

---

442) sutta(經)에 대한 두 번째 설명을 suvutta로 하고 있다. 이것은 su(좋은)+√vac(*to speak*)의 과거분사이다. 그래서 '잘 설해진 [것]'이라는 의미이다. 이미 노만 교수가 지적했듯이(Norman, 1992, xxv) 사실 빠알리 sutta는 산스끄리뜨 sūtra에 해당되는 단어라고 보기보다는 이처럼 su-ukta=sūkta(잘 설해진 것)로 보는 것이 타당하다. 이 단어는 su(좋은)+√vac(*to speak*)의 과거분사인데 명사로 쓰인 것이다. 특히 sūkta(숙따)는 『리그베다』에 나타나는 모든 찬미가(*hymn*)들을 지칭하는 용어로 정착이 되었다. 예를 들면 Puruṣsa-sūkta(Rv.x.90, 뿌루샤 찬미가) 등으로 일찍부터 사용되고 있었다. 이것이 불교에 받아들여져서 sutta로 표기된 것으로 봐야 할 것이다.

443) 게송에서는 다섯 번째로 sutta를 suttāṇa로 해석하고 있다. 이것을 여기서는 su(잘)+tāṇa(보호함)로 분해해서 suṭṭha tāyati(잘 보호하다)로 설명하고 있는 것이다.

444) 여기서 '실 줄'로 옮긴 원어도 sutta이다. 게송에서는 마지막 여섯 번째로 sutta(경)를 실 줄, 즉 실로 된 줄을 뜻하는 sutta로 해석해서 목수에게 실 줄이 표준이 되고 꽃도 실에 묶여서 보존되는 것처럼 경도 그와 같은 의미를 지닌다고 해석한다. 경으로서의 sutta는 바로 이 실로 된 줄이라는 의미의 산스끄리뜨 sūtra(수뜨라)에서 발전된 것으로 보는 것이 정설이다.

의미들을 드러내기 때문에,
잘 설해졌기 때문에, 산출하기 때문에,
방출하기 때문에, 경을 보호하기 때문에,
실 줄과 흡사하기 때문에 경이라 불린다.

③ 아비담마 삐따까[論藏]의 자세한 설명

46. ③ 아비담마의 문자적인 뜻은 [앞의 §1에서] 설했다. 다른 방법이 있다.

"여기서 ㉠ 증장(향상)이 있고
㉡ [자신의 고유한] 특징을 가졌고
㉢ 공경과 ㉣ 한정과
㉤ 수승함을 설한 법들이라고 해서
아비담마[論]라고 불린다."

여기서 [아비담마의] '아비(abhi)'라는 단어는 ㉠ 증장(vuḍḍhi)과 ㉡ 특징을 가짐(lakkhaṇa)과 ㉢ 공경(pūjita)과 ㉣ 한정(paricchinna)과 ㉤ 수승함(adhika)을 보여준다. 이 가운데서[445]

㉠ "나에게는 극심한 괴로운 느낌들이 증가합니다(abhikkamanti), 줄어들지 않습니다."(M97/ii.192)라는 등에서는 증장의 의미로 쓰였다.

㉡ "밤들은 좋은 날로 특별히 인정되고(abhiññāta) 특별히 알려져(abhilakkhita) 있다."(M4/i.20)라는 등에서는 특징을 가짐의 의미로 쓰였다.

㉢ "왕 중의 왕(rājābhirāja)이요 인간의 우두머리"(Sn.109)라는 등에서는 공경의 의미로 쓰였다.

㉣ "아비담마와 아비위나야로 인도할 수 있다."(*cf* Vin.i.64)라는 등에서는 한정의 의미로 쓰였는데 '서로서로 혼돈되지 않는 법과 율에 대해서'라고

445) '논(論)'으로 옮긴 abhidhamma의 접두어 'abhi'의 의미를 다음의 다섯 가지로 설명하고 있다.

[한정하고 구분하여] 말한 것이다.

ⓜ "경이롭다는(abhikkantena) 칭송과 함께"(Vv.10)라는 등에서는 수승함의 의미로 쓰였다.

47. 다시 여기서446)

㉠ "색계에 태어나는 도를 닦아서"(Dhs. §160)라거나 "자애[慈]가 함께한 마음으로 한 방향을 가득 채우면서 머문다."(Vbh. §642)라는 등의 방법으로 증장을 가진 법들을 설하셨다.

㉡ "형색을 대상으로 하거나 소리를 대상으로 하거나"(Dhs. §1)라는 등의 방법으로 대상 등을 특징지음에 의해서 특징을 가짐을 설하셨다.

㉢ "유학에 속하는 법들, 무학에 속하는 법들, 출세간의 법들"(ma3-11)이라는 등의 방법으로 공경, 즉 공경할 만한 것들을 밝히셨다.

㉣ "감각접촉이 있고 느낌이 있고"(Dhs. §1)라는 등의 방법으로 고유성질을 한정하기 때문에 한정을 설하셨다.

㉤ "고귀한 법들, 무량한 법들, 위없는 법들"(ma3-12)이라는 등의 방법으로 수승한 법들을 설하셨다. 이처럼,

> 여기서 증장이 있고
> [자신의 고유한] 특징을 가졌고 공경과 한정과
> 수승함을 설한 법들이라고 해서
> 아비담마[論]라고 불린다.

띠삐따까[三藏]에 대한 종합적 설명

48. 그리고 여기서 다 적용되어 나타나는 [삐따까]에 대해서는

> 삐따까[藏]의 의미에 능통한 자들은 삐따까를
> ㉠ 교학과 ㉡ 그릇이라는 뜻으로 설명한다.

---

446) 위에서는 접두어 'abhi'의 의미를 살펴보았고 여기서는 이 다섯 가지 의미가 논장 안에서 다 적용되어 나타나고 있음을 설명하고 있다.

이러한 것을 한데 모아서
율 등으로 세 가지라고 알아야 한다.

"[우리의] 삐따까[藏]에 쓰여 있다고 해서 받아들이지 마라."(A3:65 §3)447) 는 등에서는 ㉠ 교학(pariyatti)도 삐따까라고 설하셨다. 그리고 "어떤 사람이 괭이와 바구니(kuddāla-piṭaka)를 가지고 와서"(S12:55 §4; A3:69 §11 등)라는 등에서는 어떤 ㉡ 그릇(bhājana)도 삐따까라고 말씀하셨다. 그래서 '삐따까[藏]의 의미에 능통한 자들은 삐따까를 교학과 그릇이라는 뜻으로 설명한다.'라고 하였다.

이제 '이러한 것을 한데 모아서 율 등으로 세 가지라고 알아야 한다.'라는 것은 방금 설명한 두 가지 뜻을 가진 삐따까라는 단어와 함께 합성어를 만들어서 ㉠ 위나야[律]와 그 삐따까[藏]라는 교학의 측면과 ㉡ 이런 의미를 담는 그릇이라고 해서 위나야 삐따까[律藏, Vinaya Piṭaka]라 한다. 이러한 방법에 의해서 경(숫딴따)과 그 삐따까라고 해서 숫딴따 삐따까[經藏, Suttanta Piṭaka]라 하고, 아비담마[論]와 그 삐따까라고 해서 아비담마 삐따까[論藏, Abhidhamma Piṭaka]라 한다. 이것이 '율 등으로 세 가지라고 알아야 한다.'라고 한 것이다.

49. 이와 같이 안 뒤에 다시 이 삐따까들에 대해서 다양한 방법으로 능숙함을 드러내기 위해서

---

447) 이것은 우리에게도 잘 알려진 『앙굿따라 니까야』 제1권 「깔라마 경」(A3:65) §3에 나타나는 구절이다. 이 경에서 세존께서는 "'깔라마들이여, 그대들은 소문으로 들었다고 해서, 대대로 전승되어 온다고 해서, '그렇다 하더라.'라고 해서, [우리의] 삼장에 쓰여 있다고 해서, 논리적이라고 해서, 추론에 의해서, 이유가 적절하다고 해서, 우리가 사색하여 얻은 견해와 일치한다고 해서, 유력한 사람이 한 말이라고 해서, 혹은 '이 사문은 우리의 스승이시다.'라는 생각 때문에 [진실이라고 받아들이지 마라.] 깔라마들이여, 그대는 참으로 스스로가 '이러한 법들은 해로운 것이고, 이러한 법들은 비난받아 마땅하고, 이런 법들은 지자들의 비난을 받을 것이고, 이러한 법들을 전적으로 받들어 행하면 손해와 괴로움이 있게 된다.'라고 알게 되면 그때 그것들을 버리도록 하라."(A3:65 §3/i.189)고 가르치고 계신다.

(1) ① 가르침과 ② 교법과
③ 설명의 구분에 따라
삼장에 대해서 적절하게 밝히고
(2) ① 공부지음과 ② 버림과
③ 심오함을 밝힌다.
(3) ① 교학에 따른 구분과
② 성취와 ③ 재난이 있나니
비구가 얻는 것을 따라 그 모두를 분석할 것이다.448)

50. 이제 이것이 [이 게송에 대한] 예시와 해설이다.

[(1) 첫 번째 방법]

이들 삼장은 순서대로 [① 가르침(desanā)의 측면에서는] 훈령과 인습적 표현과 궁극적 의미의 가르침이며, [② 교법(sāsana)의 측면에서는] 죄과에 따라서, 수순에 따라서, 법에 따라서 설한 교법이며, [③ 설명(kathā)의 측면에서는] 여러 가지 단속과, 사견(邪見)을 풀어버림과, 정신·물질의 분석에 대한 설명이라고 말한다.

[① 가르침의 측면]: 이 가운데서 첫 번째인 율장은 훈령하실 수 있는 세존께서 훈령을 많이 설하셨기 때문에 훈령하는 가르침(āṇā-desanā)이라 한다. 두 번째인 경장은 인습적 표현에 능숙하신 세존께서 인습적 표현을 많이 설하셨기 때문에 인습적 표현의 가르침(vohāra-desanā)이라고 한다. 세 번째인 논장은 궁극적 의미에 능숙하신 세존께서 궁극적 의미를 많이 설하셨기 때문에 궁극적 의미의 가르침(paramattha-desanā)이라고 한다.

---

448) desanāsāsanakathā — bhedaṁ tesu yathārahaṁ |
sikkhāpahānagambhīrabhāvañca paridīpaye ||
pariyattibhedaṁ sampattiṁ, vipattiñcāpi yaṁ yahiṁ |
pāpuṇāti yathā bhikkhu, tampi sabbaṁ vibhāvaye || (DhsA.21)

51. [② 교법의 측면]: 첫 번째인 율장은 많은 죄과(罪過)를 범한 중생들에게는 그 죄과에 따라서 가르치셨다고 해서 죄과에 따른 교법(yathāparādha-sāsana)이라고 한다. 두 번째인 경장은 여러 의향과 잠재성향과 기질과 성벽을 가진 중생들에게는 수순에 따라서 여기서 가르치셨다고 해서 수순에 따른 교법(yathānuloma-sāsana)이라고 한다. 세 번째인 논장은 법들의 더미일 뿐인 것에 대해서 '나다, 내 것이다.'라는 인식을 가진 중생들에게는 법에 따라서 여기서 가르치셨다고 해서 법에 따른 교법(yathādhamma-sāsana)이라고 한다.

52. [③ 설명의 측면]: 첫 번째인 율장은 계를 범하는 것과 반대되는 여러 가지 단속을 여기서 설명하셨다고 해서 여러 가지 단속의 설명(saṁvarāsaṁvara-kathā)이라 한다. 여러 가지 단속이란 사소한 단속과 중대한 단속이니 여러 가지 업이라는 어법과 여러 가지 과일이라는 어법과 같다고 [이해해야 한다.][449] 두 번째인 경장은 62가지 사견과 반대되는, 사견을 풀어버리는 것을 여기서 설명하셨다고 해서 사견을 풀어버리는 설명(diṭṭhi-viniveṭhana-kathā)이라 한다. 세 번째인 논장은 갈망 등과 반대되는 정신·물질의 분석을 여기서 설명하셨다고 해서 정신·물질의 분석에 대한 설명(nāmarūpa-pariccheda-kathā)이라 한다.

[(2) 두 번째 방법]

53. 그리고 삼장의 각각에 대해서 ① 세 가지 공부지음(sikkhā)과 ② 세 가지 버림(pahāna)과 ③ 네 가지 심오함(gambhīrabhāva)을 알아야 한다.

---

449) 즉 '여러 가지 단속'으로 옮긴 원어 saṁvarāsaṁvara는 saṁvara-asaṁvara로 끊어서 단속(saṁvara)과 비단속(asaṁvara)으로 읽을 수 있는데 그렇게 읽으면 안 된다는 말이다. 예를 들면 kammākamma를 업(kamma)과 업 아닌 것(akamma)으로 끊어서 해석하는 것이 아니라 여러 가지 업으로 해석하고, phalāphala를 과일(phala)과 과일 아닌 것(aphala)으로 끊어서 해석하는 것이 아니라 여러 가지 과일로 해석하는 것처럼 해석해야 한다는 말이다.

[① 세 가지 공부지음의 측면]: 율장에서는 높은 계를 공부짓는 것[增上戒學, adhisīla-sikkhā]을 설하셨고, 경장에서는 높은 마음을 공부짓는 것[增上心學, adhicitta-sikkhā]을, 논장에서는 높은 통찰지를 공부짓는 것[增上慧學, adhipaññā-sikkhā]을 설하셨다.

[② 세 가지 버림의 측면]: 율장에서는 위범(違犯)을 버리는 것(vītikkama-ppahāna)을 설하셨나니 계는 오염원들의 위범하는 성질과 반대되기 때문이다. 경장은 얽매임을 버리는 것(pariyuṭṭhānappahāna)을 설하셨나니 삼매는 얽매임과 반대되기 때문이다. 논장은 잠재성향을 버리는 것(anusayappahāna)을 설하셨나니 통찰지는 잠재성향과 반대되기 때문이다. 아울러 율장은 반대되는 것으로 대체하여 버림(tadaṅgappahāna)[450]으로 [오염원을] 버리는 것을 나타내고, 나머지 둘은 각각 억압(vikkhambhana)으로 [오염원을] 버림과, 근절함(samuccheda)으로 [오염원을] 버림을 나타낸다. 한편 율장은 나쁜 행위[惡行]에 기인한 오염원을 버림(duccarita-saṁkilesappahāna)을 나타내고, 경장은 갈애에 기인한 오염원을 버림을, 논장은 사견에 기인한 오염원을 버림을 나타낸다.

54. [③ 네 가지 심오함의 측면]: 여기서 이 [삼장의] 각각에 대해서 ㉠ 법과 ㉡ 의미와 ㉢ 가르침과 ㉣ 꿰뚫음이라는 네 가지로 심오함(gambhīra-bhāva)을 알아야 한다.

여기서 ㉠ 법이란 경전(tanti)이다. ㉡ 의미(attha)란 이 경전의 의미이다. ㉢ 가르침(desanā)이란 마음으로 구분하는 경전의 가르침이다. ㉣ 꿰뚫음(paṭivedha)이란 경전과 경전의 의미를 있는 그대로[如實] 깨닫는 것이다. 그러므로 이것은 삼장에 대한 법과 의미와 가르침과 꿰뚫음이다. 통찰지가 부

---

450) '반대되는 것으로 대체하여'라는 표현은 『청정도론』에도 몇 번 나타나고 있다. 이것의 원어는 tadaṅga인데 『청정도론』 XXII.112에 의하면 여기서 aṅga는 '[반대편에 속하는] 구성요소'라는 의미이다. 예를 들면 초선의 일으킨 생각, 지속적 고찰 등의 구성요소들은 감각적 쾌락 등의 다섯 가지 장애[五蓋]의 반대편에 있는 구성요소이다. 그래서 이렇게 의역하고 있다. 여기서 언급되는 세 가지 버림은 『청정도론』 XXII.110 이하를 참조할 것.

족한 자들은 마치 토끼 등이 큰 바다에 뛰어들기 어렵듯이, 여기에 뛰어들기 어렵고 확고하게 서기 어렵다. 그러므로 심오하다. 이와 같이 이 각각에 대해서 각각 네 가지로 심오함을 알아야 한다.

55. 다른 방법으로 설명한다. ㉠ 법이란 원인(hetu)이다. "원인에 대한 지혜가 법에 대한 무애해[法無碍解]이다."(Vbh.293)라고 말씀하셨기 때문이다.451) ㉡ 의미란 원인의 결과(hetuphala)이다. "원인의 결과에 대한 지혜가 뜻(attha)에 대한 무애해[義無碍解]이다."(*Ibid.*)라고 말씀하셨기 때문이다. ㉢ 가르침이란 개념(paññatti)이다. 법에 따라 법을 담론하는 것(dhamma-abhilāpa)과 동의어이다. 혹은 순서대로, 역순으로, 요약을 통해서, 상세하게 등으로 설명하는 것이다. ㉣ 꿰뚫음이란 관통(abhisamaya)452)이다. 이것은 세간적인 것에도 속하고 출세간적인 것에도 속한다. 이것은 대상을 통해서, 그리고 미혹하지 않음을 통해서 꿰뚫는 것을 말하며, 의미와 어울리는 법들에 대해서, 그리고 법과 어울리는 의미들에 대해서, 그리고 개념의 길과 어울리는 개념들에 대해서 깨닫는 것(avabodha)을 말한다. 여기저기에서 설하신 이런저런 모든 법들의 고유한 특징(salakkhaṇa)이라 불리는 고유성질[自性, sabhāva]을 전도됨이 없이 꿰뚫어야 한다는 말이다.

56. 이제 이들 삼장들 가운데서 무엇이든지, 그것이 ㉠ 법(원인)에서 생겼거나 ㉡ 의미(결과)에서 생겼거나 간에, 듣는 사람들이 알게 되는 뜻은 그것이 듣는 사람들의 지혜로 향할 때에 비로소 알아지게 된다. 이렇게 듣는 사람의 지혜로 향해서 [법이나 의미가 알아지도록] 그 뜻을 밝혀주는 것이 ㉢ 가르침이다. 여기서 ㉣ 꿰뚫음이란 전도됨이 없이 깨닫는 것인데, 이러한 모든 법들의 고유한 특징이라 불리는 고유성질을 전도됨이 없이 꿰뚫어 [안다]

---

451) 무애해에 대해서는 『청정도론』 XIV.21 이하를 참조할 것.

452) 주석서들에서는 사성제를 철견하는 것 등을 관통(abhisamaya)이라는 용어와 꿰뚫음(paṭivedha)이라는 용어를 사용하여 표현한다. 이 둘은 동의어이다. 『청정도론』 XXII.92와 『아비담마 길라잡이』 제2장 §8의 해설이 좋은 보기이다.

는 말이다. 그러나 이러한 모든 것에 대해서 능숙함[善]이 쌓이지 않아서 통찰지가 부족한 자들은 마치 토끼 등이 큰 바다에 뛰어들기 어렵듯이, 여기에 뛰어들기 어렵고 확고하게 서기 어렵다. 그러므로 심오하다. 이와 같이 이 각각에 대해서 각각 네 가지로 심오함을 알아야 한다. 이런 것이,

'가르침과 교법과 설명의 구분에 따라
삼장에 대해서 적절하게 밝히고
공부지음과 버림과 심오함을 밝힌다.'(§49)

라는 이 게송이 설하는 의미이다.

[(3) 세 번째 방법]

57. '① 교학에 따른 구분과 ② 성취와 ③ 재난이 있나니
비구가 얻는 것을 따라 그 모두를 분석할 것이다.'(§49)

라고 하였다.

여기서 ① 삼장에는 세 가지 교학(pariyatti)이 있음을 알아야 한다. 세 가지 교학이란 ㉠ 뱀의 비유 ㉡ 벗어나고자 함 ㉢ 창고지기가 됨의 교학이다.

58. 이 가운데서 ㉠ 잘못 거머쥐고(파악하고) 배우는 것은 비난 등의 원인이 되나니 이것은 [『맛지마 니까야』 제1권 「뱀의 비유 경」(M22)에서 말씀하신] 뱀의 비유(alagaddūpamā)이다. 이것을 두고 이렇게 말씀하셨다.

"비구들이여, 예를 들면 땅꾼이 뱀을 원하고 뱀을 탐색하고 뱀을 찾아다니다가 큰 뱀을 보았다 하자. 그 사람이 그 뱀의 몸통이나 꼬리를 잡는다면 그 뱀은 되돌아서 그 사람의 손이나 팔이나 몸의 다른 부분을 물어버릴 것이다. 그 때문에 그 사람은 죽음에 이르기도 하고 죽음에 버금가는 고통을 당할 것이다. 그것은 무슨 까닭인가? 비구들이여, 뱀을 잘못 잡았기 때문이다.

비구들이여, 그와 같이 여기 어떤 미혹한 자들이 경·응송·수기·게

송 · 감흥어 · 여시어 · 본생담 · 미증유법 · 문답과 같은 법을 배우지만 그 법을 배워 통찰지로써 그 법들의 뜻을 자세히 살펴보지 않는다. 그 법의 뜻을 통찰지로 자세히 살피지 않을 때 그들에게 그 법들은 확립되지 못한다. 그들은 오직 다른 이들을 논박하고 자기 교설을 주장하기 위해 법을 배우므로 법을 배우는 그 궁극의 의미를 체득하지 못한다. 그들이 잘못 파악한 그 법들은 그들을 긴 세월 불이익과 고통으로 인도할 것이다. 그것은 무슨 까닭인가? 비구들이여, 법을 잘못 파악했기 때문이다."(M22 §10/i.133~134)

59. ㉡ 잘 거머쥐고(파악하고): 『디가니까야』 제1권 『계온품』 등을 완전하게 이해하고자 하여 배우는 것은 비난 등의 원인이 되지 않나니 이것은 [윤회에서] 벗어나고자 함(nissaraṇatthā)[453]이다. 이것을 두고 이렇게 말씀하셨다.

"그들은 오직 다른 이들을 논박하고 자기 교설을 주장하기 위해 법을 배우지 않으므로 법을 배우는 그 궁극의 의미를 체득한다. 그들이 잘 파악한 그 법들은 그들을 긴 세월 이익과 행복으로 인도할 것이다. 그것은 무슨 까닭인가? 비구들이여, 법을 잘 파악했기 때문이다."(M22 §11/i.134)

60. ㉢ 그런데 [고성제인] 오온을 철저히 알고(pariññā) [집성제인] 오염원을 버리고(pahīna) [도성제인] 도를 수행하고(bhāvita) 확고부동함을 꿰뚫고(paṭividdha) [멸성제인] 소멸(열반)을 실현하여(sacchikata) 번뇌가 다한 분은 오직 전통을 수호하고 [성자들의] 계보를 보호하기 위해서 [삼장을] 터득한다. 이것이 창고지기가 됨의 교학(bhaṇḍāgārika-pariyatti)이다.

61. [② 성취(sampatti)에 대해서]: ㉠ 율에 대해서 잘 도닦은 비구는 계의 구족을 의지하여 세 가지 영지[三明]를 얻는다. 위에서 말한 것은 이것을 구분하여 말한 것이다. ㉡ 경에 대해서 잘 도닦은 자는 삼매의 구족을

453) 복주서들에 의하면 벗어남(nissaraṇa)의 뜻은 윤회의 괴로움에서 벗어나고자 함(vaṭṭa-dukkha-nissaraṇattha, DAṬ.i.468)이나 윤회에서 벗어나고자 함(saṁsāra-nissaraṇatthika, DAṬ.i.209)으로 이해되고 있다.

의지하여 여섯 가지 신통지[六神通]를 얻는다. 위에서 말한 것은 이것을 구분하여 말한 것이다. ㉢ 논에 대해서 잘 도닦은 자는 통찰지의 구족을 의지하여 네 가지 무애해[四無碍解]를 얻는다. 위에서 말한 것은 이것을 구분하여 말한 것이다. 이와 같이 이들에 대해서 잘 도닦은 자는 순서대로 ㉠ 세 가지 영지와 ㉡ 여섯 가지 신통지와 ㉢ 네 가지 무애해로 분류되는 성취를 얻게 된다.

62. [③ 재난(vipatti)에 대해서]: ㉠ 그러나 율에 대해서 잘못 도닦은 자는 허락된 편안함과 접촉하는, 덮고 입는 등의 감각접촉을 다른 것에도 다 적용하여서, 금지된 것들에 대해서도 비난받지 않는다는 인식을 가진 자이다.[454] 그래서 [전에 독수리 사냥꾼이었던 아릿타 비구는] "내가 세존께서 설하신 법을 알기로는, 장애가 되는 법들이라고 설하신 것을 수용해도 아무런 장애가 되지 않는다."(M22 §2/i.130)라고 말한다. 이렇게 해서 그는 나쁜 계행을 가지게 된다.

㉡ 경에 대해서 잘못 도닦은 자는 "비구들이여, 세상에는 네 부류의 사람이 있다."(「흐름을 따름 경」(A4:5) §1/ii.5)라는 등에서 의도하신 것을 알지 못하면서 잘못 파악한 자이다. 이것을 두고 세존께서는 "그대는 그대 스스로 잘못 파악하여 우리를 비난하고 자신을 망치고 많은 허물을 쌓는구나."(M22 §6/i.133)라고 말씀하셨다. 이렇게 해서 그는 삿된 견해를 가지게 된다.

㉢ 논장에 대해서 잘못 도닦은 자는 법에 대한 생각을 지나치게 치달려서 생각하지 않아야 할 것까지 생각한다. 그래서 마음의 혼란을 얻게 된다. "비구들이여, 네 가지 생각할 수 없는 것이 있으니 그것을 생각해서는 안 된다. 그것을 생각하면 미치거나 곤혹스럽게 된다."(「생각할 수 없음 경」(A4:77§1/ii.80))라고 말씀하셨기 때문이다.

---

454) 부처님은 고행자들과는 달리 옷, 탁발음식, 거처, 약품의 네 가지 필수품을 허락하셨다. 이것을 수용하여 기본적으로 몸을 편안하게 하여 수행하라고 하셨다(예를 들면 『맛지마 니까야』 제1권 「모든 번뇌 경」(M2) 등). 그러나 이것을 잘못 적용하여, 때 아닌 때 먹는다든지 다섯 가닥의 감각적 쾌락을 즐겨도 된다는 식으로 잘못 이해하는 경우를 말한다.

이와 같이 삼장에 대해서 잘못 도닦은 자는 차례대로 각각 ㉠ 나쁜 계행을 가짐(dussīlabhāva)과 ㉡ 삿된 견해를 가짐(micchādiṭṭhitā)과 ㉢ 마음의 혼란(cittakkhepa)이라는 재난을 얻게 된다.

63. 이것이 이제,

'교학에 따른 구분과 성취와 재난이 있나니
비구가 얻는 것을 따라 그 모두를 분석할 것이다.'(§49)

라는 이 게송에 대한 뜻을 설명한 것이다.

이와 같이 여러 가지 측면에서 삐따까(藏)에 대해서 안 뒤에 이들을 통해서 이 모든 [부처님 말씀을] 한데 묶어서 [삐따까로는] 세 가지 삐따까(삼장)가 있다.

(2) 다섯 가지 니까야를 통해서 부처님의 가르침을 정리하는 방법

64. 그러면 어떻게 해서 니까야에 의해서는 다섯 가지인가? 이 모든 것은 ① 『디가 니까야』[長部, 길게 설하신 경]와 ② 『맛지마 니까야』[中部, 중간 길이로 설하신 경]와 ③ 『상윳따 니까야』[相應部, 주제별로 모은 경]와 ④ 『앙굿따라 니까야』[增支部, 숫자별로 모은 경]와 ⑤ 『쿳다까 니까야』[小部]의 다섯 가지로 분류되어 있다.

① 이 가운데 어떤 것이 『디가 니까야』(장부)인가? 세 가지 품(品, vagga)으로 결집된 「범망경」(D1) 등의 34개 경들이다.

34개 경들이 세 가지 품으로 결집된
이것이 『디가 니까야』이니
순서에 따라 첫 번째가 된다.

65. 그러면 왜 이것을 『디가 니까야』(길게 설하신 경)라고 부르는가? 긴 길이의 경들을 모아서 담고 있기 때문이다. 참으로 모아서 담고 있기 때문에

니까야(Nikāya)라고 부르기 때문이다. "비구들이여, 나는 축생으로 태어난 생명들보다 더 다양한 다른 어떤 하나의 무리도 보지 못한다."(S22:100 §7)라고 하셨다. 기어 다니는 [축생의] 무리, 진흙 속에 사는 [축생의] 무리라는 등의 표현은 교법에서도 통용되고 세상에서도 통용된다. [『맛지마 니까야』 등] 다른 경우에 대해서도 이처럼 니까야라는 단어의 뜻을 알아야 한다.

66. ② 어떤 것이 『맛지마 니까야』(중간 길이로 설하신 경)인가? 중간의 길이를 가진 15품으로 결집된, 「뿌리에 대한 법문 경」(M1) 등의 152개 경들이다.

> 150개 경들과 두 개의 경들이
> 15품으로 파악된 것이 『맛지마 니까야』이다.

③ 어떤 것이 『상윳따 니까야』(주제별로 모은 경)인가? 「천신 상윳따」(S1) 등으로 설해진 「폭류 경」(S1:1) 등 7,762개의 경들이다.

> 7,000개의 경들과 700개의 경들과 62개의 경들이
> 주제별로 결집된 것이다.

④ 어떤 것이 『앙굿따라 니까야』(숫자별로 모은 경)인가? [주요 주제의 숫자가] 하나씩 하나씩 증가하면서 설해진 「마음의 유혹에 대한 경」(A1:1:1) 등의 9,557개의 경들이다.

> 9,000개의 경들과 500개의 경들과 57개의 경들이
> 『앙굿따라 니까야』에 있는 숫자이다.

⑤ 어떤 것이 『쿳다까 니까야』(소부)인가? 모든 율장과 논장과 앞에서 밝힌 『쿳다까빠타』(소송경)와 『법구경』 등 15가지로, 네 가지 니까야를 제외한 나머지 부처님 말씀이다.[455)]

---

455) 원어는 "sakalaṁ vinayapiṭakaṁ, abhidhammapiṭakaṁ, khuddaka

『디가 니까야』 등 네 가지 니까야를 제외한
그 외의 부처님 말씀을 『쿳다까 니까야』라 한다.

이와 같이 니까야에 의해서 다섯 가지이다.

(3) 아홉 가지 구성요소[九分教]를 통해서 부처님의 가르침을 정리하는 방법

67. 어떻게 구성요소(aṅga)에 의해서 아홉 가지[九分教]인가? [삼장은] 모두 ① 경(經, sutta) ② 응송(應頌, geyya) ③ 상세한 설명[記別, 授記, veyyākaraṇa] ④ 게송(偈頌, gāthā) ⑤ 감흥어(感興語, udāna) ⑥ 여시어(如是語, itivuttaka) ⑦ 본생담(本生譚, jātaka) ⑧ 미증유법(未曾有法, abbhūta-dhamma) ⑨ 문답[方等, vedalla]으로 아홉 가지이다.

이 가운데 ① [율장의] 두 가지 위방가(비구 위방가와 비구니 위방가)와 [『쿳다까 니까야』의] 닛데사(義釋, Niddesa)와 [율장의] 칸다까[健度]와 빠리와라[補遺]와 [『쿳다까 니까야』의] 『숫따니빠따』의 「길상경」, 「보배경」, 「날라까 경」, 「뚜왓따까 경」과 그 외에 경이라 이름하는 여래의 다른 여러 말씀이 바로 '경(經, sutta)'이라고 알아야 한다.

② 게송과 함께하는 경이 바로 '응송(應頌, geyya)'이라고 알아야 한다. 특히 『상윳따 니까야』 제1권 게송을 포함한 가르침[456] 전체가 여기에 해당된다.

③ 전체 논장과 게송이 없는 경과 그 외에 다른 여덟 가지 구성요소에 포함되지 않는 부처님 말씀이 바로 '상세한 설명[記別, 授記, veyyākaraṇa]'이

-pāṭha, dhammapadādayo ca pubbe dassitā pañcadasappabhedā; ṭhapetvā cattāro nikāye avasesaṁ buddhavacananti."이다.
여기서 보듯이 니까야의 측면에서 분류하면 율장과 논장도 모두 『쿳다까 니까야』(소부)에 포함된다.

456) 『상윳따 니까야』 제1권 게송을 포함한 가르침 품(Sagātha-vagga)에 포함된 「천신 상윳따」(Devatāsaṁyutta, S1)부터 「삭까 상윳따」(Sakka-saṁyutta, S11)까지의 11가지 상윳따에는 산문과 운문이 함께 섞여있다. 그래서 이 품은 모두 응송에 해당된다고 설명하고 있는 것이다.

라고 알아야 한다.

④ 『법구경』과 『장로게』와 『장로니게』와 『숫따니빠따』에서 경이라는 이름이 없는 순수한 게송이 바로 '게송(偈頌, gāthā)'이라고 알아야 한다.

⑤ 기쁨에서 생긴 지혜로 충만한 게송과 관련된 82개 경들457)이 바로 '감흥어(感興語, udāna)'라고 알아야 한다.

⑥ "세존께서는 이렇게 말씀하셨다."라는 등의 방법으로 전개되는 110개 경들이 바로 '여시어(如是語, itivuttaka)'라고 알아야 한다.

⑦ 「아빤나까 자따까」 등 550개의 『자따까』가 바로 '본생담(本生譚, jātaka)'이라고 알아야 한다.

⑧ "비구들이여, 아난다에게는 네 가지 놀랍고 경이로운 법이 있다. 무엇이 넷인가?"(D16/ii.145)라는 등의 방법으로 전개되는 모든 놀랍고 경이로운 법과 관련된 경들458)이 바로 '미증유법(未曾有法, abbhūtadhamma)'이라고 알아야 한다.

⑨ 「교리문답의 짧은 경」(M44), 「교리문답의 긴 경」(M43), 「바른 견해 경」(M9), 「제석문경」(D21), 「상카라의 분류 방법 경」(?), 「보름밤의 긴 경」(M109) 등 모든 신성한 지혜와 만족과 여러 가지 이익됨이 질문된 경들459)이 바로 '문답[方等, vedalla]'이라고 알아야 한다.

이와 같이 구성요소에 의해서 아홉 가지이다.

(4) 팔만사천 가지 법의 무더기를 통해서 부처님의 가르침을 정리하는 방법

68. 어떻게 해서 법온(法蘊)에 의해서는 8만4천 가지인가? 모든 부처님 말씀은

"8만2천은 부처님으로부터 받은 것이고
2천은 비구들로부터 받은 것이니

457) somanassañāṇamayikagāthāppaṭisaṁyuttā dvāsīti suttantā

458) acchariyābbhutadhammappaṭisaṁyuttā suttantā

459) sabbepi vedañca tuṭṭhiñca laddhā laddhā pucchitasuttantā

나는 8만4천 가지의
이러한 법들을 전개하노라."(Thag.92 {1024})라고

이와 같이 [아난다 장로가] 밝힌 대로 법온을 통해서는 8만4천 가지가 된다.

여기서 ① 하나의 결론(주제, anusandhika)을 가진 경은 하나의 법온이다.
② 여러 가지 결론을 가진 경은 여기서 그 결론이 몇 가지인가에 따라서 법온을 계산한다.
③ 게송이 묶여있는 경우에는 질문들의 하나가 하나의 법온이고 그에 대한 설명이 하나의 법온이다.
④ 논장에서는 하나하나의 세 개 조와 두 개 조의 구분과 하나하나의 마음의 설명이 각각 하나의 법온이 된다.
⑤ 율장에는 사건(vatthu)이 있을 때마다, 마띠까[論母, Mātika, 학습계목]가 있을 때마다, 문장의 구분(pada-bhājanīya)이 있을 때마다, 범계(āpatti)가 있을 때마다, 범계가 아닌 것이 있을 때마다, 사이에 있는 범계(antarāpatti)가 있을 때마다, 세 개 조의 분류(tikaccheda)가 있을 때마다, 각각 하나의 부분이 각각 하나의 법온이 된다고 알아야 한다.
이와 같이 법온에 의해서 8만4천 가지가 된다.

결론 — 일차합송에서 이렇게 결집되었음을 밝힘

69. 이와 같이 [일차합송에서] 오백 명의 [아라한들이] 모든 부처님 말씀을 합송할 때에 마하깟사빠 존자를 상수로 하는 이들 자유자재한 무리는 '이것이 법이고 이것이 율이다. 이것이 첫 번째 부처님 말씀이고, 이것이 중간의 부처님 말씀이고, 이것이 마지막 부처님 말씀이다. 이것이 율장이고, 이것이 경장이고, 이것이 논장이다. 이것이 『디가 니까야』 이고, 이것이 『맛지마 니까야』 이고, 이것이 『상윳따 니까야』 이고, 이것이 『앙굿따라 니까야』 이고, 이것이 『쿳다까 니까야』 이다. 이것이 경 등의 아홉 가지 구성요

소들[九分]이고, 이것이 8만4천 법온이다.'라고 이러한 구분을 확정하여 합송하였다.

(5) 그 외의 방법

70. 이것뿐만이 아니라 ① 요약에 의한 결집(uddāna-saṅgaha),460) ② 품별 결집(vagga-saṅgaha),461) ③ 반복되는 부분에 의한 결집(peyyāla-saṅ-gaha),462) ④ 한 개 조의 모둠과 두 개 조의 모둠 등의 모둠에 의한 결집(nipāta-saṅgaha),463) ⑤ 주제별 결집(saṁyutta-saṅgaha),464) ⑥ 50개 경들의 묶음에 의한 결집(paṇṇāsa-saṅgaha)465) 등의 여러 가지가 있나니 이

---

460) "율장에서 첫 번째 바라이죄 등에 대한 일화를 간략하게 요약하는 등의 방법을 말한다."(VinAṬ.i.107)

461) "품별 결집은 [『디가 니까야』 제1권인] 계온품(戒蘊品, Sīlakhandha-vagga), [『디가 니까야』 제2권인] 대품(大品, Mahāvagga) 등으로 품별로 모은 결집 방법이다."(VinAṬ.i.108)

462) "인간을 초월한 법의 반복되는 부분(uttarimanussadhamma-peyyāla) 등으로 구분함(vavatthāpana)을 통한 방법이다."(VinAṬ.i.108)
예를 들면 『상윳따 니까야』 제5권 「도 상윳따」(Magga-saṁyutta, S45)와 「깨달음의 구성요소 상윳따」(S46)와 「힘 상윳따」(S50) 등에 포함된 「강가 강의 반복」(Gaṅga-peyyala) 등이 이 반복되는 부분에 의한 결집의 좋은 보기가 된다.
이처럼 반복되는 부분(peyyāla)은 대부분 생략하여 편집한 것이 빠알리 삼장의 가장 큰 특징 가운데 하나이다.

463) "'한 개 조의 모둠과 두 개 조의 모둠 등의 모둠에 의한 결집(ekanipāta-dukanipātādi-nipāta-saṅgaha)'은 『앙굿따라 니까야』의 결집 방법이다."(VinAṬ.i.108)
『앙굿따라 니까야』는 하나와 관련된 가르침부터 열하나와 관련된 가르침까지 모두를 nipāta(모둠)라는 용어를 사용하여 모두 11개의 모둠으로 분류해서 결집하였다.

464) "주제별 결집은 『상윳따 니까야』의 결집 방법이다."(VinAṬ.i.108)
『상윳따 니까야』는 모두 56개의 주제를 설정하여 여기에 관련된 가르침들을 주제별로 모은 니까야이다.

465) "이것은 『맛지마 니까야』의 결집 방법이다."(VinAṬ.i.108)
『맛지마 니까야』에 포함된 152개의 경은 모두 세 개의 '50개 경들의 묶음'

처럼 삼장 가운데서 발견할 수 있는 결집의 구분을 확정한 뒤에 7개월 동안 합송을 하였다.

맺는말

71. 합송이 끝나자 대지는 바다 끝까지 여러 가지로 진동하였고, 여러 가지 경이로움을 드러내었다. 그것은 마치 '마하깟사빠 장로는 이것을 통해서 십력을 가지신 부처님의 교법을 5천 년의 세월 동안 지속할 수 있도록 하였다.'라고 환희심이 생겨서 '사~두[善哉]'라고 칭송의 말을 하는 것과도 같았다.466)

(6) 아비담마는 이 모든 분류법에 다 속한다

72. 이와 같이 합송된 것 가운데서 이 아비담마는 삐따까로는 『아비담마 삐따까』(논장)이고, 니까야로는 『쿳다까 니까야』(소부)이며, 구성요소로는 상세한 설명[記別, 授記, veyyākaraṇa]이고, 법의 무더기[法蘊]로는 몇 천 정도의 법의 무더기이다.

VII. 아비담마는 이설(異說)이 아님을 증명함

(1) 아비담마는 율장에서도 언급되어 있음을 일화를 통해서 들고 있음

73. 이것을 수지하는 비구들 가운데 어떤 비구가 [5부 니까야] 모두를 암송하는 회중467) 가운데 앉아서 아비담마로부터 경을 가져와서 법을 설명

으로 나누어져서 세 권으로 결집되어 있다. 그리고 예를 들면 「무더기 상윳따」(S22)나 「감각장소 상윳따」(S35) 등처럼 『상윳따 니까야』의 특정한 상윳따가 100개가 넘는 경들을 포함할 때나, 예를 들면 「넷의 모음」(A4)이나 「다섯의 모음」(A5) 등처럼 『앙굿따라 니까야』의 특정한 모음(nipāta)이 100개가 넘는 경들을 포함할 때에도 이 50개 경들의 묶음에 의한 결집은 적용되고 있다.

466) 이상 §§44~70은 『디가 니까야 주석서』 서문의 §§44~70과 같다.

하면서 "물질의 무더기는 결정할 수 없는 것이고 네 가지 무더기는 유익한 것이기도 하고 해로운 것이기도 하고 결정할 수 없는 것이기도 하다. … 네 가지 기능은 유익한 것이기도 하고 결정할 수 없는 것이기도 하고 여섯 가지 기능은 유익한 것이기도 하고 해로운 것이기도 하고 결정할 수 없는 것이기도 하다."라고 법에 대한 논의를 설명하였다고 한다.

그러자 그곳에 한 비구가 앉아서 '법을 논하는 분이여, 당신은 마치 수미산을 에워싸는 것처럼 긴 경을 인용하는군요. 이것은 무슨 경이라 합니까?'라고 말했다.

'아비담마의 경(abhidhamma-sutta)입니다, 도반이여.'

'아비담마의 경은 왜 인용합니까? 부처님이 말씀하신 다른 경을 인용하는 것이 옳지 않습니까?'

'아비담마는 누가 말씀하셨습니까?'

'그것은 부처님의 말씀이 아닙니다.'

'도반이여, 그런데 그대는 율장을 배웠습니까?'

'배우지 않았습니다.'

'율장을 수지하지 않았기 때문에 제 생각에는 그대는 알지도 못하면서 이렇게 말하는 것이라고 여겨집니다.'

'도반이여, 율은 조금만 배웠습니다.'

'그렇더라도 그대는 그것을 잘못 배웠으니 회중의 끝에 앉아서 졸면서 배웠을 것입니다. 그대 같은 사람 곁에서 출가를 하였거나 구족계를 받은 자는 율을 어긴 자가 됩니다.'

'왜 그렇습니까?'

'율을 조금만 배웠다고 했지만 그것조차도 잘못 수지하고 있기 때문입니

---

467) "'모두를 암송하는 회중(sabba-sāmayika-parisā)'이라는 것은 모든 니까야를 [암송하는] 회중(sabba-nikāyika-parisā)으로 다섯 가지 니까야들을 암송하는(pariyāpuṇanti) [회중]이다."(DhsAMṬ.23)
여기서 5부 니까야의 『쿳다까 니까야』에 율장과 논장이 포함된다. 위 §66을 참조할 것.

다. [율장에서] 말씀하시기를 "비방할 의도가 없이 '도반은 경이나 게송이나 아비담마를 배우고 나중에 율을 배우시오.'라고 하는 것은 범계가 아니다."(Vin.iv.144)라고 하셨습니다. [다시 비구니 경분별에서는] "[비구니가] 경에 관한 질문을 허락받은 뒤 아비담마나 율에 대해서 질문을 하거나, 아비담마에 관한 질문을 허락받은 뒤 경이나 율에 대해서 질문을 하거나, 율에 관한 질문을 허락받은 뒤 경이나 아비담마에 대해서 질문을 하면 [단타죄(單墮罪)를 범한 것이다.]"(Vin.iv.344)라고 말씀하셨기 때문입니다. 그런데 그대는 이 정도도 알지 못합니다.'

이 정도만으로도 이설을 말하는 자는 논박되었다.[468)]

(2) 아비담마는 경장에서도 언급되어 있다

74. 「고싱가살라 긴 경」(M32)은 이것보다 더 권위를 가졌다. 여기서 법의 대장군 사리뿟따 존자는 각자에게서 들은 질문과 대답을 아뢰기 위하여 스승의 곁에 가서 마하목갈라나 장로의 대답을 아뢰면서 "도반 사리뿟따여, 여기 두 비구가 있어 아비담마에 대해 논의[469)]를 하는데 그들은 서로에게 질문을 하고 각자 받은 질문에 대답하며 그칠 줄을 모르고 그들의 대화는 법에 근거하여 계속됩니다. 도반 사리뿟따여, 이런 비구가 고싱가살라 숲을 빛나게 합니다."[470)](M32 §8)라고 했다고 말씀드린다.

---

468) 아비담마는 이처럼 이미 율장의 계목에 포함되어 나올 정도로 부처님 말씀으로 확정되어 있기 때문에 당연히 부처님의 가르침이라고 본 주석서는 결론짓는다.

469) '아비담마에 대한 논의'는 abhidhamma-kathā(더 높은 법에 대한 논의)를 옮긴 것이다. 주석서는, 아비담마에 대한 논의를 하는 자(ābhidhammika-dhamma-kathika)에게는 미세한 여러 가지 마음, 여러 가지 무더기[蘊], 여러 가지 요소[界], 여러 가지 감각장소[處], 禪을 극복함(jhānokkantika), 대상을 극복함(ārammaṇ-okkantika), 구성요소의 구분(aṅga-vavatthāna), 대상의 구분(ārammaṇa-vavatthāna), 구성요소의 변이(aṅga-saṅkanti), 대상의 변이(ārammaṇa-saṅkanti), 한쪽에서 확장함(ekato-vaḍḍhana), 양쪽에서 확장함(ubhato-vaḍḍhana)이 분명하게 된다(pākaṭa)고 설명하고 있다.(MA.ii.256)

스승께서는 아비담마를 논하는 자들은 나의 교법에서 따돌림을 받는 자들이라고 말씀하시지 않으셨다. [오히려] 황금색의 북을 닮은 고개를 끄덕이신 뒤에 보름달처럼 우아한 당신의 큰 입을 [공기로] 가득 채우셔서 범천과 같은 [맑은] 목소리를 내시면서 "장하구나, 장하구나."라고 장로를 칭찬하신 뒤에 "목갈라나는 그것을 바르게 설명하면서 그가 실제 행했던 대로 말했을 것이다. 왜냐하면 사리뿟따여, 목갈라나는 참으로 법에 대한 논의를 잘하는 자이기 때문이다."(M32 §15)라고 말씀하셨다.

75. 아비담마를 논하는 비구들이야말로 참으로 법을 논하는 자들이라고 한다.471) 그 외에는 법을 논하여 설하더라도 법을 논하는 자들이 아니다. 왜

---

470) 『담마상가니』의 주석서는 「고싱가살라 긴 경」(M32)의 본문에 나타나는 이 '아비담마(abhidhamma)'라는 용어가 아비담마(Abhidhamma)는 부처님과 그 직계 제자들로부터 비롯되었다는 경전적 근거가 된다고 강조하고 있다. 「고싱가살라 긴 경」(M32)의 §8에 나타나는 목갈라나 존자의 이러한 말은 이 경의 §15에서 세존의 인정을 받는데 『담마상가니』의 주석서는 이것을 예로 들면서 아비담마는 부처님이 직접 설하신 것이라고 강조하고 있다.

여러 부파의 아비담마 · 아비달마 체계를 비교 연구한 후미나로 와타나베(Fuminaro Watanabe) 교수도 아비담마는 니까야에 나타난 토론 형식이 직접적으로 발전한 것이라고 결론짓는 것처럼 아비담마 혹은 논장의 가르침은 니까야에 튼튼한 뿌리를 두고 있다 하겠다.(*Philosophy and its Development in the Nikāyas and Abhidhamma,* pp.34~36 참조)

471) 『맛지마 니까야 주석서』는 말한다.
"아비담마의 법을 논하지 않는 자(anābhidhammika)는 법을 말할 때 그것이 자기의 교리(saka-vāda)인지 다른 사람의 교리(para-vāda)인지 알지 못하여 자기의 교리를 설하리라고 하면서 다른 이의 교리를 설하고, 다른 이의 교리를 설하리라고 하면서 자기의 교리를 설하여 각각의 교리에 대해 거짓을 말한다. 아비담마의 법을 논하는 자(ābhidhammika)는 자기의 교리의 확실성에 의해 자기의 교리를 설하고, 다른 이의 교리의 확실성에 의해 다른 이의 교리를 설하여 각각의 교리에 거짓을 말하지 않는다.
그러므로 목갈라나 존자에게 이런 생각이 들었다. '동료 수행자가 아비담마의 법을 설하는 자가 되어서야 미세한 경우들(sukhumā ṭhānā)에 대해 지혜를 얻고 위빳사나를 증장하여 출세간법을 실현할 수 있다.'라고. 그러므로 이와 같이 설한 것이다."(MA.ii.256)

그런가? 그들은 법을 논하여 설하더라도 여러 종류의 업에 대해서 [혼동하고], 여러 종류의 과보에 대해서 [혼동하고], 물질과 비물질의 한계에 대해서 [혼동하고], 여러 종류의 법에 대해서 혼동하여 설하기 때문이다. 그러나 아비담마를 논하는 자들은 여러 종류의 업에 대해서 혼동하지 않는다. 그러므로 아비담마를 논하는 비구는 법을 설하든 설하지 않든, 질문을 받은 때에 그 질문에 [바르게] 대답을 할 것이다. 그러므로 그만이 전적으로 법을 설하는 자이다. 이것을 두고 스승께서는 장하다는 칭찬을 하신 뒤에 '목갈라나는 잘 설명하였다.'고 말씀하신 것이다.

76. 아비담마를 따돌리는 것은 이 승자의 [법의] 바퀴에 주먹을 날리는 것이고, 일체지의 지혜[一切智智]를 따돌리는 것이며, 스승의 무외(無畏)의 지혜를 거꾸로 되돌리는 것이고, [법을] 듣고자 하는 회중을 속이는 것이며, 성스러운 도에 장애로 작용하고, [승가를] 분열시키는 18가지 분파를 만드는 일[破事] 가운데 하나에 휘말려들어 승가로부터 분리하는 거죄갈마(擧罪羯磨)와 견책갈마(譴責羯磨)[472]를 받게 된다. 이러한 업을 지은 뒤에는 '가시오. 먹다 남은 음식을 먹는 자로 살아가시오.'라고 하면서 축출될 것이다."

(3) 왜 아비담마에는 기원에 대한 말씀(nidānakathā)이 없는가에 대한 해명

77. 그러면 [이설을 말하는 자는] 이렇게 말할 것이다. '만일 아비담마가 부처님이 설하신 것이라면 수천 개의 경들에서 "한때 세존께서는 라자가하에 머무셨다."(D16 §1.1 등)라는 등의 방법으로 [경의] 기원을 밝힌 것처럼 그와 같이 [아비담마를 설하게 된] 기원을 밝혔을 것이다.'라고.[473]

그런데 '저 『자따까』와 『숫따니빠따』와 『법구경』 등은 그런 행태의 [경을 설하게 된] 기원이 없는데 그렇다고 이 경들이 부처님이 설하신 것이

472) 거죄갈마(ukkhepanīya-kamma)와 견책갈마(tajjanīya-kamma)에 대해서는 『초기불교 교단과 계율』 130~134쪽 등을 참조할 것.

473) 여기에 대한 대답으로 주석서는 아래의 두 가지를 들고 있다.

아닌 것은 아니다.'라고 [이런 주장을] 거부한 뒤에[474] 나아가서 이렇게 말해야 한다. — '현자여, 이 아비담마라는 것은 일체지를 갖추신 부처님들의 영역이지 다른 자들의 영역이 아니다.'[라고.]

78. 부처님들은 가계가 분명하고 태생이 분명하고 깨달음이 분명하고 법의 바퀴를 굴리신 것이 분명하고 쌍신변을 나투신 것이 분명하고 삼십삼천의 궁전을 방문하신 것이 분명하고 천상 세계에서 설하신 것이 분명하고 천상으로부터 하강하신 것이 분명하기 때문이다.[475]

예를 들면 전륜성왕의 코끼리 보배나 말의 보배를 훔쳐서 작은 수레에다 매어서 다닌다는 것은 타당하지도 않고 이유도 없다. 바퀴의 보배를 훔쳐서 건초를 실은 수레에 달아서 다닌다는 것도 타당하지도 않고 이유도 없다. 한 요자나가 떨어진 곳도 비출 수 있는 보석의 보배를 목화 광주리에 넣어둔다는 것도 타당하지도 않고 이유도 없다. 왜 그런가? 그것은 왕에게나 가능한 물건들이기 때문이다. 그와 같이 아비담마라는 것은 다른 자들의 영역이 아니라 오직 일체지를 갖추신 부처님들의 영역이다.

그분들을 통해서 설해질 수 있는 가르침이다. 부처님들은 가계가 분명하고 … 천상으로부터 하강하신 것이 분명하기 때문이다. 현자여, [그러므로] 아비담마를 [설하게 된] 기원을 밝힐 의무란 없다. 이렇게 말할 때 이설을 말하는 자는 법에 입각한 동료 수행자에게 [다른] 구체적인 보기를 들 수가 없다.[476]

---

474) 즉 『쿳다까 니까야』의 『숫따니빠따』와 『법구경』이나 『자따까』처럼 가장 오래된 경전군으로 대부분의 학자들이 인정하는 여러 경들에도 경을 설하게 된 기원이 나타나지 않는다. 그렇다고 그들을 부처님의 말씀이 아니라고 하는 것은 사리에 맞지 않는 말이 된다는 뜻이다. 이렇게 간단명료하게 반대론자의 문제 제기를 논파한 뒤에 주석서는 아래와 같이 설명을 이어가고 있다.

475) 여기에 대한 논의는 위 §31의 해당 주해들을 참조할 것.

476) 즉 아비담마의 기원을 밝히시지 않은 것은 일체지를 갖추신 부처님 그분들의 영역이지 제자들이나 다른 사람들의 영역이 아니라고 대답한다.

VIII. 아비담마의 기원(nidāna)

(1) 띳사부띠 장로의 설명

79. 만달라아라마(Maṇḍalārāmavāsi)에 머무는 띳사부띠 장로(Tissa-bhūtitthera)는 이 아비담마는 [부처님이 성도하신] 대보리좌에서 기원한 것이라는 것을 보여주기 위해서 "비구들이여, 나는 [보리수 아래에서] 처음으로 완전한 깨달음을 증득한 뒤 [49일간][477] 머물던 것의 한 부분에 머물렀다."(S45:11; S45:12)라는 「머묾 경」 1/2(S45:11~12)을 인용하여 설하였다.[478]

열 가지 부분이 있으니 무더기[蘊]의 부분, 감각장소[處]의 부분, 요소[界]의 부분, 진리[諦]의 부분, 기능[根]의 부분, 조건의 형태[緣]의 부분, 마음챙김의 확립[念處]의 부분, 禪의 부분, 정신[名]의 부분, 법(法)의 부분이다.

[「머묾 경」 1/2(S45:11~12)에 의하면] 이들 가운데 스승께서는 대보리좌에서는 다섯 가지 무더기에 대해서 남김없이 꿰뚫으셨지만 지금 석 달 동안은 [부분적으로 오온 가운데] 느낌[受]의 무더기를 통해서만 머무셨다고 한다.[479] 12가지 감각장소와 18가지 요소를 남김없이 꿰뚫으셨지만 지금 석 달 동안은 법의 감각장소 가운데 느낌을 통해서만, 법의 요소 가운데 느낌을 통해서만 머무셨다. 네 가지 진리를 남김없이 꿰뚫으셨지만 지금 석 달 동안

---

477) 이것은 부처님께서 처음으로 완전한 깨달음을 성취하신 뒤에 49일 동안(ekūnapaññāsa-divasabbhantara, 앞의 §27의 주해 참조) 머무시던 것을 말한다고 주석서는 설명하고 있다.(SA.iii.128)

478) 이것은 『상윳따 니까야』 제5권 「머묾 경」 2(S45:12)에서 세존께서 "비구들이여, 나는 석 달 동안 홀로 앉고자 한다. 하루 한 끼 탁발음식을 가져다주는 사람을 제외하고는 아무도 가까이 와서는 안 된다."라고 말씀하셨고, 석 달 뒤에 "비구들이여, 나는 [보리수 아래에서] 처음으로 완전한 깨달음을 증득한 뒤 [49일간] 머물던 것의 한 부분(padesa)에 머물렀다."라고 말씀하신 것을 일컫는 것이다. 여기에 대해서는 「머묾 경」 1(S45:11)의 해당 주해를 참조하기 바란다.

479) 『상윳따 니까야』 제5권 「머묾 경」 1(S45:11)의 해당 주해를 참조할 것.

은 괴로움의 진리 가운데 느낌을 통해서만 머무셨다. 22가지 기능을 남김없이 꿰뚫으셨지만 지금 석 달 동안은 느낌을 다섯 번째로 하는 기능을 통해서만 머무셨다. 12가지 구절로 된 조건의 형태를 가진 윤회를 남김없이 꿰뚫으셨지만 지금 석 달 동안은 감각접촉을 조건으로 한 느낌을 통해서만 머무셨다.

80. 네 가지 마음챙김의 확립을 남김없이 꿰뚫으셨지만 지금 석 달 동안은 느낌에 대한 마음챙김의 확립을 통해서만 머무셨다. 네 가지 禪을 남김없이 꿰뚫으셨지만 지금 석 달 동안은 禪의 구성요소들 가운데 느낌을 통해서만 머무셨다. 정신을 남김없이 꿰뚫으셨지만 지금 석 달 동안은 그 가운데 느낌을 통해서만 머무셨다. 법들을 남김없이 꿰뚫으셨지만 지금 석 달 동안은 느낌의 세 개 조를 통해서만 머무셨다. 이와 같이 [띳사부띠] 장로는 「머묾 경」 1/2(S45:11~12)를 통해서 아비담마가 [설해진] 기원을 설하였다.

(2) 수마나데와 장로의 설명

81. 마을에 머무는 수마나데와 장로(Sumanadevatthera)는 낮은 부분의 청동 궁전에서 법을 전하면서, '[아비담마가 부처님의 직설이 아니라는] 이러한 이설을 말하는 자는 두 손을 들고 숲에서 우는 자와 같고 증인 없이 소송을 하는 것과 같아서 아비담마에 [설하게 된] 기원이 있는데도 불구하고 알지 못한다.'라고 말한 뒤에 그 기원을 설명하면서 이렇게 말했다. — '한때에 세존께서는 신들 가운데 삼십삼천에 있는 빠릿찻따까 나무 아래에 있는 빤두깜발라 바위(붉은 대리석) 위에서 머무셨다. 거기서 세존께서는 삼십삼천의 신들에게 '유익한 법들, 해로운 법들, 결정할 수 없는 법들'(ma-3-1)이라고 아비담마의 가르침을 말씀하셨다.'라고.

(3) 아비담마의 기원에 대한 17가지 질문과 답변

82. 다른 경들에서는 [설하게 된] 기원이 하나이지만 아비담마에서는 두 가지의 기원이 있으니 증득에 대한 기원(adhigama-nidāna)과 가르침에

대한 기원(desanā-nidāna)이다. 이 가운데 증득에 대한 기원이라는 것은 디빵까라 부처님[燃燈佛]으로부터 시작하여 대보리좌에 이르기까지라고 알아야 한다. 가르침에 대한 기원이라는 것은 법의 바퀴를 굴리신 것[初轉法輪]까지라고 알아야 한다. 이와 같이 두 가지 기원을 구족한 이 아비담마의 기원에 대해 능숙하기 위해서 다음의 질문에 대한 항목을 알아야 한다.

① 이 아비담마는 무엇에 의해서 시작되었는가? ② 어디서 성숙되었는가? ③ 어디서 증득되었는가? ④ 언제 증득되었는가? ⑤ 누구에 의해서 증득되었는가? ⑥ 어디서 체계화되었는가? ⑦ 언제 체계화되었는가? ⑧ 누구에 의해서 체계화되었는가? ⑨ 어디서 설해졌는가? ⑩ 누구를 위해서 설해졌는가? ⑪ 무엇을 위해서 설해졌는가? ⑫ 누구에 의해서 받아들여졌는가? ⑬ 누가 공부하는가? ⑭ 누가 공부를 성취한 자들인가? ⑮ 누가 수지하는가? ⑯ 누구의 말씀인가? ⑰ 누가 전승해 왔는가?

83. 이것이 그 대답이다.

① 아비담마는 무엇에 의해서 시작되었는가? — [디빵까라 부처님 앞에서 일으킨] 깨달음으로 마음을 기울이는 염원을 통한 믿음480)으로부터 생겼다.

② 어디서 성숙되었는가? — 550개의 『자따까』(본생담)에서이다.

③ 어디서 증득되었는가? — 깨달음의 나무 아래에서이다.

④ 언제 증득되었는가? — 위사카 달의 보름이다.

⑤ 누구에 의해서 증득되었는가? — 일체지를 갖추신 부처님에 의해서이다.

⑥ 어디서 체계화되었는가? — 깨달음을 얻으신 장소에서이다.

⑦ 언제 체계화되었는가? — 보배창고에 머무신 칠 일 동안이다.

---

480) "'[디빵까라 부처님 앞에서 일으킨] 깨달음으로 마음을 기울이는 염원을 통한 믿음'은 bodhi-abhinīhāra-saddhā를 옮긴 것인데 복주서의 "bodhi-abhinīhārasaddhāyāti yāya saddhāya dīpaṅkaradasabalassa santike bodhiyā cittaṁ abhinīhari paṇidhānaṁ akāsi."(DhsAMṬ.24)를 참조하였다.

⑧ 누구에 의해서 체계화되었는가? — 일체지를 갖추신 부처님에 의해서이다.

⑨ 어디서 설해졌는가? — 삼십삼천의 신들 사이에서이다.

⑩ 누구를 위해서 설해졌는가? — 신들을 위해서이다.

⑪ 무엇을 위해서 설해졌는가? — 네 가지 폭류를 건너기 위해서[481]이다.

⑫ 누구에 의해서 받아들여졌는가? — 신들에 의해서이다.

⑬ 누가 공부하는가? — 유학들과 선한 범부들이다.

⑭ 누가 공부를 성취한 자들인가? — 번뇌 다한 아라한들이다.

⑮ 누가 수지하는가? — [아비담마에 능숙한] 자들이 수지한다.[482]

⑯ 누구의 말씀인가? — 아라한이요 정등각자이신 세존의 말씀이다.

⑰ 누가 전승해 왔는가? — 스승들의 계보[師資相承]에 의해서이다.

(4) 아비담마를 전승한 스승들의 계보

84. 이것은 사리뿟따 장로, 밧다지, 소비따, 삐야잘리, 삐야빨라, 삐야닷시, 꼬시야뿟따, 식가와, 산데하, 목갈리뿟따, 수닷따, 담미야, 다사까, 소나까, 레와따 등으로 삼차합송 때까지 전해왔다. 그 뒤에는 그들의 제자와 손제자들에 의해서 인도대륙에서 스승들의 계보[師資相承]에 의해서 전해왔다. 이 섬(스리랑카)에서는,

그로부터 마힌다, 잇띠야, 웃띠야, 삼발라,

---

481) '네 가지 폭류를 건너기 위해서'는 caturogha-niddharaṇattha를 옮긴 것이다. 여기서 niddharaṇa는 PED에서 nittharana(nis+√tṝ, *to cross*, 혹은 ni+√stṛ, *to strew*)로 제시하고 있다.

482) '[아비담마에 능숙한] 자들이 수지한다.'는 yesaṁ vattati te dhārenti를 풀어서 옮긴 것이다. 이 문장은 율장에도 나타나는데(Vin.v.2) 『율장 주석서』는 이것을 '율장과 주석서 모두에 능숙한 자들(yesaṁ vattatīti yesaṁ vinayapiṭakañca aṭṭhakathā ca sabbā paguṇāti attho. — VinA.vii.1303)'이라고 설명하고 있다. 이 설명을 여기 아비담마에 적용시켜서 역자는 이렇게 옮겼다.

현자인 밧다나마 같은
큰 통찰지를 가진 대가들이
인도로부터 이곳으로 전승하였다.483)

이러한 대가들에 의해서 [아비담마는] 전승되었다. 그 뒤로는 그들의 제자와 손제자라 불리는 사자상승에 의해서 지금까지 전승되어 온 것이다.

IX. 아비담마의 증득과 가르침에 대한 기원

85. 이와 같이 전승되어 온 [아비담마는] 연등 부처님으로부터 시작하여 대보리좌에 이르기까지가 ① 증득에 대한 기원(adhigamanidāna)이다. 법의 바퀴를 굴리신 것[初轉法輪]까지가 ② 가르침에 대한 기원(desanānidāna)이다. 이것을 분명하게 드러내기 위해서 다음의 순차적인 가르침을 알아야 한다. … 484)

이와 같이 법의 바퀴를 굴리신 것[初轉法輪]까지가 ② 가르침에 대한 기원이라고 알아야 한다. 여기서 이것은 간략하게 설명한 것이다. 자세한 것은 주석서들과 더불어서 『맛지마 니까야』 「성스러운 구함 경」(M26)과 『숫따

483) tato mahindo iṭṭiyo, uttiyo sambalo tathā,
paṇḍito bhaddanāmo ca, ete nāgā mahāpaññā.
율장과 율장의 주석서에 의하면(Vin.v.5; VinA.i.52 등) 이들은 율을 스리랑카로 전승한 분들로도 언급되어 있다.

484) 아비담마의 ① 증득에 대한 기원(adhigama-nidāna)을 밝히기 위해서 주석서는 디빵까라 부처님(연등불) 앞에서 깨달음의 서원을 세운 수메다[善財, Sumedha] 동자의 일화로부터 금생에 도솔천에서 마야 부인의 모태에 들어 태어나서 출가하여 깨달음을 이루시기까지의 일화를 길게 소개하고 있다. 이 부분은 여기서 옮기지 않는다. 여기에 대해서는 『부처님을 만나다』 제1장 서원과 수기, 그리고 바라밀(36쪽 이하)을 참조하기 바란다.
계속해서 주석서는 아비담마의 ② 가르침에 대한 기원(desanā-nidāna)을 밝히기 위해서 처음 법륜을 굴리시기까지의 일화를 간략하게 소개하고 있다. 본 주석서도 자세한 것은 M26 등을 참조하라고 적고 있다. 이부분도 여기서는 옮기지 않는다. 여기에 대해서는 『맛지마 니까야』 제1권 역자 서문 §2. 부처님의 성도 과정과 「성스러운 구함 경」(M26) 등을 참조하기 바란다.

니빠따』 「출가 경」(Sn. {405}~{424}) 등을 통해서 알아야 한다.

또 다른 방법에 의한 아비담마의 기원 — ① 먼 기원 ② 멀지 않은 기원 ③ 가까운 기원

86. 이와 같이 증득에 대한 기원과 가르침에 대한 기원을 구족한 이 아비담마는 다시 ① 먼 기원(dūre-nidāna)과 ② 멀지 않은 기원(avidūre-nidāna)과 ③ 가까운 기원(santike-nidāna)이라는 또 다른 세 가지 기원으로 [나눌 수 있다.]

① 이 가운데 연등 부처님의 발아래로부터 시작하여 도솔천궁[485]에 이르기까지가 먼 기원이다. ② 도솔천궁으로부터 시작하여 깨달음을 얻으신 장소에 이르기까지가 멀지 않은 기원이다. ③ '한때에 세존께서는 신들 가운데 삼십삼천에 있는 빠릿찻따까 나무 아래에 있는 빤두깜발라 바위(붉은 대리석) 위에서 머무셨다. 거기서 세존께서는 삼십삼천의 신들에게 '유익한 법들, 해로운 법들, 결정할 수 없는 법들'(ma-3-1)이라고 아비담마의 가르침을 말씀하셨다.'라는 이것이 가까운 기원이다.

이것이 기원에 관한 설명이다.

---

485) '도솔천궁'은 tusitapura를 옮긴 것이다. tusita-pura에서 pura는 내전이나 침실을 뜻하는 antepura와 동의어로도 쓰인다.(PED) 『觀彌勒上生兜率天經贊』(관미륵상생도솔천경찬) 등을 통해서 우리에게 익숙한 도솔천 내원궁(兜率天 內院宮)은 이 tusita-pura를 옮긴 것이 아닌가 생각된다.

역자 후기

2014년 7월, 역자는 인도를 떠난 지 17년 만에 다시 인도를 방문하여 부처님 성지를 순례하면서 부처님께서 깨달음을 이루신 보드가야에서 일주일을 머물렀다. 역자는 1989년 3월에 인도로 유학을 떠나서 이곳 마하보디 대탑 앞에 엎드려 금생에 빠알리 삼장을 완역하려는 첫 발원을 하였다. 이번에도 몇 번이고 마하보디 대탑에 엎드려 부디 금생에 빠알리 삼장을 완역하고 그 기쁜 소식을 이곳에 와서 부처님께 고하고 금생을 하직할 수 있기를 발원하였다.

이렇게 성지순례를 통해서 마음을 다잡고 바로 태국 치앙마이로 가서 8월부터『담마상가니』번역을 시작하였으니 이번에『담마상가니』를 두 권으로 출간하기 까지는 일 년 반 정도가 걸린 셈이다.

빠알리 논장의 모태는 논장의 첫 번째인 본서『담마상가니』의 첫머리에 실려 있는 마띠까이고『담마상가니』는 이 마띠까에 대한 설명이다.『담마상가니』제1편 마음의 일어남 편과 제2편 물질 편은 164개 전체 마띠까 가운데 첫 번째 마띠까에 대한 상세한 설명이고 제3편은 164개 마띠까 전체에 대한 일반적인 설명이며 제4편은 122개 아비담마 마띠까에 대한 아비담마의 방법에 따른 설명이다.

니까야 즉 경장의 가르침이 깨달음을 체득하고 열반을 실현하는 방법에 초점을 맞춘 부처님의 자애와 연민이 가득 담긴 가르침이라 한다면 아비담마, 즉 논장의 가르침은 주석서의 설명처럼 깨달음의 도정을 정확하게 이해하고 있는 선한 범부들과 깨달음을 이미 실현한 유학의 성자들이 법을 호지하는 데 초점을 맞춘 부처님의 가르침이라고 역자는 생각한다. 이것이 일 년 육 개월 동안 『담마상가니』에 침잠하였고 이제 출간을 위한 모든 작업을 마무리하고 역자 후기를 적으면서 내리게 된 역자 나름의 결론이다.

그리고 법의 갈무리, 법의 교향곡으로 이해할 수 있는 『담마상가니』는 마띠까로 간단명료하게 구축된 164개의 법에 대한 논의의 주제를 정해진 방법(naya)을 통해서 간단한 설명을 반복적으로 나열하고 있기 때문에 주석서의 도움이 없이 『담마상가니』를 제대로 이해하는 것은 어렵다. 주석서는 아비담마에서 엄정하게 정리하고 있는 법체계와 아비담마에서 주도면밀하게 사용하고 있는 술어들을 바르게 이해하는 가장 중요한 안내자이기 때문이다.

사실 역자가 『담마상가니』 번역을 하면서 보낸 시간은 오히려 『담마상가니』의 주석서인 『앗타살리니』를 읽고 필요한 부분을 발췌해서 번역하는데 더 많이 할애가 되었다. 『담마상가니』 원문만을 직역하는 데는 한 달이 채 걸리지 않았다. 그러다 보니 『앗타살리니』는 전체의 반 정도에 해당하는 부분을 발췌하여 본서의 주해에 번역하여 넣은 셈이 되었다. 『앗타살리니』는 『청정도론』과 비슷한 분량인데 『청정도론』이 경장에 초점을 맞춘 주석서라면 『앗타살리니』는 논장에 초점을 맞춘 주석서이다. 그러다 보니 두 주석서는 같은 내용도 많이 공유하고 있다. 이번에 역자가 『앗타살리니』를 읽고 이해하는 데는 초기불전연구원 원장 대림 스님이 번역하여 출간한 『청정도론』이 큰 힘이 되었다. 그리고 역자가 성급하게 옮긴 부분은 대림 스님과 일창 스님의 교정과 제언을 바탕으로 더 다듬었다. 대림 스님과 일창 스님께 감사의 말씀을 드린다. 『담마상가니』 원문에서 탈역을 한 부분은 무디따 최혜륜 법우님께서 꼼꼼하게 살펴주셨다. 무디따 법우님께 감사드린다.

본서에는 주해가 많다. 제1권에는 840개, 제2권에는 485개의 주해가 담겨있어 전체적으로는 1320개가 넘는다. 주해가 많다보니 주해를 각주로 처리할 것인가, 미주로 처리할 것인가를 두고 고심을 많이 하였다. 각주로 처리하면 필요한 때에 바로 주해를 참조할 수 있지만 미주로 넣게 되면 그런 기동성이 떨어지게 된다. 그러나 예를 들면 특히 제1편의 첫 번째 큰 마음 부분(§1)에 긴 주해가 많이 들어가서 각주로 처리하면 25쪽 정도는 거의 대부분이 주해로 채워지게 되고 『담마상가니』의 전체 문맥을 파악하는 것이 어렵게 된다. 그래서 각주로 편집한 것, 권별 미주로 편집한 것, 품별/장별 미주로 편집한 것의 세 가지 판본을 만들어서 원장 스님과 윤문팀의 여러 법우님들과 역자가 함께 살펴본 뒤 논의를 거쳐 최종적으로 각주의 형태로 출판하기로 결정하였다.

번역을 마무리하면서 감사드려야 할 분들이 많다. 먼저 초기불전연구원장 대림스님께 감사드린다. 특히 역자가 인용한 마띠까와 제1편 마음의 일어남 편에 포함된 『담마상가니 주석서』의 인용 부분을 빠알리 원문과 대조하여 잘 못 이해하였거나 애매하게 옮긴 부분들을 바로 잡아주셨다. 그리고 본서의 표지 작업부터 인쇄 작업 전반에 이르기까지 대림스님의 노고가 깊이 배어있지 않은 데가 없다. 나아가서 번역의 중요한 부분에서는 스님의 통찰력이 큰 도움이 되었고, 무엇보다도 스님이 번역한 『청정도론』의 도움이 컸다. 대림스님께 감사의 말씀을 전한다.

또 한 분 감사를 드려야할 스님이 계신다. 바로 일창 스님이시다. 빠알리어에 대한 뛰어난 식견과 아비담마에 대한 체계적인 이해에다 미얀마어에 대한 바른 소양을 갖추신 일창 스님이 역자의 『담마상가니』 우리말 번역을 교정하시면서 중요한 제언들을 해주셨다. 일창 스님의 제언과 원장스님의 점검이 있었기 때문에 역자는 조금 더 안도하는 마음으로 본서를 출간하게 되었다. 미얀마 번역과 대조하면서 꼼꼼하게 교정을 봐주신 일창 스님께 감사드린다.

본서가 이 만큼이라도 오역과 탈역과 오자와 탈자를 바로 잡아서 출간이 되는 데는 초기불전연구원 윤문팀 법우님들의 노고가 있었기 때문이다. 초기불전연구원 윤문팀에 동참해주시는 법우님들은 초기불전연구원 동호회

서울경기 공부모임을 주도하고 계시기도 하고 초기불전연구원의 큰 후원자들이시기도 하다. 윤문팀의 윗자부미 정춘태, 자나난다 송영상, 도산 양지원, 담마고사 조현보, 담마굿따 조복행, 우빠사마 진성, 무디따 최혜륜, 말리까 이근순, 사마와띠 강인숙, 와지라냐나 이정인, 아리야와사 남성란, 케마와띠 김학란, 웃따마 정재은, 수완나 김청, 빤냐와띠 송민영 법우님께 깊이 감사드린다. 지난 2015년 7월부터 12월까지 매달 두 번씩 모여서 하루에 다섯 시간 넘게 가졌던 『담마상가니』에 대한 활발한 토론과 윤문 덕분에 이번 『담마상가니』 출판을 위해서 교정지를 다섯 번이나 출력을 하면서 마무리 지었다. 법우님들 한 분 한 분을 언급하면서 감사의 말씀을 드리는 내용으로 좀 길게 글을 적었지만 지면 관계상 개별적인 감사의 말씀은 생략하였음을 밝힌다. 아울러 본서에 담긴 도표들은 담마고사 법우님과 자나난다 법우님이 만들어 주신 것임을 밝힌다.

그리고 본원에서 출간한 4부 니까야에 이어 본서까지 크나큰 신심으로 꼼꼼한 교정을 해 주신 울산 성광여고 교사이신 김성경 거사님과 정양숙 법우님께 깊은 감사를 드린다. 특히 김성경 선생님의 꼼꼼한 교정은 본서의 최종본을 만드는데 큰 도움이 되었음을 밝힌다. 이처럼 많은 법우님들의 노력과 정성과 헌신이 없었더라면 본서는 출간이 될 수 없었을 것이다. 다시 한 번 감사의 말씀을 드린다.

그리고 역자가 편히 번역 작업에만 전념할 수 있도록 배려를 아끼지 않으시는 실상사 회주 도법 스님, 수지 응묵 스님, 학상 해상 스님, 총무 용묵 스님을 위시한 실상사 대중스님들과 사부대중 여러분들께 감사드린다. 실상사 대중이면서도 많은 시간을 밖에 나가서 머무는 역자를 큰 자비심으로 섭수해주시는 실상사 사부대중이 계시기에 이번 『담마상가니』 번역도 결실을 맺을 수 있었다. 언제나 역자를 격려해주시고 초기불전연구원에 학술보조금도 지원해주신 대한불교 조계종 교육원장 현응 스님께도 감사의 말씀을 드린다. 그리고 부처님 원음을 자신의 신념체계로 삼고 수행과 전법에 매진하시는 대구 관오사의 지우 주지 스님, 서울 제따와나 선원의 일묵 선원장 스님, 전 동화사 강사 혜진 스님, 그리고 초기불전연구원의 선임연구원이신 황경환 거사님 내외분과 역자와 인연 있는 모든 분들께도 감사의 말씀을 드린다.

본서는 여러 불자님들의 보시로 출간이 되었다. 본서의 출간을 위해서 많은 정재를 희사해주신 케마와띠 김학란 법우님, 사마와띠 강인숙 법우님, 아리야와사 남성란 법우님, 인도네시아에 거주하시는 무상과 이미선 불자님, 요가케마 신영천 법우님, 메따 송정욱 법우님, 김혜연 불자님, 김양순 불자님께 감사드린다. 그리고 최동엽 거사님 내외분과 윗자부미 정춘태 불자님께서는 윤문팀의 운영 경비로 많은 보시를 해주셨다. 그 외에도 지금 역자가 사용하고 있는 노트북 컴퓨터를 보시해주신 이재홍 교수님, 출판에 도움을 주신 담마셋타 김석화, 부리빤냐 이완기, 말리까 이근순, 담마뽀니까 최윤호, 라따나 조향숙, 위숫디 김연주, 수단따 고현주, 이미숙, 해원행, 무량심, 법륜심, 조승희, 채병화, 김문현, 김광제, 최경숙, 설호정, 혜찬, 난다마따, 최은옥 법우님 등 여러 불자님들께 감사의 말씀을 전한다.

역경불사를 한다는 단 한 가지 이유 때문에 매달 후원금을 꼬박꼬박 보내주시는 김영민 불자님을 위시한 초기불전연구원 후원회원 여러분들께도 감사의 말씀을 드리고 초기불전연구원의 정신적 후원자인 초기불전연구원 인터넷 카페의 8,700명이 넘는 회원 여러분들과 동호회 여러 법우님들께도 감사의 말씀을 전한다. 여러 불자님들의 성원이 있기에 오늘의 초기불전연구원이 존재하며, 본원의 역경 불사는 흐트러짐 없이 지속될 것이다.

그리고 법의 갈무리로 옮길 수 있는 『담마상가니』를 '법의 숲'으로 이해한 뒤 이를 자작나무의 숲으로 영상화하여 격조 있게 표지 그림을 디자인해준 대림 스님의 막내 상좌 도과 스님과 표지 디자인을 마무리해주신 황영수 불자님에게 감사드리고 이번에도 인쇄를 맡아주신 <문성인쇄>의 관계자 분들께도 감사드린다.

역자의 목숨이 붙어있는 한, 역경 작업은 계속될 것이다. 부디 장애 없이 빠알리 삼장 완역 불사를 회향할 수 있도록 부처님께 엎드려 발원하면서 부처님 전에 우리말 『담마상가니』 두 권을 바친다.

이 땅에 부처님의 정법이 오래오래 머물기를!

불기 2560(2016)년 4월
담마 곶자왈에서

각묵 삼가 씀

참고문헌

I. 『담마상가니』 및 그 주석서와 복주서 빠알리 원본 및 번역본

The Dhammasaṅgaṇi, edited by Edward Müller, First published 1885. Reprint. London. PTS, 1978.

Dhammasaṅgaṇīpāḷi, Devanagari edition of the Pāli text of the Chaṭṭha Saṅgāyana, Igatpuri, Vipassana Research Institute (VRI), 1998.

Dhammasaṅgaṇi, Sri Lanka Tripitaka Project, 2005.

Dhammasaṅgaṇī-aṭṭhakathā, Devanagari edition of the Pāli text of the Chaṭṭha Saṅgāyana, Igatpuri, VRI, 1998.

Dhammasaṅgaṇī-mūlaṭīkā, Devanagari edition of the Pāli text of the Chaṭṭha Saṅgāyana, Igatpuri, VRI, 1998.

Dhammasaṅgaṇī-anuṭīkā, Devanagari edition of the Pāli text of the Chaṭṭha Saṅgāyana, Igatpuri, VRI, 1998.

The Aṭṭhasālinī: Buddhaghosa's commentary on the Dhamma-saṅgaṇī, 2 Vols., London, PTS, 1916.

Atthasalini, Devanagari edition, Varanasi, Sampurnanad, 1989.

Mohavicchedanī(Abhidhammamātikāpāḷi sahitā), Devanagari edition of the Pāli text of the Chaṭṭha Saṅgāyana, Igatpuri, VRI, 1998.

The Caṭṭha Saṅghāyana CD-ROM edition (3th version). Igatpuri: VRI, 1998.

A Buddhist Manual of Psychological Ethics(Dhammasangaṇi 영역본), Rhys Davids, C.A.F. 1900. Reprint. London: PTS, 1974.

The Expositor (2 Vol.s, Atthasālinī 영역본), Pe Maung Tin. London: PTS, 1920-21, 1976.

II. 빠알리 삼장 및 그 주석서와 복주서 빠알리 원본

The Dīgha Nikāya. 3 vols. edited by Rhys Davids, T. W. and Carpenter, J. E. First published 1890. Reprint. London. PTS, 1975.

Dīgha Nikāya Aṭṭhakathā (Sumaṅgalavilāsinī) 3 vols. edited by Rhys David, T. W. and Carpenter J. E. and Stede, W. PTS, 1886-1932.

The Majjhimā Nikāya. 3 vols. edited by Rhys Davids, T. W. and Carpenter, J. E. First published 1890. Reprint. London. PTS, 1975.

Majjhimā Nikāya Aṭṭhakathā (Sumaṅgalavilāsinī) 3 vols. edited by Rhys David, T. W. and Carpenter J. E. and Stede, W. PTS, 1886-1932.

The Saṁyutta Nikāya. 5 vols. edited by Rhys Davids, T. W. and Carpenter, J. E. First published 1890. Reprint. London. PTS, 1991.

Saṁyutta Nikāya Aṭṭhakathā (Sāratthappakāsinī) 3 vols. edited by Rhys David, T. W. and Carpenter J. E. and Stede, W. PTS, 1886-1932.

The Aṅguttara Nikāya. 5 vols.

Vol. I and II, edited by Richard Morris, First published 1885. Reprint. London. PTS, 1961.

Vol III~V, edited by E. Hardy, First published 1897. Reprint. London. PTS, 1976.

Aṅguttara Nikāya Aṭṭhakathā (Manorathapūraṇī) 5 vols. edited by Max Walleser and Hermann Kopp, PTS, First published 1924-1956. Reprint. 1973-1977.

The Chaṭṭha Saṅghāyana CD-ROM edition (3th version). Igatpuri: VRI, 1998.

III. 빠알리 삼장 및 주석서 번역본

Dīgha Nikāya: Rhys Davids, T.W. and C.A.F. *Dialogues of the Buddha.* 3 vols. London: PTS, 1899-1921 Reprinted 1977.

Walshe, Maurice. *Thus Have I Heard: Long Discourse of the Buddha.* London: Wisdom Publications, 1987.

각묵 스님, 『디가 니까야』(전3권) 초기불전연구원, 2006, 3쇄 2010.

Majjhima Nikāya: Horner, I. B. *The Collection of the Middle Length Sayings,* PTS, 1954-59.

Ñāṇamoli Bhikkhu and Bodhi Bhikkhu. *The Middle Length Discourse of the Buddha,* Kandy: BPS, 1995.

대림 스님, 『맛지마 니까야』(전4권) 초기불전연구원, 2012.

Saṁyutta Nikāya: Woodward, F. L. *The Book of the Kindred Sayings,* PTS, 1917-27.

Rhys Davids, C.A.F, and F.L. Woodward. *The Book of the Kindred Sayings.* 5 vols. London: PTS, 1917-30. Rhys Davids tr. 9(1917), 2(1922); Woodward tr. 3(1925), 4(1927), 5(1930).

Bodhi, Bhikkhu. *The Connected Discourses of the Buddha* (2 Vol.s). Wisdom Publications, 2000.

각묵 스님, 『상윳따 니까야』(전6권) 초기불전연구원, 2009, 2쇄 2013.

Aṅguttara Nikāya: Woodward and Hare. *Book of Gradual Sayings* (5 vols). London: PTS, 1932-38.

대림 스님, 『앙굿따라 니까야』(전6권) 초기불전연구원, 2006~2007, 2쇄 2013.

Vinaya Pitaka: Horner, I. B. *The Book of the Discipline.* 6 vols. London: PTS, 1946-66.

Vibhaṅga: Thiṭṭila, U. *The Book of Analysis* London: PTS, 1969.

Dhātukathā: Nārada, U. *Discourse on Elements.* London: PTS, 1962.

Puggalapaññatti: Law, B.C. *A Designation of Human Types.* London: PTS, 1922, 1979.

Kathāvatthu: Shwe Zan Aung and C.A.F. Rhys Davids. *Points of Controversy* London: PTS, 1915, 1979.

Paṭṭhana: U Nārada. *Conditional Relations* London: PTS, Vol.1, 1969; Vol. 2, 1981.

Atthasālinī (Commentary on the Dhammasāṅganī): Pe Maung Tin. *The Expositor* (2 Vol.s), London: PTS, 1920-21, 1976.

Sammohavinodanī (Commentary on the Vibhaṅga): Ñāṇamoli, Bhikkhu. *The Dispeller of Delusion.* Vol. 1. London: PTS, 1987; Vol. 2. Oxford: PTS, 1991.

Visuddhimagga: Ñāṇamoli, Bhikkhu. *The Path of Purification.* (tr. of Vism) Berkeley: Shambhala, 1976.

대림 스님, 『청정도론』(전3권) 초기불전연구원, 2004, 4쇄 2013.

Abhidhammasaṅgaha: Bodhi, Bhikkhu. *A Comprehensive Manual of Abhidhamma*, Kandy: BPS, 1993.

대림 스님/각묵 스님, 『아비담마 길라잡이』(전2권) 초기불전연구원, 2002, 10쇄 2014.

IV. 사전류

(1) 빠알리 사전

Pāli-English Dictionary (PED), by Rhys Davids and W. Stede, PTS, London, 1923.

Pāli-English Glossary of Buddhist Technical Terms (NMD), by Ven. Ñāṇamoli, BPS, Kandy, 1994.

A Dictionary of the Pali Language (DPL), by R.C. Childers, London, 1875.

Buddhist Dictionary, by Ven. Ñāṇatiloka, Colombo, 1950.

Concise Pāli-English Dictionary (BDD), by Ven. A.P. Buddhadatta, 1955.

Dictionary of Pāli Proper Names (DPPN), by G.P. Malalasekera, 1938.

Critical Pāli Dictionary (CPD), by Royal Danish Academy of Sciences & Letters

A Dictionary of Pāli (Part I, II), by Cone, M. PTS. 2001.

(2) 기타 사전류

Buddhist Hybrid Sanskrit Grammar and Dictionary (BHD), by F. Edgerton, New Javen: Yale Univ., 1953.

Sanskrit-English Dictionary (MW), by Sir Monier Monier-Williams, 1904.

Practical Sanskrit-English Dictionary (DVR), by Prin. V.S. Apte, Poona, 1957.

Dictionary of Pāṇini (3 vols), Katre S. M. Poona, 1669.

A Dictionary of Sanskrit Grammar, Abhyankar, K. V. Baroda, 1986.

A Dictionary of the Vedic Rituals, Sen, C. Delhi, 1978.

Puranic Encyclopaedia, Mani, V. Delhi, 1975, 1989.

Root, Verb-Forms and Primary Derivatives of the Sanskrit Language, by W. D. Wintney, 1957.

A Vedic Concordance, Bloomfield, M. 1906, 1990.

A Vedic Word-Concordance (16 vols), Hoshiarpur, 1964-1977.

An Illustrated Ardha-Magadhi Dictionary (5 vols), Maharaj, R. First Edition, 1923, Reprint: Delhi, 1988.

Abhidhāna Rājendra Kosh (*Jain Encyclopaedia,* 7 vols), Suri, V. First Published 1910-25, Reprinted 1985.

Prakrit Proper Names (2 vols), Mehta, M. L. Ahmedabad, 1970.

Āgamaśabdakośa (Word-Index of Aṅgasuttāni), Tulasi, A. Ladnun, 1980.

『불교사전』 운허용하 저, 동국역경원, 1989.
『梵和大辭典』 鈴木學術財團, 동경, 1979.
『佛敎 漢梵大辭典』 平川彰, 동경, 1997.
『パーリ語佛敎辭典』 雲井昭善 著, 1997

V. 기타 참고도서

Banerji, S. Chandra. *A Companion to Sanskrit Literature,* Delhi, 1989.

Basham, *History and Doctrines of the Ājivikas,* London, 1951.

Barua, B. M. *History of Pre-Buddhist Indian Philosophy,* Calcutta, 1927.

__________, *Inacriptions of Aśoka(Translation and Glossary),* Calcutta, 1943, Second ed. 1990.

Bhandarkar Oriental Research Institute, edited, *The Mahābhārata* (4 vols), Poona, 1971-75.

Bodhi, Bhikkhu. *A Comprehensive Manual of Abhidhamma* (CMA). Kandy: BPS, 1993. (Pāli in Roman script with English translation)

__________, *The Discourse on the All-Embracing Net of Views: The Brahmajāla Sutta(D1) and Its commentaries.* BPS, 1978.

__________, *The Discourse on the Fruits of Recluseship: The Sāmaññaphala Sutta(D2) and Its Commentaries,* BPS, 1989.

__________, *The Discourse on the Root of Existence: The Mūlapariyāya Sutta(M1) and its Commentaries,* BPS, 1980, 1992.

__________, *The Great Discourse on Causation: The Mahānidāna Sutta(D15) and its Commentaries,* BPS, 1984, 1995.

Bronkhorst, J. *The Two Traditions of Meditation in Ancient India,*

Delhi, 1993.

Burlingame, E.W. *Buddhist Legends* (trans. of DhpA). PTS, 1921, 1969.

Cater, J. R. *Dhamma, Western Academic and Sinhalese Buddhist Interpretations - A Study of A Religious Concept.* Tkyo, 1978.

CBETA Chinese Electronic Tripitaka Collection, CD-ROM edition: Taisho Tripitaka(大正新修大藏經) Vol.1-55 & 85; Shinsan Zokuzokyo(Xuzangjing) Vol. 1-88, Chinese Buddhist Electronic Text Association(CBETA, 中華電子佛典協會), Taipei, 2008.

Chapple, Christopher. *Bhagavad Gita (English Tr.), Revised Edition* New York, 1984.

Collins, S. *Nirvana and Other Buddhist Felicities: Utopias of the Pali Imaginaire.* Cambridge, 1998.

________, *Selfless Persons: Imagery and Thought in Theravāda Buddhism.* Cambridge 1982.

Cowell, E.B. ed. *The Jātakas or Stories of the Buddha's Former Births,* 6 vols, 1895-1907. Reprint, 3 vols. PTS, 1969.

Cowell, E.B. and R.A. Neil, eds. *Divyāvadāna,* Cambridge 1886.

Deussen, Paul. *Sixty Upanisads of the Veda.* Delhi, 1980.

Dutt, Nalinaksha. *Buddhist Sects in India.* Delhi, 1978.

Eggeling, J. *Satapatha Brahmana* (5 Vol.s SBE Vol. 12, 26, 41, 43-44), Delhi, 1989.

Enomoto, Fumio. *A Comprehensive Study of the Chinese Saṁyuktāgama. Part 1: Saṁgītanipāta.* Kyoto 2994.

Fahs, A. *Grammatik des Pali,* Verlag Enzyklopadie, 1989.

Fairservis W. A. *The Harappan Civilization and Its Writing,* Delhi, 1992.

Fuminaro, Watanabe. *Philosophy and its Development in the Nikāyas and Abhidhamma,* Delhi, 1982.

Geiger, W. *Mahāvaṁsa or Great Chronicle of Ceylon.* PTS.

________. *Cūḷavaṁsa or Minor Chronicle of Ceylon (or*

Mahāvaṁsa Part II), PTS.

________. *Pali Literature and Language*, English trans. By Batakrishna Ghosh, 1948, 3th reprint. Delhi, 1978.

Geiger, Wilhelm. A Pāli Grammar. Rev. ed. by K.R. Norman. PTS, 1994.

Gethin, R.M.L. *The Buddhist Path to Awakening, A Study of the Bodhi-Pakkhiyā Dhammā*. Leiden, 1992.

Gnanarama, Ven. P. *An Approach to Buddhist Social Philosophy*, BPS, 1996.

Gombrich, Richard F. *How Buddhism Began: The Conditioned Genesis of the Early Teachings*. London, 1996.

________________. "Old Bodies Like Carts." *Journal of the Pali Text Society* 11(1987): 1-3.

Hamilton, Sue. *Identity and Experience: The Constitution of the Human Being according to Early Buddhism*. London, 1996.

Harvey, Peter. *The Selfless Mind: Personality, Consciousness, and Nirvāṇa in Early Buddhism*. Curzon, 1995.

___________. "Signless Meditation in Pāli Buddhism." *Journal of the International Association of Buddhist Studies* 9(1986): 28-51.

Hinüber, Oskar von. *A Handbook of Pāli Literature*, Berlin, 1996.

_______________. *Selected Papers on Pāli Studies*, Oxford: PTS, 1994.

Hoernle, A.F.R. *Manuscript Remains of Buddhist Literature Fond in Eastern Turkestan*. Oxford 1916.

Horner I. B. *Early Buddhist Theory of Man Perfected*, 1937.

_________. *Milinda's Questions* (tr. of Mil). 2 vols. London: PTS, 1963-64.

International Buddhist Research & Information Center(IBRIC). *Ti-pitaka, The SLTP CD-ROM edition* , 2005.

http://jbe.gold.ac.uk/ibric.html

Ireland, John D. *Saṁyutta Nikāya: An Anthology,* Part I (Wheel No. 107/109). Kandy: BPS, 1967.

______________. *Vaṅgīsa: An Early Buddhist Poet* (Wheel No. 417/418). Kandy: BPS, 1997.

Jacobi, H. *Jaina Sūtras* (SBE Vol.22), Oxford, 1884, Reprinted 1989.

Jambuvijaya, edited by Muni, *Āyāraṅga-Suttam,* Bombay, 1976.

___________________________, *Sūyagaḍaṅga-Suttam,* Bombay, 1978.

Jayatileke, K.N. Early Buddhist Theory of Knowledge. London, 1963.

Jayawardhana, Somapala. *Handbook of Pali Literature*, Colombo, 1994.

Jha, Ganganath. *Tattva-Kaumudi - Vacaspati Misra's Commentary on the Samkhya-Karika Text & English Translation.* Poona, 1965.

Jones, J.J., trans. *The Mahāvastu.* 3 vols. London, 1949-56.

Kangle, R. P. *The Kauṭilīya Arthaśāstrā* (3 vols), Bombay, 1969.

Kloppenborg, Ria. *The Paccekabuddha: A Buddhist Ascetic.* BPS Wheel No. 305/307, 1983.

Lalwani, K. C. *Kalpa Sūtra,* Delhi, 1979.

Law, B.C. *History of Pali Literature.* London, 1933 (2 Vol.s)

Macdonell, A.A., and Keith. *Vedic Index of Names and Subjects.* 2 vols., 1912. Reprint, Delhi, 1958.

Mahāprajña, Yuvācārya, *Uvaṅga Suttāṇi* (IV, Part I), Ladnun, 1987.

Malalasekera, G. P. *The Pali Literature of Ceylon,* 1928. Reprint. Colombo, 1958.

Manné, Joy. "Categories of Sutta in the Pāli Nikāyas and Their Implications for Our Appreciation of the Buddhist Teaching and Literature." *Journal of the Pali Text Society* 15(1990): 29-87.

__________. "On a Departre Formula and its Translation." *Buddhist Studies Review* 10(1993): 27-43.

Masefield, Peter. *The Udāna Commentary* (tr. of UdA). 2 vols. Oxford: PTS, 1994-5.

Mills, Laurence C.R. "The Case of the Murdered Monks." *Journal of the Pali Text Society* 16(1992):71-75.

Müller, F. Max. *The Upanishads.* 2 vols. Reprint, Delhi, 1987.

Ñāṇamoli, Bhikkhu. *The Guide* (tr. of Nett). London:PTS, 1962.

__________. *The Life of the Buddha according to the Pali Canon.* 1972.

__________. *The Middle Length Discoursed of the Buddha* (tr. of Majjhima Nikāya, ed. and rev. by Bhikkhu Bodhi), Boston; Kandy: BPS, 1995.

__________. *Mindfulness of Breathing (ānāpānasati).* Kandy: BPS, 1964.

__________. *Minor Reading and the Illustrator of Ultimate Meaning* (tr. of Khp and KhpA). London: PTS, 1962.

__________, *The Path of Purification.* (tr. of Vism) Berkeley: Shambhala, 1976.

Ñāṇananda, Bhikkhu. *The Magic of the Mind: An Exposition of the Kālakārāma Sutta.* Kandy: BPS, 1974.

__________. *Saṁyutta Nikāya: An Anthology,* Part II (Wheel No. 183/185). Kandy: BPS, 1972.

Naimicandriya, Commented by, *Uttarādhyayana-Sūtra,* Valad, 1937.

Nārada Mahāthera. *A Manual of Abhidhamma.* 4th ed. Kandy: BPS, 1980. (Pāli in Roman script with English translation)

Norman, K.R. *Collected Papers* (5 vols), Oxford, 1990-93.

__________. *Elders' Verses I* (tr. of Thag). London: PTS, 1969.

__________. *Elders' Verses II* (tr. of Thig). London: PTS, 1971.

__________. *The Group of Discourses(SUTTA-NIPĀTA) Vol. II,* London: PTS, 1992.

__________. *Pāli Literature Including the Canonical Literature in Prakrit and Sanskrit of All the Hīnayāna Schools of Buddhism,* Wiesbaden, 1983.

Nyanaponika Thera. Ven. *Abhidhamma Studies,* Kandy: BPS, 1998.

____________________ *The Heart of Buddhist Medition.* London, 1962; BPS, 1992.

Nyanaponika Thera and Hellmuth Hecker. *Great Disciples of the Buddha: Their Lives, Their Works, Their Legacy.* Boston; Kandy: BPS, 1997.

Nyanatiloka Thera. *Guide through the Abhiddhamma Piṭaka,* Kandy: BPS, 1971.

Pe Maung Tin. *The Path of Purity.* P.T.S. 1922 (Vol. I), 1928 (Vol. II), 1931 (Vol. III)

__________, *The Expositor* (2 Vol.s). (Atthasālinī 영역본), London: PTS, 1920-21, 1976.

Pruitt, William. *Commentary on the Verses of the Theris* (tr. of ThigA). Oxford: PTS, 1998.

____________. edited by, Norman, K. R. translated by, *The Pātimokkha,* London: PTS, 2001.

Radhakrishnan, S. *Indian Philosophy,* 2 vols Oxford, 1991.

_____________. *Principal Upanisads.* Oxford, 1953, 1991.

Rāhula, Walpola Ven. *What the Buddha Taught,* Colombo, 1959, 1996.

_________________. *History of Buddhism in Ceylon.* Colombo 1956, 1993.

Rewata Dhamma. *The First Discourse of the Buddha: Turning the Wheel of the Dhamma.* Boston, 1997.

Rhys Davids, C.A.F, and F.L. Woodward. *The Book of the Kindred Sayings* (tr. of Saṁyutta Nikāya). 5 vols. London: PTS, 1917-30. Rhys Davids tr. 9(1917), 2(1922); Woodward tr. 3(1925), 4(1927), 5(1930).

Rhys Davids, T.W. *Buddhist India.* 1903. Reprint, Delhi, 1997.

Rhys Davids, T.W. and C.A.F. *Dialogues of the Buddha* (tr. of Dīgha Nikāya). 3 vols. London: PTS, 1899-1921.

Senart, edited, *Mahāvastu.* 3 vols. Paris, 1882-97.

Soma Thera, *The Way of Mindfulness,* 5th ed. Kandy: BPS, 1981.

Thomas, E. J. *The Life of the Buddha,* 1917, reprinted 1993.

Thittila, Ashin. *The Book of Analysis* (tr. of Vibh). London: PTS, 1969.

Umasvami, Acharya. *Tattvarthadhigama Sutra.* Delhi, 1953.

Vasu, Srisa Chandra. *Astadhyayi of Panini* (2 Vol.s). Delhi, 1988.

Vipassana Reserach Institute. *Ti-pitaka, The Caṭṭha Saṅghāyana CD-ROM edition* (3th version). Igatpuri: VRI, 1998.

Walshe, Maurice. *The Long Discourses of the Buddha* (tr. of Dīgha Nikāya). Boston, 1987, 1995.

______________. *Saṁyutta Nikāya: An Anthology,* Part III (Wheel No. 318/321). Kandy: BPS, 1985.

Warren, Henry C. & Dhammananda Kosambi. *Visuddhamagga,* Harvard Oriental Series (HOS), Vol. 41, Mass., 1950.

Wijesekera, O.H. de A. *Buddhist and Vedic Studies.* Delhi, 1994.

Winternitz, M. *History of Indian Literature* (3 vols), English trans. by Batakrishna Ghosh, Revised edition, Delhi, 1983.

Witanchchi, C. *"ānanda." Encyslopaedia of Buddhism,* Vol. I fasc. 4. Coombo, 1965.

Warder, A.K. *Indian Buddhism,* 2nd rev. ed. Delhi, 1980.

Yardi, M.R. *Yoga of Patañjali.* Delhi, 1979.

각묵 스님, *Development of the Vedic Concept of Yogakśema.*『현대와 종교』20집 1호, 대구, 1997

________,「간화선과 위빳사나, 무엇이 같고 다른가」『선우도량 제3호』2003.

________,『금강경 역해 — 금강경 산스끄리뜨 원전 분석 및 주해』불광사 출판부, 2001, 5쇄 2009.

________,『네 가지 마음챙기는 공부』초기불전연구원, 2003, 개정판 3쇄 2008.

________,『디가 니까야』(전3권) 초기불전연구원, 2006, 2쇄 2008.

________,「범본과 한역 <금강경>의 내용 검토」『승가학보 제8집』조계종 교육원, 2008.

________,「현대사회와 율장 정신」동화사 계율학 대법회 제7회 발제문 2006.

________,『상윳따 니까야』(전6권) 초기불전연구원, 2009.

권오민,『아비달마 구사론』(전4권) 동국역경원, 2002, 2쇄 2007.

_____,『아비달마 불교』민족사, 2003.

김묘주 옮김,『성유식론 외』동국역경원, 2006

김성철 옮김,『중론』불교시대사, 2004

김인덕 지음,『중론송 연구』불광출판부, 2000.

김윤수 옮김,『주석 성유식론』한산암, 2006.

나까무라 하지메 지음, 김지견 옮김『불타의 세계』김영사, 2005.

대림 스님/각묵 스님,『아비담마 길라잡이』(전2권) 초기불전연구원, 2002, 10쇄 2014.

대림 스님, *A Study in Paramatthamañjūsa (With Special Reference to Paññā)*, Pune University, 2001.(박사학위 청구논문)

________,『들숨날숨에 마음챙기는 공부』초기불전연구원, 개정판 2쇄 2008.

________, 『앙굿따라 니까야』 (전6권) 초기불전연구원, 2006~2007.
________, 『염수경 - 상응부 느낌편』 고요한소리, 1996.
________, 『청정도론』 (전3권) 초기불전연구원, 2004, 3쇄 2009.
대한불교조계종 교육원, 『주석본 조계종 표준 금강반야바라밀경』 2009.
라다끄리슈난, 이거룡 옮김, 『인도 철학사』 (전4권) 한길사, 1999.
마쓰타니 후미오, 이원섭 역, 『아함경 이야기』 1976, 22쇄 1997.
____________, 이원섭 역, 『불교개론』 현암사, 2001.
박인성, 『중론 연구』 민족사, 2000.
백도수, 「팔리 논장의 논모(Mātikā)에 대한 연구」 (2009, 『불교학보』 pp.9~32)
뿔라간들라 R. 이지수 역, 『인도철학』 민족사, 1991.
삐야다시 스님, 김재성 옮김, 『부처님, 그분』 고요한소리, 1990.
___________, 소만 옮김, 『마음 과연 무엇인가』 고요한소리, 1991.
사토우 미츠오, 김호성 역, 『초기불교교단과 계율』 민족사, 1991.
에띠엔 라모뜨, 호진 스님 옮김, 『인도불교사』 1/2 시공사, 2006
와타나베 후미마로 지음, 김한상 옮김, 『니까야와 아비담마의 철학과 그 전개』 동국대학교출판부, 2014.
이재숙, 『우파니샤드』 (전2권) 한길사, 1996.
일창 스님, 『부처님을 만나다』 이솔, 2012.
자웅 스님 역, 『좌선삼매경』 불광사 출판부, 2005.
赤沼智善, 『漢巴四部四阿含互照錄』 나고야, 소화4년.
中華電子佛典協會, CBETA 電子佛典集(CD-ROM), 台北, 2008.
平川 彰, 이호근 역, 『印度佛敎의 歷史』 (전2권) 민족사, 1989, 1991.
_______, 권오민 옮김, 『초기 · 부파불교의 역사』 민족사, 1989.
_______, 박용길 역, 『율장연구』 토방, 1995.
혜업 스님 역, 『선종 영가집』 불광사 출판부, 1991

빠알리-한글 색인

◎ 일러두기

빠알리어 색인은 알파벳 어순을 따랐음
Ee: English edition(PTS)
Be: Burmes edition(VRI)

【A】

abbha 먹구름 색
abbhatthaṅgata 철저하게 사라진
abhibhāyatana 지배의 경지[勝處]
abhibhuyya 지배한 뒤
abhidhamma 논[論] 아비담마
abhidhamma 아비담마
abhidhamma-bhājanīya 아비담마에 따른 분류
abhidhamma-kathā 아비담마에 대한 논의
abhijappa 다시 중얼거림
abhijjhā 간탐
abhijjhā-kāyagantha 간탐의 몸의 매듭
abhilāpa 말을 함
abhiññā 신통지, 초월지
abhinibbatta/*Ee:*abhinippattaḷ 나타난
abhiniropanā 겨냥하게 함
abhinivesa 천착
abhippasāda 깨끗한 믿음
abyābajjha 고통에서 벗어남
acaṇḍikka 난폭하지 않음
adandhanatā 굼뜨지 않음
adassana 견이 없음
adassāvī 친견하지 못함
adhamma-rāga 법답지 못한 갈망
adhigama 증득
adhivacana 이름 붙임
adhivacana-patha 이름 붙이는 길
adhivāsanatā 견디어냄
adiṭṭha 보아지지 않은
adosa 성냄 없음
adukkhamasukha 괴롭지도 즐겁지도 않은
adussanā 성내지 않음
adussitatta 성내지 않는 상태
aganthaniya 매듭의 대상이 아닌
agāravatā 불경스러움
aggahitatta 닫힌 상태
agha 빈 것

agopanā 돌보지 않음
agutta-dvāratā [감각기능들의] 문을 잘 보호하지 못함
agutti 보호하지 않음
ahetuka 원인을 가지지 않은]
ahirika 양심 없음
ajāta 발생하지 않은
ajimhatā 뒤틀리지 않음
ajjavatā 반듯한 상태
ajjaya 반듯함
ajjhatta 안의
ajjhattabahiddhārammaṇa 안과 밖의 대상을 가진
ajjhattārammaṇa 안의 대상을 가진
ajjhattika 안에 있는
ajjhosāna 달라붙음
akakkhaḷatā 단단하지 않음
akalyatā/*Be*:akallatā 내키지 않음
akammaññatā 일에 적합하지 않음
akaniṭṭhadeva 색구경천의 신
akappiya 적당하지 않은 것
akaraṇa 짓지 않음
akaṭhinatā 견고하지 않음
akiriyā 행하지 않음
akovida 정통하지 못한
akusala 해로운, 해로움
akusala-hetu 해로운 원인
akusala-mūla 해로움의 뿌리
akuṭilatā 비뚤어지지 않음
alobha 탐욕 없음
alubbhanā 탐하지 않음
alubbhitatta 탐하지 않는 상태
amanasikāra 마음에 잡도리하지 않는
amanussa-sadda 비인간의 소리
amattaññutā 적당함을 알지 못함
ambila 신맛
amoha 어리석음 없음
aṅgika 구성요소를 가진
aṅkura-vaṇṇa 싹과 같은 색
aññā 구경의 지혜
aññāṇa 무지함]
aññātāvindriya 구경의 지혜를 구족한 기능[具知根]
aññindriya 구경의 지혜의 기능[已知根]
aṇḍaka 과격한
aṇu 작은
anabhijjhā 간탐 없음
anabhinibbatta/*Ee*:anabhinippatta 나타나지 않은
anabhisamaya 관통하지 못함
anajjhāpatti 넘지 않음
anaññāta 알아지지 않았고
anaññātaññassāmītindriya 구경의 지혜를 가지려는 기능[未知當知根]
anantavā 무한한
ananubodha 깨닫지 못함
ananussati 계속해서 생각[隨念]하지 못함
anasuropa 잘 제어됨
anatikkama 넘지 않음
anatta-manatā 마음의 언짢음
anattha 손해
anavajjatā 비난받을 일 없음
anavasesappahāna 남김없이 제거함
anādaratā 무시함
anādariya 경시함
anāgata 미래의
anāgatārammaṇa 미래의 대상을 가진
anārakkha 방호하지 않음
anārammaṇa 대상을 가지지 않는
anāsava 번뇌의 대상이 아닌

andhakāra 어두운
anekaṁsaggāha 불확실한 선택
anibbatta/*Ee*:anippatta 태어나지 않은
aniccatā 무상함
anidassana 볼 수 없는
anidassana-sappaṭigha 볼 수는 없지만 부딪힘은 있는
anikkhitta-chandatā 열의를 내려놓지 않음
anikkhitta-dhuratā 용감함을 내려놓지 않음
animitta 표상 없음[無相]
anindriyabaddha-rūpa 기능에 묶여 있지 않는 물질
aniyata 확정되지 않은
aniyyānika 출리로 인도하지 못하는
anīvaraṇiya 장애의 대상이 아닌
anolīnavuttitā 굴하지 않음
anottappa 수치심 없음
anottappa-bala 수치심 없음의 힘
anta 끝
antaradhāna 끝남
antavā 유한한
anuddā 관용
anuddāyanā 관용을 가짐
anuddāyitatta 관용하는 상태
anukampā 애민
anunaya 친밀함
anupādāniya 취착의 대상이 아닌
anupādiṇṇa 취착되지 않은
anupekkhanatā 숙고함
anuppanna 일어나지 않은
anuppāda 일어나지 않음
anurodha 순응
anusandhānatā 매어둠
anusaya 잠재성향
anussati 계속해서 마음챙김[隨念]
anuttara 위가 없는
anuvicāra 탐구
apacayagāmi 감소시킴 [윤회를 ~]
apacayagāmi 윤회를 감소시킴
apaccakkha-kamma 직접 인지하지 못함
apaccavekkhaṇā 반조하지 못함
aparantānudiṭṭhi 미래를 모색하는 견해
aparāmaṭṭha 집착의 대상이 아닌
apariyāpanna 세속에 포함되지 않는 [出世間]
apariyāpanna 포함되지 않는
apariyogāhanā 깊이 들어가지 못함
apātubhūta 드러나지 않은
apekkhā 기대함
apharusa-vācatā 거칠지 않은 말
apilāpanatā 떠다니지 않음]
appaccaya 조건을 가지지 않은
appamāṇārammaṇa 무량한 대상을 가진
appamāna 무량한
appaṇihita 원함 없음[無願]
appanā 전념
appanā-vāra 후기 편
appassuta 적게 배운
appaṭigha 부딪힘이 없는
appaṭikūlaggāhitā 멋대로 대하지 않음
appaṭisaṅkhā 숙고하지 못함
appaṭissati 돌이켜 마음챙기지 못함
appaṭissavatā 존중하지 않음
appaṭivānitā 물러서지 않음
appaṭivedha 꿰뚫지 못함
appatta 증득되지 않은

arahatta-phala 아라한과
araṇa 다툼이 없음[無爭]
ariya 성자
ariya-dhamma 성스러운 법
ariya-magga 성스러운 도
ariya-magga-samaṅgī 성스러운 도를 구족한 자
arūpa 무색계
arūpa 비물질
arūpabhava 무색의 존재
arūpajjhāna/arūpajhāna 무색계禪
arūpa-rāga 무색계에 대한 갈망
arūpa-saññī 물질을 인식하지 않음
arūpāvacara 무색계
arūpī 비물질의
arūpūpapatti 무색계에 태어남
asacchikata 실현되지 않은
asaṁvara 단속하지 않음
asaṁvuta 제어되지 않은
asaṁyojaniya 족쇄의 대상이 아닌
asamapekkhaṇā 공평하지 못함
asamādhi-saṁvattanika 삼매에 도움이 되지 못하는
asambodha 완전히 깨닫지 못함
asammosa 사라지지 않게 함
asammussanatā 잊어버리지 않음
asampajañña 알아차림이 없음
asamphuṭṭha 닿지 않은
asaṅgāhanā 제어하지 못함
asaṅkhata 무위[無爲], 형성되지 않은[無爲]
asaṅkilesika 오염원의 대상이 아닌
asaṅkiliṭṭha 오염되지 않은
asaṅkiliṭṭha-saṅkilesika 오염되지 않았지만 오염의 대상인
asantuṭṭhitā 만족하지 못함
asaraṇatā 챙겨있지 못함
asassata 영원하지 않은
asādu 역겨운 맛
asārajjanā 탐닉하지 않음
asārajjitatta 탐닉하지 않는 상태
asārāga 탐닉 없음
asāta 불만족감
asekkha 무학]
asithila-parakkamatā 해이하지 않고 애씀
assaddha 믿음이 없음
assutavā 배우지 못한
asuropa 잘 제어되지 못함
aṭṭhakathā-kaṇḍa 주석 편
aṭṭhaṁsa 팔각형
aṭṭhāna 근거가 없음
aṭṭhāna-kusalatā 바른 경우가 아닌 것에 능숙함
aṭṭhikasaññā-sahagata 해골이 된 것의 인식이 함께한
aṭṭhindriyāni 여덟 가지 기능
aṭṭhitakiriyatā 쉼 없이 행함
atapanīya 고통을 주지 않는
atīta 과거의
atītārammaṇa 과거의 대상을 가진
attabhāva-pariyāpanna 자기 존재(몸)에 포함된 것
attamanatā 흡족함
attavādupādāna 자아의 교설에 대한 취착
atthaṅgamā 소멸하였음
atthaṅgata 사라진
atthuddhāra 의미를 드러냄
avajja 비난받지 않는
avaṅkatā 꼬부라지지 않음
avaṭṭhiti 확고함

avicāra 지속적 고찰이 없는
avidita 체득되지 않은
avijjā 무명[無明]
avijjā-bhāgī 무명의 일부가 되는
avijjā-nīvaraṇa 무명의 장애
avijjānusaya 무명의 잠재성향
avijjā-pariyuṭṭhāna 무명의 얽매임
avijjā-saṁyojana 무명의 족쇄
avijjāsava 무명의 번뇌
avijjā-yoga 무명의 속박
avijjogha 무명의 폭류
avikkhepa 산란하지 않음
avinīta 인도되지 못한
avipakka-vipāka 과보가 아직 익지 않은
avisāhaṭa-mānasatā 산만하지 않은 마음 상태
avisāhāra 산만하지 않음
avitakka 일으킨 생각이 없는
avitakka-vicāramatta 일으킨 생각은 없고 지속적 고찰만 있는 것
avitakkāvicāra 일으킨 생각도 없고 지속적 고찰도 없는 것
avitthanatā 무기력하지 않음
avīci-niraya 무간지옥
avūpasama 가라앉지 못함
avyākata/Be:abyākata 결정할 수 없는[無記]
avyākata-mūla 결정할 수 없음[無記]의 뿌리
avyāpajja 악의를 가지지 않음
avyāpāda/Be:abya- 악의 없음
ācaya 시작
ācayagāmī 윤회를 축적하게 함
ācayagāmī 축적하게 함]
ādāsa-maṇḍala 거울의 원반
āgama 전승된 가르침
āgamana 다가오는 [방법]
āghāta 원한
āhāra 음식
ākappa 모습
ākāra 형태]
ākāsa 허공
ākāsa-dhātu 허공의 요소
ākāsānañcāyatana 공무변처[空無邊處]
āloka 밝음
āma-gandha/Be:āmaka- 비린 냄새
āmi-sapaṭisanthāra 물질로 호의를 베풂
āmodanā 기뻐함
ānantarika 무간업
āpattikkhandha 범계의 무더기
āpatti-kusalatā 범계[犯戒]에 능숙함
āpattivuṭṭhāna-kusalatā 범계에서 벗어남에 능숙함
āpo 물
āpo-dhātu 물의 요소
āpo-kasiṇa 물의 까시나
ārabbha 대상으로 해서
ārammaṇa 대상
ārati 억제함
ārogyaṭṭha 건강함의 뜻
āruppa 무색의 경지
āsappanā 회피
āsava 번뇌[漏]
āsava-gocchaka 번뇌의 모둠
āsava-sampayutta 번뇌와 결합된
āsava-vippayutta 번뇌와 결합되지 않은
āsā 원함

āsevanā 받들어 행함
āsiṁsanā/*Ee*:āsisanā 기원함
āsisitatta/*Ee*:āsiṁsitatta 원하는 상태
ātapa 뙤약볕
āvaraṇa 덮개
āvāsa-macchariya 거처에 대한 인색
āyatana 감각장소[處], 장소[處], 경지
āyatana-kusalatā 감각장소[處]에 능숙함
āyu 수명
āyūhanī/*Be*:āyūhinī 적집

【B】

bahiddhā 밖
bahiddhārammaṇa 밖의 대상을 가진
bahulīkamma 많이 [공부]짓는 것
bahussuta 많이 배운
bala 힘[力]
bandhana 묶음
bandhanatta 응집성
bāhira 밖의
bāla 어리석은 자
bālya 바보스러움
bhantatta 동요
bhatti 헌신
bhava 존재
bhava-chanda/*Ee*: bhavacchanda 존재에 대한 욕구
bhava-diṭṭhi 존재에 대한 견해
bhava-mucchā 존재에 빠짐
bhava-nandī 존재를 즐거워함
bhava-nettī 존재로 인도함
bhava-pariḷāha 존재에 대한 열병
bhava-rāga 존재에 대한 갈망
bhava-rāga-saṁyojana 존재에 대한 갈망의 족쇄
bhava-taṇhā 존재에 대한 갈애
bhavajjhosāna 존재에 달라붙음
bhavāsava 존재의 번뇌
bhāṇavāra 암송의 전환점, 바나와라
bhāva 상태
bhāvanā 닦음[修]
bhāvanā-bala 수행의 힘
bhāveti 닦다
bheda 부서짐
bherī-sadda 북소리
bhiyyobhāva 증장하게 함
bhiyyo-kamyatā 더 많은 것을 바람
bhūmantara 경지의 특별함
bhūmi 경지[地]
bhūrī 광대함
bhūta 존재한
bodhi 깨달음, 깨달은 자, 깨달음의 나무
bojjhaṅga 깨달음의 구성요소[覺支]
brahmacariyānuggaha 청정범행을 잘 지킴
brahma-loka 범천의 세상
brahmavihāra-jhāna 거룩한 마음가짐의 禪
Buddha-vacana 부처님의 말씀
bya- ☞ vya-

【C】

cakkhāyatana 눈의 감각장소
cakkhu 눈
cakkhu-dhātu 눈의 요소
cakkhu-pasāda 눈의 감성

cakkhu-viññāṇa 눈의 알음알이
cakkhu-viññāṇa-dhātu 눈의 알음알이의 요소
cakkhu-viññeyya 눈으로 식별되는
cakkhundriya 눈의 기능
caṇḍikka 잔혹함
canda-maṇḍala 달의 원반
carana nāma citta 행실도[行實圖]라는 그림
caturaṁsa 네모난
caturaṅgika 네 가지 구성요소를 가진
cāra 고찰
cetanā 의도
cetasika 마음부수
cetasika 정신적인 것
ceto-samphassaja 정신의 감각접촉에서 생긴
chaḷaṁsa 육각형
chambhitatta/*Be*·thambhitatta 팽창성
chanda 열의[欲]
chandādhipateyya 열의의 지배를 가진
chādana 가리개
chāyā 그늘
cikicchā 치료하려는 바람
cintā 사색
citta 마음
citta-cetasika 마음과 마음부수
citta-hetuka 마음을 원인으로 하는
citta-ja 마음으로부터 발생한
citta-kammaññatā 마음의 적합함
citta-lahutā 마음의 가벼움
citta-mudutā 마음의 부드러움
citta-passaddhi 마음의 편안함[輕安]
citta-pāguññatā 마음의 능숙함
citta-sahabhu 마음과 함께 존재하는
citta-saṁsaṭṭha 마음과 결속된
citta-saṁsaṭṭha-samuṭṭhāna 마음과 결속되어 있고 마음에서 생긴
citta-saṁsaṭṭha-samuṭṭhāna-saha bhuno 마음과 결속되어 있고 마음에서 생겼고 마음과 함께 존재하는
citta-sampayutta 마음과 결합된
citta-samuṭṭhāna 마음에서 생긴
citta-vibhatti 마음의 분류
citta-vippayutta 마음과 결합되지 않은
citta-visaṁsaṭṭha 마음과 결속되지 않은
cittassekaggatā 마음이 한 끝으로 [집중]됨
cittādhipateyya 마음의 지배를 가진
cittānuparivatti 마음을 따르는
cittekaggatā 마음이 한 끝으로 [집중]됨
cittujukatā 마음의 올곧음
cittuppāda 마음의 일어남
cittuppāda-kaṇḍa 마음의 일어남 편
cūḷantara-dukā 틈새에 있는 짧은 두 개 조

【D】

dadhi 커드
dandhābhiñña 초월지는 느린
danta-vikhādana 이빨로 씹는
dassana 봄[見]
dava 즐김
dhaja 깃발[을 날림]

dhamma 법(法)
dhamma-dhātu 법의 요소
dhammakkhandha 법의 무더기
dhamma-macchariya 법에 대한 인색
dhamma-paṭisanthāra 법으로 호의를 베풂
dhamma-vavatthāna-vāra 법들을 정의하는 부문
dhamma-vicaya 법의 간택[擇法]
dhamma-vicaya-sambojjhaṅga 법을 간택하는 깨달음의 구성요소
dhammārammaṇa 법을 대상으로 함
dhammāyatana 법의 감각장소
dhammuddesa-vāra 법의 개요에 관한 부문
dhanāsā 재산을 원함
dhāraṇatā 간직함
dhātu 요소[界]
dhātu-kusalatā 요소[界]에 능숙함
dhātu-viññeyya 요소로 식별되는
dhiti 강건함
dhura-sampaggāha 용감함을 움켜쥠
dhūma 연기가 자욱함
diṭṭha 보이는
diṭṭhadhamma-sukhavihāra 지금. 여기에서 행복하게 머묾
diṭṭhāsava 사견의 번뇌[見漏]
diṭṭhi 견해, 사견, 그릇된 견해
diṭṭhi-gahana 견해의 밀림
diṭṭhi-gata 사견에 빠진
diṭṭhi-gata-sampayutta 사견에 빠짐과 결합된
diṭṭhi-gata-vippayutta 사견에 빠짐과 결합되지 않은
diṭṭhi-kantāra 견해의 황무지
diṭṭhi-parāmāsa 견해의 집착
diṭṭhi-saṁyojana 견해의 족쇄
diṭṭhi-sampadā 견해의 구족
diṭṭhi-sampayutta 사견과 결합된
diṭṭhi-vipatti 견해를 파함
diṭṭhi-vipphandita 견해의 요동
diṭṭhi-visuddhi 견해의 청정
diṭṭhi-visūkāyika 견해의 뒤틀림
diṭṭhupādāna 견해에 대한 취착
dīgha 긴
domanassa 불만족
domanassa-sahagata 불만족이 함께한
domanassindriya 불만족의 기능
domanassita 불만족을 가진 자
dosa 성냄
dovacassatā 거칠게 말함
duggandha 나쁜 냄새
dukkha 괴로운, 괴로움, 어려운
dukkha-bhūmi 괴로운 경지
dukkha-mūla 괴로움의 뿌리
dukkha-nidāna 괴로움의 원인
dukkha-nirodha 괴로움의 소멸
dukkha-paṭipada 도닦음이 어려운
dukkha-samphassa 괴로운 감각접촉
dukkha-samudaya 괴로움의 일어남
dukkhindriya 괴로움의 기능
dummejjha 영민하지 못함
duppañña 통찰지가 없는
dussana 성마름
dussitatta 성난 상태
dussīla 계행이 나쁜
dutiya-bhūmi 두 번째 경지
dutiyā 배우자
dūre 멀리 있는
dvāra 문
dvedhā-patha 두 갈래 길

dveḷhaka 갈피를 잡지 못함

【E】

ejā 동요
ekaṭṭha 함께 작용하는
ekodibhāva 단일한 상태
eva 완전히

【G】

galajjhoharaṇīya 목으로 삼키는
gandha 냄새
gandha-dhātu 냄새의 요소
gandhārammaṇa 냄새를 대상으로 함
gandhāsā 냄새를 원함
gandhāyatana 냄새의 감각장소
gantha 매듭
ganthaniya 매듭의 대상인
gantha-sampayutta 매듭과 결합된
gantha-vippayutta 매듭과 결합되지 않은
garuka 무거운
garukāra-mānana 존중과 추앙
gāha 거머쥠
gāma 마을
gedha 애착
geyya 응송[應頌]
ghāna-dhātu 코의 요소
ghāna-samphassa 코의 감각접촉
ghāna-viññāṇa 코의 알음알이
ghāna-viññeyya 코로 식별되는
ghānāyatana 코의 감각장소
ghānindriya 코의 기능
ghosa 소리
ghosa-kamma 소리냄
girā 언설
gīta-sadda 노래 소리
gocchaka 모둠
gocchakantara 모둠들 사이
gopanā 돌봄
go-sīla 소처럼 사는 계행
gutta-dvāratā 문을 잘 보호함
gutti 보호함

【H】

hadaya 심장
hadayaṅgama 가슴에 와 닿는
hadaya-vatthu 심장토대
harivaṇṇa 녹색
hata-vikkhittaka-saññā-sahagata 난도질당하여 뿔뿔이 흩어진 것의 인식이 함께한
hāsa 미소
heṭṭhato 아래로
heṭṭhima 낮은 단계
hetu 원인
hetu-gocchaka 원인의 모둠
hetu-sampayutta 원인과 결합된
hetu-vippayutta 원인과 결합되지 않은
hiri/hirī 양심
hiri-bala 양심의 힘
hiriyitabba 부끄러워해야 하는
hitesitā 이로움을 바람
hīna 못한
hīna 저열한
huta 제사, 헌공

【I】

icchā 바람[願]
idappaccayatā 이것에게 조건이 되는 [此緣性] [법들]
iddhipāda 성취수단
indriya 감각기능[根]
indriya 기능[根]
indriya-baddha 기능에 묶여있는
iriyanā 나아감
issā 질투
issā-saṁyojana 질투의 족쇄
issāyanā 질투함
issāyitatta 질투하는 상태
ito bahiddhā 외도의
itthatta 여자됨
itthākappa 여자의 모습
itthi 여자
itthi-liṅga 여자의 생김새
itthindriya 여자의 기능[女根]
itthi-nimitta 여자의 [외관상의] 표상

【J】

janapada 지역
janikā 자궁
jappā 중얼거림
jaratā 쇠퇴함
jarā 쇠퇴[老]]
jālinī 유혹자
jātarūpa-rajata 금과 은
jhāna 禪
jhāna-samādhi 禪의 삼매[禪定]
jivhā-dhātu 혀의 요소
jivhā-samphassa 혀의 감각접촉
jivhā-viññāṇa 혀의 알음알이
jivhā-viññeyya 혀로 식별되는
jivhāyatana 혀의 감각장소
jivhindriya 혀의 기능
jīraṇatā 노쇠함
jīva 생명
jīvita 생명
jīvitindriya 생명기능

【K】

kabaḷīkāra/*Ee*:kabaliṅkāra āhāra 덩어리진 [먹는] 음식
kadariya 쩨쩨함
kakkasa 꺼칠꺼칠함
kakkhaḷa 단단한
kalyāṇa-mittatā 좋은 친구[善友]를 사귐
kamma 업
kammaññabhāva 적합한 성질
kammaññatā 적합함
kammaññatta 적합한 상태
kammassa katattā 업을 지었음
kamyatā 허영심
kaṅkhati 회의하다
kaṅkhā 회의
kaṅkhāyana 의혹함
kaṅkhāyitatta kaṅkhā 회의를 품은 상태
kaṇha 어두운
kaṇṇa-sukha 귀에 즐거운
kappiya 적당한
karuṇā 연민
kasāva 매운맛
kaṭuka 떫은맛

kaṭukañcukata 구두쇠, 쓰디쓴 상태
katama 무엇이
katattā bhāvitattā 지었고 수행하였기 때문에
kāḷaka 검은
kāma 감각적 쾌락
kāmacchanda 감각적 쾌락에 대한 욕구
kāmacchanda-nīvaraṇa 감각적 쾌락에 대한 욕구의 장애
kāmajjhosāna 감각적 쾌락에 달라붙음
kāma-mucchā 감각적 쾌락에 빠짐
kāma-nandī 감각적 쾌락을 즐거워함
kāma-pariḷāha 감각적 쾌락에 대한 열병
kāmarāga-saṁyojana 감각적 쾌락에 대한 갈망의 족쇄
kāmarāga-vyāpāda/byāpāda 감각적 쾌락에 대한 갈망과 악의
kāma-taṇhā 감각적 쾌락에 대한 갈애
kāmāsava 감각적 쾌락의 번뇌[欲漏]
kāmāvacara 욕계의, 욕계에 속하는
kāmāvacara-kusala 욕계에 속하는 유익한 것
kāya 몸
kāya-dhātu 몸의 요소
kāya-duccarita 몸으로 짓는 나쁜 행위
kāya-gantha 몸의 매듭
kāya-kamma 몸으로 짓는 업]
kāya-kammaññatā 몸의 적합함
kāya-lahutā 몸의 가벼움
kāya-mudutā 몸의 부드러움
kāya-passaddhi 몸의 편안함[輕安]
kāya-pāguññatā 몸의 능숙함
kāya-samphassa 몸의 감각접촉
kāya-samphassaja 몸의 감각접촉에서 생긴
kāya-sucarita 몸으로 짓는 좋은 행위
kāya-viññatti 몸의 암시
kāya-viññāṇa 몸의 알음알이
kāya-viññāṇa-dhātu 몸의 알음알이의 요소
kāya-viññeyya 몸으로 식별되는/식별해야 하는
kāyāyatana 몸의 감각장소
kāyindriya 몸의 기능
kāyujukatā 몸의 올곧음
khamanatā 인욕함
khaṇattaya [세] 찰나
khaṇḍicca 부서진 [이빨]
khandha 무더기[蘊]
khandhantara 무더기의 특별함
khandha-rasa 줄기의 맛
khanti 인욕
kharagata 견고한
khaya 멸진
khārika 알싸한 맛
khetta 들판
khippābhiñña 초월지는 빠른
khīra 우유
kilesa 오염원
kilesa-gocchaka 오염원의 모둠
kilesa-sampayutta 오염원과 결합된
kilesa-vatthu 오염원의 토대
kilesa-vippayutta 오염원과 결합되지 않은
kiriya 작용만 하는 것
kiriya-hetu 작용만 하는 것의 원인
kiriyāhetuka-mano-viññāṇadhātu

작용만 하고 원인 없는 마노의 알음알이
kiriyā-manodhātu 작용만 하는 마노의 요소
kodha 분노
kopa 화
kosalla 능숙함
koṭṭhāsa-vāra 항목의 부문
kucchi-vitthambhana 위[배]에서 퍼지는 것
kujjhanā 화를 냄
kujjhitatta 화가 난 상태
kukkucca 후회
kukkuccāyanā 후회함
kukkuccāyitatta 후회하는 상태
kula-macchariya 신도 가족에 대한 인색
kummagga 나쁜 길
kummāsa 죽
kusala 유익한[善]
kusala-mūla 유익함의 뿌리
kusala-vipāka 유익한 과보로 나타난
kusalākusala 유익하거나 해로운
kusīta-vatthu 게으름의 동기

【L】

lahuka 가벼운
lahupariṇāmatā 가볍게 변함
lahutā 가벼움
lajjava 부끄러워함
lambila/*Ee*:lapila 시큼한 맛
laṅgī 장벽
latā 넝쿨
lābha-macchariya 이득에 대한 인색
lābhāsā 얻는 것을 원함
liṅga 생김새, 신체적 특징, 성
līna 의기소침
līyanā 움츠러듦
līyitatta 움츠러든 상태
lobha 탐욕
lohita-kasiṇa 빨간색의 까시나
lohitaka 빨간
lohitaka-nibhāsa 빨간빛을 발하는
lohitaka-nidassana 빨갛게 보이는
lohitaka-vaṇṇa 빨간색
lohitasaññā-sahagata 피가 흐르는 것의 인식이 함께한
loka 세상
lokiya 세간적인
lokuttara 출세간의
lokuttara-dhammā 출세간법
lokuttara-kusala-citta 출세간의 유익한 마음
lokuttara-vipāka-citta 출세간의 과보로 나타난 마음
loluppa 게걸
loluppāyanā 게걸스러움
loluppāyitatta 게걸스러운 상태
loṇika 짠맛
lubbhana 탐함
lubbhitatta 탐하는 상태

【M】

maccha 생선
maccharāyanā 인색함
maccharāyitatta 인색한 상태
maccharin 인색
macchariya 인색

maccchariya-saṁyojana 인색의 족쇄
macchera/*Ee*:macchara 인색
maddava 부드러움
maddavatā 유연함
madhu 꿀
madhura 단맛
magga 도
magga-hetuka 도를 원인으로 가진
magga-pariyāpanna 도에 포함됨
magga-phala 도의 결실
magga-samaṅgī 도를 구족한 자
maggaṅga 도의 구성요소
maggādhipati 도를 지배의 [요소]로 가진
maggārammaṇa 도를 대상으로 가진
mahaggata 고귀한
mahaggatārammaṇa 고귀한 대상을 가진
mahantara-dukā 틈새에 있는 긴 두 개 조
mahā-bhūta 근본물질
mahā-citta 큰마음
mahā-naya 큰 방법
mahā-vārā 큰 부문
mahikā 서리처럼 흰
majjhima 중간
maṁsa 고기
mañjiṭṭha/*Ee*:mañjeṭṭha 심홍색
maññanā 자만함
maññitatta 자만하는 상태
maṇḍana 겉치레
maṇi-saṅkha-mutta-veḷuriya 보석과 고둥과 진주와 녹주석
manasikāra-kusalatā 마음에 잡도리함[作意]에 능숙함
manāpiya 마음에 드는
manāyatana 마노의 감각장소
manindriya 마노의 기능
mano 마노[意]
mano-dhātu 마노의 요소
mano-kamma 마노로 짓는 업
mano-sañcetanāhāra 마노의 의도의 음식[意思食]
mano-sucarita 마노로 짓는 좋은 행위
mano-vilekha 마음의 상처
mano-viññāṇa-dhātu 마노의 알음알이의 요소
mano-viññeyya 마노로 식별되는
manussa-sadda 인간의 소리
maraṇa 죽음, 사[死]
mattaññutā 적당함을 앎
māna 자만
mānanā 추앙
mānasa 정신작용
māna-saṁyojana 자만의 족쇄
māra-baḷisa 마라의 낚싯바늘
māra-pāsa 마라의 올가미
mātikā 마띠까
māyā 속임
medhā 현명함
mettā 자애
mettā-sahagata 자애가 함께한
mettāyanā 자애를 가짐
metti 자애로움
micchatta 그릇된 상태
micchatta-niyata 그릇된 것으로 확정된
micchā-ājīva 그릇된 생계
micchā-diṭṭhi 그릇된 견해
micchā-patha 그릇된 길
micchā-samādhi 그릇된 삼매
micchā-saṅkappa 그릇된 사유

micchā-vāyāma 그릇된 정진
middha 혼침
mogha 쓸모없는
moha 어리석음
mucchā 홀림
mudiṅga-sadda 작은북 소리
muditā 함께 기뻐함
muditā-sahagata 함께 기뻐함이 함께한
muduka 부드러운
mukhāsiya 입에 들어감
muṭṭha-sacca 마음챙김을 놓아버림
muta 감지한 것
mūla-gandha 뿌리의 냄새
mūla-rasa 뿌리의 맛

【N】

ñāṇa-sampayutta 지혜와 결합된
ñāṇa-vippayutta 지혜와 결합되지 않은
nandī 기뻐함
nandī-rāga 강한 갈망
navanīta 응유
nayana 안내자
nāma 정신[名]
nāmadheyya 호칭
nāma-kamma 이름 지음
nānatta-saññā 갖가지 인식
neḷa 유순한
nepuñña 숙달됨
netta 길잡이
nevasaññānāsaññāyata 비상비비상처
nevavipāka-navipāka-dhamma-dhamma 과보로 나타난 것도 아니고 과보를 생기게 하는 것도 아닌 법
nibbatta/*Ee*:nippatta 있는
nibbāna 열반
nibhā 빛
niddesa 해설
nigghosa-sadda 외치는 소리
nikanti 집착
nikāmanā 집착함
nikkama 부지런함
nikkhepa-kaṇḍa 간결한 설명 편
nimitta 표상
nimittaggāhī 표상[全體相]을 취함
nimmita-buddha 화현된 부처님[化身佛]
ninna-thala/*Be*:ninna 낮고 높은
nippadesa 전체적, 포괄적, 남김 없음
niruddha/*Ee*:niruddhaṅgata 없어진
nirutti 언어 표현
nirutti-patha 언어 표현의 길
niyata 자기에게 생긴 것
niyata 확정된
niyoga 엄밀히 [말하면]
niyyānika 출리로 인도하는
nīca-cittatā 하심하는 마음
nīla 파란, 푸른
nīla-kasiṇa 푸른색의 까시나
nīla-nibhāsa 푸른빛을 발하는
nīla-nidassana 푸르게 보이는
nīla-vaṇṇa 푸른색
nīvaraṇa 장애
nīvaraṇa-sampayutta 장애와 결합된
nīvaraṇa-vippayutta 장애와 결합되지 않은
nīvaraṇiya 장애의 대상인

【O】

odagya 의기양양함
odana 죽
odāta 흰색
odāta-kasiṇa 흰색의 까시나
odāta-nibhāsa 흰빛을 발함
odāta-nidassana 희게 보임
odāta-vaṇṇa 흰색
ogha 폭류
oghaniya 폭류의 대상인
ojā 영양분
okappanā 신뢰
oḷārika 거친
olīyana 굼뜸
orima 이쪽
ottappa 수치심
ottappa-bala 수치심의 힘

【P】

paccatta 개개인에 속하는
paccaya-dhamma 조건 짓는 법
paccayuppanna-dhamma 조건 따라 생긴 법
paccupa-lakkhaṇā 차별화함
paccuppanna 현재의
paccuppannārammaṇa 현재의 대상을 가진
pada-bhājanīya 용어의 분류
padhāna 노력
padosa 아주 성냄
paggāha 분발
paggāha-nimitta 분발의 표상
paguṇabhāva 능숙한 성질
paguṇatā 능숙함
paguṇatta 능숙한 상태
pahāna 버림
pahāsa 함박웃음
pahātabba 버려야 하는
pahātabba-hetuka 버려야 하는 원인을 가진
pajappā 많이 중얼거림
pajānanā 통찰함
pakopa 노여움
paligedha 간절히 바람
pallaṅka 자리
pamodanā 기꺼워함
pamoha 크게 어리석음
paṅka 수렁
pañcaka-naya 다섯 가지 [禪의] 분류 방법]
pañcaṅgika 다섯 가지 구성요소를 가진
Pañhā-pucchaka 질문을 제기함
paññatti 개념
paññatti-patha 개념의 길
paññā 통찰지[般若]
paññā-āloka 통찰지의 광명
paññā-bala 통찰지의 힘
paññā-obhāsa 통찰지의 빛
paññā-pajjota 통찰지의 광휘로움
paññā-pāsāda 통찰지의 궁전
paññā-ratana 통찰지의 보배
paññā-sattha 통찰지의 칼
paññindriya 통찰지의 기능
paṇava-sadda 빠나와 북소리
paṇḍara 깨끗한
paṇḍicca 영민함
paṇḍita 현자
paṇidhi 염원

panīta 수승한
para-kaṭuka 남에게 모진
parakkama 노력
paranimmitavasavatti-deva 타화자재천의 신
parābhisajjanika 남을 찌르는
parāmaṭṭha 집착의 대상인
parāmāsa 집착[固守]
parāmāsa-gocchaka 집착[固守]의 모둠
parāmāsa-sampayutta 집착과 결합된
parāmāsa-vippayutta 집착과 결합되지 않은
paribheda 무너짐
paricchinnākāsa 한정된 허공
parimaṇḍala 구형
pariṇāyika 주도면밀함
paripāka 무르익음
parisa-liṅga 남자의 생김새
parisappanā 망설임
paritta 제한된
parittārammaṇa 제한된 대상을 가진
pariyāpanna 세속에 포함된
pariyonāha 완전히 덮임
pariyuṭṭhāna 얽매임, 사로잡힘
pasāda 감성[感性]
passaddhi 편안함
passambhanā 안정됨
paṭhama-magga-vipāka 첫 번째 도의 과보로 나타난 [마음]
paṭhavīdhātu/*Be*:pathavī- 땅의 요소
paṭibandhu 친족
paṭiccasamuppanna 조건 따라 일어난[緣而生]
paṭiccasamuppāda 연기[緣起]
paṭiccasamuppāda-kusalatā 연기[緣起]에 능숙함
paṭiggāha 고착
paṭigha 적의
paṭigha-saṁyojana 적의의 족쇄
paṭigha-sampayutta 적의와 결합된
paṭigha-saññā 부딪힘의 인식
paṭighāta 적개심
paṭipadā 도닦음
paṭipassaddhi 아주 편안함
paṭippassambhanā 아주 안정됨
paṭisaṁvedeti 경험하다
paṭisaṅkhā 숙고
paṭisaṅkhāna-bala 숙고의 힘
paṭisanthāra 호의를 베풂
paṭissati 돌이켜 마음챙김
paṭivirati 제어함
paṭivirodha 반목
pathavīkasiṇa 땅의 까시나
patiṭṭhāha 고착
patoda 몰이막대
patta-gandha 잎사귀의 냄새
patta-rasa 잎사귀의 맛
patthanā 간청
pavicaya 꿰뚫어 간택함
pālanā 보존
pālicca 희어진 [머리털]
pāmojja 환희
pāṇi-sadda 손뼉 소리
pāpaka 삿된
pāpamittatā 나쁜 친구를 사귐
pāripūri 성취
pārisuddhi 청정
pāṭipuggalika 각 개인에 속하는 것
pātubhūta 드러난
phala-gandha 과일의 냄새
phala-rasa 과일의 맛

phala-samaṅgī 과를 구족한 자
pharusa 거친
phassa 감각접촉[觸]
phassāhāra 감각접촉의 음식
phāṇita 당밀
phāsuvihāra 편안하게 머묾
phoṭṭhabba 감촉
phoṭṭhabba-dhātu 감촉의 요소
phoṭṭhabbārammaṇa 감촉을 대상으로 함
phoṭṭhabbāsā 감촉을 원함
phoṭṭhabbāyatana 감촉의 감각장소
phusana 접촉, 접촉함
piṭṭhi-dukā 마지막 두 개 조
pīta 노란
pītaka 노란
pīta-kasiṇa 노란색의 까시나
pīta-nibhāsa 노란빛을 발하는
pīta-nidassana 노랗게 보이는
pīta-vaṇṇa 노란색
pīti 희열
pīti-sahagata 희열이 함께하는
pīti-sambojjhaṅga 희열의 깨달음의 구성요소
pīti-sukha 희열[喜]과 행복[樂]
porī 예의바른
pubbanta 과거
pubbantānudiṭṭhi 과거를 모색하는 견해
pubbenivāsānussati 전생을 기억하는 [지혜][宿命通]
pubbeva 이전에 이미
pucchañjikatā/*Ee*·puñcikatā 꼬리침
puḷavaka-saññā-sahagata 벌레가 버글거리는 것의 인식이 함께한
puppha-gandha 꽃의 냄새
puppha-rasa 꽃의 맛
purisa-bhāva 남자의 상태
purisa-kutta 남성스러운 행위
purisa-nimitta 남자의 [외관상의] 표상
purisatta 남자됨
purisākappa 남자의 모습
purisindriya 남자의 기능[男根]
puthujjana 범부
puttāsā 아들을 원함
pūjanā 숭배

【R】

rajo 먼지
rasa 맛
rasa-dhātu 맛의 요소
rasārammaṇa 맛을 대상으로 함
rasāsā 맛을 원함
rasāyatana 맛의 감각장소
rassa 짧은
rūpa 물질, 형색
rūpa-dhātu 형색의 요소
rūpa-kaṇḍa 물질 편
rūpa-rāga 색계에 대한 갈망]
rūpa-saṅgaha 물질의 길라잡이
rūpa-saññā 물질에 대한 인식
rūpavā 물질을 가진
rūpārammaṇa 형색을 대상으로 함
rūpāsā 형색을 원함
rūpāvacara 색계에 속하는]
rūpāyatana 형색의 감각장소
rūpī 물질인, 물질로 된
rūpūpapatti 색계에 태어남

【S】

sacca 진리[諦]
saccābhinivesa 진리라는 천착
saccānulomika 진리에 수순하는 지혜
sacchikiriyā 실현
sadda-dhātu 소리의 요소
saddahanā 믿는 것
saddārammaṇa 소리를 대상으로 함
saddāsā 소리를 원함
saddāyatana 소리의 감각장소
saddhā 믿음
saddhā-bala 믿음의 힘
saddhindriya 믿음의 기능
sadisa 동등한
sahadhammika 동료 수행자
sahagata 함께함
sahetuka 원인을 가진
sakala 전체의
sakhila-vācatā 상냥한 말
sakkacca-kiriyatā 정성을 다하여 행함
sakkāra 이득
sakkāya-diṭṭhi 자신이 존재한다는 견해[有身見]
saḷāyatana 여섯 감각장소[六入]
sallakkhaṇā 주시함
sallīyanā 축 처짐
saṁhāni 줄어듦
saṁsaya 의문
saṁsevanā 깊이 의지함
saṁvarāsaṁvara 단속 [여러 가지 ~]
saṁvejaniya ṭhāna 절박함을 일으키는 원인
saṁyojana/*Ee:*saññojana 족쇄
saṁyojana-gocchaka 족쇄의 모둠
saṁyojana-sampayutta 족쇄와 결합된
saṁyojana-vippayutta 족쇄와 결합되지 않은
saṁyojaniya 족쇄의 대상인
samaññā 일반적 호칭
samatha 사마타
samatha-nimitta 사마타의 표상
samaya 때
samaya 현장성
samādhi 삼매
samādhi-bala 삼매의 힘
samādhija 삼매에서 생긴
samādhindriya 삼매의 기능
samāpatti 성취
samāpatti-kusalatā 증득에 능숙함
samāpatti-vuṭṭhāna-kusalatā 증득으로부터의 출정에 능숙함
sambhajanā 아주 가까이함
sambojjhaṅga 깨달음의 구성요소
sammappadhāna 바른 노력
samma-sadda 심벌즈 소리
sammatta-niyata 바른 것으로 확정된
sammā-ājīva 바른 생계
sammā-diṭṭhi 바른 견해
sammā-kammanta 바른 행위
sammā-samādhi 바른 삼매
sammā-saṅkappa 바른 사유
sammā-sati 바른 마음챙김
sammā-vācā 바른 말
sammā-vāyāma 바른 정진
sammoha 미혹
samorodha 가로막힘
sampadosa 격하게 성냄
sampaggāha 건방짐, 움켜쥠
sampajañña 알아차림
sampajāna 알아차리는

sampakopa 격노함
sampasādana 확신이 있음
sampatthanā 간청함
sampavaṅkatā 사귐
sampayutta 결합된
samphassaja 감각접촉에서 생긴
samphusana 맞닿음
samphusitatta 맞닿은 상태
samudda 바다
samuppanna 생긴
samuṭṭhāna 생김
samuṭṭhita 출현한
saṅga 속박
saṅgaha-vāra 길라잡이의 부문
saṅgha 승가[僧]
saṅkappa 사유
saṅkha-sadda 고동 소리
saṅkhata 유위[有爲], 형성된[有爲]
saṅkhā 명칭
saṅkhāra 심리현상[行], [업] 형성[行]
saṅkhārakkhandha 심리현상들의 무더기[行蘊]
saṅkhāravā 심리현상들을 가진
saṅkilesika 오염원의 대상인
saṅkiliṭṭha 오염된
sañcetanā 의도함]
sañcetayitatta/*Be:*cetayitatta 의도된 상태
sañjananī 출산
sañjānana 인식함
sañjānitatta 인식된 상태
sañjāta 출생한
saññā 인식
saññākkhandha 인식의 무더기
saññāvā 인식을 가진
saṇha 매끄러운
saṇha-vācatā 세련된 말
saṇṭhiti 잘 머묾
sanidassana 볼 수 있는
sanidassana-sappaṭigha 볼 수도 있고 부딪힘도 있는
sannighāta-sadda 부딪히는 소리
santati 상속
santhambhanā 굳건함
santhambhitatta 굳건한 상태
santhava 친밀함
santike 가까이 있는
sappaccaya 조건을 가진
sappaṭigha 부딪힘이 있는
sappi 버터기름
sappītika 희열이 있는
sappītika-bhūmi 희열이 있는 경지
sappurisa 참된 사람
saraṇa 다툼을 가진
saraṇatā 챙겨있음
saritā 격류
sarīra 몸
sarīraṭṭhaka 몸에 머물고 있는 것
sasambhāra 혼합된 전체 [눈 등]
sasaṅkhāra 자극을 받은
sassata 영원한
sassata-diṭṭhi 영원하다는 견해[常見]
sata 마음챙기는
sati 마음챙김
sati-bala 마음챙김의 힘
sati-paṭṭhāna 마음챙김의 확립
sati-sambojjhaṅga 마음챙김의 깨달음의 구성요소
satimā 마음챙기는
satindriya 마음챙김의 기능
satta 중생
satthā 스승

sattu 보리
sauttara 위가 있는
savicāra 지속적 고찰이 있는
savitakka 일으킨 생각이 있는
savitakka-savicāra 일으킨 생각이 함께하고 지속적 고찰이 함께하는
sādhu-kamyatā 격렬한 욕망
sādu 좋은 맛
sākhalya 싹싹한 말씨
sāmañña-phala 사문됨의 결실들[果]
sāra-gandha 고갱이의 냄새
sārajjana 집착함
sārajjitatta 집착하는 상태
sārammaṇa 대상을 가진
sārāga 탐닉
sāsava 번뇌의 대상인
sāta 만족감
sātacca-kiriyatā 끈기 있게 행함
sekkha 유학
setu-ghāta 다리를 없앰
sevanā 의지함
seyya 뛰어난
sibbinī 침모
sikkhā 공부지음
sineha 애정
sineha 액체
sinehagata 액체 상태로 된 것
sīla 계[戒]
sīlabbata-parāmāsa 계행과 의례의식에 대한 집착[戒禁取]
sīlabbatupādāna 계행과 의례의식에 대한 취착
sīla-saṁvara 계를 통한 단속
sīla-sampadā 계의 구족
sīla-vipatti 계를 파함
sīla-visuddhi 계의 청정
sīlavā 계행을 가진
soka-parideva 근심 · 탄식
somanassa 기쁨
somanassa-domanassa 기쁨과 불만족
somanassa-sahagata 기쁨이 함께한
somanassindriya 기쁨의 기능
soppa 잠
soracca 온화함
sota 귀[耳]
sota-dhātu 귀의 요소
sota-viññāṇa 귀의 알음알이
sota-viññeyya 귀로 식별되는
sotāyatana 귀의 감각장소
sotindriya 귀의 기능
sovacassatā 부드럽게 말함
subha 깨끗한
suddhi 청정
sugandha 좋은 냄새
sukha 즐거움
sukha 행복
sukha-bhūmi 행복이 있는 경지
sukha-paṭipada 도닦음은 쉬운
sukha-sahagata 행복이 함께하는
sukha-samphassa 즐거운 감각접촉
sukha-vedanā 즐거운 느낌
sukha-vihārī 행복하게 머무는 자
sukhindriya 즐거움의 기능
sukhuma 미세한
sukka 밝은
suñña 텅 빈
suññatā 공함[空性]
suññatā-vāra 공함[空性]의 부문
suriyamaṇḍala/*Be*:sūriya- 태양의 원반
suta 들리는

sutta 끈
sutta/suttanta 경[經]
suttanta-bhājanīya 경에 따른 분류
suttantika-dukā 경장의 두 개 조
suvaṇṇa-dubbaṇṇa 좋은 색깔이나 나쁜 색깔을 가진

【T】

taca-gandha 껍질의 냄새
taca-rasa 껍질의 맛
tajja 그것에 적합한
takka 생각
taṇhā-gaddula 갈애의 가죽끈
taṇhā-jāla 갈애의 그물
taṇhā-nadī 갈애의 강
tanubhāva 엷어짐
tapanīya 고통을 주는
tathāgata 여래
tatramajjhattatā 중립
tāraka-rūpa 별빛
tejo-dhātu 불의 요소
tejo-kasiṇa 불의 까시나
tela 참기름
ṭhāna-kusalatā 경우에 능숙함
ṭhiti 머묾
ṭhitibhāginī paññā 정체에 빠진 통찰지
thambhanā 굳셈
thambhitatta 당황스러움
thāmo 강인함
thiyitatta 나태한 상태
thīna/*Be*·thina 해태
thīna-middha 해태·혼침
thīnamiddha-nīvaraṇa 해태와 혼침의 장애
thīyana/*Be*·thiyana 나태함
thūla 큰
tittaka 쓴맛
tittha 여울
titthāyatana 외도의 장소
tivaṅgika 세 가지 구성요소를 가진[禪]
tīra 언덕
Tusitapura 도솔천궁

【U】

uccheda-diṭṭhi 단멸한다는 견해[斷見]
udaka-sadda 물소리
uddesa 개요
uddhacca 들뜸
uddhacca-kukkucca-nīvaraṇa 들뜸과 후회의 장애
uddhacca-sahagata 들뜸이 함께한
uddhacca-sampayutta 들뜸과 결합된
uddhumātaka-saññā-sahagata 부푼 것의 인식이 함께한
udīrana 언설
ujukatā 올곧음
ujutā 곧음
uṇṇama/unnama 우월감
uṇṇati/*Be*·unnati 우쭐함
upacaya 생성
upacitattā 쌓았음
upakkilesa 오염원
upalakkhaṇā 응시함
upaparikkhā 자세히 관찰함
upapatti 태어남
upariṭṭhima 가장 높은

upavicāra 추구
upādā 파생된
upādāna 취착
upādāna-gocchaka 취착의 모둠
upādāna-sampayutta 취착과 결합된
upādāna-vippayutta 취착과 결합되지 않은
upādāniya 취착의 대상인
upādiṇṇa 취착된
upekkhā 평온
upekkhā-sahagata 평온이 함께하는
upekkhā-sati-pārisuddhi 평온으로 인해 마음챙김이 청정함[捨念淸淨]
upekkhindriya 평온의 기능
uppanna 일어난, 현재의
uppannaṁsa 일어난 것
uppādī 일어나게 될
usmā 뜨거운 것
usmāgata 뜨거운 것으로 된
ussāha 전력
ussoḷhi 분발
usuyanā 시샘함
usuyā 시샘
usuyitatta 시샘하는 상태
uṭṭhita 생성된
uyyāma 애씀

【V】

vacī 말
vacī-bheda 말을 내뱉음
vacī-duccarita 말로 하는 나쁜 행위
vacī-kamma 말로 짓는 업]
vacī-sucarita 말로 짓는 좋은 행위
vacī-viññatti 말의 암시
vajirūpama 벼락의 비유를 가진
vajja 비난
vajja-saññitā 비난받는 것으로 생각함
valittacatā 주름진 피부
vaṇṇa-macchariya 칭찬에 대한 인색
vaṇṇa-nibhā 색깔로 빛남
vana 숲
vanatha 정글
vandanā 경배
vaṭṭa 둥근
vata 의례의식
vattabba 말해야 하는
vattanā 계속됨
vatthu 토대
vaya 사라짐
vācā 말
vāditasadda 음악 소리
vāra 부문
vāta-sadda 바람소리
vāyāma 힘씀
vāyo 바람
vāyo-dhātu 바람의 요소
vāyo-gata 바람 기운
vāyo-kasiṇa 바람의 까시나
vebhavyā/*Be*·vebhabya 분석함
vedanā 느낌
vedanākkhandha 느낌의 무더기[受蘊]
vedanāvā 느낌을 가진 것
vedayita 느껴지는
velā 한계
vepulla 충만
veramaṇī 금함
veviccha 허욕
vibhava-diṭṭhi 비존재에 대한 견해
vibhūsana 외양
vicaya 간택

vicāra 지속적 고찰
vicchiddaka-saññā-sahagata 끊어진 것의 인식이 함께한
vicikicchā 의심
vicikicchā-nīvaraṇa 의심의 장애
vicikicchā-sahagata 의심이 함께한
vicikicchā-saṁyojana 의심의 족쇄
vicikicchā-sampayutta 의심과 결합된
vicikicchuddhacca-sampayutta 의심과 들뜸과 결합된
vidha 가지
vigata 떠나간
vihiṁsūparati 해악을 쉼
vijjā 명지[明知]
vijjābhāgī 명지의 일부
vijjūpamā 번갯불의 비유
vikkhāyitaka-saññā-sahagata 뜯어 먹힌 것의 인식이 함께한
vikkhepa 산란함
vikkhittakasaññā-sahagata 흩어져 있는 것의 인식이 함께한
vilekha 상처
vimati 혼란
vimokkha 해탈
vimutti 해탈
viññatti 암시
viññāṇa 알음알이[識]
viññāṇa-dhātu 알음알이의 요소
viññāṇakkhandha 알음알이의 무더기[識蘊]
viññāṇañcāyatana 식무변처
viññāṇavā 알음알이를 가진
viññāṇāhāra 알음알이의 음식[識食]
viññāpanā 알게 함
viññāpitatta 알게 하는 상태
viññāta 식별되는
viññeyya 식별되는
vinaya 버림
vinaya 율/율장
vinaya 조복
vinīlakasaññā-sahagata 검푸른 것의 인식이 함께한
vipaccanīkasātatā 억지를 부림
vipariṇata 변한
vipariyesa-gāha/*Be.*vipariyāsa-gāha 거꾸로 거머쥠
vipassanā 위빳사나
vipāka 과보, 과보의, 과보로 나타난
vipākadhamma-dhamma 과보를 생기게 하는 법
vipākahetu 과보로 나타난 것의 원인
vippaṭikūlagāhitā 멋대로 대함
vippaṭisāra 가책
vipubbaka-saññā-sahagata 문드러진 것의 인식이 함께한
virati 절제, 절제함
virāga 빛바램
virodha 불화
visamalobha 비뚤어진 탐욕
visaṭa 퍼짐
visattikā 달라붙음
vissa-gandha 썩는 냄새
vitakka 일으킨 생각
vitakka-vicāra 일으킨 생각과 지속적 고찰
vitti 경사로움
vivara 열린
vivicca 떨쳐버린
vīmaṁsādhipateyya 검증의 지배를 가진
vīriya 정진
vīriya-bala 정진의 힘

vīriya-sambojjhaṅga 정진의 깨달음의 구성요소
vīriyādhipateyya 정진의 지배를 가진
vīriyārambha 정진을 시작함
vīriyindriya 정진의 기능
vuṭṭhāna-kusalatā 벗어남에 능숙함, 출정[出定]에 능숙함
vūpasama 가라앉음
vyañjana/*Be*·bya- 단어
vyappanā/*Be*·byappanā 몰입
vyappatha/*Be*·byappatha 발성
vyādhi/*Be*·byādhi 병
vyāpajjanā/*Be*·byā- 악의를 가짐
vyāpatti/*Be*·byā- 악의
vyāpāda-nīvaraṇa 악의의 장애

【Y】

yapanā 지속
yatvādhikaraṇa 만약
yāpanā 유지
yātrā 유지됨
yevāpanaka 그밖에들
yoga 속박
yoganiya 속박의 대상인
yoniso 지혜로운

찾아보기

◎ 일러두기

문단 번호는 VRI본을 따랐음
Ee: English edition(PTS)
Be: Burmes edition(VRI)
[설명]: 『담마상가니』 본문에 나타나는 용어가 주석서에서 설명되는 경우
[정의]: 『담마상가니』 본문에 나타나는 용어가 본문에서 직접 정의되는 경우
[표제]: 『담마상가니』 본문에는 나타나지 않고 표제어로만 나타나는 경우
[주]: 『담마상가니』 본문에는 나타나지 않고 주석서에만 나타나는 경우
[부록]: 제2권 말미에 부록으로 싣고 있는 『담마상가니 주석서』 서문
[참] : 참조

【가】

가까이 있는(santike) §§584~586, §677 [정의], §780 [정의], §782 [정의], §899, §901, §919, §921, §939, §941, §955, §957, §963, §965.
가라앉음(vūpasama) §161 [설명], §170 등, §202 등, §343 등, §500 등, §578.
가라앉지 못함(avūpasama) §429 [설명], §1165, §1243.
가로막힘(samorodha) §1163.
가리개(chādana) §1065, §1141, §1236.
가벼운(lahuka) §647 [설명], §§648~650.
가벼움(lahutā) §42, §322, §585, §653.
가볍게 변함(lahupariṇāmatā) §§42~43, §§322~323, §638, §728, §859.
가슴에 와 닿는(hadayaṅgama) §1350.
가장 높은(uparitthima) §1025, §1306, §1415.
가지(vidha) §§584~593, §594 [설명], §743 등.
가책(vippaṭisāra) §1166 [설명].
각 개인에 속하는 것(pāṭipuggalika) §§1050~1051.

간결한 설명 편(Nikkhepa-kaṇḍa) §985 [표제] [설명], [부록] §12 [설명].
간절히 바람(paligedha) §1065, §1141, §1236.
간직하지 못함(adhāraṇatā) §1356.
간직함(dhāraṇatā) §14 [설명], §23 등, §290 등, §1358.
간청(patthanā) §1065, §1141, §1236.
간청함(sampatthanā) §1065, §1141, §1236.
간탐(abhijjhā) §365 [설명], §389, §391 [정의] 등, §1236.
간탐 없음(anabhijjhā) §1, §32, §35 [정의] [설명], §62, §104 등, §277, §312, §338, §1061 등.
간탐의 몸의 매듭(abhijjhā-kāyagantha) §1141 [정의] [설명], §1152, §1489.
간택(vicaya) §16 [설명], §20, §29 등, §53, §55 등, §292, §296 등, §555, §1063, §1076 §1336~1345, §1359 등.
갈애의 가죽끈(taṇhā-gaddula) §1065 [설명], §1141, §1236.
갈애의 강(taṇhā-nadī) §1065.
갈애의 그물(taṇhā-jāla) §1065 [설명], §1141, §1236.
갈피를 잡지 못함(dveḷhaka) §425 [설명], §1008, §1123, §1167, §1241.
감각기능[根, indriya] ma2-127, ma2-128, §1352, §1354. 참 기능[根, indriya] §58, §121, §127 [정의], §357 등, §528, §552 등, §660 [정의], §759 [정의], §760 [정의], §942 등.
감각기능들의 문을 잘 보호하지 못함(agutta-dvāratā) ma2-127, §1352 [정의].
감각장소[處, āyatana] §6 [주], §124 [정의], §357 [주], §584 [주], §641 [설명]. 참 장소(āyatana) §265 [주], §§267~268 [주]. 참 경지(āyatana) §248 [주].
감각장소[處]에 능숙함(āyatana-kusalatā) ma2-122, §1342 [정의].
감각적 쾌락(kāma) §160 등등, §1065, §1103 [설명], §1220 [설명].
감각적 쾌락에 달라붙음(kāmajjhosāna) §1103, §1119, §1159, §1220.
감각적 쾌락에 대한 갈망과 악의(kāmarāga-vyāpāda/byāpāda) §361 [설명], §362, §553.
감각적 쾌락에 대한 갈망의 족쇄(kāmarāga-saṁyojana) §1118, §1119 [정의], §1136, §1477 [설명].
감각적 쾌락에 대한 갈애(kāma-taṇhā) §1065, §1103, §1119, §1141, §1159, §1220, §1236.
감각적 쾌락에 대한 열병(kāma-pariḷāha) §1103, §1119, §1159, §1220.
감각적 쾌락에 대한 욕구(kāmacchanda) §1103, §1119, §1159, §1220 [설명].
감각적 쾌락에 대한 욕구의 장애(kāmacchanda-nīvaraṇa) §1158, §1159 [설명], §1176, §1503.

감각적 쾌락에 빠짐(kāma-mucchā) §1103, §1119, §1159, §1220.
감각적 쾌락을 즐거워함(kāma-nandī) §1103, §1119, §1159, §1220.
감각적 쾌락의 번뇌[欲漏, kāmāsava] §1102 [설명], §1103, §1114, §1465.
감각접촉[觸, phassa] §1 [설명], §2 [설명] [정의], §58, §62 등, §107 [정의], §114 등, §132, §§146~151, §§154~278, §§337~366, §§397~470, §§482~557, §§560~569, §§572~582, §1343.
감각접촉에서 생긴(samphassaja) §3 [설명], §4 등, §152 등, §§279~281 등등.
감각접촉의 음식(phassāhāra) §70, §71 [정의], §126.
감성(感性, pasāda) §596 [설명], §§597~615, §694 등, §808 등, §975 등.
감소시킴, [윤회를 ~](apacayagāmi) ma3-10 [설명], §277 [설명], §§339~363, §§505~553, §584, §594, §1021 [정의], §1022, §1412 [정의], §1413.
감지한 것(muta) §586, §966 [설명].
감촉(phoṭṭhabba) §612, §615, §647 [정의] [설명], §650 [설명], §1352, §1354.
감촉을 대상으로 함(phoṭṭhabbārammaṇa) §1, §147, §157, §365, §400 등, §556 등, §615, §650.
감촉을 원함(phoṭṭhabbāsā) §1065, §1141, §1236.
감촉의 감각장소(phoṭṭhabbāyatana) §584, §585, §§647~650 [정의], §§652~655, §658 등, §700 등, §802 등, §901 등, §1057 등, §1342 등, §1439 등.
감촉의 요소(phoṭṭhabba-dhātu) §584, §585, §§647~650, §700, §708 [정의], §709, §817, §§828~830 [정의], §1340.
강건함(dhiti) §13, §22 등, §289 등, §571.
강인함(thāmo) §13, §22 등, §289 등, §571.
강한 갈망(nandī-rāga) §1065, §1141, §1236.
갖가지 인식(nānatta-saññā) §265 [설명], §273, §501, §579.
개개인에 속하는(paccatta) §§1050~1051.
개념(paññatti) ma2-108 [설명], §§1313~1314, §1315 [정의].
개념의 길(paññatti-patha) ma2-108 [설명], §1315 [정의].
개요(uddesa) §1 [주], §57 [주] 등.
거꾸로 거머쥠(vipariyesa-gāha/*Be*:vipariyāsa-gāha) §381 [설명], §392, §1007, §1105 등 §1221 등, §§1320~1327, §1369.
거룩한 마음가짐의 禪(brahmavihāra-jhāna) §262.
거머쥠(gāha) §381 [설명], §392, §1007 등.
거울의 원반(ādāsa-maṇḍala) §§616~619.
거처에 대한 인색(āvāsa-macchariya) §1127.
거친(oḷārika) §584, §585, §674 [정의], §777 [정의], §894, §914, §934, §950.

거친(pharusa) §§647~650.
거칠게 말함(dovacassatā) ma2-117, §1332 [설명].
거칠지 않은 말(apharusa-vācatā) §1350.
건강함의 뜻(ārogyaṭṭha) §1 [주].
건방짐(sampaggāha) §1121, §1239.
검은(kāḷaka) §§616~619.
검증의 지배를 가진(vīmaṁsādhipateyya) §269, §270 [주], §§271~276, §§358~360, §55, §1040 [설명].
검푸른 것의 인식이 함께한(vinīlakasaññā-sahagata) §264 [설명].
겉치레(maṇḍana) §1353, §1355.
게걸(loluppa) §1065, §1141, §1236.
게걸스러운 상태(loluppāyitatta) §1065, §1141, §1236.
게걸스러움(loluppāyanā) §1065, §1141, §1236.
게으름의 동기(kusīta-vatthu) §13 [주].
겨냥하게 함(abhiniropanā) §7 [설명], §21, §84, §91, §283, §298, §371, §382, §461, §475, §490.
격노함(sampakopa) §1066, §1120, §1142, §1180, §1237.
격렬한 욕망(sādhu-kamyatā) §1065 [설명], §1141, §1236.
격류(saritā) §1065, §1141, §1236.
격하게 성냄(sampadosa) §1066, §1120, §1142, §1180, §1237.
견고하지 않음(akaṭhinatā) §44, §45, §324, §639, §730, §862, §1348.
견고한(kharagata) §967.
견디어냄(adhivāsanatā) §1348.
견이 없음(adassana) §390, §1067, §1106, §1128, §1238, §1357.
견해, 그릇된 견해, 사견(diṭṭhi) ma2-113, §381, §392, §1007 등, §1240(사견) [정의], §1257 등, §1565.
견해를 파함(diṭṭhi-vipatti) ma2-135 [설명], §1369 [정의].
견해에 대한 취착(diṭṭhupādāna) §1219, §1221 [정의], §1231, §1553.
견해의 구족(diṭṭhi-sampadā) ma2-136 [설명], §1371 [정의].
견해의 뒤틀림(diṭṭhi-visūkāyika) §381 [설명], §392, §1007 등, §1240.
견해의 밀림(diṭṭhi-gahana) §381 [설명], §392, §1007 등, §1240.
견해의 요동(diṭṭhi-vipphandita) §381 [설명], §392, §1007 등, §1240.
견해의 족쇄(diṭṭhi-saṁyojana) §381 [설명], §382, §1007 등, §1118, §1122 [정의], §1136 등, §1477.
견해의 집착(diṭṭhi-parāmāsa) §1180, §1181 [정의], §1515 [설명].

견해의 청정(diṭṭhi-visuddhi) ma2-137, ma2-138, §1373 [정의], §1374 [정의].
견해의 황무지(diṭṭhi-kantāra) §381 [설명], §392, §1007 등, §1240.
결정할 수 없는[無記, avyākata/*Be*:abyākata] ma3-1 [설명], §431 [설명], §§441~582, §583 [정의], §635 등, §987 [정의], §1068 [정의], §1077 [정의], §1386 [정의].
결정할 수 없음[無記]의 뿌리(avyākata-mūla) §498, §576, §582.
결합된(sampayutta) ma3-2 [설명], §988 [설명], §989 등, §1110 등, §1227 등, §1303 등, §1532.
경(經, sutta/suttanta) [부록] §2, [부록] §43, [부록] §45, [부록] §67.
경배(vandanā) §1126.
경사로움(vitti) §9, §86, §285, §373, §477.
경시함(anādariya) §1332.
경에 따른 분류(suttanta-bhājanīya) [부록] §2, [부록] §13.
경우에 능숙함(ṭhāna-kusalatā) ma2-123 [설명], §1344 [설명] [정의].
경장의 두 개 조(suttantika-dukā) ma2-101 [표제], §1303 [표제].
경지[地, bhūmi] §277 [설명], §§339~363, §§505~553, §1384 [설명], §1386 [설명], §§1390~1394, §1397, §1407 등, §1504 등등.
경지(āyatana) §248 [주]. 참 장소[處, āyatana] 참 감각장소[處, āyatana]
경지의 특별함(bhūmantara) §160 [주], §277 [주], §583 [주], [부록] §4 [설명].
경험하다(paṭisaṁvedeti) §163.
계(戒, sīla) ma2-135, ma2-136, ma2-137, §1368, §1370, §1372, §1124.
계를 통한 단속(sīla-saṁvara) §1349, §1370, §1572.
계를 파함(sīla-vipatti) ma2-135 [설명], §1368 [정의].
계속됨(vattanā) §19, §82, §295, §380, §441, §718.
계속해서 마음챙김[隨念, anussati] §14 [설명], §23, §27, §52, §77, §93, §98, §290, §303, §307, §332, §1358, §1380.
계속해서 생각[隨念]하지 못함(ananussati) §1356.
계의 구족(sīla-sampadā) ma2-136, §1370 [정의].
계의 청정(sīla-visuddhi) ma2-137, §1372 [정의].
계행과 의례의식에 대한 집착[戒禁取, sīlabbata-parāmāsa] §1006 [설명], §1009 [정의] [설명], §1013, §§1016~1017, §1122, §1124 [정의], §1136 등, §1143, §1264, §1271, §1477.
계행과 의례의식에 대한 취착(sīlabbatupādāna) §1219, §1221, §1222 [정의], §1231, §1553.
계행을 가진(sīlavā) §1335.

계행이 나쁜(dussīla) §1333.
고갱이의 냄새(sāra-gandha) §§624~627.
고귀한(mahaggata) ma3-12 [설명], §1027 [정의], §1418 [정의].
고귀한 대상을 가진(mahaggatārammaṇa) ma3-13 [설명], §1030 [정의], §1421 [설명] [정의], §1422.
고기(maṁsa) §645, §742, §880.
고둥 소리(saṅkha-sadda) §§620~623
고착(paṭiggāha) §381 [설명], §1007, §1009, §1105, §1122.
고착(patiṭṭhāha) §381 [설명].
고찰(cāra) §8 [설명], §85, §284 등, §491.
고통에서 벗어남(abyābajjha) ma3-2 [주].
고통을 주는(tapanīya) ma2-105 [설명], §1311 [정의].
고통을 주지 않는(atapanīya) ma2-105 [설명], §1312 [정의].
곧음(ujutā) ☞ 올곧음(ujutā)
공무변처(空無邊處, ākāsānañcāyatana) §265 [설명], §273, §501, §579, §1291, §1422, §1434, §1437.
공부지음(sikkhā) §1008 [설명], §1123, §1167, §1241.
공평하지 못함(asamapekkhaṇā) §390 [설명], §1067, §1106, §1128, §1168, §1238.
공함[空性, suññatā] §343 [설명], §§344~349, §§505 [설명], §§508~518, §§521~522, §§525~529, §§532~§542, §§545~546, §§549~553.
공함[空性]의 부문(suññatā-vāra) §121 [표제] [주], §145 [주].
과거(pubbanta) §1008 [설명], §1063, §1067, §1076 등.
과거를 모색하는 견해(pubbantānudiṭṭhi) ma2-114, §1327 [정의].
과거의(atīta) ma3-18 [설명], §1044 [정의] [설명], §1431.
과거의 대상을 가진(atītārammaṇa) ma3-19 [설명], §1047 [정의], §1432 [정의], §1434.
과격한(aṇḍaka) §1350.
과를 구족한 자(phala-samaṅgī) §1373, §1383.
과보, 과보의, 과보로 나타난(vipāka) ma3-3 [설명], §431 [표제] [설명], §443 등, §§498~507, §§510~565 대부분, §583, §987, §991 [정의], §994, §1022, §1043, §1217.
과보가 아직 익지 않은(avipakka-vipāka) §1043 [설명].
과보로 나타난 것도 아니고 과보를 생기게 하는 것도 아닌(nevavipāka-navipāka-dhammadhamma) ma3-3 [설명], §584, §594, §993 [정의], §1392 [정의].

과보로 나타난 것의 원인(vipākahetu) §1441.
과보를 생기게 하는 법(vipākadhamma-dhamma) ma3-3 [설명], §584, §594, §992 [정의], §993, §1391 [정의].
과일의 냄새(phala-gandha) §§624~627.
과일의 맛(phala-rasa) §§628~631.
관용(anuddā) §1062, §1075.
관용을 가짐(anuddāyanā) §1062, §1075.
관용하는 상태(anuddāyitatta) §1062, §1075.
관통하지 못함(anabhisamaya) §390 [설명], §1067, §1106, §1128, §1168, §1238.
광대함(bhūrī) §16 [설명], §20, §29 등, §53, §55 등, §292, §296 등, §555, §1063, §1076.
괴로운, 괴로움(dukkha) ma3-2 [설명], §413, §415, §416 [정의], §417, §556, §558, §559 [정의], §560, §989, §1388. 참 어려운(dukkha)
괴로운 감각접촉(dukkha-samphassa) §590, §§647~650, §974 [설명].
괴로운 경지(dukkha-bhūmi) §989.
괴로움의 기능(dukkhindriya) §556, §560 [정의].
괴로움의 뿌리(dukkha-mūla) §1065, §1141, §1236.
괴로움의 소멸(dukkha-nirodha) §1063 [설명], §1067, §1076, §1106, §1128, §1168, §1238.
괴로움의 원인(dukkha-nidāna) §1065, §1141, §1236.
괴로움의 일어남(dukkha-samudaya) §1063 [설명], §1067, §1076, §1106, §1128, §1168, §1238.
괴롭지도 즐겁지도 않은(adukkhamasukha) ma3-2, §§152~154, §165, §405 등, §990 [정의], §1389 [정의].
구경의 지혜(aññā) §555 [설명].
구경의 지혜를 가지려는 기능[未知當知根, anaññātaññassāmītindriya] §277 [설명], §296 [설명], §338.
구경의 지혜를 구족한(aññātāvī) §553, §555 [설명].
구경의 지혜를 구족한 기능[具知根, aññātāvindriya] §553, §555 [정의] [설명].
구경의 지혜의 기능[已知根, aññindriya] §361 [설명], §§362~363, §505, §508, §553.
구두쇠(kaṭukañcukata) §1127. 참 쓰디쓴 상태(kaṭukañcukata)
구성요소를 가진(aṅgika) ☞ 두 가지 구성요소를 가진 ☞ 세 가지 구성요소를 가진 ☞ 네 가지 구성요소를 가진 ☞ 다섯 가지 구성요소를 가진
구형(球形, parimaṇḍala) §§616~619.

굳건한 상태(santhambhitatta) §635, §720, §847.
굳건함(santhambhanā) §635, §720, §847.
굳셈(thambhanā) §635 [설명], §720, §847.
굴하지 않음(anolīnavuttitā) §1379 [설명].
굼뜨지 않음(adandhanatā) §42, §322, §638, §728, §859.
굼뜸(olīyana) §1162, §1242.
귀[耳, sota] §600 [설명], §§601~603, §621, §623.
귀로 식별되는(sota-viññeyya) §§588~590, §§972~974 [정의], §1101.
귀에 즐거운(kaṇṇa-sukha) §1350.
귀의 감각장소(sotāyatana) §584, §585 등, §§600~603 [정의], §652 등, §696 [정의], §703 등, §809 등, §983, §1342.
귀의 기능(sotindriya) §584, §585, 등, §§600~603, §660, §712 [정의], §834, §976 [정의], §979 [정의].
귀의 알음알이(sota-viññāṇa) §443, §556, §603 [정의], §623, §1193, §1340, §1388, §1527.
귀의 요소(sota-dhātu) §584, §585, §600 [정의] [설명], §§601~603, §704 [정의], §822, §1340.
그것에 적합한(tajja) §3 [설명], §4 [설명], §6 [설명], §17 등등.
그늘(chāyā) §§616~619.
그릇된 것으로 확정된(micchatta-niyata) ma3-15 [설명], §1035 [정의] [설명], §1426 [정의].
그릇된 견해(micchā-diṭṭhi) §365 [설명], §381 [정의] [설명], §392 등, §1035, §1105 등, §1221 등.
그릇된 견해(diṭṭhi) ☞ 견해(diṭṭhi), ☞ 사견(diṭṭhi)
그릇된 길(micchāpatha) §381 [설명], §392 등 §1035, §1105 등, §§1221~1223 등
그릇된 사유(micchā-saṅkappa) §365, §371, §382 [정의], §400 등, §430.
그릇된 삼매(micchā-samādhi) §365, §375 [설명], §384 [정의], §386 등, §400 등, §430.
그릇된 상태(micchatta) ma3-15 [주], §381 [설명], §1007 등, §1105 등, §1240.
그릇된 생계(micchā-ājīva) §301 [설명].
그릇된 정진(micchā-vāyāma) §365, §376 [설명], §383 [정의], §385 등, §400 등, §430.
그밖에들, 예와빠나까(yevāpanaka) §57 [표제] [주], §147 [표제] 등.
근거가 없음(aṭṭhāna) §1066, §1120, §1142, §1160, §1237,
근본물질(mahā-bhūta) §584 [설명], §§585~586, §§596~632, §637 등, §662

[정의], §663, §696, §710 등, §724, §762 등, §§946~949, §958~965, §975 등, §1097, §1216, §1317, §1461, §1550.
근심 · 탄식(soka-parideva) §1343.
금과 은(jātarūpa-rajata) §§616~619.
금함(veramaṇī) §§299~301.
기꺼워함(pamodanā) §9, §86, §285, §373, §477.
기능[根, indriya] §58, §121, §127 [정의], §357 등, §528, §552 등, §660 [정의], §759 [정의], §760 [정의], §942 등. 참 감각기능[根, indriya] ma2-127, ma2-128, §1352, §1354.
기능에 묶여있는(indriya-baddha) ma3-20 [주], §1435 [주].
기능에 묶여있지 않는 물질(anindriyabaddha-rūpa) ma3-20 [주], §1435 [설명], §1437 [주].
기대함(apekkhā) §1065, §1141, §1236.
기뻐함(āmodanā) §9, §86, §285, §373, §477.
기뻐함(nandī) §1065, §1141, §1236.
기쁨(somanassa) §18 [설명].
기쁨과 불만족(somanassa-domanassa) §165 [설명].
기쁨의 기능(somanassindriya) §1, §18 [정의] [설명], §74, §81, §127 등, §294 [정의] 등, §365, §379, §481, §568, §585.
기쁨이 함께한(somanassa-sahagata) §1, §146, §269, §365 등, §568 [설명], §1387, §1402.
기원함(āsiṁsanā/*Ee*:āsisanā) §1065, §1141, §1236.
긴(dīgha) §§616~619.
길라잡이의 부문(saṅgaha-vāra) §57 [주], §121 [주] 등.
길잡이(netta) §596 [설명], §§597~599.
깃발[을 날림](dhaja) §1121 [설명], §1239.
깊이 들어가지 못함(apariyogāhanā) §390 [설명], §1067, §1106, §1128, §1168, §1238.
깊이 의지함(saṁsevanā) §1333, §1336.
깨끗한(paṇḍara) §6 [설명], §17, §63 등, §111, §§115~118, §282, §370, §436, §448, §460 등, §596 [설명], §§597~615.
깨끗한(subha) §250 [설명].
깨끗한 믿음(abhippasāda) §12, §25, §75, §96, §288, §305.
깨닫지 못함(ananubodha) §390 [설명], §1067, §1106, §1128, §1168, §1238.
깨달음, 깨달은 자, 깨달음의 나무(bodhi) §285 [주], [부록] §27 [설명].

깨달음의 구성요소(sambojjhaṅga) §285 [설명], §555 [설명].
깨달음의 구성요소[覺支, bojjhaṅga] §285 [설명], §357 [설명], §360, §528, §552, §1361.
까칠까칠함(kakkasa) §1351.
껍질의 냄새(taca-gandha) §§624~627.
껍질의 맛(taca-rasa) §§628~631.
꼬리침(pucchañjikatā/*Ee*:puñcika -tā) §1065 [설명], §1141, §1236.
꼬부라지지 않음(avaṅkatā) §50, §51, §330, §§331, §1346.
꽃의 냄새(puppha-gandha) §§624~627.
꽃의 맛(puppha-rasa) §§628~631.
꿀(madhu) §645, §742, §880.
꿰뚫어 간택함(pavicaya) §16 [설명], §20, §29 등, §53, §55 등, §292, §296 등, §555, §1063, §1076.
꿰뚫지 못함(appaṭivedha) §390 [설명], §1067, §1106, §1128, §1168, §1238.
끈(sutta) §1065 [설명], §1141, §1236.
끈기 있게 행함(sātacca-kiriyatā) §1379.
끊어진 것의 인식이 함께한(vicchiddaka-saññā-sahagata) §264 [설명].
끝(anta) §1291.
끝남(antaradhāna) §644, §740, §877.

【나】

나쁜 길(kummagga) §381 [설명], §392, §1007, §1009, §1105 등.
나쁜 냄새(duggandha) §§624~627.
나쁜 친구를 사귐(pāpamittatā) ma2-117, §1333 [정의].
나아감(iriyanā) §19, §82, §295, §380, §441 등, §718 등.
나타나지 않은(anabhinibbatta/*Ee*: anabhinippatta), §1042.
나타난(abhinibbatta/*Ee*:abhinippatta) §1041, §1046.
나태한 상태(thiyitatta) §1162, §1242.
나태함(thīyana/*Be*:thiyana) §1162, §1242.
난도질당하여 뿔뿔이 흩어진 것의 인식이 함께한(hata-vikkhittaka-saññā-saha -gata) §264 [설명].
난폭하지 않음(acaṇḍikka) §1348.
남김 없음(nippadesa) ☞ 포괄적(nippadesa)

남김없이 제거함(anavasesappahāna) §362 [설명], §553.
남성스러운 행위(purisa-kutta) §633, §717, §841.
남에게 모진(para-kaṭuka) §1350.
남을 찌르는(parābhisajjanika) §1350.
남자됨(purisatta) §633, §717, §841.
남자의 [외관상의] 표상(purisa-nimitta) §633, §717, §841.
남자의 기능[男根, purisindriya] §584, §585, §591 등, §633 [설명] [정의], §652 등, §716 [정의], §841 [정의], §882 등, §903 등.
남자의 모습(purisākappa) §633, §717, §841.
남자의 상태(purisa-bhāva) §633, §415, §841.
남자의 생김새(parisa-liṅga) §633, §717, §841.
낮고 높은(ninna-thala/*Be*:ninna, thala) §§616~619.
낮은 단계(heṭṭhima) §1023, §1305, §1414.
내키지 않음(akalyatā/*Be*:akallatā) §1162, §1163, §1242.
냄새(gandha) §605, §§624~627
냄새를 대상으로 함(gandhārammaṇa) §1, §147, §157, §365, §410, §556, §607, §627.
냄새를 원함(gandhāsā) §1065, §1141, §1236.
냄새의 감각장소(gandhāyatana) §584, §585 등, §§624~627 [정의], §652 등, §700 [정의], §748 등, §966 [정의], §972, §983 등, §1342, §1535.
냄새의 요소(gandha-dhātu) §584, §585, §§624~627, §708 [정의], §1340.
넘지 않음(anajjhāpatti) §299 [설명].
넘지 않음(anatikkama) §299 [설명], §§300~301.
넝쿨(latā) §1065, §1141, §1236.
네 가지 구성요소를 가진(caturaṅgika) §147, §157 등, §397 등, §410 등.
네모난(caturaṁsa) §§616~619.
노란(pīta) §247.
노란(pītaka) §§616~619.
노란빛을 발하는(pīta-nibhāsa) §247.
노란색(pīta-vaṇṇa) §247.
노란색의 까시나(pītakasiṇa) §203.
노랗게 보이는(pīta-nidassana) §247.
노래 소리(gīta-sadda) §§620~623.
노력(parakkama) §13, §22 등, §289 등, §571.
노력(padhāna) ma2-138, ma2-139, ma2-140, §1375 [정의], §1377 [정의],

§1379 [정의].
노쇠함(jīraṇatā) §643 [설명], §738, §874.
노여움(pakopa) §1066, §1120, §1142, §1180, §1237.
녹색(harivaṇṇa) §§616~619.
논(論), 아비담마(abhidhamma) [부록] §46, [부록] §73.
눈(cakkhu) §596 [설명], §§597~599, §§617~619.
눈으로 식별되는(cakkhu-viññeyya) §§588~590, §§972~974 [정의], §1101.
눈의 감각장소(cakkhāyatana) §584, §585 등, §§596~599 [정의], §652 등, §694 [정의], §695 등, §784, §787, §791 등, §808 [정의], §809 등, §982 [정의], §1057 등, §1342 등.
눈의 감성(cakkhu-pasāda) §596 [주], §599 [주], §615 [주], §1420 [주].
눈의 기능(cakkhundriya) §584, §585, 등, §§596~599, §660, §710 [정의], §§831~833 등, §975 [정의], §978 [정의], §1352, §1354.
눈의 알음알이(cakkhu-viññāṇa) §431, §441, §556 등, §619, §681, §688 등, §787, §799, §1193, §1340, §1527.
눈의 알음알이의 요소(cakkhuviññāṇa-dhātu) §§433~436, §439, §441, §1340.
눈의 요소(cakkhu-dhātu) §584, §585, §§596~599, §702 [정의], §820 [정의], §1340.
느껴지는(vedayita) §3, §10, §18 등등.
느낌(vedanā) ma3-2 [설명], §1, §3 [설명] [정의], §10 [설명], §18 [설명], §40 등.
느낌을 가진 것(vedanāvā) §1007.
느낌의 무더기[受蘊, vedanākkhandha] §40 등, §60 [정의], §66 등등.
능숙한 성질(paguṇabhāva) §§48~49, §§328~329.
능숙한 상태(paguṇatta) §§48~49, §§328~329.
능숙함(kosalla) §16 [설명], §20 등, §296 등, §555, §1063, §1076.
능숙함(paguṇatā) §§48~49, §§328~329.

【다】

다가오는 [방법](āgamana) §176 [주], §343 [주], §350 [주], §499 [주], §505 [주].
다리를 없앰(setu-ghāta) §299 [설명], §§300~301.
다섯 가지 [禪의] 분류 방법, §5종[禪](pañcaka-naya) §166 [설명], §1401.
다섯 가지 구성요소를 가진(pañcaṅgika) [禪/도] §58 [설명], §83 [정의], §89 [정의], §147, §154, §337, §397, §400.

다시 중얼거림(abhijappa) §1065 [설명], §1141, §1236.
다툼을 가진(saraṇa) ma2-100 [설명], §1301 [정의] [설명], §1615 [정의].
다툼이 없음[無爭, araṇa] ma2-100 [설명], §1302 [정의], §1616 [정의].
닦다(bhāveti) §160 [설명], §268, §277, §357.
닦음[修, bhāvanā] ma3-8 [설명], ma3-9, ma2-84, ma2-86, §584, §594, §1011 [정의] [설명], §1102 [설명], §1018, §1019, §1266 [정의], §1273, §1361, §§1377~1379, §1406~1410, §1583 [정의], §1587.
단단하지 않음(akakkhaḷatā) §44, §45, §324, §639, §730, §862.
단단한(kakkhaḷa) §§647~650, §967.
단맛(madhura) §§628~631.
단멸한다는 견해[斷見, uccheda-diṭṭhi] ma2-112 [설명], §1323 [정의].
단속 [여러 가지 ~](saṁvarāsaṁvara) [부록] §52 [설명].
단속하지 않음(asaṁvara) §1352.
단어(vyañjana/*Be*:bya-) §§1313~1315.
단일한 상태(ekodibhāva) §161.
닫힌 상태(aggahitatta) §1127 [설명].
달라붙음(ajjhosāna) §1065, §1104, §1125, §1141, §1236, §1319.
달라붙음(visattikā) §1065, §1141, §1236.
달의 원반(canda-maṇḍala) §§616~619.
당밀(phāṇita) §645, §742, §880.
당황스러움(thambhitatta) §426 [설명], §1008, §1123, §1167, §1241, §1263, §1270. 참 팽창성(chambhitatta/thambhitatta) §970 [설명].
닿지 않은(asamphuṭṭha) §637 [설명], §724, §853.
대상(ārammaṇa) §185 등, §584, §585, §§686~693, §§795~806.
대상으로 해서(ārabbha) §1029 [설명], §1420~1421 [주].
대상을 가진(sārammaṇa) ma2-55 [설명], §1191 [정의], §1525 [정의].
대상을 가지지 않는(anārammaṇa) §584, §594, §1422 [설명], §1429, §1434, §1437.
대상이 없는(anārammaṇa) ma2-55 [설명], §1192 [정의], §1526 [정의].
더 많은 것을 바람(bhiyyo-kamyatā) §1378.
덩어리진 [먹는] 음식(kabaḷīkāra/*Ee*:kabaliṅkāra āhāra) §584, §585, §595, §645 [설명] [정의], §§652~657, §659 등, §984, §1201, §1215, §1535, §1549.
덮개(āvaraṇa) §1065, §1141, §1236.
도(magga) §58 [설명], §89, §121 [설명], §129 [정의], §147, §161 등, §337 등, §400 등, §1039.

도닦음(paṭipadā) §180, §1063 [설명], §1067 등.
도닦음은 쉬운(sukha-paṭipada) §§178~180, §§194~202 등, §§340~342 등, §509 등.
도닦음이 어려운(dukkha-paṭipada) §176 [설명], §177 등, §186 [설명], §277 [설명], §339 등, §§356~363, §§523~533, §§547~553.
도를 구족한 자(magga-samaṅgī) §1039, §1040, §1373, §1382 [정의].
도를 대상으로 가진(maggārammaṇa) ma3-16 [설명], §1038 [정의] [설명], §1429 [정의] [설명].
도를 원인으로 가진(magga-hetuka) ma3-16 [설명], §1039 [정의] [설명], §1429 [정의] [설명].
도를 지배의 [요소]로 가진(maggādhipati) ma3-16 [설명], §1040 [정의] [설명], §1429 [정의] [설명].
도솔천궁(Tusitapura) [부록] §85 [설명].
도에 포함됨(magga-pariyāpanna) §283 [설명], §287, §§289~292, §§296~309, §§332~337, §364, §555 [설명], §1039, §1079.
도의 결실(magga-phala) §996 [설명], §999 등, §110 등, §1218 등.
도의 구성요소(maggaṅga) §283 [설명], §287, §§289~292, §§296~309, §§332~337, §364, §555 [설명], §1039, §1079.
돌보지 않음(agopanā) §1352.
돌봄(gopanā) §1354.
돌이켜 마음챙기지 못함(appaṭissati) §1356.
돌이켜 마음챙김(paṭissati) §14 [설명], §23, §27, §52, §77, §93, §98, §290, §303, §307, §332, §1358.
동등한(sadisa) §1121 [설명], §1239.
동료 수행자(sahadhammika) §1332, §1334.
동요(ejā) §1065, §1141, §1236.
동요(bhantatta) §429 [설명], §1165, §1243.
두 가지 구성요소를 가진 [禪](duvaṅgika) §163, §165, §174, §425.
두 갈래 길(dvedhā-patha) §425 [설명], §1008, §1123, §1167, §1241.
두 번째 경지(dutiya-bhūmi) §361 [설명], §553 [설명].
둥근(vaṭṭa) §§616~619.
뒤틀리지 않음(ajimhatā) §50, §51, §330, §1346.
드러나지 않은(apātubhūta) §1042, §1045.
드러난(pātubhūta) §1041, §1046.
들뜸(uddhacca) §427, §429 [정의] [설명], §430, §1164, §1165 등, §1235, §1243

등, §1406 등.
들뜸과 결합된(uddhacca-sampayutta) §427 [설명].
들뜸과 후회의 장애(uddhacca-kukkucca-nīvaraṇa) §1158, §1164 [정의], §1503.
들뜸이 함께한(uddhacca-sahagata) §1406 등, §1443 등, §1499 등.
들리는(suta) §586, §966 [설명].
들판(khetta) §596 [설명], §§597~615.
땅의 까시나(pathavīkasiṇa) §160 [설명], §161, §163 등, §§176~202, §271, §§499~500, §§577~578.
땅의 요소(paṭhavīdhātu/*Be*:pathavī-) §587, §647 [설명], §§648~650, §700, §817, §967 [정의], §983.
때(samaya) §1 [설명], §§2~582, §1067, §1106, §1128, §1168, §1238. 참 현장성(samaya) 역자 서문 §12-(3).
떠나간(vigata) §1044.
떠다니지 않음, 깊이 들어감(apilāpanatā) §14 [설명], §23, §52, §93, §290, §1356, §1380.
떨쳐버린(vivicca) §160 [설명], §167, §§176~179 등, §181 이하 §277까지 대부분, §339 이하 §363까지 대부분, §505 이하 §553까지 대부분, §577.
떫은맛(kaṭuka) §§628~631.
뙤약볕(ātapa) §§616~619.
뛰어난(seyya) §1121 [설명], §1239.
뜨거운 것(usmā) §969.
뜨거운 것으로 된(usmāgata) §969.
뜯어 먹힌 것의 인식이 함께한(vikkhāyitaka-saññā-sahagata) §264 [설명].

【마】

마노[意, mano] §6 [설명], §17 [설명], §58, §§63 등, §111, §§115~118 등, §282 등, §436 등, §494, §966, §1352, §1354.
마노로 식별되는(mano-viññeyya) §§588~590, §§972~974 [정의], §1101.
마노로 짓는 업(mano-kamma) §§985~987, §1010, §1017 등, §1264 등.
마노로 짓는 좋은 행위(mano-sucarita) §1312.
마노의 감각장소(manāyatana) §6 [설명], §17, §58, §§63~65 [정의], §68 등, §111, §§115~118 등, §282 등, §436 등, §1213, §1342, §1547.
마노의 기능(manindriya) §1, §6 [설명], §17 [정의] [설명], §58, §§63~65 [정의],

§68 등, §80 [정의], §111, §§115~118 등, §282 등, §400 등, §556 등, §1352, §1354.
마노의 알음알이의 요소(manoviññāṇa-dhātu) §§3~6 [설명], §17, §67, §68 [정의], §73, §111 등, §337 등, §§468~474 등, §§563~568, §§572~576, §974, §1193, §1340, §1527 등.
마노의 요소(mano-dhātu) §455 [설명], §§457~460, §465 등, §§561~590, §§973~974, §1340, §1434 등.
마노의 의도의 음식[意思食, mano-sañcetanāhāra] §70, §72 [정의], §126.
마띠까(mātikā) 마띠까 [표제] [설명], ma3-1 [표제], ma2-1 [표제], ma2-101 [표제], §584 [표제] [설명].
마라의 낚싯바늘(māra-baḷisa) §1065, §1141, §1236.
마라의 올가미(māra-pāsa) §1065, §1141, §1236.
마을(gāma) §596 [설명], §§597~615, §694 등.
마음(citta) ma2-56 [설명], §1 [설명], §6 [정의] [설명], §8, §17 등, §58 [설명] 등, §111 [정의] 등, §282 [정의], §370, §436, §448, §460 등.
마음과 결속되어 있고 마음에서 생겼고 마음과 함께 존재하는(citta-saṁsaṭṭha-samuṭṭhāna-sahabhu) ma2-64 [설명], §1209 [정의], §1543 [정의].
마음과 결속되어 있고 마음에서 생긴(citta-saṁsaṭṭha-samuṭṭhāna) ma2-63, §1207 [정의], §1208 §1541 [정의], §1542.
마음과 결속되지 않은(citta-visaṁsaṭṭha) ma2-59 [설명], §1200 [정의], §1534 [정의].
마음과 결속된(citta-saṁsaṭṭha) ma2-59 [설명], §1119 [정의], §1533 [정의].
마음과 결합되지 않은(citta-vippayutta) ma2-58, §584, §594, §1198 [정의], §1532 [정의].
마음과 결합된(cittasampayutta) ma2-58, §584, §594, §1197 [정의], §1531 [정의]
마음과 마음부수(citta-cetasika) §§1029~1031, §1038 등, §§1047~1049, §§1053~1055, §1289, §1291.
마음과 함께 존재하는(citta-sahabhu) ma2-61 [설명], §584, §585, §668 [정의], 772 [정의], §1203 [정의], §1537 [정의].
마음부수(cetasika) ma2-57 [설명], §1195 [정의], §1529 [정의]. 참 정신적인 것(cetasika) §3 [설명], §10, §18, §22 등, §152 등등, §1365, §1375.
마음부수가 아닌(acetasika) ma2-57, §584, §594, §1196 [정의], §1530 [정의].
마음에 드는(manāpiya) §974.
마음에 잡도리하지 않는(amanasikāra) §265, §273, §501, §579.
마음에 잡도리함[作意]에 능숙함(manasikāra-kusalatā) ma2-121 [설명], §1342

[정의].
마음에서 생긴(citta-samuṭṭhāna) ma2-60 [설명], §584, §585, §666 [설명] [정의], §667, §769 [정의], §770, §1201 [정의], §1535 [정의].
마음으로부터 발생한(cittaja) §666, §667, §769, §1201, §1535.
마음을 따르는(cittānuparivatti) ma2-62 [설명], §584, §585, §670 [정의], §774 [정의], §1205 [정의], §1539 [정의].
마음을 원인으로 하는(citta-hetuka) §666, §667, §769, §1201, §1535.
마음의 가벼움(citta-lahutā) §1, §43 [정의], §62, §114 등, §277, §323 [정의], §338.
마음의 능숙함(citta-pāguññatā) §1, §49 [정의], §62, §114 등, §277, §329 [정의], §338.
마음의 부드러움(citta-mudutā) §1, §45 [정의], §62, §114 등, §277, §325 [정의], §338.
마음의 분류(citta-vibhatti) [부록] §11
마음의 상처(mano-vilekha) ☞ 상처(vilekha)
마음의 언짢음(anatta-manatā) §418 [설명], §1066, §1120, §1142, §1160, §1237.
마음의 올곧음(cittujukatā) §1, §51 [설명], §62, §114 등, §277, §331 [정의], §338.
마음의 일어남(cittuppāda) §1, §1385 [설명], §1387 등, §§1402~1409, §1422 등, §1434 등.
마음의 일어남 편(Cittuppāda-kaṇḍa) §1 [표제], §984 [주], [부록] §11.
마음의 적합함(citta-kammaññatā) §1, §46 [정의], §62, §114 등, §277, §327 [정의], §338.
마음의 지배를 가진(cittādhipateyya) §§269~276, §§358~360, §552.
마음의 편안함[輕安](citta-passaddhi) §1, §41 [정의], §62, §114 등, §277, §321 [정의], §338.
마음이 한 끝으로 [집중]됨(cittassekaggatā) §11 [설명] [정의], §62 등, §166 [설명], §225 [설명], §265 [설명], §365 [설명], §375 [설명], §438 [설명], §566 [설명], §570 [설명], §1367 [설명] 등.
마음이 한 끝으로 [집중] 됨(cittekaggatā) §11 [주], §57 [주], §166 [주] 등.
마음챙기는(sata) §163.
마음챙기는(satimā) §163.
마음챙김(sati) ma2-130, §1, §14 [설명], §23, §27, §52 [설명], §77, §93, §98, §114 등, §290, §303, §307, §332, §1358.
마음챙김을 놓아버림(muṭṭha-sacca) ma2-129 [설명], §1356 [정의].

마음챙김의 기능(satindriya) §1, §14 [설명], §23, §27, §52, §77 [정의], §93, §98, §114 등, §290, §303, §307, §332, §1358.
마음챙김의 깨달음의 구성요소(sati-sambojjhaṅga) §290, §303, §307, §332.
마음챙김의 확립(sati-paṭṭhāna) §357 [설명], §360, §528, §552.
마음챙김의 힘(sati-bala) §1, §14 [설명], §23, §27 [정의], §52, §77, §93, §98, §114 등, §290, §303, §307, §332, §1358.
마지막 두 개 조(piṭṭhi-dukā) ma2-1 [표제 주], ma2-83 [표제], §1261 [표제], §1581 [표제].
만약(yatvādhikaraṇa) §1352, §1354.
만족감(sāta) §3, §10, §18 등, §108 등, §279 등, §405 등.
만족하지 못함(asantuṭṭhitā) ma2-140 [설명], §1353, §1378 [정의].
많이 [공부]짓는 것(bahulīkamma) §1361, §1379.
많이 배운(bahussuta) §1335.
많이 중얼거림(pajappā) §1065 [설명], §1141, §1236.
말(vācā) §636 [설명], §722, §850.
말(vacī) §299 [설명].
말로 짓는 업, 말의 업(vacī-kamma) §1 [주해 설명], §§985~997, §1010 등, §1249 등.
말로 짓는 좋은 행위(vacī-sucarita) §1312.
말로 하는 나쁜 행위(vacī-duccarita) §299 [설명], §1311.
말을 내뱉음(vacī-bheda) §636, §722, §850.
말을 함(abhilāpa) §§1313~1315.
말의 암시(vacī-viññatti) §584, §585, §595, §636 [설명] [정의], §653 등, §664 [정의], §666 [설명], §722 [정의], §749 등, §850 [정의], §883, §905 등, §1201 등, §1535 등.
말해야 하는(vattabba) §1198, §1389 [설명], §1401 등, §1500 등, §1580.
맛(rasa) §608, §611, §628, §1352, §1354.
맛을 대상으로 함(rasārammaṇa) §12, §147, §157, §556.
맛을 원함(rasāsā) §1065, §1141, §1236.
맛의 감각장소(rasāyatana) §584, §585 등, §§628~631 [정의], §652 등, §700 [정의], §748 등, §966 [정의], §§972~973, §983 등, §1342, §1535.
맛의 요소(rasa-dhātu) §584, §585, §§628~631, §708 [정의], §808, §1340.
망설임(parisappanā) §425 [설명], §1008, §1123, §1167, §1241.
맞닿은 상태(samphusitatta) §2, §71, §107 등, §404 등, §554.
맞닿음(samphusana) §2, §71, §107 등, §404 등, §554.

매끄러운(saṇha) §§647~650.
매듭(gantha) ma2-26 [설명], ma2-29, ma2-30, §1065, §1140 [정의] [설명], §1141, §§1144~1155, §1236, §1489 [정의], §§1495~1500.
매듭과 결합되지 않은(gantha-vippayutta) ma2-28,ma2-31, §1149 [정의], §1154, §1494 [정의], §1499, §1500.
매듭과 결합된(gantha-sampayutta) ma2-28, ma2-30, §1148 [정의], §1152, §1493 [정의], §1497, §1500.
매듭의 대상이 아닌(aganthaniya) ma2-27 [설명], ma2-31, §1147 [정의], §1155, §1492 [정의], §1496, §1500.
매듭의 대상인(ganthaniya) ma2-27 [설명], ma2-29, ma2-31, §584, §594, §1146 [정의], §1150 등, §1491 [정의], §1495 등.
매어둠(anusandhānatā) §8 [설명], §85, §284, §372, §462, §491.
매운맛(kasāva) §§628~631.
머묾(ṭhiti) §11 [설명], §15, §19 등, §82, §88 등, §287, §295 등, §441 등, §570, §634 등, §1355, §1362 등, §1377(지속).
먹구름 색(abbha) §616 [설명], §§617~619.
먼지(rajo) §§616~619.
멀리 있는(dūre) §§584~586, §676 [정의] [설명], §781, §898, §900 등, §964.
멋대로 대하지 않음(appaṭikūlaggāhitā) §1334.
멋대로 대함(vippaṭikūlagāhitā) §1332.
멸진(khaya) ma2-142 [설명], §644, §740, §877, §1380.
명지(明知, vijjā) ma2-141 [설명], §1380 [정의].
명지의 일부(vijjābhāgī) ma2-101 [설명], §1303 [정의].
명칭(saṅkhā) §§1313~1315, §1353, §1355.
모둠(gocchaka) ma2-1 [표제 주], §1385 [주].
모둠들 사이(gocchakantara) ma2-1 [주], ma2-6 [주].
모습(ākappa) §632, §633, §714, §716, §838, §841.
목으로 삼키는(galajjhoharaṇīya) §645, §742, §880.
몰이막대(patoda) §16 [설명], §20, §29 등, §53, §55 등, §292, §296 등, §555, §1063, §1076.
몰입(vyappanā/*Be*:byappanā) §7 [설명], §21, §84, §91, §283, §298, §371, §382, §461, §475, §490.
몸(kāya) §40 [설명], §632 §720, §847, §1163 [설명], §1355.
몸(sarīra) §1105, §1122, §1144, §1181, §1240.
몸에 머물고 있는 것(sarīraṭṭhaka) §652 [주], §1050 [주].

몸으로 식별되는/식별해야 하는(kāya-viññeyya) §§588~590, §§972~974 [정의], §1101 [설명].
몸으로 짓는 나쁜 행위(kāya-duccarita) §300 [설명], §1311.
몸으로 짓는 업, 몸의 업(kāya-kamma) §1 [주해 설명], §985, §997, §1010 등.
몸으로 짓는 좋은 행위(kāya-sucarita) §1312.
몸의 가벼움(kāya-lahutā) §1, §42 [설명] [정의], §62, §114 등, §277, §322 [정의], §338.
몸의 감각장소(kāyāyatana) §584, §585 등, §§612~615 [정의], §652 등, §696 [정의], §704 등, §811 [정의], §983, §1342.
몸의 감각접촉(kāya-samphassa) §584, §585, §615, §650, §682 등.
몸의 감각접촉에서 생긴(kāya-samphassaja) §445 등, §§558~560, §650, §692.
몸의 기능(kāyindriya) §584, §585, 등, §§612~615, §660, §712 [정의], §759 등, §835 [정의], §942 등.
몸의 능숙함(kāya-pāguññatā) §1, §48 [설명] [정의], §62, §114 등, §277, §328 [정의].
몸의 매듭(kāya-gantha) §1140 [설명], §§1141~1144, §1152, §1489.
몸의 부드러움(kāya-mudutā) §1, §44 [설명] [정의], §62, §114 등, §277, §324 [정의], §338.
몸의 알음알이(kāya-viññāṇa) §443, §453, §556 등, §615, §650, §684 등, §793, §805, §1193, §1340, §1388, §1527.
몸의 알음알이의 요소(kāya-viññāṇadhātu) §453, §560, §1349.
몸의 암시(kāya-viññatti) §584, §585, §595, §635 [설명] [정의], §653 등, §664 [정의], §666 [설명], §720 [정의], §749 등, §847 [정의], §883 등, §1201, §1535.
몸의 올곧음(kāyujukatā) §1, §50 [설명], §62, §114 등, §277, §330 [정의], §338.
몸의 요소(kāya-dhātu) §584, §585, §§612~615, §704 [정의], §823 [정의], §1340.
몸의 적합함(kāya-kammaññatā) §1, §46 [설명] [정의], §62, §114 등, §277, §326 [정의], §338.
몸의 편안함[輕安](kāya-passaddhi) §1, §40 [설명] [정의], §62, §114 등, §277, §320 [정의], §338.
못한(hīna) §1121, §1239. 참 저열한(hīna) ma3-14 [설명], §§269~276, §1032 [정의], §1423 [정의].
무위(無爲, asaṅkhata) ☞ 형성되지 않은[無爲, asaṅkhata]
무간업(ānantarika) §1035 [설명], §1297.
무간지옥(avīci-niraya) §1287 [설명].
무거운(garuka) §§647~650.

무기력하지 않음(avitthanatā) §42 [설명], §43, §322, §638, §728, §859.
무너짐(paribheda) §740, §877.
무더기[蘊, khandha] §58, §59 [정의], §121 [설명], §123 [설명], §147 등, §357 등, §528, §552 등, §1287.
무더기의 특별함(khandhantara) [부록] §24 [설명].
무량한(appamāna) ma3-12 [설명], §1028 [정의], §1419 [정의].
무량한 대상을 가진(appamāṇārammaṇa) ma3-13 [설명], §182부터 §202까지 대부분, §§232~243, §1031 [정의], §1422 [정의] [설명].
무르익음(paripāka) §643 [설명], §738, §874.
무명(無明, avijjā) ma2-110, §390 [설명], §1067 [정의], §1102 등, §1318 [정의].
무명의 번뇌(avijjāsava) §1102 [설명], §1106 [정의], §1114, §1465.
무명의 속박(avijjā-yoga) §390, §1067, §1106, §1128, §1168, §1238.
무명의 얽매임(avijjā-pariyuṭṭhāna) §390, §1067, §1106, §1128, §1168, §1238.
무명의 일부가 되는(avijjā-bhāgī) ma2-101 [설명], §1304 [정의].
무명의 잠재성향(avijjānusaya) §390, §1067, §1106, §1128, §1168, §1238.
무명의 장애(avijjā-nīvaraṇa) §1158, §1168 [정의], §1503.
무명의 족쇄(avijjā-saṁyojana) §1118 [설명], §1128 [정의], §1136, §1477.
무명의 폭류(avijjogha) §390, §1067, §1106, §1128, §1168, §1238.
무상함(aniccatā) §584 등, §644 등, §740 등, §876 등.
무색계, 무색계의, 무색계에 속하는(arūpāvacara) ma2-95, §264 [설명] 등, §§501~504, §§579~584, §594, §987 등, §1002 등, §1107 등, §1207 등, §1291 [정의], §1602, §1605 [정의].
무색계(arūpa) §265 [주]. 참 비물질(arūpa)
무색계禪(arūpajjhāna/arūpajhāna) §268 [설명].
무색계에 대한 갈망(arūpa-rāga) §363 [설명], §553.
무색계에 태어남(arūpūpapatti) §265 [설명], §§266~268, §§273~276, §§501~504.
무색의 경지(āruppa) §1401, §1429, §1592 등, §1605.
무색의 존재(arūpabhava) §265 [주], §363 [주].
무시함(anādaratā) §1332.
무엇이(katama) §1 [설명] 등등, §595 [설명] 등등.
무지함, 무지(aññāṇa) §390, §1067, §1106, §1128, §1168, §1238.
무학, 무학에 속하는(asekkha) ma3-11 [설명], §584, §1024 [정의], §1415 [정의].
무한한(anantavā) ma2-113, §1105, §1122, §1144, §1181, §1240, §1325 [정의].
묶음(bandhana) §1065, §1141, §1236.

문(dvāra) §596 [설명], §§597~615.
문을 잘 보호하지 못함(agutta-dvāratā) ma2-127, §1352 [정의].
문을 잘 보호함(gutta-dvāratā) ma2-128, §1354 [정의].
문드러진 것의 인식이 함께한(vipubbaka-saññā-sahagata) §264.
물(āpo) §651 [설명], §726.
물러서지 않음(appaṭivānitā) ma2-140, §1379 [정의].
물소리(udaka-sadda) §§620~623.
물의 까시나(āpo-kasiṇa) §203.
물의 요소(āpo-dhātu) §584, §585, §646 [설명], §651 [정의], §652 등, §726 [정의], §856 [정의], §948 [정의], §959, §962, §968 [정의], §1201, §1535.
물질 편(Rūpa-kaṇḍa) §583 [표제] [설명], [부록] §12.
물질, 형색(rūpa) §§204~249, §583, §584 [정의] [설명], §§584~984, §594, §599 [설명] [정의].
물질로 호의를 베풂(āmi-sapaṭisanthāra) §1351.
물질에 대한 인식(rūpa-saññā) §265 [설명], §273, §501, §579.
물질을 가진(rūpavā) §1007, §1223, §1262, §1269.
물질을 인식하지 않음(arūpa-saññī) §204 [설명], §§205~247.
물질의 길라잡이(rūpa-saṅgaha) §584 [설명], §§585~594, §743 등, §971 등, §984.
물질인, 물질로 된(rūpī) ma2-11 [설명], §248 [설명], §634, §718, §844, §976, §1097 [정의], §1461 [정의].
미래를 모색하는 견해(aparantānudiṭṭhi) ma2-114 [설명], §1327 [정의].
미래의(anāgata) ma3-18 [설명], §1045 [정의], §1431 [정의].
미래의 대상을 가진(anāgatārammaṇa) ma3-19 [설명], §1048 [정의], §1433 [정의] [설명], §1434.
미세한(sukhuma) §§584~586, §675 [정의], §779 [정의], §895 [정의], §897 [정의], §915 [정의], §917 [정의], §935 [정의], §937 [정의], §951 [정의], §953 [정의], §959 [정의], §961 [정의].
미소(hāsa) §9, §86, §285, §373, §477.
미혹(sammoha) §390 [설명], §1067, §1106, §1128, §1168, §1238.
믿는 것(saddahanā) §12 [설명], §25, §75, §96, §288, §305.
믿음(saddhā) §12 [설명], §25, §75, §96, §288, §305, §1335.
믿음의 기능(saddhindriya) §1, §12 [설명] [정의], §25, §62, §75 [정의], §95, §96, §114 등, §§161~175, §277, §288, §305, §338.
믿음의 힘(saddhā-bala) §1, §12, §25 [설명] [정의], §62, §75, §95, §96 [정의],

§114 등, §277, §288, §305, §338.
믿음이 없음(assaddha) §1333.

【바】

바다(samudda) §596 [설명], §§597~615 §1065, §1089, §1141, §1236.
바람[願, icchā] §1065, §1141, §1236.
바람(vāyo) §970.
바람 기운(vāyogata) §970.
바람소리(vāta-sadda) §§620~623.
바람의 까시나(vāyo-kasiṇa) §203.
바람의 요소(vāyo-dhātu) §587, §647 [설명],650, §648이하, §970 [정의].
바른 것으로 확정된(sammatta-niyata) ma3-15 [설명], §1036 [정의], §1427 [정의].
바른 견해(sammā-diṭṭhi) §1, §16 [설명], §20, §29 등, §53 등, §100 등, §§161~175, §292, §296 등, §555, §1063, §1076, §§1336~1345, §1359 등.
바른 경우가 아닌 것에 능숙함(aṭṭhāna-kusalatā) ma2-123 [설명], §1345 [정의].
바른 노력(sammappadhāna) §357 [설명], §360, §528, §552, §1039.
바른 마음챙김(sammā-sati) §1, §14 [설명], §23 [정의], §27, §52, §77, §93, §98, §114 등, §290, §303, §307, §332, §1358.
바른 말(sammā-vācā) §277 [설명], §299 [정의] [설명], §338.
바른 사유(sammā-saṅkappa) §1, §7 [설명], §21 [정의], §84, §91, §114 등, §283, §298 [정의], §338.
바른 삼매(sammā-samādhi) §1, §11 [설명], §15, §24 [정의], §28 등, §62, §89, §114 등, §304 등, §1362, §1364, §1367.
바른 생계(sammā-ājīva) §277, §301 [정의] [설명], §338.
바른 정진(sammā-vāyāma) §1, §13 [설명], §22 [정의], §26 등, §62, §89, §114 등, §302 등, §1365, §1375.
바른 행위(sammā-kammanta) §277 [설명], §300 [설명], §338.
바보스러움(bālya) §390 [설명], §1067, §1106, §1128, §1168, §1238.
밖, 밖의(bahiddhā) ma3-20 [설명], §204 [설명], §§205~247 §§967~970, §1009, §1054 [정의]. 참 외도의(ito bahiddhā) §1124, §1143 등.
밖의 대상을 가진(bahiddhārammaṇa) ma3-21, §1054 [정의], §1437 [설명] [정의].
밖의(bāhira) ma2-66, §584, §585, §673 [정의], §745 등, §802 등등, §1214 [정

의], §1548 [정의].
반듯한 상태(ajjavatā) §1346.
반듯함(ajjaya) §1346 [설명].
반목(paṭivirodha) §418 [설명], §419, §1066, §1102, §1142, §1160, §1237.
반조하지 못함(apaccavekkhaṇā) §390 [설명], §1067, §1106, §1128, §1168, §1238.
받들어 행함(āsevanā) §1361, §1379.
발생하지 않은(ajāta) §1042, §1045.
발성(vyappatha/*Be*:byappatha) §636, §722, §850.
밝은(sukka) ma2-104 [설명], §1310 [정의].
밝음(āloka) §§616~619.
방호하지 않음(anārakkha) §1352.
배우자(dutiyā) §1065 [설명].
배우지 못한(assutavā) §1007 [설명], §1223, §1262, §1269.
버려야 하는(pahātabba) ma3-8, ma2-83, ma2-84, §584, §594, §1006, §1010 등, §1261, §1264 등, §§1405~1407, §§1581~1584.
버려야 하는 원인을 가진(pahātabba-hetuka) ma3-9 [설명], ma2-85, ma2-86, §584, §594, §1013, §§1017~1019, §1268, §§1271~1274, §§1408~1410, §§1585~1588.
버림(pahāna) §165 [설명], §174, §§265~268, §§273~277, §§339~360, §§500~552, §§579~582, §1377.
버림(vinaya) §33 [주]. 참 율(vinaya) §1166 [주], [부록] §44 [설명]. 참 조복(vinaya) §251 [주].
버터기름(sappi) §645, §742, §880.
번갯불의 비유(vijjūpamā) ma2-102 [설명], §1305 [정의].
번뇌[漏, āsava] ma2-14 [설명], ma2-17, ma2-18, §1102 [설명] [정의], §1106 [설명], §1114, §1465 [정의], §1471, §1473.
번뇌와 결합되지 않은(āsava-vippayutta) ma2-16, ma2-19, §1111 [정의], §1116 등, §1470 [정의].
번뇌와 결합된(āsava-sampayutta) ma2-16, ma2-18, §1110 [정의], §1114, §1115, §1469 [정의], §1473, §1474, §1476.
번뇌의 대상인(sāsava) ma2-15 [설명], ma2-17, ma2-19, §584, §594, §994 등, §1108 [정의], §1112 등, §1217 등, §1467 [정의], §1471 등.
번뇌의 대상이 아닌(anāsava) ma2-15 [설명], §ma2-19, §1109 [정의], §1117, §1468 [정의], §1472, §1476 [정의].

번뇌의 모둠(āsava-gocchaka) ma2-14~19 [표제], §1102 [표제], §1465 [표제].
벌레가 버글거리는 것의 인식이 함께한(puḷavakasaññāsahagata) §264 [설명].
범계(犯戒)에 능숙함(āpatti-kusalatā) ma2-119 [설명], §1336 [설명] [정의].
범계에서 벗어남에 능숙함(āpattivuṭṭhāna-kusalatā) ma2-119 [설명], §1337 [정의].
범계의 무더기(āpattikkhandha) §1336 [설명].
범부(puthujjana) §1007 [설명], §1223, §1262, §1269.
범천의 세상(brahma-loka) §1289 [설명].
법(法, dhamma) ma3-1 [설명], §1 [설명], §121 [설명], §122 [설명], §555 [설명], §1092 [설명], [부록] §1 [주], [부록] §12,
법답지 못한 갈망(adhamma-rāga) §1065 [설명], §1141, §1236.
법들을 정의하는 부문(dhamma-vavatthāna-vāra) §1 [표제] [주], §57 [주].
법에 대한 인색(dhamma-macchariya) §1127.
법으로 호의를 베풂(dhamma-paṭisanthāra) §1351.
법을 대상으로 함(dhammārammaṇa) §1, §146 등, §365 등, §410 등, §564 등.
법을 간택하는 깨달음의 구성요소(dhammavicaya-sambojjhaṅga) §292, §296, §309, §333, §363, §555, §1076.
법의 간택[擇法, dhamma-vicaya] §16 [설명], §20 등, §90 등, §296 등, §555, §1063 등등.
법의 감각장소(dhammāyatana) §58, §66 [정의], §119 [정의], §121 등, §147 등, §572 등, §593 등, §984 [정의], §1058 등, §1342 등.
법의 개요에 관한 부문(dhammuddesa-vāra) §1 [표제] [주], §57 [주].
법의 무더기(dhammakkhandha) [부록] §42, [부록] §71
법의 요소(dhamma-dhātu) §58, §67, §69 [정의], §120 [정의], §121 등, §147, §397, §560 등, §1340.
벗어남에 능숙함(vuṭṭhāna-kusalatā), ma2 119, §1337 [정의]. 참 출정(出定)에 능숙함(vuṭṭhāna-kusalatā)
벼락의 비유를 가진(vajirūpama) ma2-102 [설명], §1306 [정의] [설명].
변한(vipariṇata) §1044.
별빛(tāraka-rūpa) §§616~619.
병(vyādhi/*Be*:byādhi) §1376.
보리(sattu) §645, §742, §880.
보석과 고둥과 진주와 녹주석(maṇi-saṅkha-mutta-veḷuriya) §§616~619.
보아지지 않은(adiṭṭha) ma3-8 [주], §296 [설명].
보이는(diṭṭha) §586, §966 [설명].

보존(pālanā) §19, §82, §295, §380, §441 등, §631 등.
보호하지 않음(agutti) §1352.
보호함(gutti) §1354.
볼 수 없는(anidassana) ma3-22 [설명], ma2-9, §§584~586, §593, §§596~631, §647 등, §753, §903 등, §984 등, §1057, §1094 [정의], §1440, §1458 [정의].
볼 수 있는(sanidassana) ma3-22 [설명], ma2-9, §§584~586, §597, §§616~619, §656 [정의], §754 [정의], §902 [정의], §904 [정의], §922, §924, §1093 [정의], §1457 [정의].
볼 수는 없지만 부딪힘은 있는(anidassana-sappaṭigha) ma3-22 [설명], §612, §1057 [정의], §1439 [정의].
볼 수도 있고 부딪힘도 있는(sanidassana-sappaṭigha) ma3-22 [설명], §1056 [정의], §1438 [정의].
봄[見, dassana] ma3-8 [설명], ma3-9, ma2-83, ma2-85, §584, §594, §1006 [정의], §1010 [설명], §1012 [설명], §1013 [설명], §1017 [설명], §1019, §1261 [정의], §1265, §1268, §1272, §1405 [정의], §§1406~1410, §1581 [정의], §1585.
부끄러워함(lajjava) ma2-124 [주], §1347 [주].
부끄러워해야 하는(hiriyitabba) §30, §38, §101, §310, §318, §387, §1244, §1328, §1330.
부드러운(muduka) §§647~650.
부드러움(maddava) ma2-124 [설명], §1347 [정의].
부드럽게 말함(sovacassatā) ma2-118, §1334 [정의].
부딪히는 소리(sannighāta-sadda) §§620~623.
부딪힘의 인식(paṭigha-saññā) §265 [설명], §273, §501, §579.
부딪힘이 없는(appaṭigha) ma2-10, §§584~586 등, §659 [정의], §758 [정의], §891, §907, §927, 등, §1096 [정의], §1440, §1460 [정의].
부딪힘이 있는(sappaṭigha) ma2-10, §§584~586, §596 [설명], §§597~631, §§647~649, §658 [정의], §§756~757 [정의], §890, §906 등, §1095 [정의], §1459 [정의].
부문(vāra) §1 [설명].
부서진 [이빨](khaṇḍicca) §643 [설명], §738, §874.
부서짐(bheda) §644, §740, §877.
부지런함(nikkama) §13, §22 등, §289 등, §571.
부처님의 말씀(Buddha-vacana) 첫 번째, 중간, 마지막, [부록] §39.
부푼 것의 인식이 함께한(uddhumātaka-saññā-sahagata) §263 [설명].

북소리(bherī-sadda) §§620~623.
분노(kodha) §1066, §1120, §1142, §1160, §1237, §1350.
분노한 상태(kujjhitatta) §1066, §1120, §1142, §1160, §1237.
분노함(kujjhanā) §1066, §1120, §1142, §1160, §1237.
분발(ussoḷhi) §13, §22, 등, §289, §571.
분발(paggāha) ma2-133 [설명], ma2-134, §1, §56 [정의], §62 등, §277, §336 [정의], §396, §398 등, §1366 [정의].
분발의 표상(paggāha-nimitta) ma2-133, §1365.
분석함(vebhavyā/*Be*:vebhabya) §16 [설명], §20, §29 등, §53, §55 등, §292, §296 등, §555, §1063, §1076.
불경스러움(agāravatā) §1332.
불만족(domanassa) §18 [주], §87 [주], §413 [주], §421 [주], §1422 [주].
불만족감(asāta) §§152~154, §§405~407, §§415~417, §§558~560 등, §1332, §1334.
불만족을 가진 자(domanassita) §413 [주], §1434 [주], §1437 [주].
불만족의 기능(domanassindriya) §413, §417 [정의].
불만족이 함께한(domanassa-sahagata) §413 [설명], §421, §1388, §1404 등등.
불의 까시나(tejo-kasiṇa) §203 [설명].
불의 요소(tejo-dhātu) §587, §647 [설명], §§648~650, §969 [정의].
불화(virodha) §418 [설명], §419, §1066, §1120, §1142, §1160, §1237.
불확실한 선택(anekaṁsaggāha) §425 [설명], §1108, §1123, §1167, §1241.
비난(vajja) §1166.
비난받는 것으로 생각함(vajja-saññitā) §1166.
비난받을 일 없음(anavajjatā) §1355.
비난받지 않는(avajja) §1166.
비뚤어지지 않음(akuṭilatā) §50, §51, §330, §331, §1346.
비뚤어진 탐욕(visamalobha) §1065 [설명], §1141, §1236.
비린 냄새(āma-gandha/*Be*:āmaka-) §§624~627.
비물질(arūpa) ma3-3 [주], ma2-109 [주], ma2-142 [주], §19 [주], §634 [주], §991 [주]. 참 무색계(arūpa) §265 [주].
비물질인, 비물질의, 비물질로 된(arūpī) ma2-11 [설명], §19, §57 [설명], §147 등, §§161~175, §295 등, §1098 [정의], §1462 [정의].
비상비비상처(非想非非想處)의 인식과 함께한(nevasaññānāsaññāyatana-saha-gata) §268 [설명], §276, §504, §582, §1432.
비인간의 소리(amanussa-sadda) §§620~623.

비존재에 대한 견해(vibhava-diṭṭhi) ma2-111 [설명], §1321 [정의].
빈 것(agha) §637, §724, §853.
빈 것에 속하는 것(aghagata) §637, §724, §853.
빛(nibhā) §616 [설명]. ☞ 색깔로 빛남(vaṇṇa-nibhā).
빛바램(virāga) §163 [설명], §172, §253, §257.
빠나와 북소리(paṇava-sadda) §§620~623.
빨간(lohitaka) §247, §616 [설명], §§617~619.
빨간빛을 발하는(lohitaka-nibhāsa) §247.
빨간색(lohitaka-vaṇṇa) §247.
빨간색의 까시나(lohita-kasiṇa) §203.
빨갛게 보이는(lohitaka-nidassana) §247.
뿌리의 냄새(mūla-gandha) §§624~627.
뿌리의 맛(mūla-rasa) §§628~631.

【사】

사견(diṭṭhi) ☞ 견해, 그릇된 견해, 사견(diṭṭhi).
사견과 결합된(diṭṭhi-sampayutta) §365 [주], §1301 [주], §1437 [주], §1473 [주], §1577 [주].
사견에 빠진(diṭṭhigata) §277 [설명], §339 등, §365 [설명], §381 [설명], §392 등, §§505~552, §1007 등, §1405 등, §1612.
사견에 빠짐과 결합되지 않은(diṭṭhigata-vippayutta) §400, §402, §410, §1406 등, §1520 등, §1612.
사견에 빠짐과 결합된(diṭṭhigata-sampayutta) §365 [설명], §1405 등, §1515 등, §1611.
사견의 번뇌[見漏, diṭṭhāsava] §1102 [설명], §1105 [설명] [정의], §1114 [정의] §1465.
사귐(sampavaṅkatā) §1333, §1335.
사라지지 않게 함(asammosa) §1377.
사라진(atthaṅgata) §1044.
사라짐(vaya) §644, §740, §877.
사마타(samatha) §11 [설명], §15, §24,§28, §54 [정의] [설명], §57, §88 등, §277, §287, §304, §334 등, §528, §570, §572.
사마타의 표상(samatha-nimitta) ma2-133, §1364 [정의].

사문됨의 결실들[果](sāmañña-phala) §1023, §1395, §1398, §1414 등, §1500 등, §1614.
사색(cintā) §16, §20, §29 등, §53, §55 등, §292, §296 등, §555, §1063, §1076.
사유(saṅkappa) §7 [설명], §21, §84, §91, §283, §298, §371, §382, §461, §475, §490.
산란하지 않음(avikkhepa) ma2-134 [설명], §11 [설명], §15 등, §146 등, §§395~430, §§498~553, §570, §1367 [정의].
산란함(vikkhepa) §429, §1165, §1243.
산만하지 않은 마음 상태(avisāhaṭa-mānasatā) §11 [설명], §15, §24 등, §287 등, §424 [설명], §438 [설명], §570.
산만하지 않음(avisāhāra) §11 [설명], §15, §24 등, §287 등, §570.
삼매(samādhi) §15 [설명], §375 [설명], §1387 [설명].
삼매에 도움이 되지 못하는(asamādhi-saṁvattanika) §1350.
삼매에서 생긴(samādhija) §161, §168, §255.
삼매의 기능(samādhindriya) §1, §11 [설명], §15 [설명] [정의], §24 등, §62, §78 [정의], §114 등, §§161~175, §277 등, §304 등, §400 등, §568, §§572~575.
삼매의 힘(samādhi-bala) §1, §11 [설명], §15, §28 [정의], §54 등, §99 [정의], §114 등, §277 등, §304 등, §400 등, §570, §572.
삿된(pāpaka) §30 등, §101 등, §310 등, §1244 등, §1330 등.
상냥한 말(sakhila-vācatā) §1350.
상속(santati) §§§584~585, §595, §642 [설명] [정의], §§652~655, §§666~667, §736 [정의], §748 등, §§870~872 [정의], §882 등, §907 등, §1201, §1535.
상처(vilekha) §425 [설명], §1008, §1123, §1166 [설명], §1241, §1263, §1270.
상태(bhāva) ☞ 성질, 상태(bhāva)
색계에 대한 갈망, 무색계에 대한 갈망, 자만, 들뜸, 무명(rūparāga-arūparāga-māna-uddhacca-avijjā) §363 [설명], §553.
색계에 속하는, 색계의(rūpāvacara) ma2-94, §160 [설명], §271, §499 [설명], §577 등, §987 등, §§1000~1005, §1012 등, §1107 등, §1217 등, §§1274~1299, §1302 등, §§1400~1404, §1418 등, §§1590~1606.
색계에 태어남(rūpūpapatti) §160 [설명], §161 등, §§176~264, §271, §§499~500.
색구경천의 신(akaniṭṭhadeva) §1289 [설명].
색깔로 빛남(vaṇṇa-nibhā) §616 [설명], §§617~619, §698, §814.
생각(takka) §7 [설명], §21, §84, §91, §283, §298, §371, §382, §461, §475, §490.
생긴(samuppanna) §§1041~1042, §§1045~1046.

생김(samuṭṭhāna) ma2-60 [설명], ma2-63~ma2-65, §§584~585, §§666~667, §§768~769, §§985~987, §§1010~1011 등.
생김새, 신체적 특징, 성(liṅga) ma2-142 [주], §632 [설명], §984 [주], [부록] §12.
생명(jīva) §1105, §1122 등.
생명(jīvita) §19 [설명], §82, §295 등, §634 [설명], §718 등, §1065 등.
생명기능(jīvitindriya) §1, §19 [설명] [정의], §62 등, §82 [정의], §114 등, §295 [정의], §365 등, §556 등, §634 [설명] [정의], §652 등, §718 [정의], §748 등.
생선(maccha) §645, §742, §880.
생성(upacaya) §584, §585, §595, §641 [설명] [정의], §652 등, §734 등, §868 등, §1201, §1535.
생성된(uṭṭhita) §1041, §1046.
서리처럼 흰(mahikā) §616 [설명], §§617~619.
선(禪, jhāna) §58 [설명], §83, §88, §121 [설명], §128 [정의], §147 등, §160 등, §§176~268, §§271~363, §400 등등, §§1399~1401, §1404 등.
禪의 삼매[禪定, jhāna-samādhi] §1387 [주].
성(liṅga) ☞ 생김새, 신체적 특징, 성(liṅga).
성난 상태(dussitatta) §418 [설명], §1066, §1120 등.
성내지 않는 상태(adussitatta) §33, §105, §313, §1062, §1075.
성내지 않음(adussanā) §33, §105, §313, §1062, §1075.
성냄(dosa) §413 [설명], §418 [정의] [설명], §986 등, §1066 [정의], §1083 등, §1237 [정의], §1441 등.
성냄 없음(adosa) §1, §33 [정의] [설명], §36, §62, §105 [정의], §114 등, §313 [정의], §498, §576, §582, §985, §1060, §1062 [정의], §1075 [정의], §1077 등.
성마름(dussana) §418 [설명], §1066, §1120 등.
성스러운 도(ariya-magga) §1038, §1040.
성스러운 도를 구족한 자(ariyamagga-samaṅgī) §§1039~1040.
성스러운 법(ariya-dhamma) §1007, §1223, §1262, §1269.
성자(ariya) §163, §1223.
성질, 상태(bhāva) §2 [주], §389 [주], §598 [주], §1008 [주].
성취(pāripūri) §1377.
성취(samāpatti) §30 등, §101 등, §310 등, §1244, §§1328~1331.
성취수단(iddhipāda) §357, §360, §528, §552.
세 가지 구성요소를 가진 [禪](tivaṅgika) §161, §170, §400 등.
세간적인(lokiya) ma2-12 [설명], §584, §594, §1099 [정의], §1463 [정의].
세련된 말(saṇha-vācatā) §1350.

세상(loka) §596 [설명], §§597~615, §1105 등, §1221 등, §§1320~1325, §1369, §1371.
세속에 포함되지 않는[出世間, apariyāpanna] ma2-96 [설명], §583, §987 등, §1294 [정의], §1608 [정의].
세속에 포함된(pariyāpanna) §584, §594, §1287, §1293 [정의], §1607 [정의].
소리(ghosa) §636, §722, §850.
소리냄(ghosa-kamma) §636, §722, §850.
소리를 대상으로 함(saddārammaṇa) §1, §147, §150, §157, §365, §400 등, §556, §603, §623.
소리를 원함(saddāsā) §1065, §1141, §1236.
소리의 감각장소(saddāyatana) §584, §585 등, §§620~623 [정의], §653 등, §700 [정의], §749 등, §816 등, §905 등, §983, §1342, §1535.
소리의 요소(sadda-dhātu) §584, §585, §§620~623, §708 [정의], §828, §1340.
소멸하였음(atthaṅgamā) §165 [설명], §265, §273, §501, §579.
소처럼 사는 계행(go-sīla) §1009 [주].
속박(yoga) ma2-38 [설명], ma2-40, ma2-41, ma2-42, §1157 [정의], §1156, §1502.
속박(saṅga) §1065, §1141, §1236.
속박의 대상인(yoganiya) ma2-39, ma2-41, ma2-43, §584, §594, §1157.
속임(māyā) §1065, §1141, §1236.
손뼉 소리(pāṇi-sadda) §§620~623.
손해(anattha) §1066, §1120, §1142, §1160, §1237.
쇠퇴[老], 늙음(jarā) §643 [설명], §738, §874, §1376.
쇠퇴함(jaratā) §584, §585, §643 [정의] [설명], §655 등, §738 [정의], §739 등, §874 [정의], §875 등.
수렁(paṅka) §1065, §1141, §1236.
수명(āyu) §19 [설명], §82, §295, §380, §441, §643, §718, §738 등.
수승한(paṇīta) ma3-14 [설명], §269 [설명], §§271~276, §1034 [정의], §1425 [정의].
수치심(ottappa) §1, §147, §277.
수치심 없음(anottappa) ma2-115, §394 [정의], §1329 [정의], §1577 [주].
수치심 없음의 힘(anottappa-bala) §365, §388, §398 등.
수치심의 힘(ottappa-bala) §1, §31, §62, §102 [정의], §130 등, §311 [정의].
수행의 힘(bhāvanā-bala) ma2-131, §1361.
숙고(paṭisaṅkhā) §1355.

숙고의 힘(paṭisaṅkhāna-bala) ma2-131, §1360 [정의].
숙고하지 못함(appaṭisaṅkhā) §1353.
숙고함(anupekkhanatā) §8 [설명], §85, §284, §372, §462, §476, §491.
숙달됨(nepuñña) §16 [설명], §20, §29 등, §53, §55 등, §292, §296 등, §555, §1063, §1076.
순응(anurodha) §1065, §1141, §1236.
숭배(pūjanā) §1126.
숲(vana) §1065, §1141, §1236.
쉼 없이 행함(aṭṭhitakiriyatā) §1379.
스승(satthā) §1008 [설명], §1123, §1167, §1241, §1263, §1270.
승가[僧, saṅgha] §1008 [설명], §1123, §1167, §1241.
시샘(usuyā) §1126.
시샘하는 상태(usuyitatta) §1126.
시샘함(usuyanā) §1126.
시작(ācaya) §641 [설명], §734, §868.
시큼한 맛(lambila/*Ee*:lapila) §§628~631.
식무변처(識無邊處, viññāṇañcāyatana) §266 [설명], §274, §502, §580, §1421 [설명], §1432 [설명], §1436 [설명].
식별되는(viññeyya) ma2-13 [설명], §584, §§588~590, §§972~974, §1101 [정의] [설명], §1464 [정의].
식별되는(viññāta) §586, §966 [설명].
신도 가족에 대한 인색(kula-macchariya) §1127.
신뢰(okappanā) §12 [설명], §25, §75, §96, §288, §305.
신맛(ambila) §§628~631.
신통지(abhiññā) §635 [주], §1422 [주]. 참 초월지(abhiññā) §176 [주], §203 [주], §265 [주], §277 [주].
실현(sacchikiriyā) §296 [설명], §364.
실현되지 않은(asacchikata) §296 [설명].
심리현상[行, saṅkhāra] §§1041~1046, §§1050~1051, §1287, §1343.
심리현상들을 가진(saṅkhāravā) §1007.
심리현상들의 무더기[行蘊, saṅkhārakkhandha] §40 등, §62 [정의], §114 [정의], §§119~123, §139 등, §320 등, §401 등, §561 등, §§985~990, §1004 등, §1201 등, §1528 등, §1545.
심벌즈 소리(samma-sadda) §§620~623.
심장(hadaya) §6 [설명], §17, §63 등, §111, §§115~118, §282, §370, §436, §448,

§460 등.
심장토대(hadaya-vatthu) §6 [주], §468 [주], §583 [주], §595 [주], §1420 [주].
심홍색(mañjiṭṭha/*Ee*:mañjeṭṭha) §§616~619.
싹과 같은 색(aṅkura-vaṇṇa) §§616~619.
싹싹한 말씨(sākhalya) ma2-126 [설명], §1350 [정의].
쌓았음(upacitattā) §431 [설명], §443, §556 등.
썩는 냄새(vissa-gandha) §§624~627.
쓰디쓴 상태(kaṭukañcukata) §413 [주]. 참 구두쇠(kaṭukañcukata)
쓴맛(tittaka) §§628~631.
쓸모없는(mogha) §1144.

【아】

아들을 원함(puttāsā) §1065 [설명], §1141, §1236.
아라한과(arahatta-phala) §1024, §1415.
아래로(heṭṭhato) §1287, §1289, §1291.
아비(abhi) [부록] §1, [부록] §46.
아비담마(abhidhamma) [부록] §1 [설명], [부록] §46 [설명], [부록] §73.
아비담마에 대한 논의(abhidhamma-kathā) [부록] §73 [설명].
아비담마에 따른 분류(abhidhamma-bhājanīya) [부록] §2.
아주 가까이함(sambhajanā) §1333, §1335.
아주 성냄(padosa) §1066, §1120, §1142, §1180, §1237.
아주 안정됨(paṭippassambhanā) §§40~41, §§320~321.
아주 편안함(paṭipassaddhi) §§40~41, §§320~321.
악의(vyāpatti/*Be*:byā-) §418 [설명], §419 [정의], §1066, §1120, §1142, §1160, §1237.
악의(vyāpāda/*Be*:byā-) §413 [설명], §419 [정의], §420, §1140, §1142 등.
악의 없음(avyāpāda/*Be*:abya-) §1, §33, §36 [정의], §114 등, §277, §316 [정의], §338 등, §553, §1062, §1075.
악의를 가지지 않음(avyāpajja) §33, §36, §105, §313, §316, §1062, §1075.
악의를 가짐(vyāpajjanā/*Be*:byā-) §418 [설명], §419 [정의], §1066, §1120, §1142, §1160, §1237.
악의의 장애(vyāpāda-nīvaraṇa) §1158, §1160 [정의], §1176, §1503.
안과 밖의 대상을 가진(ajjhattabahiddhārammaṇa) ma3-21, §1055 [정의],

§1437.
안내자(nayana) §§596～599 [설명].
안에 있는(ajjhattika) ma2-66 [설명], §584, §585, §672 [정의], §744, §747, §750, §753 등, §§784～791, §793 등, §801등, §1213 [정의], §1547 [정의].
안의(ajjhatta) ma3-20 [설명], §161, §§204～249, §§967～970, §1050 [정의].
안의 대상을 가진(ajjhattārammaṇa) ma3-21, §1053 [정의], §1436 [정의], §1437.
안정됨(passambhanā) §40 [설명], §41, §§320～321. 참 아주 안정됨(paṭippassambhanā)
알게 하는 상태(viññāpitatta) §635, §720, §722, §847.
알게 함(viññāpanā) §635, §720, §722, §847.
알싸한 맛(khārika) §§628～631.
알아지지 않았고(anaññāta) §277 [주], §296 [설명].
알아차리는(sampajāna) §163.
알아차림(sampajañña) ma2-130, §1, §16 [설명], §20, §29 등, §53 [정의], §55 등, §292, §296 등, §333 [정의] 등, §555, §1063, §1076, §1359 [정의].
알아차림이 없음(asampajañña) ma2-129, §390, §1067, §1106, §1128, §1168, §1238, §1357 [정의].
알음알이[識, viññāṇa] §6 [설명], §17, §63 등, §111 등, §282 등, §293, §436 등, §1007 등, §1223 등, §1343 등.
알음알이를 가진(viññāṇavā) §1007, §1223, §1262, §1269.
알음알이의 무더기[識蘊, viññāṇakkhandha] §6 [설명], §17, §41 등, §58 [설명], §63 [정의], §65 등, §§115～118, §121 등, §282 등, §321 등, §401 등, §561 등, §583, §§985～1005, §1010 등, §1107 등, §1216 등, §§1271～1286, §1293 등, §1316.
알음알이의 요소(viññāṇa-dhātu) §3 등등(모두 manoviññāṇadhātu 등의 합성어로 나타남.)
알음알이의 음식[識食, viññāṇāhāra] §70, §73 [정의], §126.
암송의 전환점(바나와라, bhāṇavāra) §57 [주], [부록] §7.
암시(viññatti) §584, §585, §635 [설명], §636, §664 [정의], §665, §720 등, §766 [정의], §847, §850.
애민(anukampā) §1062, §1075.
애씀(uyyāma) §13, §22 등, §289 등, §571.
애정(sineha) §1065, §1141, §1236.
애착(gedha) §1065, §1141, §1236.

액체(sineha) §651, §726, §856, §968.
액체 상태로 된 것(sinehagata) §651, §726.
양심(hiri/hirī) ma2-116, §1, §30 [설명] [정의], §38 [정의] [설명], §62 등, §114 등, §277, §318 [정의], §338, §1308, §1310.
양심의 힘(hiri-bala) §1, §30 [설명] [정의], §62 등, §101 등, §277, §310 [정의], §338.
양심 없음(ahirika) ma2-115, §365 [주], §393 [정의], §1328 [정의], §1577 [주].
양심 없음의 힘(ahirika-bala) §365 §387 [정의], §398 등.
어두운(andhakāra) §§616~619.
어두운(kaṇha) ma2-104 [설명], §1309 [정의].
어려운(dukkha) §176 [주]. 참 괴로운(dukkha)
어리석은 자(bāla) ma2-103 [설명], §1308 [정의].
어리석음(moha) §365 [설명], §390 [정의], §398 등, §986, §1011 [설명], §1067 [정의], §1083 등등.
어리석음 없음(amoha) §1, §16 [설명], §20, §29, §34 [정의], §37 등, §106 [정의], §114 등, §314 등, §555, §985, §1063 [정의], §1076 등, §§1336~1345, §1359 등, §1441.
억제함(ārati) §299 [설명], §300, §301.
억지를 부림(vipaccanīkasātatā) §1332.
언덕(tīra) §596 [설명], §§597~615.
언설(udīrana) §636, §722, §850.
언성(girā) §636, §722, §850.
언어 표현(nirutti) ma2-107 [설명], §1313 [설명], §1314 [정의], §1315.
언어 표현의 길(niruttipatha) ma2-107, §1314 [정의].
얻는 것을 원함(lābhāsā) §1065 [설명], §1141, §1236.
얽매임(사로잡힘, pariyuṭṭhāna) §1065, §1141, §1236.
엄밀히 [말하면](niyoga) §1433 [설명].
업(kamma) §1 [주], §499 [주], §615, [주], §652 [주], §985 [주].
[업] 형성[行, saṅkhāra] §1008 [설명], §1343.
업을 지었음(kammassa katattā), §431 [설명], §443 등, §652 [설명], §653 등, §§902~941, §994, §1043, §1217, §1393, §1430, §1551.
없어진(niruddha/*Ee*:niruddhaṅgata) §1044.
여덟 가지 기능(aṭṭhindriyāni) §58 [설명], §74 [정의], §82, §154, §161 등.
여래(tathāgata) §1105, §1122, §1144, §1181, §1240.
여섯 감각장소[六入, saḷāyatana] §1343. 참 감각장소[處, āyatana]

여울(tittha) §381 [주] [설명].
여자(itthi) §632, §714, §838.
여자됨(itthatta) §632, §714, §838.
여자의 [외관상의] 표상(itthi-nimitta) §632, §714, §838.
여자의 기능[女根, itthindriya] §584, §585 등, §632 [설명] [정의], §652 등, §714 등, §838 등, §976 등.
여자의 모습(itthākappa) §632, §714, §838.
여자의 생김새(itthi-liṅga) §632 [설명], §714, §838.
역겨운 맛(asādu) §§628~631.
연기(緣起, paṭiccasamuppāda) §57 [주], §1008 [주], §1343 [정의].
연기(緣起)에 능숙함(paṭiccasamuppādakusalatā) ma2-122, §1343 [정의].
연기가 자욱함(dhūma) §§616~619.
연민(karuṇā) §258 [설명], §259.
연이생(緣而生) ☞ 조건 따라 일어난[緣而生, paṭiccasamuppanna]
열린(vivara) §637, §724, §853.
열반(nibbāna) §1381, §1386 등, §1401 등, §§1428~1431, §1434 등등.
열의[欲, chanda] §57 [주] [설명], §160 [주], §269 [주], §363 [주], §365 [주], §1040 [주].
열의를 내려놓지 않음(anikkhitta-chandatā) §13, §22 등, §289 등, §571, §1379.
열의의 지배를 가진(chandādhipateyya) §269 [설명], §§270~276, §358 [설명], §§528~552.
엷어짐(tanubhāva) §361 [설명], §553.
염원(paṇidhi) §1065, §1131, §1236.
영민하지 못함(dummejjha) §390 [설명], §1067, §1106, §1128, §1168, §1238.
영민함(paṇḍicca) §16, §20, §29 등, §53, §55 등, §292, §296 등, §555, §1063, §1076.
영양분(ojā) §645 [설명], §742, §880.
영원하다는 견해[常見, sassata-diṭṭhi] ma2-112 [설명], §1322 [정의].
영원하지 않은(asassata) §1105, §1122, §1144, §1181, §1240.
영원한(sassata) ma2-112, §1105, §1122, §1144, §1181, §1240, §1322.
예와빠나까(yevāpanaka) §57 [표제] [주], §147 [표제] 등.
예의바른(porī) §1350.
오염되지 않았지만 오염의 대상인(asaṅkiliṭṭha-saṅkilesika) ma3-5 [설명], §584, §594, §998 [정의], §1397 [정의].
오염되지 않은(asaṅkiliṭṭha) ma3-5 [설명], §1250 [정의], §1570 [정의].

오염된(saṅkiliṭṭha) ma3-5 [설명], ma2-77, ma2-80, §997, §1249 [정의], §§1255~1256, §1396, §1569 [정의], §§1575~1576.
오염원(upakkilesa) §1065, §1141, §1236.
오염원(kilesa) ma2-75, ma2-80, ma2-79, ma2-81, §986, §1010 등, §1235 [설명] [정의], §1246, §1249 [정의], §§1253~1258, §1264 등, §1565 [정의], §§1573~1578.
오염원과 결합되지 않은(kilesa-vippayutta) ma2-78, ma2-82, §1252 [정의], §1259, §1260, §1572 [정의], §§1578~1580.
오염원과 결합된(kilesa-sampayutta) ma2-78, ma2-81, §1251 [정의], §1257, §1258, §1571 [정의], §1577, §1578, §1580.
오염원의 대상이 아닌(asaṅkilesika) ma2-76, §1248 [정의], §1568 [정의].
오염원의 대상인(saṅkilesika) ma2-76, ma2-79, ma2-82, §584, §594, §1247 [정의], §§1253~1254, §1259, §1567 [정의], §§1573~1574, §§1579~1580.
오염원의 모둠(kilesa-gocchaka) ma2-1 [표제 주], ma2-75 [표제], §1235 [표제], §1249 [주], §1565 [표제].
오염원의 토대(kilesa-vatthu) §1235 [설명] [정의], §1565 [정의].
온화함(soracca) ma2-125 [설명], §1349 [정의].
올곧음(ujukatā) §50, §51, §330, §331.
완전히(eva) §160 [설명].
완전히 깨닫지 못함(asambodha) §390 [설명], §1067, §1106, §1128, §1168, §1238.
완전히 덮임(pariyonāha) §1163.
외도의(ito bahiddhā) §1124, §1143 등. 참 밖, 밖의(bahiddhā)
외도의 장소(titthāyatana) §381 [설명], §392, §1007, §1005, §1105 등.
외양(vibhūsana) §1353, §1355.
외치는 소리(nigghosa-sadda) §§620~623.
요소[界, dhātu] ma2-121, §58 [설명], §67 [정의], §69, §121, §125 [정의], §147 등, §§620~623 등, §987 등, §1340 [정의].
요소[界]에 능숙함(dhātu-kusalatā) ma2-121 [설명], §1340 [설명] [정의].
요소로 식별되는(dhātu-viññeyya) §§589~590, §§973~974.
욕계에 속하는 유익한 것(kāmāvacara-kusala) §1 [표제], §1387 등, §1402 등, §1434 [설명], §1589 등, §§1593~1601.
욕계의, 욕계에 속하는(kāmāvacara) ma2-93 [설명], §1 [설명], §146 등, §268 등, §431 [설명], §443 등, §577 등, §§987~995, §998 등, §1287 등, §1387 등, §1601 [정의].

용감함을 내려놓지 않음(anikkhitta-dhuratā) §13, §22 등, §289 등, §571, §1379.
용감함을 움켜쥠(dhura-sampaggāha) §13, §22 등, §289 등, §571.
용어의 분류(pada-bhājanīya) §1 [표제].
우월감(uṇṇama/unnama) §1121, §1239.
우유(khīra) §645, §742, §880.
우쭐함(uṇṇati/*Be*:unnati) §1121, §1239.
움켜쥠(sampaggāha) ☞ 용감함을 움켜쥠(dhurasampaggāha)
움츠러든 상태(līyitatta) §1162, §1242.
움츠러듦(līyanā) §1162, §1242.
원인(hetu) ma2-1 [설명], ma2-4, ma2-5, ma2-6, §58 [설명], §103 [정의], §121, §131 [정의], §147 등, §337 등, §400 등, §584, §1059 [정의] [설명], §1078, §§1083~1088, §1344, §1441 [정의], §§1447~1452.
원인과 결합되지 않은(hetu-vippayutta) ma2-3 [설명], §584, §594, §1082 [정의], §1446 [정의], §1450.
원인과 결합된(hetu-sampayutta) ma2-3 [설명], ma2-5, §1081 [정의], §§1085~1086 §1445 [정의], §§1449~1450.
원인을 가지지 않은, 원인 없는(ahetuka) ma2-2 [설명], ma2-6, §584, §594, §1080 [정의], §1441, §1444 [정의], §1448, §§1450~1452.
원인을 가진(sahetuka) ma2-2 [설명], ma2-4 [설명], ma2-6 [설명], §576, §1079 [정의] [설명], §§1083~1084, §1087, §1443 [정의], §§1447~1448, §§1451~1452.
원인의 모둠(hetu-gocchaka) ma2-1 [표제 주], §1509 [표제], §1106 [주], §1441 [표제].
원하는 상태(āsisitatta/*Ee*:āsiṁsitatta) §1065, §1141, §1236.
원한(āghāta) §1066 [설명], §1120, §1142, §1160, §1237.
원함(āsā) §1065, §1141, §1236.
원함 없음[無願, appaṇihita] §350 [설명], §351 등, §508 등, §552.
위(배)에서 퍼지는 것(kucchi-vitthambhana) §645, §742, §880.
위가 없는(anuttara) ma2-99 [설명], §1300 [정의], §1614 [정의].
위가 있는(sauttara) ma2-99 [설명], §1299 [정의], §1613 [정의].
위빳사나(vipassanā) ma2-132 [설명], §1, §16 [설명], §20, §29 등, §53, §55 등, §292, §296 등, §555, §1063, §1076, §1363 [정의].
유순한(neḷa) §1350.
유연함(maddavatā) §44, §45, §324, §639, §730, §862, §1347 [정의] [설명].
유위(有爲, saṅkhata) ☞ 형성된[有爲, saṅkhata]

유익하거나 해로운(kusalākusala) §583 [설명], §987, §991, §1022, §1043, §1217.
유익한 과보로 나타난(kusala-vipāka) §431, §454, §468, §483, §497.
유익한[善, kusala] ma3-1 [설명] [정의], ma2-140, §1 [설명], §120, §528 등, §985 등, §1308, §1310, §1312 등.
유익함의 뿌리(kusala-mūla) §32, §§33~36, §104, §§312~316, §985 [설명], §1061, §1075.
유지(yāpanā) §19, §82, §295, §380, §441 등, §634, §718 등.
유지됨(yātrā) §1355.
유학(sekkha) ma3-11 [설명], §584, §1023 [정의], §1414 [정의].
유한한(antavā) ma2-113, §1105, §1122, §1144, §1181, §1240, §1324 [정의].
유혹자(jālinī) §1065 [설명], §1141, §1236.
윤회를 감소시킴(apacayagāmi) ☞ 감소시킴(apacayagāmi)
윤회를 축적하게 함(ācayagāmī) ☞ 축적하게 함(ācayagāmī)
육각형(chaḷaṁsa) §§616~619.
율/율장(vinaya) §1166 [주], [부록] §44 [설명]. 참 버림(vinaya) §33 [주]. 참 조복(vinaya) §251 [주].
음식(āhāra) §58 [설명], §70 [정의], §121, §126 [정의], §147 등, §357, §528, §552, §645 [설명], §652 등, §742 등, §1353 등.
음악 소리(vāditasadda) §§620~623
응송(應頌, geyya) [부록] §67.
응시함(upalakkhaṇā) §16, §20 등, §292 등, §555, §1063, §1076.
응유(navanīta) §645, §742, §880.
응집성(bandhanatta) §651 [설명], §726, §856, §968.
의기소침(līna) §1162, §1242.
의기양양함(odagya) §9, §86, §285, §373, §477.
의도(cetanā) §1, §5 [설명] [정의], §58 등, §72 [정의], §110 [정의], §114 등, §281 등, §369 등, §435 등, §584 등, §599 등, §680 등.
의도된 상태(sañcetayitatta/*Be*:ceta -yitatta) §5, §70, §72, §110 등, §435 등.
의도함, 의도(sañcetanā) §5, §70, §72, §110 등, §435 등.
의례의식(vata) §1009 [설명], §1124, §1143 등.
의문(saṁsaya) §425 [설명], §1008, §1123, §1167, §1241.
의미를 드러냄(atthuddhāra) §1384 [표제] [주], §1441 [표제], [부록] §11, [부록] §12.
의심(vicikicchā) §422 [설명], §425 [정의] [설명], §426, §1008 [정의] [설명], §1123 [정의], §1167 [정의], §1241 [정의], §1257, §1565.

의심과 결합된(vicikicchā-sampayutta) §422 [설명].
의심과 들뜸과 결합된(vicikicchuddhacca-sampayutta) §1301 [주], §1434 [주], §1437 [주].
의심의 장애(vicikicchā-nīvaraṇa) §1158, §1167 [정의], §1176, §1503.
의심의 족쇄(vicikicchā-saṁyojana) §1118, §1123 [정의], §1136, §1477.
의심이 함께한(vicikicchā-sahagata) §1405 등, §§1443~1470, §1503 등, §1612.
의지함(sevanā) §1333, §1335.
의혹함(kaṅkhāyana) §425 [설명], §1008 [설명], §1123 등.
이것에게 조건이 되는[此緣性] [법들](idappaccayatā) §1008 [설명], §1063, §1067, §1076, §1106 등.
이득(sakkāra) §1126.
이득에 대한 인색(lābha-macchariya) §1127.
이로움을 바람(hitesitā) §1062, §1075.
이름 붙이는 길(adhivacana-patha) ma2-106 [설명], §1313 [정의].
이름 붙임(adhivacana) ma2-106 [설명], §1313 [정의].
이름 지음(nāma-kamma) §§1313~1315.
이빨로 씹는(danta-vikhādana) §645 [설명], §742, §880.
이전에 이미(pubbeva) §165 [설명].
이쪽(orima) §§596~615.
인간의 소리(manussa-sadda) §§620~623.
인도되지 못한(avinīta) §1007, §1223, §1262, §1269.
인색(macchera/*Ee*:macchara) §1127.
인색(maccharin) §1334.
인색(macchariya) §365 [주], §413 [주], §421 [주], §1118 [주], §1128 [주].
인색의 족쇄(macchariya-saṁyojana) §1118, §1127 [정의], §1136, §1477.
인색한 상태(maccharāyitatta) §1127.
인색함(maccharāyanā) §1127.
인식(saññā) §4 [설명], §58, §61, §109 [정의], §280 [정의] 등.
인식된 상태(sañjānitatta) §4 [설명], §61, §109, §280 등.
인식을 가진(saññāvā) §1007.
인식의 무더기(saññākkhandha) §40 등, §58, §61 [정의], §62 등, §113 등, §320 등, §401 등, §561 등, §§985~990, §1004 등, §1191 등, §1201 등, §1211 등, §1528 등, §1545.
인식함(sañjānana) §4 [설명], §61, §109, §280 등.
인욕(khanti) ma2-125, §1348 [정의].

인욕함(khamanatā) §1348.
일반적 호칭(samaññā) §§1313~1315.
일어나게 될(uppādī) ma3-17 [설명], §1043 [정의], §1430.
일어나지 않은(anuppanna) ma3-17 [설명], §1042 [정의], §1045, §1377, §1430 [정의].
일어나지 않음(anuppāda) ma2-142 [설명], §1377, §1383 [정의] [설명].
일어난(uppanna) ma3-17 [설명], §1 [설명], §146 등, §594, §1041 [정의], §1046 등, §1430 [정의], §1470 등. 참 현재의(uppanna) §584 [설명].
일어난 것(uppannaṁsa) §1041 [설명].
일에 적합하지 않음(akammaññatā) §1162, §1163, §1242.
일으킨 생각(vitakka) §1, §7 [설명] [정의], §21, §62, §84 [정의], §114 등, §202 등, §298, §338 등, §400 등, §500 등, §§562~568, §573 등, §1000, §1275 등, §§1399~1401, §1589.
일으킨 생각과 지속적 고찰(vitakka-vicāra) §161 [설명], §170 등, §202 등, §342 등, §500 등, §1000, §1399.
일으킨 생각과 함께하고 지속적 고찰과 함께함(savitakka-savicāra) ma3-6 [설명], §584, §594, §1000 [정의], §1338, §1399 [정의], §1401.
일으킨 생각도 없고 지속적 고찰도 없는 것(avitakkāvicāra) ma3-6 [설명], §584, §594, §1002 [정의], §1338, §1401 [정의].
일으킨 생각은 없고 지속적 고찰만 있는 것(avitakka-vicāramatta) ma3-6 [설명], §584, §594, §1001 [정의], §1338, §1400 [정의], §1401.
일으킨 생각이 없는(avitakka) ma2-88, §161 등, §1276 [정의], §1590 [정의].
일으킨 생각이 있는(savitakka) ma3-6 [설명], ma2-87, §160, §584, §984, §1000, §1275 [정의], §1338, §1589 [정의].
입에 들어감(mukhāsiya) §645, §742, §880.
있는(nibbatta/*Ee*:nippatta) §1041, §1046.
잊어버리지 않음(asammussanatā) §14 [설명], §23 등, §290, 등§303, §307, §332.
잎사귀의 냄새(pattagandha) §§624~627.
잎사귀의 맛(pattarasa) §§628~631.

【자】

자궁(janikā) §1065, §1141, §1236.
자극을 받은(sasaṅkhāra) §146 [설명], §149 [설명], §156, §159, §270, §399 등,

§498, §576, §1503, §1565.
자기 존재(몸)에 포함된 것(attabhāva-pariyāpanna) §596 [설명], §§957~615
자기에게 생긴 것(niyata) §1050 [설명], §1051. 참 확정된(niyata)
자리(pallaṅka) [부록] §27 [설명].
자만(māna) §1121 [설명], §1239 [정의], §1257, §1565.
자만의 족쇄(māna-saṁyojana) §1118, §1121 [설명] [정의], §1136, §1477.
자만하는 상태(maññitatta) §1121, §1239.
자만함(maññanā) §1121, §1239.
자세히 관찰함(upaparikkhā) §16 [설명], §20 등, §292 등, §555, §1063, §1076.
자신이 존재한다는 견해[有身見, sakkāya-diṭṭhi] §1006 [설명], §1007 [정의], §1013, §1017, §1261, §1262 [정의], §1269, §1271.
자아의 교설에 대한 취착(attavādupādāna) §1219, §1221 [정의], §1223 [설명], §1231, §1553 [정의].
자애(mettā) §57 [주], §251 [설명], §498 [주], §1062 [주].
자애가 함께한(mettā-sahagata) §251 [설명], §§252~257.
자애로움(metti) §1062.
자애를 가짐(mettāyanā) §1062.
작용만 하고 원인 없는 마노의 알음알이(kiriyāhetuka-mano-viññāṇadhātu = 의문전향) §1420, §1429 [설명], §1434 [설명].
작용만 하는 것의 원인(kiriyahetu) §1441.
작용만 하는 마노의 요소(kiriyā-manodhātu) = 오문전향의 마음, §566 [표제], §1420 [설명].
작용만 하는 것(kiriya) §566 [설명], §568 등, §993, §1386 등.
작은(aṇu) §§616~619.
작은북 소리(mudiṅga-sadda) §§620~623.
잔혹함(caṇḍikka) §418 [설명], §419, §1066, §1120, §1142, §1160, §1237.
잘 머묾(saṇṭhiti) §11, §15, §24,§28, §54, §57, §88 등, §287, §304 등, §570, §572.
잘 제어되지 못함(asuropa) §418 [설명], §1066, §1120, §1142, §1160, §1237.
잘 제어됨(anasuropa) §1348.
잠(soppa) §1163.
잠재성향(anusaya) §390 [설명], [부록] §53.
장벽(laṅgī) §390 [설명], §1067, §1106, §1128, §1168, §1238, §1318, §1357.
장소[處, āyatana] §265 [주], §§267~268 [주]. 참 감각장소[處, āyatana] §6 [주], §124 [정의], §357 [주], §584 [주], §641 [설명]. 참 경지(āyatana) §248 [주].

장애(nīvaraṇa) ma2-44 [설명], ma2-47, ma2-48, §1065, §1141, §1158 [정의], §1169, §1174, §1176, §1503 [정의], §1509, §1511.
장애와 결합되지 않은(nīvaraṇa-vippayutta) ma2-46, ma2-49, §1173 [정의], §§1178~1179, §1508 [정의], §§1512~1514.
장애와 결합된(nīvaraṇa-sampayutta) ma2-46, ma2-48, §1172 [정의], §§1176~1177, §1507 [정의], §§1511~1514.
장애의 대상이 아닌(anīvaraṇiya) ma2-45, ma2-49, §1171 [정의], §1179 [정의] [설명], §1506 [정의], §1510, §1514.
장애의 대상인(nīvaraṇiya) ma2-45, ma2-47, ma2-49, §584, §594, §1170 [정의], §1175, §1179, §1505 [정의], §§1509~1510, §§1513~1514.
재산을 원함(dhanāsā) §1065 [설명], §1141, §1236.
저열한(hīna) ma3-14 [설명], §§269~276, §1032 [정의], §1423 [정의]. 참 못한(hīna) §1121, §1239.
적개심(paṭighāta) §1066, §1120 등, §1499.
적게 배운(appassuta) §1333.
적당하지 않은 것(akappiya) §1166.
적당한(kappiya) §1166.
적당함을 알지 못함(amattaññutā) ma2-127, §1353 [정의].
적당함을 앎(mattaññutā) ma2-128, §1355 [정의].
적의(paṭigha) §413 [설명], §1066, §1120 등, §1499.
적의와 결합된(paṭigha-sampayutta) §413 [설명], §421 [설명].
적의의 족쇄(paṭigha-saṁyojana) §1118, §1120 [정의], §1136, §1477.
적집(āyūhanī/*Be*:āyūhinī) §1065, §1141, §1236.
적합한 상태(kammaññatta) §46, §47, §326, §640, §732, §865.
적합한 성질(kammaññabhāva) §46, §47, §326, §640, §732, §865.
적합함(kammaññatā) §46 [설명] [정의], §326 [정의], §584, §585, §595, §640 [설명] [정의], §653 등, §732 [정의], §733 [정의], §749 등, §865 [정의], §883 등, §1201, §1535.
전념(appanā) §7 [설명], §21, §84, §91, §283, §298, §371, §382, §461, §475, §490.
전력(ussāha) §13, §22 등, §289 등, §571.
전생을 기억하는 [지혜](宿命通, pubbenivāsānussati) §1367.
전승된 가르침(āgama) §1007 [주].
전체적(nippadesa) ☞ 포괄적(nippadesa)
전체의(sakala) §160 [주], §250 [주], §594 [주], [부록] §66.

절박함을 일으키는 원인(saṁvejaniya ṭhāna) ma2-139 [설명], §1376 [정의].
절제, 절제함(virati) §299 [설명], §§300~310.
접촉, 접촉함(phusana) §2 [설명], §71, §107 등, §569.
정글(vanatha) §1065, §1141, §1236.
정성을 다하여 행함(sakkaccakiriyatā) §1379.
정신[名, nāma] ma2-109 [설명], §§1313~1315, §1316 [정의].
정신의 감각접촉에서 생긴(ceto-samphassaja) §3 [설명], §10, §18, §60 등등.
정신작용(mānasa) §6 [설명], §17, §58, §§63 등, §111, §§115~118 등, §282 등, §436 등, §494.
정신적인 것(cetasika) §3 [설명], §10, §18, §22 등, §152 등등, §1365, §1375. 참 마음부수(cetasika) ma2-57 [설명], §1195 [정의], §1529 [정의].
정진(vīriya) §13 [설명], §22 등, §289 등, §571, §1377 [정의].
정진을 시작함(vīriyārambha) §13 [설명], §22, §26, §56 등, §302 등, §571, §1365.
정진의 기능(vīriyindriya) §1, §13 [설명] [정의], §22, §26, §56 등, §114 등, §§161~175, §289 [정의], §302 등, §400 등, §571 [정의], §§573~575.
정진의 깨달음의 구성요소(vīriya-sambojjhaṅga) §289, §302, §306, §336.
정진의 지배를 가진(vīriyādhipateyya) §269 [설명], §270~276, §§358~360, §552.
정진의 힘(vīriya-bala) §1, §13, §22, §26 [정의], §56 등, §114 등, §306 [정의], §336 등, §400 등, §571.
정체에 빠진 통찰지(ṭhitibhāginī paññā) §176 [주].
정통하지 못한(akovida) §1007, §1223, §1262, §1269.
제사(헌공, huta) §1221, §1369, §1371.
제어되지 않은(asaṁvuta) §1352, §1354.
제어하지 못함(asaṅgāhanā) §390 [설명], §1067, §1106, §1168, §1238.
제어함(paṭivirati) §299 [설명], §§300~301.
제한된(paritta) ma3-12 [설명], §181 [설명], §182, §§185~187, §190 등, §211 등, §232 등, §584, §1026 [정의], §1417 [정의].
제한된 대상을 가진(parittārammaṇa) ma3-13 [설명], §181, §183 등, §§211~222, §1029 [정의] [설명], §1420 [정의] [설명], §1422.
조건 따라 생긴 법(paccayuppanna-dhamma) §1008 [주].
조건 따라 일어난[緣而生, paṭiccasamuppanna] §1, §57 [설명], §58, §62, §114 등, §§161~175, §277, §337 등, §400 등, §553 등, §1008 [설명], §1063 [설명], §1067 등, §1241.

조건 짓는 법(paccaya-dhamma) §1008 [주].
조건을 가지지 않은(appaccaya) ma2-7 [설명], §1090 [정의], §1092 [설명], §1454 [정의].
조건을 가진(sappaccaya) ma2-7 [설명], §584, §594 [설명], §1089 [정의], §1091, §1453.
조복(vinaya) §251 [주]. 참 버림(vinaya) §33 [주]. 참 율(vinaya) §1166 [주], [부록] §44 [설명].
족쇄(saṁyojana/*Ee*:saññojana) ma2-20 [설명], ma2-23, ma2-24, §1006 [설명], §1010, §1013, §1118 [정의] [설명], §1128 [설명], §§1134~1137, §1261 등, §1477 [정의], §§1483~1486.
족쇄와 결합되지 않은(saṁyojana-vippayutta) ma2-22, ma2-25, §1133 [정의], §§1138~1139, §1482 [정의], §§1486~1488.
족쇄와 결합된(saṁyojana-sampayutta) ma2-22, ma2-24 [정의], §1132 [정의], §§1136~1137, §1481 [정의], §§1485~1486, §1488.
족쇄의 대상인(saṁyojaniya) ma2-21 [설명], ma2-23, ma2-25, §584, §594, §1130 [정의], §§1134~1135, §1138, §1479 [정의], §§1483~1484, §§1487~1488.
족쇄의 대상이 아닌(asaṁyojaniya) ma2-21 [설명], ma2-25, §1131 [정의], §1139, §1480 [정의], §1484, §1488.
족쇄의 모둠(saṁyojana-gocchaka) ma2-20 [표제], §1118 [표제], §1477 [표제].
존재(bhava) §1104, §1125, §1319.
존재로 인도함(bhava-nettī) §1065, §1141, §1236.
존재를 즐거워함(bhava-nandī) §1104, §1125, §1319.
존재에 달라붙음(bhavajjhosāna) §1104, §1125, §1319.
존재에 대한 갈망(bhava-rāga) §1104, §1125, §1319.
존재에 대한 갈망의 족쇄(bhavarāga-saṁyojana) §1118, §1125 [정의], §1136, §1477.
존재에 대한 갈애(bhava-taṇhā) §1104, §1125, §1319.
존재에 대한 견해(bhava-diṭṭhi) ma2-111 [설명], §1320 [설명] [정의].
존재에 대한 열병(bhava-pariḷāha) §1104, §1125, §1319.
존재에 대한 욕구(bhava-chanda/*Ee*: bhavacchanda) §1104, §1125, §1319.
존재에 빠짐(bhava-mucchā) §1104, §1125, §1319.
존재의 번뇌(bhavāsava) §1102, §1104 [정의], §1114, §1465.
존재한(bhūta) §1041, §1046.
존중과 추앙(garukāra-mānana) §1126.

존중하지 않음(appaṭissavatā) §1332, §1334.
좋은 냄새(sugandha) §§624~627.
좋은 맛(sādu) §§628~631.
좋은 색깔이나 나쁜 색깔을 가진(suvaṇṇa-dubbaṇṇa) §223 [설명], §224, §§244 ~245.
좋은 친구[善友]를 사귐(kalyāṇa-mittatā) ma2-118, §1335 [정의].
주도면밀함(pariṇāyika) §16 [설명], §20, §29 등, §53, §55 등, §292, §296 등, §555, §1063, §1076.
주름진 피부(valittacatā) §643 [설명], §738, §874.
주석 편(Aṭṭhakathā-kaṇḍa) §1384 [표제], [부록] §12.
주시함(sallakkhaṇā) §16 [설명], §20 등, §292 등, §555, §1063, §1076.
죽(odana) §645, §742, §880.
죽(kummāsa) §645, §742, §880.
죽음, 사(死, maraṇa) §1105, §1122, §1144, §1181, §1240, §1376.
줄기의 맛(khandha-rasa) §§628~631.
줄어듦(saṁhāni) §643, §738, §874.
중간(majjhima) ma3-14 [설명], §269 [설명], §§270~276, §1033 [정의], §1424 [정의].
중립(tatramajjhattatā) §57 [주], §160 [주].
중생(satta) §§620~623, §645, §742, §880, §1050, §1051 [설명], §1380.
중얼거림(jappā) §1065, §1141, §1236.
즐거움(sukha) ma3-2 [설명], §3 [설명], §18 [설명], §87 [설명], §374 [정의] [설명], §443 [설명], §449 [정의], §478 [정의], §988 [설명], 등. 참 행복(sukha) §3, §10 [정의] [설명], §18, §87 [정의] [설명], §165 [설명], §286 [정의], §374 [설명], §1004 [설명], 등.
즐거운 감각접촉(sukha-samphassa) §590, §§647~650, §974.
즐거운 느낌(sukha-vedanā) ma3-2 [주], ma2-91 [주], §3 [주], §10 [주], §87 [주], §974 [주].
즐거움의 기능(sukhindriya) §443, §452 [정의].
즐김(dava) §1353, §1355.
증득(adhigama) §121 [주], §1007 [주], [부록] §81, [부록] §84.
증득[等至]에 능숙함(samāpatti-kusalatā) ma2-120 [설명], §1338 [정의].
증득되지 않은(appatta) §296 [설명].
증득으로부터의 출정에 능숙함(samāpatti-vuṭṭhāna-kusalatā) ma2-120 [설명], §1339 [정의].

증장하게 함(bhiyyobhāva) §1377.
지금·여기에서 행복하게 머묾(diṭṭhadhamma-sukhavihāra) §577 [설명], §§578~582, §1289, §1291.
지배의 경지[勝處, abhibhāyatana] §204 [설명], §247.
지배한 뒤(abhibhuyya) §225.
지속(yapanā) §19, §82, §295, §380, §441 등, §634, §718 등.
지속적 고찰(vicāra) ma3-6, ma2-88, §1, §8 [설명], [정의], §62, §83, §85, §114 등, §255 등, §400 등, §§562~568, §§573~575, §1001, §1277, §1401, §1592.
지속적 고찰이 없는(avicāra) ma2-88, §161 등, §1278 [정의], §1592 [정의].
지속적 고찰이 있는(savicāra) ma3-6 [설명], ma2-88, §160, §584, §984, §1000, §1277 [정의], §1338, §1591 [정의].
지었고 수행하였기 때문에(katattā bhāvitattā) [禪을~] §505 [설명], §506부터 §553까지 대부분. [업을~] §431, §443 등, §§498~504, §505 [주], §556, §562, §564. ☞ 업을 지었음(kammassa katattā)
지역(janapada) §645, §742, §880.
지혜로운(yoniso) ma2-139, §1355, §1377 [정의].
지혜와 결합되지 않은(ñāṇa-vippayutta) §147 [설명], §149, §157, §159, §270, §498, §576, §1422 [설명], §1429 [설명], §1441.
지혜와 결합된(ñāṇa-sampayutta) §146, §156, §269, §576.
직접 인지하지 못함(apaccakkha-kamma) §390 [설명], §1067, §1106, §1128, §1168, §1238.
진리[諦, sacca] §357 [설명], §360, §528, §552, §1144.
진리라는 천착(saccābhinivesa) §1140 [설명], §1144 [정의], §1152, §1489.
진리에 수순하는 지혜(saccānulomika) §1373.
질문을 제기함(Pañhā-pucchaka) [부록] §2 [설명], [부록] §13.
질투(issā) §1126.
질투의 족쇄(issā-saṁyojana) §1118, §1126 [정의], §1136, §1477.
질투하는 상태(issāyitatta) §1126.
질투함(issāyanā) §1126.
집착(nikanti) §1065, §1141, §1236.
집착[固守, parāmāsa] ma2-50 [설명], ma2-53, §381 [설명], §392, §1007, §1105, §1122 등, §1180 [정의], §§1181~1190, §§1221~1223, §1515 [정의], §§1519~1524.
집착[固守]의 모둠(parāmāsa-gocchaka) ma2-1 [표제 주], ma2-50 [표제], §1180 [표제], §1515 [표제].

집착과 결합되지 않은(parāmāsa-vippayutta) ma2-52, ma2-54, §1186 [정의], §1189, §1520 [정의], §§1523~1524.
집착과 결합된(parāmāsa-sampayutta) ma2-52, §1185 [정의], §1519 [정의], §1524.
집착의 대상인(parāmaṭṭha) ma2-51 [설명], ma2-53, ma2-54 §584, §594, §1183 [정의], §§1187~1189, §1190, §1517 [정의], §§1521~1524.
집착의 대상이 아닌(aparāmaṭṭha) ma2-51 [설명], ma2-54 §1184 [정의], §1190, §1518, §1522 [정의], §1524.
집착하는 상태(sārajjitatta) §389 [설명], §391.
집착함(nikāmanā) §1065, §1141, §1236.
집착함(sārajjana) §389 [설명], §391.
짓지 않음(akaraṇa) §299[설명], §§300~301.
짠맛(loṇika) §§628~631.
짧은(rassa) §§616~619.
쩨쩨함(kadariya) §1127.

【차】

차별화함(paccupalakkhaṇā) §16, §20, §29 등, §53, §55 등, §292, §296 등, §555, §1063, §1076.
[세] 찰나(khaṇattaya) §1 [주], §1044 [주].
참기름(tela) §645, §742, §880.
참된 사람(sappurisa) §1007, §1223, §1262, §1269.
챙겨있음(saraṇatā) §14, §23, §27, §52, §77, §93, §98, §290, §303, §307, §332, §1358.
챙겨있지 못함(asaraṇatā) §1356.
천착(abhinivesa) §381 [설명], §392, §1007, §1105, §1122, §1140 등, §1489.
철저하게 사라진(abbhatthaṅgata) §1044.
첫 번째 도의 과보로 나타난 [마음](paṭhama-magga-vipāka) §505.
청정(suddhi) §1009 [설명], §1124, §1143, §1222, §1264, §1271.
청정(pārisuddhi) ☞ 평온으로 인해 마음챙김이 청정한[捨念清淨, upekkhāsati-pārisuddhi] §165.
청정범행을 잘 지킴(brahmacariyānuggaha) §1355.
체득되지 않은(avidita) §296 [설명].

초월지(abhiññā) §176 [주], §203 [주], §265 [주], §277 [주]. 참 신통지(abhiññā) §635 [주], §1422 [주].
초월지는 느린(dandhābhiñña) §176 [설명], §178 등, §265 [설명], §277 등, §338 [설명].
초월지는 빠른(khippābhiñña) §177 등, §339 등, §509 등.
추구(upavicāra) §8 [설명], §85, §284 등.
추앙(mānanā) §1126.
축 처짐(sallīyanā) §1162, §1242.
축적하게 함, [윤회를 ~](ācayagāmī) ma3-10 [설명], §584, §594, §1020 [정의], §1411 [정의].
출리로 인도하는(niyyānika) ma2-97 [설명], §277 [설명], §§339~363, §§505~553, §1295 [정의], §1609 [정의].
출리로 인도하지 못하는(aniyyānika) ma2-97 [설명], §584, §594, §1296 [정의], §1610 [정의].
출산(sañjananī) §1065 [설명], §1141, §1236.
출생한(sañjāta) §§1041~1042, §§1045~1046.
출세간법(lokuttara-dhammā) §1 [주], §277 [표제 주].
출세간의(lokuttara) ma2-12 [설명], §277 [표제] [설명], §§339~364, §§504~555, §1100 [정의], §§1387~1404, §1464 [정의], §§1589~1600.
출세간의 과보로 나타난 마음(lokuttara-vipāka-citta) §505 [표제] [주], §527 [주].
출세간의 유익한 마음(lokuttara-kusala-citta) §277 [표제] [주].
출정(出定)에 능숙함(vuṭṭhāna-kusalatā) ma2-120 [설명], §1339 [정의]. 참 벗어남에 능숙함(vuṭṭhāna-kusalatā)
출현한(samuṭṭhita) §§1041~1042, §§1045~1046.
충만(vepulla) §1377.
취착(upādāna) ma2-69 [설명], ma2-72, ma2-73, §1065, §1141, §1219 [정의], §1223 등, §1553 [정의].
취착과 결합되지 않은(upādāna-vippayutta) ma2-71, ma2-74, §1228 [정의], §1233, §1558 [정의], §§1562~1564.
취착과 결합된(upādāna-sampayutta) ma2-71, ma2-73, §1227 [정의], §1231, §1557 [정의], §§1561~1564.
취착되지 않은(anupādiṇṇa) ma3-4 [설명], ma2-68, §§584~586, §653, §749 등, §883 등, §904부터 §941까지 대부분, §§995~996, §1218 [정의], §1394, §1552 [정의].

취착된(upādiṇṇa) ma3-4 [설명], ma2-68, §§584~586, §652 [설명] [정의], §747 등 [정의], §748 등, §882 등, §1217 [정의], §1551 [정의].
취착의 대상이 아닌(anupādāniya) ma3-4, [설명], ma2-70, ma2-74, §996 [설명], §1226 [정의], §1234, §1556 [정의], §1560, §1564.
취착의 대상인(upādāniya) ma2-70, ma2-72, ma2-74, §584, §594, §1225 [정의], §1229 등, §1555 [정의].
취착의 모둠(upādāna-gocchaka) ma2-1 [표제 주], ma2-69 [표제], §1219 [표제], §1553 [표제].
치료하려는 바람(cikicchā) §422 [주].
친견하지 못함(adassāvī) §1007, §1223, §1262, §1269.
친밀함(anunaya) §1065, §1141, §1236.
친밀함(santhava) §1065, §1141, §1236.
친족(paṭibandhu) §1065, §1141, §1236.
침모(sibbinī) §1065 [설명], §1141, §1236.
칭찬에 대한 인색(vaṇṇa-macchariya) §1127.

【카】

커드(dadhi) §645, §742, §880.
코로 식별되는(ghāna-viññeyya) §§588~590, §§972~974 [정의], §1101.
코의 감각장소(ghānāyatana) §584, §585 등, §§604~607 [정의], §652 등, §696 [정의], §810, §983, §1057, §1342.
코의 감각접촉(ghāna-samphassa) §584, §585, §607 [정의], §627, §682 등.
코의 기능(ghānindriya) §584, §585, 등, §§604~607, §660, §712 [정의], §834, §976, §979.
코의 알음알이(ghāna-viññāṇa) §443, §556, §607 [정의], §627, §1193, §1340, §1527.
코의 요소(ghāna-dhātu) §584, §585, §604 [정의] [설명], §§605~607, §704 [정의], §822 [정의], §1340.
크게 어리석음(pamoha) §390 [설명], §1067, §1106, §1128, §1168, §1238.
큰(thūla) §§616~619.
큰 방법(mahā-naya) §357 [표제] [설명], §528 [표제]. 참 방법(naya)
큰 부문(mahā-vārā) §146 [주].
큰마음들(mahā-cittāni) ma2-142 [주], §1 [주], §576 [주].

【타】

타화자재천의 신(paranimmitavasavatti-deva) §1287 [설명].
탐구(anuvicāra) §8 [설명], §85, §284, §372, §462, §491.
탐닉(sārāga) §1065, §1141, §1236.
탐닉 없음(asārāga) §32, §35, §104, §312, §315, §1061, §1074.
탐닉하지 않는 상태(asārajjitatta) §32, §35, §104, §312, §315, §1061, §1074.
탐닉하지 않음(asārajjanā) §32, §35, §104, §312, §315, §1061, §1074.
탐욕(lobha) §365 [설명], §389 [정의] [설명], §391 등, §986, §997, §1011 등, §1065 [정의], §1083 등, §1236 [정의], §1249 등, §1406 등, §1503 등, §1565.
탐욕 없음(alobha) §32 [설명], §35, §104, §312, §1061, §1074.
탐하는 상태(lubbhitatta) §389 [설명], §391.
탐하지 않는 상태(alubbhitatta) §32, §35, §104, §312, §1061, §1074.
탐하지 않음(alubbhanā) §32 [설명], §35, §104, §312, §1061, §1074.
탐함(lubbhana) §389 [설명], §391.
태양의 원반(suriyamaṇḍala/*Be*:sūriya-) §§616~619.
태어나지 않은(anibbatta/*Ee*:anippatta) §1042, §1045.
태어남(upapatti) ☞ 색계에 태어남(rūpūpapatti) ☞ 무색계에 태어남(arūpūpapatti)
텅 빈(suñña) §§596~615, §694, §696, §710, §811, §832, §975, §982.
토대(vatthu) §584 [설명], §585, §596 [설명], §§597~615, §§678~685, §§783~794.
통찰지[般若, paññā] §16 [설명] [정의], §20, §29 등, §53, §55 등, §79, §100, §292, §296 등, §555, §1063, §1305, §§1336~1345, §1359 등.
통찰지가 없는(duppañña) §1333.
통찰지의 광명(paññā-āloka) §16 [설명], §20, §29 등, §53, §55 등, §79, §100, §292, §296 등, §555, §1063 등.
통찰지의 광휘로움(paññā-pajjota) §16 [설명], §20, §29 등, §53, §55 등, §79, §100, §292, §296 등, §555, §1063 등.
통찰지의 궁전(paññā-pāsāda) §16 [설명], §20, §29 등, §53, §55 등, §79, §100, §292, §296 등, §555, §1063 등.
통찰지의 기능(paññindriya) §16 [설명] [정의], §20, §29 등, §53, §55 등, §79 [정의], §100, §292, §296 등, §555, §1063, §1305, §§1336~1345, §1359 등.
통찰지의 보배(paññā-ratana) §16 [설명], §20, §29 등, §53, §55 등, §79, §100, §292, §296 등, §555, §1063, §1076.

통찰지의 빛(paññā-obhāsa) §16 [설명], §20, §29 등, §53, §55 등, §79, §100, §292, §296 등, §555, §1063 등.
통찰지의 칼(paññā-sattha) §16 [설명], §20, §29 등, §53, §55 등, §79, §100, §292, §296 등, §555, §1063, §1076.
통찰지의 힘(paññā-bala) §1, §16 [설명], §20, §29 [정의] 등, §53, §55 등, §79, §100 [정의], §292, §296 등, §555, §1063 등.
통찰함(pajānanā) §16 [설명], §20, §29 등, §53, §55 등, §292, §296 등, §555, §1063, §1076.
틈새에 있는 긴 두 개 조(mahantara-dukā) ma2-1 [주], ma2-55 [표제], §1191 [표제], §1525 [표제].
틈새에 있는 짧은 두 개 조(cūḷantara-dukā) ma2-1 [설명], ma2-7 [설명], §1089 [표제], §1453 [표제].

【파】

파란, 푸른(nīla) §§616~619.
파생된(upādā) ma2-67 [설명], §§584~587, §595 [설명], §§596~631, §646 [설명], §694 등, §808 등, §§882~901, §975 등, §1215 [정의], §1317, §1461, §1549 [정의].
팔각형(aṭṭhaṁsa) §§616~619.
팽창성(chambhitatta/*Be*:thambhitatta) §970 [설명] 참 당황스러움(thambhitatta)
퍼짐(visaṭa) §1065, §1141, §1236.
편안하게 머묾(phāsuvihāra) §1355.
편안함(passaddhi) §40 [설명], §41, §§320~321. 참 아주 편안함(paṭipassaddhi)
평온(upekkhā) ma3-7 [설명] §150 [설명], §153 [정의], §154 [정의], §156 등, §262 [설명], §265 등, §403 등, §492 [정의], §495 [정의], §497 등.
평온의 기능(upekkhindriya) §150 [설명], §154 [정의], §165, §403, §407 [정의], §410 등, §466, §495, §562, §574.
평온으로 인해 마음챙김이 청정함[捨念淸淨, upekkhāsatipārisuddhi] §165.
평온이 함께하는(upekkhā-sahagata) ma3-7 [설명], ma2-92, §150 [설명], §156 등, §262 등, §556 등, §1005 [정의], §1285 [정의], §1404 [정의], §1422 등, §1599 [정의].
포괄적, 전체적, 남김 없음(nippadesa) ma2-142 [주], §583 [주], §1236 [주], [부록] §2 [설명].

포함되지 않는(apariyāpanna) ☞ 세속에 포함되지 않는[出世間, apariyāpanna]
폭류(ogha) ma2-32 [설명], ma2-35, ma2-36, §1065, §1141, §1156 [정의], §1236, §1501.
폭류의 대상인(oghaniya) ma2-33 [설명], ma2-35, ma2-37, §584, §594, §1156.
표상(nimitta) §160 [주], §264 [주], §351 [주], §632 [주], §1422 [주], [부록] §37.
표상 없음[無相, animitta] §505 [설명], §506, §§508~509, §511부터 §552까지 대부분.
표상[全體相]을 취함(nimittaggāhī) §1352, §1354.
푸르게 보이는(nīla-nidassana) §246 [설명].
푸른(nīla) ☞ 파란, 푸른(nīla)
푸른빛을 발하는(nīla-nibhāsa) §246 [설명].
푸른색(nīla-vaṇṇa) §246 [설명].
푸른색의 까시나(nīla-kasiṇa) §203 [설명].
피가 흐르는 것의 인식이 함께한(lohitasaññā-sahagata) §264 [설명].

【하】

하심하는 마음(nīca-cittatā) §1347.
한계(velā) §299 [설명], §§300~301.
한정된 허공(paricchinnākāsa) §203 [주].
함께 기뻐함(muditā) §57 [주], §156 [주], §251 [주], §260 [설명].
함께 기뻐함이 함께한(muditā-sahagata) §260 [설명], §261.
함께 작용하는(ekaṭṭha) §986 [설명], §997, §1010 [설명], §1011 등.
함께함(sahagata) ma3-7 [설명], §1 [설명], §146 등등.
함박웃음(pahāsa) §9, §86, §285, §373, §477.
항목의 부문(koṭṭhāsa-vāra) §57 [표제] [주], §121 [주].
해골이 된 것의 인식이 함께한(aṭṭhikasaññā-sahagata) §264 [설명].
해로운 원인(akusala-hetu) §1059 [설명] §1064 [정의], §1067, §1069, §1441.
해로운, 해로움(akusala) ma3-1[설명], §30, §38, §101, §160, §310, §318, §365 [정의] [설명], §§387~391, §§397~430, §555 등, §986 [정의] [설명], §1032 등, §1385 [정의], §1387 등등.
해로움의 뿌리(akusala-mūla) §389 [설명], §390 등, §1032 등, §1059 [주], §1106 등, §1236 등, §1357.
해설(niddesa) §1 [주], §2 [주], §12 [주], §57 [주] 등.

해악을 쉼(vihiṁsūparati) §1355 [설명].
해이하지 않고 애씀(asithila-parakkamatā) §13, §22 등, §289 등, §571.
해탈(vimokkha) §247 [설명], §250 [설명].
해탈(vimutti) ma2-141 [설명], §1381 [정의].
해태(thīna/*Be*:thina) §1162 [정의], §1235, §1242 [정의], §1565 [정의].
해태 · 혼침(thīna-middha) §399 [주] [설명], §402 [주], §421 [주], §1179 [주].
해태와 혼침의 장애(thīnamiddha-nīvaraṇa) §1158, §1161, §1163 [설명], §1176, §1503.
행복(sukha) §3, §10 [정의] [설명], §18, §87 [정의] [설명] §165 [설명], §286 [정의], §374 [설명], §1004 [설명], 등. 참 즐거움(sukha) ma3-2 [설명], §3 [설명], §18 [설명], §87 [설명], §374 [정의] [설명], §443 [설명], §449 [정의], §478 [정의], §988 [설명], 등.
행복이 있는 경지(sukha-bhūmi) §988, §990, §1004, §1283, §1284.
행복이 함께하는(sukha-sahagata) ma3-7, ma2-91, §1597.
행복하게 머무는 자(sukha-vihārī) §163, §1289, §1291.
행실도(行實圖)라는 그림(carana nāma citta) §1 [주]
행하지 않음(akiriyā) §299[설명], §300, §301.
허공(ākāsa) §203 [주], §§265~268 [주], §637 [설명].
허공의 요소(ākāsa-dhātu) §584, §585, §637 [설명], §652 등, §724 [정의], §725 등, §853 [정의], §882 등, §1201, §1535.
허영심(kamyatā) §1121, §1239.
허욕(veviccha) §1065, §1127, §1141, §1236.
헌신(bhatti) §1333, §1335.
혀로 식별되는(jivhā-viññeyya) §§588~590, §§972~974 [정의], §1101.
혀의 감각장소(jivhāyatana) §584, §585 등, §§608~611 [정의], §652 등, §696 [정의], §791 등, §810, §983 [정의], §1342.
혀의 감각접촉(jivhā-samphassa) §584, §585, §611, §631, §682 등.
혀의 기능(jivhindriya) §584, §585, 등, §§608~611, §660, §712 [정의], §834 [정의], §976 [정의].
혀의 알음알이(jivhā-viññāṇa) §443, §556, §611, §631, §1193, §1340, §1388, §1527.
혀의 요소(jivhā-dhātu) §584, §585, §§608~611, §704 [정의], §822 [정의], §1340.
현명함(medhā) §16함 [설명], §20, §29 등, §53, §55 등, §292, §296 등, §555, §1063, §1076.
현자(paṇḍita) ma2-103 [설명], §1308 [정의].

현장성(samaya) 역자 서문 §12-(3) 참 때(samaya)
현재의(paccuppanna) ma3-18 [설명], §1046 [정의], §1431 [정의].
현재의(uppanna) §584 [설명]. 참 일어난(uppanna)
현재의 대상을 가진(paccuppannārammaṇa) ma3-19 [설명], §1049 [정의], §1434 [정의].
형색을 대상으로 함(rūpārammaṇa) §1 [설명], §146, §147 등, §365 등, §400 등, §556 등, §619.
형색을 원함(rūpāsā) §1065 [설명], §1141, §1236.
형색의 감각장소(rūpāyatana) §584, §585 등, §§616~619 [정의], §§652~658, §661 등, §698 [정의], §706 등, §803 등, §§813~815, §818 등, §902 등, §966 [정의], §§972~974, §977 등, §1056 등, §1342, §1535, §1548.
형색의 요소(rūpa-dhātu) §584, §585, §§616~619, §706 [정의], §814 [정의], §§825~827, §1340.
형성[行] ☞ [업] 형성[行, saṅkhāra]
형성되지 않은[無爲, asaṅkhata] ma2-8 [설명], §583, §987, §993, §996 등, §1092 [정의], §1462 [정의].
형성된[有爲, saṅkhata] ma2-8 [설명], §584, §594, §1091 [정의], §1455 [정의].
형태, 모습, 유형(ākāra) §2 [주], §58 [주], §425 [주], §597 [주], §642 [주].
호의를 베풂(paṭisanthāra) ma2-126 [설명], §1351 [정의].
호칭(nāmadheyya) §§1313~1315.
혼란(vimati) §425, §1008, §1123, §1167, §1241.
혼침(middha) §1161, §1163 [설명] [정의].
혼합된 전체 [눈 등](sasambhāra) §596 [주], §600 [주], §604 [주], §608 [주].
홀림(mucchā) §1065, §1141, §1236.
화(kopa) §1066, §1120, §1142, §1160, §1237.
화현된 부처님[化身佛, nimmita-buddha] [부록] §34 [설명].
확고함(avaṭṭhiti) §11 [설명], §15 등, §287 등, §570.
확신이 있음(sampasādana) §161.
확정되지 않은(aniyata) ma3-15 [설명], ma2-98 [설명], §584, §594, §1037 [정의], §1298 [정의], §1428 [정의], §1612 [정의].
확정된(niyata) ma2-98 [설명], §1291 [정의], §1611 [정의]. 참 자기에게 생긴 것(niyata) §1050 [설명], §1051.
환희(pāmojja) §9, §86, §285, §373, §477.
회의(kaṅkhā) §425 [설명], §1008 [설명], §1123 등.
회의를 품은 상태(kaṅkhāyitatta) kaṅkhā) §425 [설명], §1008 [설명], §1123 등.

회의하다(kaṅkhati) §1008 [설명], §1128, §1167 등.
회피(āsappanā) §425 [설명], §1008, §1123, §1167, §1241.
후기 편(appanā-vāra) §57 [표제] [주].
후회(kukkucca) §1158, §1164, §1166 [정의] [설명], §1178, §1503.
후회하는 상태(kukkuccāyitatta) §1166.
후회함(kukkuccāyanā) §1166.
흡족함(attamanatā) §9 [설명], §86, §285, §373, §477, §1348.
흩어져 있는 것의 인식이 함께한(vikkhittakasaññā-sahagata) §264 [설명].
희게 보임(odāta-nidassana) §247.
희어진 [머리털](pālicca) §643 [설명], §738, §874.
희열(pīti) §1, §9 [설명] [정의], §62, §86 [정의], §114 등, §§170~172, §253 등, §584, §1003 등.
희열[喜]과 행복[樂](pīti-sukha) §160, §161, §168, §255.
희열의 깨달음의 구성요소(pīti-sambojjhaṅga) §1 [주] [설명], §285 [설명].
희열이 있는(sappītika) ma2-89, §1279, §1593 [정의], §1281 [주].
희열이 있는 경지(sappītika-bhūmi) §1279, §1281 [주].
희열이 함께하는(pīti-sahagata) ma3-7 [설명], ma2-90, §584, §594, §1003 [정의], §1281 [정의], §1402 [정의], §1404, §1595 [정의].
흰빛을 발함(odāta-nibhāsa) §247.
흰색(odāta) §247, §§616~619.
흰색(odāta-vaṇṇa) §247.
흰색의 까시나(odāta-kasiṇa) §203.
힘[力, bala] §58 [설명], §95 [정의], §121, §130 등, §357 [설명], §360 등, §400 등, §528, §552.
힘씀(vāyāma) §13, §22 등, §289 등, §571.

『담마상가니』 출판은 초기불전연구원을 후원해 주시는 아래 스님들과
신심단월님들의 보시가 있었기에 가능하였습니다.
깊이 감사드립니다.

대한불교조계종 교육원, 봉녕사, 운문사(신행부), 고산 스님, 영민 스님, 용환 스님, 일언 스님, 일운 스님, 자운 스님, 재연 스님, 정보 스님, 진겸 스님, 징암 스님
강인숙, 강태연, 고현주, 구민재, 구지연, 권상엽, 김귀애, 김기래, 김나경, 김나미, 김대홍, 김덕순, 김명숙, 김명주, 김미영, 김봉덕, 김생덕, 김석화, 김성경, 김수정, 김숙자, 김승석, 김연석, 김연주, 김영민, 김영조, 김자년, 김정애, 김종복, 김종웅, 김준우, 김준태, 김학란, 김혜연, 김호동, 남계원, 남성란, 덕 광, 류미숙, 류주란, 박동서, 박명준, 박문진, 박보야, 박상호, 박승대, 박영미, 박웅석, 박종남, 박희구, 배명준, 서 명, 서옥점, 송민영, 송영상, 송영태, 송원영, 송정욱, 수담마, 신병수, 신석택, 신영천, 신진섭, 신혜경, 안 순, 양미옥, 오두희, 오민승, 오민지, 유동연, 유욱종, 유은경, 유지현, 이건범, 이경윤, 이대락, 이명이, 이미선, 이상열, (고)이성경, 이송자, 이수일, 이수자, 이영근 이완기, 이용문, 이유현, 이준용, 이향숙, 이현옥, 이희도, 임명숙, 임수희, 임승수, 임영애, 장영은, 전미자, 전복희, 정상진(한신정보), 정인자, 정진산, 정 희, 조승희 조향숙, ㈜보성스톤, 진병순, 차곡지, 차병진, 차분남, 채병화, 최덕자, 최동엽, 최영주, 최윤호, 최은옥, 최은영, 최정식, 허종범, 홍금표, 황경환, 황금심, 황성문

역자· 각묵스님

1957년생. 1979년 화엄사 도광 스님을 은사로 사미계 수지. 1982년 범어사에서 자운 스님을 계사로 비구계 수지. 7년간 제방 선원에서 안거 후 인도로 유학, 인도 뿌나 대학교(Pune University)에서 10여 년간 산스끄리뜨, 빠알리, 쁘라끄리뜨 수학. 현재 실상사 한주, 대한불교조계종 교육아사리, 초기불전연구원 지도법사.

역·저서로『금강경 역해』(2001, 8쇄 2014),『아비담마 길라잡이』(전2권, 대림 스님과 공역, 2002, 12쇄 2016),『네 가지 마음챙기는 공부』(2003, 개정판 4쇄 2013),『디가 니까야』(전3권, 2006, 4쇄 2014),『상윳따 니까야』(전6권, 2009, 3쇄 2014),『초기불교이해』(2010, 4쇄 2014),『니까야 강독』(I/II, 2013),『초기불교 입문』(2014),「간화선과 위빳사나 무엇이 같고 다른가」(『선우도량』제3호, 2003) 외 다수의 논문과 글이 있음.

담마상가니 제2권

2016년 5월 13일 초판 1쇄 발행

옮긴 이 | 각묵 스님
펴낸 이 | 대림 스님
펴낸 곳 | 초기불전연구원
울산시 남구 달동 1365-7 (2층)
전화: (052) 271-8579
홈페이지 | http://cafe.daum.net/chobul
이메일 | kevala@hanmail.net
등록번호 | 제13-790호(2002.10.9)
계좌번호 | 국민은행 604801-04-141966 차명희
외환은행 147-22-00676-4 차명희
농협 053-12-113756 차명희
우체국 010579-02-062911 차명희

ISBN 978-89-91743-32-8
ISBN 978-89-91743-30-4 (세트)

값 | 30,000원